SH
서울주택
도시공사

NCS + 전공 + 모의고사 4회

시대에듀

2025 최신판 시대에듀 SH 서울주택도시공사
NCS + 전공 + 최종점검 모의고사 4회 + 무료NCS특강

Always **with you**

사람의 인연은 길에서 우연하게 만나거나 함께 살아가는 것만을 의미하지는 않습니다.
책을 펴내는 출판사와 그 책을 읽는 독자의 만남도 소중한 인연입니다.
시대에듀는 항상 독자의 마음을 헤아리기 위해 노력하고 있습니다. 늘 독자와 함께하겠습니다.

머리말 PREFACE

서울 시민의 주거 안정과 삶의 질 향상을 위해 헌신하는 SH 서울주택도시공사는 2025년에 신입사원을 채용할 예정이다. SH 서울주택도시공사의 채용절차는 「입사지원서 접수 ➡ 서류전형 ➡ 필기전형 ➡ 면접전형 ➡ 최종 합격자 발표」 순서로 이루어진다. 필기전형은 직업기초능력평가와 전공과목으로 진행한다. 그중 직업기초능력평가는 의사소통능력, 수리능력, 문제해결능력, 대인관계능력, 조직이해능력, 직업윤리 총 6개의 영역을 평가한다. 2024년에는 피듈형으로 출제되었으며, 전공과목은 직무별로 상이하므로 반드시 확정된 확정된 채용공고를 확인해야 한다. 따라서 필기전형에서 고득점을 받기 위해 다양한 유형에 대한 폭넓은 학습과 문제풀이능력을 높이는 등 철저한 준비가 필요하다.

SH 서울주택도시공사 합격을 위해 시대에듀에서는 SH 서울주택도시공사 판매량 1위의 출간 경험을 토대로 다음과 같은 특징을 가진 도서를 출간하였다.

도서의 특징

❶ **기출복원문제를 통한 출제경향 파악!**
- 2024년 하반기 주요 공기업 NCS 기출문제를 복원하여 공기업별 NCS 출제경향을 파악할 수 있도록 하였다.
- 2024~2023년 주요 공기업 전공 기출문제를 복원하여 공기업별 전공 출제경향까지 익힐 수 있도록 하였다.

❷ **SH 서울주택도시공사 필기전형 출제 영역 맞춤 문제를 통한 실력 상승!**
- 직업기초능력평가 대표기출유형&기출응용문제를 수록하여 유형별로 학습할 수 있도록 하였다.
- 직무별 전공과목(법학 · 행정학 · 경영학 · 경제학 · 회계학 · 토목 · 건축 · 기계 · 전기) 적중예상문제를 수록하여 전공까지 빈틈없이 학습할 수 있도록 하였다.

❸ **최종점검 모의고사를 통한 완벽한 실전 대비!**
- 철저한 분석을 통해 실제 유형과 유사한 최종점검 모의고사를 수록하여 자신의 실력을 점검할 수 있도록 하였다.

❹ **다양한 콘텐츠로 최종 합격까지!**
- SH 서울주택도시공사 채용 가이드와 면접 기출질문을 수록하여 채용을 준비하는 데 부족함이 없도록 하였다.
- 온라인 모의고사를 무료로 제공하여 필기전형에 대비할 수 있도록 하였다.

끝으로 본 도서를 통해 SH 서울주택도시공사 채용을 준비하는 모든 수험생 여러분이 합격의 기쁨을 누리기를 진심으로 기원한다.

SDC(Sidae Data Center) 씀

◇ **미션**

> 천만 시민과 함께 주거 안정과 주거 복지에 기여

◇ **비전**

> 집 걱정 없는 고품격 도시 건설

◇ **핵심가치**

시민행복 헌신   사회적 책임   새로운 도전   끊임없는 혁신

◇ **경영목표**

서울형 주거 복지 **실현**

고품격 도시 **조성 선도**

고품질 백 년 주택 **건설 선도**

ESG · 열린경영 **실천**

백 년 기업 **기반 구축**

◇ **인재상**

천만 시민과 함께 고품격 도시를 만들어가는 SH인

책임감 있는 SH인 ▶	헌신적인 자세로 사회적 책임을 다하는 사람
함께 하는 SH인 ▶	열린 마음으로 소통하고 협력하는 사람
전문성 있는 SH인 ▶	전문성을 바탕으로 끊임없이 혁신하는 사람
신뢰받는 SH인 ▶	원칙을 준수하며 신뢰를 쌓는 사람

신입 채용 안내 INFORMATION

◇ 지원자격(공통)

❶ 학력 · 연령 : 제한 없음

※ 단, 만 18세 이상 만 60세 미만인 자

❷ 병역법 제76조에서 정한 병역 의무 불이행 사실이 없는 자

※ 단, 현역의 경우 단계별 시험 응시 및 임용예정일 전일까지 전역 가능한 자

❸ SH 서울주택도시공사 인사규정 제13조의 결격사유에 해당하지 않는 자

❹ 공인영어성적 자격 기준에 부합하는 자

❺ 임용예정일부터 정상근무가 가능한 자

◇ 필기전형

구분	직무		내용
직업기초능력평가	전 직무		의사소통능력, 수리능력, 문제해결능력, 대인관계능력, 조직이해능력, 직업윤리
전공과목	사무	경영지원/사업관리	법학, 행정학, 경영학, 경제학, 회계학 중 택 1
		전산	전산학
	기술	토목	토목공학, 도시계획학 중 택 1
		건축	건축공학
		기계	기계공학
		전기	전기공학, 전자(정보통신)공학 중 택 1
		조경	조경학

◇ 면접전형

구분	방식	내용
AI면접	기한 내 자택 등에서 응시	직무역량, 직무적합도 등
직무수행능력면접	직무 관련 주제에 대해 지원자별로 발표 후 6인 이내의 지원자가 한 조가 되어 지원자 상호 간 토론 진행 후 질의응답	문제해결, 언어구사, 직무전문성 등
인성면접	3인 이내의 지원자가 한 조가 되어 지원자별 질의응답	가치관, 직업윤리 등

❖ 위 채용 안내는 2024년 채용공고를 기준으로 작성하였으므로 세부내용은 반드시 확정된 채용공고를 확인하기 바랍니다.

총평

SH 서울주택도시공사의 필기전형은 NCS의 경우 영역별 순서대로 피듈형으로 출제되었다. 난이도는 평이했으나, 총 50문항을 50분 내에 풀어야 했기에 시간이 촉박했다는 후기가 많았다. 특히 의사소통능력은 길이가 긴 지문의 문제가 출제되었고, 수리능력 및 문제해결능력은 일부 문제의 경우 난이도가 높은 편이었으므로 평소 여러 유형의 문제를 풀어보는 것이 중요해 보인다. 또한, 전공과목의 경우 직무별 총 50문항을 50분 내에 풀어야 했으므로 주어진 시간에 맞춰 문제를 푸는 연습이 필요해 보인다.

◇ 영역별 출제 비중

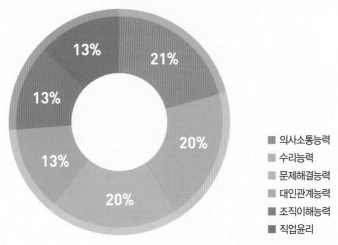

구분	출제 키워드
의사소통능력	• 비언어적 표현, 바람직한 번역 등
수리능력	• 삼각형 넓이, 원 넓이, 기차 등
문제해결능력	• 참/거짓, 범인 찾기, 삼단논법 등
직업윤리	• 정약용, 보안 등
경영학	• 테일러 과학적 관리법, 콘체른, 카르텔, 트러스트, 주식회사, 동기부여 내용이론, BCG 매트릭스, 마일즈&스노우, 직무특성이론, 관리격자이론, 귀인오류, 기계적& 유기적 조직, 수요예측, 집단성과급, 시장세분화, 분배적&통합적 협상, 허시&블랜 차드 성숙도 이론, CAMP, PER, 선물&선도거래 등
토목	• 분사현상 안전율, 계획시간 급수율, 광역도시계획, 도시군관리계획 등
건축	• 그리스 이오니아식 건축물, 시카고파, 한중콘크리트, 배연설비 건축물, 고가수조식, 할증률, 조경 대상, 분배 모멘트, 푸아송비, 음향설계, 벽돌 쌓기 등

NCS 문제 유형 소개 NCS TYPES

| 수리능력

04 다음은 신용등급에 따른 아파트 보증률에 대한 사항이다. 자료와 상황에 근거할 때, 갑(甲)과 을(乙)의 보증료의 차이는 얼마인가?(단, 두 명 모두 대지비 보증금액은 5억 원, 건축비 보증금액은 3억 원이며, 보증서 발급일로부터 입주자 모집공고 안에 기재된 입주 예정 월의 다음 달 말일까지의 해당 일수는 365일이다)

- (신용등급별 보증료)=(대지비 부분 보증료)+(건축비 부분 보증료)
- 신용평가 등급별 보증료율

구분	대지비 부분	건축비 부분				
		1등급	2등급	3등급	4등급	5등급
AAA, AA		0.178%	0.185%	0.192%	0.203%	0.221%
A$^+$		0.194%	0.208%	0.215%	0.226%	0.236%
A$^-$, BBB$^+$	0.138%	0.216%	0.225%	0.231%	0.242%	0.261%
BBB$^-$		0.232%	0.247%	0.255%	0.267%	0.301%
BB$^+$ ~ CC		0.254%	0.276%	0.296%	0.314%	0.335%
C, D		0.404%	0.427%	0.461%	0.495%	0.531%

※ (대지비 부분 보증료)=(대지비 부분 보증금액)×(대지비 부분 보증료율)×(보증서 발급일로부터 입주자 모집공고 안에 기재된 입주 예정 월의 다음 달 말일까지의 해당 일수)÷365
※ (건축비 부분 보증료)=(건축비 부분 보증금액)×(건축비 부분 보증료율)×(보증서 발급일로부터 입주자 모집공고 안에 기재된 입주 예정 월의 다음 달 말일까지의 해당 일수)÷365
- 기여고객 할인율 : 보증료, 거래기간 등을 기준으로 기여도에 따라 6개 군으로 분류하며, 건축비 부분 요율에서 할인 가능

구분	1군	2군	3군	4군	5군	6군
차감률	0.058%	0.050%	0.042%	0.033%	0.025%	0.017%

〈상황〉

- 갑 : 신용등급은 A$^+$이며, 3등급 아파트 보증금을 내야 한다. 기여고객 할인율에서는 2군으로 선정되었다.
- 을 : 신용등급은 C이며, 1등급 아파트 보증금을 내야 한다. 기여고객 할인율은 3군으로 선정되었다.

① 554,000원 　　　　　　　　② 566,000원
③ 582,000원 　　　　　　　　④ 591,000원
⑤ 623,000원

특징 ▶ 대부분 의사소통능력, 수리능력, 문제해결능력을 중심으로 출제(일부 기업의 경우 자원관리능력, 조직이해능력을 출제)
▶ 자료에 대한 추론 및 해석 능력을 요구

대행사 ▶ 엑스퍼트컨설팅, 커리어넷, 태드솔루션, 한국행동과학연구소(행과연), 휴노 등

모듈형

| 문제해결능력

41 문제해결절차의 문제 도출 단계는 (가)와 (나)의 절차를 거쳐 수행된다. 다음 중 (가)에 대한 설명으로 적절하지 않은 것은?

(가)	→	(나)
전체 문제를 개별화된 이슈들로 세분화		문제에 영향력이 큰 핵심이슈를 선정

① 문제의 내용 및 영향 등을 파악하여 문제의 구조를 도출한다.
② 본래 문제가 발생한 배경이나 문제를 일으키는 메커니즘을 분명히 해야 한다.
③ 현상에 얽매이지 말고 문제의 본질과 실제를 봐야 한다.
④ 눈앞의 결과를 중심으로 문제를 바라봐야 한다.
⑤ 문제 구조 파악을 위해서 Logic Tree 방법이 주로 사용된다.

특징
▶ 이론 및 개념을 활용하여 푸는 유형
▶ 채용 기업 및 직무에 따라 NCS 직업기초능력평가 10개 영역 중 선발하여 출제
▶ 기업의 특성을 고려한 직무 관련 문제를 출제
▶ 주어진 상황에 대한 판단 및 이론 적용을 요구

대행사
▶ 인트로맨, 휴스테이션, ORP연구소 등

피둘형(PSAT형 + 모듈형)

| 자원관리능력

07 다음 자료를 근거로 판단할 때, 연구모임 A~E 중 세 번째로 많은 지원금을 받는 모임은?

〈지원계획〉

• 지원을 받기 위해서는 한 모임당 5명 이상 9명 미만으로 구성되어야 한다.
• 기본지원금은 모임당 1,500천 원을 기본으로 지원한다. 단, 상품개발을 위한 모임의 경우는 2,000천 원을 지원한다.
• 추가지원금

등급	상	중	하
추가지원금(천 원/명)	120	100	70

※ 추가지원금은 연구 계획 사전평가결과에 따라 달라진다.
• 협업 장려를 위해 협업이 인정되는 모임에는 위의 두 지원금을 합한 금액의 30%를 별도로 지원한다.

〈연구모임 현황 및 평가결과〉

특징
▶ 기초 및 응용 모듈을 구분하여 푸는 유형
▶ 기초인지모듈과 응용업무모듈로 구분하여 출제
▶ PSAT형보다 난도가 낮은 편
▶ 유형이 정형화되어 있고, 유사한 유형의 문제를 세트로 출제

대행사
▶ 사람인, 스카우트, 인크루트, 커리어케어, 트리피, 한국사회능력개발원 등

주요 공기업 적중 문제 TEST CHECK

SH 서울주택도시공사

06 다음 그림과 같이 한 대각선의 길이가 6으로 같은 마름모 2개가 겹쳐져 있다. 다른 대각선 길이가 각각 4, 9일 때 두 마름모의 넓이의 차는?

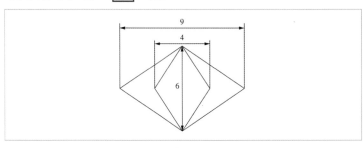

① 9

② 12

③ 15

④ 24

⑤ 30

01 제시된 명제가 모두 참일 때, 빈칸에 들어갈 명제로 가장 적절한 것은?

> 전제1. 약속을 지키지 않으면 다른 사람에게 신뢰감을 줄 수 없다.
> 전제2. 메모하는 습관이 없다면 약속을 지킬 수 없다.
> 결론. _____

① 약속을 지키지 않으면 메모하는 습관이 없다.

③ 다른 사람에게 신뢰감을 줄 수 없으면 약속을 지키지 않는다.

③ 메모하는 습관이 없으면 다른 사람에게 신뢰감을 줄 수 있다.

④ 메모하는 습관이 있으면 다른 사람에게 신뢰감을 줄 수 있다.

⑤ 다른 사람에게 신뢰감을 주려면 메모하는 습관이 있어야 한다.

한국주택금융공사

02 다음 글의 내용으로 가장 적절한 것은?

선물환거래란 계약일로부터 일정시간이 지난 뒤, 특정일에 외환의 거래가 이루어지는 것으로, 현재 약정한 금액으로 미래에 결제하게 되기 때문에 선물환계약을 체결하게 되면, 약정된 결제일까지 매매 쌍방 모두 결제가 이연된다. 선물환거래는 보통 환리스크를 헤지(Hedge)하기 위한 목적으로 이용된다. 예를 들어 1개월 이후 달러로 거래 대금을 수령할 예정인 수출한 기업은 1개월 후 달러를 매각하는 대신 원화를 수령하는 선물환계약을 통해 원/달러 환율변동에 따른 환리스크를 헤지할 수 있다.

이외에도 선물환거래는 금리차익을 얻는 것과 투기적 목적 등을 가지고 있다. 선물환거래에는 일방적으로 선물환을 매입하는 것 또는 매도 거래만 발생하는 Outright Forward 거래가 있으며, 선물환거래가 스왑거래의 일부분으로써 현물환거래와 같이 발생하는 Swap Forward 거래가 있다. Outright Forward 거래는 만기 때 실물 인수도가 일어나는 일반 선물환거래와 만기 때 실물의 인수 없이 차액만을 정산하는 차액결제선물환(NDF; Non-Deliverable Forward) 거래로 구분된다.

옵션(Option)이란 거래당사자들이 미리 가격을 정하고, 그 가격으로 미래의 특정시점이나 그 이전에 자산을 사고파는 권리를 매매하는 계약으로, 선도 및 선물, 스왑거래 등과 같은 파생금융상품이다. 옵션은 매입권리가 있는 콜옵션(Call Option)과 매도권리가 있는 풋옵션(Put Option)으로 구분된다. 옵션거래로 매입이나 매도할 수 있는 권리를 가지게 되는 옵션매입자는 시장가격의 변동에 따라 자기에게 유리하거나 불리한 경우를 판단하여, 옵션을 행사하거나 포기할 수도 있다. 옵션매입자는 선택할 권리에 대한 대가로 옵션매도자에게 프리미엄을 지급하고, 옵션매도자는 프리미엄을 받는 대신 옵션매입자가 행사하는 옵션에 따라 발생하는 것에 대해 이해하는 책임을 가진다. 옵션거래의 손해와 이익은 행사가격, 현재가격 및 프리미엄에 의해 결정된다.

① 선물환거래는 투기를 목적으로 사용되기도 한다.
② 선물환거래는 권리를 행사하거나 포기할 수 있다.
③ 옵션은 환율변동 리스크를 해결하는 데 좋은 선택이다.
④ 옵션은 미래에 조건이 바뀌어도 계약한 금액을 지불해야 한다.
⑤ 선물환거래는 행사가격, 현재가격, 프리미엄에 따라 손해와 이익이 발생한다.

02 어떤 공원의 트랙 모양의 산책로를 걷는데 시작 지점에서 서로 반대 방향으로 민주는 분속 40m의 속력으로, 세희는 분속 45m의 속력으로 걷고 있다. 출발한 지 40분 후에 두 사람이 두 번째로 마주치게 된다고 할 때, 산책로의 길이는?

① 1,350m　　　　　　　　　② 1,400m
③ 1,550m　　　　　　　　　④ 1,700m
⑤ 1,750m

주요 공기업 적중 문제 TEST CHECK

05 다음 글의 내용을 통해 추론할 수 없는 것은?

> 공유와 경제가 합쳐진 공유경제는 다양한 맥락에서 정의되는 용어이지만, 공유경제라는 개념은 '소유권(Ownership)'보다는 '접근권(Accessibility)'에 기반을 둔 경제모델을 의미한다. 전통경제에서는 생산을 담당하는 기업들이 상품이나 서비스를 생산하기 위해서 원료, 부품, 장비 등을 사거나 인력을 고용했던 것과 달리, 공유경제에서는 기업뿐만 아니라 개인들도 자산이나 제품이 제공하는 서비스에 대한 접근권의 거래를 통해서 자원을 효율적으로 활용하여 가치를 창출할 수 있다. 소유권의 거래에 기반한 기존 자본주의 시장경제와는 다른 새로운 게임의 법칙이 대두한 것이다.
> 공유경제에서는 온라인 플랫폼이라는 조직화된 가상공간을 통해서 접근권의 거래가 이루어진다. 온라인 플랫폼은 인터넷의 연결성을 기반으로 유휴자산(遊休資産)을 보유하거나 필요로 하는 수많은 소비자와 공급자가 모여서 소통할 수 있는 기반이 된다. 다양한 선호를 가진 이용자들이 거래 상대를 찾는 작업을 사람이 일일이 처리하는 것은 불가능한 일인데, 공유경제 기업들은 고도의 알고리즘을 이용하여 검색, 매칭, 모니터링 등의 거래 과정을 자동화하여 처리한다.
> 공유경제에서 거래되는 유휴자산의 종류는 자동차나 주택에 국한되지 않는다. 개인이나 기업들이 소유한 물적·금전적·지적 자산에 대한 접근권을 온라인 플랫폼을 통해서 거래할 수만 있다면 거의 모든 자산의 거래가 공유경제의 일환이 될 수 있다. 가구, 가전 등의 내구재, 사무실, 공연장, 운동장 등의 물리적 공간, 전문가나 기술자의 지식, 개인들의 여유 시간이나 여유 자금 등이 모두 접근권 거래의 대상이 될 수 있다.

① 기존의 시장경제는 접근권(Accessibility)보다 소유권(Ownership)에 기반을 두었다.
② 공유경제의 등장에는 인터넷의 발달이 중요한 역할을 하였다.
③ 인터넷 등장 이전에는 이용자와 그에 맞는 거래 상대를 찾는 작업을 일일이 처리할 수 없었다.
④ 공유경제에서는 온라인 플랫폼을 통해 거의 모든 자산에 대한 접근권(Accessibility)을 거래할 수 있다.
⑤ 온라인 플랫폼을 통해 자신이 타던 자동차를 판매하여 소유권을 이전하는 것도 공유경제의 일환이 될 수 있다.

06 두 자연수 a, b에 대하여 a가 짝수일 확률은 $\frac{2}{3}$, b가 짝수일 확률은 $\frac{3}{5}$이다. 이때 a와 b의 곱이 짝수일 확률은?

① $\frac{11}{15}$ 　　　　　　　② $\frac{4}{5}$

③ $\frac{13}{15}$ 　　　　　　　④ $\frac{14}{15}$

⑤ $\frac{1}{3}$

한국자산관리공사

글의 주제 ▶ 유형

01 다음 글의 주제로 가장 적절한 것은?

> 우리는 주변에서 신호등 음성 안내기, 휠체어 리프트, 점자 블록 등의 장애인 편의 시설을 많이 볼 수 있다. 우리는 이러한 편의 시설을 장애인들이 지니고 있는 국민으로서의 기본 권리를 인정한 것이라는 시각에서 바라보고 있다. 물론, 장애인의 일상생활 보장이라는 측면에서 이 시각은 당연한 것이다. 하지만 또 다른 시각이 필요하다. 그것은 바로 편의 시설이 장애인만을 위한 것이 아니라 일상생활에서 활동에 불편을 겪는 모두를 위한 것이라는 시각이다. 편리하고 안전한 시설은 장애인 뿐만 아니라 우리 모두에게 유용하기 때문이다. 예를 들어, 건물의 출입구에 설치되어 있는 경사로는 장애인들의 휠체어만 다닐 수 있도록 설치해 놓은 것이 아니라, 몸이 불편해서 계단을 오르내릴 수 없는 노인이나 유모차를 끌고 다니는 사람들도 편하게 다닐 수 있도록 만들어 놓은 시설이다. 결국 이 경사로는 우리 모두에게 유용한 시설인 것이다.
> 그런 의미에서 근래에 대두되고 있는 '보편적 디자인', 즉 '유니버설 디자인(Universal Design)'이라는 개념은 우리에게 좋은 시사점을 제공해 준다. 보편적 디자인은 가능한 모든 사람이 이용할 수 있도록 제품, 건물, 공간을 디자인한다는 의미를 가지고 있다. 이러한 시각으로 바라본다면 장애인 편의 시설은 우리 모두에게 편리하고 안전한 시설로 인식될 것이다.

① 우리 주변에서는 장애인 편의 시설을 많이 볼 수 있다.
② 보편적 디자인은 근래에 대두되고 있는 중요한 개념이다.
③ 어떤 집단의 사람들이라도 이용할 수 있는 제품을 만들어야 한다.
④ 보편적 디자인이라는 관점에서 장애인 편의 시설을 바라볼 필요가 있다.

신용보증기금

소수 ▶ 키워드

12 A씨가 근무하는 K기금은 출근 시 카드 또는 비밀번호를 입력하여야 한다. 어느 날 A씨는 카드를 집에 두고 출근을 하여 비밀번호로 근무지에 출입하고자 한다. 그러나 비밀번호가 잘 기억이 나지 않아 당혹스럽다. 네 자리 숫자의 비밀번호에 대해 다음 〈조건〉이 주어진다면, A씨가 이해한 내용으로 옳지 않은 것은?

조건
> • 비밀번호를 구성하고 있는 각 숫자는 소수가 아니다.
> • 6과 8 중에서 단 하나만이 비밀번호에 들어간다.
> • 비밀번호는 짝수로 시작한다.
> • 비밀번호의 각 숫자는 큰 수부터 차례로 나열되어 있다.
> • 같은 숫자는 두 번 이상 들어가지 않는다.

① 비밀번호는 짝수이다.
② 비밀번호의 앞에서 두 번째 숫자는 4이다.
③ 단서를 모두 만족하는 비밀번호는 모두 세 가지이다.
④ 비밀번호는 1을 포함하지만 9는 포함하지 않는다.
⑤ 단서를 모두 만족하는 비밀번호 중 가장 작은 수는 6410이다.

도서 200% 활용하기 STRUCTURES

1 기출복원문제로 출제경향 파악

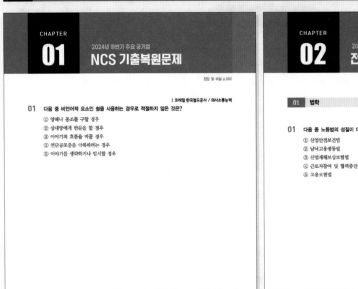

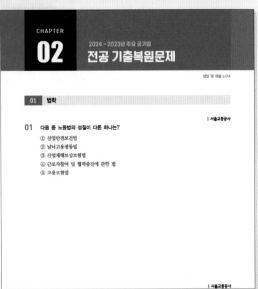

▶ 2024년 하반기 주요 공기업 NCS 기출문제를 복원하여 공기업별 NCS 출제경향을 파악할 수 있도록 하였다.
▶ 2024~2023년 주요 공기업 전공 기출문제를 복원하여 공기업별 전공 출제경향까지 익힐 수 있도록 하였다.

2 대표기출유형 + 기출응용문제로 NCS 완벽 대비

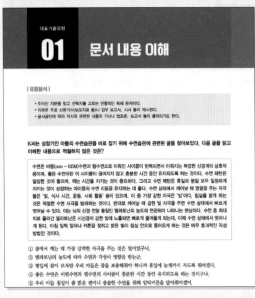

▶ NCS 출제 영역에 대한 대표기출유형&기출응용문제를 수록하여 유형별로 학습할 수 있도록 하였다.

3 적중예상문제로 전공까지 완벽 대비

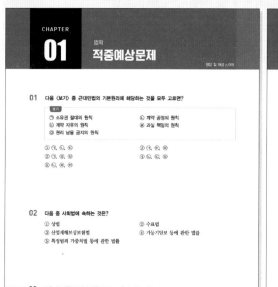

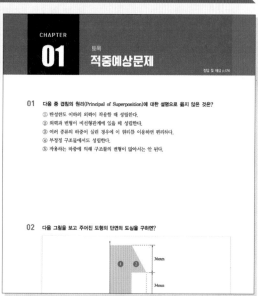

▶ 사무직 전공(법학·행정학·경영학·경제학·회계학) 및 기술직 전공(토목·건축·기계·전기) 적중예상문제를 수록하여 전공까지 효과적으로 학습할 수 있도록 하였다.

4 최종점검 모의고사 + OMR을 활용한 실전 연습

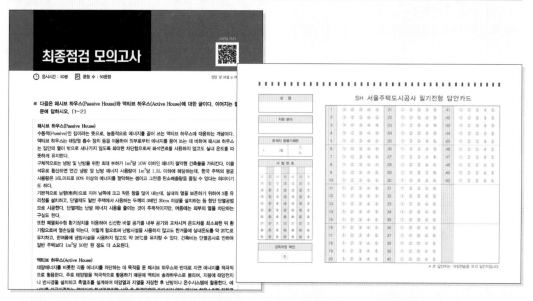

▶ 철저한 분석을 통해 실제 유형과 유사한 최종점검 모의고사를 수록하여 자신의 실력을 점검할 수 있도록 하였다.
▶ 모바일 OMR 답안채점/성적분석 서비스를 제공하여 자동으로 점수를 채점하고 확인할 수 있도록 하였다.

이 책의 차례 CONTENTS

Add+

특별부록

※ 기출복원문제는 수험생들의 후기를 통해 시대에듀에서 복원한 문제로 실제 문제와 다소 차이가 있을 수 있으며, 본 저작물의 무단전재 및 복제를 금합니다.

정답 및 해설 p.002

┃ 코레일 한국철도공사 / 의사소통능력

01 다음 중 비언어적 요소인 쉼을 사용하는 경우로 적절하지 않은 것은?

① 양해나 동조를 구할 경우
② 상대방에게 반문을 할 경우
③ 이야기의 흐름을 바꿀 경우
④ 연단공포증을 극복하려는 경우
⑤ 이야기를 생략하거나 암시할 경우

┃ 코레일 한국철도공사 / 의사소통능력

02 다음 밑줄 친 부분에 해당하는 키슬러의 대인관계 의사소통 유형은?

> 의사소통 시 <u>이 유형</u>의 사람은 따뜻하고 인정이 많고 자기희생적이나 타인의 요구를 거절하지 못하므로 타인과의 정서적인 거리를 유지하는 노력이 필요하다.

① 지배형   ② 사교형
③ 친화형   ④ 고립형
⑤ 순박형

03 다음 글을 통해 알 수 있는 철도사고 발생 시 행동요령으로 적절하지 않은 것은?

철도사고는 지하철, 고속철도 등 철도에서 발생하는 사고를 뜻한다. 많은 사람이 한꺼번에 이용하며 무거운 전동차가 고속으로 움직이는 특성상 철도사고가 발생할 경우 인명과 재산에 큰 피해가 발생한다.

철도사고는 다양한 원인에 의해 발생하며 사고 유형 또한 다양하게 나타나는데, 대표적으로는 충돌사고, 탈선사고, 열차화재사고가 있다. 이 사고들은 철도안전법에서 철도교통사고로 규정되어 있으며, 많은 인명피해를 야기하므로 철도사업자는 반드시 이를 예방하기 위한 조치를 취해야 한다. 또한 승객들은 위험으로부터 빠르게 벗어나기 위해 사고 시 대피요령을 파악하고 있어야 한다.

국토교통부는 철도사고 발생 시 인명과 재산을 보호하기 위한 국민행동요령을 제시하고 있다. 이 행동요령에 따르면 지하철에서 사고가 발생할 경우 가장 먼저 객실 양 끝에 있는 인터폰으로 승무원에게 사고를 알려야 한다. 만약 화재가 발생했다면 곧바로 119에 신고하고, 여유가 있다면 객실 양 끝에 비치된 소화기로 불을 꺼야 한다. 반면 화재의 진화가 어려울 경우 입과 코를 젖은 천으로 막고 화재가 발생하지 않은 다른 객실로 이동해야 한다. 전동차에서 대피할 때는 안내방송과 승무원의 안내에 따라 질서 있게 대피해야 하며 이때 부상자, 노약자, 임산부가 먼저 대피할 수 있도록 배려하고 도와주어야 한다. 만약 전동차의 문이 열리지 않으면 반드시 열차가 멈춘 후에 안내방송에 따라 비상핸들이나 비상콕크를 돌려 문을 열고 탈출해야 한다. 전동차가 플랫폼에 멈췄을 경우 스크린도어를 열고 탈출해야 하는데, 손잡이를 양쪽으로 밀거나 빨간색 비상바를 밀고 탈출해야 한다. 반대로 역이 아닌 곳에서 멈췄을 경우 감전의 위험이 있으므로 반드시 승무원의 안내에 따라 반대편 선로의 열차 진입에 유의하며 대피 유도등을 따라 침착하게 비상구로 대피해야 한다.

이와 같이 승객들은 철도사고 발생 시 신고, 질서 유지, 빠른 대피를 중점적으로 유념하여 행동해야 한다. 철도사고는 사고 자체가 일어나지 않도록 철저한 안전관리와 예방이 필요하지만, 다양한 원인으로 예상치 못하게 발생한다. 따라서 철도교통을 이용하는 승객 또한 평소에 안전 수칙을 준수하고 비상 상황에서 침착하게 대처하는 훈련이 필요하다.

① 침착함을 잃지 않고 승무원의 안내에 따라 대피해야 한다.
② 화재사고 발생 시 규모가 크지 않다면 빠르게 진화 작업을 해야 한다.
③ 선로에서 대피할 경우 승무원의 안내와 대피 유도등을 따라 대피해야 한다.
④ 열차에서 대피할 때는 탈출이 어려운 사람부터 대피할 수 있도록 도와야 한다.
⑤ 열차사고 발생 시 탈출을 위해 우선 비상핸들을 돌려 열차의 문을 개방해야 한다.

04 다음 글을 읽고 알 수 있는 하향식 읽기 모형의 사례로 적절하지 않은 것은?

> 글을 읽는 것은 단순히 책에 쓰인 문자를 해독하는 것이 아니라 그 안에 담긴 의미를 파악하는 과정이다. 그렇다면 사람들은 어떤 방식으로 글의 의미를 파악할까? 세상의 모든 어휘를 알고 있는 사람은 없을 것이다. 그러나 대부분의 사람들, 특히 고등교육을 받은 성인들은 자신이 잘 모르는 어휘가 있더라도 글의 전체적인 맥락과 의미를 파악할 수 있다. 이를 설명해 주는 것이 바로 하향식 읽기 모형이다.
>
> 하향식 읽기 모형은 독자가 이미 알고 있는 배경지식과 경험을 바탕으로 글의 전체적인 맥락을 먼저 파악하는 방식이다. 하향식 읽기 모형은 독자의 능동적인 참여를 활용하는 읽기로, 여기서 독자는 단순히 글을 받아들이는 수동적인 존재가 아니라 자신의 지식과 경험을 활용하여 글의 의미를 구성해 나가는 주체적인 역할을 한다. 이때 독자는 글의 내용을 예측하고 추론하며, 심지어 자신의 생각을 더하여 글에 대한 이해를 넓혀갈 수 있다.
>
> 하향식 읽기 모형의 장점은 빠르고 효율적인 독서가 가능하다는 것이다. 글의 전체적인 맥락을 먼저 파악하기 때문에 글의 핵심 내용을 빠르게 파악할 수 있고, 배경지식을 활용하여 더 깊이 있는 이해를 얻을 수 있다. 또한 예측과 추론을 통한 능동적인 독서는 독서에 대한 흥미를 높여 주는 효과도 있다.
>
> 그러나 하향식 읽기 모형은 독자의 배경지식에 의존하여 읽는 방법이므로 배경지식이 부족한 경우 글의 의미를 정확하게 파악하기 어려울 수 있으며, 배경지식에 의존하여 오해를 할 가능성도 크다. 또한 글의 내용이 복잡하다면 많은 배경지식을 가지고 있더라도 글의 맥락을 적극적으로 가정하거나 추측하기 어려운 것 또한 하향식 읽기 모형의 단점이 된다.
>
> 하향식 읽기 모형은 글의 내용을 빠르게 이해하고 독자 스스로 내면화할 수 있으므로 독서 능력 향상에 유용한 방법이다. 그러나 모든 글에 동일하게 적용할 수 있는 읽기 모델은 아니므로 글의 종류와 독자의 배경지식에 따라 적절한 읽기 전략을 사용해야 한다. 따라서 하향식 읽기 모형과 함께 상향식 읽기(문자의 정확한 해독), 주석 달기, 소리 내어 읽기 등 다양한 읽기 전략을 활용하여야 한다.

① 회의 자료를 읽기 전 회의 주제를 먼저 파악하여 회의 안건을 예상하였다.
② 기사의 헤드라인을 먼저 읽어 기사의 내용을 유추한 뒤 상세 내용을 읽었다.
③ 제품 설명서를 읽어 제품의 기능과 각 버튼의 용도를 파악하고 기계를 작동시켰다.
④ 요리법의 전체적인 조리 과정을 파악하고 단계별로 필요한 재료와 순서를 확인하였다.
⑤ 서문이나 목차를 통해 책의 전체적인 흐름을 파악하고 관심 있는 부분을 집중적으로 읽었다.

05 농도가 15%인 소금물 200g과 농도가 20%인 소금물 300g을 섞었을 때, 섞인 소금물의 농도는?

① 17% ② 17.5%

③ 18% ④ 18.5%

⑤ 19%

06 남직원 A ~ C, 여직원 D ~ F 6명이 일렬로 앉고자 한다. 여직원끼리 인접하지 않고, 여직원 D와 남직원 B가 서로 인접하여 앉는 경우의 수는?

① 12가지 ② 20가지

③ 40가지 ④ 60가지

⑤ 120가지

07 다음과 같이 일정한 규칙으로 수를 나열할 때 빈칸에 들어갈 수로 옳은 것은?

−23	−15	−11	5	13	25	( )	45	157	65

① 49 ② 53

③ 57 ④ 61

⑤ 65

08 다음은 K시의 유치원, 초·중·고등학교, 고등교육기관의 취학률 및 초·중·고등학교의 상급학교 진학률에 대한 자료이다. 이에 대한 설명으로 옳지 않은 것은?

〈유치원, 초·중·고등학교, 고등교육기관 취학률〉

(단위 : %)

구분	2014년	2015년	2016년	2017년	2018년	2019년	2020년	2021년	2022년	2023년
유치원	45.8	45.2	48.3	50.6	51.6	48.1	44.3	45.8	49.7	52.8
초등학교	98.7	99	98.6	98.9	99.3	99.6	98.1	98.1	99.5	99.9
중학교	98.5	98.6	98.1	98	98.9	98.5	97.1	97.6	97.5	98.2
고등학교	95.3	96.9	96.2	95.4	96.2	94.7	92.1	93.7	95.2	95.6
고등교육기관	65.6	68.9	64.9	66.2	67.5	69.2	70.8	71.7	74.3	73.5

〈초·중·고등학교 상급학교 진학률〉

(단위 : %)

구분	2014년	2015년	2016년	2017년	2018년	2019년	2020년	2021년	2022년	2023년
초등학교	100	100	100	100	100	100	100	100	100	100
중학교	99.7	99.7	99.7	99.7	99.7	99.7	99.7	99.7	99.7	99.6
고등학교	93.5	91.8	90.2	93.2	91.7	90.5	91.4	92.6	93.9	92.8

① 중학교의 취학률은 매년 97% 이상이다.

② 매년 취학률이 가장 높은 기관은 초등학교이다.

③ 고등교육기관의 취학률이 70%를 넘긴 해는 2020년부터이다.

④ 2023년에 중학교에서 고등학교로 진학하지 않은 학생의 비율은 전년 대비 감소하였다.

⑤ 고등교육기관의 취학률이 가장 낮은 해와 고등학교의 상급학교 진학률이 가장 낮은 해는 같다.

09 다음은 A기업과 B기업의 2024년 1 ~ 6월 매출액에 대한 자료이다. 이를 그래프로 옮겼을 때의 개형으로 옳은 것은?

〈2024년 1 ~ 6월 A, B기업 매출액〉

(단위 : 억 원)

구분	2024년 1월	2024년 2월	2024년 3월	2024년 4월	2024년 5월	2024년 6월
A기업	307.06	316.38	315.97	294.75	317.25	329.15
B기업	256.72	300.56	335.73	313.71	296.49	309.85

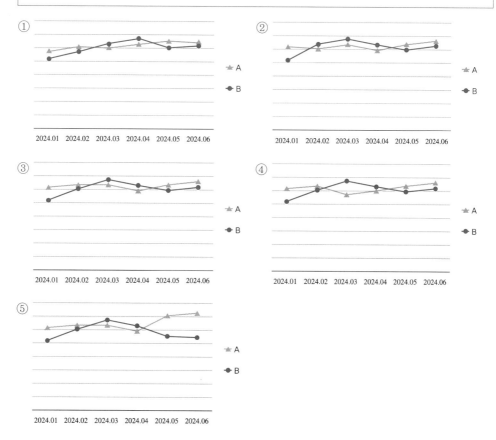

10 다음은 스마트 팜을 운영하는 K사에 대한 SWOT 분석 결과이다. 이에 따른 전략이 나머지와 다른 것은?

<K사 스마트 팜 SWOT 분석 결과>

구분		분석 결과
내부환경요인	강점 (Strength)	• 차별화된 기술력 : 기존 스마트 팜 솔루션과 차별화된 센서 기술, AI 기반 데이터 분석 기술 보유 • 젊고 유연한 조직 : 빠른 의사결정과 시장 변화에 대한 적응력 • 정부 사업 참여 경험 : 스마트 팜 관련 정부 사업 참여 가능성
	약점 (Weakness)	• 자금 부족 : 연구개발, 마케팅 등에 필요한 자금 확보 어려움 • 인력 부족 : 다양한 분야의 전문 인력 확보 필요 • 개발력 부족 : 신규 기술 개발 속도 느림
외부환경요인	기회 (Opportunity)	• 스마트 팜 시장 성장 : 스마트 팜에 대한 관심 증가와 이에 따른 정부의 적극적인 지원 • 해외 시장 진출 가능성 : 글로벌 스마트 팜 시장 진출 기회 확대 • 활발한 관련 연구 : 스마트 팜 관련 공동연구 및 포럼, 설명회 등 정보 교류가 활발하게 논의
	위협 (Threat)	• 경쟁 심화 : 후발 주자의 등장과 기존 대기업의 시장 장악 가능성 • 기술 변화 : 빠르게 변화하는 기술 트렌드에 대한 대응 어려움 • 자연재해 : 기후 변화 등 예측 불가능한 자연재해로 인한 피해 가능성

① 정부 지원을 바탕으로 연구개발에 필요한 자금을 확보
② 스마트 팜 관련 공동연구에 참가하여 빠르게 신규 기술을 확보
③ 스마트 팜에 대한 높은 관심을 바탕으로 온라인 펀딩을 통해 자금을 확보
④ 포럼 등 설명회에 적극적으로 참가하여 전문 인력 확충을 위한 인맥을 확보
⑤ 스마트 팜 관련 정부 사업 참여 경험을 바탕으로 정부의 적극적인 지원을 확보

11 다음 대화에서 공통적으로 나타나는 논리적 오류로 가장 적절한 것은?

> A : 반려견 출입 금지라고 쓰여 있는 카페에 갔는데 거절당했어. 반려견 출입 금지면 고양이는 괜찮은 거 아니야?
> B : 어제 직장동료가 "조심히 들어가세요."라고 했는데 집에 들어갈 때만 조심하라는 건가?
> C : 친구가 비가 와서 우울하다고 했는데, 비가 안 오면 행복해지겠지?
> D : 이웃을 사랑하라는 선생님의 가르침을 실천하기 위해 사기를 저지른 이웃을 숨겨 주었어.
> E : 의사가 건강을 위해 채소를 많이 먹으라고 하던데 앞으로는 채소만 먹으면 되겠어.
> F : 긍정적인 생각을 하면 좋은 일이 생기니까 아무리 나쁜 일이 있어도 긍정적으로만 생각하면 될 거야.

① 무지의 오류
② 연역법의 오류
③ 과대해석의 오류
④ 허수아비 공격의 오류
⑤ 권위나 인신공격에 의존한 논증

12 A ~ E열차를 운행거리가 가장 긴 순서대로 나열하려고 한다. 운행시간 및 평균 속력이 다음과 같을 때, C열차는 몇 번째로 운행거리가 긴 열차인가?(단, 열차 대기시간은 고려하지 않는다)

〈A ~ E열차 운행시간 및 평균 속력〉

구분	운행시간	평균 속력
A열차	900분	50m/s
B열차	10시간 30분	150km/h
C열차	8시간	55m/s
D열차	720분	2.5km/min
E열차	10시간	2.7km/min

① 첫 번째
② 두 번째
③ 세 번째
④ 네 번째
⑤ 다섯 번째

13 다음 글에서 나타난 문제해결 절차의 단계로 가장 적절한 것은?

> K대학교 기숙사는 최근 학생들의 불만이 끊이지 않고 있다. 특히, 식사의 질이 낮고, 시설이 노후화되었으며, 인터넷 연결 상태가 불안정하다는 의견이 많았다. 이에 K대학교 기숙사 운영위원회는 문제해결을 위해 긴급회의를 소집했다.
>
> 회의에서 학생 대표들은 식단의 다양성 부족, 식재료의 신선도 문제, 식당 내 위생 상태 불량 등을 지적했다. 또한, 시설 관리 담당자는 건물 외벽의 균열, 낡은 가구, 잦은 누수 현상 등 시설 노후화 문제를 강조했다. IT 담당자는 기숙사 내 와이파이 연결 불안정, 인터넷 속도 저하 등 통신환경 문제를 제기했다.
>
> 운영위원회는 이러한 다양한 의견을 종합하여 문제를 더욱 구체적으로 분석하기로 결정했다. 먼저, 식사 문제의 경우 학생들의 식습관 변화에 따른 메뉴 구성의 문제점, 식자재 조달 과정의 비효율성, 조리 시설의 부족 등의 문제점을 파악했다. 시설 문제는 건물의 노후화로 인한 안전 문제, 에너지 효율 저하, 학생들의 편의성 저하 등으로 세분화했다. 마지막으로, 통신환경 문제는 기존 네트워크 장비의 노후화, 학생 수 증가에 따른 네트워크 부하 증가 등의 세부 문제가 제시되었다.

① 문제 인식　　　　　　　② 문제 도출
③ 원인 분석　　　　　　　④ 해결안 개발
⑤ 실행 및 평가

14 다음 중 빈칸에 들어갈 단어로 가장 적절한 것은?

> 감사원의 조사 결과 J공사는 공공사업을 위해 투입된 세금을 본래의 목적에 사용하지 않고 무단으로 _____했음이 밝혀졌다.

① 전용(轉用)　　　　　　　② 남용(濫用)
③ 적용(適用)　　　　　　　④ 활용(活用)
⑤ 준용(遵用)

15 다음 중 비행을 하기 위한 시조새의 신체 조건으로 가장 적절한 것은?

> 시조새(Archaeopteryx)는 약 1억 5천만 년 전 중생대 쥐라기 시대에 살았던 고대 생물로, 조류와 공룡의 중간 단계에 위치한 생물이다. 1861년 독일 바이에른 지방에 있는 졸른호펜 채석장에서 화석이 발견된 이후, 시조새는 조류의 기원과 공룡에서 새로의 진화 과정을 밝히는 데 중요한 단서를 제공해 왔다. '시조(始祖)'라는 이름에서 알 수 있듯이 시조새는 현대 조류의 조상으로 여겨지며 고생물학계에서 매우 중요한 연구 대상으로 취급된다.
>
> 시조새는 오늘날의 새와는 여러 가지 차이점이 있다. 이빨이 있는 부리, 긴 척추뼈로 이루어진 꼬리, 그리고 날개에 있는 세 개의 갈고리 발톱은 공룡의 특징을 잘 보여준다. 비록 현대 조류처럼 가슴뼈가 비행에 최적화된 형태로 발달되지는 않았지만, 갈비뼈와 팔에 강한 근육이 붙어있어 짧은 거리를 활강하거나 나뭇가지 사이를 오르내리며 이동할 수 있었던 것으로 추정된다.
>
> 한편, 시조새는 비대칭형 깃털을 가진 최초의 동물 중 하나로, 이는 비행을 하기에 적합한 형태이다. 시조새의 깃털은 현대의 날 수 있는 조류처럼 바람을 맞는 곳의 깃털은 짧고, 뒤쪽은 긴 형태인데, 이러한 비대칭형 깃털은 양력을 제공해 짧은 거리의 활강을 가능하게 했으며, 새의 조상으로서 비행의 초기 형태를 보여준다. 이로 인해 시조새는 공룡에서 새로 이어지는 진화 과정을 이해하는 데 있어 중요한 생물학적 증거로 여겨지고 있다.
>
> 시조새의 화석 연구는 당시의 생태계에 대한 정보도 제공하고 있다. 시조새는 열대 우림이나 활엽수림 근처에서 생활하며 나뭇가지를 오르내렸을 가능성이 큰 것으로 추정된다. 시조새의 이동 방식에 대해서는 여러 가설이 존재하지만, 짧은 거리의 활강을 통해 먹이를 찾고 이동했을 것이라는 주장이 유력하다.
>
> 결론적으로 시조새는 공룡과 새의 특성을 모두 가진 중간 단계의 생물로, 진화의 과정을 이해하는 데 핵심적인 역할을 한다. 시조새의 다양한 신체적 특징들은 공룡에서 새로 이어지는 진화의 연결고리를 보여주며, 조류 비행의 기원을 이해하는 중요한 증거로 평가된다.

① 날개 사이에 근육질의 익막이 있다.

② 날개에는 세 개의 갈고리 발톱이 있다.

③ 날개의 깃털이 비대칭 구조로 형성되어 있다.

④ 척추뼈가 꼬리까지 이어지는 유선형 구조이다.

⑤ 현대 조류처럼 가슴뼈가 비행에 최적화된 구조이다.

16 다음 글의 주제로 가장 적절한 것은?

사람들에게 의학을 대표하는 인물을 물어본다면 대부분 히포크라테스(Hippocrates)를 떠올릴 것이다. 히포크라테스는 당시 신의 징벌이나 초자연적인 힘으로 생각되었던 질병을 관찰을 통해 자연적 현상으로 이해하였고, 당시 마술이나 철학으로 여겨졌던 의학을 분리하였다. 이에 따라 의사라는 직업이 과학적인 기반 위에 만들어지게 되었다. 현재에는 의학의 아버지로 불리며 히포크라테스 선서라고 불리는 의사의 윤리적 기준을 저술한 것으로 알려져 있다. 이처럼 히포크라테스는 서양의학의 상징으로 받아들여지지만, 서양의학에 절대적인 영향을 준 사람은 클라우디오스 갈레노스(Claudius Galenus)이다.

갈레노스는 로마 시대 검투사 담당의에서 황제 마르쿠스 아우렐리우스의 주치의로 활동한 의사로, 해부학, 생리학, 병리학에 걸친 방대한 의학체계를 집대성하여 이후 1,000년 이상 서양의학의 토대를 닦았다. 당시에는 인체의 해부가 금지되어 있었기 때문에 갈레노스는 원숭이, 돼지 등을 사용하여 해부학적 지식을 쌓았으며, 임상 실험을 병행하여 의학적 지식을 확립하였다. 이러한 해부 및 실험을 통해 갈레노스는 여러 장기의 기능을 밝히고, 근육과 뼈를 구분하였으며, 심장의 판막이나 정맥과 동맥의 차이점 등을 밝혀내거나, 혈액이 혈관을 통해 신체 말단까지 퍼져나가며 신진대사를 조절하는 물질을 운반한다고 밝혀냈다. 물론 갈레노스도 히포크라테스가 주장한 4원소에 따른 4체액설(혈액, 담즙, 황담즙, 흑담즙)을 믿거나 피를 뽑아 치료하는 사혈법을 주장하는 등 현대 의학과는 거리가 있지만, 당시에 의학 이론을 해부와 실험을 통해 증명하고 방대한 저술을 남겼다는 놀라운 업적을 가지고 있으며, 이것이 실제로 가장 오랫동안 서양의학을 실제로 지배하는 토대가 되었다.

① 갈레노스의 생애와 의학의 발전
② 고대에서 현대까지 해부학의 발전 과정
③ 히포크라테스 선서에 의한 전문직의 도덕적 기준
④ 히포크라테스와 갈레노스가 서양의학에 끼친 영향과 중요성
⑤ 히포크라테스와 갈레노스의 4체액설이 현대 의학에 끼친 영향

17 다음 중 제시된 단어와 가장 비슷한 단어는?

비상구

① 진입로   ② 출입구
③ 돌파구   ④ 여울목
⑤ 탈출구

18 A열차가 어떤 터널을 진입하고 5초 후 B열차가 같은 터널에 진입하였다. 그로부터 5초 후 B열차가 터널을 빠져나왔고 5초 후 A열차가 터널을 빠져나왔다. A열차가 터널을 빠져나오는 데 걸린 시간이 14초일 때, B열차는 A열차보다 몇 배 빠른가?(단, A열차와 B열차 모두 속력의 변화는 없으며, 두 열차의 길이는 서로 같다)

① 2배   ② 2.5배
③ 3배   ④ 3.5배
⑤ 4배

19 A팀은 5일부터 5일마다 회의실을 사용하고, B팀은 4일부터 4일마다 회의실을 사용하기로 하였으며, 두 팀이 사용하고자 하는 날이 겹칠 경우에는 A, B팀이 번갈아가며 사용하기로 하였다. 어느 날 A팀과 B팀이 사용하고자 하는 날이 겹쳤을 때, 겹친 날을 기준으로 A팀이 9번, B팀이 8번 회의실을 사용했다면, 이때까지 A팀은 회의실을 최대 몇 번 이용하였는가?(단, 회의실 사용일이 첫 번째로 겹친 날에는 A팀이 먼저 사용하였으며, 회의실 사용일은 주말 및 공휴일도 포함한다)

① 61회   ② 62회
③ 63회   ④ 64회
⑤ 65회

20 다음 모스 굳기 10단계에 해당하는 광물 A ~ C가 〈조건〉을 만족할 때, 이에 대한 설명으로 옳은 것은?

<table>
<tr><td colspan="6" align="center">〈모스 굳기 10단계〉</td></tr>
<tr><td>단계</td><td>1단계</td><td>2단계</td><td>3단계</td><td>4단계</td><td>5단계</td></tr>
<tr><td>광물</td><td>활석</td><td>석고</td><td>방해석</td><td>형석</td><td>인회석</td></tr>
<tr><td>단계</td><td>6단계</td><td>7단계</td><td>8단계</td><td>9단계</td><td>10단계</td></tr>
<tr><td>광물</td><td>정장석</td><td>석영</td><td>황옥</td><td>강옥</td><td>금강석</td></tr>
</table>

- 모스 굳기 단계의 단계가 낮을수록 더 무른 광물이고, 단계가 높을수록 단단한 광물이다.
- 단계가 더 낮은 광물로 단계가 더 높은 광물을 긁으면 긁힘 자국이 생기지 않는다.
- 단계가 더 높은 광물로 단계가 더 낮은 광물을 긁으면 긁힘 자국이 생긴다.

조건

- 광물 A로 광물 B를 긁으면 긁힘 자국이 생기지 않는다.
- 광물 A로 광물 C를 긁으면 긁힘 자국이 생긴다.
- 광물 B로 광물 C를 긁으면 긁힘 자국이 생긴다.
- 광물 B는 인회석이다.

① 광물 C는 석영이다.
② 광물 A는 방해석이다.
③ 광물 A가 가장 무르다.
④ 광물 B가 가장 단단하다.
⑤ 광물 B는 모스 굳기 단계가 7단계 이상이다.

21 J공사는 지방에 있는 지점 사무실을 공유 오피스로 이전하고자 한다. 다음 사무실 이전 조건을 참고할 때, 〈보기〉 중 이전할 오피스로 가장 적절한 곳은?

〈사무실 이전 조건〉

- 지점 근무 인원 : 71명
- 사무실 예상 이용 기간 : 5년
- 교통 조건 : 역이나 버스 정류장에서 도보 10분 이내
- 시설 조건 : 자사 홍보영상 제작을 위한 스튜디오 필요, 회의실 필요
- 비용 조건 : 다른 조건이 모두 가능한 공유 오피스 중 가장 저렴한 곳(1년 치 비용 선납 가능)

보기

구분	가용 인원수	보유시설	교통 조건	임대비용
A오피스	100인	라운지, 회의실, 스튜디오, 복사실, 탕비실	A역에서 도보 8분	1인당 연간 600만 원
B오피스	60인	회의실, 스튜디오, 복사실	B정류장에서 도보 5분	1인당 월 40만 원
C오피스	100인	라운지, 회의실, 스튜디오	C역에서 도보 7분	월 3,600만 원
D오피스	90인	회의실, 복사실, 탕비실	D정류장에서 도보 4분	월 3,500만 원 (1년 치 선납 시 8% 할인)
E오피스	80인	라운지, 회의실, 스튜디오	E역과 연결된 사무실	월 3,800만 원 (1년 치 선납 시 10% 할인)

① A오피스   ② B오피스

③ C오피스   ④ D오피스

⑤ E오피스

※ 다음은 에너지바우처 사업에 대한 자료이다. 이어지는 질문에 답하시오. [22~23]

〈에너지바우처〉

1. 에너지바우처란?

   국민 모두가 시원한 여름, 따뜻한 겨울을 보낼 수 있도록 에너지 취약계층을 위해 에너지바우처(이용권)를 지급하여 전기, 도시가스, 지역난방, 등유, LPG, 연탄을 구입할 수 있도록 지원하는 제도

2. 신청대상 : 소득기준과 세대원 특성기준을 모두 충족하는 세대
   - 소득기준 : 국민기초생활 보장법에 따른 생계급여 / 의료급여 / 주거급여 / 교육급여 수급자
   - 세대원 특성기준 : 주민등록표 등본상 기초생활수급자(본인) 또는 세대원이 다음 중 어느 하나에 해당하는 경우
     - 노인 : 65세 이상
     - 영유아 : 7세 이하의 취학 전 아동
     - 장애인 : 장애인복지법에 따라 등록한 장애인
     - 임산부 : 임신 중이거나 분만 후 6개월 미만인 여성
     - 중증질환자, 희귀질환자, 중증난치질환자 : 국민건강보험법 시행령에 따라 보건복지부장관이 정하여 고시하는 중증질환, 희귀질환, 중증난치질환을 가진 사람
     - 한부모가족 : 한부모가족지원법에 따른 '모' 또는 '부'로서 아동인 자녀를 양육하는 사람
     - 소년소녀가정 : 보건복지부에서 정한 아동분야 지원대상에 해당하는 사람(아동복지법에 의한 가정위탁보호 아동 포함)
   - 지원 제외 대상 : 세대원 모두가 보장시설 수급자
   - 다음의 경우 동절기 에너지바우처 중복 지원 불가
     - 긴급복지지원법에 따라 동절기 연료비를 지원받은 자(세대)
     - 한국에너지공단의 등유바우처를 발급받은 자(세대)
     - 한국광해광업공단의 연탄쿠폰을 발급받은 자(세대)
     ※ 하절기 에너지바우처를 사용한 수급자가 동절기에 위 사업들을 신청할 경우 동절기 에너지바우처를 중지 처리한 후 신청(중지사유 : 타동절기 에너지이용권 수급)
     ※ 단, 동절기 에너지바우처를 일부 사용한 경우 위 사업들은 신청 불가

3. 바우처 지원금액

구분	1인 세대	2인 세대	3인 세대	4인 이상 세대
하절기	55,700원	73,800원	90,800원	117,000원
동절기	254,500원	348,700원	456,900원	599,300원
총액	310,200원	422,500원	547,700원	716,300원

4. 지원방법
   - 요금차감
     - 하절기 : 전기요금 고지서에서 요금을 자동으로 차감
     - 동절기 : 도시가스 / 지역난방 중 하나를 선택하여 고지서에서 요금을 자동으로 차감
   - 실물카드 : 동절기 도시가스, 등유, LPG, 연탄을 실물카드(국민행복카드)로 직접 결제

---

22 다음 중 에너지바우처에 대한 설명으로 옳지 않은 것은?

① 36개월의 아이가 있는 의료급여 수급자 A는 에너지바우처를 신청할 수 있다.

② 혼자서 아이를 3명 키우는 교육급여 수급자 B는 1년에 70만 원을 넘게 지원받을 수 있다.

③ 보장시설인 양로시설에 살면서 생계급여를 받는 70세 독거노인 C는 에너지바우처를 신청할 수 있다.

④ 에너지바우처 기준을 충족하는 D는 겨울에 연탄보일러를 사용하므로 실물카드를 받는 방법으로 지원을 받아야 한다.

⑤ 희귀질환을 앓고 있는 어머니와 함께 단둘이 사는 생계급여 수급자 E는 에너지바우처를 통해 여름에 전기비에서 73,800원이 차감될 것이다.

23 다음은 A, B가족의 에너지바우처 정보이다. A, B가족이 올해 에너지바우처를 통해 지원받는 금액의 총합은 얼마인가?

〈A, B가족의 에너지바우처 정보〉

구분	세대 인원	소득기준	세대원 특성기준	특이사항
A가족	5명	의료급여 수급자	영유아 2명	연탄쿠폰 발급받음
B가족	2명	생계급여 수급자	소년소녀가정	지역난방 이용

① 190,800원
③ 948,000원
⑤ 1,138,800원
② 539,500원
④ 1,021,800원

24 다음 C 프로그램을 실행하였을 때의 결과로 옳은 것은?

```c
#include <stdio.h>
int main( ) {
    int result=0;
    while (result<2) {
        result=result+1;
        printf("%d\n",result);
        result=result-1;
    }
}
```

① 실행되지 않는다.
② 0
   1

③ 0
   -1
④ 1
   1

⑤ 1이 무한히 출력된다.

25 다음은 A국과 B국의 물가지수 동향에 대한 자료이다. [E2] 셀에 「=ROUND(D2,-1)」를 입력하였을 때, 출력되는 값은?

	A	B	C	D	E
		A국	B국	평균 판매지수	
1		A국	B국	평균 판매지수	
2	2024년 1월	122.313	112.36	117.3365	
3	2024년 2월	119.741	110.311	115.026	
4	2024년 3월	117.556	115.379	116.4675	
5	2024년 4월	124.739	118.652	121.6955	
6	⋮	⋮	⋮	⋮	
7					

〈A, B국 물가지수 동향〉

① 100
② 105
③ 110
④ 115
⑤ 120

26 다음 중 빈칸에 들어갈 내용으로 가장 적절한 것은?

주의력 결핍 과잉행동장애(ADHD)는 학령기 아동에게 흔히 나타나는 질환으로, 주의력 결핍, 과잉행동, 충동성의 증상을 보인다. 이는 아동의 학교 및 가정생활에 큰 영향을 미치며, 적절한 치료와 관리가 필요하다. ADHD의 원인은 신경화학적 요인과 유전적 요인이 복합적으로 작용하는 것으로 여겨진다. 도파민과 노르에피네프린 같은 신경전달물질의 불균형이 주요 원인으로 지목되며, 가족력이 있는 경우 ADHD 발병 확률이 높아진다. 연구에 따르면, ADHD는 상당한 유전적 연관성을 보이며, 부모나 형제 중에 ADHD를 가진 사람이 있을 경우 그 위험이 증가한다.

환경적 요인도 ADHD 발병에 영향을 미칠 수 있다. 임신 중 음주, 흡연, 약물 사용 등이 위험을 높일 수 있으며, 조산이나 저체중 출산도 연관성이 있다. 이러한 환경적 요인들은 태아의 뇌 발달에 영향을 미쳐 ADHD 발병 가능성을 증가시킬 수 있다. 그러나 이러한 요인들이 단독으로 ADHD를 유발하는 것은 아니며, 다양한 요인이 복합적으로 작용하여 증상이 나타난다.

ADHD 치료는 약물요법과 비약물요법으로 나뉜다. 약물요법에서는 메틸페니데이트 같은 중추신경 자극제가 널리 사용된다. 이 약물은 도파민과 노르에피네프린의 재흡수를 억제해 증상을 완화한다. 이러한 약물은 주의력 향상과 충동성 감소에 효과적이며, 많은 연구에서 그 효능이 입증되었다. 비약물요법으로는 행동개입 요법과 심리사회적 프로그램이 있다. 이는 구조화된 환경에서 집중을 방해하는 요소를 최소화하고, 연령에 맞는 개입방법을 적용한다. 예를 들어, 학령기 아동에게는 그룹 부모훈련과 교실 내 행동개입 프로그램이 추천된다.

가정에서는 부모가 아이가 해야 할 일을 목록으로 작성하도록 돕고, 한 번에 한 가지씩 처리하도록 지도해야 한다. 특히 아이의 바람직한 행동에는 칭찬하고, 잘못된 행동에는 책임을 지도록 하는 것이 중요하다. 이러한 방법은 아이의 자존감을 높이고 긍정적인 행동을 강화하는 데 도움이 된다. 학교에서는 과제를 짧게 나누고, 수업이 지루하지 않도록 하며, 규칙과 보상을 일관되게 유지해야 한다. 교사는 ADHD 아동이 주의가 산만해질 수 있는 환경적 요소를 제거하고, 많은 격려와 칭찬을 통해 학습 동기를 유발해야 한다.

ADHD는 완치가 어려운 만성 질환이지만 적절한 치료와 관리를 통해 증상을 개선할 수 있다. 약물 치료와 비약물 치료를 병행하고 가정과 학교에서 적절한 지원이 이루어지면 ADHD 아동도 건강하고 행복한 삶을 영위할 수 있다. 결론적으로, ADHD는 ＿＿＿＿＿＿＿＿＿＿＿＿＿＿＿＿＿＿
따라서 다양한 원인에 부합하는 맞춤형 치료와 환경 조성을 통해 아동의 잠재력을 최대한 발휘할 수 있도록 지원해야 한다. 이는 아동이 자신의 능력을 충분히 발휘하고 성공적인 삶을 살아가는 데 중요한 역할을 한다.

① 완벽한 치료가 불가능한 불치병이다.
② 약물 치료를 통해 쉽게 치료가 가능하다.
③ 다양한 원인이 복합적으로 작용하는 질환이다.
④ 아동에게 적극적으로 개입해 충동성을 감소시켜야 하는 질환이다.

27 다음 중 밑줄 친 단어가 맞춤법상 옳지 않은 것은?

① 김주임은 지난 분기 매출을 조사하여 증가량을 <u>백분율</u>로 표기하였다.

② 젊은 세대를 중심으로 빠른 이직 트렌드가 형성되어 <u>이직률</u>이 높아지고 있다.

③ 이번 학기 <u>출석율</u>이 이전보다 크게 향상되어 학생들의 참여도가 높아지고 있다.

④ 이번 시험의 <u>합격률</u>이 역대 최고치를 기록하며 수험생들에게 희망을 안겨주었다.

28 S공사는 2024년 상반기에 신입사원을 채용하였다. 전체 지원자 중 채용에 불합격한 남성 수와 여성 수의 비율은 같으며, 합격한 남성 수와 여성 수의 비율은 2 : 3이라고 한다. 남성 전체 지원자와 여성 전체 지원자의 비율이 6 : 7일 때, 합격한 남성 수가 32명이면 전체 지원자는 몇 명인가?

① 192명   ② 200명

③ 208명   ④ 216명

29 다음은 직장가입자 보수월액보험료에 대한 자료이다. A씨가 〈조건〉에 따라 장기요양보험료를 납부할 때, A씨의 2023년 보수 월액은?(단, 소수점 첫째 자리에서 반올림한다)

〈직장가입자 보수월액보험료〉

- 개요 : 보수월액보험료는 직장가입자의 보수월액에 보험료율을 곱하여 산정한 금액에 경감 등을 적용하여 부과한다.
- 보험료 산정 방법
  - 건강보험료는 다음과 같이 산정한다.

    (건강보험료)=(보수월액)×(건강보험료율)

    ※ 보수월액 : 동일사업장에서 당해 연도에 지급받은 보수총액을 근무월수로 나눈 금액
  - 장기요양보험료는 다음과 같이 산정한다.

    2022.12.31. 이전 : (장기요양보험료)=(건강보험료)×(장기요양보험료율)

    2023.01.01. 이후 : (장기요양보험료)=(건강보험료)×$\dfrac{(장기요양보험료율)}{(건강보험료율)}$

〈2020 ~ 2024년 보험료율〉

(단위 : %)

구분	2020년	2021년	2022년	2023년	2024년
건강보험료율	6.67	6.86	6.99	7.09	7.09
장기요양보험료율	10.25	11.52	12.27	0.9082	0.9182

조건
- A씨는 K공사에서 2011년 3월부터 2023년 9월까지 근무하였다.
- A씨는 3개월 후 2024년 1월부터 S공사에서 현재까지 근무하고 있다.
- A씨의 2023년 장기요양보험료는 35,120원이었다.

① 3,866,990원 ② 3,974,560원
③ 4,024,820원 ④ 4,135,970원

30 다음 중 개인정보보호법에서 사용하는 용어에 대한 정의로 옳지 않은 것은?

① '가명처리'란 추가 정보 없이도 특정 개인을 알아볼 수 있도록 처리하는 것을 말한다.

② '정보주체'란 처리되는 정보에 의하여 알아볼 수 있는 사람으로서 그 정보의 주체가 되는 사람을 말한다.

③ '개인정보'란 살아 있는 개인에 관한 정보로서 성명, 주민등록번호 및 영상 등을 통하여 개인을 알아볼 수 있는 정보를 말한다.

④ '처리'란 개인정보의 수집, 생성, 연계, 연동, 기록, 저장, 보유, 가공, 편집, 검색, 출력, 정정, 복구, 이용, 제공, 공개, 파기, 그 밖에 이와 유사한 행위를 말한다.

31 다음은 생활보조금 신청자의 소득 및 결과에 대한 자료이다. 월 소득이 100만 원 이하인 사람은 보조금 지급이 가능하고, 100만 원을 초과한 사람은 보조금 지급이 불가능할 때, 보조금 지급을 받는 사람의 수를 구하는 함수로 옳은 것은?

〈생활보조금 신청자 소득 및 결과〉

	A	B	C	D	E
1	지원번호	소득(만 원)	결과		
2	1001	150	불가능		
3	1002	80	가능		보조금 지급 인원 수
4	1003	120	불가능		
5	1004	95	가능		
6	⋮	⋮	⋮		
7					

① =COUNTIF(A:C, "<=100")

② =COUNTIF(A:C, <=100)

③ =COUNTIF(B:B, "<=100")

④ =COUNTIF(B:B, <=100)

32 다음은 초등학생의 주차별 용돈에 대한 자료이다. 빈칸에 들어갈 함수를 바르게 짝지은 것은?(단, 한 달은 4주로 한다)

〈초등학생 주차별 용돈〉

	A	B	C	D	E	F
1	학생번호	1주	2주	3주	4주	합계
2	1	7,000	8,000	12,000	11,000	(A)
3	2	50,000	60,000	45,000	55,000	
4	3	70,000	85,000	40,000	55,000	
5	4	10,000	6,000	18,000	14,000	
6	5	24,000	17,000	34,000	21,000	
7	6	27,000	56,000	43,000	28,000	
8	한 달 용돈이 150,000원 이상인 학생 수					(B)

	(A)	(B)
①	=SUM(B2:E2)	=COUNTIF(F2:F7, ">=150,000")
②	=SUM(B2:E2)	=COUNTIF(B2:E2, ">=150,000")
③	=SUM(B2:E2)	=COUNTIF(B2:E7, ">=150,000")
④	=SUM(B2:E7)	=COUNTIF(F2:F7, ">=150,000")
⑤	=SUM(B2:E7)	=COUNTIF(B2:F2, ">=150,000")

33 다음 중 빅데이터 분석 기획 절차를 순서대로 바르게 나열한 것은?

① 범위 설정 → 프로젝트 정의 → 위험 계획 수립 → 수행 계획 수립
② 범위 설정 → 프로젝트 정의 → 수행 계획 수립 → 위험 계획 수립
③ 프로젝트 정의 → 범위 정의 → 위험 계획 수립 → 수행 계획 수립
④ 프로젝트 정의 → 범위 설정 → 수행 계획 수립 → 위험 계획 수립

34 다음 중 밑줄 친 부분의 단어가 어법상 옳은 것은?

> K씨는 항상 ① 짜깁기 / 짜집기한 자료로 보고서를 작성했다. 처음에는 아무도 눈치채지 못했지만, 시간이 지나면서 K씨의 작업이 다른 사람들의 것과 비교해 질적으로 떨어지는 것이 분명해졌다. K씨는 결국 동료들 사이에서 ② 뒤처지기 / 뒤쳐지기 시작했고, 격차를 좁히기 위해 더 많은 시간을 투자해야 했다.

	①	②
①	짜깁기	뒤처지기
②	짜깁기	뒤쳐지기
③	짜집기	뒤처지기
④	짜집기	뒤쳐지기

35 다음 중 공문서 작성 시 유의해야 할 점으로 옳지 않은 것은?

① 한 장에 담아내는 것이 원칙이다.
② 부정문이나 의문문의 형식은 피한다.
③ 마지막엔 반드시 '끝'자로 마무리한다.
④ 날짜 다음에 괄호를 사용할 경우에는 반드시 마침표를 찍는다.

36 영서가 어머니와 함께 40분 동안 만두를 60개 빚었다고 한다. 어머니가 혼자서 1시간 동안 만두를 빚을 수 있는 개수가 영서가 혼자서 1시간 동안 만두를 빚을 수 있는 개수보다 10개 더 많을 때, 영서는 1시간 동안 만두를 몇 개 빚을 수 있는가?

① 30개 ② 35개
③ 40개 ④ 45개

37 대칭수는 순서대로 읽은 수와 거꾸로 읽은 수가 같은 수를 가리키는 말이다. 예컨대, 121, 303, 1,441, 85058 등은 대칭수이다. 1,000 이상 50,000 미만의 대칭수는 모두 몇 개인가?

① 180개   ② 325개

③ 405개   ④ 490개

38 어떤 자연수 '25□'가 3의 배수일 때, □에 들어갈 수 있는 모든 자연수의 합은?

① 12   ② 13

③ 14   ④ 15

39 바이올린, 호른, 오보에, 플루트 4가지의 악기를 다음 〈조건〉에 따라 좌우로 4칸인 선반에 각각 1대씩 보관하려 한다. 각 칸에는 한 대의 악기만 배치할 수 있을 때, 왼쪽에서 두 번째 칸에 배치할 수 없는 악기는?

> **조건**
> • 호른은 바이올린 바로 왼쪽에 위치한다.
> • 오보에는 플루트 왼쪽에 위치하지 않는다.

① 바이올린   ② 호른

③ 오보에   ④ 플루트

40 다음 중 비영리 조직에 해당하지 않는 것은?

① 교육기관   ② 자선단체

③ 사회적 기업   ④ 비정부기구

41 다음은 D기업의 분기별 재무제표에 대한 자료이다. 2022년 4분기의 영업이익률은 얼마인가?

〈D기업 분기별 재무제표〉

(단위 : 십억 원, %)

구분	2022년 1분기	2022년 2분기	2022년 3분기	2022년 4분기	2023년 1분기	2023년 2분기	2023년 3분기	2023년 4분기
매출액	40	50	80	60	60	100	150	160
매출원가	30	40	70	80	100	100	120	130
매출총이익	10	10	10	( )	-40	0	30	30
판관비	3	5	5	7	8	5	7.5	10
영업이익	7	5	5	( )	-8	-5	22.5	20
영업이익률	17.5	10	6.25	( )	-80	-5	15	12.5

※ (영업이익률)=(영업이익)÷(매출액)×100

※ (영업이익)=(매출총이익)-(판관비)

※ (매출총이익)=(매출액)-(매출원가)

① -30%

② -45%

③ -60%

④ -75%

42 5km/h의 속력으로 움직이는 무빙워크를 이용하여 이동하는 데 36초가 걸렸다. 무빙워크 위에서 무빙워크와 같은 방향으로 4km/h의 속력으로 걸어 이동할 때 걸리는 시간은?

① 10초

② 15초

③ 20초

④ 25초

43 다음 순서도에서 출력되는 result 값은?

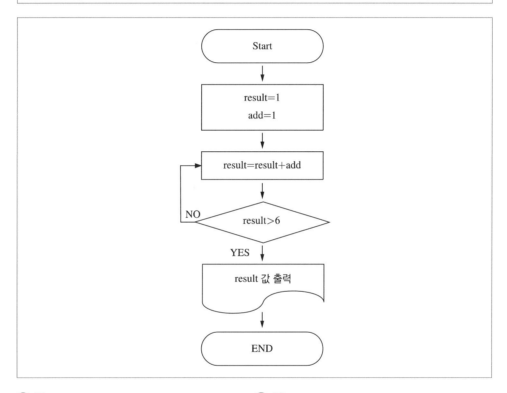

〈순서도 기호〉

기호	설명	기호	설명
(둥근 모서리 상자)	시작과 끝을 나타낸다.	(마름모)	어느 것을 택할 것인지 판단한다.
(직사각형)	데이터를 입력하거나 계산하는 등의 처리를 한다.	(출력 기호)	선택한 값을 출력한다.

Start

result=1
add=1

result=result+add

result>6

NO

YES

result 값 출력

END

① 11   ② 10
③ 9   ④ 8
⑤ 7

44 다음은 A컴퓨터 A/S센터의 하드디스크 수리 방문접수 과정에 대한 순서도이다. 하드디스크 데이터 복구를 문의할 때, 출력되는 도형은 무엇인가?

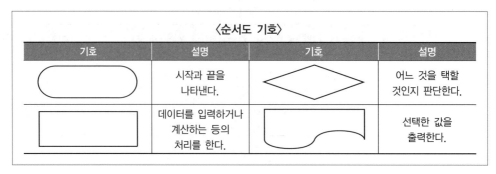

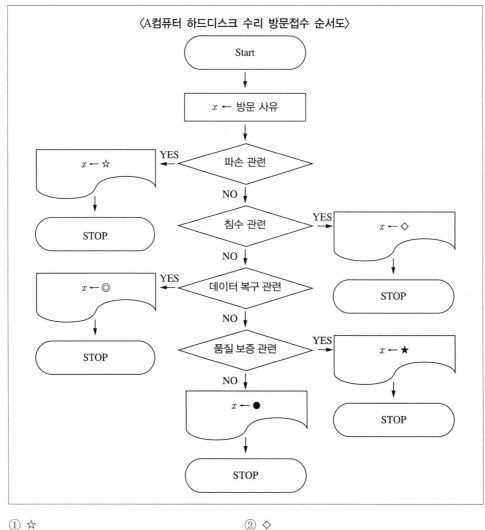

① ☆

② ◇

③ ◎

④ ★

⑤ ●

45 다음은 EAN-13 바코드 부여 규칙에 대한 자료이다. 상품코드의 맨 앞 자릿수가 9일 때, 2 ~ 7번째 자릿수가 '387655'라면 이를 이진코드로 바르게 변환한 것은?

<EAN-13 바코드 부여 규칙>

1. 13자리 상품코드의 맨 앞 자릿수에 따라 다음과 같이 변환한다.

상품코드 번호	2 ~ 7번째 자릿수	8 ~ 13번째 자릿수
0	AAAAAA	CCCCCC
1	AABABB	CCCCCC
2	AABBAB	CCCCCC
3	AABBBA	CCCCCC
4	ABAABB	CCCCCC
5	ABBAAB	CCCCCC
6	ABBBAA	CCCCCC
7	ABABAB	CCCCCC
8	ABABBA	CCCCCC
9	ABBABA	CCCCCC

2. A, B, C는 다음과 같이 상품코드 번호를 이진코드로 변환한 값이다.

상품코드 번호	A	B	C
0	0001101	0100111	1110010
1	0011001	0110011	1100110
2	0010011	0011011	1101100
3	0111101	0100001	1000010
4	0100011	0011101	1011100
5	0110001	0111001	1001110
6	0101111	0000101	1010000
7	0111011	0010001	1000100
8	0110111	0001001	1001000
9	0001011	0010111	1110100

	2번째 수	3번째 수	4번째 수	5번째 수	6번째 수	7번째 수
①	0111101	0001001	0010001	0101111	0111001	0110001
②	0100001	0001001	0010001	0000101	0111101	0111101
③	0111101	0110111	0111011	0101111	0111001	0111101
④	0100001	0101111	0010001	0010111	0100111	0001011
⑤	0111101	0011001	0010001	0101111	0011001	0111001

※ 다음은 청소 유형별 청소기 사용 방법 및 고장 유형별 확인 사항에 대한 자료이다. 이어지는 질문에 답하시오. [46~47]

〈청소 유형별 청소기 사용 방법〉

유형	사용 방법
일반 청소	1. 기본형 청소구를 장착해 주세요. 2. 작동 버튼을 눌러 주세요.

틈새 청소	1. 기본형 청소구의 입구 돌출부를 누르고 잡아당기면 좁은 흡입구를 꺼낼 수 있습니다.
	   반대로 돌출부를 누르면서 밀어 넣으면 좁은 흡입구를 안쪽으로 정리할 수 있습니다.
	2. 1.의 좁은 흡입구를 꺼낸 상태에서 돌출부를 시계 방향으로 돌리면 돌출부를 고정할 수 있습니다.
	3. 좁은 흡입구를 고정한 후 작동 버튼을 눌러 주세요.
	   (좁은 흡입구에는 솔이 함께 들어 있습니다)

카펫 청소	1. 별도의 돌기 청소구로 교체해 주세요. (기본형으로도 카펫 청소를 할 수 있으나, 청소 효율이 떨어집니다) 2. 작동 버튼을 눌러 주세요.

스팀 청소	1. 별도의 스팀 청소구로 교체해 주세요.
	2. 스팀 청소구의 물통에 물을 충분히 채운 후 뚜껑을 잠가 주세요.
	   ※ 반드시 전원을 분리한 상태에서 진행해 주세요.
	3. 걸레판에 걸레를 부착한 후 스팀 청소구의 노즐에 장착해 주세요.
	   ※ 반드시 전원을 분리한 상태에서 진행해 주세요.
	4. 스팀 청소 버튼을 누르고 안전 스위치를 눌러 주세요.
	   ※ 안전을 위해 안전 스위치를 누르는 동안에만 스팀이 발생합니다.
	   ※ 스팀 청소 작업 도중 및 완료 직후에 청소기를 거꾸로 세우거나 스팀 청소구를 눕히면 뜨거운 물이 새어 나와 화상을 입을 수 있습니다.
	5. 스팀 청소 완료 후 물이 충분히 식은 후 물통 및 스팀 청소구를 분리해 주세요.
	   ※ 충분히 식지 않은 상태에서 분리 시 뜨거운 물이 새어 나와 화상의 위험이 있습니다.

〈고장 유형별 확인 사항〉

유형	확인 사항
흡입력 약화	• 흡입구, 호스, 먼지통, 먼지분리기에 크기가 큰 이물질이 걸려 있는지 확인해 주세요. • 필터를 교체해 주세요. • 먼지통, 먼지분리기, 필터의 조립 상태를 확인해 주세요.
청소기 미작동	• 전원이 제대로 연결되어 있는지 확인해 주세요.
물 보충 램프 깜빡임	• 물통에 물이 충분한지 확인해 주세요. • 물이 충분히 채워졌어도 꺼질 때까지 시간이 다소 걸립니다. 잠시 기다려 주세요.
스팀 안 나옴	• 물통에 물이 충분한지 확인해 주세요. • 안전 스위치를 눌렀는지 확인해 주세요.
바닥에 물이 남음	• 스팀 청소구를 너무 자주 좌우로 기울이면 물이 소량 새어 나올 수 있습니다. • 걸레가 많이 젖었으므로 걸레를 교체해 주세요.
악취 발생	• 제품 기능상의 문제는 아니므로 고장이 아닙니다. • 먼지통 및 필터를 교체해 주세요. • 스팀 청소구의 물통 등 청결 상태를 확인해 주세요.
소음 발생	• 흡입구, 호스, 먼지통, 먼지분리기에 크기가 큰 이물질이 걸려 있는지 확인해 주세요. • 먼지통, 먼지분리기, 필터의 조립 상태를 확인해 주세요.

46 다음 중 청소 유형별 청소기 사용 방법에 대한 설명으로 옳지 않은 것은?

① 기본형 청소구로 카펫 청소가 가능하다.

② 스팀 청소 직후 통을 분리하면 화상의 위험이 있다.

③ 기본형 청소구를 이용하여 좁은 틈새를 청소할 수 있다.

④ 안전 스위치를 1회 누르면 별도의 외부 입력 없이 스팀을 지속하여 발생시킬 수 있다.

⑤ 스팀 청소 시 물 보충 및 걸레 부착 작업은 반드시 전원을 분리한 상태에서 진행해야 한다.

47 다음 중 고장 유형별 확인 사항이 바르게 연결되어 있지 않은 것은?

① 물 보충 램프 깜빡임 : 잠시 기다리기

② 악취 발생 : 스팀 청소구의 청결 상태 확인하기

③ 흡입력 약화 : 먼지통, 먼지분리기, 필터 교체하기

④ 바닥에 물이 남음 : 물통에 물이 너무 많이 있는지 확인하기

⑤ 소음 발생 : 흡입구, 호스, 먼지통, 먼지분리기의 이물질 걸림 확인하기

48 다음 중 동료의 피드백을 장려하기 위한 방안으로 적절하지 않은 것은?

① 행동과 수행을 관찰한다.

② 즉각적인 피드백을 제공한다.

③ 뛰어난 수행성과에 대해서는 인정한다.

④ 간단하고 분명한 목표와 우선순위를 설정한다.

⑤ 긍정적인 상황에서는 피드백을 자제하는 것도 나쁘지 않다.

49 다음 중 내적 동기를 유발하는 방법으로 적절하지 않은 것은?

① 변화를 두려워하지 않는다.

② 업무 관련 교육을 생략한다.

③ 주어진 일에 책임감을 갖는다.

④ 창의적인 문제해결법을 찾는다.

⑤ 새로운 도전의 기회를 부여한다.

50 다음은 갈등 정도와 조직 성과의 관계에 대한 그래프이다. 이에 대한 설명으로 옳지 않은 것은?

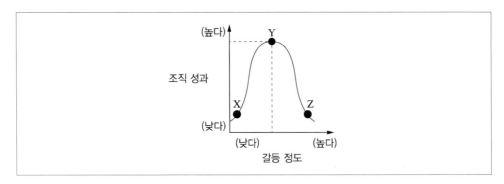

① 적절한 갈등이 있을 경우 가장 높은 조직 성과를 얻을 수 있다.

② 갈등이 없을수록 조직 내부가 결속되어 높은 조직 성과를 보인다.

③ Y점에서는 갈등의 순기능, Z점에서는 갈등의 역기능이 작용한다.

④ 갈등이 없을 경우 낮은 조직 성과를 얻을 수 있다.

⑤ 갈등이 잦을 경우 낮은 조직 성과를 얻을 수 있다.

| 01 | **법학** |

| 서울교통공사

01 다음 중 노동법의 성질이 다른 하나는?

① 산업안전보건법
② 남녀고용평등법
③ 산업재해보상보험법
④ 근로자참여 및 협력증진에 관한 법
⑤ 고용보험법

| 서울교통공사

02 다음 〈보기〉 중 용익물권에 해당하는 것을 모두 고르면?

> **보기**
>
> 가. 지상권   나. 점유권
> 다. 지역권   라. 유치권
> 마. 전세권   바. 저당권

① 가, 다, 마   ② 가, 라, 바
③ 나, 라, 바   ④ 다, 라, 마
⑤ 라, 마, 바

03 다음 중 선고유예와 집행유예의 내용에 대한 분류가 옳지 않은 것은?

구분	선고유예	집행유예
실효	유예한 형을 선고	유예선고의 효력 상실
요건	1년 이하 징역·금고, 자격정지, 벌금	3년 이하 징역·금고, 500만 원 이하의 벌금형
유예기간	1년 이상 5년 이하	2년
효과	면소	형의 선고 효력 상실

① 실효
② 요건
③ 유예기간
④ 효과
⑤ 없음

04 다음 〈보기〉 중 형법상 몰수가 되는 것은 모두 몇 개인가?

> 보기
> • 범죄행위에 제공한 물건
> • 범죄행위에 제공하려고 한 물건
> • 범죄행위로 인하여 생긴 물건
> • 범죄행위로 인하여 취득한 물건
> • 범죄행위의 대가로 취득한 물건

① 1개
② 2개
③ 3개
④ 4개
⑤ 5개

05 다음 중 상법상 법원이 아닌 것은?

① 판례
② 조례
③ 상관습법
④ 상사자치법
⑤ 보통거래약관

▌ K-water 한국수자원공사

01 다음 중 예산원칙의 예외에 대한 설명으로 옳지 않은 것은?

① 특별회계는 단일성의 원칙에 대한 예외이다.
② 준예산제도는 사전의결의 원칙에 대한 예외이다.
③ 예산의 이용(移用)은 한계성의 원칙에 대한 예외이다.
④ 목적세는 공개성의 원칙에 대한 예외이다.

▌ K-water 한국수자원공사

02 다음 중 정책집행에 대한 설명으로 옳지 않은 것은?

① 사바티어(Sabatier)는 정책집행의 하향식 접근법과 상향식 접근법의 통합모형을 제시했다.
② 버만(Berman)은 집행현장에서 집행조직과 정책사업 사이의 상호적응의 중요성을 강조하였다.
③ 프레스만과 윌다브스키(Pressman & Wildavsky)는 집행과정상의 공동행위의 복잡성을 강조하였다.
④ 나카무라와 스몰우드(Nakamura & Smallwood)의 정책 집행자 유형 중 관료적 기업가형은 정책의 대략적인 방향을 정책결정자가 정하고 정책집행자들은 이 목표의 구체적 집행에 필요한 폭넓은 재량권을 위임받아 정책을 집행하는 유형이다.

▌ K-water 한국수자원공사

03 다음 중 정책참여자에 대한 설명으로 옳지 않은 것은?

① 의회와 지방자치단체는 모두 공식적 참여자에 해당된다.
② 정당과 NGO는 비공식적 참여자에 해당된다.
③ 사회구조가 복잡해진 현대에는 공식적 참여자의 중요도가 상승하였다.
④ 사회적 의사결정에서 정부의 역할이 줄어들수록 비공식적 참여자의 중요도가 높아진다.

▌ K-water 한국수자원공사

04 다음 중 정책문제에 대한 설명으로 옳지 않은 것은?

① 정책문제는 정책결정의 대상으로, 공적인 성격이 강하고 공익성을 추구하는 성향을 갖는다.
② 주로 가치판단의 문제를 포함하고 있어 계량화가 난해하다.
③ 정책문제 해결의 주요 주체는 정부이다.
④ 기업경영에서의 의사결정에 비해 고려사항이 단순하다.

05 다음 중 회사모형의 특징에 대한 설명으로 옳은 것은?

① 사이어트와 드로어가 주장한 모형으로, 조직의 의사결정 방식에 대해 설명하는 이론이다.

② 합리적 결정과 점증적 결정이 누적 및 혼합되어 의사결정이 이루어진다고 본다.

③ 조직들 간의 연결성이 강하지 않은 경우를 전제로 하고 있다.

④ 정책결정 단계를 초정책결정 단계, 정책결정 단계, 후정책결정 단계로 구분하여 설명한다.

06 다음 〈보기〉 중 블라우와 스콧이 주장한 조직 유형에 대한 설명으로 옳지 않은 것을 모두 고르면?

> **보기**
>
> ㄱ. 호혜조직의 1차적 수혜자는 조직 내 의사결정의 참여를 보장받는 구성원이며, 은행, 유통업체 등이 해당된다.
> ㄴ. 사업조직의 1차적 수혜자는 조직의 소유자이며, 이들의 주목적은 이윤 추구이다.
> ㄷ. 봉사조직의 1차적 수혜자는 이들을 지원하는 후원조직으로, 서비스 제공을 위한 인프라 및 자금조달을 지원한다.
> ㄹ. 공공조직의 1차적 수혜자는 공공서비스의 수혜자인 일반대중이며, 경찰, 소방서, 군대 등이 공공조직에 해당된다.

① ㄱ, ㄴ   ② ㄱ, ㄷ

③ ㄴ, ㄷ   ④ ㄷ, ㄹ

07 다음 중 우리나라 직위분류제의 구조에 대한 설명으로 옳지 않은 것은?

① 직군 : 직위분류제의 구조 중 가장 상위의 구분 단위이다.

② 직위 : 개인에게 부여되는 직무와 책임이다.

③ 직류 : 동일 직렬 내 직무가 동일한 것이다.

④ 직렬 : 일반적으로 해당 구성원 간 동일한 보수 체계를 적용받는 구분이다.

08 다음 중 엽관주의와 실적주의에 대한 설명으로 옳지 않은 것은?

① 민주주의적 평등 이념의 실현을 위해서는 엽관주의보다 실적주의가 유리하다.

② 엽관주의와 실적주의 모두 조직 수반에 대한 정치적 정합성보다 정치적 중립성 확보가 강조된다.

③ 공공조직에서 엽관주의적 인사가 이루어지면 구성원들의 신분이 불안정해진다는 단점이 있다.

④ 미국은 엽관주의의 폐단에 대한 대안으로 펜들턴 법의 제정에 따라 인사행정에 실적주의가 도입되었다.

09 다음 중 발생주의 회계의 특징으로 옳은 것은?

① 현금의 유출입 발생 시 회계 장부에 기록하는 방법을 의미한다.

② 실질적 거래의 발생을 회계처리에 정확히 반영할 수 있다는 장점이 있다.

③ 회계연도 내 경영활동과 성과에 대해 정확히 측정하기 어렵다는 한계가 있다.

④ 재화나 용역의 인수 및 인도 시점을 기준으로 장부에 기입한다.

⑤ 수익과 비용이 대응되지 않는다는 한계가 있다.

10 다음 〈보기〉 중 맥그리거(D. McGregor)의 인간관에 대한 설명으로 옳지 않은 것을 모두 고르면?

> **보기**
>
> ㄱ. X이론은 부정적이고 수동적인 인간관에 근거하고 있고, Y이론은 긍정적이고 적극적인 인간관에 근거하고 있다.
> ㄴ. X이론에서는 보상과 처벌을 통한 통제보다는 직원들에 대한 조언과 격려에 의한 경영전략을 강조하였다.
> ㄷ. Y이론에서는 자율적 통제를 강조하는 경영전략을 제시하였다.
> ㄹ. X이론의 적용을 위한 대안으로 권한의 위임 및 분권화, 직무 확대 등을 제시했다.

① ㄱ, ㄴ   ② ㄱ, ㄷ

③ ㄴ, ㄷ   ④ ㄴ, ㄹ

⑤ ㄷ, ㄹ

11 다음 중 대한민국 중앙정부의 인사조직형태에 대한 설명으로 옳지 않은 것은?

① 실적주의의 인사행정을 위해서는 독립합의형보다 비독립단독형 인사조직이 적절하다.

② 비독립단독형 인사기관은 독립합의형 인사기관에 비해 의사결정이 신속하다는 특징이 있다.

③ 독립합의형 인사기관의 경우 비독립단독형 인사기관에 비해 책임소재가 불분명하다는 특징이 있다.

④ 독립합의형 인사기관은 일반적으로 일반행정부처에서 분리되어 있으며, 독립적 지위를 가진 합의체의 형태를 갖는다.

12 다음 〈보기〉 중 정부실패의 원인으로 옳지 않은 것을 모두 고르면?

> **보기**
>
> ㉠ 정부가 민간주체보다 정보에 대한 접근성이 높아서 발생한다.
> ㉡ 공공부문의 불완전경쟁으로 인해 발생한다.
> ㉢ 정부행정이 사회적 필요에 비해 장기적 관점에서 추진되어 발생한다.
> ㉣ 정부의 공급은 공공재라는 성격을 가지기 때문에 발생한다.

① ㉠, ㉡　　　　　　　　　　　　② ㉠, ㉢
③ ㉡, ㉢　　　　　　　　　　　　④ ㉡, ㉣

13 다음 〈보기〉의 행정의 가치 중 수단적 가치가 아닌 것을 모두 고르면?

> **보기**
>
> ㉠ 공익　　　　　　　　　　㉡ 자유
> ㉢ 합법성　　　　　　　　　㉣ 민주성
> ㉤ 복지

① ㉠, ㉡, ㉣　　　　　　　　　　② ㉠, ㉡, ㉤
③ ㉠, ㉢, ㉣　　　　　　　　　　④ ㉠, ㉣, ㉤

14 다음 중 신공공관리론과 뉴거버넌스에 대한 설명으로 옳은 것은?

① 뉴거버넌스는 민영화, 민간위탁을 통한 서비스의 공급을 지향한다.
② 영국의 대처주의, 미국의 레이거노믹스는 모두 신공공관리론에 토대를 둔 정치기조이다.
③ 뉴거버넌스는 정부가 사회의 문제해결을 주도하여 민간 주체들의 적극적 참여를 유도하는 것을 추구한다.
④ 신공공관리론은 정부실패를 지적하며 등장한 이론으로, 민간에 대한 충분한 정보력을 갖춘 크고 완전한 정부를 추구한다.

15 다음 중 사물인터넷을 사용하지 않은 경우는?

① 스마트 팜 시스템을 도입하여 작물 재배의 과정을 최적화, 효율화한다.

② 비상전력체계를 이용하여 재난 및 재해 등 위기상황으로 전력 차단 시 동력을 복원한다.

③ 커넥티드 카를 이용하여 차량 관리 및 운행 현황 모니터링을 자동화한다.

④ 스마트 홈 기술을 이용하여 가정 내 조명, 에어컨 등을 원격 제어한다.

16 다음 〈보기〉 중 수평적 인사이동에 해당하지 않는 것을 모두 고르면?

> **보기**
> ㄱ. 강임   ㄴ. 승진
> ㄷ. 전보   ㄹ. 전직

① ㄱ, ㄴ   ② ㄱ, ㄷ
③ ㄴ, ㄷ   ④ ㄷ, ㄹ

17 다음 〈보기〉 중 유료 요금제에 해당하지 않는 것을 모두 고르면?

> **보기**
> ㄱ. 국가지정문화재 관람료
> ㄴ. 상하수도 요금
> ㄷ. 국립공원 입장료

① ㄱ   ② ㄷ
③ ㄱ, ㄴ   ④ ㄴ, ㄷ

▎코레일 한국철도공사

01 다음 중 테일러의 과학적 관리법과 관계가 없는 것은?

① 시간연구   ② 동작연구

③ 동등 성과급제   ④ 과업관리

⑤ 표준 작업조건

▎코레일 한국철도공사

02 다음 중 근로자가 직무능력 평가를 위해 개인능력평가표를 활용하는 제도는 무엇인가?

① 자기신고제도   ② 직능자격제도

③ 평가센터제도   ④ 직무순환제도

⑤ 기능목록제도

▎코레일 한국철도공사

03 다음 중 데이터베이스 마케팅에 대한 설명으로 옳지 않은 것은?

① 기업 규모와 관계없이 모든 기업에서 활용이 가능하다.

② 기존 고객의 재구매를 유도하며, 장기적인 마케팅 전략 수립이 가능하다.

③ 인구통계, 심리적 특성, 지리적 특성 등을 파악하여 고객별 맞춤 서비스가 가능하다.

④ 단방향 의사소통으로 고객과 1 : 1 관계를 구축하여 즉각적으로 반응을 확인할 수 있다.

⑤ 고객자료를 바탕으로 고객 및 매출 증대에 대한 마케팅 전략을 실행하는 데 목적이 있다.

04 다음 중 공정성 이론에서 절차적 공정성에 해당하지 않는 것은?

① 접근성
② 반응속도
③ 형평성
④ 유연성
⑤ 적정성

05 다음 중 e-비즈니스 기업의 장점으로 옳지 않은 것은?

① 빠른 의사결정을 진행할 수 있다.
② 양질의 고객서비스를 제공할 수 있다.
③ 배송, 물류비 등 각종 비용을 절감할 수 있다.
④ 소비자에게 더 많은 선택권을 부여할 수 있다.
⑤ 기업이 더 높은 가격으로 제품을 판매할 수 있다.

06 다음 중 조직시민행동에 대한 설명으로 옳지 않은 것은?

① 조직 구성원이 수행하는 행동에 대해 의무나 보상이 존재하지 않는다.
② 조직 구성원의 자발적인 참여가 바탕이 되며, 대부분 강제적이지 않다.
③ 조직 내 바람직한 행동을 유도하고, 구성원의 조직 참여도를 제고한다.
④ 조직 구성원의 처우가 좋지 않을수록 조직시민행동은 자발적으로 일어난다.
⑤ 조직의 리더가 구성원으로부터 신뢰를 받을 때 구성원의 조직시민행동이 크게 증가한다.

07 다음 중 분배적 협상의 특징으로 옳지 않은 것은?

① 협상에 따른 이익을 정해진 비율로 분배한다.
② 정보를 숨겨 필요한 정보만 선택적으로 활용한다.
③ 협상을 통해 공동의 이익을 확대(Win – Win)한다.
④ 상호 목표 배치 시 자기의 입장을 명확히 주장한다.
⑤ 간부회의, 밀실회의 등을 통한 의사결정을 주로 진행한다.

08 다음 글에서 설명하는 직무분석방법은?

> • 여러 직무활동을 동시에 기록할 수 있다.
> • 직무활동 전체의 모습을 파악할 수 있다.
> • 직무성과가 외형적일 때 적용이 가능하다.

① 관찰법   ② 면접법
③ 워크 샘플링법   ④ 질문지법
⑤ 연구법

09 다음 중 전문품에 대한 설명으로 옳지 않은 것은?

① 가구, 가전제품 등이 해당된다.
② 제품의 가격이 상대적으로 비싼 편이다.
③ 특정 브랜드에 대한 높은 충성심이 나타난다.
④ 충분한 정보 제공 및 차별화가 중요한 요소로 작용한다.
⑤ 소비자가 해당 브랜드에 대한 충분한 지식이 없는 경우가 많다.

10 다음 중 연속생산에 대한 설명으로 옳은 것은?

① 단위당 생산원가가 낮다.
② 운반비용이 많이 소요된다.
③ 제품의 수명이 짧은 경우 적합한 방식이다.
④ 제품의 수요가 다양한 경우 적합한 방식이다.
⑤ 작업자의 숙련도가 떨어질 경우 작업에 참여시키지 않는다.

11 다음 중 주식 관련 상품에 대한 설명으로 옳지 않은 것은?

① ELF : ELS와 ELD의 중간 형태로, ELS를 기초 자산으로 하는 펀드를 말한다.

② ELB : 채권, 양도성 예금증서 등 안전자산에 주로 투자하며, 원리금이 보장된다.

③ ELD : 수익률이 코스피200지수에 연동되는 예금으로, 주로 정기예금 형태로 판매한다.

④ ELS : 주가지수 또는 종목의 주가 움직임에 따라 수익률이 결정되며, 만기가 없는 증권이다.

⑤ ELT : ELS를 특정금전신탁 계좌에 편입하는 신탁상품으로, 투자자의 의사에 따라 운영한다.

12 다음 중 인사와 관련된 이론에 대한 설명으로 옳지 않은 것은?

① 로크는 인간이 합리적으로 행동한다는 가정에서 개인이 의식적으로 얻으려고 설정한 목표가 동기와 행동에 영향을 미친다고 주장하였다.

② 브룸은 동기 부여에 대해 기대이론을 적용하여 기대감, 적합성, 신뢰성을 통해 구성원의 직무에 대한 동기 부여를 결정한다고 주장하였다.

③ 매슬로는 욕구의 위계를 생리적 욕구, 안전의 욕구, 애정과 공감의 욕구, 존경의 욕구, 자아실현의 욕구로 나누어 단계별로 욕구가 작용한다고 설명하였다.

④ 맥그리거는 인간의 본성에 대해 부정적인 관점인 X이론과 긍정적인 관점인 Y이론이 있으며, 경영자는 조직목표 달성을 위해 근로자의 본성(X, Y)을 파악해야 한다고 주장하였다.

⑤ 허즈버그는 욕구를 동기요인과 위생요인으로 나누었으며, 동기요인에는 인정감, 성취, 성장 가능성, 승진, 책임감, 직무 자체가 해당되고, 위생요인에는 보수, 대인관계, 감독, 직무안정성, 근무환경, 회사의 정책 및 관리가 해당된다.

13 다음 글에 해당하는 마케팅 STP 단계는 무엇인가?

> • 서로 다른 욕구를 가지고 있는 다양한 고객들을 하나의 동질적인 고객집단으로 나눈다.
> • 인구, 지역, 사회, 심리 등을 기준으로 활용한다.
> • 전체시장을 동질적인 몇 개의 하위시장으로 구분하여 시장별로 차별화된 마케팅을 실행한다.

① 시장세분화   ② 시장매력도 평가

③ 표적시장 선정   ④ 포지셔닝

⑤ 재포지셔닝

14 다음 중 BCG 매트릭스에 대한 설명으로 옳지 않은 것은?

① X축은 상대적 시장 점유율, Y축은 성장률을 의미한다.

② 1970년대 미국 보스턴컨설팅그룹에 의해 개발된 경영전략 분석기법이다.

③ 수익이 많고 안정적이어서 현상을 유지하는 것이 필요한 사업은 스타(Star)이다.

④ 물음표(Question), 스타(Star), 현금젖소(Cash Cow), 개(Dog)의 4개 영역으로 구성된다.

15 다음 중 변혁적 리더십의 특성으로 옳지 않은 것은?

① 구성원들은 리더가 이상적이며 높은 수준의 기준과 능력을 지니고 있다고 생각한다.

② 리더는 구성원 모두가 공감할 수 있는 바람직한 목표를 설정하고, 그들이 이를 이해하도록 한다.

③ 리더는 구성원들의 생각, 가치, 신념 등을 발전시키고, 그들이 창의적으로 행동하도록 이끈다.

④ 구성원들을 리더로 얼마나 육성했는지보다 구성원의 성과 측정을 통해 객관성을 가질 수 있다는 효과가 있다.

16 다음 중 변혁적 리더십의 구성요소에 해당하지 않는 것은?

① 감정적 치유   ② 카리스마

③ 영감적 동기화   ④ 지적 자극

17 다음 중 매트릭스 조직의 단점으로 옳지 않은 것은?

① 책임, 목표, 평가 등에 대한 갈등이 유발되어 혼란을 줄 수 있다.

② 관리자 및 구성원 모두에게 역할 등에 대한 스트레스를 유발할 수 있다.

③ 힘의 균형을 유지하기 어려워 경영자의 개입이 빈번하게 일어날 수 있다.

④ 구성원의 창의력을 저해하고, 문제해결에 필요한 전문지식이 부족할 수 있다.

18 다음 중 가치사슬 분석을 통해 얻을 수 있는 효과로 옳지 않은 것은?

① 프로세스 혁신   ② 원가 절감

③ 매출 확대   ④ 품질 향상

19 다음 K기업 재무회계 자료를 참고할 때, 기초부채를 계산하면 얼마인가?

- 기초자산 : 100억 원
- 기말자본 : 65억 원
- 총수익 : 35억 원
- 총비용 : 20억 원

---

① 30억 원   ② 40억 원

③ 50억 원   ④ 60억 원

20 다음 중 ERG 이론에 대한 설명으로 옳지 않은 것은?

① 매슬로의 욕구 5단계설을 발전시켜 주장한 이론이다.

② 인간의 욕구를 중요도 순으로 계층화하여 정의하였다.

③ 인간의 욕구를 존재욕구, 관계욕구, 성장욕구의 3단계로 나누었다.

④ 상위에 있는 욕구를 충족시키지 못하면 하위에 있는 욕구는 더욱 크게 감소한다.

21 다음 중 기업이 사업 다각화를 추진하는 목적으로 볼 수 없는 것은?

① 기업의 지속적인 성장 추구   ② 사업위험 분산

③ 유휴자원의 활용   ④ 기업의 수익성 강화

22 다음 중 종단분석과 횡단분석의 비교가 옳지 않은 것은?

구분	종단분석	횡단분석
방법	시간적	공간적
목표	특성이나 현상의 변화	집단의 특성 또는 차이
표본 규모	큼	작음
횟수	반복	1회

① 방법
② 목표
③ 표본 규모
④ 횟수

23 다음 중 향후 채권이자율이 시장이자율보다 높아질 것으로 예상될 때 나타날 수 있는 현상으로 옳은 것은?

① 1년 만기 은행채, 장기신용채 등의 발행이 늘어난다.
② 만기에 가까워질수록 채권가격 상승에 따른 이익을 얻을 수 있다.
③ 채권가격이 액면가보다 높은 가격에 거래되는 할증채 발행이 증가한다.
④ 별도의 이자 지급 없이 채권발행 시 이자금액을 공제하는 방식을 선호하게 된다.

24 다음 중 BCG 매트릭스에 대한 설명으로 옳은 것은?

① 스타(Star) 사업 : 높은 시장점유율로 현금창출은 양호하나, 성장 가능성은 낮은 사업이다.
② 현금젖소(Cash Cow) 사업 : 성장 가능성과 시장점유율이 모두 낮아 철수가 필요한 사업이다.
③ 개(Dog) 사업 : 성장 가능성과 시장점유율이 모두 높아서 계속 투자가 필요한 유망 사업이다.
④ 물음표(Question Mark) 사업 : 신규 사업 또는 현재 시장점유율은 낮으나, 향후 성장 가능성이 높은 사업이다.

25 다음 중 테일러의 과학적 관리법의 특징에 대한 설명으로 옳지 않은 것은?

① 작업량에 따라 임금을 차등하여 지급한다.
② 작업능률을 최대로 높이기 위하여 노동의 표준량을 정한다.
③ 관리에 대한 전문화를 통해 노동자의 태업을 사전에 방지한다.
④ 작업에 사용하는 도구 등을 개별 용도에 따라 다양하게 제작하여 성과를 높인다.

| 서울교통공사

01 다음 중 수요의 가격탄력성에 대한 설명으로 옳지 않은 것은?

① 수요의 가격탄력성은 가격의 변화에 따른 수요의 변화를 의미한다.

② 분모는 상품 가격의 변화량을 상품 가격으로 나눈 값이다.

③ 대체재가 많을수록 수요의 가격탄력성은 탄력적이다.

④ 가격이 1% 상승할 때 수요가 2% 감소하였으면 수요의 가격탄력성은 2이다.

⑤ 가격탄력성이 0보다 크면 탄력적이라고 할 수 있다.

| 서울교통공사

02 다음 중 대표적인 물가지수인 GDP 디플레이터를 구하는 계산식으로 옳은 것은?

① (실질 GDP)÷(명목 GDP)×100

② (명목 GDP)÷(실질 GDP)×100

③ (실질 GDP)+(명목 GDP)÷2

④ (명목 GDP)-(실질 GDP)÷2

⑤ (실질 GDP)÷(명목 GDP)×2

| 서울교통공사

03 다음 〈조건〉을 참고할 때, 한계소비성향(MPC) 변화에 따른 현재 소비자들의 소비 변화폭은?

> **조건**
> • 기존 소비자들의 연간 소득은 3,000만 원이며, 한계소비성향은 0.6을 나타내었다.
> • 현재 소비자들의 연간 소득은 4,000만 원이며, 한계소비성향은 0.7을 나타내었다.

① 700   ② 1,100

③ 1,800   ④ 2,500

⑤ 3,700

04 다음 중 빈칸에 들어갈 단어가 바르게 짝지어진 것은?

- 환율이 ___㉠___ 하면 순수출이 증가한다.
- 국내이자율이 높아지면 환율은 ___㉡___ 한다.
- 국내물가가 오르면 환율은 ___㉢___ 한다.

	㉠	㉡	㉢
①	하락	상승	하락
②	하락	상승	상승
③	하락	하락	하락
④	상승	하락	상승
⑤	상승	하락	하락

05 다음 중 독점적 경쟁시장에 대한 설명으로 옳지 않은 것은?

① 독점적 경쟁시장은 완전경쟁시장과 독점시장의 중간 형태이다.
② 대체성이 높은 제품의 공급자가 시장에 다수 존재한다.
③ 시장진입과 퇴출이 자유롭다.
④ 독점적 경쟁기업의 수요곡선은 우하향하는 형태를 나타낸다.
⑤ 가격경쟁이 비가격경쟁보다 활발히 진행된다.

06 다음 중 고전학파와 케인스학파에 대한 설명으로 옳지 않은 것은?

① 케인스학파는 경기가 침체할 경우, 정부의 적극적 개입이 바람직하지 않다고 주장하였다.
② 고전학파는 임금이 매우 신축적이어서 노동시장이 항상 균형상태에 이르게 된다고 주장하였다.
③ 케인스학파는 저축과 투자가 국민총생산의 변화를 통해 같아지게 된다고 주장하였다.
④ 고전학파는 실물경제와 화폐를 분리하여 설명한다.
⑤ 케인스학파는 단기적으로 화폐의 중립성이 성립하지 않는다고 주장하였다.

07 다음 사례에서 나타나는 현상으로 옳은 것은?

> • 물은 사용 가치가 크지만 교환 가치가 작은 반면, 다이아몬드는 사용 가치가 작지만 교환 가치는 크게 나타난다.
> • 한계효용이 작을수록 교환 가치가 작으며, 한계효용이 클수록 교환 가치가 크다.

① 매몰비용의 오류
② 감각적 소비
③ 보이지 않는 손
④ 가치의 역설
⑤ 희소성

08 다음 자료를 참고하여 실업률을 구하면 얼마인가?

> • 생산가능인구 : 50,000명
> • 취업자 : 20,000명
> • 실업자 : 5,000명

① 10%
② 15%
③ 20%
④ 25%
⑤ 30%

09 J기업이 다음 〈조건〉과 같이 생산량을 늘린다고 할 때, 한계비용은 얼마인가?

> **조건**
> • J기업의 제품 1단위당 노동가격은 4, 자본가격은 6이다.
> • J기업은 제품 생산량을 50개에서 100개로 늘리려고 한다.
> • 평균비용 $P = 2L + K + \dfrac{100}{Q}$ (L : 노동가격, K : 자본가격, Q : 생산량)

① 10
② 12
③ 14
④ 16

10 다음은 A국과 B국이 노트북 1대와 TV 1대를 생산하는 데 필요한 작업 시간을 나타낸 자료이다. A국과 B국의 비교우위에 대한 설명으로 옳은 것은?

구분	노트북	TV
A국	6시간	8시간
B국	10시간	8시간

① A국이 노트북, TV 생산 모두 비교우위에 있다.
② B국이 노트북, TV 생산 모두 비교우위에 있다.
③ A국은 노트북 생산, B국은 TV 생산에 비교우위가 있다.
④ A국은 TV 생산, B국은 노트북 생산에 비교우위가 있다.

11 다음 중 다이내믹 프라이싱에 대한 설명으로 옳지 않은 것은?

① 동일한 제품과 서비스에 대한 가격을 시장 상황에 따라 변화시켜 적용하는 전략이다.
② 호텔, 항공 등의 가격을 성수기 때 인상하고, 비수기 때 인하하는 것이 대표적인 예이다.
③ 기업은 소비자별 맞춤형 가격을 통해 수익을 극대화할 수 있다.
④ 소비자 후생이 증가해 소비자의 만족도가 높아진다.

12 다음 〈보기〉 중 빅맥 지수에 대한 설명으로 옳은 것을 모두 고르면?

> **보기**
> ㉠ 빅맥 지수를 최초로 고안한 나라는 미국이다.
> ㉡ 각 나라의 물가수준을 비교하기 위해 고안된 지수로, 구매력 평가설을 근거로 한다.
> ㉢ 맥도날드 빅맥 가격을 기준으로 한 이유는 전 세계에서 가장 동질적으로 판매되고 있는 상품이기 때문이다.
> ㉣ 빅맥 지수를 구할 때 빅맥 가격은 제품 가격과 서비스 가격의 합으로 계산한다.

① ㉠, ㉡   ② ㉠, ㉢
③ ㉡, ㉢   ④ ㉡, ㉣

13 다음 중 확장적 통화정책의 영향으로 옳은 것은?

① 건강보험료가 인상되어 정부의 세금 수입이 늘어난다.

② 이자율이 하락하고, 소비 및 투자가 감소한다.

③ 이자율이 상승하고, 환율이 하락한다.

④ 은행이 채무불이행 위험을 줄이기 위해 더 높은 이자율과 담보 비율을 요구한다.

14 다음 중 노동의 수요공급곡선에 대한 설명으로 옳지 않은 것은?

① 노동 수요는 파생수요라는 점에서 재화시장의 수요와 차이가 있다.

② 상품 가격이 상승하면 노동 수요곡선은 오른쪽으로 이동한다.

③ 토지, 설비 등이 부족하면 노동 수요곡선은 오른쪽으로 이동한다.

④ 노동에 대한 인식이 긍정적으로 변화하면 노동 공급곡선은 오른쪽으로 이동한다.

15 다음 〈조건〉에 따라 S씨가 할 수 있는 최선의 선택은?

> **조건**
>
> • S씨는 퇴근 후 운동을 할 계획으로 헬스, 수영, 자전거, 달리기 중 하나를 고르려고 한다.
> • 각 운동이 주는 만족도(이득)는 헬스 5만 원, 수영 7만 원, 자전거 8만 원, 달리기 4만 원이다.
> • 각 운동에 소요되는 비용은 헬스 3만 원, 수영 2만 원, 자전거 5만 원, 달리기 3만 원이다.

① 헬스   ② 수영

③ 자전거   ④ 달리기

┃ 코레일 한국철도공사

01　다음 중 질량 10kg의 물을 10℃에서 60℃로 가열할 때 필요한 열량은?

① 2,100kJ　　　　　　　　　　　② 2,300kJ

③ 2,500kJ　　　　　　　　　　　④ 2,700kJ

⑤ 2,900kJ

┃ 코레일 한국철도공사

02　다음 〈보기〉 중 이상기체의 내부에너지와 엔탈피에 대한 설명으로 옳은 것을 모두 고르면?

> **보기**
>
> ㄱ. n몰의 단원자 분자 기체의 내부에너지와 다원자 분자 기체의 내부에너지는 같다.
> ㄴ. n몰의 단원자 분자인 이상기체의 내부에너지는 절대온도만의 함수이다.
> ㄷ. n몰의 단원자 분자인 이상기체의 엔탈피는 절대온도만의 함수이다.
> ㄹ. 이상기체의 엔탈피는 이상기체의 무질서도를 표현한 함수이다.

① ㄱ, ㄴ　　　　　　　　　　　② ㄱ, ㄹ

③ ㄴ, ㄷ　　　　　　　　　　　④ ㄴ, ㄹ

⑤ ㄷ, ㄹ

┃ 코레일 한국철도공사

03　다음 중 자동차의 안정적인 선회를 위해 사용하는 차동 기어 장치에서 찾아볼 수 없는 것은?

① 링기어　　　　　　　　　　　② 베벨기어

③ 스퍼기어　　　　　　　　　　④ 유성기어

⑤ 태양기어

04 다음 중 소르바이트 조직을 얻기 위한 열처리 방법은?

① 청화법   ② 침탄법
③ 마퀜칭   ④ 질화법
⑤ 파텐팅

05 다음 중 축과 보스를 결합하기 위해 축에 삼각형 모양의 톱니를 새긴 가늘고 긴 키 홈은?

① 묻힘키   ② 세레이션
③ 둥근키   ④ 테이퍼
⑤ 스플라인

06 다음 중 카르노 사이클에서 열을 공급받는 과정은?

① 정적 팽창 과정   ② 정압 팽창 과정
③ 등온 팽창 과정   ④ 단열 팽창 과정
⑤ 열을 공급받지 않는다.

07 다음 중 정적 가열과 정압 가열이 동시에 이루어지는 고속 디젤 엔진의 사이클은?

① 오토 사이클   ② 랭킨 사이클
③ 브레이턴 사이클   ④ 사바테 사이클
⑤ 카르노 사이클

08 다음 중 담금질 효과가 가장 작은 것은?

① 페라이트 ② 펄라이트

③ 오스테나이트 ④ 마텐자이트

⑤ 시멘타이트

09 다음 중 하중의 크기와 방향이 주기적으로 반복하여 변하면서 작용하는 하중은?

① 정하중 ② 교번하중

③ 반복하중 ④ 충격하중

⑤ 임의진동하중

10 다음 중 운동에너지를 압력에너지로 변환시키는 장치는?

① 노즐 ② 액추에이터

③ 디퓨저 ④ 어큐뮬레이터

⑤ 피스톤 로드

11 리벳 이음 중 평행형 겹치기 이음에서 판의 끝부분에서 가장 가까운 리벳의 구멍 열 중심까지의 거리를 무엇이라 하는가?

① 마진   ② 피치

③ 뒷피치   ④ 리드

⑤ 유효지름

12 다음 중 단면 1차 모멘트에 대한 설명으로 옳지 않은 것은?

① 단면 1차 모멘트의 차원은 L^3이다.

② 단면 1차 모멘트의 값은 항상 양수이다.

③ 중공형 단면의 1차 모멘트는 전체 형상의 단면 1차 모멘트에서 뚫린 형상의 단면 1차 모멘트를 제하여 구한다.

④ 임의 형상에 대한 단면 1차 모멘트는 미소 면적에 대한 단면 1차 모멘트를 전체 면적에 대해 적분하여 구한다.

13 다음 중 알루미늄 호일을 뭉치면 물에 가라앉지만, 같은 양의 호일로 배 형상을 만들면 물에 뜨는 이유로 옳은 것은?

① 부력은 물체의 밀도와 관련이 있다.

② 부력은 유체에 잠기는 영역의 부피와 관련이 있다.

③ 부력은 중력과 관련이 있다.

④ 부력은 유체와 물체 간 마찰력과 관련이 있다.

14 다음 중 백주철을 열처리한 것으로, 강도, 인성, 내식성 등이 우수하여 유니버설 조인트 등에 사용되는 주철은?

① 회주철 ② 가단주철
③ 칠드주철 ④ 구상흑연주철

15 다음 화학식을 참고할 때, 탄소 6kg 연소 시 필요한 공기의 양은?(단, 공기 내 산소는 20%이다)

$$C + O_2 = CO_2$$

① 30kg ② 45kg
③ 60kg ④ 80kg

16 다음 중 하중의 종류와 그 하중이 적용하는 방식에 대한 설명으로 옳지 않은 것은?

① 압축하중의 하중 방향은 축 방향과 평행으로 작용한다.
② 인장하중의 하중 방향은 축 방향과 평행으로 작용한다.
③ 전단하중의 하중 방향은 축 방향과 수직으로 작용한다.
④ 교번하중은 일정한 크기와 일정한 방향을 가진 하중이 반복적으로 작용하는 하중이다.

17 단면이 원이고 탄성계수가 250,000Mpa인 철강 3m가 있다. 이 철강에 100kN의 인장하중이 작용하여 1.5mm가 늘어날 때, 이 철강의 직경은?

① 약 2.3cm

② 약 3.2cm

③ 약 4.5cm

④ 약 4.8cm

18 단면이 직사각형인 단순보에 다음과 같은 등분포하중이 작용할 때, 최대 처짐량은 얼마인가?(단, $E=240$Gpa이다)

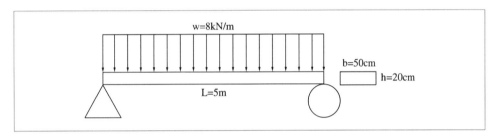

① 약 0.13mm

② 약 0.32mm

③ 약 0.65mm

④ 약 0.81mm

19 다음 그림과 같은 외팔보에 등분포하중이 작용할 때, 처짐각은?(단, $EI=10,000$kN·m^{2}이다)

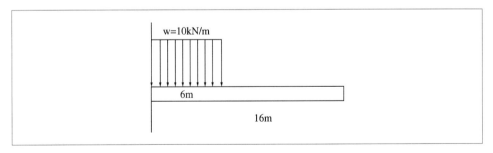

① 0.9×10^{-2}rad

② 1.8×10^{-2}rad

③ 2.7×10^{-2}rad

④ 3.6×10^{-2}rad

20 다음 중 프루드(Fr) 수에 대한 정의로 옳은 것은?

① 관성력과 점성력의 비를 나타낸다.

② 관성력과 탄성력의 비를 나타낸다.

③ 중력과 점성력의 비를 나타낸다.

④ 관성력과 중력의 비를 나타낸다.

21 다음 〈보기〉의 원소를 체심입방격자와 면심입방격자로 바르게 구분한 것은?

> **보기**
>
> ㄱ. Al   ㄴ. Cr
> ㄷ. Mo   ㄹ. Cu
> ㅁ. V   ㅂ. Ag

	체심입방격자	면심입방격자
①	ㄱ, ㄷ, ㄹ	ㄴ, ㅁ, ㅂ
②	ㄱ, ㄹ, ㅂ	ㄴ, ㄷ, ㅁ
③	ㄴ, ㄷ, ㄹ	ㄱ, ㅁ, ㅂ
④	ㄴ, ㄷ, ㅁ	ㄱ, ㄹ, ㅂ

22 $G = 80 \times 10^3 \text{N/mm}^2$ 이고 유효권수가 100인 스프링에 300N의 외력을 가하였더니 길이가 30cm 변하였다. 이 스프링의 평균 반지름의 길이는 얼마인가?(단, 스프링지수는 10이다)

① 80mm   ② 90mm

③ 100mm   ④ 110m

23 다음은 어떤 냉동 사이클의 T－S 선도이다. 이 냉동 사이클의 성능계수는?

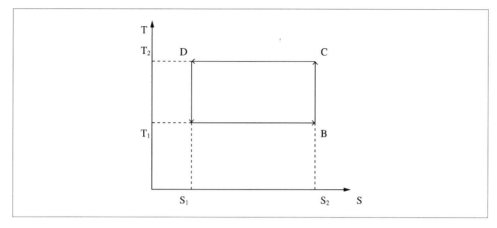

① $\dfrac{T_2 - T_1}{T_1}$

② $\dfrac{T_1}{T_2 - T_1}$

③ $\dfrac{S_2 - S_1}{S_1}$

④ $\dfrac{S_1}{S_2 - S_1}$

24 다음 중 주철과 강재를 비교한 내용으로 옳지 않은 것은?

① 주철은 강재에 비해 융점이 낮다.

② 주철은 강재에 비해 내부식성이 강하다.

③ 주철은 강재에 비해 단단하고 잘 부서지지 않는다.

④ 주철은 강재에 비해 연신율이 떨어진다.

25 다음 중 소성가공에 대한 설명으로 옳은 것은?

① 제품에 손상이 가지 않도록 탄성한도보다 작은 외력을 가해야 한다.

② 소성가공 완료 후 잔류응력은 자연스럽게 제거된다.

③ 주물에 비해 치수가 부정확하다.

④ 절삭가공에 비해 낭비되는 재료가 적다.

┃ 코레일 한국철도공사

01 다음 〈보기〉 중 엘리베이터, 에스컬레이터, 전기자동차의 인버터 모터와 같은 각종 AC모터에 적용되는 VVVF 제어가 제어하는 것을 모두 고르면?

> **보기**
> ㄱ. 전압
> ㄴ. 전류
> ㄷ. 주파수
> ㄹ. 위상차

① ㄱ, ㄴ   ② ㄱ, ㄷ
③ ㄴ, ㄷ   ④ ㄴ, ㄹ
⑤ ㄷ, ㄹ

┃ 코레일 한국철도공사

02 다음 중 선로 구조물이 아닌 것은?

① 급전선   ② 전차선
③ 철주   ④ 침목
⑤ 측구

┃ 코레일 한국철도공사

03 다음 글이 설명하는 용어로 옳은 것은?

> 레일 이음매부에 레일의 온도 변화에 의한 신축을 위하여 두는 간격으로, 레일은 온도의 상승 또는 하강에 따라 물리적으로 신축하는데, 이 신축에 적응하기 위해 이음매부의 레인 사이에 두는 틈이다. 레일온도 변화의 범위, 레일강의 선팽창계수 및 레일길이를 토대로 계산하여 산정한다.

① 고도   ② 구배
③ 침목   ④ 유간
⑤ 확도

04 다음 중 철도 궤간의 국제 표준 규격 길이는?

① 1,355mm ② 1,435mm

③ 1,550mm ④ 1,600mm

⑤ 1,785mm

05 다음 중 차량의 운행거리를 정차시간 및 제한속도 운전시간 등을 포함한 운전시분으로 나눈 값은?

① 표정속도 ② 평균속도

③ 설계속도 ④ 균형속도

⑤ 최고속도

06 다음 중 PP급전방식에 대한 설명으로 옳지 않은 것은?

① 선로 임피던스가 작다.
② 전압강하가 작다.
③ 역간이 짧고 저속 운행구간에 적합하다.
④ 상대적으로 고조파의 공진주파수가 낮고 확대율이 작다.
⑤ 회생전력 이용률이 높다.

07 다음 강체가선방식 중 T-bar 방식과 R-bar 방식의 표준길이를 바르게 연결한 것은?

	T-bar	R-bar
①	8m	10m
②	10m	8m
③	10m	12m
④	12m	10m
⑤	12m	15m

08 다음 중 유도장해를 경감시키기 위한 전력선에 대한 대책으로 옳지 않은 것은?

① 변류기를 사용하고, 절연변압기를 채용한다.
② 전선의 위치를 바꾼다.
③ 소호리액터를 사용한다.
④ 고주파의 발생을 방지한다.
⑤ 전력선과 통신선 사이의 간격을 크게 한다.

09 다음 중 전차선로의 가선방식이 아닌 것은?

① 강체식
② 제3궤조식
③ 가공단선식
④ 가공복선식
⑤ 직접조가식

10 다음 중 교류송전방식의 특징으로 옳지 않은 것은?

① 주파수가 다른 계통끼리 연결이 불가능하다.
② 직류송전에 비해 안정도가 저하된다.
③ 회전자계를 쉽게 얻을 수 있다.
④ 표피효과 및 코로나 손실이 발생한다.
⑤ 선로의 리액턴스가 없고 위상각을 고려할 필요가 없다.

11 다음 중 직류식 전기철도와 비교한 교류식 전기철도의 장점으로 옳지 않은 것은?

① 고속 운전에 적합하다.
② 통신장애가 적다.
③ 전차선 설비에서의 전선이 얇다.
④ 운전전류가 작아 사고전류의 선택적 차단이 용이하다.
⑤ 변전소 설치 간격을 길게 설계할 수 있다.

12 다음 중 커티너리 조가방식에 대한 설명으로 옳지 않은 것은?

① 종류로 심플식, 컴파운드식, 사조식이 있다.

② 전차선의 레일면상 표준높이는 5,200mm이다.

③ 전기차의 속도 향상을 위해 전차선의 이선율을 작게 한다.

④ 전차선의 두 지지점 사이에서 궤도면에 대하여 일정한 높이를 유지하도록 하는 방식이다.

⑤ 가장 단순한 구조의 방식으로, 전차선만 1조로 구성되어 있다.

13 다음 중 컴파운드 커티너리 조가방식의 각 전선의 굵기 및 장력을 크게 늘려 가선한 조가방식은?

① 단식 커티너리 조가방식   ② 헤비 심플 커티너리 조가방식

③ 헤비 컴파운드 커티너리 조가방식   ④ 합성 컴파운드 커티너리 조가방식

⑤ 변Y형 커티너리 조가방식

14 다음 전동차의 제동 방식 중 저항에서 발생하는 열을 이용하여 제동하는 방식은?

① 역상제동   ② 발전제동

③ 회생제동   ④ 와류제동

⑤ 와전류 레일제동

15 다음 중 오버슈트에 대한 설명으로 옳은 것은?

① 어떤 신호의 값이 과도기간 중에도 목표값에 한참 미치지 못하는 현상이다.

② 어떤 신호의 값이 과도기간 도달 전에 목표값의 63.2%를 넘어서는 시기이다.

③ 어떤 신호의 값이 과도기간 도달 전에 목표값의 50%를 넘어서는 시기이다.

④ 어떤 신호의 값이 과도기간 중에 목표값을 넘어서는 현상이다.

16 어떤 3상 회로의 한 상의 임피던스가 $Z=15+j20$인 Y결선 부하에 선전류 200A가 흐를 때, 무효 전력은?

① 800kVar

② 2,400kVar

③ 2,500kVar

④ 3,000kVar

17 다음 〈보기〉 중 비례추이를 할 수 없는 것을 모두 고르면?

> **보기**
>
> ㄱ. 동손　　　　　　　　　　　ㄴ. 역률
> ㄷ. 효율　　　　　　　　　　　ㄹ. 1차 출력
> ㅁ. 2차 출력

① ㄱ, ㄴ, ㄹ

② ㄱ, ㄷ, ㅁ

③ ㄴ, ㄷ, ㅁ

④ ㄴ, ㄹ, ㅁ

18 면적이 $5S$이고 충전용량이 C인 평행판 축전기가 있다. 비유전율이 4인 유전물질을 이 축전기의 평행판 사이에 면적의 $\dfrac{4}{5}$를 채웠을 때, 충전용량은?

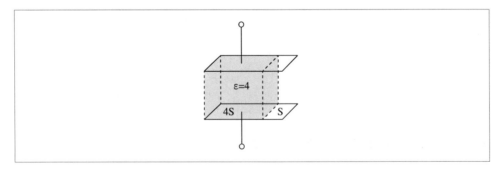

① $\dfrac{9}{5}C$

② $\dfrac{13}{5}C$

③ $\dfrac{17}{5}C$

④ $\dfrac{21}{5}C$

19 다음 중 변압기 병렬운전 시 병렬운전이 불가능한 결선조합은?

① $Y-Y$와 $Y-Y$

② $Y-\triangle$와 $\triangle-Y$

③ $\triangle-Y$와 $\triangle-Y$

④ $Y-\triangle$와 $\triangle-\triangle$

20 $f(t)=e^{2t}\sin\omega t$일 때, $\mathcal{L}[f(t)]$의 값은?

① $\dfrac{2}{(s-2)^2+\omega^2}$

② $\dfrac{2}{s^2+(\omega-2)^2}$

③ $\dfrac{\omega}{(s-2)^2+\omega^2}$

④ $\dfrac{\omega}{s^2+(\omega-2)^2}$

21 다음 회로에서 저항 R_1에 흐르는 전류는 몇 A인가?

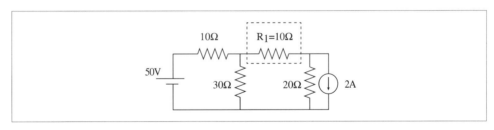

① 1.85A

② 1.93A

③ 2.01A

④ 2.19A

22 $E=3x^2yi-7yzj+5xz^2k$일 때, $\mathrm{div}\,E$의 값은?

① $3x^2-7y+5z^2$

② $5x+3y-7z$

③ $6xy+10xz-7z$

④ $-7x+5y+3z$

23 다음 중 RLC 직렬회로에서 과제동이 발생하는 조건은?

① $R < \sqrt{\dfrac{L}{C}}$　　　　　　　　　② $R = \sqrt{\dfrac{L}{C}}$

③ $R > \sqrt{\dfrac{L}{C}}$　　　　　　　　　④ $R = \dfrac{1}{2\pi\sqrt{LC}}$

24 어떤 구형 커패시터의 단면이 다음과 같을 때, 이 커패시터의 정전용량은?(단, 커패시터 내부 유전체의 유전율은 ε이다)

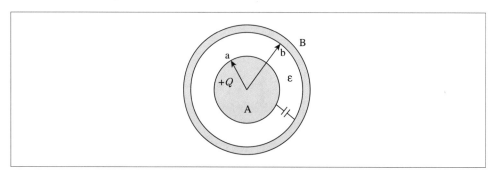

① $4\pi\varepsilon\left(\dfrac{b}{a} - \dfrac{a}{b}\right)$　　　　　　　② $\dfrac{4\pi\varepsilon ab}{b - a}$

③ $4\pi\varepsilon(b - a)$　　　　　　　　④ $4\pi\varepsilon\left(\dfrac{1}{a} - \dfrac{1}{b}\right)$

⑤ $\dfrac{\varepsilon ab}{4\pi(b - a)}$

25 직류 분권발전기의 무부하 포화곡선이 $V = \dfrac{950 I_f}{35 + I_f}$ 일 때, 계자 회로의 저항이 $5\,\Omega$이면 유기되는 전압은 몇 V인가?(단, V는 무부하 전압이고, I_f는 계자 전류이다)

① 675V　　　　　　　　　② 700V

③ 725V　　　　　　　　　④ 750V

⑤ 775V

PART 1

직업기초능력평가

CHAPTER 01

의사소통능력

합격 Cheat Key

의사소통능력은 평가하지 않는 공사·공단이 없을 만큼 필기시험에서 중요도가 높은 영역으로, 세부 유형은 문서 이해, 문서 작성, 의사 표현, 경청, 기초 외국어로 나눌 수 있다. 문서 이해·문서 작성과 같은 지문에 대한 주제 찾기, 내용 일치 문제의 출제 비중이 높으며, 문서의 특성을 파악하는 문제도 출제되고 있다.

1 문제에서 요구하는 바를 먼저 파악하라!

의사소통능력에서 가장 중요한 것은 제한된 시간 안에 빠르고 정확하게 답을 찾아내는 것이다. 의사소통능력에서는 지문이 아니라 문제가 주인공이므로 지문을 보기 전에 문제를 먼저 파악해야 하며, 문제에 따라 전략적으로 빠르게 풀어내는 연습을 해야 한다.

2 잠재되어 있는 언어 능력을 발휘하라!

세상에 글은 많고 우리가 학습할 수 있는 시간은 한정적이다. 이를 극복할 수 있는 방법은 다양한 글을 접하는 것이다. 실제 시험장에서 어떤 내용의 지문이 나올지 아무도 예측할 수 없으므로 평소에 신문, 소설, 보고서 등 여러 글을 접하는 것이 필요하다.

3 상황을 가정하라!

업무 수행에 있어 상황에 따른 언어 표현은 중요하다. 같은 말이라도 상황에 따라 다르게 해석될 수 있기 때문이다. 그런 의미에서 자신의 의견을 효과적으로 전달할 수 있는 능력을 평가하는 것이다. 업무를 수행하면서 발생할 수 있는 여러 상황을 가정하고 그에 따른 올바른 언어표현을 정리하는 것이 필요하다.

4 말하는 이의 입장에서 생각하라!

잘 듣는 것 또한 하나의 능력이다. 상대방의 이야기에 귀 기울이고 공감하는 태도는 업무를 수행하는 관계 속에서 필요한 요소이다. 그런 의미에서 다양한 상황에서 듣는 능력을 평가하는 것이다. 말하는 이가 요구하는 듣는 이의 태도를 파악하고, 이에 따른 판단을 할 수 있도록 언제나 말하는 사람의 입장이 되는 연습이 필요하다.

01 문서 내용 이해

| 유형분석 |

- 주어진 지문을 읽고 선택지를 고르는 전형적인 독해 문제이다.
- 지문은 주로 신문기사(보도자료 등)나 업무 보고서, 시사 등이 제시된다.
- 공사공단에 따라 자사와 관련된 내용의 기사나 법조문, 보고서 등이 출제되기도 한다.

K씨는 성장기인 아들의 수면습관을 바로 잡기 위해 수면습관에 관련된 글을 찾아보았다. 다음 글을 읽고 이해한 내용으로 적절하지 않은 것은?

수면은 비렘(non – REM)수면과 렘수면으로 이뤄진 사이클이 반복되면서 이뤄지는 복잡한 신경계의 상호작용이며, 좋은 수면이란 이 사이클이 끊어지지 않고 충분한 시간 동안 유지되도록 하는 것이다. 수면 패턴은 일정한 것이 좋으며, 깨는 시간을 지키는 것이 중요하다. 그리고 수면 패턴은 휴일과 평일 모두 일정하게 지키는 것이 성장하는 아이들의 수면 리듬을 유지하는 데 좋다. 수면 상태에서 깨어날 때 영향을 주는 자극들은 '빛, 식사 시간, 운동, 사회 활동' 등이 있으며, 이 중 가장 강한 자극은 '빛'이다. 침실을 밝게 하는 것은 적절한 수면 자극을 방해하는 것이다. 반대로 깨어날 때 강한 빛 자극을 주면 수면 상태에서 빠르게 벗어날 수 있다. 이는 뇌의 신경 전달 물질인 멜라토닌의 농도와 연관되어 나타나는 현상이다. 수면 중 최대치로 올라간 멜라토닌은 시신경이 강한 빛에 노출되면 빠르게 줄어들게 되는데, 이때 수면 상태에서 벗어나게 된다. 아침 일찍 일어나 커튼을 젖히고 밝은 빛이 침실 안으로 들어오게 하는 것은 매우 효과적인 각성 방법인 것이다.

① 잠에서 깨는 데 가장 강력한 자극을 주는 것은 빛이었구나.
② 멜라토닌의 농도에 따라 수면과 각성이 영향을 받는군.
③ 평일에 잠이 모자란 우리 아들은 잠을 보충해줘야 하니까 휴일에 늦게까지 자도록 둬야겠다.
④ 좋은 수면은 비렘수면과 렘수면의 사이클이 충분한 시간 동안 유지되도록 하는 것이구나.
⑤ 우리 아들 침실이 좀 밝은 편이니 충분한 수면을 위해 암막커튼을 달아줘야겠어.

정답 ③
수면 패턴은 휴일과 평일 모두 일정하게 지키는 것이 성장하는 아이들의 수면 리듬을 유지하는 데 좋다. 따라서 휴일에 늦잠을 자는 것은 적절하지 않다.

풀이 전략!
주어진 선택지에서 키워드를 체크한 후, 지문의 내용과 비교해 가면서 내용의 일치 유무를 빠르게 판단한다.

01 다음 중 '셉테드(CPTED)'에 해당하는 내용으로 적절하지 않은 것은?

> 1970년대 초 미국의 도시계획가인 오스카 뉴먼은 뉴욕의 두 마을의 생활수준이 비슷한데도 불구하고 범죄 발생 수는 3배가량 차이가 난다는 것을 확인하고, 연구를 거듭하여 범죄 발생 빈도가 두 마을의 공간 디자인의 차이에서 나타난다는 것을 발견하여 대중적으로 큰 관심을 받았다.
> 이처럼 셉테드는 건축물 설계 시에 시야를 가리는 구조물을 없애 공공장소에서의 범죄에 대한 자연적 감시가 이뤄지도록 하고, 공적인 장소임을 표시하여 경각심을 일깨우고, 동선이 유지되도록 하여 일탈적인 접근을 거부하는 등 사전에 범죄를 차단할 수 있는 환경을 조성하는 데 그 목적이 있다.
> 우리나라에서는 2005년 처음으로 경기도 부천시가 일반주택단지를 셉테드 시범지역으로 지정하였고, 판교·광교 신도시 및 은평 뉴타운 일부 단지에 셉테드를 적용하였다. 또한 국토교통부에서 범죄예방 건축기준 고시를 2015년 4월 1일부터 제정해 시행하고 있다.

① 아파트 단지 내 놀이터 주변 수목을 낮은 나무 위주로 심는다.
② 지하주차장의 여성 전용 주차공간을 건물 출입구에 가깝게 배치한다.
③ 수도·가스 배관 등을 미끄러운 재질로 만든다.
④ 공공장소의 엘리베이터를 내부 확인이 가능하도록 유리로 설치한다.
⑤ 각 가정에서는 창문을 통한 침입을 방지하기 위해 방범창을 설치한다.

02 다음 글의 내용으로 가장 적절한 것은?

> 아파트를 분양받을 경우 전용면적, 공용면적, 공급면적, 계약면적, 서비스면적이라는 용어를 자주 접하게 된다.
> 전용면적은 아파트의 방이나 거실, 주방, 화장실 등을 모두 포함한 면적으로, 개별 세대 현관문 안쪽의 전용 생활공간을 말한다. 다만 발코니 면적은 전용면적에서 제외된다.
> 공용면적은 주거공용면적과 기타공용면적으로 나뉜다. 주거공용면적은 세대가 거주를 위하여 공유하는 면적으로 세대가 속한 건물의 공용계단, 공용복도 등의 면적을 더한 것을 말한다. 기타공용면적은 주거공용면적을 제외한 지하층, 관리사무소, 노인정 등의 면적을 더한 것이다.
> 공급면적은 통상적으로 분양에 사용되는 용어로 전용면적과 주거공용면적을 더한 것이다. 계약면적은 공급면적과 기타공용면적을 더한 것이다. 서비스면적은 발코니 같은 공간의 면적으로 전용면적과 공용면적에서 제외된다.

① 발코니 면적은 계약면적에 포함된다.
② 관리사무소 면적은 공급면적에 포함된다.
③ 계약면적은 전용면적, 주거공용면적, 기타공용면적을 더한 것이다.
④ 공용계단과 공용복도의 면적은 공급면적에 포함되지 않는다.
⑤ 개별 세대 내 거실과 주방의 면적은 주거공용면적에 포함된다.

03 다음 글을 이해한 내용으로 적절하지 않은 것은?

지대는 3가지 생산요소, 즉 토지, 자본, 노동의 소유자인 지주, 자본가, 노동자에게 돌아가는 정상적인 분배의 몫을 제외하고 남는 잉여 부분을 말한다. 가령 시장에서 인기가 많은 과일이 어느 특정지역에서만 생산된다면 이곳에 땅을 가진 사람들은 자신들이 정상적으로 땅을 빌려주고 받을 수 있는 소득보다 훨씬 높은 잉여이익을 챙길 수 있을 것이다. 강남에 부동산을 가진 사람들은 그곳에 좋은 학군이 있고 좋은 사설학원들이 있기 때문에 다른 곳보다 훨씬 비싼 값에 부동산을 팔거나 임대할 수 있다. 정상적인 이익을 넘어서는 과도한 이익, 이것이 전통적인 지대 개념이다.

영국의 경제학자 앨프레드 마셜은 경제가 발전하고 복잡해짐에 따라 원래 땅에서 생겨난 이 지대개념을 다른 산업분야로 확장하고, 땅으로부터의 잉여이익과 차별화하기 위해 '준지대'라는 이름을 붙였다. 즉, 특정 산업부문에 진입 장벽이나 규제가 있어 진입 장벽을 넘은 사람들이 실제보다 더많은 잉여이익을 얻는 경우를 모두 총괄해서 준지대라고 하는 것이다. 가령 정부가 변호사와 의사숫자를 대폭 제한하는 법이나 규제를 만들 경우 이미 진입 장벽을 넘은 변호사나 의사들은 자신들이 제공하는 전문적 서비스 이상으로 소득이 늘게 되는데 이것이 준지대가 되는 것이다. 또 특정 IT 기술자에 대한 수요가 급증했는데 자격을 가진 사람이 적어서 노동 공급이 한정된 경우 임금이 정상적 상태를 넘어서 대폭 상승한다. 이때의 임금상승은 생산요소의 한정적 공급에 따른 것으로 역시 준지대적 성격을 가진다.

원래 마셜이 생각했던 준지대는 일시적 현상으로, 시간이 지나면 해소되는 것이었다. 이를 테면 특정 IT 기술자에 대한 수요가 오랫동안 꾸준할 경우 이 기술을 배우려는 사람이 늘어나고 노동 공급이 증가해 임금이 하락하게 된다. 시간이 지나면서 준지대가 해소되는 것이다. 그러나 정부가 어떤 이유로든 규제 장치나 법률을 제정해서 장벽을 쌓으면 준지대는 계속 유지될 수 있을 것이다. 이렇게 특정 산업의 로비스트들이 준지대를 유지하기 위하여 정부에 로비하고 정치권에 영향력을 행사하는 행위를 '지대추구'라고 한다.

역사적으로 지대추구의 대표적인 사례는 길드조직이었다. 남들보다 먼저 도시에 자리잡은 수공업자들은 각종 길드를 만들어 업종 칸막이를 했다. 한 길드는 비슷한 품목을 만들어내는 다른 길드의 영역을 침범할 수 없었고 심지어 큰 포도주 통을 만드는 사람은 작은 포도주 통을 만들지 못하도록 금지되었다. 당시 길드의 가장 큰 목적은 새로운 인력의 진입을 봉쇄하는 것이었다.

중세 봉건사회가 해체되면서 도시로 몰려들고 있는 저임금 노동자들이 더 싼 임금으로 수공업에 진출하려고 하자 기득권을 지닌 도시 수공업자들이 귀족들의 비호 아래 길드조직을 법으로 보호해 저임금 신규인력 진출을 막고 자신들의 높은 이익을 보호하려 한 것이다.

① 지대는 토지와 자본, 노동의 대가를 제외한 나머지 부분을 일컫는다.
② 전통적으로 지대를 통해 비정상적으로 과도한 이익을 얻는 경우가 많았다.
③ 특정 농산물의 수요가 증가한다면, 그 지역의 지대는 평소보다 증가한다.
④ 준지대는 시간이 지나면 반드시 해소되는 것은 아니다.
⑤ 정부는 규제 장치나 법률 제정으로 지대추구 행위를 해소하려고 노력한다.

04 다음은 건축법 시행령에 의한 용도에 따른 주택의 구분을 설명하는 글이다. 이를 이해한 내용으로 가장 적절한 것은?

○ **단독주택**

[단독주택의 형태를 갖춘 가정어린이집·공동생활가정·지역아동센터 및 노인복지시설(노인복지주택 제외) 포함]

– 단독주택
– 다중주택
  ① 학생 또는 직장인 등 여러 사람이 장기간 거주할 수 있는 구조로 되어 있는 것
  ② 독립된 주거의 형태를 갖추지 아니한 것(실별로 욕실은 설치할 수 있으나, 취사시설은 설치하지 아니한 것)
  ③ 연면적이 $330m^2$ 이하이고 층수가 3층 이하인 것
– 다가구주택
  ① 주택으로 쓰는 층수(지하층은 제외)가 3개 층 이하일 것. 다만, 1층 바닥 면적의 2분의 1 이상을 필로티 구조로 하여 주차장으로 사용하고 나머지 부분을 주택 외의 용도로 쓰는 경우에는 해당 층을 주택의 층수에서 제외
  ② 1개 동의 주택으로 쓰는 바닥면적(부설 주차장 면적 제외)의 합계가 $660m^2$ 이하일 것
  ③ 19세대 이하가 거주할 수 있을 것

○ **공동주택**

[공동주택형태를 갖춘 가정어린이집·공동생활가정·지역아동센터·노인복지시설(노인복지주택 제외) 및 주택법 시행령 제10조 제1항의 원룸형 주택 포함]

– 아파트 : 주택으로 쓰는 층수가 5개 층 이상인 주택
– 연립주택 : 주택으로 쓰는 1개 동의 바닥면적 합계가 $660m^2$를 초과하고 층수가 4개 층 이하인 주택(2개 이상의 동을 지하주차장으로 연결하는 경우에는 각각의 동으로 봄)
– 다세대주택 : 주택으로 쓰는 1개 동의 바닥면적 합계가 $660m^2$ 이하이고 층수가 4개 층 이하인 주택(2개 이상의 동을 지하주차장으로 연결하는 경우에는 각각의 동으로 봄)
– 기숙사 : 학교 또는 공장 등의 학생 또는 종업원 등을 위하여 쓰는 것으로 공동취사 등을 할 수 있는 구조이되, 독립된 주거의 형태를 갖추지 아니한 것(교육기본법 제27조 제2항에 따른 학생복지주택을 포함)

※ 층수 산정에 있어 아파트와 연립주택의 경우 1층 전부를 필로티 구조로 하여 주차장으로 사용하는 경우에는 필로티 부분을 층수에서 제외하고, 다세대주택의 경우 1층 바닥면적의 2분의 1 이상을 필로티 구조로 하여 주차장으로 사용하고 나머지 부분을 주택 외의 용도로 사용하는 경우에는 해당 층수를 주택의 층수에서 제외한다.

---

① 노인복지주택은 공동주택에 포함된다.
② 모든 단독주택은 3층 이하이다.
③ 연립주택과 다세대주택을 구분하는 기준은 1개 동의 바닥면적의 차이다.
④ 1층의 층수 산정 제외 기준은 다세대주택이 아파트보다 더 엄격하다.
⑤ 1개 동의 주택용도 바닥면적이 $600m^2$이며 주차장이 $100m^2$인 경우 다가구주택에 해당되지 않는 사유가 된다.

05

현재 전해지는 조선시대의 목가구는 대부분 조선 후기의 것들로 단단한 소나무, 느티나무, 은행나무 등의 곧은결을 기둥이나 쇠목으로 이용하고, 오동나무, 느티나무, 먹감나무 등의 늘결을 판재로 사용하여 자연스런 나뭇결의 재질을 살렸다. 또한 대나무 혹은 엇갈리거나 소용돌이 무늬를 이룬 뿌리 부근의 목재 등을 활용하여 자연스러운 장식이 되도록 하였다.

조선시대의 목가구는 대부분 한옥의 온돌에서 사용되었기에 온도와 습도 변화에 따른 변형을 최대한 방지할 수 있는 방법이 필요하였다. 그래서 단단하고 가느다란 기둥재로 면을 나누고, 기둥재에 홈을 파서 판재를 끼워 넣는 특수한 짜임과 이음의 방법을 사용하였으며, 꼭 필요한 부위에만 접착제와 대나무 못을 사용하여 목재가 수축·팽창하더라도 뒤틀림과 휘어짐이 최소화될 수 있도록 하였다. 조선시대 목가구의 대표적 특징으로 언급되는 '간결한 선'과 '명확한 면 분할'은 이러한 짜임과 이음의 방법에 기초한 것이다. 짜임과 이음은 조선시대 목가구 제작에 필수적인 방법으로, 겉으로 드러나는 아름다움은 물론 보이지 않는 내부의 구조까지 고려한 격조 높은 기법이었다.

한편 물건을 편리하게 사용할 수 있게 해 주며, 목재의 결합부위나 모서리에 힘을 보강하는 금속 장석은 장식의 역할도 했지만 기능상 반드시 필요하거나 나무의 질감을 강조하려는 의도에서 사용되어 조선 시대 목가구의 절제되고 간결한 특징을 잘 살리고 있다.

① 조선시대 목가구는 온도와 습도 변화에 따른 변형을 방지할 방법이 필요했다.
② 금속 장석은 장식의 역할도 했지만, 기능상 필요에 의해서도 사용되었다.
③ 나무의 곧은결을 기둥이나 쇠목으로 이용하고, 늘결을 판재로 사용하였다.
④ 접착제와 대나무 못을 사용하면 목재의 수축과 팽창이 발생하지 않게 된다.
⑤ 목재의 결합부위나 모서리에 힘을 보강하기 위해 금속 장석을 사용하였다.

06 과학 기술에 의한 기적이 나타나지 않는다면, 우리 인간이 지구상에서 이용할 수 있는 자연 자원과 생활공간은 제한된 것으로 받아들여야 할 것이다. 그렇다면 공간을 이용할 때에 우리는 두 가지 한계점을 설정하지 않을 수 없다.

첫째, 우리는 이 지구상에서 생물이 서식할 수 있는 전체 공간의 제한성을 전제로 하고 그중에서 인간이 이용할 수 있는 생활공간의 한계를 깨뜨리지 않는 범위 안에서만 인간의 생활공간을 확장시켜 나가야 한다. 이렇게 되면 제한된 공간을 어떻게 나누어서 이용하느냐가 중요한 문제가 되므로, '적정 공간'이라는 개념이 중요한 의미를 갖게 된다. 우리 인간이 차지할 수 있는 전체 생활공간도 생태학적으로 적정 공간이 되어야 할 뿐 아니라, 개인이 차지할 수 있는 공간도 적정 공간의 한계를 벗어나서는 안 된다는 뜻이다.

둘째, 절대적 생활공간의 한계가 함께 문제가 되는 것은 자연 자원의 한계이므로 우리는 이 문제에서도 공간 이용에 관한 한계점을 설정할 필요가 있다. 지금까지 대부분의 생물들이 살아온 공간이란 태양의 열과 빛, 맑은 공기, 물, 그리고 흙을 이용할 수 있는 자연 환경이었다. 이와 같이 자연 자원에 의존하는 생활공간을 '자연 공간'이라고 한다면, 과학 기술을 이용한 인간의 생활공간에는 비자연적인 것이 많다. 인공적인 난방 장치, 냉방 장치, 조명 장치, 환기 장치, 상수도 및 하수도 시설에 절대적으로 의존하는 공간이 모두 그런 것이다.

① 인간은 공간 이용에 관한 한계를 설정할 필요가 있다.
② 인간이 지구상에서 이용할 수 있는 자연 자원은 제한되어 있다.
③ 과학 기술을 이용한 인간의 생활공간은 대부분 비자연적인 것이다.
④ 인간이 생활공간을 이용할 때 필요 이상의 공간을 차지해서는 안 된다.
⑤ 공간 활용을 위해 생명체가 서식할 수 없는 공간을 개척하는 것이 중요하다.

02 글의 주제 · 제목

| 유형분석 |

- 주어진 지문을 파악하여 전달하고자 하는 핵심 주제를 고르는 문제이다.
- 정보를 종합하고 중요한 내용을 구별하는 능력이 필요하다.
- 설명문부터 주장, 반박문까지 다양한 성격의 지문이 제시되므로 글의 성격별 특징을 알아두는 것이 좋다.

다음 글의 주제로 가장 적절한 것은?

표준화된 언어는 의사소통을 효과적으로 하기 위하여 의도적으로 선택해야 할 공용어로서의 가치가 있다. 반면에 방언은 지역이나 계층의 언어와 문화를 보존하고 드러냄으로써 국가 전체의 언어와 문화를 다양하게 발전시키는 토대로서의 가치가 있다. 이러한 의미에서 표준화된 언어와 방언은 상호 보완적인 관계에 있다. 표준화된 언어가 있기에 정확한 의사소통이 가능하며, 방언이 있기에 개인의 언어생활에서나 언어 예술 활동에서 자유롭고 창의적인 표현이 가능하다. 결국 우리는 표준화된 언어와 방언 둘 다의 가치를 인정해야 하며, 발화(發話) 상황(狀況)을 잘 고려해서 표준화된 언어와 방언을 잘 가려서 사용할 줄 아는 능력을 길러야 한다.

① 창의적인 예술 활동에서는 방언의 기능이 중요하다.
② 표준화된 언어와 방언에는 각각 독자적인 가치와 역할이 있다.
③ 정확한 의사소통을 위해서는 표준화된 언어가 꼭 필요하다.
④ 표준화된 언어와 방언을 구분할 줄 아는 능력을 길러야 한다.
⑤ 표준화된 언어는 방언보다 효용가치가 있다.

정답 ②

마지막 문장의 '표준화된 언어와 방언 둘 다의 가치를 인정'하고, '잘 가려서 사용할 줄 아는 능력을 길러야 한다.'는 내용을 바탕으로 ②와 같은 주제를 이끌어 낼 수 있다.

풀이 전략!

'결국', '즉', '그런데', '그러나', '그러므로' 등의 접속어 뒤에 주제가 드러나는 경우가 많다는 것에 주의하면서 지문을 읽는다.

01 다음 글의 중심 내용으로 가장 적절한 것은?

> 발전된 산업 사회는 인간을 단순한 수단으로 지배하기 위해 새로운 수단을 발전시키고 있다. 여러 사회 과학과 심층 심리학이 이를 위해 동원되고 있다. 목적이나 이념의 문제를 배제하고 가치 판단으로부터의 중립을 표방하는 사회 과학들은 인간 조종을 위한 기술적·합리적인 수단을 개발해 대중 지배에 이바지한다. 마르쿠제는 이런 발전된 산업 사회에서의 도구화된 지성을 비판하면서 이것을 '현대인의 일차원적 사유'라고 불렀다. 비판과 초월을 모르는 도구화된 사유라는 것이다.
>
> 발전된 산업 사회는 이처럼 사회 과학과 도구화된 지성을 동원해 인간을 조종하고 대중을 지배할 뿐만 아니라 향상된 생산력을 통해 인간을 매우 효율적으로 거의 완전하게 지배한다. 즉, 발전된 산업 사회는 높은 생산력을 통해 늘 새로운 수요들을 창조하고, 모든 선전 수단을 동원하여 이러한 새로운 수요들을 인간의 삶을 위해 불가결한 것으로 만든다. 그리하여 인간이 새로운 수요들을 지향하지 않을 수 없게 한다. 이렇게 산업 사회는 늘 새로운 수요의 창조와 공급을 통해 인간의 삶을 지배하고 그의 인격을 사로잡아 버리는 것이다.

① 산업 사회에서 도구화된 지성의 문제점
② 산업 사회의 발전과 경제력 향상
③ 산업 사회의 특징과 문제점
④ 산업 사회의 대중 지배 양상
⑤ 산업 사회의 새로운 수요의 창조와 공급

※ 다음 글의 주제로 가장 적절한 것을 고르시오. [2~3]

02

> 우리사회는 타의 추종을 불허할 정도로 빠르게 변화하고 있다. 가족정책도 4인 가족 중심에서 1 ～ 2인 가구 중심으로 변해야 하며, 청년실업율과 비정규직화, 독거노인의 증가를 더 이상 개인의 문제가 아닌 사회문제로 다뤄야 하는 시기이다. 여러 유형의 가구와 생애주기 변화, 다양해지는 수요에 맞춘 공동체 주택이야말로 최고의 주거복지사업이다. 공동체 주택은 공동의 목표와 가치를 가진 사람들이 커뮤니티를 이뤄 사회문제에 공동으로 대처해 나가도록 돕고, 나아가 지역사회와도 연결시키는 작업을 진행하고 있다.
>
> 임대료 부담으로 작품활동이나 생계에 어려움을 겪는 예술인을 위한 공동주택, 1인 창업과 취업을 위해 골몰하는 청년을 위한 주택, 지속적인 의료서비스가 필요한 환자나 고령자를 위한 의료안심주택은 모두 시민의 삶의 질을 높이고 선별적 복지가 아닌 복지사회를 이루기 위한 노력의 일환이다. 혼자가 아닌 '함께 가는' 길에 더 나은 삶이 있기 때문에 오늘도 수요자 맞춤형 공공주택은 수요자에 맞게 진화하고 있다.

① 주거난에 대비하는 주거복지 정책
② 4차 산업혁명과 주거복지
③ 선별적 복지 정책의 긍정적 결과
④ 수요자 중심의 대출규제 완화
⑤ 다양성을 수용하는 주거복지 정책

03

동양 사상이라 해서 언어와 개념을 무조건 무시하는 것은 결코 아니다. 만약 그렇다면 동양 사상은 경전이나 저술을 통해 언어화되지 않고 순전히 침묵 속에서 전수되어 왔을 것이다. 물론 이것은 사실이 아니다. 동양 사상도 끊임없이 언어적으로 다듬어져 왔으며 논리적으로 전개되어 왔다. 흔히 동양 사상은 신비주의적이라고 말하지만, 이것은 동양 사상의 한 면만을 특정 지우는 것이지 결코 동양의 철인(哲人)들이 사상을 전개함에 있어 논리를 무시했다거나 항시 어떤 신비적인 체험에 호소해서 자신의 주장들을 폈다는 것을 뜻하지는 않는다. 그러나 역시 동양 사상은 신비주의적임에 틀림없다. 거기서는 지고(至高)의 진리란 언제나 언어화될 수 없는 어떤 신비한 체험의 경지임이 늘 강조되어 왔기 때문이다. 최고의 진리는 언어 이전, 혹은 언어 이후의 무언(無言)의 진리이다. 엉뚱하게 들리겠지만, 동양 사상의 정수(精髓)는 말로써 말이 필요 없는 경지를 가리키려는 데 있다고 해도 과언이 아니다. 말이 스스로를 부정하고 초월하는 경지를 나타내도록 사용된 것이다. 언어로써 언어를 초월하는 경지를 나타내고자 하는 것이야말로 동양 철학이 지닌 가장 특징적인 정신이다. 동양에서는 인식의 주체를 심(心)이라는 매우 애매하면서도 포괄적인 말로 이해해 왔다. 심(心)은 물(物)과 항시 자연스러운 교류를 하고 있으며, 이성은 단지 심(心)의 일면일 뿐인 것이다. 동양은 이성의 오만이라는 것을 모른다. 지고의 진리, 인간을 살리고 자유롭게 하는 생동적 진리는 언어적 지성을 넘어선다는 의식이 있었기 때문일 것이다. 언어는 언제나 마음을 못 따르며 둘 사이에는 항시 괴리가 있다는 생각이 동양인들의 의식 저변에 깔려 있는 것이다.

① 동양 사상은 신비주의적인 요소가 많다.
② 언어와 개념을 무시하면 동양 사상을 이해할 수 없다.
③ 동양 사상은 언어적 지식을 초월하는 진리를 추구한다.
④ 인식의 주체를 심(心)으로 표현하는 동양 사상은 이성적이라 할 수 없다.
⑤ 동양 사상에서는 언어는 마음을 따르므로 진리는 마음속에 있다고 주장한다.

04 다음 글의 제목으로 가장 적절한 것은?

일반적으로 소비자들은 합리적인 경제 행위를 추구하기 때문에 최소 비용으로 최대 효과를 얻으려한다는 것이 소비의 기본 원칙이다. 그들은 '보이지 않는 손'이라고 일컬어지는 시장 원리 아래에서생산자와 만난다. 그러나 이러한 일차적 의미의 합리적 소비가 언제나 유효한 것은 아니다. 생산보다는 소비가 화두가 된 소비 자본주의 시대에서 소비는 단순히 필요한 재화, 그리고 경제학적으로유리한 재화를 구매하는 행위에 머물지 않는다. 최대 효과 자체에 정서적이고 사회 심리학적인 요인이 개입하면서, 이제 소비는 개인이 세계와 만나는 다분히 심리적인 방법이 되어버린 것이다. 즉,인간의 기본적인 생존 욕구를 충족시켜 주는 합리적 소비 수준에 머물지 않고, 자신을 표현하는 상징적 행위가 된 것이다. 이처럼 오늘날의 소비문화는 물질적 소비 차원이 아닌 심리적 소비 형태를띠게 된다.

소비 자본주의의 화두는 과소비가 아니라 '과시 소비'로 넘어간 것이다. 과시 소비의 중심에는 신분의 논리가 있다. 신분의 논리는 유용성의 논리, 나아가 시장의 논리로 설명되지 않는 것들을 설명해준다. 혈통으로 이어지던 폐쇄적 계층 사회는 소비 행위에 대해 계급에 근거한 제한을 부여했다.먼 옛날 부족 사회에서 수장들만이 걸칠 수 있었던 장신구에서부터 제아무리 권문세가의 정승이라도 아흔아홉 칸을 넘을 수 없던 집이 좋은 예이다. 권력을 가진 자는 힘을 통해 자기의 취향을 주위사람들과 분리시킴으로써 경외감을 강요하고, 그렇게 자기 취향을 과시함으로써 잠재적 경쟁자들을통제한 것이다.

가시적 신분 제도가 사라진 현대 사회에서도 이러한 신분의 논리는 여전히 유효하다. 이제 개인은소비를 통해 자신의 물질적 부를 표현함으로써 신분을 과시하려 한다.

① '보이지 않는 손'에 의한 합리적 소비의 필요성
② 소득을 고려하지 않은 무분별한 과소비의 폐해
③ 계층별 소비 규제의 필요성
④ 신분사회에서 의복 소비와 계층의 관계
⑤ 소비가 곧 신분이 되는 과시 소비의 원리

05 다음 글의 주제로 가장 적절한 것은?

> 우리는 주변에서 신호등 음성 안내기, 휠체어 리프트, 점자 블록 등의 장애인 편의 시설을 많이 볼 수 있다. 우리는 이런 편의 시설을 장애인들이 지니고 있는 국민으로서의 기본 권리를 인정한 것이라는 시각에서 바라보고 있다. 물론, 장애인의 일상생활 보장이라는 측면에서 이 시각은 당연한 것이다. 하지만 또 다른 시각이 필요하다. 그것은 바로 편의 시설이 장애인만을 위한 것이 아니라 일상생활에서 활동에 불편을 겪는 모두를 위한 것이라는 시각이다. 편리하고 안전한 시설은 장애인뿐만 아니라 우리 모두에게 유용하기 때문이다. 예를 들어, 건물의 출입구에 설치되어 있는 경사로는 장애인들의 휠체어만 다닐 수 있도록 설치해 놓은 것이 아니라, 몸이 불편해서 계단을 오르내릴 수 없는 노인이나 유모차를 끌고 다니는 사람들도 편하게 다닐 수 있도록 만들어 놓은 시설이다. 결국 이 경사로는 우리 모두에게 유용한 시설인 것이다.
>
> 그런 의미에서 근래에 대두되고 있는 '보편적 디자인', 즉 '유니버설 디자인(Universal Design)'이라는 개념은 우리에게 좋은 시사점을 제공해 준다. 보편적 디자인은 가능한 모든 사람이 이용할 수 있도록 제품, 건물, 공간을 디자인한다는 의미를 가지고 있다. 이러한 시각으로 바라본다면 장애인 편의 시설은 우리 모두에게 편리하고 안전한 시설로 인식될 것이다.

① 우리 주변에서는 장애인 편의 시설을 많이 볼 수 있다.

② 보편적 디자인은 근래에 대두되고 있는 중요한 개념이다.

③ 어떤 집단의 사람들이라도 이용할 수 있는 제품을 만들어야 한다.

④ 보편적 디자인이라는 관점에서 장애인 편의 시설을 바라볼 필요가 있다.

⑤ 장애인들의 기본 권리를 보장하기 위해 장애인 편의 시설을 확충해야 한다.

| 유형분석 |

- 각 문단의 내용을 파악하고 논리적 순서에 맞게 배열하는 복합적인 문제이다.
- 전체적인 글의 흐름을 이해하는 것이 중요하며, 각 문장의 지시어나 접속어에 주의한다.

다음 문단을 논리적 순서대로 바르게 나열한 것은?

(가) 그중에서도 우리나라의 나전칠기는 중국이나 일본보다 단조한 편이지만, 옻칠의 질이 좋고 자개 솜씨가 뛰어나 우리나라 칠공예만의 두드러진 개성을 가진다. 전래 초기에는 주로 백색의 야광패를 사용하였으나, 후대에는 청록 빛깔을 띤 복잡한 색상의 전복껍데기를 많이 사용하였다. 우리나라의 나전칠기는 일반적으로 목제품의 표면에 옻칠을 하고 그것에다 한층 치레 삼아 첨가한다.

(나) 이러한 나전칠기는 특히 통영의 것이 유명하다. 이는 예로부터 통영에서는 나전의 원료가 되는 전복이 많이 생산되었으며, 인근 내륙 및 함안지역의 질 좋은 옻이 나전칠기가 발달하는 데 주요 원인이 되었기 때문이다. 이에 통영시는 지역 명물 나전칠기를 널리 알리기 위해 매년 10월 통영 나전칠기축제를 개최하여 400년을 이어온 통영지방의 우수하고 독창적인 공예법을 소개하고 작품도 전시하고 있다.

(다) 제작방식은 우선 전복껍데기를 얇게 하여 무늬를 만들고 백골에 모시 천을 바른 뒤, 칠과 호분을 섞어 표면을 고른다. 그 후 칠죽 바르기, 삼베 붙이기, 탄회 칠하기, 토회 칠하기를 통해 제조과정을 끝마친다. 문양을 내기 위해 나전을 잘라내는 방법에는 주름질(자개를 문양 형태로 오려낸 것), 이음질(문양구도에 따라 주름대로 문양을 이어가는 것), 끊음질(자개를 실같이 가늘게 썰어서 문양 부분에 모자이크 방법으로 붙이는 것)이 있다.

(라) 나전칠기는 기물에다 무늬를 나타내는 대표적인 칠공예의 장식기법 중 하나로, 얇게 깐 조개껍데기를 여러 가지 형태로 오려내어 기물의 표면에 감입하여 꾸미는 것을 통칭한다. 우리나라는 목기와 더불어 칠기가 발달했는데, 이러한 나전기법은 중국 주대(周代)부터 이미 유행했고 당대(唐代)에 성행하여 한국과 일본에 전해진 것으로 보인다. 나전기법은 여러 나라를 포함한 아시아 일원에 널리 보급되어 있고 지역에 따라 독특한 성격을 가진다.

① (나) – (가) – (다) – (라)   ② (다) – (나) – (가) – (라)

③ (라) – (가) – (나) – (다)   ④ (라) – (가) – (다) – (나)

정답 ④

제시문은 나전칠기의 개념을 제시하고 우리나라 나전칠기의 특징, 제작방법 그리고 더 나아가 국내의 나전칠기 특산지에 대해 설명하고 있다. 따라서 (라) 나전칠기의 개념 → (가) 우리나라 나전칠기의 특징 → (다) 나전칠기의 제작방법 → (나) 나전칠기 특산지 소개의 순서대로 나열하는 것이 적절하다.

풀이 전략!

상대적으로 시간이 부족하다고 느낄 때는 선택지를 참고하여 문장의 순서를 생각해 본다.

01 다음 제시된 문단을 읽고 이어질 문단을 논리적 순서대로 바르게 나열한 것은?

> 우리는 자본주의 체제에서 살고 있다. '우리는 자본주의라는 체제의 종말보다 세계의 종말을 상상하는 것이 더 쉬운 시대에 살고 있다.'라고 할 만큼 현재 세계는 자본주의의 논리 아래에 굴러가고 있다. 이러한 자본주의는 어떻게 발생하였을까?

> (가) 그러나 1920년대에 몰아친 세계 대공황은 자본주의가 완벽하지 않은 체제이며 수정이 필요함을 모든 사람에게 각인시켜줬다. 학문적으로 보자면 대표적으로 존 메이너드 케인스의 『고용・이자 및 화폐에 관한 일반이론』 등의 저작을 통해 수정자본주의가 꾀해졌다.
>
> (나) 애덤 스미스로부터 학문화된 자본주의는 데이비드 리카도의 비교우위론 등의 이론을 포섭해나가며 자신의 영역을 공고히 했다. 자본의 폐해에 대한 마르크스 등의 경고가 있었지만, 자본주의는 그 위세를 계속 떨칠 것 같이 보였다.
>
> (다) 1950년대에는 중산층의 신화가 이루어지면서 수정자본주의 체제는 영원할 것 같이 보였지만, 오일 쇼크 등으로 인해서 수정자본주의 또한 그 한계를 보이게 되었고, 빈 학파로부터 파생된 신자유주의 이론이 가미되기 시작하였다.
>
> (라) 자본주의의 시작이라 하면 대부분 애덤 스미스의 『국부론』을 떠올리겠지만, 역사학자인 페르낭 브로델에 의하면 자본주의는 16세기 이탈리아에서부터 시작된 것이라고 한다. 이를 학문적으로 정립한 최초의 저작이 『국부론』이다.

① (나) - (라) - (가) - (다)   ② (나) - (라) - (다) - (가)
③ (다) - (나) - (가) - (라)   ④ (라) - (가) - (다) - (나)
⑤ (라) - (나) - (가) - (다)

02

(가) 이때 보험금에 대한 기댓값은 사고가 발생할 확률에 사고 발생 시 받을 보험금을 곱한 값이다. 보험금에 대한 보험료의 비율을 보험료율이라 하는데, 보험료율이 사고 발생 확률보다 높으면 구성원 전체의 보험료 총액이 보험금 총액보다 더 많고, 그 반대의 경우에는 구성원 전체의 보험료 총액이 보험금 총액보다 더 적게 된다. 따라서 공정한 보험에서는 보험료율과 사고 발생 확률이 같아야 한다.

(나) 위험 공동체의 구성원이 내는 보험료와 지급받는 보험금은 그 위험 공동체의 사고 발생 확률을 근거로 산정된다. 특정 사고가 발생할 확률은 정확히 알 수 없지만, 그동안 발생한 사고를 바탕으로 그 확률을 예측한다면 관찰 대상이 많아짐에 따라 실제 사고 발생 확률에 근접하게 된다.

(다) 본래 보험 가입의 목적은 금전적 이득을 취하는 데 있는 것이 아니라 장래의 경제적 손실을 보상받는 데 있으므로, 위험 공동체의 구성원은 자신이 속한 위험 공동체의 위험에 상응하는 보험료를 내는 것이 공정할 것이다.

(라) 따라서 공정한 보험에서는 구성원 각자가 내는 보험료와 그가 지급받을 보험금에 대한 기댓값이 일치해야 하며 구성원 전체의 보험료 총액과 보험금 총액이 일치해야 한다.

① (가) - (나) - (다) - (라)
② (가) - (라) - (나) - (다)
③ (나) - (다) - (라) - (가)
④ (나) - (라) - (가) - (다)
⑤ (나) - (라) - (다) - (가)

03

(가) 세종대왕은 백성들이 어려운 한자를 익히지 못해 글을 읽고 쓰지 못하는 것을 안타깝게 여겼다. 당시에는 오직 사대부들만 한자를 배워 지식을 독점했기 때문에 권력 역시 이들의 것이었다. 세종대왕은 이를 가엾게 여기다가, 온 국민이 쉽게 깨우칠 수 있는 문자를 만들었다.

(나) 훈민정음을 세상에 설명하기 위해 1446년(세종 28년) 정인지 등의 학자가 세종대왕의 명령을 받고 한문으로 편찬한 해설서인 『훈민정음 해례본』을 편찬하고, 정인지·안지·권제 등을 명해 조선 왕조 창업을 노래한 『용비어천가』를 펴냈다.

(다) 이러한 반대를 물리치고, 세종대왕은 1446년 훈민정음을 세상에 알리게 된다. 실제로 '백성을 가르치는 바른 소리'라는 뜻의 훈민정음의 서문을 보면 평생 글을 모른 채 살아가는 사람들에 대한 애민정신이 명확히 드러난다.

(라) 각고의 노력 끝에 훈민정음이 만들었지만, 대신들은 물론 집현전 학자들까지도 한글 창제에 대해 거세게 반발했다. 최만리, 정찬손 등의 학자들이 반대 상소를 올리자 세종대왕이 "이두를 제작한 뜻이 백성을 편리하게 하려 함이라면, 지금의 언문(한글)도 백성을 편리하게 하려 하는 것이다."라고 질타한 일화가 『세종실록』에 남아 있을 정도다.

① (가) - (나) - (라) - (다)
② (가) - (라) - (다) - (나)
③ (나) - (다) - (라) - (가)
④ (나) - (라) - (다) - (가)
⑤ (다) - (나) - (라) - (가)

04

(가) 하지만 영화를 볼 때 소리를 없앤다면 어떤 느낌이 들까? 아마 내용이나 분위기, 인물의 심리 등을 파악하기 힘들 것이다. 이런 점을 고려할 때 영화 속 소리는 영상과 분리해서 생각할 수 없는 필수 요소라고 할 수 있다. 소리는 영상 못지않게 다양한 기능이 있기 때문에 현대 영화감독들은 영화 속 소리를 적극적으로 활용하고 있다.

(나) 이와 같이 영화 속 소리는 다양한 기능을 수행하기 때문에 영화의 예술적 상상력을 빼앗는 것이 아니라 오히려 더 풍부하게 해 준다. 그래서 현대 영화에서 소리를 빼고 작품을 완성한다는 것은 생각하기 어려운 일이 되었다.

(다) 영화의 소리에는 대사, 음향 효과, 음악 등이 있으며 이러한 소리들은 영화에서 다양한 기능을 수행한다. 우선, 영화 속 소리는 다른 예술 장르의 표현 수단보다 더 구체적이고 분명하게 내용을 전달하는 데 도움을 줄 수 있다. 그리고 줄거리 전개에 도움을 주거나 작품의 상징적 의미를 전달할 뿐만 아니라 주제 의식을 강조하는 역할을 하기도 한다. 또 영상에 현실감을 줄 수 있으며, 영상의 시공간적 배경을 확인시켜 주는 역할도 한다. 또한 영화 속 소리는 영화의 분위기를 조성하고 인물의 내면 심리도 표현할 수 있다.

(라) 유성영화가 등장했던 1920년대 후반에 유럽의 표현주의나 형식주의 감독들은 영화 속의 소리에 대한 부정적인 견해가 컸다. 그들은 가장 영화다운 장면은 소리 없이 움직이는 그림으로만 이루어진 장면이라고 믿었다. 그래서 그들은 영화 속 소리가 시각 매체인 영화의 예술적 효과와 영화적 상상력을 빼앗을 것이라고 내다보았다.

① (가) – (다) – (라) – (나)   ② (나) – (다) – (가) – (라)
③ (나) – (라) – (가) – (다)   ④ (라) – (가) – (다) – (나)
⑤ (라) – (다) – (가) – (나)

04 내용 추론

| 유형분석 |

- 주어진 지문을 바탕으로 도출할 수 있는 내용을 찾는 문제이다.
- 선택지의 내용을 정확하게 확인하고 지문의 정보와 비교하여 추론하는 능력이 필요하다.

다음 글을 통해 추론할 수 없는 것은?

제약 연구원이란 제약 회사에서 약을 만드는 과정에 참여하는 사람을 말한다. 제약 연구원은 이러한 모든 단계에 참여하지만, 특히 신약 개발 단계와 임상 시험 단계에서 가장 중점적인 역할을 한다. 일반적으로 약을 만드는 과정은 새로운 약품을 개발하는 신약 개발 단계, 임상 시험을 통해 개발된 신약의 약효를 확인하는 임상 시험 단계, 식약처에 신약이 판매될 수 있도록 허가를 요청하는 약품 허가 요청 단계, 마지막으로 의료진과 환자를 대상으로 신약에 대해 홍보하는 영업 및 마케팅의 단계로 나눈다.

제약 연구원이 되기 위해서는 일반적으로 약학을 전공해야 한다고 생각하기 쉽지만, 약학 전공자 이외에도 생명 공학, 화학 공학, 유전 공학 전공자들이 제약 연구원으로 활발하게 참여하고 있다. 만일 신약 개발의 전문가가 되고 싶다면 해당 분야에서 오랫동안 연구한 경험이 필요하기 때문에 대학원에서 석사나 박사 학위를 취득하는 것이 유리하다.

제약 연구원이 되기 위해서는 전문적인 지식도 중요하지만, 사람의 생명과 관련된 일인 만큼, 무엇보다도 꼼꼼함과 신중함, 책임 의식이 필요하다. 또한 제약 회사라는 공동체 안에서 일을 하는 것이므로 원만한 일의 진행을 위해서 의사소통 능력도 필수적으로 요구된다. 오늘날 제약 분야가 빠르게 성장하고 있다는 점을 고려할 때, 일에 대한 도전 의식, 호기심과 탐구심 등도 제약 연구원에게 필요한 능력으로 꼽을 수 있다.

① 제약 연구원은 약품 허가 요청 단계에 참여한다.
② 오늘날 제약 연구원에게 요구되는 능력이 많아졌다.
③ 생명이나 유전 공학 전공자도 제약 연구원으로 일할 수 있다.
④ 신약 개발 전문가가 되려면 반드시 석사나 박사를 취득해야 한다.

정답 ④

제시문에 따르면 신약 개발의 전문가가 되기 위해서는 해당 분야에서 오랫동안 연구한 경험이 필요하므로 석사나 박사 학위를 취득하는 것이 유리하다고 하였다. 그러나 석사나 박사 학위는 신약 개발 전문가가 되는 데 도움을 준다는 것일 뿐이므로 반드시 필요한 필수 조건인지는 알 수 없다. 따라서 ④는 제시문을 통해 추론할 수 없다.

풀이 전략!

주어진 지문이 어떠한 내용을 다루고 있는지 파악한 후 선택지의 키워드를 확실하게 체크하고, 지문의 정보에서 도출할 수 있는 내용을 찾는다.

01 다음 글을 읽고 추론할 수 있는 내용으로 가장 적절한 것은?

조선이 임진왜란 중에도 필사적으로 보존하고자 한 서적이 바로 조선왕조실록이다. 실록은 원래 서울의 춘추관과 성주·충주·전주 4곳의 사고(史庫)에 보관되었으나, 임진왜란 이후 전주 사고의 실록만 온전한 상태였다. 전란이 끝난 후 단 1벌 남은 실록을 다시 여러 벌 등서하자는 주장이 제기되었다. 우여곡절 끝에 실록의 인쇄가 끝난 시기는 1606년이었다. 재인쇄 작업의 결과 원본을 포함해 모두 5벌의 실록을 갖추게 되었다. 원본은 강화도 마니산에 봉안하고 나머지 4벌은 서울의 춘추관과 평안도 묘향산, 강원도의 태백산과 오대산에 봉안했다.

이 5벌 중에서 서울 춘추관의 것은 1624년 이괄의 난 때 불에 타 없어졌고, 묘향산의 것은 1633년 후금과의 관계가 악화되자 전라도 무주의 적상산에 사고를 새로 지어 옮겼다. 강화도 마니산의 것은 1636년 병자호란 때 청군에 의해 일부 훼손되었던 것을 현종 때 보수하여 숙종 때 강화도 정족산에 다시 봉안했다. 결국 내란과 외적 침입으로 인해 5곳 가운데 1곳의 실록은 소실되었고, 1곳의 실록은 장소를 옮겼으며, 1곳의 실록은 손상을 입었던 것이다.

정족산, 태백산, 적상산, 오대산 4곳의 실록은 그 후 안전하게 지켜졌다. 그러나 일본이 다시 여기에 손을 대었다. 1910년 조선 강점 이후 일제는 정족산과 태백산에 있던 실록을 조선총독부로 이관하고, 적상산의 실록은 구황궁 장서각으로 옮겼으며, 오대산의 실록은 일본 동경제국대학으로 반출했다. 일본으로 반출한 것은 1923년 관동 대지진 때 거의 소실되었다. 정족산과 태백산의 실록은 1930년에 경성제국대학으로 옮겨져 지금까지 서울대학교에 보존되어 있다. 한편 장서각의 실록은 6·25 전쟁 때 북한으로 옮겨져 현재 김일성종합대학에 소장되어 있다.

① 재인쇄하였던 실록은 모두 5벌이다.

② 태백산에 보관하였던 실록은 현재 일본에 있다.

③ 현재 한반도에 남아 있는 실록은 모두 4벌이다.

④ 적상산에 보관하였던 실록은 일부가 훼손되었다.

⑤ 현존하는 실록 중에서 가장 오래된 것은 서울대학교에 있다.

02 다음 중 (가)와 (나)의 예시로 적절하지 않은 것은?

사회적 관계에 있어서 상호주의란 '행위자 갑이 을에게 베푼 바와 같이 을도 갑에게 똑같이 행하라.' 라는 행위 준칙을 의미한다. 상호주의의 원형은 '눈에는 눈, 이에는 이'로 표현되는 탈리오의 법칙에서 발견된다. 그것은 일견 피해자의 손실에 상응하는 가해자의 처벌을 정당화한다는 점에서 가혹하고 엄격한 성격을 드러낸다. 만약 상대방의 밥그릇을 빼앗았다면 자신의 밥그릇도 미련 없이 내주어야 하는 것이다. 그러나 탈리오 법칙은 온건하고도 합리적인 속성을 동시에 함축하고 있다. 왜냐하면 누가 자신의 밥그릇을 발로 찼을 경우 보복의 대상은 밥그릇으로 제한되어야지 밥상 전체를 뒤엎는 것으로 확대될 수 없기 때문이다. 이러한 일대일 방식의 상호주의를 (가) 대칭적 상호주의라 부른다. 하지만 엄밀한 의미의 대칭적 상호주의는 우리의 실제 일상생활에서 별로 흔하지 않다. 오히려 '되로 주고 말로 받거나, 말로 주고 되로 받는' 교환 관계가 더 일반적이다. 이를 대칭적 상호주의와 대비하여 (나) 비대칭적 상호주의라 일컫는다.

그렇다면 교환되는 내용이 양과 질의 측면에서 정확한 대등성을 결여하고 있음에도 불구하고, 교환에 참여하는 당사자들 사이에 비대칭적 상호주의가 성행하는 이유는 무엇인가? 그것은 셈에 밝은 이른바 '경제적 인간(Homo Economicus)'들에게 있어서 선호나 기호 및 자원이 다양하기 때문이다. 말하자면 교환에 임하는 행위자들이 각인각색인 까닭에 비대칭적 상호주의가 현실적으로 통용될 수밖에 없으며, 어떤 의미에서는 그것만이 그들에게 상호 이익을 보장할 수 있는 것이다.

① (가) : A국과 B국 군대는 접경지역에서 포로를 5명씩 맞교환했다.
② (가) : 오늘 우리 아이를 옆집에서 맡아주는 대신 다음에 옆집 아이를 하루 맡아주기로 했다.
③ (가) : 동생이 내 발을 밟아서 볼을 꼬집어 주었다.
④ (나) : 필기노트를 빌려준 친구에게 고맙다고 밥을 샀다.
⑤ (나) : 옆집 사람이 우리 집 대문을 막고 차를 세웠기 때문에 타이어에 펑크를 냈다.

03 다음 글을 읽고 추론할 수 있는 내용으로 가장 적절한 것은?

> 최근 환경에 대한 관심이 증가하면서 상표에도 '에코, 녹색' 등 '친환경'을 표방하는 상표 출원이 꾸준히 증가하는 것으로 나타났다. 특허청에 따르면, '친환경' 관련 상표 출원은 최근 10여 년간 연평균 1,200여 건이 출원돼 꾸준한 관심을 받아온 것으로 나타났다. '친환경' 관련 상표는 제품의 '친환경'을 나타내는 대표적인 문구인 '친환경, 에코, ECO, 녹색, 그린, 생태' 등의 문자를 포함하고 있는 상표이며 출원건수는 상품류를 기준으로 한다. 즉, 단류 출원은 1건, 2개류에 출원된 경우 2건으로 계산한다.
>
> 작년 한 해 친환경 상표가 가장 많이 출원된 제품은 화장품(79건)이었으며, 그 다음으로 세제(50건), 치약(48건), 샴푸(47건) 순으로 조사됐다. 특히 출원건수 상위 10개 제품 중 7개가 일상생활에서 흔히 사용하는 미용, 위생 등 피부와 관련된 상품인 것으로 나타나 깨끗하고 순수한 환경에 대한 관심이 친환경 제품으로 확대되고 있는 것으로 분석됐다.
>
> 2007년부터 2017년까지의 '친환경' 관련 상표의 출원실적을 보면, 영문 'ECO'가 4,820건으로 가장 많이 사용되어 기업이나 개인은 제품의 '친환경'을 나타내는 상표 문구로 'ECO'를 가장 선호하는 것으로 드러났다. 다음으로는 '그린'이 3,862건, 한글 '에코'가 3,156건 사용됐고 '초록', '친환경', '녹색', '생태'가 각각 766건, 687건, 536건, 184건으로 그 뒤를 이었다. 특히, '저탄소·녹색성장'이 국가 주요 정책으로 추진되던 2010년에는 '녹색'을 사용한 상표출원이 매우 증가한 것으로 나타났고, 친환경·유기농 먹거리 등에 대한 수요가 늘어나면서 2015년에는 '초록'이 포함된 상표 출원이 상대적으로 증가한 것으로 조사됐다.
>
> 최근 환경과 건강에 대한 관심이 증가하면서 이러한 '친환경' 관련 상표를 출원하여 등록받는 것이 소비자들의 안전한 구매를 촉진하는 길이 될 수 있다.

① 국가 주요 정책이나 환경에 대한 관심이 상표 출원에 많은 영향을 미친다.

② 친환경 상표가 가장 많이 출원된 제품인 화장품의 경우 대부분 안전하다고 믿고 사용해도 된다.

③ 환경과 건강에 대한 관심이 증가하지만 '친환경'을 강조하는 상표출원의 증가세가 주춤할 것으로 전망된다.

④ 영문 'ECO'와 한글 '에코'의 의미가 동일하므로 한글 '에코'의 상표 문구 출원이 높아져 영문 'ECO'를 역전할 가능성이 높다.

⑤ 친환경 세제를 개발한 S사는 ECO 달세제, ECO 별세제 2개의 상품을 모두 '표백제 및 기타 세탁용 제제'의 상품류로 등록하여 출원건수는 2건으로 계산될 수 있다.

05 경청 · 의사 표현

| 유형분석 |

- 주로 특정 상황을 제시한 뒤 올바른 경청 방법을 묻는 형태의 문제이다.
- 경청과 관련한 이론에 대해 묻거나 몇 개의 대화문 중에서 올바른 경청 자세로 이루어진 것을 고르는 유형으로도 출제된다.

다음 중 효과적인 경청 방법으로 적절하지 않은 것은?

① 말하는 사람의 모든 것에 집중해서 적극적으로 들어야 한다.
② 상대방의 의견에 동조할 수 없더라도 일단 수용한다.
③ 질문에 대한 답이 즉각적으로 이루어질 때만 질문을 한다.
④ 대화의 내용을 주기적으로 요약한다.
⑤ 상대방이 전달하려는 메시지를 자신의 삶, 목적, 경험과 관련시켜 본다.

정답 ③

질문에 대한 답이 즉각적으로 이루어질 수 없는 상황이라고 하더라도 질문을 하면 경청하는 데 적극적인 자세가 되고 집중력 또한 높아진다.

풀이 전략!

별다른 암기 없이도 풀 수 있는 문제가 대부분이지만, 올바른 경청을 방해하는 요인이나 경청훈련 등에 대한 내용은 미리 숙지하고 있는 것이 좋다.

01   다음 대화에서 B사원의 문제점으로 가장 적절한 것은?

> A사원 : 배송 지연으로 인한 고객의 클레임을 해결하기 위해서는 일단 입고된 상품을 먼저 배송하고, 추가 배송료를 부담하더라도 나머지 상품은 입고되는 대로 다시 배송하는 방법이 나을 것 같습니다.
>
> B사원 : 글쎄요. A사원의 그간 업무 스타일로 보았을 때, 방금 제시한 그 처리 방법이 효율적일지 의문이 듭니다.

① 짐작하기
② 판단하기
③ 조언하기
④ 비위 맞추기
⑤ 대답할 말 준비하기

02   다음 중 경청 훈련 방법과 사례가 잘못 연결된 것은?

	방법	사례
①	주의 기울이기	A씨는 말을 하고 있는 B씨의 얼굴과 몸의 움직임뿐만 아니라 호흡하는 자세까지도 주의하여 관찰하고 있다. 또한 B씨의 어조와 억양, 소리 크기에도 귀를 기울이고 있다.
②	상대방의 경험을 인정하고 더 많은 정보 요청하기	C씨는 자신의 경험담을 이야기하고 있는 D씨에게 관심과 존경을 보이고 있으며, D씨가 계속해서 이야기를 할 수 있도록 질문을 던지기도 한다.
③	정확성을 위해 요약하기	E씨는 유치원에서 친구와 다투었다는 아이의 말을 듣고는 "친구와 간식을 두고 다툼을 해서 너의 기분이 좋지 않구나."라며 아이의 이야기를 자신의 말로 반복하여 표현하였다.
④	개방적인 질문하기	F씨는 G씨에 대한 이해의 정도를 높이기 위해 주말에 부산으로 여행을 간다는 G씨에게 이번 여행은 누구와 가는지 질문하고 있다.
⑤	'왜?'라는 질문 삼가기	H씨는 부정적·강압적인 표현의 '왜?'라는 질문을 사용하지 않으려고 노력하고 있다.

03   다음 중 팀 회의에서의 원활한 의사 표현을 위한 방법으로 가장 적절한 것은?

① 상대방이 말하는 동안 어떤 답을 할지 미리 생각해놔야 한다.
② 공감을 보여주는 가장 쉬운 방법은 상대편의 말을 그대로 받아서 맞장구를 치는 것이다.
③ 핵심은 중요하므로 구체적으로 길게 표현해야 한다.
④ 이견이 있거나 논쟁이 붙었을 때는 앞뒤 말의 '논리적 개연성'만 따져보아야 한다.
⑤ 상대의 인정을 얻기 위해 자신의 단점이나 실패 경험보다 장점을 부각해야 한다.

수리능력

합격 Cheat Key

수리능력은 사칙 연산·통계·확률의 의미를 정확하게 이해하고 이를 업무에 적용하는 능력으로, 기초 연산과 기초 통계, 도표 분석 및 작성의 문제 유형으로 출제된다. 수리능력 역시 채택하지 않는 공사·공단이 거의 없을 만큼 필기시험에서 중요도가 높은 영역이다.

특히, 난이도가 높은 공사·공단의 시험에서는 도표 분석, 즉 자료 해석 유형의 문제가 많이 출제되고 있고, 응용 수리 역시 꾸준히 출제하는 공사·공단이 많기 때문에 기초 연산과 기초 통계에 대한 공식의 암기와 자료 해석 능력을 기를 수 있는 꾸준한 연습이 필요하다.

1 응용 수리의 공식은 반드시 암기하라!

응용 수리는 공사·공단마다 출제되는 문제는 다르지만, 사용되는 공식은 비슷한 경우가 많으므로 자주 출제되는 공식을 반드시 암기하여야 한다. 문제에서 묻는 것을 정확하게 파악하여 그에 맞는 공식을 적절하게 적용하는 꾸준한 노력과 공식을 암기하는 연습이 필요하다.

2 자료의 해석은 자료에서 즉시 확인할 수 있는 지문부터 확인하라!

수리능력 중 도표 분석, 즉 자료 해석 능력은 많은 시간을 필요로 하는 문제가 출제되므로, 증가・감소 추이와 같이 눈으로 확인이 가능한 지문을 먼저 확인한 후 복잡한 계산이 필요한 지문을 확인하는 방법으로 문제를 풀이한다면 시간을 조금이라도 아낄 수 있다. 또한, 여러 가지 보기가 주어진 문제 역시 지문을 잘 확인하고 문제를 풀이한다면 불필요한 계산을 생략할 수 있으므로 항상 지문부터 확인하는 습관을 들여야 한다.

3 도표 작성에서 지문에 작성된 도표의 제목을 반드시 확인하라!

도표 작성은 하나의 자료 혹은 보고서와 같은 수치가 표현된 자료를 도표로 작성하는 형식으로 출제되는데, 대체로 표보다는 그래프를 작성하는 형태로 많이 출제된다. 지문을 살펴보면 각 지문에서 주어진 도표에도 소제목이 있는 경우가 대부분이다. 이때, 자료의 수치와 도표의 제목이 일치하지 않는 경우 함정이 존재하는 문제일 가능성이 높으므로 도표의 제목을 반드시 확인하는 것이 중요하다.

| 유형분석 |

- 문제에서 제공하는 정보를 파악한 뒤, 사칙연산을 활용하여 계산하는 전형적인 수리문제이다.
- 문제를 풀기 위한 정보가 산재되어 있는 경우가 많으므로 주어진 조건 등을 꼼꼼히 확인해야 한다.

대학 서적을 도서관에서 빌리면 10일간 무료이고, 그 이상은 하루에 100원의 연체료가 부과되며 한 달 단위로 연체료는 두 배로 늘어난다. 1학기 동안 대학 서적을 도서관에서 빌려 사용하는 데 얼마의 비용이 드는가?(단, 1학기의 기간은 15주이고, 한 달은 30일로 정한다)

① 18,000원   ② 20,000원
③ 23,000원   ④ 25,000원
⑤ 28,000원

정답   ④

- 1학기의 기간 : 15×7=105일
- 연체료가 부과되는 기간 : 105-10=95일
- 연체료가 부과되는 시점에서부터 한 달 동안의 연체료 : 30×100=3,000원
- 첫 번째 달부터 두 번째 달까지의 연체료 : 30×100×2=6,000원
- 두 번째 달부터 세 번째 달까지의 연체료 : 30×100×2×2=12,000원
- 95일(3개월 5일) 연체료 : 3,000+6,000+12,000+5×(100×2×2×2)=25,000원

따라서 1학기 동안 대학 서적을 도서관에서 빌려 사용한다면 25,000원의 비용이 든다.

풀이 전략!

문제에서 묻는 바를 정확하게 확인한 후, 필요한 조건 또는 정보를 구분하여 신속하게 풀어 나간다. 단, 계산에 착오가 생기지 않도록 유의한다.

01   S고등학교 운동장은 다음과 같이 양 끝이 반원 모양이다. 한 학생이 운동장 가장자리를 따라 한 바퀴를 달린다고 할 때, 학생이 달린 거리는 몇 m인가?(단, 원주율 $\pi \fallingdotseq 3$으로 계산한다)

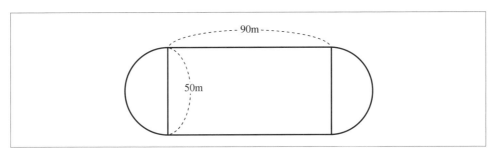

① 300m   ② 310m

③ 320m   ④ 330m

⑤ 340m

02   가로 길이가 $x$cm이고 세로 길이가 $y$cm인 직사각형의 둘레의 길이가 20cm이고 넓이가 24cm^{2}이다. 이 직사각형의 가로 길이와 세로 길이를 3cm씩 늘릴 때, 늘어난 직사각형의 넓이는?

① 59cm^2 ② 60cm^2

③ 61cm^2 ④ 62cm^2

⑤ 63cm^2

03   농도가 10%인 소금물 200g에 농도가 15%인 소금물을 섞어서 농도가 13%인 소금물을 만들려고 한다. 이때, 농도가 15%인 소금물은 몇 g이 필요한가?

① 150g   ② 200g

③ 250g   ④ 300g

⑤ 350g

04 S씨는 저가항공을 이용하여 비수기에 제주도 출장을 가려고 한다. 1인 기준으로 작년에 비해 비행기 왕복 요금은 20% 내렸고, 1박 숙박비는 15% 올라서 올해의 비행기 왕복 요금과 1박 숙박비 합계는 작년보다 10% 증가한 금액인 308,000원이라고 한다. 이때, 1인 기준으로 올해의 비행기 왕복 요금은?

① 31,000원   ② 32,000원

③ 33,000원   ④ 34,000원

⑤ 35,000원

05 희철이는 전체 문항수가 30개이고 문항 배점이 각각 2, 3, 4점인 시험에서 8문제를 틀려 71점을 받았다. 맞힌 3점 문항의 개수가 맞힌 4점 문항의 개수보다 3개 더 많다고 할 때, 희철이가 맞힌 3점 문항의 개수는?

① 9개   ② 10개

③ 11개   ④ 12개

⑤ 13개

06 50명의 남학생 중에서 24명, 30명의 여학생 중에서 16명이 뮤지컬을 좋아한다고 한다. 전체 80명의 학생 중에서 임의로 선택한 한 명이 뮤지컬을 좋아하지 않는 학생이었을 때, 그 학생이 여학생일 확률은?

① $\dfrac{3}{20}$ ② $\dfrac{1}{5}$

③ $\dfrac{1}{4}$ ④ $\dfrac{3}{10}$

⑤ $\dfrac{7}{20}$

07 비누를 생산할 수 있는 두 종류의 기계 A, B가 있다. A기계 1대와 B기계 4대를 동시에 5분 동안 가동하면 100개의 비누를 생산할 수 있고, A기계 2대와 B기계 3대를 동시에 4분 동안 가동하면 100개의 비누를 생산할 수 있다. 이때 A기계 3대와 B기계 2대를 동시에 가동하여 비누 100개를 생산하는 데 걸리는 시간은?

① $\dfrac{10}{3}$ 시간   ② $\dfrac{10}{7}$ 시간

③ $\dfrac{11}{3}$ 시간   ④ $\dfrac{11}{5}$ 시간

⑤ $\dfrac{11}{7}$ 시간

08 S공사는 야유회 준비를 위해 500mL 물과 2L 음료수를 총 330개 구입하였다. 야유회에 참가한 직원을 대상으로 500mL 물은 1인당 1개, 2L 음료수는 5인당 1개씩 지급했더니 남거나 모자라지 않았다면, S공사의 야유회에 참가한 직원은 모두 몇 명인가?

① 260명   ② 265명
③ 270명   ④ 275명
⑤ 280명

09 남자 5명과 여자 3명 중에서 4명의 대표를 선출할 때, 적어도 1명의 여자가 포함되도록 선출하는 경우의 수는?

① 55가지   ② 60가지
③ 65가지   ④ 70가지
⑤ 75가지

| 유형분석 |

- 나열된 수의 규칙을 찾아 해결하는 문제이다.
- 등차·등비수열 등 다양한 수열 규칙에 대한 사전 학습이 요구된다.

다음과 같이 일정한 규칙으로 수를 나열할 때, 빈칸에 들어갈 수는?

		0	3	5	10	17	29	48	( )

① 55 ② 60
③ 71 ④ 79
⑤ 83

정답 ④

n을 자연수라 하면 $(n+1)$항에서 n항을 더하고 $+2$를 한 값인 $(n+2)$항이 되는 수열이다.
따라서 ( )=48+29+2=79이다.

풀이 전략!

- 수열을 풀이할 때는 다음과 같은 규칙이 적용되는지를 순차적으로 판단한다.
  1) 각 항에 일정한 수를 사칙연산(+, −, ×, ÷)하는 규칙
  2) 홀수 항, 짝수 항 규칙
  3) 피보나치 수열과 같은 계차를 이용한 규칙
  4) 군수열을 활용한 규칙
  5) 항끼리 사칙연산을 하는 규칙

주요 수열 규칙

구분	내용
등차수열	앞의 항에 일정한 수를 더해 이루어지는 수열
등비수열	앞의 항에 일정한 수를 곱해 이루어지는 수열
피보나치 수열	앞의 두 항의 합이 그 다음 항의 수가 되는 수열
건너뛰기 수열	두 개 이상의 수열 또는 규칙이 일정한 간격을 두고 번갈아가며 적용되는 수열
계차수열	앞의 항과 차가 일정하게 증가하는 수열
군수열	일정한 규칙성으로 몇 항씩 묶어 나눈 수열

※ 다음과 같이 일정한 규칙으로 수를 나열할 때, 빈칸에 들어갈 수를 고르시오. [1~3]

01

| 1 | 4 | 13 | 40 | 121 | ( ) | 1,093 |

① 351   ② 363

③ 364   ④ 370

⑤ 392

02

| 1 | 2 | 5 | 12 | 27 | 58 | 121 | ( ) |

① 209   ② 213

③ 225   ④ 248

⑤ 279

03

| $\dfrac{41}{391}$ | $\dfrac{47}{385}$ | $\dfrac{53}{379}$ | $\dfrac{59}{373}$ | ( ) | $\dfrac{71}{361}$ |

① $\dfrac{61}{367}$ ② $\dfrac{65}{367}$

③ $\dfrac{61}{369}$ ④ $\dfrac{65}{369}$

⑤ $\dfrac{61}{371}$

| 유형분석 |

- 문제에 주어진 도표를 분석하여 각 선택지의 값을 계산해 정답 유무를 판단하는 문제이다.
- 주로 그래프와 표로 제시되며, 경영·경제·산업 등과 관련된 최신 이슈를 많이 다룬다.
- 자료 간의 증감률·비율·추세 등을 자주 묻는다.

K마트 물류팀에 근무하는 E사원은 9월 라면 입고량과 판매량을 확인하던 중 11일과 15일에 A, B업체의 기록이 누락되어 있는 것을 발견하였다. 동료직원인 D사원은 E사원에게 "9월 11일의 전체 라면 재고량 중 A업체는 10%, B업체는 9%를 차지하였고, 9월 15일의 A업체 라면 재고량은 B업체보다 500개가 더 많았다."라고 말했다. 이때 9월 11일의 전체 라면 재고량은 몇 개인가?

구분		9월 12일	9월 13일	9월 14일
A업체	입고량	300	–	200
	판매량	150	100	–
B업체	입고량	–	250	–
	판매량	200	150	50

① 10,000개
② 15,000개
③ 20,000개
④ 25,000개
⑤ 30,000개

정답 ①

9월 11일의 전체 라면 재고량을 x개라고 하면, A, B업체의 9월 11일 라면 재고량은 각각 $0.1x$개, $0.09x$개이다.
이때 A, B업체의 9월 15일 라면 재고량을 구하면 다음과 같다.
- A업체 : $0.1x+300+200-150-100=(0.1x+250)$개
- B업체 : $0.09x+250-200-150-50=(0.09x-150)$개
9월 15일에는 A업체의 라면 재고량이 B업체보다 500개가 더 많으므로 식을 세우면 다음과 같다.
$0.1x+250=0.09x-150+500$
$\therefore x=10,000$
따라서 9월 11일의 전체 라면 재고량은 10,000개이다.

풀이 전략!

선택지를 먼저 읽고 필요한 정보를 도표에서 확인하도록 하며, 계산이 필요한 경우에는 실제 수치를 사용하여 복잡한 계산을 하는 대신, 대소 관계의 비교나 선택지의 옳고 그름만을 판단할 수 있을 정도로 간소화하여 계산해 풀이시간을 단축할 수 있도록 한다.

01 다음은 4개 국가의 연도별 관광 수입 및 지출을 나타낸 자료이다. 2023년 관광 수입이 가장 많은 국가와 가장 적은 국가의 2024년 관광 지출 대비 관광 수입 비율의 차이는 얼마인가?(단, 소수점 둘째 자리에서 반올림한다)

〈국가별 관광 수입 및 지출〉

(단위 : 백만 달러)

구분	관광 수입			관광 지출		
	2022년	2023년	2024년	2022년	2023년	2024년
한국	15,214	17,300	13,400	25,300	27,200	30,600
중국	44,969	44,400	32,600	249,800	250,100	257,700
홍콩	36,150	32,800	33,300	23,100	24,100	25,400
인도	21,013	22,400	27,400	14,800	16,400	18,400

① 25.0%
② 27.5%
③ 28.3%
④ 30.4%
⑤ 31.1%

02 S통신회사는 이동전화의 통화시간에 따라 월 2시간까지는 기본요금이 부과되고, 2시간 초과 3시간까지는 분당 a원, 3시간 초과부터는 $2a$원을 부과한다. 다음과 같이 요금이 청구되었을 때, a의 값은 얼마인가?

〈휴대전화 이용요금〉

구분	통화시간	요금
8월	3시간 30분	21,600원
9월	2시간 20분	13,600원

① 50
② 80
③ 100
④ 120
⑤ 150

04 자료 이해

| 유형분석 |

- 제시된 표를 분석하여 선택지의 정답 유무를 판단하는 문제이다.
- 표의 수치 등을 통해 변화량이나 증감률, 비중 등을 비교하여 판단하는 문제가 자주 출제된다.
- 지원하고자 하는 기업이나 산업과 관련된 자료 등이 문제의 자료로 많이 다뤄진다.

다음은 A ~ E 5개국의 경제 및 사회 지표 자료이다. 이에 대한 설명으로 옳지 않은 것은?

〈주요 5개국의 경제 및 사회 지표〉

구분	1인당 GDP(달러)	경제성장률(%)	수출(백만 달러)	수입(백만 달러)	총인구(백만 명)
A	27,214	2.6	526,757	436,499	50.6
B	32,477	0.5	624,787	648,315	126.6
C	55,837	2.4	1,504,580	2,315,300	321.8
D	25,832	3.2	277,423	304,315	46.1
E	56,328	2.3	188,445	208,414	24.0

※ (총 GDP)=(1인당 GDP)×(총인구)

① 경제성장률이 가장 큰 나라가 총 GDP는 가장 작다.
② 총 GDP가 가장 큰 나라의 GDP는 가장 작은 나라의 GDP보다 10배 이상 더 크다.
③ 5개국 중 수출과 수입에 있어서 규모에 따라 나열한 순위는 서로 일치한다.
④ A국이 E국보다 총 GDP가 더 크다.
⑤ 1인당 GDP에 따른 순위와 총 GDP에 따른 순위는 서로 일치한다.

정답 ⑤

1인당 GDP 순위는 E>C>B>A>D이다. 그런데 1인당 GDP가 가장 큰 E국은 1인당 GDP가 2위인 C국보다 1% 정도밖에 높지 않은 반면, 인구는 C국의 $\frac{1}{10}$ 이하이므로 총 GDP 역시 C국보다 작다. 따라서 1인당 GDP 순위와 총 GDP 순위는 일치하지 않는다.

풀이 전략!

평소 변화량이나 증감률, 비중 등을 구하는 공식을 알아두고 있어야 하며, 지원하는 기업이나 산업에 관한 자료 등을 확인하여 비교하는 연습 등을 한다.

01 다음은 항목별 상위 7개 동의 자산규모를 나타낸 자료이다. 이에 대한 설명으로 옳은 것은?

〈항목별 상위 7개 동의 자산규모〉

구분 순위	총자산(조 원)		부동산자산(조 원)		예금자산(조 원)		가구당 총자산(억 원)	
	동명	규모	동명	규모	동명	규모	동명	규모
1	여의도동	24.9	대치동	17.7	여의도동	9.6	을지로동	51.2
2	대치동	23.0	서초동	16.8	태평로동	7.0	여의도동	26.7
3	서초동	22.6	압구정동	14.3	을지로동	4.5	압구정동	12.8
4	반포동	15.6	목동	13.7	서초동	4.3	도곡동	9.2
5	목동	15.5	신정동	13.6	역삼동	3.9	잠원동	8.7
6	도곡동	15.0	반포동	12.5	대치동	3.1	이촌동	7.4
7	압구정동	14.4	도곡동	12.3	반포동	2.5	서초동	6.4

※ (총자산)＝(부동산자산)＋(예금자산)＋(증권자산)
※ (가구 수)＝(총자산)÷(가구당 총자산)

① 압구정동의 가구 수는 여의도동의 가구 수보다 적다.
② 이촌동의 가구 수는 2만 가구 이상이다.
③ 대치동의 증권자산은 서초동의 증권자산보다 많다.
④ 여의도동의 증권자산은 최소 4조 원 이상이다.
⑤ 총자산 대비 부동산자산의 비율은 도곡동이 목동보다 높다.

02 다음은 주요 온실가스의 연평균 농도 변화 추이를 나타낸 자료이다. 이에 대한 설명으로 옳지 않은 것은?

〈주요 온실가스의 연평균 농도 변화 추이〉

구분	2018년	2019년	2020년	2021년	2022년	2023년	2024년
이산화탄소(CO_2, ppm)	387.2	388.7	389.9	391.4	392.5	394.5	395.7
오존전량(O_3, DU)	331	330	328	325	329	343	335

① 오존전량은 계속해서 증가하고 있다.
② 이산화탄소의 농도는 계속해서 증가하고 있다.
③ 오존전량이 가장 크게 감소한 해는 2024년이다.
④ 2024년 이산화탄소의 농도는 2019년보다 7ppm 증가했다.
⑤ 2024년 오존전량은 2018년의 오존전량보다 4DU 증가했다.

03 다음은 청소년의 경제의식에 대한 설문조사 결과이다. 이에 대한 설명으로 옳은 것은?

〈경제의식에 대한 설문조사 결과〉

(단위 : %)

설문 내용	구분	전체	성별		학교별	
			남	여	중학교	고등학교
용돈을 받는지 여부	예	84.2	82.9	85.4	87.6	80.8
	아니오	15.8	17.1	14.6	12.4	19.2
월간 용돈 금액	5만 원 미만	75.2	73.9	76.5	89.4	60
	5만 원 이상	24.8	26.1	23.5	10.6	40
금전출납부 기록 여부	기록한다.	30	22.8	35.8	31	27.5
	기록 안 한다.	70	77.2	64.2	69.0	72.5

① 용돈을 받는 남학생의 비율이 용돈을 받는 여학생의 비율보다 높다.

② 월간 용돈을 5만 원 미만으로 받는 비율은 중학생이 고등학생보다 높다.

③ 고등학생 전체 인원을 100명이라 한다면, 월간 용돈을 5만 원 이상 받는 학생은 40명이다.

④ 금전출납부는 기록하는 비율이 기록 안 하는 비율보다 높다.

⑤ 용돈을 받지 않는 중학생 비율이 용돈을 받지 않는 고등학생 비율보다 높다.

04 다음은 출생, 사망 추이를 나타낸 자료이다. 이에 대한 설명으로 옳지 않은 것은?

〈출생, 사망 추이〉

구분		2018년	2019년	2020년	2021년	2022년	2023년	2024년
출생아 수(명)		490,543	472,761	435,031	448,153	493,189	465,892	444,849
사망자 수(명)		244,506	244,217	243,883	242,266	244,874	246,113	246,942
기대수명(년)		77.44	78.04	78.63	79.18	79.56	80.08	80.55
수명	남자(년)	73.86	74.51	75.14	75.74	76.13	76.54	76.99
	여자(년)	80.81	81.35	81.89	82.36	82.73	83.29	83.77

① 매년 기대수명은 증가하고 있다.

② 남자와 여자의 수명은 매년 5년 이상의 차이를 보이고 있다.

③ 남자는 기대수명보다 짧게 살고, 여자는 기대수명보다 길게 산다.

④ 출생아 수는 2018년 이후 감소하다가 2021년, 2022년에 증가 이후 다시 감소하고 있다.

⑤ 매년 출생아 수는 사망자 수보다 20만 명 이상 더 많으므로 매년 총 인구는 20만 명 이상씩 증가한다고 볼 수 있다.

05 다음은 A ~ C지역의 가구 구성비를 나타낸 자료이다. 이에 대한 설명으로 옳은 것은?

〈가구 구성비〉

(단위 : %)

구분	부부 가구	2세대 가구		3세대 이상 가구	기타 가구	합계
		부모+미혼자녀	부모+기혼자녀			
A지역	5	65	16	2	12	100
B지역	16	55	10	6	13	100
C지역	12	40	25	20	3	100

※ 기타 가구 : 1인 가구, 형제 가구, 비친족 가구
※ 핵가족 : 부부 또는 (한)부모와 그들의 미혼 자녀로 이루어진 가족
※ 확대가족 : (한)부모와 그들의 기혼 자녀로 이루어진 2세대 이상의 가족

① 핵가족 가구의 비중이 가장 높은 지역은 A이다.
② 1인 가구의 비중이 가장 높은 지역은 B이다.
③ 확대가족 가구 수가 가장 많은 지역은 C이다.
④ A, B, C지역 모두 핵가족 가구 수가 확대가족 가구 수보다 많다.
⑤ 부부 가구의 구성비는 C지역이 가장 높다.

06 다음은 2004 · 2014 · 2024년의 수도권 지역 및 전국 평균 매매 · 전세가격에 대한 자료이다. 이에 대한 설명으로 옳은 것은?

〈수도권 · 전국 평균 매매 · 전세가격〉

(단위 : 만 원)

구분		평균 매매가격			평균 전세가격		
		2004년	2014년	2024년	2004년	2014년	2024년
전국		10,100	14,645	18,500	6,762	9,300	13,500
수도권	전체	12,500	18,500	22,200	8,400	12,400	18,900
	서울	17,500	21,350	30,744	9,200	15,500	20,400
	인천	13,200	16,400	20,500	7,800	10,600	13,500
	경기	10,400	15,200	18,900	6,500	11,200	13,200

① 2004년 전국의 평균 전세가격은 수도권 전체 평균 전세가격의 80% 미만이다.
② 2004년 대비 2014년의 전국과 수도권 전체 평균 매매가격 증가율의 차이는 5%p 미만이다.
③ 2024년 수도권 전체의 평균 매매가격은 전국의 1.2배이고, 평균 전세가격은 전국의 1.3배이다.
④ 서울의 2014년 대비 2024년 매매가격 증가율은 2004년 대비 2014년 매매가격 증가율의 1.5배이다.
⑤ 2004년, 2014년, 2024년 서울, 인천, 경기의 평균 매매 · 전세가격이 높은 순으로 나열하면 항상 '서울, 인천, 경기'이다.

다음은 마트별 봉투 사용률에 대한 자료이다. 〈보기〉 중 이에 대한 설명으로 옳은 것을 모두 고르면?

〈마트별 봉투 사용률〉

구분	대형마트 (2,000명 대상)	중형마트 (800명 대상)	개인마트 (300명 대상)	편의점 (200명 대상)
비닐봉투	7%	18%	21%	78%
종량제봉투	28%	37%	43%	13%
종이봉투	5%	2%	1%	0%
에코백	16%	7%	6%	0%
개인 장바구니	44%	36%	29%	9%

※ 마트별 전체 조사자 수는 상이하다.

보기

ㄱ. 대형마트의 종이봉투 사용자 수는 중형마트의 종이봉투 사용자 수의 6배 이상이다.
ㄴ. 대형마트의 종량제봉투 사용자 수는 전체 종량제봉투 사용자 수의 절반 이하이다.
ㄷ. 비닐봉투 사용률이 가장 높은 곳과 비닐봉투 사용자 수가 가장 많은 곳은 동일하다.
ㄹ. 편의점을 제외한 마트의 규모가 커질수록 개인 장바구니의 사용률은 증가한다.

① ㄱ, ㄹ
② ㄱ, ㄴ, ㄷ
③ ㄱ, ㄷ, ㄹ
④ ㄴ, ㄷ, ㄹ
⑤ ㄱ, ㄴ, ㄷ, ㄹ

08 다음은 기계 100대의 업그레이드 전·후 성능지수에 대한 자료이다. 이에 대한 설명으로 옳은 것은?

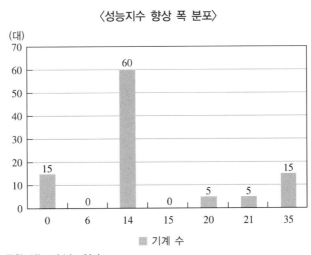

〈업그레이드 전·후 성능지수별 대수〉

(단위 : 대)

구분＼성능지수	65	79	85	100
업그레이드 전	80	5	0	15
업그레이드 후	0	60	5	35

※ 성능지수는 네 가지 값(65, 79, 85, 100)만 존재하고, 그 값이 클수록 성능지수가 향상됨을 의미한다.

〈성능지수 향상 폭 분포〉

※ 업그레이드를 통한 성능 감소는 없다.
※ (성능지수 향상 폭)＝(업그레이드 후 성능지수)－(업그레이드 전 성능지수)

① 업그레이드 후 1대당 성능지수는 20 이상 향상되었다.
② 업그레이드 전 성능지수가 65였던 기계의 15%가 업그레이드 후 성능지수 100이 되었다.
③ 업그레이드 전 성능지수가 79였던 모든 기계가 업그레이드 후 성능지수 100이 된 것은 아니다.
④ 업그레이드 전 성능지수가 100이 아니었던 기계 중 업그레이드를 통한 성능지수 향상 폭이 0인 기계가 있다.
⑤ 업그레이드를 통한 성능지수 향상 폭이 35인 기계 대수는 업그레이드 전 성능지수가 100이었던 기계 대수와 같다.

CHAPTER 03

문제해결능력

합격 Cheat Key

문제해결능력은 업무를 수행하면서 여러 가지 문제 상황이 발생하였을 때, 창의적이고 논리적인 사고를 통하여 이를 올바르게 인식하고 적절히 해결하는 능력으로, 하위 능력에는 사고력과 문제처리능력이 있다.

문제해결능력은 NCS 기반 채용을 진행하는 대다수의 공사·공단에서 채택하고 있으며, 다양한 자료와 함께 출제되는 경우가 많아 어렵게 느껴질 수 있다. 특히, 난이도가 높은 문제로 자주 출제되기 때문에 다른 영역보다 더 많은 노력이 필요할 수는 있지만 그렇기에 차별화를 할 수 있는 득점 영역이므로 포기하지 말고 꾸준하게 노력해야 한다.

1 질문의 의도를 정확하게 파악하라!

문제해결능력은 문제에서 무엇을 묻고 있는지 정확하게 파악하여 먼저 풀이 방향을 설정하는 것이 가장 효율적인 방법이다. 특히, 조건이 주어지고 답을 찾는 창의적·분석적인 문제가 주로 출제되고 있기 때문에 처음에 정확한 풀이 방향이 설정되지 않는다면 문제를 제대로 풀지 못하게 되므로 첫 번째로 출제 의도 파악에 집중해야 한다.

2 중요한 정보는 반드시 표시하라!

출제 의도를 정확히 파악하기 위해서는 문제의 중요한 정보를 반드시 표시하거나 메모하여 하나의 조건, 단서도 잊고 넘어가는 일이 없도록 해야 한다. 실제 시험에서는 시간의 압박과 긴장감으로 정보를 잘못 적용하거나 잊어버리는 실수가 많이 발생하므로 사전에 충분한 연습이 필요하다.

3 반복 풀이를 통해 취약 유형을 파악하라!

문제해결능력은 특히 시간관리가 중요한 영역이다. 따라서 정해진 시간 안에 고득점을 할 수 있는 효율적인 문제 풀이 방법을 찾아야 한다. 이때, 반복적인 문제 풀이를 통해 자신이 취약한 유형을 파악하는 것이 중요하다. 정확하게 풀 수 있는 문제부터 빠르게 풀고 취약한 유형은 나중에 푸는 효율적인 문제 풀이를 통해 최대한 고득점을 맞는 것이 중요하다.

| 유형분석 |

- 주어진 문장을 토대로 논리적으로 추론하여 참 또는 거짓을 구분하는 문제이다.
- 대체로 연역추론을 활용한 명제 문제가 출제된다.
- 자료를 제시하고 새로운 결과나 자료에 주어지지 않은 내용을 추론해 가는 형식의 문제가 출제된다.

어느 도시에 있는 병원의 공휴일 진료 현황은 다음과 같다. 공휴일에 진료하는 병원의 수는?

- B병원이 진료를 하지 않으면 A병원은 진료를 한다.
- B병원이 진료를 하면 D병원은 진료를 하지 않는다.
- A병원이 진료를 하면 C병원은 진료를 하지 않는다.
- C병원이 진료를 하지 않으면 E병원이 진료를 한다.
- E병원은 공휴일에 진료를 하지 않는다.

① 1곳
② 2곳
③ 3곳
④ 4곳
⑤ 5곳

정답 ②

제시된 진료 현황을 각각의 명제로 보고 이들을 수식으로 설명하면 다음과 같다(단, 명제가 참일 경우 그 대우도 참이다).
- B병원이 진료를 하지 않으면 A병원이 진료한다($\sim$B → A / $\sim$A → B).
- B병원이 진료를 하면 D병원은 진료를 하지 않는다(B → $\sim$D / D → $\sim$B).
- A병원이 진료를 하면 C병원은 진료를 하지 않는다(A → $\sim$C / C → $\sim$A).
- C병원이 진료를 하지 않으면 E병원이 진료한다($\sim$C → E / $\sim$E → C).
이를 하나로 연결하면 D병원이 진료를 하면 B병원이 진료를 하지 않고, B병원이 진료를 하지 않으면 A병원은 진료를 한다. A병원이 진료를 하면 C병원은 진료를 하지 않고, C병원이 진료를 하지 않으면 E병원은 진료를 한다(D → $\sim$B → A → $\sim$C → E). 명제가 참일 경우 그 대우도 참이므로 $\sim$E → C → $\sim$A → B → $\sim$D가 된다. E병원은 공휴일에 진료를 하지 않으므로 위의 명제를 참고하면 C와 B병원만이 진료를 하는 경우가 된다. 따라서 공휴일에 진료를 하는 병원은 2곳이다.

풀이 전략!

명제와 관련한 기본적인 논법에 대해서는 미리 학습해 두며, 이를 바탕으로 각 문장에 있는 핵심단어 또는 문구를 기호화하여 정리한 후, 선택지와 비교하여 참 또는 거짓을 판단한다.

01 S보안회사에서는 하루 동안 정확하게 A ~ G 7개 업체의 보안점검을 실시한다. 다음 〈조건〉에 따라 E가 3번째로 점검을 받는다면, 반드시 은행인 곳은?

> **조건**
> • 보안점검은 한 번에 한 업체만 실시하게 되며, 하루에 같은 업체를 중복해서 점검하지는 않는다.
> • 7개의 업체는 은행 아니면 귀금속점이다.
> • 귀금속점은 2회 이상 연속해서 점검하지 않는다.
> • F는 B와 D를 점검하기 전에 점검한다.
> • F를 점검하기 전에 점검하는 업체 가운데 정확히 두 곳은 귀금속점이다.
> • A는 6번째로 점검한다.
> • G는 C를 점검하기 전에 점검한다.

① A
② B
③ C
④ D
⑤ E

02 제시된 명제가 모두 참일 때, 빈칸에 들어갈 명제로 가장 적절한 것은?

> 전제1. 약속을 지키지 않으면 다른 사람에게 신뢰감을 줄 수 없다.
> 전제2. 메모하는 습관이 없다면 약속을 지킬 수 없다.
> 결론. _____

① 약속을 지키지 않으면 메모하는 습관이 없다.
③ 다른 사람에게 신뢰감을 줄 수 없으면 약속을 지키지 않는다.
③ 메모하는 습관이 없으면 다른 사람에게 신뢰감을 줄 수 있다.
④ 메모하는 습관이 있으면 다른 사람에게 신뢰감을 줄 수 있다.
⑤ 다른 사람에게 신뢰감을 주려면 메모하는 습관이 있어야 한다.

03 A ~ E사원이 강남, 여의도, 상암, 잠실, 광화문 다섯 지역에 각각 출장을 간다. 다음 대화에서 A ~ E 중 한 명은 거짓말을 하고 나머지 네 명은 진실을 말하고 있을 때, 항상 거짓인 것은?

> A : B는 상암으로 출장을 가지 않는다.
> B : D는 강남으로 출장을 간다.
> C : B는 진실을 말하고 있다.
> D : C는 거짓말을 하고 있다.
> E : C는 여의도, A는 잠실로 출장을 간다.

① A는 광화문으로 출장을 가지 않는다.
② B는 여의도로 출장을 가지 않는다.
③ C는 강남으로 출장을 가지 않는다.
④ D는 잠실로 출장을 가지 않는다.
⑤ E는 상암으로 출장을 가지 않는다.

04 제시된 명제가 모두 참일 때, 다음 중 반드시 참인 명제는?

> • 등산을 하는 사람은 심폐지구력이 좋다.
> • 심폐지구력이 좋은 어떤 사람은 마라톤 대회에 출전한다.
> • 자전거를 타는 사람은 심폐지구력이 좋다.
> • 자전거를 타는 어떤 사람은 등산을 한다.

① 등산을 하는 어떤 사람은 마라톤 대회에 출전한다.
② 자전거를 타는 어떤 사람은 마라톤 대회에 출전한다.
③ 마라톤 대회에 출전하는 사람은 등산을 하지 않는다.
④ 심폐지구력이 좋은 어떤 사람은 등산을 하고 자전거도 탄다.
⑤ 심폐지구력이 좋은 사람 중 등산을 하고 자전거를 타고, 마라톤 대회에 출전하는 사람은 없다.

05 6층짜리 주택에 A ~ F가 입주하려고 한다. 다음 〈조건〉을 지켜야 한다고 할 때, 항상 옳은 것은?

> **조건**
> • B와 D 중 높은 층에서 낮은 층의 수를 빼면 4이다.
> • B와 F는 인접할 수 없다.
> • A는 E보다 밑에 산다.
> • D는 A보다 밑에 산다.
> • A는 3층에 산다.

① C는 5층에 산다.
② E는 F와 인접해 있다.
③ B는 F보다 높은 곳에 산다.
④ C는 B보다 높은 곳에 산다.
⑤ D는 A가 사는 층 바로 아래에 산다.

06 제시된 명제가 모두 참일 때, 다음 중 반드시 참인 것은?

> • 김팀장이 이번 주 금요일에 월차를 쓴다면, 최대리는 이번 주 금요일에 월차를 쓰지 못한다.
> • 최대리가 이번 주 금요일에 월차를 쓰지 못한다면, 강사원의 프로젝트 마감일은 이번 주 금요일이다.

① 강사원의 프로젝트는 이번 주 금요일이 아니다.
② 강사원의 프로젝트 마감일이 금요일이라면, 최대리는 이번 주 금요일에 월차를 쓰지 않을 것이다.
③ 강사원의 프로젝트 마감일이 금요일이라면, 김팀장은 이번 주 금요일에 월차를 쓰지 않을 것이다.
④ 최대리가 이번 주 금요일에 월차를 쓰지 않는다면, 김팀장은 이번 주 금요일에 월차를 쓸 것이다.
⑤ 강사원의 프로젝트 마감일이 이번 주 금요일이 아니라면, 김팀장은 이번 주 금요일에 월차를 쓰지 않을 것이다.

02 SWOT 분석

| 유형분석 |

- 상황에 대한 환경 분석 결과를 통해 주요 과제를 도출하는 문제이다.
- 주로 3C 분석 또는 SWOT 분석을 활용한 문제들이 출제되고 있으므로 해당 분석도구에 대한 사전 학습이 요구된다.

다음 설명을 참고하여 기사를 읽고 B자동차가 취할 수 있는 전략으로 가장 적절한 것은?

'SWOT'는 Strength(강점), Weakness(약점), Opportunity(기회), Threat(위협)의 머리글자를 따서 만든 단어로, 경영 전략을 세우는 방법론이다. SWOT로 도출된 조직의 내·외부 환경을 분석하고, 이 결과를 통해 대응전략을 구상할 수 있다. 'SO전략'은 기회를 활용하기 위해 강점을 사용하는 전략이고, 'WO전략'은 약점을 보완 또는 극복하여 시장의 기회를 활용하는 전략이다. 'ST전략'은 위협을 피하기 위해 강점을 활용하는 방법이며, 'WT전략'은 위협요인을 피하기 위해 약점을 보완하는 전략이다.

- 새로운 정권의 탄생으로 자동차 업계 내 새로운 바람이 불 것으로 예상된다. A당선인이 이번 선거에서 친환경차 보급 확대를 주요 공약으로 내세웠고, 공약에 따라 공공기관용 친환경차 비율을 70%로 상향시키기로 하고, 친환경차 보조금 확대 등을 통해 친환경차 보급률을 높이겠다는 계획을 세웠다. 또한 최근 환경을 생각하는 국민 의식의 향상과 친환경차의 연비 절감 부분이 친환경차 구매 욕구 상승에 기여하고 있다.
- B자동차는 기존에 전기자동차 모델들을 꾸준히 출시하여 성장세가 두드러지고 있는데다 고객들의 다양한 구매 욕구를 충족시킬 만한 전기자동차 상품의 다양성을 확보하였다. 또한, B자동차의 전기자동차 미국 수출이 증가하고 있는 만큼 앞으로의 전망도 밝을 것으로 예상된다.

① SO전략   ② WO전략
③ ST전략   ④ WT전략

정답 ①

- Strength(강점) : B자동차는 전기자동차 모델들을 꾸준히 출시하여 성장세가 두드러지고 있는데다 고객들의 다양한 구매 욕구를 충족시킬 만한 전기자동차 상품의 다양성을 확보하였다.
- Opportunity(기회) : 새로운 정권에서 친환경차 보급 확대에 적극 나설 것으로 보인다는 점과 환경을 생각하는 국민 의식의 향상과 친환경차의 연비 절감 부분이 친환경차 구매 욕구 상승에 기여하고 있다.
따라서 B자동차가 취할 수 있는 전략으로는 SO전략이 적절하다.

풀이 전략!

문제에 제시된 분석도구를 확인한 후, 분석 결과를 종합적으로 판단하여 각 선택지의 전략 과제와 일치 여부를 판단한다.

01 S공사에 근무 중인 A사원은 국내 금융 시장에 대한 보고서를 작성하면서 S공사에 대한 SWOT 분석을 진행하였다. 다음 중 A사원이 작성한 SWOT 분석의 위협 요인에 들어갈 내용으로 적절하지 않은 것은?

강점(Strength)	약점(Weakness)
• 지속적 혁신에 대한 경영자의 긍정적 마인드 • 고객만족도 1위의 높은 고객 충성도 • 다양한 투자 상품 개발	• 해외 투자 경험 부족으로 취약한 글로벌 경쟁력 • 타 은행에 비해 부족한 공사 금융
기회(Opportunity)	위협(Threat)
• 국내 유동자금의 증가 • 해외 금융시장 진출 확대 • 정부의 규제 완화 정책	

① 정부의 정책 노선 혼란 등으로 인한 시장의 불확실성 증가
② 경기 침체 장기화
③ 부족한 리스크 관리 능력
④ 금융업의 경계 파괴에 따른 경쟁 심화
⑤ 글로벌 금융사의 국내 시장 진출

02 S공사에서 근무하는 A사원은 경제자유구역사업에 대한 SWOT 분석 결과를 토대로 SWOT 분석에 의한 경영전략에 맞추어 다음 〈보기〉와 같이 판단하였다. A사원이 판단한 SWOT 분석에 의한 경영전략의 내용으로 적절하지 않은 것을 모두 고르면?

〈경제자유구역사업에 대한 SWOT 분석 결과〉

구분	분석 결과
강점(Strength)	• 성공적인 경제자유구역 조성 및 육성 경험 • 다양한 분야의 경제자유구역 입주희망 국내기업 확보
약점(Weakness)	• 과다하게 높은 외자금액 비율 • 외국계 기업과 국내기업 간의 구조 및 운영상 이질감
기회(Opportunity)	• 국제경제 호황으로 인하여 타국 사업지구 입주를 희망하는 해외시장부문의 지속적 증가 • 국내진출 해외기업 증가로 인한 동형화 및 협업 사례 급증
위협(Threat)	• 국내거주 외국인 근로자에 대한 사회적 포용심 부족 • 대대적 교통망 정비로 인한 기성 대도시의 흡수효과 확대

〈SWOT 분석에 의한 경영전략〉

• SO전략 : 강점을 활용해 기회를 선점하는 전략
• ST전략 : 강점을 활용하여 위협을 최소화하거나 극복하는 전략
• WO전략 : 기회를 활용하여 약점을 보완하는 전략
• WT전략 : 약점을 최소화하고 위협을 회피하는 전략

보기

ㄱ. 성공적인 경제자유구역 조성 노하우를 활용하여 타국 사업지구로의 진출을 희망하는 해외기업을 유인 및 유치하는 전략은 SO전략에 해당한다.

ㄴ. 다수의 풍부한 경제자유구역 성공 사례를 바탕으로 외국인 근로자를 국내주민과 문화적으로 동화시킴으로써 원활한 지역발전의 토대를 조성하는 전략은 ST전략에 해당한다.

ㄷ. 기존에 국내에 입주한 해외기업의 동형화 사례를 활용하여 국내기업과 외국계 기업의 운영상 이질감을 해소하여 생산성을 증대시키는 전략은 WO전략에 해당한다.

ㄹ. 경제자유구역 인근 대도시와의 연계를 활성화하여 경제자유구역 내 국내·외 기업 간의 이질감을 해소하는 전략은 WT전략에 해당한다.

① ㄱ, ㄴ
② ㄱ, ㄷ
③ ㄴ, ㄷ
④ ㄴ, ㄹ
⑤ ㄷ, ㄹ

03 S공사에 근무하는 A대리는 국내 자율주행자동차 산업에 대한 SWOT 분석 결과에 따라 국내 자율주행자동차 산업 발달을 위한 방안을 고안하는 중이다. A대리가 SWOT 분석에 의한 경영 전략에 따라 판단하였다고 할 때, 다음 〈보기〉 중 SWOT 분석에 의한 경영 전략에 따른 판단으로 적절하지 않은 것을 모두 고르면?

〈국내 자율주행자동차 산업에 대한 SWOT 분석 결과〉

구분	분석 결과
강점(Strength)	• 민간 자율주행기술 R&D지원을 위한 대규모 예산 확보 • 국내외에서 우수한 평가를 받는 국내 자동차기업 존재
약점(Weakness)	• 국내 민간기업의 자율주행기술 투자 미비 • 기술적 안전성 확보 미비
기회(Opportunity)	• 국가의 지속적 자율주행자동차 R&D 지원법안 본회의 통과 • 완성도 있는 자율주행기술을 갖춘 외국 기업들의 등장
위협(Threat)	• 자율주행차에 대한 국민들의 심리적 거부감 • 자율주행차에 대한 국가의 과도한 규제

〈SWOT 분석에 의한 경영 전략〉

• SO전략 : 기회를 이용해 강점을 활용하는 전략
• ST전략 : 강점을 활용하여 위협을 최소화하거나 극복하는 전략
• WO전략 : 기회를 활용하여 약점을 보완하는 전략
• WT전략 : 약점을 최소화하고 위협을 회피하는 전략

보기

ㄱ. 자율주행기술 수준이 우수한 외국 기업과의 기술이전협약을 통해 국내 우수 자동차기업들의 자율주행기술 연구 및 상용화 수준을 향상시키려는 전략은 SO전략에 해당한다.
ㄴ. 민간의 자율주행기술 R&D를 적극 지원하여 자율주행기술의 안전성을 높이려는 전략은 ST전략에 해당한다.
ㄷ. 자율주행자동차 R&D를 지원하는 법률을 토대로 국내 기업의 기술개발을 적극 지원하여 안전성을 확보하려는 전략은 WO전략에 해당한다.
ㄹ. 자율주행기술개발에 대한 국내기업의 투자가 부족하므로 국가기관이 주도하여 기술개발을 추진하는 전략은 WT전략에 해당한다.

① ㄱ, ㄴ
② ㄱ, ㄷ
③ ㄴ, ㄷ
④ ㄴ, ㄹ
⑤ ㄱ, ㄴ, ㄷ

| 유형분석 |

- 주어진 자료를 해석하고 활용하여 풀어가는 문제이다.
- 꼼꼼하고 분석적인 접근이 필요한 다양한 자료들이 출제된다.

K사 인사팀 직원인 A씨는 사내 설문조사를 통해 요즘 사람들이 연봉보다는 일과 삶의 균형을 더 중요시하고 직무의 전문성을 높이고 싶어 한다는 결과를 도출했다. 다음 중 설문조사 결과와 K사 임직원의 근무여건에 대한 자료를 참고하여 인사제도를 합리적으로 변경한 것은?

〈임직원 근무여건〉

구분	주당 근무 일수(평균)	주당 근무시간(평균)	직무교육 여부	퇴사율
정규직	6일	52시간 이상	○	17%
비정규직 1	5일	40시간 이상	○	12%
비정규직 2	5일	20시간 이상	×	25%

① 정규직의 연봉을 7% 인상한다.
② 정규직을 비정규직으로 전환한다.
③ 비정규직 1의 직무교육을 비정규직 2와 같이 조정한다.
④ 정규직의 주당 근무시간을 비정규직 1과 같이 조정하고 비정규직 2의 직무교육을 시행한다.
⑤ 비정규직 2의 근무 일수를 정규직과 같이 조정한다.

정답 ④

정규직의 주당 근무시간을 비정규직 1과 같이 줄여 근무여건을 개선하고, 퇴사율이 가장 높은 비정규직 2의 직무교육을 시행하여 퇴사율을 줄이는 것이 가장 합리적이다.

오답분석

① 설문조사 결과에서 연봉보다는 일과 삶의 균형을 더 중요시한다고 하였으므로 연봉이 상승하는 것은 퇴사율에 영향을 미치지 않음을 알 수 있다.
② 정규직을 비정규직으로 전환하는 것은 고용의 안정성을 낮추어 퇴사율을 더욱 높일 수 있다.
③ 직무교육을 하지 않는 비정규직 2보다 직무교육을 하는 정규직과 비정규직 1의 퇴사율이 더 낮기 때문에 적절하지 않다.
⑤ 비정규직 2의 주당 근무 일수를 정규직과 같이 조정하면 주 6일 20시간을 근무하게 되어 비효율적인 업무를 수행한다.

풀이 전략!

문제해결을 위해 필요한 정보가 무엇인지 먼저 파악한 후, 제시된 자료를 분석적으로 읽고 해석한다.

01 다음은 제품 생산에 따른 공정 관리를 나타낸 자료이다. 〈보기〉 중 이에 대한 설명으로 옳은 것을 모두 고르면?(단, 각 공정은 동시 진행이 가능하다)

공정 활동	선행 공정	시간(분)
A. 부품 선정	없음	2
B. 절삭 가공	A	2
C. 연삭 가공	A	5
D. 부품 조립	B, C	4
E. 전해 연마	D	3
F. 제품 검사	E	1

※ 공정 간 부품의 이동 시간은 무시하며, A공정부터 시작되어 공정별로 1명의 작업 담당자가 수행한다.

보기

ㄱ. 전체 공정을 완료하기 위해서는 15분이 소요된다.
ㄴ. 첫 제품 생산 후부터 1시간마다 3개씩 제품이 생산된다.
ㄷ. B공정이 1분 더 지연되어도 전체 공정 시간은 변화가 없다.

① ㄱ   ② ㄴ
③ ㄱ, ㄷ   ④ ㄴ, ㄷ
⑤ ㄱ, ㄴ, ㄷ

※ S공사에서는 임직원 해외연수를 추진하고 있다. 다음 자료를 보고 이어지는 질문에 답하시오. [2~3]

〈2025년 임직원 해외연수 공지사항〉

• 해외연수 국가 : 네덜란드, 일본
• 해외연수 일정 : 2025년 2월 10일 ~ 2025년 2월 20일(10일간)
• 해외연수 인원 : 나라별 2명씩 총 4명
• 해외연수 인원 선발 방법 : 2024년 업무평가 항목 평균 점수 상위 4명 선발

〈S공사 임직원 2024년 업무평가〉

(단위 : 점)

성명	직급	2024년 업무평가		
		조직기여	대외협력	기획
유시진	팀장	58	68	83
최은서	팀장	79	98	96
양현종	과장	84	72	86
오선진	대리	55	91	75
이진영	대리	90	84	97
장수원	대리	78	95	85
김태균	주임	97	76	72
류현진	주임	69	78	54
강백호	사원	77	83	66
최재훈	사원	80	94	92

02 다음 중 해외연수 대상자가 될 수 있는 직원끼리 바르게 짝지어진 것은?

① 유시진, 최은서　　　　　　② 양현종, 오선진
③ 이진영, 장수원　　　　　　④ 김태균, 류현진
⑤ 강백호, 최재훈

03 S공사는 2025년 임직원 해외연수 인원을 나라별로 1명씩 늘려 총 6명으로 확대하려고 한다. 이때, 해외연수 대상자가 될 수 없는 직원은?

① 양현종　　　　　　② 오선진
③ 이진영　　　　　　④ 김태균
⑤ 최재훈

04 영업사원 G가 다음 〈조건〉에 따라 도시를 방문할 때, 도시 방문의 방법은 모두 몇 가지인가?

> **조건**
> • 출발지에 상관없이 세 도시를 방문해야 한다.
> • 같은 도시를 방문하지 않는다.
> • 선 위에 있는 숫자는 거리(km)이다.
> • 도시를 방문하는 순서 및 거리가 다르더라도 동일 도시를 방문하면 한 가지 방법이다.
> • 도시를 방문하는 거리는 80km를 초과할 수 없다.
> • 도시를 방문하는 방법 중 최소 거리로만 계산한다.
>
>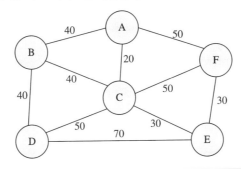

① 9가지   ② 10가지

③ 11가지   ④ 12가지

⑤ 13가지

05 귀하는 점심식사 중 식당에 있는 TV에서 정부의 정책에 대한 뉴스가 나오는 것을 보았다. 함께 점심을 먹는 동료들과 뉴스를 보고 나눈 대화의 내용으로 적절하지 않은 것은?

〈뉴스〉

앵커 : 저소득층에게 법률서비스를 제공하는 정책을 구상 중입니다. 정부는 무료로 법률자문을 하겠다고 자원하는 변호사를 활용하는 자원봉사제도, 정부에서 법률 구조공단 등의 기관을 신설하고 변호사를 유급으로 고용하여 법률서비스를 제공하는 유급법률구조제도, 정부가 법률서비스의 비용을 대신 지불하는 법률보호제도 등의 세 가지 정책대안 중 하나를 선택할 계획입니다.

이 정책대안을 비교하는 데 고려해야 할 정책목표는 비용저렴성, 접근용이성, 정치적 실현가능성, 법률서비스의 전문성입니다. 정책대안과 정책목표의 상관관계는 화면으로 보여드립니다. 각 대안이 정책목표를 달성하는 데 유리한 경우는 (+)로, 불리한 경우는 (−)로 표시하였으며, 유·불리 정도는 같습니다. 정책목표에 대한 가중치의 경우, '0'은 해당 정책목표를 무시하는 것을, '1'은 해당 정책목표를 고려하는 것을 의미합니다.

〈정책대안과 정책목표의 상관관계〉

정책목표	가중치		정책대안		
	A안	B안	자원봉사제도	유급법률구조제도	법률보호제도
비용저렴성	0	0	+	−	−
접근용이성	1	0	−	+	−
정치적 실현가능성	0	0	+	−	+
전문성	1	1	−	+	−

① 비용저렴성을 달성하기에 가장 유리한 정책대안은 자원봉사제도로군.

② A안과 B안 중 어떤 것을 적용하더라도 정책대안 비교의 결과는 달라지지 않을 것으로 보여.

③ B안에 가중치를 적용할 경우 자원봉사제도가 가장 적절한 정책대안으로 평가받게 될 것 같아.

④ A안에 가중치를 적용할 경우 유급법률구조제도가 가장 적절한 정책대안으로 평가받게 되지 않을까?

⑤ 아마도 전문성 면에서는 유급법률구조제도가 자원봉사제도보다 더 좋은 정책 대안으로 평가받게 되겠군.

06 다음은 부품별 한 개당 가격, 마우스 부품 조립 시 소요시간과 필요개수에 대한 자료이고, 마우스는 A∼F부품 중 3가지 부품으로 구성된다. 마우스를 최대한 비용과 시간을 절약하여 완성할 경우 〈조건〉에 부합하는 부품 구성으로 적절한 것은?

〈부품 한 개당 가격 및 시간〉

부품	가격	시간	필요개수	부품	가격	시간	필요개수
A	20원	6분	3개	D	50원	11분 30초	2개
B	35원	7분	5개	E	80원	8분 30초	1개
C	33원	5분 30초	2개	F	90원	10분	2개

※ 시간은 필요개수 모두를 사용한 시간이다.

조건

• 완제품을 만들 때 부품의 총 가격이 가장 저렴해야 한다.
• 완제품을 만들 때 부품의 총 개수는 상관없다.
• 완제품을 만들 때 총소요시간이 25분 미만으로 한다.
• 총 가격 차액이 100원 미만일 경우 총 소요시간이 가장 짧은 구성을 택한다.

① A, B, E
② A, C, D
③ B, C, E
④ B, D, F
⑤ D, E, F

| 유형분석 |

- 주어진 상황과 규칙을 종합적으로 활용하여 풀어가는 문제이다.
- 일정, 비용, 순서 등 다양한 내용을 다루고 있어 유형을 한 가지로 단일화하기 어렵다.

갑은 다음 규칙을 참고하여 알파벳 단어를 숫자로 변환하고자 한다. 규칙을 적용한 〈보기〉의 단어에서 알파벳 Z에 해당하는 자연수들을 모두 더한 값은?

〈규칙〉

① 알파벳 'A'부터 'Z'까지 순서대로 자연수를 부여한다.

  예 A=2라고 하면 B=3, C=4, D=5이다.

② 단어의 음절에 같은 알파벳이 연속되는 경우 ①에서 부여한 숫자를 알파벳이 연속되는 횟수만큼 거듭제 곱한다.

  예 A=2이고 단어가 'AABB'이면 AA는 '2^2'이고, BB는 '3^2'이므로 '49'로 적는다.

보기

㉠ AAABBCC는 10000001020110404로 변환된다.

㉡ CDFE는 3465로 변환된다.

㉢ PJJYZZ는 1712126729로 변환된다.

㉣ QQTSR은 625282726으로 변환된다.

① 154
② 176
③ 199
④ 212
⑤ 234

정답 ④

㉠ A=100, B=101, C=102이다. 따라서 Z=125이다.

㉡ C=3, D=4, E=5, F=6이다. 따라서 Z=26이다.

㉢ P가 17임을 볼 때, J=11, Y=26, Z=27이다.

㉣ Q=25, R=26, S=27, T=28이다. 따라서 Z=34이다.

따라서 해당하는 Z값을 모두 더하면 125+26+27+34=212이다.

풀이 전략!

문제에 제시된 조건이나 규칙을 정확히 파악한 후, 선택지나 상황에 적용하여 문제를 풀어나간다.

01　다음 〈조건〉을 근거로 〈보기〉를 계산한 값은?

> **조건**
>
> 연산자 A, B, C, D는 다음과 같이 정의한다.
> - A : 좌우에 있는 두 수를 더한다. 단, 더한 값이 10 미만이면 좌우에 있는 두 수를 곱한다.
> - B : 좌우에 있는 두 수 가운데 큰 수에서 작은 수를 뺀다. 단, 두 수가 같거나 뺀 값이 10 미만이면 두 수를 곱한다.
> - C : 좌우에 있는 두 수를 곱한다. 단, 곱한 값이 10 미만이면 좌우에 있는 두 수를 더한다.
> - D : 좌우에 있는 두 수 가운데 큰 수를 작은 수로 나눈다. 단, 두 수가 같거나 나눈 값이 10 미만이면 두 수를 곱한다.
> ※ 연산은 '( )', '[ ]'의 순으로 한다.

> **보기**
>
> $$[(1A5)B(3C4)]D6$$

① 10　　　　　　　　　　　　② 12
③ 90　　　　　　　　　　　　④ 210
⑤ 360

02　A팀과 B팀은 보안등급 상에 해당하는 문서를 나누어 보관하고 있다. 이에 따라 두 팀은 보안을 위해 다음과 같은 규칙에 따라 각 팀의 비밀번호를 지정하였다. 다음 중 A팀과 B팀에 들어갈 수 있는 암호배열은?

> **〈규칙〉**
>
> - 1 ~ 9까지의 숫자로 (한 자릿수)×(두 자릿수)=(세 자릿수)=(두 자릿수)×(한 자릿수) 형식의 비밀번호로 구성한다.
> - 가운데에 들어갈 세 자릿수의 숫자는 156이며 숫자는 중복 사용할 수 없다. 즉, 각 팀의 비밀번호에 1, 5, 6이란 숫자가 들어가지 않는다.

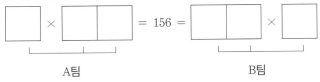

① 23　　　　　　　　　　　　② 27
③ 29　　　　　　　　　　　　④ 37
⑤ 39

03 귀하는 자동차도로 고유번호 부여 규정을 근거로 하여 도로에 노선번호를 부여할 계획이다. 다음 그림에서 점선은 '영토'를, 실선은 '고속국도'를 표시한 것이며, (가) ~ (라)는 '간선노선'을 (마), (바)는 '보조간선노선'을 나타낸 것이다. 다음 중 노선번호를 바르게 부여한 것은?

〈자동차도로 고유번호 부여 규정〉

자동차도로는 관리상 고속국도, 일반국도, 특별광역시도, 지방도, 시도, 군도, 구도의 일곱 가지로 구분된다. 이들 각 도로에는 고유번호가 부여되어 있고, 이는 지형도상의 특정 표지판 모양 안에 표시되어 있다. 그러나 군도와 구도는 구간이 짧고 노선 수가 많아 노선번호가 중복될 우려가 있어 표지상에 번호를 표기하지 않는다.

고속국도 가운데 간선노선의 경우 두 자리 숫자를 사용하며, 남북을 연결하는 경우는 서에서 동으로 가면서 숫자가 증가하는데 끝자리에 5를 부여하고, 동서를 연결하는 경우는 남에서 북으로 가면서 숫자가 증가하는데 끝자리에 0을 부여한다.

보조간선노선은 간선노선 사이를 연결하는 고속국도로, 이 역시 두 자리 숫자로 표기한다. 그런데 보조간선노선이 남북을 연결하는 모양에 가까우면 첫자리는 남쪽 시작점의 간선노선 첫자리를 부여하고 끝자리에는 5를 제외한 홀수를 부여한다. 한편 동서를 연결하는 모양에 가까우면 첫자리는 동서를 연결하는 간선노선 가운데 해당 보조간선노선의 바로 아래쪽에 있는 간선노선의 첫자리를 부여하며, 이때 끝자리는 0을 제외한 짝수를 부여한다.

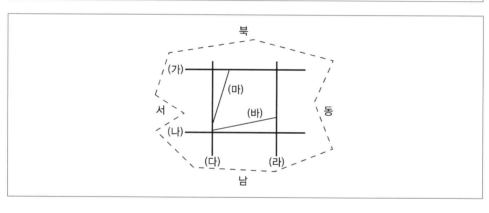

	(가)	(나)	(다)	(라)	(마)	(바)
①	25	15	10	20	19	12
②	20	10	15	25	18	14
③	25	15	20	10	17	12
④	20	10	15	25	17	12
⑤	20	15	15	25	17	14

04 다음은 규칙에 따라 2에서 10까지의 서로 다른 자연수의 관계를 나타낸 그림이다. 이때 A ~ C에 해당하는 수의 합은?

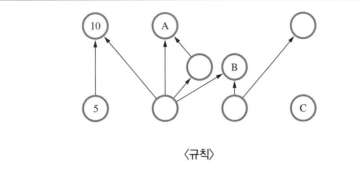

〈규칙〉

- 2에서 10까지의 자연수는 ◯ 안에 한 개씩만 사용되고, 사용되지 않는 자연수는 없다.
- 2에서 10까지의 서로 다른 임의의 자연수 3개를 x, y, z라고 할 때 다음과 같다.
  - x ⟶ y 는 y가 x의 배수임을 나타낸다.
  - 화살표로 연결되지 않은 z 는 z가 x, y와 약수나 배수 관계가 없음을 나타낸다.

① 20

② 21

③ 22

④ 23

⑤ 24

04

대인관계능력

합격 Cheat Key

대인관계능력은 직장생활에서 접촉하는 사람들과 원만한 관계를 유지하고 조직구성원들에게 도움을 줄 수 있으며 조직 내부 및 외부의 갈등을 원만히 해결하고 고객의 요구를 충족할 수 있는 능력을 의미한다. 또한, 직장생활을 포함한 일상에서 스스로를 관리하고 개발하는 능력을 말한다. 세부 유형은 팀워크, 갈등 관리, 협상, 고객 서비스로 나눌 수 있다.

1 일반적인 수준에서 판단하라!

일상생활에서의 대인관계를 생각하면서 문제에 접근하면 어렵지 않게 풀 수 있다. 그러나 수험생들 입장에서 직장 내에서의 상황, 특히 역할(직위)에 따른 대인관계를 묻는 문제는 까다롭게 느껴질 수 있고 일상과는 차이가 있을 수 있기 때문에 이런 유형에 대해서는 따로 알아둘 필요가 있다.

2 이론을 먼저 익혀라!

대인관계능력 이론을 접목한 문제가 종종 출제된다. 물론 상식 수준에서도 풀 수 있지만 정확하고 신속하게 해결하기 위해서는 이론을 정독한 후 자주 출제되는 부분들은 암기를 필수로 해야 한다. 자주 출제되는 부분은 리더십과 멤버십의 차이, 단계별 협상 과정, 고객 불만 처리 프로세스 등이 있다.

3 실제 업무에 대한 이해를 높여라!

출제되는 문제의 수는 많지 않으나, 고객과의 접점에 있는 서비스직군 시험에 출제될 가능성이 높은 영역이다. 특히 상황 제시형 문제들이 많이 출제되므로 실제 업무에 대한 이해를 높여야 한다.

4 애매한 유형의 빈출 문제, 선택지를 파악하라!

대인관계능력의 출제 문제들을 보면 이것도 맞고, 저것도 맞는 것 같은 선택지가 많다. 하지만 정답은 하나이다. 출제자들은 대인관계능력이란 공부를 통해 얻는 것이 아닌 본인의 독립적인 성품으로부터 자연스럽게 나오는 것이라고 생각한다. 수험생들이 선택하는 보기로 그 수험생들을 파악한다. 그러므로 대인관계능력은 빈출 유형의 문제와 선택지를 파악하고 가는 것이 애매한 문제들의 정답률을 높이는 데 도움이 될 것이다. 내가 맞다고 생각하는 선택지가 답이 아닐 가능성이 있기 때문이다.

01 팀워크

| 유형분석 |

- 하나의 조직 안에서 구성원 간의 관계, 즉 '팀워크'에 대한 이해를 묻는 문제이다.
- 직장 내 상황 중에서 구성원으로서 어떤 행동을 해야 하는지를 묻는 문제가 자주 출제된다.

다음 상황에서 K부장에게 조언할 수 있는 말로 가장 적절한 것은?

> K부장은 얼마 전에 자신의 부서에 들어온 두 명의 신입사원 때문에 고민 중이다. 신입사원 A씨는 꼼꼼하고 차분하지만 대인관계가 서투르며, 신입사원 B씨는 사람들과 금방 친해지는 친화력을 가졌지만 업무에 세심하지 못한 모습을 보여주고 있다. 이러한 성격으로 인해 A씨는 현재 영업 업무를 맡아 자신에게 어려운 대인관계로 인해 스트레스를 받고 있으며, B씨는 재고 관리 업무에 대해 재고 기록을 누락시키는 등의 실수를 반복하고 있다.

① 조직 구조를 이해시켜야 한다.
② 의견의 불일치를 해결해야 한다.
③ 개인의 강점을 활용해야 한다.
④ 주관적인 결정을 내려야 한다.
⑤ 팀의 풍토를 발전시켜야 한다.

정답 ③

팀 에너지를 최대로 활용하는 효과적인 팀을 위해서는 팀원들 개인의 강점을 인식하고 활용해야 한다. A씨의 강점인 꼼꼼하고 차분한 성격과 B씨의 강점인 친화력을 인식하여 A씨에게 재고 관리 업무를, B씨에게 영업 업무를 맡긴다면 팀 에너지를 향상시킬 수 있다.

오답분석

①·②·⑤ 효과적인 팀을 위해서 필요하지만, K부장의 상황에 적절한 조언은 아니다.
④ 효과적인 팀의 조건으로는 문제해결을 위해 모두가 납득할 수 있는 객관적인 결정이 필요하다.

풀이 전략!

제시된 상황을 자신의 입장이라고 생각해 본 후, 가장 모범적이라고 생각되는 것을 찾아야 한다. 이때, 지나치게 자신의 생각만 가지고 문제를 풀지 않도록 주의하며, 팀워크에 대한 이론과 연관 지어 답을 찾도록 해야 한다.

01 다음 두 사례를 보고 팀워크에 대해 바르지 않게 분석한 사람은?

〈S사의 사례〉

S사는 1987년부터 1992년까지 품질과 효율향상은 물론 생산 기간을 50%나 단축시키는 성과를 내었다. 모든 부서에서 품질 향상의 경쟁이 치열했고, 그 어느 때보다 좋은 팀워크가 만들어졌다고 평가되었다. 가장 성과가 우수하였던 부서는 미국의 권위 있는 볼드리지(Baldrige) 품질대상을 수상하기도 하였다. 그런데 이러한 개별 팀의 성과가 회사 전체의 성과나 주주의 가치로 잘 연결되지 못했던 것으로 분석되었다. 시장의 PC 표준 규격을 반영하지 않은 새로운 규격으로 인해 호환성 문제가 대두되었고, 대중의 외면을 받아야만 했다. 한 임원은 "아무리 빨리, 제품을 잘 만들어도 고객의 가치를 반영하지 못하거나, 시장에서 고객의 접촉이 제대로 이루어지지 않으면 의미가 없다는 점을 배웠다."라고 말했다.

〈E병원의 사례〉

가장 정교하고 효과적인 팀워크가 요구되는 의료 분야에서 E병원은 최고의 의료 수준과 서비스로 명성을 얻고 있다. E병원의 조직 운영 기본 원칙에는 '우리 지역과 국가, 세계의 환자들의 니즈에 집중하는 최고의 의사, 연구원 및 의료 전문가의 협력을 기반으로 병원을 운영한다.'라고 명시되어 있다. 팀 간의 협력은 물론 전 세계의 고객을 지향하는 웅대한 가치를 공유하고 있는 것이다. E병원이 최고의 명성과 함께 노벨상을 수상하는 실력을 갖출 수 있었던 데는 이러한 팀워크가 중요한 역할을 하였다고 볼 수 있다.

---

① 재영 : 개별 팀의 팀워크가 좋다고 해서 반드시 조직의 성과로 이어지는 것은 아니군.
② 건우 : 팀워크는 공통된 비전을 공유하고 있어야 해.
③ 수정 : 개인의 특성을 이해하고 개인 간의 차이를 중시해야 해.
④ 유주 : 팀워크를 지나치게 강조하다 보면 외부에 배타적인 자세가 될 수 있어.
⑤ 바위 : 역시 팀워크는 성과를 만드는 데 중요한 역할을 하네.

02 다음 사례에서 알 수 있는 효과적인 팀의 특징으로 가장 적절한 것은?

> A, B, C가 운영 중인 커피전문점은 현재 매출이 꾸준히 상승하고 있다. 매출 상승의 원인을 살펴보면 A, B, C는 각자 자신이 해야 할 일이 무엇인지 정확하게 알고 있다. A는 커피를 제조하고 있으며, B는 디저트를 담당하고 있다. 그리고 C는 계산 및 매장관리를 전반적으로 맡고 있다. A는 고객들이 다시 생각나게 할 수 있는 독창적인 커피 맛을 위해 커피 블렌딩을 연구하고 있으며, B는 커피와 적합하고, 고객들의 연령에 맞는 다양한 디저트를 개발 중이다. 그리고 C는 A와 B가 자신의 업무에 집중할 수 있도록 적극적으로 지원하고 있다. 이처럼 A, B, C는 서로의 업무를 이해하면서 즐겁게 일하고 있으며, 이것이 매출 상승의 원인으로 작용하고 있는 것이다.

① 창조적으로 운영된다.
② 결과에 초점을 맞춘다.
③ 개인의 강점을 활용한다.
④ 역할을 명확하게 규정한다.
⑤ 의견의 불일치를 건설적으로 해결한다.

03 다음 중 팀워크의 저해요인으로 적절하지 않은 것은?

① 그릇된 우정과 인정
② 자기중심적인 이기주의
③ 질투나 시기로 인한 파벌주의
④ 사고방식의 차이에 대한 무시
⑤ 팀원 간 공동의 목표의식과 강한 도전의식

※ 다음 글을 읽고 이어지는 질문에 답하시오. [4~6]

나는 S회사에 입사한 지 석 달 정도 된 신입사원 A이다. 우리 팀에는 타 팀원들과 교류가 거의 없는 선임이 한 명 있다. 다른 상사나 주변 동료들이 그 선임에 대해 주로 좋지 않은 이야기들을 많이 한다. 나는 그냥 그런 사람인가보다 하고는 특별히 그 선임과 가까워지려는 노력을 하지 않았다.

그러던 어느 날 그 선임과 함께 일을 할 기회가 생겼다. 사실 주변에서 들어온 이야기들 때문에 같이 일을 하는 것이 싫었지만 입사 석 달 차인 내가 그 일을 거절할 수는 없었다. 그런데 일을 하면서 대화를 나누게 된 선임은 내가 생각했던 사람과는 너무나 달랐다. 그 선임은 주어진 일도 정확하게 처리했고, 마감기한도 철저히 지켰다. 그리고 내가 어려워하는 듯한 모습을 보이면 무엇이 문제인지 지켜보다가 조용히 조언을 해 주었다. 그 이후로 나는 그 선임에게 적극적으로 다가갔고 이전보다 훨씬 가까운 사이가 되었다.

오늘은 팀 전체 주간회의가 있었던 날이었다. 회의가 끝난 후 동료들 몇 명이 나를 불렀다. 그리고는 그 선임과 가깝게 지내지 않는 것이 좋을 것이라고 일러주며, 주변에서 나를 이상하게 보는 사람들이 생기기 시작했다는 말도 들려주었다. 내가 경험한 그 선임은 그렇게 나쁜 사람이 아니었는데, 주변 사람들은 내가 그 선임과 함께 어울리는 것을 바라지 않는 눈치였다. 나는 이런 상황이 한 개인의 문제로 끝나는 것이 아니라 우리 팀에도 그다지 좋지 않은 영향을 미칠 것이라는 생각이 들었다.

04 다음 중 윗글에서 신입사원 A가 선임과 가까워지게 된 핵심적인 계기는?

① 상대방에 대한 이해   ② 사소한 일에 대한 관심
③ 진지한 사과   ④ 언행일치
⑤ 칭찬하고 감사하는 마음

05 다음 중 윗글에서 신입사원 A가 지금의 상황이 팀의 효과성을 창출하는 데 좋지 않은 영향을 미칠 수 있다고 판단하게 된 근거는?

① 팀원들이 일의 결과에는 초점을 맞추지 않고 과정에만 초점을 맞추는 모습을 보였기 때문에
② 팀 내 규약이나 방침이 명확하지 않으며, 일의 프로세스도 조직화되어 있지 않기 때문에
③ 개방적으로 의사소통하거나 의견 불일치를 건설적으로 해결하려는 모습을 보이지 않기 때문에
④ 팀이 더 효과적으로 기능할 수 있도록 팀의 운영 방식을 점검하려는 모습을 보이지 않기 때문에
⑤ 팀의 리더의 역할이 부족한 상황에서 리더가 역량을 공유하고 구성원 상호 간에 지원을 아끼지 않는 상황을 만들려고 하지 않기 때문에

06 다음 중 윗글과 같은 상황에서 팀워크를 개발하기 위해 가장 먼저 실행해 볼 수 있는 팀워크 향상 방법은?

① 동료 피드백 장려하기   ② 갈등을 해결하기
③ 창의력 조성을 위해 협력하기   ④ 참여적으로 의사결정하기
⑤ 리더십 발휘하기

02 리더십

| 유형분석 |

- 리더십의 개념을 비교하는 문제가 자주 출제된다.
- 리더의 역할에 대한 문제가 출제되기도 한다.

다음 상황에서 B팀장이 부하직원 A씨에게 할 수 있는 효과적인 코칭 방법으로 가장 적절한 것은?

> K사 관리팀에 근무하는 B팀장은 최근 부하직원 A씨 때문에 고민 중이다. B팀장이 보기에 A씨의 업무 방법은 업무의 성과를 내기에 부적절해 보이지만, 자존감이 강하고 자기결정권을 중시하는 A씨는 자기 자신이 스스로 잘하고 있다고 생각하며 B팀장의 조언이나 충고에 대해 반발심을 표현하고 있다.

① 징계를 통해 B팀장의 조언을 듣도록 유도한다.
② 대화를 통해 스스로 자신의 잘못을 인식하도록 유도한다.
③ A씨에 대한 칭찬을 통해 업무 성과를 극대화시킨다.
④ A씨를 더 강하게 질책하여 업무 방법을 개선시키도록 한다.
⑤ 스스로 업무 방법을 고칠 때까지 믿어주고 기다려준다.

정답 ②

대화를 통해 부하직원인 A씨 스스로 업무 성과가 떨어지고 있고, 업무 방법이 잘못되었음을 인식시켜서 이를 해결할 방법을 스스로 생각하도록 해야 한다. 이후 B팀장이 조언하며 A씨를 독려한다면, B팀장은 A씨의 자존감과 자기결정권을 침해하지 않으면서도 A씨 스스로 책임감을 느끼고 문제를 해결할 가능성이 높아지게 할 수 있다.

오답분석

① 징계를 통해 억지로 조언을 듣도록 하는 것은 자존감과 자기결정권을 중시하는 A씨에게 적절하지 않다.
③ 칭찬은 A씨로 하여금 자신의 잘못을 인식하지 못하도록 할 수 있어 적절하지 않다.
④ 자존감과 자기결정권을 중시하는 A씨에게 강한 질책은 효과적이지 못하다.
⑤ A씨가 자기 잘못을 인식하지 못한 상태로 시간만 흘러갈 수 있다.

풀이 전략!

리더십의 개념을 비교하는 문제가 자주 출제되기 때문에 관련 개념을 정확하게 암기해야 하고, 조직 내에서의 리더의 역할에 대한 이해가 필요하다.

01 다음 글을 읽고 S팀장에게 할 수 있는 조언으로 적절하지 않은 것은?

> S팀장은 팀으로 하여금 기존의 틀에 박힌 업무 방식에서 벗어나게 하고, 변화를 통해 효과적인 업무
> 방식을 도입하고자 한다. 하지만 변화에 대한 팀원들의 걱정이 염려스럽다. 변화가 일어나면 모든
> 팀원들이 눈치를 채기 마련이며, 이들은 변화에 대한 소문이 돌거나 변화 내용에 대한 설명을 하기
> 도 전에 그것을 알아차림으로써 불확실하고 의심스러운 분위기가 조성될 수 있기 때문이다. 이로
> 인해 직원들은 두려움과 스트레스에 시달리며, 사기는 땅으로 떨어질 수 있다.

① 주관적인 자세를 유지한다.
② 개방적인 분위기를 조성한다.
③ 변화의 긍정적인 면을 강조한다.
④ 직원들의 감정을 세심하게 살핀다.
⑤ 변화에 적응할 시간을 준다.

02 다음은 리더와 관리자의 차이점을 설명한 글이다. 리더의 행동을 이해한 내용으로 옳지 않은 것은?

> 리더와 관리자는 다른 개념으로, 가장 큰 차이점은 비전이 있고 없음에 있다. 또한 관리자의 역할이
> 자원을 관리ㆍ분배하고, 당면한 과제를 해결하는 것이라면, 리더는 비전을 선명하게 구축하고, 그
> 비전이 팀원들의 협력 아래 실현되도록 환경을 만들어 주는 것이다.

① 리더는 자신다움을 소중히 하며, 자신의 브랜드 확립에 적극적으로 임한다.
② 리더는 매일 새로운 것을 익혀 변화하는 세계 속에서 의미를 찾도록 노력한다.
③ 리더는 목표의 실현에 관련된 모든 사람들을 중시하며, 약속을 지켜 신뢰를 쌓는다.
④ 리더는 멀리 있는 목표를 바라보며, 즉시 대가를 얻을 수 없어도 동기를 계속 유지한다.
⑤ 리더는 변화하는 세계 속에서 현재의 현상을 유지함으로써 조직이 안정감을 갖도록 한다.

03 다음 중 바람직한 리더십의 사례로 적절하지 않은 것은?

① 이팀장은 팀원들이 자발적으로 과제를 해결해 나갈 수 있도록 지원하였다.

② 박팀장은 '무엇을 할까?'보다 '어떻게 할까?'에 초점에 두고 팀을 지휘하였다.

③ 장팀장은 각 팀원이 업무를 적극적으로 수행할 수 있도록 개개인을 격려하였다.

④ 김팀장은 팀의 목표를 명확히 정의하고, 팀원들에게 팀의 현안에 대해 구체적으로 인지시켰다.

⑤ 양팀장은 팀원들이 소신 있게 자신의 의견을 나타낼 수 있도록 개방적 분위기를 조성하였다.

04 다음 글에서 설명하고 있는 리더십은?

> 로버트 그린리프(Robert K. Greenleaf)는 조직은 조직을 위해 존재하는 사람들을 위해 존재하는 것이라고 생각하였고, '동방으로의 여행'이라는 책에 등장하는 레오라는 인물을 통해 새로운 리더십 모델을 제시하였다. 레오는 순례단에서 허드렛일을 도맡아 하던 하인 같은 인물로, 갑자기 레오가 사라지자 순례단은 혼란 속에서 여행을 중단하게 된다. 이후 하인 같던 레오가 그 순례단의 훌륭한 리더였음을 깨닫게 되는 부분에서 이 리더십 개념을 고안하였다.

① 지시적 리더십   ② 파트너십 리더십

③ 슈퍼 리더십   ④ 변혁적 리더십

⑤ 서번트 리더십

05 리더십의 핵심 개념 중의 하나인 '임파워먼트(Empowerment)'는 조직 현장의 구성원에게 업무 재량을 위임하고 자주적이고 주체적인 체제 속에서 구성원들의 의욕과 성과를 이끌어 내기 위한 '권한 부여', '권한 이양'을 의미한다. 다음 중 임파워먼트를 통해 나타나는 특징으로 적절하지 않은 것은?

① 구성원들 스스로 일에 대한 흥미를 느끼도록 해 준다.

② 구성원들이 자신의 업무가 존중받고 있음을 느끼게 해 준다.

③ 구성원들이 현상을 유지하고 조직에 순응하는 모습을 기대할 수 있다.

④ 구성원들 간의 긍정적인 인간관계 형성에 도움을 줄 수 있다.

⑤ 구성원들로 하여금 업무에 대해 계속해서 도전하고 성장하도록 유도할 수 있다.

06 S회사의 관리팀 팀장으로 근무하는 B과장은 최근 팀장 회의에서 '관리자가 현상을 유지한다면, 리더는 세상을 바꾼다.'는 리더와 관리자의 차이에 대한 설명을 듣게 되었다. 이와 관련하여 관리자가 아닌 진정한 리더가 되기 위한 B과장의 다짐으로 적절하지 않은 것은?

① 위험을 회피하기보다는 계산된 위험을 취하도록 하자.
② 사람을 관리하기보다는 사람의 마음에 불을 지피도록 하자.
③ 상황에 수동적인 모습보다는 새로운 상황을 창조하도록 하자.
④ 기계적인 모습보다는 정신적으로 따뜻한 모습을 보이자.
⑤ 내일에 초점을 맞추기보다는 오늘에 초점을 맞추도록 하자.

07 다음은 멤버십 유형별 특징을 정리한 자료이다. 각 유형의 멤버십을 가진 사원에 대한 리더의 대처 방안으로 가장 적절한 것은?

〈멤버십 유형별 특징〉

소외형	순응형
• 조직에서 자신을 인정해 주지 않음 • 적절한 보상이 없음 • 업무 진행에 있어 불공정하고 문제가 있음	• 기존 질서를 따르는 것이 중요하다고 생각함 • 리더의 의견을 거스르는 것은 어려운 일임 • 획일적인 태도와 행동에 익숙함
실무형	**수동형**
• 조직에서 규정준수를 강조함 • 명령과 계획을 빈번하게 변경함	• 조직이 나의 아이디어를 원치 않음 • 노력과 공헌을 해도 아무 소용이 없음 • 리더는 항상 자기 마음대로 함

① 소외형 사원은 팀에 협조하는 경우에 적절한 보상을 주도록 한다.
② 소외형 사원은 팀을 위해 업무에서 배제시킨다.
③ 순응형 사원에 대해서는 조직을 위해 순응적인 모습을 계속 권장한다.
④ 실무형 사원에 대해서는 징계를 통해 규정준수를 강조한다.
⑤ 수동형 사원에 대해서는 자신의 업무에 대해 자신감을 주도록 한다.

| 유형분석 |

- 갈등의 개념이나 원인, 해결방법을 묻는 문제가 자주 출제된다.
- 실제 사례에 적용할 수 있는지를 확인하는 문제가 출제되기도 한다.
- 일반적인 상식으로 해결할 수 있는 문제가 출제되기도 하지만, 자의적인 판단에 주의해야 한다.

다음 〈보기〉 중 갈등 해결 방법으로 옳은 것을 모두 고르면?

보기

ㄱ 사람들이 당황하는 모습을 보는 것은 되도록 피한다.
ㄴ 사람들과 눈을 자주 마주친다.
ㄷ 어려운 문제는 피하지 말고 맞선다.
ㄹ 논쟁을 통해 해결한다.
ㅁ 어느 한쪽으로 치우치지 않는다.

① ㄱ, ㄴ, ㄹ   ② ㄱ, ㄷ, ㅁ

③ ㄴ, ㄷ, ㄹ   ④ ㄴ, ㄷ, ㅁ

⑤ ㄷ, ㄹ, ㅁ

정답 ④

올바른 갈등 해결 방법

- 다른 사람들의 입장을 이해한다.
- 어려운 문제는 피하지 말고 맞선다.
- 자신의 의견을 명확하게 밝히고 지속적으로 강화한다.
- 사람들과 눈을 자주 마주친다.
- 마음을 열어놓고 적극적으로 경청한다.
- 타협하려 애쓴다.
- 어느 한쪽으로 치우치지 않는다.
- 논쟁하고 싶은 유혹을 떨쳐낸다.
- 존중하는 자세로 사람들을 대한다.

풀이 전략!

문제에서 물어보는 내용을 정확하게 파악한 뒤, 갈등 관련 이론과 대조해 본다. 특히 자주 출제되는 갈등 해결방법에 대한 이론을 암기해 두면 문제 푸는 속도를 줄일 수 있다.

01 다음 중 갈등의 두 가지 유형과 쟁점에 대한 설명으로 옳지 않은 것은?

① 절차 혹은 책임에 대한 인식의 불일치로 발생하는 갈등은 핵심 문제에 해당한다.

② 문제를 바라보는 시각의 차이에서 발생하는 갈등은 해결할 수 있는 갈등 유형에 해당한다.

③ 상호 간에 인식하는 정보의 차이로 인해 발생하는 갈등은 불필요한 갈등 유형에 해당한다.

④ 동료에 대한 편견에서 생긴 적대적 감정은 해결 불가능한 갈등 유형에 해당한다.

⑤ 욕망 혹은 가치의 차이에 의한 갈등은 서로에 대한 이해를 통해 해결할 수 있다.

02 S사에 근무하는 사원 A씨는 최근 자신의 상사인 B대리 때문에 스트레스를 받고 있다. A씨가 공들여 작성한 기획서를 제출하면 B대리가 중간에서 매번 퇴짜를 놓기 때문이다. 이와 동시에 A씨는 자신에 대한 B대리의 감정이 좋지 않은 것 같아 마음이 더 불편하다. A씨가 직장 동료인 C씨에게 이러한 어려움을 토로했을 때, 다음 중 C씨가 A씨에게 해 줄 수 있는 조언으로 적절하지 않은 것은?

① 무엇보다 관계 갈등의 원인을 찾는 것이 중요하다.

② B대리님의 입장을 충분히 고려해 볼 필요가 있다.

③ B대리님과 마음을 열고 대화해 볼 필요가 있다.

④ B대리님과 누가 옳고 그른지 확실히 논쟁해 볼 필요가 있다.

⑤ 걱정되더라도 갈등 해결을 위해 피하지 말고 맞서야 한다.

03 다음 중 조직에서 갈등을 증폭시키는 행위로 적절하지 않은 것은?

① 팀원 간에 서로 상대보다 더 높은 인사고과를 얻기 위해 경쟁한다.

② 팀의 공동목표 달성보다는 본인의 승진이 더 중요하다고 생각한다.

③ 혼자 돋보이려고 지시받은 업무를 다른 팀원에게 전달하지 않는다.

④ 갈등이 발견되면 바로 갈등 문제를 즉각적으로 다루려고 한다.

⑤ 다른 팀원이 중요한 프로젝트를 맡은 경우에 그 프로젝트에 대해 자신이 알고 있는 노하우를 알려주지 않는다.

04 다음은 갈등을 최소화하기 위한 방안에 대한 팀원들 간의 대화 내용이다. 빈칸에 들어갈 내용으로 적절하지 않은 것은?

> A팀원 : 요즘 들어 팀 분위기가 심상치 않아. 어제 팀장님은 회의 중에 한숨까지 쉬시더라고.
> B팀원 : 요즘 들어 서로 간의 갈등이 너무 많은 것 같은데, 어떻게 해야 할지 모르겠어.
> C팀원 : 갈등을 최소화하기 위해 지켜야 할 기본 원칙들을 팀 게시판에 올려서 서로 간의 갈등 원인을 생각해 보게 하는 것은 어떨까?
> A팀원 : 좋은 생각이야. 기본 원칙으로는 _____는 내용이 들어가야 해.

① 여러분이 받기를 원하지 않는 형태로 남에게 작업을 넘겨주지 말라
② 자신의 책임이 어디서부터 어디까지인지를 명확히 하라
③ 불일치하는 쟁점이나 사항이 있다면 다른 사람이 아닌 당사자에게 직접 말하라
④ 의견의 차이를 인정하지 말고 하나의 의견으로 통일하라
⑤ 조금이라도 의심이 들 때에는 분명하게 말해 줄 것을 요구하라

05 다음 〈보기〉 중 갈등을 해소하기 위한 방법으로 옳지 않은 행동을 모두 고르면?

> **보기**
> ㉠ A는 B와 사업 방향을 두고 갈등이 생기자 자신의 의견을 명확하게 말하였다.
> ㉡ A는 C와 의견을 나누다 갈등이 생기자 그냥 넘어가면 안 되겠다 싶어 문제에 대해 논쟁을 하였다.
> ㉢ A는 D와의 어려운 문제로 갈등이 생기자 싸우고 싶지 않아 회피하였다.
> ㉣ E와 F가 이번 신상품 개발을 두고 갈등이 생긴 것을 본 A는 E와 F 한쪽 편을 들지 않고 중립을 유지하였다.

① ㉠, ㉡
② ㉠, ㉢
③ ㉡, ㉢
④ ㉡, ㉣
④ ㉢, ㉣

06 다음 팀원들의 대화에서 팀원 간 갈등 관계에 있는 사람은 모두 몇 명인가?

> 박팀장 : 오늘은 그동안 논의해 온 의견을 종합하여 기존 제품을 계속 판매할지 아니면 기존 제품
> 을 철수하고 새로운 상품을 출시할지를 결정해야 합니다.
>
> 김대리 : 조주임이 얘기했던 신제품 사업안은 현실성이 떨어집니다. 신제품 부문도 이미 과잉경쟁
> 상태라 수익을 내기 어렵습니다. 더군다나 얼마 전에 징계를 받은 사람이 완성도 높은 사
> 업안을 구상하기란 쉽지 않습니다.
>
> 변주임 : 신제품 사업안은 초기비용 측면에서 추진이 무척 어렵습니다. 특히나 전염병으로 인해 소
> 비가 침체되어 있는 상황에서 자칫하면 기존 사업과 신사업 모두 잃을 수도 있습니다.
>
> 안주임 : 신제품 사업안은 단순히 시장을 옮겨가는 것이 아니라, 새로운 시장을 개척하는 것입니
> 다. 김대리님은 새로운 사업안의 핵심을 모르고 계시네요.
>
> 최대리 : 변주임이야 김대리의 동문이니 신제품 사업안에 반대하겠지만, 저는 가능성이 무궁무진
> 한 사업이라고 생각합니다.
>
> 조주임 : 기존 시장에서의 수익성이 점점 하락하고 있습니다. 수익성을 상실하기 전에 새로운 제품
> 으로의 도전을 시작해야 합니다.

① 1명   ② 2명

③ 3명   ④ 4명

⑤ 5명

04 고객 서비스

| 유형분석 |

- 고객불만을 효과적으로 처리하기 위한 과정이나 방법에 대한 문제이다.
- 고객불만 처리 프로세스에 대한 숙지가 필요하다.

다음과 같은 상황에서 대응방안으로 가장 적절한 것은?

> 고객이 상품을 주문했는데 배송이 일주일이 걸렸다. 상품을 막상 받아보니 사이즈가 작아 반품을 했으나, 주문처에서 갑자기 반품 배송비용을 청구하였다. 고객은 반품 배송비용을 고객이 부담해야 한다는 공지를 받은 적이 없어 당황해했으며 기분 나빠했다.

① 배송을 빨리 하도록 노력하겠습니다.
② 사이즈를 정확하게 기재하겠습니다.
③ 반품 배송비가 있다는 항목을 제대로 명시하겠습니다.
④ 주문서를 다시 한 번 확인하겠습니다.
⑤ 고객에게 사이즈를 교환해 드리겠습니다.

정답 ③

제시문은 고객에게 사전에 반품 배송비가 있다는 것을 공지하지 않아서 발생한 상황이다. 따라서 반품 배송비가 있다는 항목을 명시하겠다는 내용이 가장 적절하다.

풀이 전략!

제시된 상황이나 고객 유형을 정확하게 파악해야 하고, 고객불만 처리 프로세스를 토대로 갈등을 해결해야 한다.

01 S사원은 회사에서 고객 상담 업무를 담당하고 있다. 고객이 찾아와 화를 내며 불만을 말할 때, 다음 중 S사원이 대응해야 할 방법으로 가장 적절한 것은?

① 회사 규정을 말하며 변명을 한다.

② 어떠한 비난도 하지 않고 문제를 해결한다.

③ 고객의 불만을 먼저 들은 후에 사과를 한다.

④ 내 잘못이 아니라는 것을 확인시켜 주고 문제를 해결한다.

⑤ 일단 당장 화를 가라앉히기 위해 터무니없는 약속을 해 둔다.

02 다음 중 빈칸에 들어갈 용어에 대한 설명으로 옳지 않은 것은?

> _____(이)란 고객과 서비스 요원 사이의 15초 동안의 짧은 순간에서 이루어지는 서비스로, 이 순간을 진실의 순간(MOT; Moment Of Truth) 또는 결정적 순간이라고 한다.

① 짧은 순간에 고객으로 하여금 우리 회사를 선택한 것이 좋은 선택이었다는 것을 입증해야 한다.

② 서비스 직원은 찰나의 순간에 모든 역량을 동원하여 고객을 만족시켜야 한다.

③ 고객과 상호작용에 의해서 서비스가 순발력 있게 제공될 수 있는 시스템이 갖추어져야 한다.

④ 서비스 직원의 용모와 복장보다는 따뜻한 미소와 친절한 한마디가 서비스의 핵심이다.

⑤ 여러 번의 결정적인 순간에서 단 한 번의 0점 서비스를 받는다면 모든 서비스가 0점이 되어버릴 수 있다.

03 다음 중 고객만족도 조사에 대한 설명으로 옳지 않은 것은?

① 고객만족도를 조사하기 위한 설문지는 고객들이 쉽게 이해할 수 있는 문항으로 구성해야 한다.

② 조사 결과를 어떻게 활용할 것인지 활용 계획을 설정해 놓으면 조사 방향에 일관성을 가질 수 있다.

③ 단순히 한 번 실시하는 조사보다 연속해서 시행하는 조사를 통해 더 정확한 조사 결과를 얻을 수 있다.

④ 특정 대상을 추출하여 조사하는 것보다 모든 고객을 대상으로 임의로 추출하여 조사하는 것이 더욱 효율적이다.

⑤ 고객만족도 조사에 사용되는 심층 면접법은 비교적 긴 시간이 소요되지만, 심층적인 정보를 얻을 수 있어 고객의 동기·태도 등을 발견할 수 있다.

04 A사원은 S닷컴에서 근무하고 있다. 하루는 같은 팀 B사원이 자료를 보여주면서 보완할 것이 없는지 검토해 달라고 부탁했다. 다음 중 B사원에게 조언해 줄 수 있는 말로 적절하지 않은 것은?

1단계 고객 불만 접수	⇨	2단계 제품 확인 및 수거	⇨	3단계 원인 조사 및 분석
		5단계 고객 보고	⇦	4단계 대책 수립

① 고객 보고 후 피드백이 이루어지면 좋겠어요.
② 대책 수립 후 재발 방지 교육을 실시한 뒤 고객 보고가 이루어지면 좋겠어요.
③ 고객 불만 접수, 고객 보고 단계에 '사과'를 추가하면 좋겠어요.
④ 1단계에서는 고객의 불만을 경청하는 태도가 중요할 것 같아요.
⑤ 단계별로 진행 상황을 고객에게 통보해 준다면 좋겠어요.

05 S통신회사에서 상담원으로 근무하는 K씨는 다음과 같은 문의 전화를 받게 되었다. 다음 상황에 대해서 K씨가 고객을 응대하는 방법으로 적절하지 않은 것은?

> K사원 : 안녕하세요. S통신입니다. 무엇을 도와드릴까요?
> 고객 : 인터넷이 갑자기 안 돼서 너무 답답해요. 좀 빨리 해결해 주세요. 지금 당장요!
> K사원 : 네, 고객님. 최대한 빠르게 처리해 드리겠습니다.
> 고객 : 확실해요? 언제 해결 가능하죠? 빨리 좀 부탁합니다.

① 현재 업무 절차에 대해 설명해 주면서 시원스럽게 업무를 처리하는 모습을 보여준다.
② 고객이 문제해결에 대해 의심하지 않도록 확신감을 가지고 말한다.
③ "글쎄요.", "아마"와 같은 표현으로 고객이 흥분을 가라앉힐 때까지 시간을 번다.
④ 정중한 어조를 통해 고객의 흥분을 가라앉히도록 노력한다.
⑤ 고객의 이야기에 경청하고, 공감해 주면서 업무 진행을 위한 고객의 협조를 유도한다.

06 다음 상황에서 나타난 고객 유형에 대한 대처 방법으로 가장 적절한 것은?

> 직원 : 반갑습니다, 고객님. 찾으시는 제품 있으실까요?
>
> 고객 : 아이가 에어드레서가 필요하다고 해서요. 제품 좀 보러 왔어요.
>
> 직원 : 그렇군요. 그럼 K제품 한번 보시겠어요? 이번에 나온 신제품인데요. 기존 제품들이 살균과 미세먼지 제거 기능 및 냄새 분해 기능만 있었다면, 이 제품은 그 기능에 더하여 바이러스 제거 기능이 추가되었습니다.
>
> 고객 : 가격이 얼마인가요?
>
> 직원 : 가격은 기존 제품의 약 1.8배 정도로 ×××만 원이지만, 이번에 저희 매장에서 2025년도 신제품은 5%의 할인이 적용되기 때문에 지금 타사 대비 최저가로 구매가 가능합니다.
>
> 고객 : 아, 비싸네요. 근데 바이러스가 눈에 안 보이는데 정말 제거되는지 믿을 수 있나요? 그냥 신제품이라고 좀 비싸게 파는 건 아닐까 생각이 드네요.

① 잠자코 고객의 의견을 경청하고 사과를 하도록 한다.

② 고객의 이야기를 경청하고, 맞장구치고, 추켜세우고, 설득한다.

③ 분명한 증거나 근거를 제시하여 고객이 확신을 갖도록 유도한다.

④ 과시욕이 충족될 수 있도록 고객의 언행을 제지하지 않고 인정해 준다.

⑤ 의외로 단순하게 생각하는 면이 있으므로 고객의 호감을 얻기 위해 노력한다.

CHAPTER 05

조직이해능력

합격 Cheat Key

조직이해능력은 업무를 원활하게 수행하기 위해 조직의 체제와 경영을 이해하고 국제적인 추세를 이해하는 능력이다. 현재 많은 공사·공단에서 출제 비중을 높이고 있는 영역이기 때문에 미리 대비하는 것이 중요하다. 실제 업무 능력에서 조직이해능력을 요구하기 때문에 중요도는 점점 높아질 것이다.

세부 유형은 조직 체제 이해, 경영 이해, 업무 이해, 국제 감각으로 나눌 수 있다. 조직도를 제시하는 문제가 출제되거나 조직의 체계를 파악해 경영의 방향성을 예측하고, 업무의 우선순위를 파악하는 문제가 출제된다.

1 문제 속에 정답이 있다!

경력이 없는 경우 조직에 대한 이해가 낮을 수밖에 없다. 그러나 문제 자체가 실무적인 내용을 담고 있어도 문제 안에는 해결의 단서가 주어진다. 부담을 갖지 않고 접근하는 것이 중요하다.

2 경영·경제학원론 정도의 수준은 갖추도록 하라!

지원한 직군마다 차이는 있을 수 있으나, 경영·경제이론을 접목시킨 문제가 꾸준히 출제되고 있다. 따라서 기본적인 경영·경제이론은 익혀 둘 필요가 있다.

3 지원하는 공사·공단의 조직도를 파악하라!

출제되는 문제는 각 공사·공단의 세부내용일 경우가 많기 때문에 지원하는 공사·공단의 조직도를 파악해 두어야 한다. 조직이 운영되는 방법과 전략을 이해하고, 조직을 구성하는 체제를 파악하고 간다면 조직이해능력에서 조직도가 나올 때 단기간에 문제를 풀수 있을 것이다.

4 실제 업무에서도 요구되므로 이론을 익혀라!

각 공사·공단의 직무 특성상 일부 영역에 중요도가 가중되는 경우가 있어서 많은 취업준비생들이 일부 영역에만 집중하지만, 실제 업무 능력에서 직업기초능력평가 10개 영역이 골고루 요구되는 경우가 많고, 현재는 필기시험에서도 조직이해능력을 출제하는 기관의 비중이 늘어나고 있기 때문에 미리 이론을 익혀 둔다면 모듈형 문제에서 고득점을 노릴수 있다.

| 유형분석 |

- 경영 전략에서 대표적으로 출제되는 문제는 마이클 포터(Michael Porter)의 본원적 경쟁 전략이다.
- 경쟁 전략의 기본적인 이해와 구조를 물어보는 문제가 자주 출제되므로 전략별 특징 및 개념에 대한 이론 학습이 요구된다.

경영이 어떻게 이루어지냐에 따라 조직의 생사가 결정된다고 할 만큼 경영은 조직에 있어서 핵심이다. 다음 중 경영 전략을 추진하는 과정에 대한 설명으로 옳지 않은 것은?

① 경영 전략은 조직 전략, 사업 전략, 부문 전략으로 분류된다.
② 환경 분석을 할 때는 조직의 내부환경뿐만 아니라 외부환경에 대한 분석도 필수이다.
③ 전략 목표는 비전과 미션으로 구분되는데, 둘 다 있어야 한다.
④ 경영 전략이 실행됨으로써 세웠던 목표에 대한 결과가 나오는데, 그것에 대한 평가 및 피드백 과정도 생략되어서는 안 된다.
⑤ '환경 분석 → 전략 목표 설정 → 경영 전략 도출 → 경영 전략 실행 → 평가 및 피드백'의 과정을 거쳐 이루어진다.

정답 ⑤

전략 목표를 먼저 설정하고 환경을 분석해야 한다.

풀이 전략!

대부분의 기업들은 마이클 포터의 본원적 경쟁 전략을 사용하고 있다. 각 전략에 해당하는 대표적인 기업을 연결하고, 그들의 경영 전략을 상기하며 문제를 풀어보도록 한다.

01 S씨는 취업스터디에서 기업 분석을 하다가 〈보기〉에서 제시하고 있는 기업의 경영 전략을 정리하였다. 다음 중 〈보기〉의 내용과 경영 전략이 바르게 짝지어진 것은?

- 차별화 전략 : 가격 이상의 가치로 브랜드 충성심을 이끌어 내는 전략
- 원가우위 전략 : 업계에서 가장 낮은 원가로 우위를 확보하는 전략
- 집중화 전략 : 특정 세분시장만 집중공략하는 전략

> **보기**
>
> ㉠ H기업은 S/W에 집중하기 위해 H/W의 한글전용 PC분야를 한국계기업과 전략적으로 제휴하고 회사를 설립해 조직체에 위양하였으며 이후 고유분야였던 S/W에 자원을 집중하였다.
> ㉡ B마트는 재고 네트워크를 전산화해 원가를 절감하고 양질의 제품을 최저가격에 판매하고 있다.
> ㉢ A호텔은 5성급 호텔로 하루 숙박비용이 상당히 비싸지만, 환상적인 풍경과 더불어 친절한 서비스를 제공하고 객실 내 제품이 모두 최고급으로 비치되어 있어 이용객들에게 높은 만족도를 준다.

	차별화 전략	원가우위 전략	집중화 전략
①	㉠	㉡	㉢
②	㉠	㉢	㉡
③	㉡	㉠	㉢
④	㉢	㉠	㉡
⑤	㉢	㉡	㉠

02 다음 〈보기〉 중 경영활동을 수행하고 있는 내용으로 적절하지 않은 것은?

> **보기**
>
> (가) 다음 시즌 우승을 목표로 해외 전지훈련에 참여하여 열심히 구슬땀을 흘리고 있는 선수단과 이를 운영하는 구단 직원들
> (나) 뜻을 같이한 동료들과 함께 자발적인 참여로 매주 어려운 이웃을 찾아다니며 봉사활동을 펼치고 있는 S씨
> (다) 교육지원대대장으로서 사병들의 교육이 원활히 진행될 수 있도록 훈련장 관리와 유지에 최선을 다하고 있는 원 대령과 참모진
> (라) 영화 촬영을 앞두고 시나리오와 제작 콘셉트를 회의하기 위해 모인 감독 및 스태프와 출연 배우들
> (마) 대기업을 그만두고 가족들과 함께 조그만 무역회사를 차려 손수 제작한 밀짚 가방을 동남아로 수출하고 있는 B씨

① (가)
② (나)
③ (다)
④ (라)
⑤ (마)

03 다음 중 집단의사결정의 특징으로 적절하지 않은 것은?

① 의사를 결정하는 과정에서 구성원 간 갈등은 불가피하다.
② 의견이 불일치하는 경우 오히려 특정 구성원에 의해 의사 결정이 독점될 가능성이 있다.
③ 구성원 각자의 시각으로 문제를 바라보기 때문에 다양한 견해를 가지고 접근할 수 있다.
④ 일련의 과정을 거쳐 여럿의 의견을 모은 것이기 때문에 얻을 수 있는 결과 중 최선의 결과이다.
⑤ 한 사람이 가진 지식보다 집단의 지식과 정보가 더 많기 때문에 보다 효과적인 결정을 할 확률이 높다.

04 S회사에 근무하는 A씨가 다음 글을 읽고 기업의 사회적 책임에 대해 생각해 보았다고 할 때, A씨가 생각한 내용으로 적절하지 않은 것은?

> 세계 자동차 시장 점유율 1위를 기록했던 도요타 자동차는 2009년 11월 가속페달의 매트 끼임 문제로 미국을 비롯해 전 세계적으로 1,000만 대가 넘는 자동차를 회수하는 사상 초유의 리콜을 감행했다. 도요타 자동차의 리콜 사태에 대한 원인으로는 기계적 원인과 더불어 무리한 원가 절감, 과도한 해외생산 확대, 안일한 경영 등과 같은 경영상의 요인들이 제기되고 있다. 또 도요타 자동차는 급속히 성장하면서 제기된 문제들을 소비자의 관점이 아닌 생산자의 관점에서 해결하려고 했고, 리콜에 대한 늦은 대응 등 문제 해결에 미흡했다는 지적을 받고 있다. 이런 대규모 리콜 사태로 인해 도요타 자동차가 지난 수십 년간 세계적으로 쌓은 명성은 하루아침에 모래성이 됐다. 이와 반대인 사례로 존슨앤드존슨의 타이레놀 리콜 사건이 있다. 1982년 9월 말 미국 시카고 지역에서 존슨앤드존슨의 엑스트라 스트렝스 타이레놀 캡슐을 먹고 4명이 사망하는 사건이 발생했다. 이에 존슨앤드존슨은 즉각적인 대규모 리콜을 단행하여 빠른 문제해결에 초점을 맞췄다. 그 결과 존슨앤드존슨은 소비자들의 신뢰를 회복할 수 있었다.

① 상품에서 결함이 발견됐다면 기업은 그것을 인정하고 책임지는 모습이 필요하다.

② 기업은 문제를 인지한 즉시 문제를 해결하기 위해 노력해야 한다.

③ 소비자의 관점이 아닌 생산자의 관점에서 문제를 해결할 때 소비자들의 신뢰를 회복할 수 있다.

④ 존슨앤드존슨은 사회의 기대와 가치에 부합하는 윤리적 책임을 잘 이행하였다.

⑤ 이윤창출은 기업의 유지에 필요한 것이지만, 수익만을 위해 움직이는 것은 여러 문제를 일으킬 수 있다.

05 다음 중 밑줄 친 법칙에 해당하는 사례로 가장 적절한 것은?

> 돈이 되는 20%의 고객이나 상품만 있으면 80%의 수익이 보장된다는 파레토 법칙이 그간 진리로 여겨졌다. 그런데 최근 롱테일(Long tail) 법칙이라는 새로운 개념이 자리를 잡고 있다. 이는 하위 80%가 상위 20%보다 더 많은 수익을 낸다는 법칙이다. 한마디로 '티끌 모아 태산'이 가능하다는 것이다.

① A은행은 VIP전용 창구를 확대하였다.

② B기업은 생산량을 늘려 단위당 생산비를 낮추었다.

③ C인터넷 서점은 극소량만 팔리는 책이라도 진열한다.

④ D극장은 주말 요금을 평일 요금보다 20% 인상하였다.

⑤ E학원은 인기가 없는 과목은 더는 강의를 열지 않도록 했다.

| 유형분석 |

- 조직 구조 유형에 대한 특징을 물어보는 문제가 자주 출제된다.
- 기계적 조직과 유기적 조직의 차이점과 사례 등을 숙지하고 있어야 한다.
- 조직 구조 형태에 따라 기능적 조직, 사업별 조직으로 구분하여 출제되기도 한다.

다음 〈보기〉 중 조직 구조에 대한 설명으로 옳지 않은 것을 모두 고르면?

보기

ㄱ. 기계적 조직은 구성원들의 업무분장이 명확하게 이루어져 있는 편이다.

ㄴ. 기계적 조직은 조직 내 의사소통이 비공식적 경로를 통해 활발히 이루어진다.

ㄷ. 유기적 조직은 의사결정 권한이 조직 하부 구성원들에게 많이 위임되어 있으며, 업무내용이 명확히 규정되어 있는 것이 특징이다.

ㄹ. 유기적 조직은 기계적 조직에 비해 조직의 형태가 가변적이다.

① ㄱ, ㄴ   ② ㄱ, ㄷ

③ ㄴ, ㄷ   ④ ㄴ, ㄹ

⑤ ㄷ, ㄹ

정답 ③

ㄴ. 기계적 조직 내 의사소통은 비공식적 경로가 아닌 공식적 경로를 통해 주로 이루어진다.

ㄷ. 유기적 조직은 의사결정 권한이 조직 하부 구성원들에게 많이 위임되어 있으나, 업무내용은 기계적 조직에 비해 가변적이다.

오답분석

ㄱ. 기계적 조직은 위계질서 및 규정, 업무분장이 모두 명확하게 확립되어 있는 조직이다.

ㄹ. 유기적 조직에서는 비공식적인 상호 의사소통이 원활히 이루어지며, 규제나 통제의 정도가 낮아 변화에 따라 쉽게 변할 수 있는 특징을 가진다.

풀이 전략!

조직 구조는 유형에 따라 기계적 조직과 유기적 조직으로 나눌 수 있다. 기계적 조직과 유기적 조직은 서로 상반된 특징을 가지고 있으며, 기계적 조직이 관료제의 특징과 비슷함을 파악하고 있다면, 이와 상반된 유기적 조직의 특징도 수월하게 파악할 수 있다.

01 S공사는 경영진과 직원의 자유로운 소통, 부서 간 화합 등을 통해 참여와 열린 소통의 조직문화를 조성하고자 노력한다. 이러한 조직문화는 조직의 방향을 결정하고 조직을 존속하게 하는 데 중요한 요인 중의 하나이다. 다음 중 조직문화에 대한 설명으로 적절하지 않은 것은?

① 조직 구성원들에게 일체감과 정체성을 부여하고, 결속력을 강화시킨다.
② 조직 구성원들의 조직몰입을 높여준다.
③ 조직 구성원의 사고방식과 행동양식을 규정한다.
④ 조직 구성원들의 생활양식이나 가치를 의미한다.
⑤ 대부분의 조직들은 서로 비슷한 조직문화를 만들기 위해 노력한다.

02 다음 중 조직목표의 기능에 대한 설명으로 적절하지 않은 것은?

① 조직이 나아갈 방향을 제시해 주는 기능을 한다.
② 조직 구성원의 의사결정 기준의 기능을 한다.
③ 조직 구성원의 행동에 동기를 유발시키는 기능을 한다.
④ 조직을 운영하는 데 융통성을 제공하는 기능을 한다.
⑤ 조직 구조나 운영과정과 같이 조직 체제를 구체화할 수 있는 기준이 된다.

03 다음 중 기계적 조직과 유기적 조직에 대한 설명으로 적절하지 않은 것은?

① 유기적 조직은 의사결정권한이 조직의 하부 구성원들에게 많이 위임되어 있다.
② 기계적 조직은 소량생산 기술, 유기적 조직은 대량생산 기술에 적합하다.
③ 기계적 조직은 구성원들의 업무가 분명하게 규정되어 있다.
④ 유기적 조직은 비공식적인 상호 의사소통이 원활히 이루어진다.
⑤ 기계적 조직에는 군대, 정부 등이 있고, 유기적 조직에는 권한 위임을 받은 사내 벤처팀 등이 있다.

04 다음 〈보기〉 중 비영리조직으로 적절한 것을 모두 고르면?

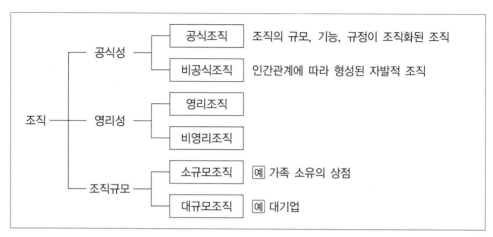

① ㉠, ㉢
② ㉡, ㉤
③ ㉠, ㉢, ㉣
④ ㉡, ㉣, ㉤
⑤ ㉡, ㉢, ㉣, ㉤

05 다음 중 조직의 유형에 대한 설명으로 가장 적절한 것은?

① 정부조직은 비영리조직이자 비공식조직에 해당한다.

② 공식조직은 비공식 조직에 비해 규모가 거대한 조직을 가리킨다.

③ 비공식조직 내에서의 행동유형 공유는 공식조직의 기능을 지원하기도 한다.

④ 조직발달사에 따르면, 공식조직의 내부집단으로서 비공식조직들이 발생하였다.

⑤ 환경보존을 홍보하는 상품을 직접 판매하고, 그 수익을 극대화하기 위해 운영되는 조직은 비영리
　조직에 해당한다.

PART 1

06 다음 글에 제시된 조직의 특징으로 가장 적절한 것은?

> S공사의 사내 봉사 동아리에 소속된 70여 명의 임직원이 연탄 나르기 봉사활동을 펼쳤다. 이날 임
> 직원들은 지역 주민들이 보다 따뜻하게 겨울을 날 수 있도록 연탄 총 3,000장을 담요와 함께 직접
> 전달했다. 사내 봉사 동아리에 소속된 S공사 A대리는 "매년 진행하는 연말 연탄 나눔 봉사활동을
> 통해 지역사회에 도움의 손길을 전할 수 있어 기쁘다."라며 "오늘의 작은 손길이 큰 불씨가 되어
> 많은 분들이 따뜻한 겨울을 보내길 바란다."라고 말했다.

① 인간관계에 따라 형성된 자발적인 조직

② 이윤을 목적으로 하는 조직

③ 규모와 기능 그리고 규정이 조직화되어 있는 조직

④ 조직구성원들의 행동을 통제할 장치가 마련되어 있는 조직

⑤ 공익을 요구하지 않는 조직

| 유형분석 |

- 부서별 주요 업무에 대해 묻는 문제이다.
- 부서별 특징과 담당 업무에 대한 이해가 필요하다.

다음 〈보기〉는 기업의 각 부서에서 하는 일이다. 일반적인 상황에서 부서와 그 업무가 바르게 연결된 것은?

보기

ㄱ. 의전 및 비서업무	ㄴ. 업무분장 및 조정
ㄷ. 결산 관련 업무	ㄹ. 임금제도
ㅁ. 소모품의 구입 및 관리	ㅂ. 법인세, 부가가치세
ㅅ. 판매 예산 편성	ㅇ. 보험가입 및 보상 업무
ㅈ. 견적 및 계약	ㅊ. 국내외 출장 업무 협조
ㅋ. 외상매출금 청구 및 회수	ㅌ. 직원수급 계획 및 관리

① 총무부 : ㄱ, ㅁ, ㅅ
② 영업부 : ㅅ, ㅈ, ㅋ
③ 회계부 : ㄷ, ㅇ, ㅋ
④ 인사부 : ㄱ, ㄴ, ㄹ

정답 ②

영업부의 업무로는 판매 계획, 판매 예산의 편성(ㅅ), 견적 및 계약(ㅈ), 외상매출금의 청구 및 회수(ㅋ), 시장조사, 판매원가 및 판매가격의 조사 검토 등이 있다.

오답분석

① 총무부 : ㄱ, ㅁ, ㅊ
③ 회계부 : ㄷ, ㅂ, ㅇ
④ 인사부 : ㄴ, ㄹ, ㅌ

풀이 전략!

조직은 목적의 달성을 위해 업무를 효과적으로 분배하고 처리할 수 있는 구조를 확립해야 한다. 조직의 목적이나 규모에 따라 업무의 종류는 다양하지만, 대부분의 조직에서는 총무, 인사, 기획, 회계, 영업으로 부서를 나누어 업무를 담당하고 있다. 따라서 5가지 업무 종류에 대해서는 미리 숙지해야 한다.

01 다음은 S회사의 이팀장이 오전 10시에 강대리에게 남긴 음성메시지이다. 이팀장의 업무 지시에 따라 강대리가 가장 먼저 해야 할 일과 가장 나중에 해야 할 일을 순서대로 바르게 나열한 것은?

> 강대리님, 저 이팀장입니다. 오늘 중요한 미팅 때문에 강대리님이 제 업무를 조금 도와주셔야 할 것 같습니다. 제가 미팅 후 회식을 가야 하는데 제가 회사 차를 가지고 왔습니다. 이따가 강대리님이 잠깐 들러 회사 차를 반납해 주세요. 아! 차 안에 K은행 김팀장에게 제출해야 할 서류가 있는데 회사 차를 반납하기 전에 그 서류를 대신 제출해 주시겠어요? K은행 김팀장은 4시에 퇴근하니까 3시까지는 K은행으로 가셔야 할 것 같습니다. 그리고 오늘 5시에 팀장 회의가 있는데 제 책상 위의 회의 자료를 영업팀 최팀장에게 전달해 주시겠어요? 최팀장이 오늘 오전 반차를 써서 아마 1시에 출근할 것 같습니다. 급한 사안이니 최대한 빨리 전달 부탁드려요. 그런데 혹시 지금 대표님께서 출근하셨나요? 오전 중으로 대표님께 결재를 받아야 할 사항이 있는데 제 대신 결재 부탁드리겠습니다.

① 대표에게 결재 받기, 회사 차 반납하기
② 최팀장에게 회의 자료 전달하기, 회사 차 반납하기
③ ○○은행 김팀장에게 서류 제출하기, 회사 차 반납하기
④ 대표에게 결재 받기, 최팀장에게 회의 자료 전달하기
⑤ 최팀장에게 회의 자료 전달하기, ○○은행 김팀장에게 서류 제출하기

02 직무 전결 규정상 전무이사가 전결인 '과장의 국내출장 건'의 결재를 시행하고자 한다. 박기수 전무이사가 해외출장으로 인해 부재중이어서 직무대행자인 최수영 상무이사가 결재하였다. 다음 〈보기〉 중 옳지 않은 것을 모두 고르면?

> **보기**
> ㄱ. 최수영 상무이사가 결재한 것은 전결이다.
> ㄴ. 공문의 결재표상에는 '과장 최경옥, 부장 김석호, 상무이사 전결, 전무이사 최수영'이라고 표시되어 있다.
> ㄷ. 박기수 전무이사가 출장에서 돌아와서 해당 공문을 검토하는 것은 후결이다.
> ㄹ. 위임 전결받은 사항에 대해서는 원결재자인 대표이사에게 후결을 받는 것이 원칙이다.

① ㄱ, ㄴ   ② ㄱ, ㄹ
③ ㄱ, ㄴ, ㄹ   ④ ㄴ, ㄷ, ㄹ
⑤ ㄱ, ㄴ, ㄷ, ㄹ

03 총무부의 S부장은 오늘까지 처리해야 할 부서업무를 다음과 같이 정리하였고, 금일 스케줄을 바탕으로 부서원들에게 해당 업무를 배정하려고 한다. 총무부의 금일 스케줄을 참고할 때, 처리해야 할 업무가 잘못 배정된 사람은?(단, 한 사람당 하나의 업무만 배정한다)

<표>

〈총무부 금일 업무〉

• 부서장 회의 참석(09:30 ~ 11:00)
• 사무용품 주문서 작성 및 주문 메일 발송
　※ 주문서 최종 결재자 : S부장
　※ 주문 메일은 퇴근 전에 발송할 것
• 행사 용품 오배송건 반품
　※ 택배 접수 마감 시간 16:00
• H프로젝트 보고서 초안 작성
• 행사 참여 안내문 등기 발송
　※ 우체국 영업시간(09:00 ~ 18:00) 내 방문

〈총무부 금일 스케줄〉

시간	S부장	G과장	J대리	L사원	O사원
09:00 ~ 10:00			오전 반차	사내 교육 프로그램 참여	
10:00 ~ 11:00		H프로젝트 회의	오전 반차	사내 교육 프로그램 참여	
11:00 ~ 12:00		H프로젝트 회의	오전 반차		
12:00 ~ 13:00	점심시간				
13:00 ~ 14:00			오전 반차		
14:00 ~ 15:00	외근		행사 진행 업체 사전미팅		
15:00 ~ 16:00	외근		행사 진행 업체 사전미팅		
16:00 ~ 17:00	외근				
17:00 ~ 18:00	업무 보고			비품 정리	

① S부장 : 부서장 회의 참석
② G과장 : H프로젝트 보고서 초안 작성
③ J대리 : 행사 용품 오배송건 반품
④ L사원 : 우체국 방문 및 등기 발송
⑤ O사원 : 사무용품 주문서 작성 및 주문 메일 발송

※ 다음은 S공사 조직도의 일부이다. 이어지는 질문에 답하시오. [4~5]

04 다음 중 S공사의 각 부서와 업무 간의 연결이 적절하지 않은 것은?

① ㉠ : 수입·지출 예산 편성 및 배정 관리
② ㉡ : 공단사업 관련 연구과제 개발 및 추진
③ ㉢ : 복무관리 및 보건·복리 후생
④ ㉣ : 임직원 인사, 상훈, 징계
⑤ ㉤ : 예산집행 조정, 통제 및 결산 총괄

05 다음 중 정보보안전담반의 업무로 적절하지 않은 것은?

① 정보보안기본지침 및 개인정보보호지침 제·개정 관리
② 직원 개인정보보호 의식 향상 교육
③ 개인정보종합관리시스템 구축·운영
④ 정보보안 및 개인정보보호 계획수립
⑤ 전문자격 출제정보시스템 구축·운영

CHAPTER 06

직업윤리

합격 Cheat Key

직업윤리는 업무를 수행함에 있어 원만한 직업생활을 위해 필요한 태도, 매너, 올바른 직업관이다. 직업윤리는 필기시험뿐만 아니라 서류를 제출하면서 자기소개서를 작성할 때와 면접을 시행할 때도 포함되는 항목으로 들어가지 않는 공사·공단이 없을 정도로 필수 능력으로 꼽힌다.

직업윤리의 세부 능력은 근로 윤리·공동체 윤리로 나눌 수 있다. 구체적인 문제 상황을 제시하여 해결하기 위해 어떤 대안을 선택해야 할지에 관한 문제들이 출제된다.

1 오답을 통해 대비하라!

이론을 따로 정리하는 것보다는 문제에서 본인이 생각하는 모범답안을 선택하고 틀렸을 경우 그 이유를 정리하는 방식으로 학습하는 것이 효율적이다. 암기하기보다는 이해에 중점을 두고 자신의 상식으로 문제를 푸는 것이 아니라 해당 문제가 어느 영역 어떤 하위 능력의 문제인지 파악하는 훈련을 한다면 답이 보일 것이다.

2 직업윤리와 일반윤리를 구분하라!

일반윤리와 구분되는 직업윤리의 특징을 이해해야 한다. 통념상 비윤리적이라고 일컬어지는 행동도 특정한 직업에서는 허용되는 경우가 있다. 그러므로 문제에서 주어진 상황을 판단할 때는 우선 직업의 특성을 고려해야 한다.

3 직업윤리의 하위능력을 파악해 두어라!

직업윤리의 경우 직장생활 경험이 없는 수험생들은 조직에서 일어날 수 있는 구체적인 직업윤리와 관련된 내용에 흥미가 없고 이를 이해하는 데 어려움이 있을 수 있다. 그러나 문제에서는 구체적인 상황·사례를 제시하는 문제가 나오기 때문에 직장에서의 예절을 정리하고 문제 상황에서 적절한 대처를 선택하는 연습을 하는 것이 중요하다.

4 면접에서도 유리하다!

많은 공사·공단에서 면접 시 직업윤리에 관련된 질문을 하는 경우가 많다. 직업윤리 이론 학습을 미리 해 두면 본인의 가치관을 세우는 데 도움이 되고 이는 곧 기업의 인재상 과도 연결되기 때문에 미리 준비해 두면 필기시험에서 합격하고 면접을 준비할 때도 수월할 것이다.

01 윤리 · 근면

| 유형분석 |

- 보통 주어진 제시문 속의 비윤리적인 상황에 대하여 원인이나 대처법을 고르는 문제가 자주 출제된다.
- 근면한 자세의 사례를 고르는 문제 또한 종종 출제된다.

다음 중 A ~ C의 비윤리적 행위에 대한 원인을 순서대로 바르게 나열한 것은?

- A는 영화관 내 촬영이 금지된 것을 모르고 영화 관람 중 스크린을 동영상으로 촬영하였고, 이를 인터넷에 올렸다가 저작권 위반으로 벌금이 부과되었다.
- B는 얼마 전 친구에게 인터넷 도박 사이트를 함께 운영하자는 제안을 받았고, 그러한 행위가 불법인 줄 알았음에도 불구하고 많은 돈을 벌 수 있다는 친구의 말에 제안을 바로 수락했다.
- 평소에 화를 잘 내지 않는 C는 만취한 상태로 편의점에 들어가 물건을 구매하는 과정에서 직원과 말다툼을 하다가 화를 주체하지 못하고 주먹을 휘둘렀다.

	A	B	C		A	B	C
①	무절제	무지	무관심	②	무관심	무지	무절제
③	무관심	무절제	무지	④	무지	무관심	무절제
⑤	무지	무절제	무관심				

정답 ④

- A : 영화관 내 촬영이 불법인 줄 모르고 영상을 촬영하였으므로 무지로 인한 비윤리적 행위를 저질렀다.
- B : 불법 도박 사이트 운영이 불법임을 알고 있었지만, 이를 중요하게 여기지 않는 무관심으로 인한 비윤리적 행위를 저질렀다.
- C : 만취한 상태에서 자신을 스스로 통제하지 못하고 폭력을 행사하였으므로 무절제로 인한 비윤리적 행위를 저질렀다.

비윤리적 행위의 원인
- 무지 : 사람들은 무엇이 옳고, 무엇이 그른지 모르기 때문에 비윤리적 행위를 저지른다.
- 무관심 : 자신의 행위가 비윤리적이라는 것을 알고 있지만, 윤리적인 기준에 따라 행동해야 한다는 것을 중요하게 여기지 않는다.
- 무절제 : 자신의 행위가 잘못이라는 것을 알고 그러한 행위를 하지 않으려고 함에도 불구하고 자신의 통제를 벗어나는 어떤 요인으로 인하여 비윤리적 행위를 저지른다.

풀이 전략!

근로윤리는 우리 사회가 요구하는 도덕상에 기초하고 있다는 점을 유념하고, 다양한 사례를 익혀 문제에 적응한다.

01 다음 중 기업 간 거래 관계에서 요구되는 윤리적 기초에 대한 설명으로 적절하지 않은 것은?

① 의무의 도덕성이란 불가조항을 일일이 열거하는 것을 말한다.

② 이해할 만한 거래상대방의 설명 등 쌍방 간 의사소통이 원활하면 분배 공정성이 달성된다.

③ 약속의 성실한 이행은 거래를 지속시키며, 갈등을 해소하는 토대가 된다.

④ 배려의 도덕성은 의무이행을 위해 보상과 격려, 관용과 존경을 강조한다.

⑤ 힘이 강한 소매상이 힘이 약한 납품업체에 구매가격 인하를 요구하는 것은 거래의 평등성을 위배
하는 행위이다.

02 S대리는 B사원 때문에 스트레스를 받고 있다. 빠르게 처리해야 할 업무에 대해 B사원은 항상 꼼꼼
하게 검토하고 S대리에게 늦게 보고하기 때문이다. S대리가 B사원의 업무방식에 불만을 표현하자
B사원은 자신의 소심한 성격 때문이라고 대답했다. 이때 S대리에게 가장 필요한 역량은?

① 통제적 리더십   ② 감사한 마음

③ 상호 인정   ④ 헌신의 자세

⑤ 책임감

03 다음 중 직업에서 근면 의식의 표출로 적절하지 않은 것은?

① 직업의 현장에서는 능동적인 자세로 임해야 한다.

② 강요에 의한 근면은 노동 행위에 즐거움을 주지 못한다.

③ 즐거운 마음으로 시간을 보내면 궁극적으로 우리의 건강이 증진된다.

④ 노동 현장에서 보수나 진급이 보장되지 않으면 일을 적게 하는 것이 중요하다.

⑤ 일에 지장이 없도록 항상 건강관리에 유의하며, 주어진 시간 내에는 최선을 다한다.

04 다음 중 직업윤리에 대한 설명으로 적절하지 않은 것은?

① 어느 직장에 다니느냐에 따라 구분되는 윤리규범이다.

② 개인윤리보다 좀 더 구체적 상황에서 요구되는 실천규범이다.

③ 각자가 직업에 종사하는 과정에서 요구되는 특수한 윤리규범이다.

④ 원만한 직업생활을 하기 위해 필요한 마음가짐과 태도를 의미한다.

⑤ 개인윤리를 바탕으로 성립되며, 개인윤리의 연장선이라 할 수 있다.

05 다음 〈보기〉 중 (가)의 입장에서 (나)의 문제점을 해결하기 위해 제시할 수 있는 자세를 모두 고르면?

> (가) 모든 사회구성원이 공정하게 대우받는 정의로운 공동체를 만들기 위해서는 부패 행위를 방지해야 한다. 우리 조상들은 전통적으로 청렴 의식을 중요하게 여겨, 청렴 의식을 강조하는 전통 윤리를 지켜왔다.
>
> (나) 부패 인식 지수는 공무원과 정치인이 얼마나 부패해 있는지에 대한 정도를 비교하여 국가별로 순위를 매긴 것이다. 100점 만점을 기준으로 점수가 높을수록 청렴하다. 2024년 조사한 결과 우리나라의 부패 인식 지수는 100점 만점에 63점으로, 조사대상국 180개국 중 32위를 기록했다.

보기

> ㉠ 공동체와 국가의 공사(公事)를 넘어서 개인의 일을 우선하는 정신을 기른다.
> ㉡ 공직자들은 개인적 이익과 출세만을 추구하지 않고 바른 마음과 정성을 가진다.
> ㉢ 부당한 방법으로 공익을 추구하려 하지 않고 개인의 이익을 가장 중요하게 여긴다.
> ㉣ 공직자들은 청빈한 생활 태도를 유지하면서 국가의 일에 충심을 다하려는 정신을 지닌다.

① ㉠, ㉡   ② ㉠, ㉢

③ ㉡, ㉢   ④ ㉡, ㉣

⑤ ㉢, ㉣

02 봉사 · 책임 의식

| 유형분석 |

- 개인이 가져야 하는 책임의식과 기업의 사회적 책임으로 양분되는 문제이다.
- 봉사의 의미를 묻는 문제가 종종 출제된다.

다음은 봉사에 대한 글이다. 영문 철자에서 봉사가 함유한 의미로 옳지 않은 것은?

> 봉사란 나라나 사회 혹은 타인을 위하여 자신의 이해를 돌보지 아니하고 몸과 마음을 다하여 일하는 것을 가리키며, 영문으로는 'Service'에 해당된다. 'Service'의 각 철자에서 봉사가 함유한 7가지 의미를 도출해 볼 수 있다.

① S : Smile&Speed

② E : Emotion

③ R : Repeat

④ V : Value

⑤ C : Courtesy

정답 ③

'R'은 반복하여 제공한다는 'Repeat'이 아니라 'Respect'로서 고객을 존중하는 것을 가리킨다.

오답분석

① 미소와 함께 신속한 도움을 제공하는 의미이다.

② 고객에게 감동을 주는 의미이다.

④ 고객에게 가치를 제공하는 의미이다.

⑤ 고객에게 예의를 갖추고 정중하게 대하는 의미한다.

풀이 전략!

직업인으로서 요구되는 봉사정신과 책임의식에 관해 숙지하도록 한다.

01 다음은 S공사 사보에 올라온 영국 처칠 수상의 일화이다. 이에 대한 직장생활의 교훈으로 가장 적절한 것은?

> 어느 날 영국의 처칠 수상은 급한 업무 때문에 그의 운전기사에게 차를 빠르게 몰 것을 지시하였다. 그때 교통 경찰관은 속도를 위반한 처칠 수상의 차량을 발견하고 차를 멈춰 세웠다. 처칠 수상은 경찰관에게 말했다. "이봐. 내가 누군지 알아?" 그러자 경찰관이 대답했다. "얼굴은 우리 수상 각하와 비슷하지만, 법을 지키지 않는 것을 보니 수상 각하가 아닌 것 같습니다." 경찰관의 답변에 부끄러움을 느낀 처칠은 결국 벌금을 지불했고, 교통 경찰관의 근무 자세에 감명을 받았다고 한다.

① 무엇보다 고객의 가치를 최우선으로 생각해야 한다.
② 업무에 대해서는 스스로 자진해서 성실하게 임해야 한다.
③ 모든 결과는 나의 선택으로 일어난 것으로 여긴다.
④ 조직의 운영을 위해서는 지켜야 하는 의무가 있다.
⑤ 직장동료와 신뢰를 형성하고 유지해야 한다.

02 다음 중 직장에서 책임 있는 생활을 하고 있지 않은 사람은?

① A사원은 몸이 아파도 맡은 임무는 다하려고 한다.
② B부장은 나쁜 상황이 일어났을 때 왜 그런 일이 일어났는지만 끊임없이 분석한다.
③ C대리는 자신과 상황을 최대한 객관적으로 판단한 뒤 책임질 수 있는 범위의 일을 맡는다.
④ D과장은 자신이 맡은 일이라면 개인적인 일을 포기하고 그 일을 먼저 한다.
⑤ E대리는 자신의 업무뿐만 아니라 자신이 속한 부서의 일은 자신의 일이라고 생각하고 다른 사원들을 적극적으로 돕는다.

03 다음 중 직업윤리에 따른 직업인의 기본자세로 옳지 않은 것은?

① 대체 불가능한 희소성을 갖추어야 한다.
② 봉사 정신과 협동 정신이 있어야 한다.
③ 소명 의식과 천직 의식을 가져야 한다.
④ 공평무사한 자세가 필요하다.
⑤ 책임 의식과 전문 의식이 있어야 한다.

04 다음 중 성실에 대한 설명으로 적절하지 않은 것은?

① 성실이란 근면한 태도와 정직한 태도, 모두와 관련이 되어 있다.
② '지성감천'이라는 말은 노력하면 좋은 결과를 낼 수 있다는 말이다.
③ '성실은 어디에나 통용되는 유일한 화폐이다.'라는 말은 성실의 중요함을 나타낸다.
④ '병풍과 장사는 약간 구부려야 잘 선다.'라는 말은 성실한 태도로 많은 돈을 벌 수 있음을 나타낸다.
⑤ '진인사대천명'이라는 말은 인간으로서 자신이 할 수 있는 모든 노력을 경주해야 한다는 뜻으로, 성실의 중요성을 나타낸다.

05 다음 중 직업윤리의 덕목과 그 설명이 바르게 연결되지 않은 것은?

① 소명 의식 : 자신이 맡은 일은 하늘에 의해 맡겨진 일이라고 생각하는 태도이다.
② 책임 의식 : 직업에 대한 사회적 역할과 책무를 충실히 수행하고 책임을 다하는 태도이다.
③ 천직 의식 : 자신의 일이 자신의 능력과 적성에 꼭 맞는다 여기고 그 일에 열성을 가지고 성실히 임하는 태도이다.
④ 직분 의식 : 자신이 하고 있는 일이 사회나 기업을 위해 중요한 역할을 하고 있다고 믿고 자신의 활동을 수행하는 태도이다.
⑤ 봉사 의식 : 자신의 일이 누구나 할 수 있는 것이 아니라 해당 분야의 지식과 교육을 밑바탕으로 성실히 수행해야만 가능한 것이라 믿고 수행하는 태도이다.

PART 2

사무직 전공

01 다음 〈보기〉 중 근대민법의 기본원리에 해당하는 것을 모두 고르면?

> **보기**
> ㉠ 소유권 절대의 원칙　　　　　　㉡ 계약 공정의 원칙
> ㉢ 계약 자유의 원칙　　　　　　　㉣ 과실 책임의 원칙
> ㉤ 권리 남용 금지의 원칙

① ㉠, ㉡, ㉢　　　　　　　　　　　② ㉠, ㉢, ㉣
③ ㉠, ㉣, ㉤　　　　　　　　　　　④ ㉡, ㉢, ㉣
⑤ ㉡, ㉣, ㉤

02 다음 중 사회법에 속하는 것은?

① 상법　　　　　　　　　　　　　　② 수표법
③ 산업재해보상보험법　　　　　　　④ 가등기담보 등에 관한 법률
⑤ 특정범죄 가중처벌 등에 관한 법률

03 다음 중 제한능력자에 대한 설명으로 옳지 않은 것은?

① 특정후견은 본인의 의사에 반하여 할 수 없다.
② 가정법원은 성년후견개시의 심판을 할 때 본인의 의사를 고려해야 한다.
③ 미성년자가 법정대리인으로부터 허락을 얻은 특정한 영업에 대하여는 성년자와 동일한 행위능력이 있다.
④ 가정법원이 피성년후견인에 대하여 한정후견개시의 심판을 할 때에는 종전의 성년후견의 종료 심판을 한다.
⑤ 가정법원은 질병, 장애, 노령, 그 밖의 사유로 인한 정신적 제약으로 사무를 처리할 능력이 부족한 사람에 대하여 일정한 자의 청구로 성년후견개시의 심판을 한다.

04 다음 중 우리나라 헌법에 대한 설명으로 옳지 않은 것은?

① 국제평화주의를 규정하고 있다.
② 대통령의 계엄선포권을 규정하고 있다.
③ 국가의 형태로서 민주공화국을 채택하고 있다.
④ 국무총리의 긴급재정경제처분권을 규정하고 있다.
⑤ 실질적 의미의 헌법은 국가의 통치조직·작용의 기본원칙에 대한 규범을 총칭한다.

PART 2

05 다음 중 법과 도덕의 관계에 대한 설명으로 옳지 않은 것은?

① 법은 정의(征衣)의 실현을, 도덕은 선(善)의 실현을 추구한다.
② 법도 때에 따라서는 '선의' 또는 '악의'와 같은 인간의 내부적 의사를 중요시한다.
③ 법의 효력은 국가의 강제력에 의하여 보장되지만, 도덕은 개인의 양심에 의해 구속받는다.
④ 법은 인간의 외면적 행위를 주로 규율하고, 도덕은 인간의 내면적 의사를 주로 규율한다.
⑤ 법은 권리·의무의 양 측면을 규율하고, 도덕은 의무적 측면만을 규율하므로 권리가 없거나 의무가 없는 법은 존재하지 않는다.

06 다음 중 권리의 객체에 대한 설명으로 옳지 않은 것은?(단, 다툼이 있는 경우 판례에 따른다)

① 주물 자체의 효용과 직접 관계없는 물건은 종물이 아니다.
② 주물에 설정된 저당권의 효력은 특별한 사정이 없으면 종물에 미친다.
③ 입목에 관한 법률에 의하여 입목등기를 한 수목의 집단은 토지와 별개의 부동산이다.
④ 종물은 주물의 처분에 따르므로, 당사자의 특약에 의하여 종물만을 별도로 처분할 수 없다.
⑤ 법정과실은 수취할 권리의 존속기간일수의 비율로 취득한다.

07 다음 중 인권선언과 관계된 사건들을 시간 순서대로 바르게 나열한 것은?

① 권리청원 → 마그나 카르타 → 미국의 독립선언 → 프랑스의 인권선언
② 마그나 카르타 → 프랑스의 인권선언 → 연방헌법 → 영국의 권리장전
③ 마그나 카르타 → 영국의 권리장전 → 미국의 독립선언 → 프랑스의 인권선언
④ 버지니아 권리장전 → 영국의 인신보호법 → 마그나 카르타 → 프랑스의 인권선언
⑤ 버지니아 권리장전 → 마그나 카르타 → 프랑스의 인권선언 → 영국의 인신보호법

08 다음 중 근대 입헌주의적 헌법에 대한 설명으로 옳은 것은?

① 헌법을 불문화할 필요가 있다.
② 공산주의 국가에도 헌법은 있다.
③ 영국을 제외하고 모든 나라는 헌법을 가지고 있다.
④ 권력분립과 기본권 보장이 없는 국가는 헌법이 없다.
⑤ 국가라고 하는 법적 단체가 있는 곳에는 헌법이 있다.

09 다음 중 행정주체와 국민의 관계로 옳은 것은?

① 권력관계이다.
② 근로관계이다.
③ 사법관계이다.
④ 공법관계뿐이다.
⑤ 사법관계일 때도 있고 공법관계일 때도 있다.

10 다음 중 행정행위로 옳은 것은?

① 건축허가
② 도로의 설치
③ 자동차의 처분
④ 국유재산의 매각
⑤ 토지수용에 대한 협의

11 다음 중 헌법제정권력에 대한 설명으로 옳지 않은 것은?

① 헌법개정권력에 우선한다.
② 민주국가에서는 국민이 그 주체가 된다.
③ 헌법제정권력은 시원적이며, 자율성을 갖는다.
④ 우리 현행헌법은 헌법제정권이 국민에게 있음을 선언하였다.
⑤ 제도적 권리이므로 자연법상의 원리에 의한 제약은 받지 않는다.

12 다음 중 청원권에 대한 설명으로 옳지 않은 것은?

① 공무원·군인 등은 그 직무와 관련하여 청원할 수 없다.
② 헌법은 청원의 수리·심사·통지의 의무를 규정하고 있다.
③ 정부에 제출된 청원의 심사는 국무회의의 심의를 거쳐야 한다.
④ 공무원의 비위시정의 요구·처벌·징계요구도 청원이 가능하다.
⑤ 사인 간의 권리관계 또는 개인의 사생활에 관한 사항인 때에는 청원을 처리하지 않을 수 있다.

13 다음 중 헌법의 개정에 대한 설명으로 옳지 않은 것은?

① 헌법의 파괴는 개정이 아니다.
② 헌법에 규정된 개정절차에 따라야 한다.
③ 헌법의 기본적 동일성이 변경되는 것이다.
④ 헌법의 형식이나 내용에 변경을 가하는 것이다.
⑤ 국민투표를 요구하는 방법, 특별헌법회의를 필요로 하는 방법 등을 볼 수 있다.

14 다음 중 헌법의 개정과 유사한 개념 중에서 기존 헌법을 배제하고 수평적 헌법전의 교체가 이루어 지는 것은?

① 헌법의 폐지   ② 헌법의 파괴
③ 헌법의 정지   ④ 헌법의 침해
⑤ 헌법의 개정

15 권력관계에 있어서 국가와 기타 행정주체의 의사는 비록 설립에 흠이 있을지라도 당연무효의 경우를 제외하고는 일단 적법·유효하다는 추정을 받으며, 권한 있는 기관이 직권 또는 쟁송절차를 거쳐 취소하기 전에는 누구라도 이에 구속되고 그 효력을 부정하지 못하는 우월한 힘이 있는데, 이를 행정행위의 무엇이라고 하는가?

① 확정력   ② 불가쟁력
③ 공정력   ④ 강제력
⑤ 불가변력

16 다음 중 법의 성격에 대한 설명으로 옳지 않은 것은?

① 법은 국가권력에 의하여 보장되는 사회규범의 하나이다.

② 법은 타율성에, 도덕은 자율성에 그 실효성의 연원을 둔다.

③ 법은 인간행위에 대한 당위의 법칙이 아니라 필연의 법칙이다.

④ 자연법론자들은 법과 도덕은 그 고유한 영역을 가지고 있지만 도덕을 법의 상위개념으로 본다.

⑤ 법은 그 위반의 경우에 타율적·물리적 강제를 통하여 원하는 상태와 결과를 실현하는 강제규범이다.

17 다음 중 지방자치단체의 조직에 대한 설명으로 옳지 않은 것은?

① 지방의회의원의 임기는 4년으로 한다.

② 지방자치단체의 종류는 법률로 정한다.

③ 지방자치단체에 주민의 대의기관인 의회를 둔다.

④ 지방자치단체의 장은 주민이 보통·평등·직접·비밀선거로 선출한다.

⑤ 지방자치단체의 장은 법령의 범위에서 그 자치에 속하는 규정에 관하여 규칙을 제정할 수 있다.

18 다음 중 국회 권한의 성격이 나머지와 다른 것은?

① 국정감사 ② 법률 제정

③ 의원 제명 ④ 조약체결 동의

⑤ 국회규칙 제정

19 다음 중 학자와 그들이 주장한 법의 목적이 바르게 연결되지 않은 것은?

① 칸트 – 인격의 완성 ② 루소 – 국가이익의 추구

③ 예링 – 생활이익의 확보 ④ 벤담 – 최대다수의 최대행복

⑤ 플라톤 – 도덕생활의 실현

20 다음 중 우리나라 헌법의 기본원리에 해당하지 않는 것은?

① 국민주권의 원리 ② 법치주의

③ 문화국가의 원리 ④ 사회적 민주주의

⑤ 국제평화주의

21 법무부장관이 외국인 A에게 귀화를 허가한 경우, 선거관리위원장은 귀화 허가가 무효가 아닌 한 귀화 허가에 하자가 있더라도 A가 한국인이 아니라는 이유로 선거권을 거부할 수 없다. 이처럼 법무부장관의 귀화 허가에 구속되는 행정행위의 효력은?

① 공정력 ② 구속력

③ 형식적 존속력 ④ 구성요건적 효력

⑤ 실질적 존속력

22 다음 중 아리스토텔레스의 정의론에 대한 설명으로 옳지 않은 것은?

① 평균적 정의는 정치·사법 분야에서 강하게 적용된다.

② 정의를 인간의 선한 성품인 덕성이라는 관점에서 보았다.

③ 광의의 정의는 평균적 정의와 배분적 정의로 나누어진다.

④ 광의의 정의는 법과 도덕이 미분화된 상태의 관념에 따른 것이다.

⑤ 정의에는 준법성을 지향하는 것과 균등을 원리로 하는 것 두 가지가 있다고 보았다.

23 다음 중 행정기관에 대한 설명으로 옳은 것은?

① 집행기관은 채권자의 신청에 의하여 강제집행을 실시할 직무를 갖지 못한다.

② 자문기관은 행정청의 내부 실·국의 기관으로 행정청의 권한 행사를 보좌한다.

③ 감사기관은 다른 행정기관의 사무나 회계처리를 검사하고 그 적부에 대해 감사하는 기관이다.

④ 의결기관은 행정청의 의사결정에 참여하는 권한을 가진 기관이지만 행정청의 의사를 법적으로 구속하지는 못한다.

⑤ 다수 구성원으로 이루어진 합의제 행정청이 대표적인 행정청의 형태이며, 지방자치단체의 경우 지방의회가 행정청이다.

24 다음 중 민법상 과실(果實)에 해당하지 않는 것은?

① 지상권의 지료

② 특허권의 사용료

③ 임대차에서의 차임

④ 젖소로부터 짜낸 우유

⑤ 과수원에서 재배한 사과

25 다음 중 법원(法源)에 대한 설명으로 옳지 않은 것은?

① 대통령령은 헌법에 근거를 두고 있다.

② 영미법계 국가에서는 판례의 법원성이 부정된다.

③ 죄형법정주의에 따라 관습형법은 인정되지 않는다.

④ 법관이 재판을 할 때 있어서 적용하여야 할 기준이다.

⑤ 민사에 관하여 법률에 규정이 없으면 관습법에 의하고, 관습법이 없으면 조리에 의한다.

26 다음 중 무권대리행위의 추인에 대한 설명으로 옳지 않은 것은?(단, 다툼이 있는 경우 판례에 따른다)

① 본인이 무권대리인에게 추인한 경우, 상대방은 추인이 있었음을 주장할 수 있다.

② 무권대리행위의 일부에 대한 추인은 상대방의 동의를 얻지 못하는 한 무효이다.

③ 추인은 무권대리행위로 인한 권리 또는 법률관계의 승계인에게도 할 수 있다.

④ 추인은 제3자의 권리를 해하지 않는 한, 다른 의사표시가 없으면 계약시에 소급하여 그 효력이 생긴다.

⑤ 무권대리행위가 범죄가 되는 경우에 본인이 그 사실을 알고도 장기간 형사고소를 하지 않은 것만으로 묵시적 추인이 된다.

27 다음 중 국가공무원법에 명시된 공무원의 복무의무로 옳지 않은 것은?

① 범죄 고발의 의무

② 친절·공정의 의무

③ 비밀엄수의 의무

④ 정치운동의 금지

⑤ 복종의 의무

28 다음 중 소멸시효의 중단사유가 아닌 것은?

① 청구   ② 압류

③ 취소   ④ 승인

⑤ 가처분

29 다음 중 형법상 형사미성년자의 기준으로 옳은 것은?

① 만 12세 미만의 미성년자   ② 만 14세 미만의 미성년자

③ 만 16세 미만의 미성년자   ④ 만 17세 미만의 미성년자

⑤ 만 18세 미만의 미성년자

30 다음 중 법체계에 대한 설명으로 옳지 않은 것은?

① 형사소송법은 절차법이다.

② 민법과 상법은 실체법이다.

③ 민법이 사법이므로 민사소송법도 사법에 속한다.

④ 대통령의 긴급명령은 법률과 같은 효력을 가진다.

⑤ 일반적으로 승인된 국제법규는 국내법과 같은 효력을 가진다.

31 다음 중 국가배상에 대한 설명으로 옳은 것은?

① 공무원은 어떤 경우에도 국가배상청구권을 행사할 수 없다.

② 국가배상법에서 규정하고 있는 손해배상은 손실보상으로도 볼 수 있다.

③ 도로건설을 위해 자신의 토지를 수용당한 개인은 국가배상청구권을 가진다.

④ 공무원이 직무수행 중에 적법하게 타인에게 손해를 입힌 경우 국가가 배상책임을 진다.

⑤ 도로·하천 등의 설치 또는 관리에 하자가 있어 손해를 받은 개인은 국가가 배상책임을 진다.

32 다음 중 법의 단계를 순서대로 바르게 나열한 것은?

① 헌법 → 법률 → 명령 → 조례 → 규칙
② 헌법 → 법률 → 명령 → 규칙 → 조례
③ 조례 → 규칙 → 명령 → 법률 → 헌법
④ 법률 → 헌법 → 명령 → 규칙 → 조례
⑤ 법률 → 명령 → 헌법 → 규칙 → 조례

33 다음 중 행정법상 행정작용에 대한 설명으로 옳지 않은 것은?

① 개인에게 일정한 작위의무를 부과하는 하명은 형성적 행정행위이다.
② 특정인에게 새로운 권리나 포괄적 법률관계를 설정하는 특허는 형성적 행정행위이다.
③ 의사표시 이외의 정신작용 등의 표시를 요소로 하는 행위는 준법률행위적 행정행위이다.
④ 특정한 사실 또는 법률관계의 존재를 공적으로 증명하는 공증은 준법률행위적 행정행위이다.
⑤ 기속행위는 행정주체에 대하여 재량의 여지를 주지 않고 그 법규를 집행하도록 하는 행정행위를 말한다.

34 다음 중 상법상 사채의 발행에 대한 설명으로 옳은 것은?

① 사채의 상환청구권은 5년간 행사하지 아니하면 소멸시효가 완성한다.
② 사채관리회사는 사채를 발행한 회사의 동의를 받아 사임할 수 있다.
③ 채권은 사채일부의 납입이 완료한 후가 아니면 이를 발행하지 못한다.
④ 사채의 모집에 응하고자 하는 자는 사채청약서 2통에 그 인수할 사채의 수와 주소를 기재하고 기명날인 또는 서명하여야 한다.
⑤ 사채의 모집이 완료한 때에는 이사는 30일 내로 인수인에 대하여 각 사채의 전액 또는 제1회의 납입을 시켜야 한다.

35 다음 중 관습법에 대한 설명으로 옳지 않은 것은?

① 형법은 관습형법금지의 원칙이 적용된다.
② 민법 제1조에서는 관습법의 보충적 효력을 인정하고 있다.
③ 성문법이 발달하지 않은 국제법에서는 관습법이 중요한 법원이 된다.
④ 관습법은 당사자의 주장·입증이 있어야만 법원이 이를 판단할 수 있다.
⑤ 헌법재판소 다수의견에 의하면 관습헌법도 성문헌법과 동등한 효력이 있다.

36 경찰관이 목전에 급박한 장해를 제거할 필요가 있거나 그 성질상 미리 의무를 명할 시간적 여유가 없을 때, 자신이 근무하는 국가중요시설에 무단으로 침입한 자의 신체에 직접 무기를 사용하여 저지하는 행위는?

① 행정대집행
② 행정상 즉시강제
③ 행정상 강제집행
④ 집행벌
⑤ 행정상 손해배상

37 다음 중 현행 헌법상 정당설립과 활동의 자유에 대한 설명으로 옳지 않은 것은?

① 정당의 설립은 자유이며, 복수정당제는 보장된다.
② 정당은 그 목적, 조직과 활동이 민주적이어야 한다.
③ 정당은 국민의 정치적 의사형성에 참여하는 데 필요한 조직을 가져야 한다.
④ 국가는 법률이 정하는 바에 의하여 정당운영에 필요한 자금을 보조할 수 있다.
⑤ 정당의 목적과 활동이 민주적 기본질서에 위배될 때에는 국회는 헌법재판소에 그 해산을 제소할 수 있다.

38 다음 중 상법의 적용순위를 순서대로 바르게 나열한 것은?

① 민법 → 상법 → 민사특별법 → 상관습법
② 상법 → 민법 → 상관습법 → 민사특별법
③ 상법 → 상관습법 → 민사특별법 → 민법
④ 민사특별법 → 상법 → 민법 → 상관습법
⑤ 민사특별법 → 민법 → 상관습법 → 상법

39 다음 중 소선거구제에 대한 설명으로 옳지 않은 것은?

① 소선거구제에서는 후보자 파악이 쉽다.
② 소선거구제에서는 사표가 많이 발생할 수 있다.
③ 소선거구제에서는 선거 비용을 절약할 수 있다.
④ 소선거구제에서는 지연·혈연이 작용할 수 있다.
⑤ 소선거구제에서는 군소정당이 난립하여 정국이 불안정하다.

40 다음 행정쟁송절차에서 빈칸에 들어갈 단어를 순서대로 바르게 나열한 것은?

위법·부당한 행정처분 →	시정↵ _____ →	_____ →	_____ →	_____
	취소, 변경 청구	소의 제기	항소	상고

① 행정기관 → 고등법원 → 행정법원 → 대법원
② 지방법원 → 고등법원 → 대법원 → 헌법재판소
③ 고등법원 → 대법원 → 행정기관 → 헌법재판소
④ 당해 행정관청 → 행정법원 → 고등법원 → 대법원
⑤ 상급감독관청 → 지방법원 → 대법원 → 헌법재판소

41 다음 중 법의 체계에 대한 설명으로 옳은 것은?

① 고유법과 계수법은 적용대상에 따른 구분이다.
② 강행법과 임의법은 실정성 여부에 따른 구분이다.
③ 실체법과 절차법은 법의 제정주체에 따른 구분이다.
④ 공법과 사법으로 분류하는 것은 영미법계의 특징이다.
⑤ 일반법과 특별법은 적용되는 효력 범위에 따른 구분이다.

42 다음 중 행정심판에 의해 구제받지 못한 자가 위법한 행정행위에 대하여 최종적으로 법원에 구제를 청구하는 절차는?

① 헌법소원   ② 손해배상청구
③ 손실보상청구   ④ 행정소송
⑤ 경정청구

43 다음 중 기본권의 효력에 대한 설명으로 옳지 않은 것은?

① 기본권의 효력은 대국가적 효력을 갖는 것이 원칙이다.

② 기본권의 제3자적 효력에서 평등권은 간접 적용된다고 볼 수 있다.

③ 기본권의 사인 간의 효력은 헌법이 직접적 효력을 규정함이 원칙이나, 예외적으로 간접적 효력을 갖는 경우도 있다.

④ 청구권적 기본권이나 사회권적 기본권은 그것이 법률로써 규정되었을 때 국가에 대하여 직접 그 권리를 행사할 수 있다.

⑤ 기본권의 사인(私人) 간의 직접적 효력을 헌법이 명문으로 규정한 예로, 근로3권과 언론·출판에 의한 명예 또는 권리침해 금지가 있다.

44 다음 중 공법과 사법의 구별기준에 대한 학설의 내용으로 옳지 않은 것은?

① 법규의 명칭에 따라 구별한다.

② 권력의무의 주체에 따라 구별한다.

③ 권력적인 것인가의 여부에 따라 구별한다.

④ 공익을 위한 것인지, 사익을 위한 것인지에 따라 구별한다.

⑤ 법이 통치권 발동에 대한 것인지, 아닌지에 따라 구별한다.

45 다음 중 판례의 법원성에 대해 규정하고 있는 법은?

① 대법원 규칙   ② 국회법

③ 법원조직법   ④ 형법

⑤ 헌법

46 다음 중 권리의 효력에 따른 분류에 속하지 않는 것은?

① 항변권   ② 인격권

③ 형성권   ④ 청구권

⑤ 지배권

47 다음 중 법의 분류에 대한 설명으로 옳지 않은 것은?

① 부동산등기법은 사법이며 실체법이다.

② 민사소송법, 형사소송법, 행정소송법은 절차법에 해당된다.

③ 자연법은 시·공간을 초월하여 보편적으로 타당한 법을 의미한다.

④ 오늘날 국가의 개입이 증대되면서 '사법의 공법화' 경향이 생겼다.

⑤ 임의법은 당사자의 의사에 의하여 그 적용이 배제될 수 있는 법을 말한다.

48 다음 중 법의 해석에 대한 설명으로 옳지 않은 것은?

① 법의 해석에 있어 법률의 입법취지도 고려의 대상이 된다.

② 민법, 형법, 행정법에서는 유추해석이 원칙적으로 허용된다.

③ 법해석의 방법은 해석의 구속력 여부에 따라 유권해석과 학리해석으로 나눌 수 있다.

④ 법해석의 목표는 법적 안정성을 저해하지 않는 범위 내에서 구체적 타당성을 찾는 데 두어야 한다.

⑤ 법에 내재해 있는 법의 이념과 목적, 사회적인 가치합리성에 기초한 입법의 정신 등을 객관화해야 한다.

49 다음 중 행정주체가 국민에 대하여 명령·강제하고, 권리나 이익(利益)을 부여하는 등 법을 집행하는 행위는?

① 행정조직   ② 행정처분

③ 행정구제   ④ 행정강제

⑤ 행정소송

50 다음 중 법률행위의 조건에 대한 설명으로 옳지 않은 것은?(단, 다툼이 있는 경우 판례에 따른다)

① 정지조건이 법률행위 당시 이미 성취된 경우에는 그 법률행위는 무효이다.

② 해제조건 있는 법률행위는 조건이 성취한 때로부터 그 효력을 잃는다.

③ 조건의 성취가 미정한 권리의무는 일반규정에 의하여 처분, 상속, 보존 또는 담보로 할 수 있다.

④ 당사자가 합의한 경우에는 조건성취의 효력을 소급시킬 수 있다.

⑤ 정지조건부 법률행위에서 조건성취의 사실은 권리를 취득하는 자가 증명책임을 진다.

01 다음 중 우리나라 공공기관에 대한 설명으로 옳은 것은?

① 정부기업은 정부가 소유권을 가지고 운영하는 공기업으로서 정부 조직에 해당되지 않는다.

② 국가공기업과 지방공기업은 공공기관의 운영에 관한 법률의 적용을 받는다.

③ 준정부기관은 총수입 중 자체수입의 비율이 50% 이상인 공공기관을 의미한다.

④ 위탁집행형 준정부기관은 기금관리형 준정부기관이 아닌 공공기관을 의미한다.

⑤ 공기업의 기관장은 인사 및 조직운영의 자율성이 없으며 관할 행정부처의 통제를 받는다.

02 다음 중 공무원의 행동규범에 대한 설명으로 옳지 않은 것은?

① 우리나라의 공무원은 정치 운동의 금지에 대한 복무가 있어 정치적 중립을 지켜야 한다.

② 공직자는 다른 공직자의 부패 사실을 알게 되었을 경우 지체 없이 이를 신고하도록 의무화되어 있다.

③ 공직자가 공익을 현저히 침해하는 경우 300명 이상의 국민의 연서로 감사원에 감사를 청구할 수 있다.

④ 공직자윤리법에서는 부정부패를 방지하기 위해 공직자의 재산등록 및 공개, 퇴직공직자의 취업 제한 등을 규정하고 있다.

⑤ 모든 공무원은 형의 선고·징계처분 또는 국가공무원법에서 정하는 사유에 의하지 아니하고는 그 의사에 반해 휴직·강임 또는 면직을 당하지 아니한다.

03 다음 중 미래예측기법에 대한 설명으로 옳지 않은 것은?

① 판단적 미래예측에서는 경험적 자료나 이론이 중심적인 역할을 한다.

② 비용·편익분석은 정책의 능률성 내지 경제성에 초점을 맞춘 정책분석의 접근방법이다.

③ 이론적 미래예측은 인과관계 분석이라고도 하며 선형계획, 투입·산출분석, 회귀분석 등을 예로 들 수 있다.

④ 추세연장적 미래예측기법 중 하나인 검은줄 기법(Black Thread Technique)은 시계열적 변동의 굴곡을 직선으로 표시하는 기법이다.

⑤ 교차영향분석은 연관사건의 발생여부에 따라 대상사건이 발생할 가능성에 대한 주관적 판단을 구하고 그 관계를 분석하는 기법이다.

04 다음 중 행정의 특성에 대한 설명으로 옳지 않은 것은?

① 행정은 합리적 기준과 절차에 따라 이루어져야 한다.

② 행정은 특정 집단의 사익이 아닌 공공의 이익을 추구해야 한다.

③ 행정은 국민의 요구와 필요를 충족시키기 위한 고객 지향적 성격을 지닌다.

④ 행정은 공익의 목적을 위하여 개개인의 의사와 상관없이 획일적으로 규율한다.

⑤ 윌슨의 정치행정이원론에 따르면 행정은 법과 규제에 기반을 두어야 한다는 점에서 비정치성을 갖는다.

05 다음 중 행태주의와 제도주의에 대한 설명으로 옳은 것은?

① 행태주의에서는 인간의 자유와 존엄과 같은 가치를 강조한다.

② 제도주의에서는 사회과학도 엄격한 자연과학의 방법을 따라야 한다고 본다.

③ 행태주의에서는 시대적 상황에 적합한 학문의 실천력을 중시한다.

④ 제도의 변화와 개혁을 지향한다는 점에서 행태주의와 제도주의는 같다.

⑤ 각국에서 채택된 정책의 상이성과 효과를 역사적으로 형성된 제도에서 찾으려는 것은 제도주의 접근의 한 방식이다.

06 다음 중 갈등관리에 대한 설명으로 옳지 않은 것은?

① 갈등해소 방법으로는 문제 해결, 상위 목표의 제시, 자원 증대, 태도 변화 훈련, 완화 등을 들 수 있다.

② 적절한 갈등을 조성하는 방법으로 의사전달 통로의 변경, 정보 전달 억제, 구조적 요인의 개편, 리더십 스타일 변경 등을 들 수 있다.

③ 1940년대 말을 기점으로 하여 1970년대 중반까지 널리 받아들여졌던 행태주의적 견해에 의하면 갈등이란 조직 내에서 필연적으로 발생하는 현상으로 보았다.

④ 마치(March)와 사이먼(Simon)은 개인적 갈등의 원인 및 형태를 비수락성, 비비교성, 불확실성으로 구분했다.

⑤ 유해한 갈등을 해소하기 위해 갈등상황이나 출처를 근본적으로 변동시키지 않고 거기에 적응하도록 하는 전략을 사용하기도 한다.

07 다음 행정이론을 시기 순으로 바르게 나열한 것은?

> (가) 최소의 노동과 비용으로 최대의 능률을 올릴 수 있는 표준적 작업절차를 정하고 이에 따라 예정된 작업량을 달성하기 위한 가장 좋은 방법을 발견하려는 이론이다.
> (나) 기존의 거시적인 제도나 구조가 아닌 개인의 표출된 행태를 객관적·실증적으로 분석하는 이론이다.
> (다) 조직구성원들의 사회적·심리적 욕구와 조직 내 비공식집단 등을 중시하며, 조직의 목표와 조직구성원들의 목표 간의 균형 유지를 지향하는 민주적·참여적 관리 방식을 처방하는 이론이다.
> (라) 시민적 담론과 공익에 기반을 두고 시민에게 봉사하는 정부의 역할을 강조하는 이론이다.

① (가) – (나) – (다) – (라)　　　　② (가) – (다) – (나) – (라)
③ (가) – (다) – (라) – (나)　　　　④ (나) – (다) – (가) – (라)
⑤ (나) – (라) – (다) – (가)

08 다음 〈보기〉 중 분배정책과 재분배정책에 대한 설명으로 옳은 것을 모두 고르면?

> **보기**
> ㄱ. 분배정책에서는 로그롤링(Log Rolling)이나 포크배럴(Pork Barrel)과 같은 정치적 현상이 나타나기도 한다.
> ㄴ. 분배정책은 사회계급적인 접근을 기반으로 이루어지기 때문에 규제정책보다 갈등이 더 가시적이다.
> ㄷ. 재분배정책에는 누진소득세, 임대주택 건설사업 등이 포함된다.
> ㄹ. 재분배정책에서는 자원배분에 있어서 이해당사자들 간 연합이 분배정책에 비하여 안정적으로 이루어진다.

① ㄱ, ㄴ　　　　　　　　　　② ㄱ, ㄷ
③ ㄴ, ㄷ　　　　　　　　　　④ ㄷ, ㄹ
⑤ ㄱ, ㄷ, ㄹ

09 정부 각 기관에 배정될 예산의 지출한도액은 중앙예산기관과 행정수반이 결정하고 각 기관의 장에게는 그러한 지출한도액의 범위 내에서 자율적으로 목표달성 방법을 결정하는 자율권을 부여하는 예산관리모형은?

① 계획예산제도　　　　　　　② 목표관리 예산제도
③ 성과주의 예산제도　　　　　④ 결과기준 예산제도
⑤ 총액배분 자율편성예산제도

10 다음 중 광역행정에 대한 설명으로 옳지 않은 것은?

① 광역행정은 규모의 경제를 실현할 수 있다.
② 광역행정은 지방자치단체 간의 갈등해소와 조정의 기능을 수행한다.
③ 광역행정의 방식 중 통합방식에는 합병, 일부사무조합, 도시공동체가 있다.
④ 광역행정은 지방자치단체 간의 재정 및 행정서비스의 형평적 배분을 도모한다.
⑤ 행정협의회에 의한 광역행정은 지방자치단체 간의 동등한 지위를 기초로 상호협조에 의하여 광역
 행정사무를 처리하는 방식이다.

11 다음 〈보기〉 중 행정가치에 대한 설명으로 옳은 것은 모두 몇 개인가?

> **보기**
> ㄱ. 실체설은 공익을 사익의 총합이라고 파악하며, 사익을 초월한 별도의 공익이란 존재하지 않는
> 다고 본다.
> ㄴ. 롤스(Rawls)의 사회정의의 원리에 의하면 정의의 제1원리는 기본적 자유의 평등원리이며, 제2
> 원리는 차등조정의 원리이다. 제2원리 내에서 충돌이 생길 때에는 '차등의 원리'가 '기회균등의
> 원리'에 우선되어야 한다.
> ㄷ. 과정설은 공익을 사익을 초월한 실체적, 규범적, 도덕적 개념으로 파악하며, 공익과 사익의 갈
> 등이란 있을 수 없다고 본다.
> ㄹ. 베를린(Berlin)은 자유의 의미를 두 가지로 구분하면서 간섭과 제약이 없는 상태를 적극적 자유
> 라고 하고, 무엇을 할 수 있는 자유를 소극적 자유라고 하였다.

① 없음
② 1개
③ 2개
④ 3개
⑤ 4개

12 다음 〈보기〉 중 킹던(John Kingdon)의 정책창 모형과 관련된 것을 모두 고르면?

> **보기**
> ㄱ. 방법론적 개인주의
> ㄴ. 쓰레기통 모형
> ㄷ. 정치의 흐름
> ㄹ. 점화장치
> ㅁ. 표준운영절차

① ㄱ, ㄴ, ㄷ
② ㄱ, ㄴ, ㄹ
③ ㄱ, ㄹ, ㅁ
④ ㄴ, ㄷ, ㄹ
⑤ ㄴ, ㄷ, ㅁ

13 다음 〈보기〉 중 정부의 역할에 대한 설명으로 옳은 것을 모두 고르면?

ㄱ. 진보주의 정부관에 따르면 정부에 대한 불신이 강하고 정부실패를 우려한다.

ㄴ. 공공선택론의 입장은 정부를 공공재의 생산자로 규정하고 대규모 관료제에 의한 행정의 효율성을 높이는 것이 중요하다고 본다.

ㄷ. 보수주의 정부관은 자유방임적 자본주의를 옹호한다.

ㄹ. 신공공서비스론 입장에 따르면 정부의 역할은 시민들로 하여금 공유된 가치를 창출하고 충족시킬 수 있도록 봉사하는 데 있다.

ㅁ. 행정국가 시대에는 '최대의 봉사가 최선의 정부'로 받아들여졌다.

① ㄱ, ㄴ, ㄷ
② ㄱ, ㄷ, ㄹ
③ ㄴ, ㄷ, ㅁ
④ ㄱ, ㄹ, ㅁ
⑤ ㄷ, ㄹ, ㅁ

14 다음 〈보기〉 중 행정통제에 대한 설명으로 옳은 것을 모두 고르면?

ㄱ. 행정통제는 통제시기의 적시성과 통제내용의 효율성이 고려되어야 한다.

ㄴ. 옴부즈만 제도는 공무원에 대한 국민의 책임 추궁의 창구 역할을 하며 입법·사법통제의 한계를 보완하는 제도이다.

ㄷ. 외부통제는 선거에 의한 통제와 이익집단에 의한 통제를 포함한다.

ㄹ. 입법통제는 합법성을 강조하므로 위법행정보다 부당행정이 많은 현대행정에서는 효율적인 통제가 어렵다.

① ㄱ, ㄴ
② ㄴ, ㄹ
③ ㄱ, ㄴ, ㄷ
④ ㄱ, ㄷ, ㄹ
⑤ ㄴ, ㄷ, ㄹ

15 다음 중 현행 국가공무원법 제1조, 지방공무원법 제1조, 그리고 지방자치법 제1조에서 공통적으로 규정하고 있는 우리나라의 기본적 행정가치로 옳은 것은?

① 합법성과 형평성
② 형평성과 공정성
③ 공정성과 민주성
④ 민주성과 능률성
⑤ 능률성과 합법성

16 다음 〈보기〉 중 국세이며 간접세인 것을 모두 고르면?

> **보기**
>
> ㄱ. 자동차세 　　　　　　　　　　　　ㄴ. 주세
> ㄷ. 담배소비세 　　　　　　　　　　　 ㄹ. 부가가치세
> ㅁ. 개별소비세 　　　　　　　　　　　 ㅂ. 종합부동산세

① ㄱ, ㄴ, ㄷ 　　　　　　　　　　　　② ㄱ, ㄹ, ㅂ
③ ㄴ, ㄷ, ㅁ 　　　　　　　　　　　　④ ㄴ, ㄹ, ㅁ
⑤ ㄷ, ㄹ, ㅂ

17 다음 글의 빈칸에 들어갈 용어로 옳은 것은?

> ＿＿＿＿＿＿＿＿＿＿＿＿은 재정권을 독점한 정부에서 정치가나 관료들이 독점적 권력을 국민에게 남용하여 재정규모를 과도하게 팽창시키는 행위를 의미한다는 내용을 담고 있다.

① 지대추구이론
② 리바이어던(Leviathan)의 가설
③ 파킨슨(Cyril N. Parkinson)의 법칙
④ 니스카넨(William Niskanen)의 예산극대화 가설
⑤ 로머와 로젠탈(Tomas Romer & Howard Rosenthal)의 회복수준 이론

18 다음 중 점증주의에 대한 설명으로 옳지 않은 것은?

① 정책을 결정할 때 현존의 정책에서 약간만 변화시킨 대안을 고려한다.
② 경제적 합리성보다는 정치적 합리성을 추구하여 타협과 조정을 중요시한다.
③ 고려하는 정책대안이 가져올 결과를 모두 분석하지 않고 제한적으로 비교·분석하는 방법을 사용한다.
④ 일단 불완전한 예측을 전제로 하여 정책대안을 실시하고 그때 나타나는 결과가 잘못된 점이 있으면 그 부분만 다시 수정·보완하는 방식을 택하기도 한다.
⑤ 수단과 목표가 명확히 구분되지 않으므로 흔히 목표 – 수단의 분석이 부적절하거나 제한되는 경우가 많으며, 정책 목표달성을 극대화하는 정책을 최선의 정책으로 평가한다.

19 다음 중 갈등의 조성전략에 대한 설명으로 옳지 않은 것은?

① 단위부서들 간에 경쟁상황을 조성한다.

② 조직의 수직적·수평적 분화를 통해 조직구조를 변경한다.

③ 표면화된 공식적 및 비공식적 정보전달 통로를 의식적으로 변경시킨다.

④ 상황에 따라 정보전달을 억제하거나 지나치게 과장한 정보를 전달한다.

⑤ 갈등을 일으킨 당사자들에게 공동으로 추구해야 할 상위목표를 제시한다.

20 다음 〈보기〉 중 행정개혁의 저항을 줄이는 방법으로 옳은 것을 모두 고르면?

> **보기**
>
> ㄱ. 참여기회 제공　　　　　　　　ㄴ. 포괄적 개혁추진
> ㄷ. 구성원의 부담 최소화　　　　　ㄹ. 외부집단에 의한 개혁추진
> ㅁ. 피개혁자 교육 및 홍보　　　　　ㅂ. 개혁안의 명료화

① ㄱ, ㄴ, ㄷ, ㅁ　　　　　　　② ㄱ, ㄷ, ㅁ, ㅂ

③ ㄴ, ㄷ, ㅁ, ㅂ　　　　　　　④ ㄴ, ㄹ, ㅁ, ㅂ

⑤ ㄷ, ㄹ, ㅁ, ㅂ

21 다음 글에서 설명하는 이론으로 옳은 것은?

> 경제학적인 분석도구를 관료 행태, 투표자 행태, 정당정치, 이익집단 등의 비시장적 분석에 적용함으로써 공공서비스의 효율적 공급을 위한 제도적 장치를 탐색한다.

① 과학적 관리론　　　　　　　② 공공선택론

③ 행태론　　　　　　　　　　　④ 발전행정론

⑤ 현상학

22 다음 중 국가재정법 제16조에서 규정하고 있는 재정운영에 대한 내용으로 옳지 않은 것은?

① 재정건전성의 확보

② 국민부담의 최소화

③ 재정의 지속가능성 확보

④ 예산과정에의 국민참여 제고를 위한 노력

⑤ 재정을 운영함에 있어 재정지출의 성과 제고

23 다음 〈보기〉 중 정책집행의 상향적 접근(Bottom Up Approach)에 대한 설명으로 옳은 것을 모두 고르면?

> **보기**
>
> ㄱ. 합리모형의 선형적 시각을 반영한다.
> ㄴ. 집행이 일어나는 현장에 초점을 맞춘다.
> ㄷ. 일선공무원의 전문지식과 문제해결능력을 중시한다.
> ㄹ. 고위직보다는 하위직에서 주도한다.
> ㅁ. 공식적인 정책목표가 중요한 변수로 취급되므로 집행실적의 객관적 평가가 용이하다.

① ㄱ, ㄴ, ㄷ   ② ㄱ, ㄷ, ㅁ

③ ㄴ, ㄷ, ㄹ   ④ ㄴ, ㄹ, ㅁ

⑤ ㄷ, ㄹ, ㅁ

24 다음 중 정책의제 설정에 대한 설명으로 옳지 않은 것은?

① 일반적으로 정책의제는 정치성, 주관성, 동태성 등의 성격을 가진다.

② 정책의제의 설정은 목표설정기능 및 적절한 정책수단을 선택하는 기능을 하고 있다.

③ 정책대안이 아무리 훌륭하더라도 정책문제를 잘못 인지하고 채택하여 정책문제가 여전히 해결되지 않은 상태로 남아있는 현상을 2종 오류라 한다.

④ 킹던(Kingdon)의 정책의 창 모형은 정책문제의 흐름, 정책대안의 흐름, 정치의 흐름이 어떤 계기로 서로 결합함으로써 새로운 정책의제로 형성되는 것을 말한다.

⑤ 콥(R.W. Cobb)과 엘더(C.D. Elder)의 이론에 의하면 정책의제 설정과정은 '사회문제 – 사회적 이슈 – 체제의제 – 제도의제'의 순서로 정책의제로 선택됨을 설명하고 있다.

25 다음 중 정부실패의 원인으로 옳지 않은 것은?

① 파생적 외부효과　　　　　　　　② 정부조직의 내부성
③ 비용과 편익의 괴리　　　　　　　④ 점증적 정책결정의 불확실성
⑤ 권력으로 인한 분배적 불공정성

26 다음 중 윌슨(Wilson)이 주장한 규제정치모형에서 '감지된 비용은 좁게 집중되지만, 감지된 편익은 넓게 분산되는 경우'에 나타나는 유형은?

① 대중정치　　　　　　　　　　　② 고객정치
③ 기업가정치　　　　　　　　　　④ 이익집단정치
⑤ 네트워크정치

27 교통체증 완화를 위한 차량 10부제 운행은 윌슨(Wilson)이 제시한 규제정치이론의 네 가지 유형 중 어디에 해당하는가?

① 대중정치　　　　　　　　　　　② 고객정치
③ 기업가정치　　　　　　　　　　④ 소비자정치
⑤ 이익집단정치

28 다음 중 공무원의 신분보장의 배제에 대한 설명으로 옳은 것은?

① 직위해제 : 해당 공무원에 대해 직위를 부여하지 않음으로써 공무원의 신분을 박탈하는 임용행위이다.

② 파면 : 공무원의 신분을 박탈하는 중징계 처분의 하나이며 원칙적으로 퇴직금 감액이 없는 임용행위이다.

③ 해임 : 공무원의 신분을 박탈하는 중징계 처분의 하나이며 퇴직급여액의 2분의 1이 삭감되는 임용행위이다.

④ 정직 : 공무원의 신분은 보유하지만, 직무 수행을 일시적으로 정지시키며 보수를 전액 감하는 임용행위이다.

⑤ 직권면직 : 직제·정원의 변경으로 직위의 폐지나 초과정원이 발생한 경우에 임용권자가 직권으로 직무 수행의 의무를 면해 주되 공무원의 신분은 보유하게 하는 임용행위이다.

29 다음 중 공공부문 성과연봉제 보수체계 설계 시 성과급 비중을 설정하는 데 적용할 수 있는 동기부여 이론은?

① 애덤스(Adams)의 형평성이론

② 매슬로(Maslow)의 욕구 5단계론

③ 허즈버그(Herzberg)의 욕구충족 이원론

④ 앨더퍼(Alderfer)의 ERG(존재, 관계, 성장)이론

⑤ 해크만(Hackman)과 올드햄(Oldham)의 직무특성이론

30 다음 중 정책평가에서 인과관계의 타당성을 저해하는 요인에 대한 설명으로 옳지 않은 것은?

① 성숙효과 : 정책으로 인하여 그 결과가 나타난 것이 아니라 그냥 가만히 두어도 시간이 지나면서 자연스럽게 변화가 일어나는 경우이다.

② 회귀인공요소 : 정책대상의 상태가 정책의 영향력과는 관계없이 자연스럽게 평균값으로 되돌아가는 경향이다.

③ 호손효과 : 정책효과가 나타날 가능성이 높은 집단을 의도적으로 실험집단으로 선정함으로써 정책의 영향력이 실제보다 과대평가되는 경우이다.

④ 혼란변수 : 정책 이외에 제3의 변수도 결과에 영향을 미치는 경우 정책의 영향력을 정확히 평가하기 어렵게 만드는 변수이다.

⑤ 허위변수 : 정책과 결과 사이에 아무런 인과관계가 없으나 마치 정책과 결과 사이에 인과관계가 존재하는 것처럼 착각하게 만드는 변수이다.

31 다음 중 옴부즈만제도에 대한 설명으로 옳지 않은 것은?

① 1800년대 초반 스웨덴에서 처음으로 채택되었다.

② 시정조치의 강제권이 없기 때문에 비행의 시정이 비행자의 재량에 달려 있는 경우가 많다.

③ 옴부즈만은 입법기관에서 임명하는 옴부즈만이었으나 국회의 제청에 의해 행정수반이 임명하는 옴부즈만도 등장하게 되었다.

④ 우리나라 지방자치단체는 시민고충처리위원회를 둘 수 있는데 이것은 지방자치단체의 옴부즈만이라고 할 수 있다.

⑤ 국무총리 소속으로 설치한 국민권익위원회는 행정체제 외의 독립통제기관이며, 대통령이 임명하는 옴부즈만의 일종이다.

32 다음 중 합리적 정책결정 과정에서 정책문제를 정의할 때의 주요 요인으로 옳지 않은 것은?

① 관련 요소의 파악

② 정책대안의 탐색

③ 인과관계의 파악

④ 역사적 맥락의 파악

⑤ 가치 간 관계의 파악

33 다음 중 딜레마 이론에 대한 설명으로 옳은 것은?

① 정부활동의 기술적·경제적 합리성을 중시하고, 정부가 시장의 힘을 활용하는 촉매자 역할을 한다는 점을 강조하는 이론이다.

② 전략적 합리성을 중시하고, 공유된 가치 창출을 위한 시민과 지역공동체 집단들 사이의 이익을 협상하고 중재하는 정부 역할을 강조하는 행정이론이다.

③ 정부신뢰를 강조하고, 정부신뢰가 정부와 시민의 협력을 증진시키며 정부의 효과성을 높이는 가장 중요한 요인이 된다고 주장하는 행정이론이다.

④ 시차를 두고 변화하는 사회현상을 발생시키는 주체들의 속성이나 행태의 연구가 행정이론 연구의 핵심이 된다고 주장하고, 이를 행정현상 연구에 적용하였다.

⑤ 상황의 특성, 대안의 성격, 결과가치의 비교평가, 행위자의 특성 등 상황이 야기되는 현실적 조건에서 대안의 선택 방법을 규명하는 것을 통해 행정이론 발전에 기여하였다.

34 다음 중 행정통제에 대한 설명으로 옳지 않은 것은?

① 외부적 통제의 대표적인 예는 국회, 법원, 국민 등에 의한 통제이다.

② 통제주체에 의한 통제 분류의 대표적인 예는 외부적 통제와 내부적 통제이다.

③ 사전적 통제는 어떤 행동이 통제기준에서 이탈되는 결과를 발생시킬 때까지 기다리지 않고 그러한 결과의 발생을 유발할 수 있는 행동이 나타날 때마다 교정해 나간다.

④ 사후적 통제는 목표수행 행동의 결과가 목표 기준에 부합되는가를 평가하여 필요한 시정조치를 취하는 통제이다.

⑤ 부정적 환류통제는 실적이 목표에서 이탈된 것을 발견하고 후속되는 행동이 전철을 밟지 않도록 시정하는 통제이다.

35 다음 중 위원회조직에 대한 설명으로 옳지 않은 것은?

① 자문위원회는 의사결정의 구속력이 없다.

② 의결위원회는 의사결정의 구속력과 집행력을 가진다.

③ 토론과 타협을 통해 운영되기 때문에 상호 협력과 조정이 가능하다.

④ 위원 간 책임이 분산되기 때문에 무책임한 의사결정이 발생할 수 있다.

⑤ 다양한 정책전문가들의 지식을 활용할 수 있으며 이해관계자들의 의견 개진이 비교적 용이하다.

36 다음 중 정책참여자 간의 관계에 대한 설명으로 옳지 않은 것은?

① 다원주의는 개인 차원에서 정책결정에 직접적 영향력을 행사하기가 수월하다.

② 엘리트주의에서는 권력은 다수의 집단에 분산되어 있지 않으며 소수의 힘 있는 기관에 집중되고, 기관의 영향력 역시 일부 고위층에 집중되어 있다고 주장한다.

③ 하위정부(Subgovernment)는 철의 삼각과 같이 정부관료, 선출직 의원, 그리고 이익집단의 역할에 초점을 맞춘다.

④ 조합주의(Corporatism)는 정책결정에서 정부의 보다 적극적인 역할을 인정하고 이익집단과의 상호협력을 중시한다.

⑤ 정책공동체는 일시적이고 느슨한 형태의 집합체가 아니라 안정적인 상호의존관계를 유지하는 공동체의 시각을 반영한다.

37 다음 중 예산개혁의 경향이 시대에 따라 변화한 내용을 순서대로 바르게 나열한 것은?

① 통제 지향 – 관리 지향 – 기획 지향 – 감축 지향 – 참여 지향
② 통제 지향 – 감축 지향 – 기획 지향 – 관리 지향 – 참여 지향
③ 관리 지향 – 감축 지향 – 통제 지향 – 기획 지향 – 참여 지향
④ 관리 지향 – 기획 지향 – 통제 지향 – 감축 지향 – 참여 지향
⑤ 기획 지향 – 감축 지향 – 통제 지향 – 관리 지향 – 참여 지향

38 다음 〈보기〉 중 현행 우리나라 공무원 연금제도에 대한 설명으로 옳은 것을 모두 고르면?

> **보기**
>
> ㄱ. 법령에 특별한 사유가 없는 한 10년 이상 근무한 일반행정직 공무원의 퇴직연금 수혜 개시 연령은 65세이다.
> ㄴ. 원칙적으로 급여의 산정은 기준소득월액을 기초로 한다.
> ㄷ. 기여금은 납부기간이 36년을 초과해도 납부하여야 한다.
> ㄹ. 퇴직급여 산정에 있어서 소득의 평균기간은 퇴직 전 5년으로 한다.

① ㄱ, ㄴ   ② ㄱ, ㄷ
③ ㄴ, ㄷ   ④ ㄴ, ㄹ
⑤ ㄷ, ㄹ

39 다음 〈보기〉 중 지방공기업법에 규정된 지방공기업 대상사업(당연적용사업)으로 옳지 않은 것을 모두 고르면?

> **보기**
>
> ㄱ. 수도사업(마을상수도사업은 제외)   ㄴ. 주민복지사업
> ㄷ. 공업용수도사업   ㄹ. 공원묘지사업
> ㅁ. 주택사업   ㅂ. 토지개발사업

① ㄱ, ㄷ   ② ㄴ, ㄹ
③ ㄷ, ㅁ   ④ ㄹ, ㅂ
⑤ ㅁ, ㅂ

40 다음 〈보기〉 중 조직이론에 대한 설명으로 옳은 것을 모두 고르면?

> **보기**
>
> ㄱ. 베버(M. Weber)의 관료제론에 따르면 규칙에 의한 규제는 조직에 계속성과 안정성을 제공한다.
> ㄴ. 행정관리론에서는 효율적 조직관리를 위한 원리들을 강조한다.
> ㄷ. 호손(Hawthorne)실험을 통하여 조직 내 비공식집단의 중요성이 부각되었다.
> ㄹ. 조직군 생태이론(Population Ecology Theory)에서는 조직과 환경의 관계를 분석함에 있어 조직의 주도적·능동적 선택과 행동을 강조한다.

① ㄱ, ㄴ   ② ㄱ, ㄴ, ㄷ
③ ㄱ, ㄴ, ㄹ   ④ ㄱ, ㄷ, ㄹ
⑤ ㄴ, ㄷ, ㄹ

41 다음 글의 빈칸에 들어갈 용어로 옳은 것은?

> 각 중앙관서의 장은 매년 1월 31일까지 기획재정부장관에게 중기사업계획서를 제출하여야 하며, 기획재정부장관은 국무회의의 심의를 거쳐 대통령의 승인을 얻은 다음 연도의 _____을/를 매년 3월 31일까지 각 중앙관서의 장에게 통보하여야 한다.

① 예산요구서   ② 예산안편성지침
③ 총사업비 관리지침   ④ 국가재정 운용계획
⑤ 예산 및 기금운용계획 집행지침

42 다음 중 탈신공공관리론(Post-NPM)에서 강조하는 행정개혁 전략으로 옳지 않은 것은?

① 규제완화   ② 정치적 통제 강조
③ 분권화와 집권화의 조화   ④ 인사관리의 공공책임성 중시
⑤ 민간 – 공공부문 간 파트너십 강조

43 다음 중 근무성적평정제도에서 다면평가의 장점으로 옳지 않은 것은?

① 자기역량 강화

② 직무수행 동기 유발

③ 원활한 커뮤니케이션

④ 평가의 수용성 확보 가능

⑤ 미래 행동에 대한 잠재력 측정

PART 2

44 다음 중 우리나라 지방자치단체의 자치권에 대한 설명으로 옳지 않은 것은?

① 자치사법권이 부여되어 있지 않다.

② 중앙과 지방의 기능배분에 있어서 포괄적 예시형 방식을 적용한다.

③ 중앙정부가 분권화시킨 결과가 지방정부의 자치권 확보라고 할 수 있다.

④ 행정기구의 설치는 대통령령이 정하는 범위 안에서 지방자치단체의 조례로 정한다.

⑤ 지방자치단체는 자치재정권이 인정되어 조례를 통해서 독립적인 지방 세목을 설치할 수 있다.

45 다음 글의 빈칸에 들어갈 용어에 대한 설명으로 옳은 것은?

> _____(이)란 상대적으로 많이 가진 계층 또는 집단으로부터 적게 가진 계층 또는 집단으로 재산·소득·권리 등의 일부를 이전시키는 정책을 말한다. 이를테면 누진세 제도의 실시, 생활보호 대상자에 대한 의료보호, 영세민에 대한 취로사업, 무주택자에 대한 아파트 우선적 분양, 저소득 근로자들에게 적용시키는 근로소득보전세제 등의 정책이 이에 속한다.

① 법령에서 제시하는 광범위한 기준을 근거로 국민들에게 강제적으로 특정한 부담을 지우는 것이다.

② 계층 간 갈등이 심하고 저항이 발생할 수 있어 국민적 공감대를 형성할 때 정책의 변화를 가져오게 된다.

③ 대체로 국민 다수에게 돌아가지만 사회간접시설과 같이 특정지역에 보다 직접적인 편익이 돌아가는 경우도 많다.

④ 체제 내부를 정비하는 정책으로 대외적 가치배분에는 큰 영향이 없으나, 대내적으로는 게임의 법칙이 발생한다.

⑤ 정책 과정에서 이해당사자들 상호 간 이익이 되는 방향으로 협력하는 로그롤링(Log Rolling) 현상이 나타난다.

46 다음 중 제도화된 부패의 특징으로 옳지 않은 것은?

① 부패의 타성화
② 부패저항자에 대한 보복
③ 부패행위자에 대한 보호
④ 공식적 행동규범의 준수
⑤ 비현실적 반부패 행동규범의 대외적 발표

47 다음 중 정책결정 모형에 대한 설명으로 옳지 않은 것은?

① 합리모형에서 말하는 합리성은 정치적 합리성을 의미한다.
② 혼합모형은 점증모형의 단점을 합리모형과의 통합으로 보완하려는 시도이다.
③ 점증모형은 이상적이고 규범적인 합리모형과는 대조적으로 실제의 결정상황에 기초한 현실적이고 기술적인 모형이다.
④ 쓰레기통 모형에서 가정하는 결정상황은 불확실성과 혼란이 심한 상태로 정상적인 권위구조와 결정규칙이 작동하지 않는 경우이다.
⑤ 사이먼(Simon)은 결정자의 인지능력의 한계, 결정상황의 불확실성 및 시간의 제약 때문에 결정은 제한적 합리성의 조건에 이루어지게 된다고 주장한다.

48 다음 중 책임운영기관에 대한 설명으로 옳지 않은 것은?

① 소속책임운영기관장의 채용조건은 소속중앙행정기관의 장이 정한다.
② 책임운영기관의 총 정원 한도는 대통령령으로 정하고 종류별·계급별 정원은 기본운영규정으로 정한다.
③ 소속책임운영기관은 중앙행정기관의 장 소속에 소속책임운영기관운영심의회를 두고 행정안전부장관 소속에 책임운영기관운영위원회를 둔다.
④ 중앙책임운영기관장은 국무총리와 성과계약을 체결하고, 소속책임운영기관장은 소속중앙행정기관의 장과 성과계약을 체결한다.
⑤ 기관의 자율성과 독립성을 보장하는 책임운영기관은 신공공관리론의 성과관리에 바탕을 둔 제도이다.

49 다음 중 특수경력직 공무원에 대한 설명으로 옳지 않은 것은?

① 국회수석 전문위원은 특수경력직 중 별정직 공무원에 해당한다.

② 선거에 의해 취임하는 공무원은 특수경력직 중 정무직 공무원에 해당한다.

③ 교육·소방·경찰공무원 및 법관, 검사, 군인 등 특수 분야의 업무를 담당하는 공무원은 특수경력직 중 특정직 공무원에 해당한다.

④ 특수경력직 공무원은 경력직 공무원과는 달리 실적주의와 직업공무원제의 획일적 적용을 받지 않는다.

⑤ 특수경력직 공무원도 경력직 공무원과 마찬가지로 국가공무원법에 규정된 보수와 복무규율을 적용받는다.

50 다음 글의 빈칸 ⊙에 들어갈 용어에 대한 설명으로 옳지 않은 것은?

> 일반적으로 규제의 주체는 당연히 정부이다. 그러나 예외적으로 규제의 주체가 정부가 아니라 피규제산업 또는 업계가 되는 경우가 있는데, 이를 _____⊙_____(이)라 한다.

① ⊙은 피규제집단의 고도의 전문성을 기반으로 하기 때문에 소비자단체의 참여를 보장하는 직접규제이다.

② 규제기관의 기술적 전문성이 피규제집단에 비해 현저히 낮을 경우 불가피하게 ⊙에 의존하게 되는 경우도 존재한다.

③ 규제기관이 행정력 부족으로 인하여 실질적으로 기업들의 규제순응여부를 추적·점검하기 어려운 경우에 ⊙의 방법을 취할 수 있다.

④ ⊙의 기준을 정하는 과정에서 영향력이 큰 기업들이 자신들에게 일방적으로 유리한 기준을 설정함으로써 공평성이 침해되는 경우가 발생할 수 있다.

⑤ 피규제집단은 여론 등이 자신들에게 불리하게 형성되어 자신들에 대한 규제의 요구가 거세질 경우 규제이슈를 선점하기 위하여 자발적으로 ⊙을 시도하기도 한다.

01 다음 중 B2B에 대한 설명으로 옳지 않은 것은?

① B2B는 고객사와 공급사 간의 지속적인 관계유지가 중요하다.

② B2B는 판매 사이클이 비교적 길기 때문에 사후관리가 중요하다.

③ B2B는 전자상거래의 수단·관리 및 TV광고나 홍보활동이 중요하다.

④ B2B는 기업이 고객이기 때문에 고객별 전략 수립·실행이 중요하다.

⑤ B2B는 타깃시장이 비교적 작아 시장에 진출하기 위해 전문성이 강조된다.

02 다음 중 회사에 대한 용어와 그 개념이 옳지 않은 것은?

① 주식회사 : 주식을 소유하고 있는 주주가 그 회사의 주인이 되는 형태이다.

② 협동조합 : 경제활동으로 지역사회에 이바지하기 위해 설립된 단체이다.

③ 합명회사 : 무한책임사원으로 이루어지는 회사로, 무한책임사원이 경영하고 사업으로부터 생기는 이익의 분배에 참여한다.

④ 합자회사 : 유한책임사원과 무한책임사원으로 이루어지는 회사로, 유한책임사원이 사업을 경영하고 집행하며, 양도 시 유한책임사원의 동의가 필요하다.

⑤ 유한회사 : 유한회사의 주인은 사원으로, 이때 사원은 출자액의 한도 내에서만 회사의 채무에 대해 변제책임을 진다.

03 다음 중 자본구조이론에 대한 설명으로 옳지 않은 것은?

① 법인세가 없는 경우 자본구조와 기업가치는 무관하다.

② 기업의 총자본 중 자기자본과 타인자본의 비율을 분석한다.

③ 법인세가 있는 경우 부채를 많이 사용할수록 기업가치가 감소한다.

④ 기업가치를 극대화시키는 자본 구성비율을 최적자본구조라고 한다.

⑤ 법인세가 있는 경우 부채비율이 높아질수록 가중평균자본비용은 감소한다.

04 다음 중 적대적 M&A에 대한 사전 방어 전략에 해당하지 않는 것은?

① 황금주
② 그린메일
③ 황금낙하산
④ 포이즌 필(Poison Pill)
⑤ 포이즌 풋(Poison Put)

05 다음 중 공매도가 미치는 영향으로 옳지 않은 것은?

① 공매도에 따른 채무불이행 리스크가 발생할 수 있다.
② 매도물량이 시장에 공급됨에 따라 시장 유동성이 증대된다.
③ 하락장에서도 수익을 낼 수 있어 수익의 변동성을 조정할 수 있다.
④ 공매도를 통해 기대수익과 기대손실을 자산 가격 내에서 운용할 수 있다.
⑤ 주가가 고평가되어 있다고 생각하는 투자자의 의견도 반영할 수 있어 효율성이 증대된다.

06 다음 중 주식과 채권에 대한 설명으로 옳지 않은 것은?

① 주식의 투자위험이 채권보다 더 높다.
② 주식은 영구증권이고, 채권은 기한부증권이다.
③ 채권 값이 오르면 주식 값은 대체로 하락하는 경향이 있다.
④ 주식은 배당을 받을 권리가, 채권은 확정이자를 받을 권리가 있다.
⑤ 후순위채권은 일반 채권보다 변제 순위에서 뒤지지만 우선주나 보통주보다는 우선한다.

07 다음 중 통합적 마케팅 커뮤니케이션 전략(IMC)의 기대효과로 옳은 것은?

① IMC는 더 많은 광고주를 확보하고 유지하고 증가시키는 데 도움이 된다.
② IMC는 하나의 커뮤니케이션 방법을 일관성 있게 추진하는 마케팅 전략이다.
③ IMC의 내용 측면 마케팅 커뮤니케이션은 회사 내부의 조직 간 조정 노력을 의미한다.
④ IMC를 통해 브랜드 가치 확대, 소비자 충성도 제고 등 무형자산의 가치를 증대시킬 수 있다.
⑤ IMC의 과정 측면 마케팅 커뮤니케이션은 브랜드를 소비자에게 알리고 설득시키는 것을 의미한다.

08 다음 중 목표설정이론 및 목표관리(MBO)에 대한 설명으로 옳지 않은 것은?

① 목표를 설정하는 과정에 부하직원이 함께 참여한다.

② 조직의 목표를 구체적인 부서별 목표로 전환하게 된다.

③ 성과는 경영진이 평가하여 부하직원 개개인에게 통보한다.

④ 목표는 구체적이고 도전적으로 설정하는 것이 바람직하다.

⑤ 목표는 지시적 목표, 자기설정 목표, 참여적 목표로 구분된다.

09 다음 중 앨더퍼(Alderfer)의 ERG 이론에 대한 설명으로 옳지 않은 것은?

① 인간의 욕구를 존재욕구, 관계욕구, 성장욕구로 나누었다.

② 하위욕구가 충족될수록 상위욕구에 대한 욕망이 커진다고 주장하였다.

③ 상위욕구의 행위에 영향을 미치기 전에 하위욕구가 먼저 충족되어야만 한다.

④ 매슬로(Maslow)의 욕구단계 이론의 한계점을 극복하고자 제시되었다.

⑤ 한 가지 이상의 욕구가 동시에 작용될 수도 있다고 주장한 욕구단계 이론이다.

10 다음 중 홉스테드(G. Hofstede)의 국가 간 문화차이연구에서 문화차원(Cultural Dimensions)에 해당하지 않는 것은?

① 권력의 거리(Power Distance)

② 불확실성 회피성(Uncertainty Avoidance)

③ 남성성 – 여성성(Masculinity – Femininity)

④ 민주주의 – 독재주의(Democracy – Autocracy)

⑤ 개인주의 – 집단주의(Individualism – Collectivism)

11 다음 수요예측기법 중 성격이 다른 하나는?

① 델파이 기법

② 역사적 유추법

③ 시계열 분석 방법

④ 시장조사법

⑤ 라이프사이클 유추법

12 다음 중 동종 또는 유사업종의 기업들이 법적, 경제적 독립성을 유지하면서 협정을 통해 수평적으로 결합하는 형태는?

① 지주회사(Holding Company)
② 카르텔(Cartel)
③ 컨글로메리트(Conglomerate)
④ 트러스트(Trust)
⑤ 콘체른(Concern)

13 다음 중 자재소요계획(MRP)에 대한 설명으로 옳은 것은?

① MRP는 필요할 때마다 요청해서 생산하는 방식이다.
② 자재명세서의 부품별 계획 주문 발주시기를 근거로 MRP를 수립한다.
③ MRP는 독립수요를 갖는 부품들의 생산수량과 생산시기를 결정하는 방법이다.
④ MRP는 풀 생산방식(Pull System)에 속하며 시장 수요가 생산을 촉발시키는 시스템이다.
⑤ 생산 일정계획의 완제품 생산일정(MPS), 자재명세서(BOM), 재고기록철(IR)에 대한 정보를 근거로 MRP를 수립한다.

14 다음 중 BCG 매트릭스에 대한 설명으로 옳은 것은?

① 횡축은 시장성장률, 종축은 상대적 시장점유율이다.
② 개 영역은 시장지배적인 위치를 구축하여 성숙기에 접어든 경우이다.
③ 별 영역은 시장성장률이 낮고, 상대적 시장점유율은 높아 현상유지를 해야 한다.
④ 자금젖소 영역은 현금창출이 많지만, 상대적 시장점유율이 낮아 많은 투자가 필요하다.
⑤ 물음표 영역은 시장성장률이 높고, 상대적 시장점유율은 낮아 계속적인 투자가 필요하다.

15 다음은 S기업의 손익계산서 내용이다. S기업의 당기순이익을 구하면 얼마인가?

• 매출액 : 10억 원	• 매출원가 : 6.5억 원
• 영업외이익 : 1억 원	• 특별이익 : 0.4억 원
• 영업외비용 : 0.4억 원	• 특별손실 : 0.6억 원
• 법인세비용 : 0.2억 원	• 판관비 : 0.5억 원

① 2.2억 원   ② 2.4억 원
③ 2.8억 원   ④ 3.2억 원
⑤ 3.6억 원

16 다음 중 재무제표에 대한 설명으로 옳지 않은 것은?

① 재무제표는 재무상태표, 포괄손익계산서, 자본변동표, 현금흐름표, 주석으로 구성된다.
② 재무제표는 적어도 1년에 한 번은 작성한다.
③ 현금흐름에 대한 정보를 제외하고는 발생기준의 가정에 작성한다.
④ 재무제표 요소의 측정기준은 역사적원가와 현행가치 등으로 구분된다.
⑤ 기업이 경영활동을 청산 또는 중단할 의도가 있더라도, 재무제표는 계속기업의 가정에 작성한다.

17 A회사는 B회사와 다음과 같은 기계장치를 상호 교환하였다. 교환과정에서 A회사는 B회사에게 현금을 지급하고, 기계장치 취득원가 470,000원, 처분손실 10,000원을 인식하였다. 교환과정에서 A회사가 지급한 현금은?(단, 교환거래에 상업적 실질이 있고 각 기계장치의 공정가치는 신뢰성 있게 측정된다)

(단위 : 원)

구분	A회사	B회사
취득원가	800,000	600,000
감가상각누계액	340,000	100,000
공정가치	450,000	480,000

① 10,000원   ② 20,000원
③ 30,000원   ④ 40,000원
⑤ 50,000원

18 S회사는 2022년 초 지방자치단체로부터 무이자조건의 자금 100,000원을 차입(2025년 말 전액 일시상환)하여 기계장치(취득원가 100,000원, 내용연수 4년, 잔존가치 0원, 정액법 상각)를 취득하는 데 전부 사용하였다. 2023년 말 기계장치 장부금액은 얼마인가?(단, S회사가 2023년 초 금전대차 거래에서 부담할 시장이자율은 연 8%이고, 정부보조금을 자산의 취득원가에서 차감하는 원가 차감법을 사용한다)

기간	단일금액 1원의 현재가치(할인율=8%)
4	0.7350

① 48,500원
② 54,380원
③ 55,125원
④ 75,000원
⑤ 81,625원

19 다음 자료를 이용하여 계산한 S회사의 주식가치는 얼마인가?

- 사내유보율 : 30%
- 자기자본이익률(ROE) : 10%
- 자기자본비용 : 20%
- 당기의 주당순이익 : 3,000원

① 12,723원
② 13,250원
③ 14,500원
④ 15,670원
⑤ 16,500원

20 다음 중 재무레버리지에 대한 설명으로 옳은 것은?

① 재무고정비에는 부채뿐만 아니라 보통주배당도 포함된다.

② 재무고정비로 인한 영업이익의 변동률에 따른 주당순자산(BPS)의 변동폭은 확대되어 나타난다.

③ 재무레버리지란 자산을 획득하기 위해 조달한 자금 중 재무고정비를 수반하는 자기자본이 차지하는 비율이다.

④ 다른 조건이 동일하다면 재무고정비가 클수록 영업이익의 변동에 따른 주당이익의 변동폭은 그만큼 더 작게 된다.

⑤ 재무레버리지도(DFL; Degree of Financial Leverage)는 영업이익의 변동에 따른 주당이익(EPS)에 미치는 영향을 분석한 것이다.

21 다음 중 고압적 마케팅과 저압적 마케팅을 비교한 내용으로 옳지 않은 것은?

구분	고압적 마케팅	저압적 마케팅
① 마케팅 대상	판매자	소비자
② 마케팅 개념	선형	순환적
③ 마케팅 목적	제품 판매	소비자 만족
④ 마케팅 방법	판매, 촉진	조사, 계획
⑤ 마케팅 노력	선행적	후행적

22 다음 〈보기〉 중 품질기능전개(QFD)에 대한 설명으로 옳은 것을 모두 고르면?

> **보기**
> ㄱ. 미국에서 처음으로 사용된 제품개발 방식이다.
> ㄴ. 관련 부서 간 긴밀한 협조가 필수적이다.
> ㄷ. 품질의 집을 구성하여 설계단계, 부품단계, 공정단계, 생산단계로 나눈다.
> ㄹ. 설계부터 생산까지 시간이 많이 소요되는 단점이 있다.

① ㄱ, ㄴ   ② ㄱ, ㄷ
③ ㄴ, ㄷ   ④ ㄴ, ㄹ
⑤ ㄷ, ㄹ

23 다음 중 과학적 경영 전략에 대한 설명으로 옳지 않은 것은?

① 호손실험은 생산성에 비공식적 조직이 영향을 미친다는 사실을 밝혀낸 연구이다.

② 포드 시스템은 노동자의 이동경로를 최소화하며 물품을 생산하거나, 고정된 생산라인에서 노동자가 계속해서 생산하는 방식을 통하여 불필요한 절차와 행동 요소들을 없애 생산성을 향상하였다.

③ 테일러의 과학적 관리법은 시간연구와 동작연구를 통해 노동자의 심리상태와 보상심리를 적용한 효과적인 과학적 경영 전략을 제시하였다.

④ 목표설정이론은 인간이 합리적으로 행동한다는 기본적인 가정에 기초하여, 개인이 의식적으로 얻으려고 설정한 목표가 동기와 행동에 영향을 미친다는 이론이다.

⑤ 직무특성이론은 기술된 핵심 직무 특성이 종업원의 주요 심리 상태에 영향을 미치며, 이것이 다시 종업원의 직무 성과에 영향을 미친다고 주장한다.

24 다음 중 기업합병에 대한 설명으로 옳지 않은 것은?

① 기업합병이란 두 독립된 기업이 법률적, 실질적으로 하나의 기업실체로 통합되는 것이다.

② 기업인수는 한 기업이 다른 기업의 지배권을 획득하기 위하여 주식이나 자산을 취득하는 것이다.

③ 기업매각은 사업부문 중의 일부를 분할한 후 매각하는 것으로, 기업의 구조를 재편성하는 것이다.

④ 기업합병에는 흡수합병과 신설합병이 있으며 흡수합병의 경우 한 회사는 존속하고 다른 회사의 주식은 소멸한다.

⑤ 수평적 합병은 기업의 생산이나 판매과정 전후에 있는 기업 간의 합병으로, 주로 원자재 공급의 안정성 등을 목적으로 한다.

25 다음 〈보기〉 중 맥그리거(McMgregor)의 XY이론에서 X이론적 인간관과 동기부여 전략에 해당하는 것을 모두 고르면?

> **보기**
>
> | | |
> |---|---|
> | ㄱ. 천성적 나태 | ㄴ. 변화지향적 |
> | ㄷ. 자율적 활동 | ㄹ. 민주적 관리 |
> | ㅁ. 어리석은 존재 | ㅂ. 타율적 관리 |
> | ㅅ. 변화에 저항적 | ㅇ. 높은 책임감 |

① ㄱ, ㄴ, ㄷ, ㄹ   ② ㄱ, ㄴ, ㄹ, ㅁ

③ ㄱ, ㅁ, ㅂ, ㅅ   ④ ㄴ, ㄷ, ㄹ, ㅇ

⑤ ㄴ, ㅁ, ㅂ, ㅅ

26 다음 중 터크만(Tuckman)의 집단 발달의 5단계 모형에서 집단구성원들 간에 집단의 목표와 수단에 대해 합의가 이루어지고 응집력이 높아지며 구성원들의 역할과 권한 관계가 정해지는 단계는?

① 형성기(Forming)   ② 격동기(Storming)

③ 규범기(Norming)   ④ 성과달성기(Performing)

⑤ 해체기(Adjourning)

27 다음 중 행동기준고과법(BARS)에 대한 설명으로 옳지 않은 것은?

① 전통적인 인사평가 방법에 비해 평가의 공정성이 증가하는 장점이 있다.

② 어떤 행동이 목표달성과 관련이 있는지 인식하여 목표관리의 일환으로 사용이 가능하다.

③ 다양하고 구체적인 직무에 적용이 가능하다는 장점이 있다.

④ 평정척도법과 중요사건기록법을 혼용하여 평가직무에 직접 적용되는 행동패턴을 척도화하여 평가하는 방법이다.

⑤ 점수를 통해 등급화하기보다는 개별행위를 빈도를 나눠서 측정하기 때문에 풍부한 정보를 얻을 수 있지만, 종업원의 행동 변화를 유도하기 어렵다는 단점이 있다.

28 다음 중 인적자원관리(HRM)에 대한 설명으로 옳지 않은 것은?

① 직무분석의 결과로 직무기술서와 직무명세서가 만들어진다.

② 직무분석의 방법으로 면접법, 관찰법, 중요사건법 등이 있다.

③ 직무평가 방법으로는 서열법, 요소비교법, 질문지법 등이 있다.

④ 직무분석이란 적재적소에 인적자원을 배치하기 위하여 직무 관련 정보를 수집하는 절차이다.

⑤ '동일노동 동일임금'의 원칙을 실현하는 직무급을 도입하기 위한 기초 작업으로 직무평가가 실시된다.

29 다음 〈보기〉 중 서비스의 특성에 해당되는 것을 모두 고르면?

> **보기**
> ㄱ. 무형성 : 서비스는 보거나 만질 수 없다.
> ㄴ. 비분리성 : 서비스는 생산과 소비가 동시에 발생한다.
> ㄷ. 소멸성 : 서비스는 재고로 보관될 수 없다.
> ㄹ. 변동성 : 서비스의 품질은 표준화가 어렵다.

① ㄱ, ㄴ, ㄷ   ② ㄱ, ㄴ, ㄹ

③ ㄱ, ㄷ, ㄹ   ④ ㄴ, ㄷ, ㄹ

⑤ ㄱ, ㄴ, ㄷ, ㄹ

30 다음 중 효과적인 시장세분화를 위한 요건으로 옳지 않은 것은?

① 측정가능성 ② 충분한 세분시장 규모
③ 접근가능성 ④ 세분시장 간의 동질성
⑤ 실행가능성

31 다음 사례에 해당하는 브랜드 개발 전략은?

바나나맛 우유는 1974년 출시된 이후 꾸준히 인기를 끌고 있는 장수 제품이다. 빙그레는 최근 기존의 바나나맛 우유에서 벗어나 멜론의 달콤한 향을 더한 메론맛 우유를 내놓았는데, 그로 인해 사람들은 기존 제품에서 벗어난 신선함에 관심을 가졌고, 바나나맛 우유라는 상표를 다시금 사람들의 머릿속에 기억시키는 전략적 성과를 거두었다.

① 카테고리 확장 ② 라인 확장
③ 시장침투 전략 ④ 생산라인 확대
⑤ 푸시(Push) 전략

32 다음 중 시장세분화에 대한 설명으로 옳은 것은?

① 시장포지셔닝은 세분화된 시장의 좋은 점을 분석한 후 진입할 세분시장을 선택하는 것이다.
② 행동적 세분화는 구매자의 사회적 위치, 생활습관, 개인성격을 바탕으로 시장을 나누는 것이다.
③ 사회심리적 세분화는 추구하는 편익, 사용량, 상표애호도, 사용여부 등을 바탕으로 시장을 나누는 것이다.
④ 시장표적화는 시장경쟁이 치열해졌거나 소비자의 욕구가 급격히 변할 때 저가격으로 설정하는 전략방법이다.
⑤ 인구통계적 세분화는 나이, 성별, 가족규모, 소득, 직업, 종교, 교육수준 등을 바탕으로 시장을 나누는 것이다.

33 다음 글에서 설명하는 지각 오류는?

> 사람들은 자신의 성공에 대해서는 자신의 능력 때문이라고 생각하는 반면에, 실패에 대해서는 상황이나 운 때문이라고 생각한다.

① 투사
② 자존적 편견
③ 후광 효과
④ 통제의 환상
⑤ 대비 효과

34 다음 중 품질비용에 대한 설명으로 옳지 않은 것은?

① 평가비용은 검사, 측정, 시험 등에 대한 비용이다.
② 외부실패비용은 폐기, 재작업, 등급저하에 대한 비용이다.
③ 품질비용은 100% 완전하지 못한 제품 생산으로 인한 비용이다.
④ 통제비용은 생산흐름으로부터 불량을 제거하기 위한 활동에 대한 비용이다.
⑤ 실패비용은 완성된 제품의 품질이 일정한 수준에 미달함으로써 발생하는 비용이다.

35 다음 중 JIT(Just In Time) 시스템의 특징으로 옳지 않은 것은?

① 푸시(Push) 방식이다.
② 필요한 만큼의 자재만을 생산한다.
③ 공급자와 긴밀한 관계를 유지한다.
④ 가능한 소량 로트(Lot) 크기를 사용하여 재고를 관리한다.
⑤ 생산지시와 자재이동을 가시적으로 통제하기 위한 방법으로 칸반(Kanban)을 사용한다.

36 다음 중 재고자산에 대한 설명으로 옳은 것은?(단, 재고자산감모손실 및 재고자산평가손실은 없다)

① 재고자산 매입 시 부담한 매입운임은 운반비로 구분하여 비용처리한다.

② 재고자산을 순실현가능가치로 감액한 평가손실과 모든 감모손실은 감액이나 감모가 발생한 다음 기간에 매출원가로 인식한다.

③ 선입선출법 적용 시 물가가 지속적으로 상승한다면, 계속기록법에 의한 기말재고자산금액이 실지재고조사법에 의한 기말재고자산 금액보다 작다.

④ 선입선출법 적용 시 물가가 지속적으로 상승한다면, 계속기록법에 의한 기말재고자산금액이 실지재고조사법에 의한 기말재고자산 금액보다 크다.

⑤ 부동산 매매기업이 정상적인 영업과정에서 판매를 목적으로 보유하는 건물은 재고자산으로 구분한다.

37 다음은 S회사의 2024년 세무조정사항 등 법인세 계산 자료이다. S회사의 2024년도 법인세비용은?

- 접대비 한도초과액은 24,000원이다.
- 감가상각비 한도초과액은 10,000원이다.
- 2024년 초 전기이월 이연법인세자산은 7,500원이고, 이연법인세부채는 없다.
- 2024년도 법인세비용차감전순이익은 150,000원이고, 이후에도 매년 이 수준으로 실현될 가능성이 높다.
- 과세소득에 적용될 세율은 25%이고, 향후에도 변동이 없다.

① 37,500원 ② 40,500원

③ 43,500원 ④ 45,500원

⑤ 48,500원

38 S회사는 고객에게 상품을 판매하고 약속어음(액면금액 5,000,000원, 만기 6개월, 표시이자율 연 6%)을 받았다. S회사는 동 어음을 3개월간 보유한 후 은행에 할인하면서 은행으로부터 4,995,500원을 받았다. 동 어음에 대한 은행의 연간 할인율은?(단, 이자는 월할계산한다)

① 8% ② 10%

③ 12% ④ 14%

⑤ 16%

39 S기업의 현재 주가는 30,000원이며, 차기 주당배당액이 2,000원으로 예상되고, S기업의 이익과 배당은 매년 4%씩 성장할 것으로 예상될 때, 보통주의 자본비용은?

① 10%   ② 14%

③ 17%   ④ 20%

⑤ 23%

40 다음을 참고하여 S기업의 올해 영업레버리지도를 계산하면 얼마인가?

> • 의자 생산업체인 S기업의 올해 의자 판매량은 총 10,000개이다.
> • 의자의 개당 고정원가 25,000원, 변동원가는 1개당 3,000원이며, 의자의 가격은 개당 50,000원으로 동일하다.

① 0.5   ② 1.0

③ 1.5   ④ 2.0

⑤ 2.5

41 다음 중 마이클 포터(Michael Porter)의 가치사슬 모형(Value Chain Model)에 대한 설명으로 옳지 않은 것은?

① 기업이 가치를 창출하는 활동을 본원적 활동과 지원적 활동으로 구분하였다.

② 물류 투입 및 산출 활동은 본원적 활동에 해당한다.

③ 마케팅 활동은 지원적 활동에 해당한다.

④ 기술 개발은 지원적 활동에 해당한다.

⑤ 지원적 활동에 해당하는 활동도 기업의 핵심 역량이 될 수 있다.

42 다음 중 최고경영자, 중간경영자, 하위경영자 모두가 공통적으로 가져야 할 능력으로 옳은 것은?

① 타인에 대한 이해력과 동기부여 능력

② 지식과 경험을 해당 분야에 적용시키는 능력

③ 담당 업무를 수행하기 위한 육체적, 지능적 능력

④ 한 부서의 변화가 다른 부서에 미치는 영향을 파악하는 능력

⑤ 복잡한 상황 등 여러 상황을 분석하여 조직 전체에 적용하는 능력

43 다음 중 기업이 글로벌 전략을 수행하는 이유로 옳지 않은 것은?

① 규모의 경제를 달성하기 위해

② 세계 시장에서의 협력 강화를 위해

③ 현지 시장으로의 효과적인 진출을 위해

④ 저임금 노동력을 활용하여 생산단가를 낮추기 위해

⑤ 기업구조를 개편하여 경영의 효율성을 높이고 리스크를 줄이기 위해

44 다음 중 마케팅믹스 4P와 로터본(Lauterborn)의 4C의 대응 관계가 옳지 않은 것은?

	4P	4C
①	기업 관점	소비자 관점
②	제품	소비자 솔루션
③	가격	소비자 비용
④	유통	편리성
⑤	판매 촉진	제품 접근성

45 다음 글에서 설명하는 현상으로 옳은 것은?

> • 응집력이 높은 집단에서 나타나기 쉽다.
> • 집단구성원들이 의견일치를 추구하려다가 잘못된 의사결정을 하게 된다.
> • 이에 대처하기 위해서는 자유로운 비판이 가능한 분위기 조성이 필요하다.

① 집단사고   ② 조직시민행동
③ 임파워먼트   ④ 몰입상승
⑤ 악마의 옹호자

46 철물 관련 사업을 하는 중소기업인 S회사는 수요가 어느 정도 안정된 소모품을 다양한 거래처에 납품하고 있으며, 내부적으로는 부서별 효율성을 추구하고 있다. 이러한 회사의 조직구조로 적합한 유형은?

① 기능별 조직   ② 사업부제 조직
③ 프로젝트 조직   ④ 매트릭스 조직
⑤ 다국적 조직

47 다음 중 샤인(Schein)이 제시한 경력 닻 모형에 대한 설명으로 옳지 않은 것은?

① 관리역량 닻 : 특정 전문영역보다 관리직에 주된 관심이 있다.
② 전문역량 닻 : 일의 실제 내용에 주된 관심이 있으며, 전문분야에 종사하기를 원한다.
③ 안전지향 닻 : 직업 및 고용의 안정성에 관심이 있으며 보수를 중요하게 여긴다.
④ 사업가적 창의성 닻 : 타인의 삶을 향상시키고 사회를 위해 봉사하는 데 주된 관심이 있다.
⑤ 자율지향 닻 : 조직의 규칙과 제약조건에서 벗어나 스스로 결정할 수 있는 경력을 선호한다.

48 다음 중 대차대조표 항목상 성격이 다른 하나는?

① 선수금
② 현금
③ 유가증권
④ 현금성자산
⑤ 미수금

49 다음 중 ESG 경영에 대한 설명으로 옳지 않은 것은?

① ESG 경영의 핵심은 효율을 최우선으로 착한 기업을 키워나가는 것을 목적으로 한다.
② ESG 평가가 높을수록 단순히 사회적 평판이 좋은 기업이라기보다 리스크에 강한 기업이라 할수 있다.
③ ESG는 기업의 비재무적 요소인 '환경(Environment), 사회(Social), 지배구조(Governance)'의 약자이다.
④ ESG는 재무제표에는 드러나지 않지만 중장기적으로 기업 가치에 영향을 미치는 지속가능성 평가 지표이다.
⑤ ESG는 기업의 행동이 미치는 영향 등을 구체화하고 그 노력을 측정 가능하도록 지표화하여 투자를 이끌어낸다.

50 다음 중 수요예측기법의 시계열 분석법(Time Series Analysis)에 대한 설명으로 옳지 않은 것은?

① 주로 중단기 예측에 이용되며, 비교적 적은 자료로도 정확한 예측이 가능하다.
② 과거 수요를 분석하여 시간에 따른 수요의 패턴을 파악하고, 이 연장선상에서 미래 수요를 예측하는 방법이다.
③ 시계열 자료수집이 용이하고 변화하는 경향이 뚜렷하여 안정적일 때 이를 기초로 과거의 예측치를 구할 수 있다.
④ 목측법, 이동평균법, 지수평활법, 최소자승법, 박스 – 젠킨스(Box – Jenkins)법, 계절지수법, 시계열 회귀분석법 등이 있다.
⑤ 과거의 수요 흐름으로부터 미래의 수요를 투영하는 방법으로 과거의 수요 패턴이 미래에도 지속된다는 시장의 안정성이 기본적인 가정이다.

01 다음 중 쿠르노(Cournot) 복점기업 1과 2의 수요함수가 $P = 10 - (Q_1 + Q_2)$이고 생산비용은 0일 때, 옳지 않은 것은?(단, P는 시장가격, Q_1는 기업 1의 산출량, Q_2는 기업 2의 산출량이다)

① 기업 1의 한계수입곡선은 $MR_1 = 10 - 2Q_1 - Q_2$이다.

② 기업 1의 반응함수는 $Q_1 = 5 - \dfrac{1}{2} Q_2$이다.

③ 기업 1의 쿠르노 균형산출량은 $Q_1 = \dfrac{10}{3}$이다.

④ 산업전체의 산출량은 $Q = \dfrac{20}{3}$이다.

⑤ 쿠르노 균형산출량에서 균형가격은 $P = \dfrac{20}{3}$이다.

02 다음 중 복숭아 시장에서 아래 그래프와 같은 변화를 가져올 수 있는 요인이 아닌 것은?

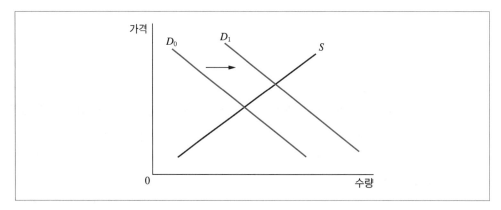

① 복숭아 가격의 하락
② 복숭아가 정상재인 경우 소비자의 소득 증가
③ 복숭아가 위장기능을 개선시킨다는 연구결과 발표
④ 복숭아 가격이 점점 상승할 것이라는 소비자들의 예상
⑤ 황도 복숭아와 대체관계에 있는 천도 복숭아 가격의 상승

03 다음 중 다른 조건이 일정할 때, 국내통화 가치를 하락시키는 요인으로 옳은 것은?

① 해외여행에 대한 수요가 급감한다.
② 한국은행이 기준금리 인상을 실시한다.
③ 외국 투자자들이 국내 주식을 매수한다.
④ 수입 가전제품에 대한 관세가 인상된다.
⑤ 국내 S기업이 해외에 생산 공장을 건설한다.

04 다음 〈조건〉을 참고할 때, 2024년의 실질 GDP를 계산하면 얼마인가?(단, 기준연도는 2023년이다)

> **조건**
> • 2023년 : 가격 50만 원, 생산량 10대
> • 2024년 : 가격 60만 원, 생산량 15대
> • 2025년 : 가격 70만 원, 생산량 20대

① 4,500,000원   ② 6,000,000원
③ 7,500,000원   ④ 9,000,000원
⑤ 10,500,000원

05 다음 〈보기〉 중 최고가격제에 대한 설명으로 옳은 것을 모두 고르면?

> **보기**
> ㄱ. 암시장을 출현시킬 가능성이 있다.
> ㄴ. 초과수요를 야기한다.
> ㄷ. 사회적 후생을 증대시킨다.
> ㄹ. 최고가격은 시장의 균형가격보다 높은 수준에서 설정되어야 한다.

① ㄱ, ㄴ   ② ㄱ, ㄷ
③ ㄱ, ㄹ   ④ ㄴ, ㄷ
⑤ ㄷ, ㄹ

06 다음과 같은 상황에서 실질이자율을 계산하면 얼마인가?

> • S는 2년 만기 복리 상품에 연이자율 5%로 은행에 100만 원을 예금하였다.
> • S가 사려고 한 제품의 가격이 2년 동안 50만 원에서 53만 원으로 인상되었다.

① 4.25% ② 5.5%

③ 6.35% ④ 8.5%

⑤ 10.5%

07 다음 글에서 설명하는 무차별곡선으로 옳은 것은?

> • 원점에 볼록하며, 절편을 가지지 않는다.
> • 효용함수는 $U(X, Y) = aX \times bY$(단, a, b는 0보다 크다)로 표시한다.
> • 우하향하는 모습을 나타내며, 원점에서 멀수록 더 높은 효용을 나타낸다.

① 선형 무차별곡선 ② 준 선형 무차별곡선

③ 레온티에프형 무차별곡선 ④ 콥 – 더글러스형 무차별곡선

⑤ X재가 비재화인 무차별곡선

08 다음 〈보기〉 중 독점기업의 제3급 가격차별에 대한 설명으로 옳지 않은 것을 모두 고르면?

> **보기**
> ㉠ 가격차별을 하기 위해서는 시장분리비용이 시장분리에 따른 이윤증가분보다 작아야 한다.
> ㉡ 상품의 소비자 간 재판매가 가능해야 가격차별이 가능하다.
> ㉢ 생산량에 관계없이 한계비용이 일정할 경우, 독점기업이 이윤극대화를 위해서는 차별화된 각 시장에서의 한계수입이 동일하도록 판매량을 결정해야 한다.
> ㉣ 제3급 가격차별의 경우 수요의 가격탄력성이 높은 집단에게 높은 가격을, 가격탄력성이 낮은 집단에게 낮은 가격을 설정해야 한다.

① ㉠, ㉡ ② ㉠, ㉢

③ ㉡, ㉢ ④ ㉡, ㉣

⑤ ㉢, ㉣

09 다음 중 정부가 재정적자를 국채의 발행으로 조달할 경우 국채의 발행이 채권가격의 하락으로 이어져 시장이자율이 상승하여 투자에 부정적인 영향을 주는 것은?

① 피셔방정식　　　　　　　　　　② 구축효과
③ 유동성함정　　　　　　　　　　④ 오쿤의 법칙
⑤ 화폐수량설

10 어느 경제의 로렌츠곡선이 다음과 같이 주어져 있을 때, 이에 대한 설명으로 옳은 것은?

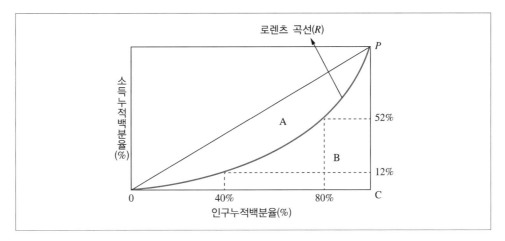

① 10분위분배율의 값은 4이다.
② 지니계수는 삼각형 OCP 면적을 면적 A로 나눈 값으로 산출한다.
③ 중산층 붕괴현상이 발생하면 A의 면적은 감소하고, B의 면적은 증가한다.
④ 미국의 서브프라임모기지 사태는 로렌츠곡선을 대각선에 가깝도록 이동시킨다.
⑤ 불경기로 인해 저소득층의 소득이 상대적으로 크게 감소하면 A의 면적이 커진다.

11 다음 사례에서 설명하는 임금결정이론은?

> 기업이 직원채용 시 월 300만 원을 지급하여 10명을 채용할 경우 B등급의 인재가 100명 지원하고 A등급의 인재는 5명 지원한다고 가정하자. 합리적인 면접을 통하더라도 A등급 인재를 최대 5명밖에 수용하지 못할 것이다. 그러나 만약 급여를 월 400만 원으로 인상하여 지원자 수가 B등급 200명, A등급 50명으로 증가한다고 가정하면, A등급 50명 중에서 채용인원 10명을 모두 수용할 수 있다.

① 노동가치이론　　　　　　　　　② 효율성임금이론
③ 한계생산성이론　　　　　　　　④ 임금생존비이론
⑤ 보상적 임금격차이론

12 다음 중 소비자잉여와 생산자잉여에 대한 설명으로 옳지 않은 것은?

① 소비자잉여는 소비자의 선호 체계에 의존한다.

② 완전경쟁일 때보다 기업이 가격차별을 실시할 경우 소비자잉여가 줄어든다.

③ 완전경쟁시장에서는 소비자잉여와 생산자잉여의 합인 사회적 잉여가 극대화된다.

④ 독점시장의 시장가격은 완전경쟁시장의 가격보다 높게 형성되지만 소비자잉여는 줄어들지 않는다.

⑤ 소비자잉여는 어떤 상품에 소비자가 최대한으로 지급할 용의가 있는 가격에서 실제 지급한 가격을 차감한 차액이다.

13 다음 중 S기업에 대하여 〈조건〉을 가정할 때, S기업의 가치에 대한 설명으로 옳지 않은 것은?

> **조건**
> • S기업의 초기 이윤은 $\pi_0 = 100$이다.
> • S기업의 이윤은 매년 $g = 5\%$씩 성장할 것으로 기대된다.
> • S기업이 자금을 차입할 경우, 금융시장에서는 $i = 10\%$의 이자율을 적용한다.

① S기업의 가치는 $PV = \pi_0 \dfrac{1+g}{i-g}$ 로 계산된다.

② S기업의 가치는 2,200이다.

③ S기업의 가치는 i가 상승하면 감소한다.

④ S기업의 가치는 g가 커지면 증가한다.

⑤ 초기 이윤을 모두 배당으로 지급하면 S기업의 가치는 2,100이 된다.

14 다음 중 파레토 최적에 대한 설명으로 옳지 않은 것은?

① 파레토효율성이란 일반적으로 한정된 자원의 효율적인 사용과 관련된 의미이다.

② 외부성이 존재해도 완전경쟁만 이루어진다면 파레토 최적의 자원배분은 가능하다.

③ 재화 간 소비자의 주관적 교환비율인 한계대체율이 생산자의 한계변환율과 서로 같아야 한다.

④ 후생경제학 제1정리에 의하여 시장실패요인이 없다면 일반경쟁균형에서의 자원배분은 파레토 최적이다.

⑤ 파레토효율성과 관련된 후생경제학의 제1정리와 제2정리에 있어서 소비자의 선호체계에 대한 기본 가정은 동일하지 않다.

15 다음 중 임금 결정이론에 대한 설명으로 옳지 않은 것은?

① 중첩임금계약(Staggered Wage Contracts) 모형은 실질임금이 경직적인 이유를 설명한다.

② 효율임금이론에 따르면 높은 임금이 근로자의 도덕적 해이(Moral Hazard)를 억제하는 데 기여한다.

③ 효율임금(Efficiency Wage) 이론에 따르면 실질임금이 근로자의 생산성 또는 근로의욕에 영향을 미친다.

④ 내부자 – 외부자 모형에 따르면 내부자의 실질임금이 시장균형보다 높아져서 비자발적 실업이 발생한다.

⑤ 내부자 – 외부자 모형에서 외부자는 실업상태에 있는 노동자로서 기업과 임금협상을 할 자격이 없는 사람을 말한다.

16 다음 중 과점시장의 굴절수요곡선 이론에 대한 설명으로 옳지 않은 것은?

① 한계수입곡선에는 불연속한 부분이 있다.

② 굴절수요곡선은 원점에 대해 볼록한 모양을 갖는다.

③ 한 기업이 가격을 내리면 나머지 기업들도 같이 내리려 한다.

④ 한 기업이 가격을 올리더라도 나머지 기업들은 따라서 올리려 하지 않는다.

⑤ 기업은 한계비용이 일정 범위 내에서 변해도 가격과 수량을 쉽게 바꾸려 하지 않는다.

17 다음 중 기대가 부가된 필립스곡선(Expectation-augmented Phillips curve)에 대한 설명으로 옳지 않은 것은?

① 중동전쟁으로 원유가격이 급등하면 필립스곡선이 이동한다.

② 1970년대 스태그플레이션(Stagflation)을 설명하는 데 유용하다.

③ 오쿤의 법칙(Okun's Law)과 결합하여 총공급곡선을 도출할 수 있다.

④ 다른 조건이 일정하다면 필립스곡선의 기울기가 가파를수록 희생비율(Sacrifice Ratio)이 크다.

⑤ 기대 물가상승률이 합리적 기대에 따라 결정되면 예상된 통화정책은 실업률에 영향을 미치지 않는다.

18 다음은 초콜릿과 커피의 수요를 분석한 결과이다. 〈보기〉 중 이에 대한 설명으로 옳지 않은 것을 모두 고르면?

구분	수요의 소득탄력성	수요의 교차탄력성
초콜릿	−0.4	−1.5
커피	1.2	−0.9

보기

ㄱ. 초콜릿은 정상재이다.
ㄴ. 커피는 사치재이다.
ㄷ. 초콜릿과 커피는 독립재이다.
ㄹ. 초콜릿과 커피는 보완재이다.

① ㄱ, ㄴ
② ㄱ, ㄷ
③ ㄴ, ㄷ
④ ㄴ, ㄹ
⑤ ㄷ, ㄹ

19 자본이동 및 무역거래가 완전히 자유롭고 변동환율제도를 채택하고 있는 소규모 개방경제인 S국에서 확대재정정책이 실시되는 경우, IS-LM 모형에 의하면 최종 균형에서 국민소득과 환율은 정책 실시 이전의 최초 균형에 비해 어떻게 변하는가?(단, 물가는 고정되어 있다고 가정한다)

	국민소득	환율
①	불변	S국 통화 강세
②	증가	S국 통화 강세
③	감소	S국 통화 강세
④	증가	S국 통화 약세
⑤	감소	S국 통화 약세

20 다음 〈보기〉 중 솔로우(R. Solow) 경제성장모형에서 균제상태(Steady State)의 1인당 산출량을 증가시키는 요인으로 옳은 것을 모두 고르면?(단, 다른 조건이 일정하다고 가정한다)

> **보기**
> ㄱ. 저축률의 증가
> ㄴ. 인구증가율의 증가
> ㄷ. 감가상각률의 하락

① ㄱ
② ㄱ, ㄴ
③ ㄱ, ㄷ
④ ㄴ, ㄷ
⑤ ㄱ, ㄴ, ㄷ

21 현재 우리나라 채권의 연간 명목수익률이 5%이고 동일 위험을 갖는 미국 채권의 연간 명목수익률이 2.5%일 때, 현물환율이 달러당 1,200원인 경우 연간 선물환율은?(단, 이자율평가설이 성립한다고 가정한다)

① 1,200원/달러
② 1,210원/달러
③ 1,220원/달러
④ 1,230원/달러
⑤ 1,240원/달러

22 다음 〈보기〉 중 기업생산이론에 대한 설명으로 옳은 것을 모두 고르면?

> **보기**
> ㄱ. 장기(Long-run)에는 모든 생산요소가 가변적이다.
> ㄴ. 다른 생산요소가 고정인 상태에서 생산요소 투입 증가에 따라 한계생산이 줄어드는 현상이 한계생산 체감의 법칙이다.
> ㄷ. 등량곡선이 원점에 대해 볼록하면 한계기술대체율 체감의 법칙이 성립한다.
> ㄹ. 비용극소화는 이윤극대화의 필요충분조건이다.

① ㄱ, ㄴ
② ㄷ, ㄹ
③ ㄱ, ㄴ, ㄷ
④ ㄴ, ㄷ, ㄹ
⑤ ㄱ, ㄴ, ㄷ, ㄹ

23 다음 두 사례에 공통으로 나타난 현상으로 옳은 것은?

> • 사례 1
> 1970년대 중동 국가들이 석유를 자원무기화하면서 석유 공급을 줄였고 이로 인해 원유가격이 급등하였다. 석유 가격이 급등하자 소비가 줄어 경제가 침체국면에 빠졌는데도, 물가는 급격히 상승하는 현상이 나타났다.
> • 사례 2
> 2020년 발생한 코로나19로 인해 경기는 계속 침체되고 있는데, 반대로 물가는 계속 상승하고 있어 소상공인은 물론 일반 시민들까지 어려움을 토로하고 있는 상황이다.

① 슬럼프플레이션(Slumpflation)   ② 스크루플레이션(Screwflation)
③ 스테그데이션(Stagdation)   ④ 스태그플레이션(Stagflation)
⑤ 에코플레이션(Ecoplation)

24 다음 중 한국은행의 통화정책 수단과 제도에 대한 설명으로 옳지 않은 것은?

① 재할인율 조정을 통한 통화량 관리
② 국채 매입·매각을 통한 통화량 관리
③ 법정지급준비율 변화를 통한 통화량 관리
④ 고용증진 목표 달성을 위한 물가안정목표제 시행
⑤ 금융통화위원회는 한국은행 통화정책에 관한 사항을 심의·의결

25 노동시장에서 현재 고용상태인 개인이 다음 기에도 고용될 확률을 P_{11}, 현재 실업상태인 개인이 다음 기에 고용될 확률을 P_{21}이라고 하자. 이 확률이 모든 기간에 항상 동일하다고 할 때, 다음 중 이 노동시장에서의 균형실업률은?

① $P_{21} \div (1 - P_{21})$

② $P_{21} \div P_{11}$

③ $(1 - P_{11}) \div (1 - P_{11} + P_{21})$

④ $(1 - P_{11}) \div (P_{11} + P_{21})$

⑤ $(1 - P_{11}) \div (1 - P_{21})$

26 다음 중 통화정책 및 재정정책에 대한 케인스와 통화주의자의 견해로 옳지 않은 것은?

① 통화주의자는 $k\%$ 준칙에 따른 통화정책을 주장한다.

② 케인스는 투자의 이자율탄력성이 매우 크다고 주장한다.

③ 케인스는 통화정책의 외부시차가 길다는 점을 강조한다.

④ 케인스에 따르면 이자율이 매우 낮을 때 화폐시장에 유동성함정이 존재할 수 있다.

⑤ 동일한 재정정책에 대해서 통화주의자가 예상하는 구축효과는 케인스가 예상하는 구축효과보다 크다.

PART 2

27 제품 A만 생산하는 독점기업의 생산비는 생산량에 관계없이 1단위당 60원이고, 제품 A에 대한 시장수요곡선은 $P = 100 - 2Q$이다. 다음 중 이 독점기업의 이윤극대화 가격(P)과 생산량(Q)은?

	P	Q
①	40원	30개
②	50원	25개
③	60원	20개
④	70원	15개
⑤	80원	10개

28 다음 모형에서 정부지출(G)을 1만큼 증가시켰을 때, 균형소비지출(C)의 증가량은?(단, Y는 국민소득, I는 투자, X는 수출, M은 수입이며, 수출은 외생적이다)

- $Y = C + I + G + X - M$
- $C = 0.5Y + 10$
- $I = 0.4Y + 10$
- $M = 0.1Y + 20$

① 0.1

② 0.2

③ 1.5

④ 2.5

⑤ 5

29 다음 중 S기업의 비용함수가 $TC(Q) = 50 + 25Q$로 주어져 있을 때, 이 비용함수에 대한 설명으로 옳지 않은 것은?

① 규모의 경제가 존재한다.
② 한계비용은 항상 일정하다.
③ 생산활동에 고정비용이 소요된다.
④ 생산량이 10일 때 평균비용은 30이다.
⑤ 평균비용은 생산량이 늘어날수록 증가한다.

30 대학 졸업 후 구직활동을 꾸준히 해온 30대 초반의 덕선이는 당분간 구직활동을 포기하기로 하였다. 덕선이와 같이 구직활동을 포기하는 사람이 많아지면 실업률과 고용률에 어떠한 변화가 생기는가?

① 실업률 상승, 고용률 하락
② 실업률 상승, 고용률 불변
③ 실업률 하락, 고용률 하락
④ 실업률 하락, 고용률 불변
⑤ 실업률 불변, 고용률 하락

31 다음 중 경기변동에 대한 설명으로 옳지 않은 것은?

① 투자는 소비에 비해 GDP 대비 변동성이 크므로 경기변동의 주요 원인이 된다.
② 실물적 경기변동은 경기변동을 자연실업률 자체가 변화하여 일어난다고 생각한다.
③ 기간 간 고른 소비가 어려운 저소득계층이 늘어나면 이전에 비해 경기변동이 심해진다.
④ 실질임금과 고용량은 단기적으로 양의 상관관계를 가지나, 장기적으로는 서로 관계가 없다.
⑤ 총공급 – 총수요 모형에서 총수요의 변동이 경기변동의 요인이라고 본다면 물가는 경기와 반대로 움직인다.

32 다음 중 국민총소득(GNI), 국내총생산(GDP), 국민총생산(GNP)에 대한 설명으로 옳지 않은 것은?

① 명목 GNI는 명목 GNP와 명목 국외순수취요소소득의 합이다.

② GNI는 한 나라 국민이 국내외 생산활동에 참여한 대가로 받은 소득의 합계이다.

③ 국외수취 요소소득이 국외지급 요소소득보다 크면 명목 GNI가 명목 GDP보다 크다.

④ 원화표시 GNI에 아무런 변동이 없더라도 환율변동에 따라 달러화표시 GNI는 변동될 수 있다.

⑤ 실질 GDP는 생산활동의 수준을 측정하는 생산지표인 반면, 실질 GNI는 생산활동을 통하여 획득한 소득의 실질 구매력을 나타내는 소득지표이다.

33 다음과 같이 소득이 감소하여 A제품의 수요곡선이 왼쪽으로 이동할 경우, 균형가격과 균형거래량은 각각 얼마인가?

> • A제품의 수요함수 : $Q=600-P$
> • A제품의 공급함수 : $Q=4P$
> • 소득 감소에 따라 변동된 A제품의 수요함수 : $Q=400-P$

	균형가격	균형거래량
①	40	240
②	60	240
③	80	320
④	100	320
⑤	120	480

34 A의 소득이 10,000원이고, X재와 Y재에 대한 총지출액도 10,000원이다. X재 가격이 1,000원이고 A의 효용이 극대화되는 소비량이 $X=6$이고 $Y=10$이라고 할 때, X재에 대한 Y재의 한계대체율(MRS_{XY})은 얼마인가?(단, 한계대체율은 체감한다)

① 0.5   ② 1

③ 1.5   ④ 2

⑤ 2.5

35 다음 중 등량곡선과 등비용선에 대한 설명으로 옳지 않은 것은?

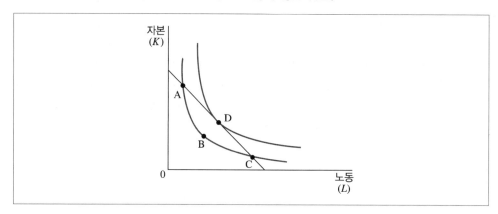

① A보다 D의 요소조합에서 생산량이 더 많다.

② C보다 D의 요소조합에서 비용이 더 많이 든다.

③ A, C, D는 모두 동일한 총비용이 드는 요소조합점이다.

④ A, B, C는 모두 동일한 생산량을 생산할 수 있는 요소조합점이다.

⑤ A에서는 자본을 너무 많이 투입하고 있으며, C에서는 노동을 너무 많이 투입하고 있다.

36 어떤 기업의 비용함수가 $C(Q) = 100 + 2Q^2$ 이다. 이 기업이 완전경쟁시장에서 제품을 판매하며 시장가격은 20일 때, 다음 중 옳지 않은 것은?(단, Q는 생산량이다)

① 이 기업이 직면하는 수요곡선은 수평선이다.

② 이 기업의 고정비용은 100이다.

③ 이윤극대화 또는 손실최소화를 위한 최적산출량은 5이다.

④ 최적산출량 수준에서 이 기업의 손실은 100이다.

⑤ 이 기업의 최적산출량 수준에서 $P \geq AVC$를 만족한다(단, P는 시장가격이고, AVC는 평균 가변비용이다).

37 다음 두 그래프는 케인스 모형에서 정부지출의 증가(ΔG)로 인한 효과를 나타내고 있다. 〈보기〉 중 이에 대한 설명으로 옳은 것을 모두 고르면?(단, 그림에서 C는 소비, I는 투자, G는 정부지출이다)

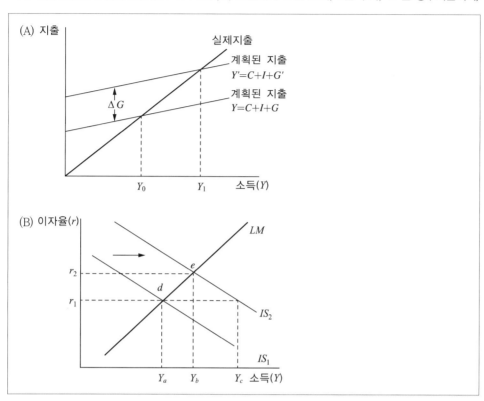

보기

ㄱ. (A)에서 $Y_0 \rightarrow Y_1$의 크기는 한계소비성향의 크기에 따라 달라진다.

ㄴ. (A)의 $Y_0 \rightarrow Y_1$의 크기는 (B)의 $Y_a \rightarrow Y_b$의 크기와 같다.

ㄷ. (B)의 새로운 균형점 e는 구축효과를 반영하고 있다.

ㄹ. (A)에서 정부지출의 증가는 재고의 예기치 않은 증가를 가져온다.

① ㄱ, ㄴ   ② ㄱ, ㄷ

③ ㄴ, ㄷ   ④ ㄴ, ㄹ

⑤ ㄷ, ㄹ

38 다음 〈보기〉 중 경제성장에 대한 일반적인 설명으로 옳은 것을 모두 고르면?

> **보기**
>
> ㄱ. 인구증가율이 높은 나라일수록 1인당 소득이 낮은 경향이 있다.
> ㄴ. 저축률이 높은 나라일수록 1인당 소득이 낮은 경향이 있다.
> ㄷ. 1인당 소득은 국제적 차이를 설명하는 데 인적 자본과 물적 자본 못지않게 중요하다.
> ㄹ. 개발도상국과 선진국 간의 1인당 소득격차는 줄어드는 추세를 보인다.

① ㄱ, ㄴ   ② ㄱ, ㄷ
③ ㄴ, ㄷ   ④ ㄴ, ㄹ
⑤ ㄷ, ㄹ

39 다음 중 게임이론에 대한 설명으로 옳지 않은 것은?

① 순수전략들로만 구성된 내쉬 균형이 존재하지 않는 게임도 있다.
② 죄수의 딜레마 게임에서 두 용의자 모두가 자백하는 것은 우월전략균형이면서 동시에 내쉬균형이다.
③ 우월전략이란 상대 경기자들이 어떤 전략들을 사용하든지 상관없이 자신의 전략들 중에서 항상 가장 낮은 보수를 가져다주는 전략을 말한다.
④ 커플이 각자 선호하는 취미활동을 따로 하는 것보다 동일한 취미를 함께 할 때 더 큰 만족을 줄 수 있는 상황에서는 복수의 내쉬균형이 존재할 수 있다.
⑤ 참여자 모두에게 상대방이 어떤 전략을 선택하는가에 관계없이 자신에게 더 유리한 결과를 주는 전략이 존재할 때 그 전략을 참여자 모두가 선택하면 내쉬균형이 달성된다.

40 다음 중 소비이론에 대한 설명으로 옳지 않은 것은?

① 케인스의 소비함수에 따르면 평균소비성향은 한계소비성향보다 크다.
② 쿠즈네츠는 장기에는 평균소비성향이 대략 일정하다는 것을 관찰하였다.
③ 생애주기가설에 따르면 총인구에서 노인층의 비중이 상승하면 국민저축률은 낮아진다.
④ 항상소득가설에 따르면 항상소득의 한계소비성향은 일시소득의 한계소비성향보다 작다.
⑤ 상대소득가설에 따르면 소득이 감소하여도 소비의 습관성으로 인해 단기적으로 소비는 거의 감소하지 않는다.

41 정부가 어떤 목적에서 한 재화의 가격을 시장 균형가격보다 낮은 수준에서 규제하려고 한다. 다음 중 이에 대한 설명으로 옳지 않은 것은?

① 초과수요가 발생한다.
② 암시장이 형성될 수 있다.
③ 재화의 품질을 향상시키는 효과가 있다.
④ 공급의 가격탄력성이 커질수록 사회후생 손실이 크다.
⑤ 부동산 임대시장에서 이와 유사한 가격정책이 많이 사용된다.

42 다음 중 생산자의 단기 생산 활동에 대한 설명으로 옳지 않은 것은?

① 가변요소의 투입량이 증가할 때 평균생산성은 증가하다가 감소한다.
② 가변요소의 투입량이 증가할 때 한계생산성은 증가하다가 감소한다.
③ 평균생산성이 증가하는 구간에서 한계생산성은 평균생산성보다 크다.
④ 수확체감의 법칙은 한계생산성이 지속적으로 감소하는 구간에서 발생한다.
⑤ 한계생산물곡선은 평균생산물곡선의 극대점을 통과하므로 한계생산물과 평균생산물이 같은 점에서는 총생산물이 극대가 된다.

43 다음 중 산업 내 무역에 대한 설명으로 옳은 것은?

① 산업 내 무역은 규모의 경제와 관계없이 발생한다.
② 산업 내 무역은 무역으로 인한 소득재분배가 발생한다.
③ 산업 내 무역은 부존자원의 상대적인 차이 때문에 발생한다.
④ 산업 내 무역은 경제여건이 다른 국가 사이에서 이루어진다.
⑤ 산업 내 무역은 유럽연합 국가들 사이의 활발한 무역을 설명할 수 있다.

44 다음 중 우상향하는 총공급곡선(AS)을 왼쪽으로 이동시키는 요인으로 옳은 것은?

① 임금 상승   ② 통화량 증가
③ 독립투자 증가   ④ 정부지출 증가
⑤ 수입원자재 가격 하락

45 다음 〈보기〉 중 외부효과로 인한 시장의 문제점을 해결하기 위한 방법으로 제시된 코즈의 정리에 대한 설명으로 옳은 것을 모두 고르면?

> **보기**
> ㄱ. 외부효과를 발생시키는 재화에 대해 시장을 따로 개설해 주면 시장의 문제가 해결된다.
> ㄴ. 외부효과를 발생시키는 재화에 대해 조세를 부과하면 시장의 문제가 해결된다.
> ㄷ. 외부효과를 발생시키는 재화의 생산을 정부가 직접 통제하면 시장의 문제가 해결된다.
> ㄹ. 외부효과를 발생시키는 재화에 대해 소유권을 인정해주면 이해당사자들의 협상을 통하여 시장의 문제가 해결된다.
> ㅁ. 코즈의 정리와 달리 현실에서는 민간주체들이 외부효과 문제를 항상 해결할 수 있는 것은 아니다.

① ㄱ, ㄷ   ② ㄹ, ㅁ
③ ㄱ, ㄴ, ㄹ   ④ ㄴ, ㄷ, ㅁ
⑤ ㄷ, ㄹ, ㅁ

46 다음 중 국제수지와 환율에 대한 설명으로 옳지 않은 것은?

① 개방경제의 총수요에는 순수출이 포함된다.
② 명목환율은 서로 다른 나라 화폐 간의 교환비율이다.
③ 국제수지는 경제적 거래의 형태에 따라 크게 경상수지와 금융계정으로 나눌 수 있다.
④ 국민소득 항등식에 의하면 국내 저축이 국내 투자보다 크면 순수출은 항상 0보다 작다.
⑤ 실질환율은 우리나라에서 생산한 재화 한 단위가 다른 나라에서 생산한 재화 몇 단위와 교환되는지를 나타낸다.

47 다음 〈보기〉 중 내생적 경제성장이론에 대한 설명으로 옳은 것을 모두 고르면?

> **보기**
> ㄱ. 인적자본의 축적이나 연구개발은 경제성장을 결정하는 중요한 요인이다.
> ㄴ. 정부의 개입이 경제성장에 중요한 역할을 한다.
> ㄷ. 자본의 한계생산은 체감한다고 가정한다.
> ㄹ. 선진국과 후진국 사이의 소득격차가 줄어든다.

① ㄱ, ㄴ   ② ㄱ, ㄷ
③ ㄴ, ㄷ   ④ ㄴ, ㄹ
⑤ ㄷ, ㄹ

48 다음 중 파레토효율성에 대한 설명으로 옳지 않은 것은?

① 파레토효율적인 자원배분은 일반적으로 무수히 많이 존재한다.

② 파레토효율적인 자원배분에서는 항상 사회후생이 극대화된다.

③ 파레토효율적인 자원배분이 평등한 소득분배를 보장해주는 것은 아니다.

④ 일정한 조건이 충족될 때 완전경쟁시장에서의 일반균형은 파레토효율적이다.

⑤ 어느 한 사람의 효용을 감소시키지 않고서는 다른 사람의 효용을 증가시킬 수 없는 상태를 파레토효율적이라고 한다.

49 다음 〈보기〉 중 소비의 항상소득가설과 생애주기가설에 대한 설명으로 옳은 것을 모두 고르면?

> **보기**
> ㄱ. 소비자들은 가능한 한 소비수준을 일정하게 유지하려는 성향이 있다.
> ㄴ. 생애주기가설에 의하면 고령인구의 비율이 높아질수록 민간부문의 저축률이 하락할 것이다.
> ㄷ. 프리드만의 항상소득가설에 의하면 높은 소득의 가계가 평균적으로 낮은 평균소비성향을 갖는다.
> ㄹ. 케인스는 항상소득가설을 이용하여 승수효과를 설명하였다.

① ㄱ, ㄴ
② ㄱ, ㄹ
③ ㄴ, ㄷ
④ ㄱ, ㄴ, ㄷ
⑤ ㄴ, ㄷ, ㄹ

50 다음 중 자국의 실물시장 균형을 나타내는 IS곡선에 대한 설명으로 옳지 않은 것은?(단, IS곡선의 기울기는 세로축을 이자율, 가로축을 소득으로 하는 그래프상의 기울기를 말한다)

① 자국의 정부지출이 증가하면 IS곡선은 오른쪽으로 이동한다.

② 자국의 한계소비성향이 커지면 IS곡선의 기울기가 완만해진다.

③ 자국의 한계수입성향이 커질수록 IS곡선의 기울기는 가팔라진다.

④ 해외교역국의 한계수입성향이 커질수록 IS곡선의 기울기는 완만해진다.

⑤ 자국의 소득증가로 인한 한계유발투자율이 증가하면 IS곡선의 기울기가 완만해진다.

01 다음 중 대손충당금에 대한 설명으로 옳지 않은 것은?

① 일반적으로 대손충당금의 설정은 결산 시 진행한다.

② 회수불능채권을 공제하기 위한 계정으로 대변에 잔액을 기록한다.

③ 대손충당금이 있을 경우, 차변에 대손상각비를, 대변에 매출채권을 기재한다.

④ 새로 설정한 대손충당금과 기존 대손충당금 잔액이 동일할 경우, 분개를 하지 않아도 된다.

⑤ 대손으로 처리한 채권이 회수될 경우, 대손처리 시 차변에 분개했던 금액만큼 대변에 기입하고, 차변에 회수된 금액을 기입하여 대손상각을 취소한다.

02 다음 중 충당부채와 우발부채에 대한 설명으로 옳지 않은 것은?

① 충당부채는 재무상태표에 표시되는 부채이나, 우발부채는 재무상태표에 표시될 수 없고 주석으로만 기재될 수 있다.

② 충당부채를 현재가치로 평가하기 위한 할인율은 부채의 특유한 위험과 화폐의 시간가치에 대한 현행 시장의 평가를 반영한 세후 이율이다.

③ 충당부채로 인식하는 금액은 현재의무를 보고기간 말에 이행하기 위하여 필요한 지출에 대한 최선의 추정치이어야 한다.

④ 우발부채는 처음에 예상하지 못한 상황에 따라 변할 수 있으므로, 경제적 효익이 있는 자원의 유출 가능성이 높아졌는지를 판단하기 위하여 우발부채를 지속적으로 평가한다.

⑤ 예상되는 자산 처분이 충당부채를 생기게 한 사건과 밀접하게 관련되었더라도 예상되는 자산 처분이익은 충당부채를 측정하는 데 고려하지 아니한다.

03 다음 중 선수수익에 대한 설명으로 옳지 않은 것은?

① 영업외수익과 관련하여 먼저 수취한 금액을 의미한다.

② 수익실현주의 원칙에 의해 발생하며, 자산에 해당한다.

③ 당기에 받은 금전 중에서 차기 수익에 해당하는 부분이다.

④ 영업용 고정자산 매각, 유가증권 매각 등을 통한 수익은 해당하지 않는다.

⑤ 임대료로 1,000,000원을 현금으로 받았을 경우, 차변에 현금 1,000,000원 대변에 선수수익 1,000,000원을 기재한다.

04 다음 중 유형자산의 재평가에 대한 설명으로 옳은 것은?

① 특정 유형자산을 재평가할 때, 해당 자산이 포함되는 유형자산 분류 전체를 재평가한다.

② 감가상각대상 유형자산을 재평가할 때, 그 자산의 최초원가를 재평가금액으로 조정하여야 한다.

③ 유형자산 항목과 관련하여 자본에 계상된 재평가잉여금은 그 자산이 제거될 때 이익잉여금으로 직접 대체할 수 없다.

④ 재평가가 단기간에 수행되며 계속적으로 갱신된다면, 동일한 분류에 속하는 자산이라 하더라도 순차적으로 재평가할 수 없다.

⑤ 자산의 장부금액이 재평가로 인하여 감소된 경우에 그 자산에 대한 재평가잉여금의 잔액이 있더라도 재평가감소액 전부를 당기손익으로 인식한다.

05 다음 중 차기 회계연도로 잔액이 이월되지 않는 계정과목은?

① 집합손익   ② 이익잉여금
③ 선수임대료   ④ 주식발행초과금
⑤ 매도가능금융자산평가이익

06 다음 중 유형자산의 측정·평가 및 손상에 대한 설명으로 옳지 않은 것은?

① 현물출자 받은 유형자산의 취득원가는 공정가치를 기준으로 결정한다.

② 최초 재평가로 인한 평가손익은 기타포괄손익에 반영한다.

③ 유형자산의 취득 이후 발생한 지출로 인해 동 자산의 미래 경제적 효익이 증가한다면, 해당 원가는 자산의 장부금액에 포함한다.

④ 유형자산의 장부금액이 순공정가치보다 크지만 사용가치보다 작은 경우 손상차손은 계상되지 않는다.

⑤ 과거기간에 인식한 손상차손은 직전 손상차손의 인식시점 이후 회수가능액을 결정하는 데 사용된 추정치에 변화가 있는 경우에만 환입한다.

07 다음 중 자본이 증가하는 거래는?(단, 각 거래는 상호독립적이고, 자기주식의 취득은 상법상 정당한 것으로 가정한다)

① 중간배당(현금배당) 100,000원을 실시하였다.
② 액면금액이 주당 5,000원인 주식 25주를 4,000원에 할인발행하였다.
③ 자기주식(액면금액 주당 5,000원) 25주를 주당 4,000원에 취득하였다.
④ 당기순손실 100,000원이 발생하였다.
⑤ 당기 중 2,100,000원에 취득한 매도가능금융자산의 보고기간 말 현재 공정가액은 2,000,000원이다.

08 다음 중 장단기 금리차 역전현상에 대한 설명으로 옳지 않은 것은?

① 평상시에는 장기채의 금리가 단기채보다 높다고 할 수 있다.
② 장기채는 낮은 환금성으로 그만큼 유동성 프리미엄이 붙는다.
③ 경기 상황을 반영하는 금리는 장기채 금리이다.
④ 장기채 금리가 하락할 경우, 경기가 상승국면에 있다고 판단할 수 있다.
⑤ 장단기 금리차가 역전되면 향후 경기 침체의 전조현상으로 해석될 수 있다.

09 다음 중 재무정보의 질적 특성에 대한 설명으로 옳지 않은 것은?

① 명확하고 간결하게 분류되고 특징지어져 표시된 정보는 이해가능성이 높다.
② 어떤 정보의 누락이나 오기로 인해 정보이용자의 의사결정이 바뀔 수 있다면 그 정보는 중요한 정보이다.
③ 적시성은 정보이용자가 의사결정을 내릴 때 사용되어 그 결정에 영향을 줄 수 있도록 제때에 이용가능함을 의미한다.
④ 어떤 재무정보가 예측가치나 확인가치 또는 이 둘 모두를 갖는다면 그 재무정보는 이용자의 의사결정에 차이가 나게 할 수 있다.
⑤ 검증가능성은 정보가 나타내고자 하는 경제적 현상을 충실히 표현하는지를 정보이용자가 확인하는 데 도움을 주는 근본적 질적 특성이다.

10 다음 중 유동부채에 대한 설명으로 옳지 않은 것은?

① 매입채무는 일반적 상거래에서 발생하는 부채로 유동부채에 속한다.

② 미지급비용, 선수금, 수선충당부채, 퇴직급여부채 등은 유동부채에 포함된다.

③ 일반적으로 정상영업주기 내 또는 보고기간 후 12개월 이내에 결제하기로 되어 있는 부채이다.

④ 유동부채는 보고기간 후 12개월 이상 부채의 결제를 연기할 수 있는 무조건의 권리를 가지고 있지 않다.

⑤ 종업원 및 영업원가에 대한 미지급비용 항목은 보고기간 후 12개월 후에 결제일이 도래한다 하더라도 유동부채로 분류한다.

11 다음 중 재무제표 표시에 대한 설명으로 옳지 않은 것은?

① 재고자산의 판매 또는 매출채권의 회수시점이 보고기간 후 12개월을 초과한다면 유동자산으로 분류하지 못한다.

② 재무상태표의 자산과 부채는 유동과 비유동으로 구분하여 표시하거나 유동성 순서에 따라 표시할 수 있다.

③ 수익과 비용의 어느 항목도 당기손익과 기타 포괄손익을 표시하는 보고서에 특별손익 항목으로 표시할 수 없다.

④ 당기손익의 계산에 포함된 비용항목에 대해 성격별 또는 기능별 분류방법 중에서 신뢰성 있고 더욱 목적적합한 정보를 제공할 수 있는 방법을 적용하여 표시한다.

⑤ 포괄손익계산서는 단일 포괄손익계산서로 작성되거나 두 개의 보고서(당기손익 부분을 표시하는 별개의 손익계산서와 포괄손익을 표시하는 보고서)로 작성될 수 있다.

12 다음 중 예대금리 차이에 대한 설명으로 옳지 않은 것은?

① 예금금리와 대출금리의 차이를 말한다.

② 시중에 유동성이 풍부하면 은행이 예금금리를 낮춰 예대금리 차이를 높일 수 있다.

③ 은행은 예대금리 차이가 크면 클수록 이익이다.

④ 잔액기준 예대금리차는 한국은행의 금융기관 가중평균금리와 동일하게 산정된다.

⑤ 예대금리차는 각 은행에서 개별적으로 공시한다.

13　다음 중 자본변동표에서 확인할 수 없는 항목은?

　① 현금배당
　② 주식분할
　③ 자기주식의 취득
　④ 유형자산의 재평가이익
　⑤ 매도가능금융자산평가이익

14　S회사는 2025년 1월 1일 다음과 같은 사채를 발행하였으며, 유효이자율법에 따라 회계처리한다. 동 사채와 관련하여 옳지 않은 것은?

> • 액면금액 : 1,000,000원
> • 만기 : 3년
> • 액면이자율 : 연 5%
> • 이자지급시기 : 매년 말
> • 사채발행비 : 20,000원
> • 유효이자율 : 연 8%(유효이자율은 사채발행비가 고려됨)

　① 동 사채는 할인발행 사채이다.
　② 매년 말 지급할 현금이자는 50,000원이다.
　③ 이자비용은 만기일에 가까워질수록 증가한다.
　④ 사채할인발행차금 상각이 완료된 시점에서 사채장부금액은 액면금액과 같다.
　⑤ 사채발행비가 30,000원이라면 동 사채에 적용되는 유효이자율은 연 8%보다 낮다.

15　다음 중 무형자산 회계처리에 대한 설명으로 옳지 않은 것은?

　① 내용연수가 비한정인 무형자산은 상각하지 아니한다.
　② 내용연수가 유한한 경우 상각은 자산을 사용할 수 있는 때부터 시작한다.
　③ 제조과정에서 사용된 무형자산의 상각액은 재고자산의 장부금액에 포함한다.
　④ 내용연수가 유한한 무형자산의 상각기간과 상각방법은 적어도 매 회계연도 말에 검토한다.
　⑤ 내용연수가 비한정인 무형자산의 내용연수를 유한 내용연수로 변경하는 것은 회계정책의 변경에 해당한다.

16 다음 중 활동기준원가계산에 대한 설명으로 옳지 않은 것은?

① 전통적인 원가계산에 비해 배부기준의 수가 많다.

② 직접재료원가 이외의 원가를 고정원가로 처리한다.

③ 활동이 자원을 소비하고 제품이 활동을 소비한다는 개념을 이용한다.

④ 제조원가뿐만 아니라 비제조원가도 원가동인에 의해 배부할 수 있다.

⑤ 활동을 분석하고 원가동인을 파악하는 데 시간과 비용이 많이 발생한다.

17 다음 중 재무제표에 대한 설명으로 옳은 것은?

① 현금흐름표는 특정시점에서의 현금의 변화를 보여주는 보고서이다.

② 재무제표는 재무상태표, 손익계산서, 시산표, 자본변동표로 구성한다.

③ 재무상태표는 일정기간의 재무성과에 대한 정보를 제공한다.

④ 포괄손익계산서는 일정시점에 기업의 재무상태에 대한 정보를 제공한다.

⑤ 자본변동표는 일정기간 동안의 자본구성요소의 변동에 대한 정보를 제공한다.

18 다음 중 손익계산서 작성기준에 대한 설명으로 옳지 않은 것은?

① 구분계산의 원칙 : 손익계산서를 편리하게 읽을 수 있도록 비용과 수익의 발생을 구분하여 표시하여야 한다.

② 발생주의 원칙 : 실제 현금이 들어오거나 나가지 않았다면 거래가 발생했다 하더라도 비용과 수익을 인식해서는 안 된다.

③ 실현주의 원칙 : 수익을 계상할 경우 실제 수익이 실현될 것이라는 확정적이고 객관적인 증거를 확보한 시점에서 계상하여야 한다.

④ 수익, 비용 대응의 원칙 : 비용은 해당 비용으로 인한 수익이 기록되는 기간과 동일한 기간으로 기록하여야 한다.

⑤ 총액 표시의 원칙 : 자산과 부채 및 자본은 서로 상계하여 그 전부 또는 일부를 제외하고 표시해서는 안 된다.

19 다음 자료로 토대로 계산한 당기총포괄이익은 얼마인가?

기초자산	5,500,000원	기초부채	3,000,000원
유상증자	500,000원	기말자산	7,500,000원
기말부채	3,000,000원		

① 500,000원   ② 1,000,000원
③ 1,500,000원   ④ 2,000,000원
⑤ 2,500,000원

20 다음 중 재무제표 요소의 인식에 대한 설명으로 옳지 않은 것은?

① 수익은 자산의 증가나 부채의 감소와 관련하여 미래경제적 효익이 증가하고 이를 신뢰성 있게 측정할 수 있을 때 인식한다.
② 비용은 자산의 감소나 부채의 증가와 관련하여 미래경제적 효익이 감소하고 이를 신뢰성 있게 측정할 수 있을 때 인식한다.
③ 자산은 미래경제적 효익이 기업에 유입될 가능성이 높고 해당 항목의 원가 또는 가치를 신뢰성 있게 측정할 수 있을 때 인식한다.
④ 제품보증에 따라 부채가 발생하는 경우와 같이 자산의 인식을 수반하지 않는 부채가 발생하는 경우에는 비용을 인식하지 아니한다.
⑤ 부채는 현재 의무의 이행에 따라 경제적 효익을 갖는 자원의 유출 가능성이 높고 결제될 금액에 대해 신뢰성 있게 측정할 수 있을 때 인식한다.

21 다음 〈보기〉 중 재무분석자료에서 기업의 활동성을 분석할 수 있는 것을 모두 고르면?

보기
ㄱ. 매출채권회전율   ㄴ. 재고자산회전율
ㄷ. 총자산회전율   ㄹ. 부채비율
ㅁ. 재고자산평균회전기간   ㅂ. 자기자본이익률

① ㄱ, ㄷ, ㅁ   ② ㄱ, ㄴ, ㄷ, ㅁ
③ ㄱ, ㄴ, ㄹ, ㅂ   ④ ㄱ, ㄷ, ㅁ, ㅂ
⑤ ㄴ, ㄷ, ㄹ, ㅁ, ㅂ

22 다음 중 유형자산의 취득원가에 포함되는 것은?

① 새로운 상품과 서비스를 소개하는 데 소요되는 원가

② 기업의 영업 전부 또는 일부를 재배치하거나 재편성하는 과정에서 발생하는 원가

③ 유형자산과 관련된 산출물에 대한 수요가 형성되는 과정에서 발생하는 가동손실과 같은 초기 가동손실

④ 유형자산이 경영진이 의도하는 방식으로 가동될 수 있으나, 아직 실제로 사용되지 않고 있는 경우에 발생하는 원가

⑤ 유형자산 취득 시 정상적으로 작동되는지 여부를 시험하는 과정에서 발생하는 원가(단, 시험과정에서 생산된 재화의 순매각금액은 차감)

23 다음 중 금융자산과 관련한 회계처리로 옳지 않은 것은?

① 지분상품은 만기보유금융자산으로 분류할 수 없다.

② 매도가능금융자산에서 발행하는 배당금 수령액은 기타포괄이익으로 계상한다.

③ 매 회계연도말 지분상품은 공정가치로 측정하는 것이 원칙이다.

④ 최초 인식 이후 만기보유금융자산은 유효이자율법을 사용하여 상각후원가로 측정한다.

⑤ 최초 인식시점에 매도가능금융자산으로 분류하였다면 이후 회계연도에는 당기손익인식금융자산으로 재분류할 수 없다.

24 다음 중 현금흐름표상 투자활동현금흐름에 해당하는 것은?

① 설비 매각과 관련한 현금유입

② 자기주식의 취득에 따른 현금유출

③ 담보부사채 발행에 따른 현금유입

④ 종업원급여 지급에 따른 현금유출

⑤ 단기매매목적 유가증권의 매각에 따른 현금유입

S사의 2024년도 회계자료가 다음과 같을 때 당해 당기순이익은?(단, 매출은 전액 신용매출이다)

> • 매출채권회전율 : 5
> • 매출채권평균 : 20,000원
> • 매출액순이익률 : 5%

① 1,000원   ② 2,000원

③ 3,000원   ④ 4,000원

⑤ 5,000원

26 다음 중 수익의 인식 및 측정에 대한 설명으로 옳은 것은?

① 판매자가 판매대금의 회수를 확실히 할 목적만으로 해당 재화의 법적 소유권을 계속 가지고 있다면 소유에 따른 중요한 위험과 보상이 이전되었더라도 해당 거래를 수익으로 인식하지 않는다.

② 수익으로 인식한 금액이 추후에 회수가능성이 불확실해지는 경우에는 인식한 수익금액을 조정할 수 있다.

③ 용역제공거래의 결과를 신뢰성 있게 추정할 수 있다면 용역의 제공으로 인한 수익은 용역의 제공이 완료된 시점에 인식한다.

④ 거래와 관련된 경제적 효익의 유입가능성이 높지 않더라도 수익금액을 신뢰성 있게 측정할 수 있다면 수익을 인식할 수 있다.

⑤ 동일한 거래나 사건에 관련된 수익과 비용은 동시에 인식하지만, 관련된 비용을 신뢰성 있게 측정할 수 없다면 수익을 인식할 수 없다.

27 (주)한국은 2024년 12월 말 화재로 인하여 재고자산 중 110,000원을 제외한 나머지가 소실되었다. 기초재고는 100,000원이고, 12월 말까지의 매입액과 매출액은 각각 600,000원, 400,000원이다. 과거 3년 동안의 평균 매출총이익률이 20%일 경우, 화재로 인하여 소실된 재고자산의 추정 금액은?

① 270,000원   ② 320,000원

③ 380,000원   ④ 600,000원

⑤ 700,000원

28 다음 중 자기자본에 해당하지 않는 것은?

① 자본금

② 차입금

③ 자본잉여금

④ 이익잉여금

⑤ 기타포괄손익누계액

29 2023년 초에 시작하여 2024년 말에 완공된 건설계약에 대한 자료가 다음과 같을 때, 2023년에 인식해야 할 공사이익은?(단, 수익은 진행기준으로 인식하며, 진행률은 발생한 누적계약원가를 추정총계약원가로 나누어 산정한다)

구분	2023년	2024년
총 계약금액	48,000원	
연도별 발생원가	16,000원	24,000원
연도말 추정 추가완성원가	24,000원	-

① 1,000원

② 2,800원

③ 3,000원

④ 3,200원

⑤ 4,000원

30 다음 자료를 이용할 경우 재무상태표에 계상할 현금 및 현금성 자산은?

• 지폐	30,000원
• 우표	10,000원
• 우편환증서	1,000원
• 임차보증금	50,000원
• 타인발행당좌수표	2,000원

① 33,000원

② 42,000원

③ 83,000원

④ 92,000원

⑤ 93,000원

31. S사는 2024년 초에 설비(내용연수 4년, 잔존가치 200원)를 2,000원에 취득하여 정액법으로 감가 상각하고 있다. 2024년 말에 동 설비를 1,400원에 처분하였다면 인식할 처분손익은?

① 150원 손실   ② 200원 이익
③ 450원 손실   ④ 600원 손실
⑤ 650원 이익

32. S공사는 제품매출액의 3%에 해당하는 금액을 제품보증비용(보증기간 2년)으로 추정하고 있다. 2023년의 매출액과 실제 보증청구로 인한 보증비용 지출액은 다음과 같다. 2024년 포괄손익계산서의 보증활동으로 인한 비용과 2024년 말 재무상태의 충당부채 잔액은?(단, S공사는 2023년 초에 설립되었으며, 2024년의 매출은 없다고 가정한다)

제품매출액(2023년)	실제 보증비용 지출액	
	2023년	2024년
600,000원	14,000원	6,000원

	제품보증비	충당부채
①	2,000원	0원
②	3,000원	0원
③	4,000원	0원
④	5,000원	4,000원
⑤	6,000원	4,000원

33. 다음 중 기업어음과 회사채에 대한 설명으로 옳은 것은?

① 기업어음은 자본시장법의 적용을 받고, 회사채는 어음법의 적용을 받는다.
② 기업어음은 발행을 위해서 이사회의 결의가 필요하나, 회사채는 이사회의 결의가 필요 없다.
③ 기업어음은 수요예측을 필수적으로 해야 하나, 회사채는 수요예측이 필요 없다.
④ 기업어음의 변제순위는 회사채 변제순위보다 높다.
⑤ 기업어음의 지급금리는 회사채 지급금리보다 높다.

34 S회사의 2024년도 자료는 다음과 같다. 매출채권이 1회전하는 데 소요되는 기간은?(단, 회계기간은 1월 1일부터 12월 31일까지이다)

• 매출액	2,000,000원
• 기초매출채권	120,000원
• 기말매출채권	280,000원

① 14.6일   ② 29.2일
③ 36.5일   ④ 42.5일
⑤ 45.2일

35 다음 자료를 참고할 때, 목표영업이익 20,000원을 달성하기 위한 판매량은?

• 단위당 판매가격	400
• 단위당 변동원가	300
• 총고정원가	6,000

① 60단위   ② 200단위
③ 260단위   ④ 300단위
⑤ 360단위

36 최근 2년간 총고정제조원가와 단위당 변동제조원가는 변화가 없으며, 생산량과 총제조원가는 다음과 같다. 2025년도에 총고정제조원가가 10% 증가할 경우, 생산량이 400단위일 때 총제조원가는?

구분	생산량	총제조원가(원)
2023년	200단위	600,000
2024년	300단위	800,000

① 1,000,000원   ② 1,020,000원
③ 1,040,000원   ④ 1,060,000원
⑤ 1,080,000원

37 다음 〈보기〉 중 금융부채에 속하는 것을 모두 고르면?

> **보기**
>
> ㄱ. 매입채무   ㄴ. 선수금
> ㄷ. 사채   ㄹ. 소득세예수금
> ㅁ. 미지급법인세

① ㄱ, ㄴ   ② ㄱ, ㄷ
③ ㄱ, ㄹ, ㅁ   ④ ㄴ, ㄷ, ㄹ
⑤ ㄷ, ㄹ, ㅁ

38 다음 글에서 빈칸에 들어갈 용어를 바르게 연결한 것은?

> • ___㉠___ 은 상품을 구입할 때마다 상품계정에 기록하며 상품을 판매하는 경우에 판매시점마다 매출액만큼을 수익으로 기록하고 동시에 상품원가를 매출원가로 기록하는 방법이다.
> • ___㉡___ 은 기말실사를 통해 기말재고수량을 파악하고 판매가능수량[(기초재고수량)+(당기매입수량)]에서 실사를 통해 파악된 기말재고수량을 차감하여 매출수량을 결정하는 방법이다.

	㉠	㉡
①	기초재고조사법	기말재고조사법
②	계속기록법	기말재고조사법
③	계속기록법	실질재고조사법
④	기초재고조사법	실질재고조사법
⑤	기말재고조사법	실질재고조사법

39 다음 중 채권에 들어갈 계정과목 중 옳지 않은 것은?

구분	채권	채무
영업관련	A. 외상매출금	외상매입금
	B. 받을어음	지급어음
영업외	C. 미수금	미지급금
	D. 차입금	대여금
계약	E. 선급금	선수금

① A   ② B
③ C   ④ D
⑤ E

40 재무정보가 유용하기 위해 갖추어야 할 주요 속성으로는 크게 근본적인 질적 특성인 목적적합성과 충실한 표현, 즉 표현의 충실성으로 볼 수 있다. 다음 중 이러한 근본적 질적 특성을 보강해 주는 보강적 질적 특성에 해당하는 것이 아닌 것은?

① 비교가능성
② 검증가능성
③ 적시성
④ 생산성
⑤ 이해가능성

41 주당 액면금액이 5,000원인 보통주 100주를 주당 8,000원에 현금 발행한 경우 재무제표에 미치는 영향으로 옳지 않은 것은?

① 자산 증가
② 자본 증가
③ 수익 불변
④ 부채 불변
⑤ 이익잉여금 증가

42 다음 중 포괄손익계산서에 표시되는 계정과목은?

① 금융원가
② 이익잉여금
③ 영업권
④ 매출채권
⑤ 미지급법인세

43 다음 중 원가에 대한 설명으로 옳은 것은?

① 기회원가는 미래에 발생할 원가로서 의사결정 시 고려하지 않는다.
② 관련 범위 내에서 혼합원가는 조업도가 0이라도 원가는 발생한다.
③ 관련 범위 내에서 생산량이 감소하면 단위당 고정원가도 감소한다.
④ 관련 범위 내에서 생산량이 증가하면 단위당 변동원가도 증가한다.
⑤ 통제가능원가란 특정 관리자가 원가발생을 통제할 수는 있으나 책임질 수 없는 원가를 말한다.

44 다음 〈보기〉 중 재무제표의 표시와 작성에 대한 설명으로 옳은 것을 모두 고르면?

> **보기**
>
> ㄱ. 재무상태표에 표시되는 자산과 부채는 반드시 유동자산과 비유동자산, 유동부채와 비유동부채로 구분하여 표시한다.
> ㄴ. 영업활동을 위한 자산의 취득시점부터 그 자산이 현금이나 현금성자산으로 실현되는 시점까지 소요되는 기간이 영업주기이다.
> ㄷ. 비용의 기능에 대한 정보가 미래현금흐름을 예측하는 데 유용하기 때문에 비용을 성격별로 분류하는 경우에는 비용의 기능에 대한 추가 정보를 공시하는 것이 필요하다.
> ㄹ. 자본의 구성요소인 기타포괄손익누계액과 자본잉여금은 포괄손익계산서와 재무상태표를 연결시키는 역할을 한다.
> ㅁ. 현금흐름표는 기업의 활동을 영업활동, 투자활동, 재무활동으로 구분한다.

① ㄱ, ㄴ   ② ㄱ, ㄷ
③ ㄴ, ㄷ   ④ ㄴ, ㅁ
⑤ ㄷ, ㄹ

45 어느 제품의 변동비용은 2,000원이고, 가격은 5,000원이다. 또한 이 제품을 만드는 기업의 총고정비용이 500만 원일 때, 이 제품의 공헌이익률은?

① 0.2   ② 0.6
③ 0.8   ④ 1.2
⑤ 1.5

46 다음은 S사의 재무제표 중 일부이다. 자기자본이익률(ROE)을 바르게 구한 것은?

(단위 : 억 원)

매출액	4,000
자기자본	300
당기순이익	150
영업이익	820

① 50%   ② 48%
③ 35%   ④ 20%
⑤ 15%

47 A씨와 B씨는 부동산투자를 통해 임대수익을 얻고자 상가를 3,000만 원에 매입했다. 임대금이 다음과 같을 때 상가의 임대수익률은?

임차인	임대금
A	500만 원
B	700만 원

① 25%
② 30%
③ 35%
④ 40%
⑤ 50%

48 A는 2023년 1월 1일에 기계 1대를 구입하였다. 해당 기계의 취득원가는 100,000원이고 잔존가치는 16,810원일 때, 내용연수 5년 기준으로 2024년의 정률법을 적용한 감가상각비는?(단, 정률은 30%, 결산일은 12월 31일이다)

① 21,000원
② 24,700원
③ 30,000원
④ 34,870원
⑤ 35,000원

49 표준원가계산제도를 도입하고 있는 S사는 지난 달 직접재료 600kg을 240,000원에 구입하였고, 이 가운데 450kg을 제품생산에 투입하였다. 제품단위당 표준직접재료수량은 4.0kg이며, 예산 생산량은 150단위이다. 직접재료원가의 가격 차이는 4,500원(유리)이었고, 수량 차이가 13,940원(불리)일 때, 실제 생산량은?(단, 가격 차이 분석시점을 분리하지 않는다)

① 104단위
② 108단위
③ 110단위
④ 118단위
⑤ 121단위

50 S회사는 2024년 7월 1일 내용연수 5년의 기계장치를 1,000,000원에 취득하였다. 잔존가치는 100,000원이고, 연수합계법에 의해 상각한다. 이 기계장치와 관련해 S회사가 2024년도에 인식할 감가상각비는 얼마인가?

① 130,000원
② 140,000원
③ 150,000원
④ 160,000원
⑤ 170,000원

미래는 자신이 가진 꿈의 아름다움을 믿는 사람들의 것이다.

– 엘리노어 루즈벨트 –

PART 3

기술직 전공

01 다음 중 겹침의 원리(Principal of Superposition)에 대한 설명으로 옳지 않은 것은?

① 탄성한도 이하의 외력이 작용할 때 성립한다.

② 외력과 변형이 비선형관계에 있을 때 성립한다.

③ 여러 종류의 하중이 실린 경우에 이 원리를 이용하면 편리하다.

④ 부정정 구조물에서도 성립한다.

⑤ 작용하는 하중에 의해 구조물의 변형이 많아서는 안 된다.

02 다음 그림을 보고 주어진 도형의 단면의 도심을 구하면?

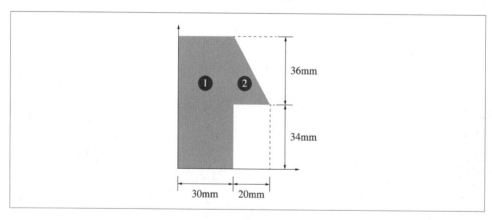

	x축	y축
①	약 20.78mm	약 39.77mm
②	약 23.54mm	약 43.34mm
③	약 27.56mm	약 46.05mm
④	약 31.72mm	약 49.97mm
⑤	약 35.02mm	약 52.78mm

03 단면이 원형인 보에 휨모멘트 M이 작용할 때, 이 보에 작용하는 최대 휨응력은?(단, 원형의 반지름은 r이다)

① $\dfrac{2M}{\pi r^3}$ ② $\dfrac{4M}{\pi r^3}$

③ $\dfrac{8M}{\pi r^3}$ ④ $\dfrac{16M}{\pi r^3}$

⑤ $\dfrac{32M}{\pi r^3}$

04 다음 그림과 같은 단면적 1cm^2, 길이 1m인 철근 AB부재가 있다. 이 철근이 최대 $\delta = 1.0\text{cm}$ 늘어날 때 이 철근의 허용하중 P는?[단, 철근의 탄성계수(E)는 $2.1 \times 10^4 \text{kN/cm}^2$이다]

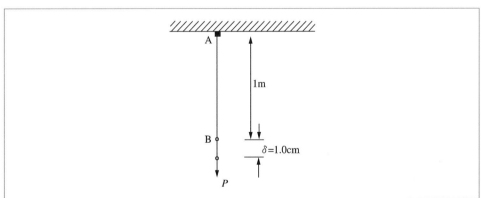

① 160kN ② 180kN

③ 210kN ④ 240kN

⑤ 270kN

05 다음 그림에서 휨모멘트가 최대가 되는 단면의 위치는 B점에서 얼마만큼 떨어져 있는가?

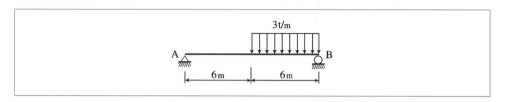

① 4.2m

② 4.5m

③ 4.8m

④ 5.2m

⑤ 5.5m

06 반지름이 25cm인 원형단면을 가지는 단주에서 핵의 면적은 얼마인가?

① 약 122.7cm^2

② 약 168.7cm^2

③ 약 245.4cm^2

④ 약 335.4cm^2

⑤ 약 421.7cm^2

07 다음 중 기둥의 좌굴하중에 대한 설명으로 옳지 않은 것은?

① 기둥의 탄성계수에 비례한다.

② 유효좌굴계수와 반비례한다.

③ 기둥의 휨강도에 반비례한다.

④ 기둥 길이의 제곱에 반비례한다.

⑤ 기둥 단면의 단면 2차 모멘트에 정비례한다.

08 다음 중 다각측량의 순서로 옳은 것은?

① 계획 – 답사 – 선점 – 조표 – 관측
② 계획 – 선점 – 답사 – 조표 – 관측
③ 계획 – 선점 – 답사 – 관측 – 조표
④ 계획 – 답사 – 선점 – 관측 – 조표
⑤ 계획 – 관측 – 답사 – 선점 – 조표

09 다음 그림에서 y축에 대한 단면 2차 모멘트의 값은?

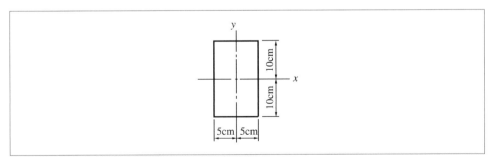

① 약 $6,333\text{cm}^4$
② 약 $4,666\text{cm}^4$
③ 약 $1,667\text{cm}^4$
④ 약 $1,416\text{cm}^4$
⑤ 약 432cm^4

10 트래버스 측량으로 측정한 폐합 트래버스의 측점 A ~ E의 X, Y좌표가 다음과 같을 때, 트래버스 면적을 좌표법으로 구하면?(단, 단위는 m이다)

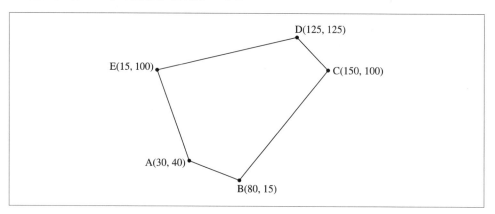

① $8,631.5\text{m}^2$

② $8,737.5\text{m}^2$

③ $8,957.5\text{m}^2$

④ $9,035.5\text{m}^2$

⑤ $9,437.9\text{m}^2$

11 다음 중 지형측량의 과정을 순서대로 바르게 나열한 것은?

① 측량 계획 – 골조측량 – 측량원도 작성 – 세부측량

② 측량 계획 – 세부측량 – 측량원도 작성 – 골조측량

③ 측량 계획 – 측량원도 작성 – 골조측량 – 세부측량

④ 측량 계획 – 골조측량 – 세부측량 – 측량원도 작성

⑤ 측량 계획 – 측량원도 작성 – 세부측량 – 골조측량

12 대한민국에서 1등 삼각망의 폐합오차의 허용범위는?

① $\pm 1''$

② $\pm 2''$

③ $\pm 5''$

④ $\pm 10''$

⑤ $\pm 20''$

13 다음 중 DGPS(Differential GPS)에 대한 설명으로 옳지 않은 것은?

① 후처리 DGPS는 반송파를 이용함으로 정밀도가 낮은 편이다.

② DGPS의 이동국은 보정치를 사용하여 보정 가능한 오차를 제거한다.

③ DGPS는 실시간 또는 후처리방식으로 가능하며, 코드측정법이라 한다.

④ DGPS는 기준국에서 추적 가능한 모든 위성의 의사거리 보정치를 계산한다.

⑤ 실시간 DGPS는 보정자료를 실시간으로 제공하고, 현장인력이 필요하지 않다.

14 관수로에서 관의 마찰손실계수가 0.02, 관의 지름이 40cm일 때, 관내 물의 흐름이 100m를 흐르는 동안 2m의 마찰손실수두가 발생하였다면 관내의 유속은?

① 약 0.3m/s

② 약 1.3m/s

③ 약 2.8m/s

④ 약 3.8m/s

⑤ 약 4.2m/s

15 저수지의 측벽에 폭 20cm, 높이 5cm의 직사각형 오리피스를 설치하여 유량 200L/s를 유출시키려고 할 때, 수면으로부터의 오피리스 설치 위치는?(단, 유량계수 $C=0.62$이다)

① 약 33m ② 약 43m

③ 약 53m ④ 약 63m

⑤ 약 73m

16 다음 중 상수도관의 종류와 그 설명이 바르게 연결된 것은?

① PVC관 : 내식성이 작고, 자외선에 강하다.

② 강관 : 절단가공이 쉽고, 관내면이 매끄럽다.

③ 덕타일 주철관 : 강도가 작고, 시공성이 높다.

④ 흄관 : 내압력이 크고, 현장에서 시공성이 낮다.

⑤ 주철관 : 충격에 강하고, 이형관의 제작이 힘들다.

17 안지름 2m의 관내를 20℃의 물이 흐르고 있다. 이 물의 동점성계수가 $0.0101\text{cm}^2/\text{s}$이고 속도가 50cm/s일 때, 레이놀즈수(Reynolds Number)는?

① 약 960,000 ② 약 970,000

③ 약 980,000 ④ 약 990,000

⑤ 약 1,000,000

18 다음 하수의 처리방법 중 생물막법에 해당되는 것은?

① 산화구법   ② 심층포기법
③ 회전원판법   ④ 활성슬러지법
⑤ 수정식 폭기법

19 다음과 같은 집중호우가 자기기록지에 기록되었다. 지속기간 20분 동안의 최대강우강도는?

시간	5분	10분	15분	20분	25분	30분	35분	40분
누가우량	2mm	5mm	10mm	20mm	35mm	40mm	43mm	45mm

① 95mm/h   ② 105mm/h
③ 115mm/h   ④ 125mm/h
⑤ 135mm/h

20 다음 중 관수로의 흐름이 층류인 경우 마찰손실계수(f)에 대한 설명으로 옳은 것은?

① 조도에만 영향을 받는다.
② 레이놀즈수에만 영향을 받는다.
③ 항상 0.2778로 일정한 값을 갖는다.
④ 조도와 레이놀즈수에 영향을 받는다.
⑤ 조도와 레이놀즈수와 무관하게 재료의 재질에 따라 다르다.

21 다음 중 일반적인 상수도 계통도를 순서대로 바르게 나열한 것은?

① 수원 및 저수시설 → 취수 → 배수 → 송수 → 정수 → 도수 → 급수
② 수원 및 저수시설 → 취수 → 도수 → 정수 → 급수 → 배수 → 송수
③ 수원 및 저수시설 → 취수 → 도수 → 정수 → 송수 → 배수 → 급수
④ 수원 및 저수시설 → 취수 → 배수 → 정수 → 급수 → 도수 → 송수
⑤ 수원 및 저수시설 → 취수 → 정수 → 배수 → 도수 → 급수 → 송수

22 어떤 유입폐수의 BOD농도가 250mg/L이다. 폭기조의 부피는 4,000m^3, 유입폐수의 수량이 0.30m^3/s, 폭기조 내 휘발성 부유물의 농도가 5,000mg/L일 때 이 폐수의 F/M비는?

① 0.052
② 0.149
③ 0.237
④ 0.324
⑤ 0.415

23 어느 도시 오수의 계획 1일 최대 오수량은 50,000m^3/day이고 부유물 농도가 200mg/L이다. 이 오수를 표준활성슬러지법으로 처리하면 부유물제거율이 90%이고 함수율이 95% 슬러지가 발생한 다고 할 때, 슬러지발생량은?

① 120t/day
② 180t/day
③ 240t/day
④ 300t/day
⑤ 360y/day

24 BOD 300mg/L의 폐수 25,000m^3/day를 활성슬러지법으로 처리하려고 한다. 반응조 내의 MLSS 농도가 2,000mg/L, F/M비가 1.0kg BOD/kg MLSS · day로 처리하려고 한다면, BOD 용적부하는?

① 5kg BOD/m^3 · day
② 4kg BOD/m^3 · day
③ 3kg BOD/m^3 · day
④ 2kg BOD/m^3 · day
⑤ 1kg BOD/m^3 · day

25 침사지의 용량은 계획취수량을 몇 분간 저류시킬 수 있어야 하는가?

① 10 ~ 20분   ② 20 ~ 30분

③ 30 ~ 40분   ④ 40 ~ 50분

⑤ 50 ~ 60분

26 다음 중 급수관의 배관에 대한 설비기준으로 옳지 않은 것은?

① 급수관을 공공도로에 부설하는 경우 다른 매설물과의 간격은 30cm 이상 확보한다.

② 급수관을 지하층에 배관할 경우에는 가급적 지수밸브와 역류방지장치를 설치하지 않는다.

③ 급수관의 부설은 가능한 한 배수관에서 분기하여 수도미터 보호통까지 직선으로 배관한다.

④ 급수관을 부설하고 되메우기를 할 때에는 양질토 또는 모래를 사용하여 적절하게 다짐한다.

⑤ 동결이나 결로의 우려가 있는 급수장치의 노출부에 대해서는 적절한 방한 장치가 필요하다.

27 다음 중 터널공법에서 TBM공법에 대한 설명으로 옳은 것은?

① 터널의 품질관리가 어렵다.

② 암반자체를 지보재로 사용한다.

③ 숏크리트와 록볼트가 주로 사용된다.

④ 터널 내의 반발량이 크고 분진량이 많다.

⑤ 초기 투자비가 적고 사용하기에 편리하다.

28 다음 중 흙의 다짐에 대한 설명으로 옳지 않은 것은?

① 조립토는 세립토보다 최대 건조단위중량이 커진다.

② 습윤측 다짐을 하면 흙의 구조가 면모구조가 된다.

③ 최적함수비로 다질 때 최대 건조단위중량이 된다.

④ 동일한 다짐 에너지에 대해서는 건조측이 습윤측보다 더 큰 강도를 보인다.

⑤ 낮은 압력에서는 습윤쪽으로, 높은 압력에서는 건조쪽으로 다지는 흙의 압축성이 커진다.

29 다음 중 표준관입시험에 대한 설명으로 옳지 않은 것은?

① 고정 Piston 샘플러를 사용한다.

② 질량(63.5±0.5)kg인 해머를 사용한다.

③ 해머의 낙하높이는 (760±10)mm이다.

④ 샘플러를 지반에 300mm 박아 넣는 데 필요한 타격횟수를 N값이라고 한다.

⑤ 사질토의 경우에는 N값에서 전단 강도나 모래의 압축성 등을 판정할 수 있다.

30 지름이 10cm, 높이가 20cm인 모래시료에 정수위 투수시험을 진행한 결과 정수두 40cm로 하여 5초간의 유출량이 86.3cm³가 되었다. 이 시료의 투수계수(k)는?

① 12.683×10^{-2}cm/sec

② 11.800×10^{-2}cm/sec

③ 10.988×10^{-2}cm/sec

④ 9.029×10^{-2}cm/sec

⑤ 8.683×10^{-2}cm/sec

31 토립자의 비중이 2.60인 흙의 전체단위중량이 $2.0t/m^3$이고, 함수비가 20%라고 할 때 이 흙의 포화도는?

① 약 66.79%

② 약 72.41%

③ 약 73.44%

④ 약 81.23%

⑤ 약 92.85%

32 다음 중 단순보 상하부재의 처짐에 대한 설명으로 옳지 않은 것은?

① 보의 형태에 따라 처짐에 영향을 줄 수 있다.

② 보의 강도는 보의 처짐에 영향을 주지 않는다.

③ 보의 재질에 따라 열팽창 특성이 변할 수 있다.

④ 상하부재 사이의 온도 차이가 클수록 처짐량은 증가한다.

⑤ 길이가 긴 보일수록 자체적으로 처지는 정도가 더 많다.

33 폭 40cm, 유효깊이 70cm인 직사각형보의 위험단면에 계수전단력 0.1MN이 작용했다면 공칭전단강도 V_u 는 얼마 이상이어야 하는가?

① 0.025MN   ② 0.133MN

③ 0.324MN   ④ 0.355MN

⑤ 0.386MN

34 다음 중 최대 휨모멘트가 일어나지 않는 단면에서는 1방향 슬래브의 정부 철근의 중심 간격이 얼마인가?

① 슬래브 두께의 3배 이하 또는 450mm 이하

② 슬래브 두께의 2배 이하 또는 500mm 이하

③ 슬래브 두께의 3배 이하 또는 400mm 이하

④ 슬래브 두께의 2배 이하 또는 450mm 이하

⑤ 슬래브 두께의 3배 이하 또는 500mm 이하

35 다음 중 비접착식 포스트텐션 공법에 대한 설명으로 옳지 않은 것은?

① 그라우팅 작업이 필요 없다.

② 보강 철근량이 상대적으로 적다.

③ 정착구는 응력을 상시로 전달한다.

④ PC강선과 콘크리트가 서로 접촉하지 않는 공법이다.

⑤ 일반 건물, 주차장 등의 슬래브나 보에 적합한 공법이다.

36 다음 중 아치(Arch)의 특성으로 옳지 않은 것은?

① 아치는 통상 수평반력이 생긴다.

② 부재 단면은 주로 축방향력을 받는 구조이다.

③ 수평반력은 각 단면에서의 휨모멘트를 감소시킨다.

④ 휨모멘트나 압축에는 저항이 불가능하며 오직 장력에만 견딘다.

⑤ 굽힘 응력을 적게 하기 위해 하중이 작용하는 방향을 볼록 곡선형으로 만든 구조이다.

37 다음 그림과 같은 보에서 A지점의 반력은?

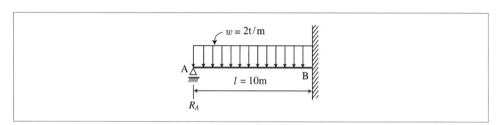

① 6.5t   ② 7.5t

③ 8.5t   ④ 9.5t

⑤ 10.5t

38 다음 캔틸레버보 선단 B의 처짐각(Slope, 요각)은?(단, EI는 일정하다)

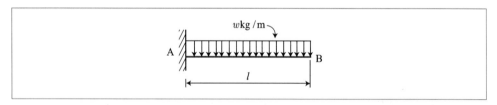

① $\dfrac{wl^3}{3EI}$ ② $\dfrac{wl^3}{6EI}$

③ $\dfrac{wl^3}{8EI}$ ④ $\dfrac{2wl^3}{3EI}$

⑤ $\dfrac{2wl^3}{6EI}$

39 다음과 같은 T형보를 콘크리트 압축응력 등가직사각형블록으로 가정할 때, 등가직사각형 응력블록 깊이는?(단, $\eta=1$, $f_{ck}=24\text{MPa}$, $f_y=300\text{MPa}$, $A_s=7,460\text{mm}^2$이다)

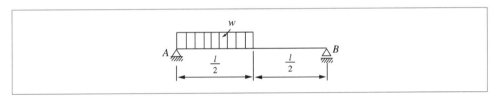

① 약 88.7mm
② 약 92.6mm
③ 약 95.1mm
④ 약 99.4mm
⑤ 약 101.5mm

40 다음 보에서 지점 A부터 최대 휨모멘트가 생기는 단면의 위치는?

① $\dfrac{1}{3}l$
② $\dfrac{1}{4}l$
③ $\dfrac{2}{5}l$
④ $\dfrac{3}{7}l$
⑤ $\dfrac{3}{8}l$

41 금속의 탄성계수가 $E=230,000\text{MPa}$이고, 전단탄성계수 $G=60,000\text{MPa}$일 때, 이 금속의 푸아송비(ν)는?

① 약 0.917
② 약 0.824
③ 약 0.766
④ 약 0.621
⑤ 약 0.586

42 한 변의 길이가 10m인 정사각형 토지를 축척 1 : 600인 도상에서 관측한 결과, 도상의 변 관측 오차가 0.2mm씩 발생하였다. 다음 중 실제 면적에 대한 오차 비율은?

① 1.2%

② 2.4%

③ 4.8%

④ 6.0%

⑤ 7.2%

43 다음 중 하천에서 2점법으로 평균유속을 구할 경우 관측하여야 할 두 지점의 위치는?

① 수면으로부터 수심의 $\dfrac{1}{5}$, $\dfrac{3}{5}$ 지점

② 수면으로부터 수심의 $\dfrac{1}{5}$, $\dfrac{4}{5}$ 지점

③ 수면으로부터 수심의 $\dfrac{2}{5}$, $\dfrac{3}{5}$ 지점

④ 수면으로부터 수심의 $\dfrac{2}{5}$, $\dfrac{4}{5}$ 지점

⑤ 수면으로부터 수심의 $\dfrac{3}{5}$, $\dfrac{4}{5}$ 지점

44 시가지에서 5개의 측점으로 폐합 트래버스를 구성하여 내각을 측정한 결과 각관측 오차가 $30''$이었다. 각관측의 경중률이 동일할 때, 각오차의 처리방법으로 옳은 것은?(단, 시가지의 허용오차 범위는 $20''\sqrt{n} \sim 30''\sqrt{n}$ 이다)

① 재측량한다.

② 각의 크기에 관계없이 등배분한다.

③ 각의 크기에 비례하여 배분한다.

④ 각의 크기에 반비례하여 배분한다.

⑤ 처리할 수 없다.

45 하천의 유속측정 결과, 수면으로부터 깊이의 2/10, 4/10, 6/10, 8/10 되는 곳의 유속(m/s)이 각각 0.662, 0.552, 0.442, 0.332이었다면 3점법에 의한 평균유속은?

① 0.4603m/s　　　　　　　　② 0.4695m/s

③ 0.5245m/s　　　　　　　　④ 0.5337m/s

⑤ 0.5463m/s

46 60m당 0.04m가 짧은 줄자를 사용하여 정사각형 토지의 한 변을 측정한 결과가 240m일 때, 면적에 대한 오차는?

① 42.3m^2　　　　　　　　② 50.2m^2

③ 65.7m^2　　　　　　　　④ 76.8m^2

⑤ 81.3m^2

47 콘크리트의 강도설계에서 등가직사각형 응력블록의 깊이는 $a = \beta_1 c$로 표현할 수 있다. f_{ck}가 60MPa일 때, β_1의 값은 얼마인가?

① 0.85　　　　　　　　② 0.82

③ 0.76　　　　　　　　④ 0.74

⑤ 0.71

48 DGPS를 적용할 경우 기지점과 미지점에서 측정한 결과로부터 공통오차를 상쇄시킬 수 있기 때문에 측량의 정확도를 높일 수 있다. 이때 상쇄되는 오차요인으로 옳지 않은 것은?

① 위성의 궤도정보오차
② 다중경로오차
③ 전리층 신호지연
④ 대류권 신호지연
⑤ 위성의 시계오차

49 유효수심이 6.2m인 최종 침전지의 수면적 부하가 $29.76\text{m}^3/\text{m}^2 \cdot \text{day}$일 때, 체류시간은?

① 1시간
② 2시간
③ 3시간
④ 4시간
⑤ 5시간

50 폭이 400mm이고 유효깊이가 600mm인 철근콘크리트 단철근 직사각형 보의 균형철근비는?(단, $f_{ck}=23\text{MPa}$, $f_y=400\text{MPa}$, $E_c=200,000\text{MPa}$이다)

① 약 0.024
② 약 0.027
③ 약 0.031
④ 약 0.033
⑤ 약 0.035

01 다음 중 단독주택 계획에 대한 설명으로 옳지 않은 것은?

① 건물이 대지의 남측에 배치되도록 한다.

② 건물은 가능한 동서로 긴 형태가 좋다.

③ 동지 때 최소한 4시간 이상의 햇빛이 들어오도록 한다.

④ 현관의 위치는 대지의 형태, 도로와의 관계 등에 의하여 결정된다.

⑤ 인접 대지에 기존 건물이 없더라도 개발 가능성을 고려하도록 한다.

02 다음 중 공장의 레이아웃 계획에 대한 설명으로 옳지 않은 것은?

① 플랜트 레이아웃은 공장건축의 기본설계와 병행하여 이루어진다.

② 고정식 레이아웃은 조선소와 같이 제품이 크고 수량이 적을 경우에 적용된다.

③ 다품종 소량생산이나 주문생산 위주의 공장에는 공정 중심의 레이아웃이 적합하다.

④ 제품 중심의 레이아웃은 대량생산에 유리하며 생산성이 높다.

⑤ 레이아웃 계획은 작업장 내의 기계설비 배치에 대한 것으로, 공장 규모 변화에 따른 융통성은 고려대상이 아니다.

03 다음 중 무기질 단열재료가 아닌 것은?

① ALC 패널   ② 세라믹 섬유

③ 펄라이트 판   ④ 규산 칼슘판

⑤ 셀룰로오스 섬유판

04 다음 중 사무소 건물의 엘리베이터 배치 시 고려사항으로 옳지 않은 것은?

① 교통동선의 중심에 설치하여 보행거리가 짧도록 배치한다.

② 대면배치의 경우, 대면거리는 동일 군 관리의 경우 3.5 ~ 4.5m로 한다.

③ 엘리베이터 홀은 엘리베이터 정원 합계의 약 50%를 수용할 수 있어야 한다.

④ 여러 대의 엘리베이터를 설치하는 경우, 그룹별 배치와 군 관리 운전방식으로 한다.

⑤ 일렬 배치는 6대를 한도로 하고, 엘리베이터 중심 간 거리는 10m 이하가 되도록 한다.

05 다음 중 피난층 외의 층으로서 피난층 또는 지상으로 통하는 직통계단을 2개소 이상 설치하여야 하는 대상 기준으로 옳지 않은 것은?

① 지하층으로서 그 층 거실의 바닥면적의 합계가 $200m^2$ 이상인 것

② 종교시설의 용도로 쓰는 층으로서 해당 용도로 쓰는 바닥면적의 합계가 $200m^2$ 이상인 것

③ 판매시설의 용도로 쓰는 3층 이상의 층으로서 해당 용도로 쓰는 거실의 바닥면적의 합계가 $200m^2$ 이상인 것

④ 업무시설 중 오피스텔의 용도로 쓰는 층으로서 해당 용도로 쓰는 거실의 바닥면적의 합계가 $200m^2$ 이상인 것

⑤ 숙박시설의 용도로 쓰는 3층 이상의 층으로서 해당 용도로 쓰는 거실의 바닥면적의 합계가 $300m^2$ 이상인 것

06 다음 중 트러스 해법의 기본 가정으로 옳지 않은 것은?

① 절점을 연결하는 직선은 부재축과 일치한다.

② 외력은 모두 절점에 작용하는 것으로 한다.

③ 부재를 연결하는 절점은 강절점으로 간주한다.

④ 외력은 모두 트러스를 포함한 평면 안에 있는 것으로 한다.

⑤ 모든 부재는 직선재이며, 부재의 자중 및 변형은 무시한다.

07 다음 글의 특징을 갖는 부엌의 평면형은?

> • 작업 시 몸을 앞뒤로 바꾸어야 하는 불편이 있다.
> • 식당과 부엌이 개방되지 않고 외부로 통하는 출입구가 필요한 경우에 많이 쓰인다.

① 일렬형　　　　　　　　　　　② ㄱ자형
③ 병렬형　　　　　　　　　　　④ ㄷ자형
⑤ LDK형

08 다음 중 일사에 대한 설명으로 옳지 않은 것은?

① 일사에 의한 건물의 수열은 방위에 따라 차이가 있다.
② 추녀와 차양은 창면에서의 일사조절 방법으로 사용된다.
③ 일사에 의한 건물의 수열이나 흡열은 하계의 실내 환경을 약화시킨다.
④ 블라인드, 루버, 롤스크린은 계절이나 시간, 실내의 사용상황에 따라 일사를 조절할 수 있다.
⑤ 일사조절의 목적은 일사에 의한 건물의 수열이나 흡열을 작게 하여 동계의 실내 기후의 악화를 방지하는 데 있다.

09 철근콘크리트 PC 기둥을 8톤 트럭으로 운반하고자 한다. 차량 1대에 최대로 적재 가능한 PC 기둥의 수는?(단, PC 기둥의 단면크기는 30cm×60cm이고, 길이는 3m이다)

① 1개　　　　　　　　　　　　② 2개
③ 4개　　　　　　　　　　　　④ 6개
⑤ 8개

10 다음 중 철골조 주각부분에 사용하는 보강재에 해당되지 않는 것은?

① 클립앵글
② 윙플레이트
③ 사이드앵글
④ 데크플레이트
⑤ 리브플레이트

11 다음 중 학교의 강당 계획에 대한 설명으로 옳지 않은 것은?

① 체육관의 크기는 배구코트의 크기를 표준으로 한다.
② 강당은 반드시 전교생을 수용할 수 있도록 크기를 결정하지는 않는다.
③ 강당 및 체육관으로 겸용하게 될 경우 체육관 목적으로 치중하는 것이 좋다.
④ 강당 겸 체육관은 커뮤니티의 시설로서 이용될 수 있도록 고려하여야 한다.
⑤ 초등학교, 중학교, 고등학교별로 강당 소요면적을 다르게 한다.

12 다음 중 건축물 높낮이의 기준이 되는 벤치마크(Benchmark)에 대한 설명으로 옳지 않은 것은?

① 수직규준틀이라고도 한다.
② 이동 또는 소멸 우려가 없는 장소에 설치한다.
③ 이동 등 훼손될 것을 고려하여 2개소 이상 설치한다.
④ 공사가 완료된 뒤라도 건축물의 침하, 경사 등의 확인을 위해 사용되기도 한다.
⑤ 지면에서 0.5~1.0m 정도 바라보기 좋고 공사에 지장이 없는 곳에 설치한다.

13 다음 그림과 같은 단면을 가진 압축재의 유효좌굴길이가 250mm일 때 오일러의 좌굴하중 값은?
(단, $E = 210,000$MPa이다)

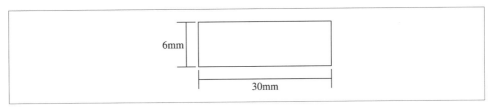

① 약 17.9kN
② 약 43.0kN
③ 약 52.9kN
④ 약 64.7kN
⑤ 약 68.9kN

14 다음 중 공기조화방식에서 팬코일 유닛 방식에 대한 설명으로 옳지 않은 것은?

① 덕트 방식에 비해 유닛의 위치 변경이 용이하다.
② 실내용 소형 공조기이므로 고도의 공기처리를 할 수 없다.
③ 유닛을 창문 밑에 설치하면 콜드 드래프트를 줄일 수 있다.
④ 전공기 방식으로 각 실에 수배관으로 인한 누수의 우려가 없다.
⑤ 각 실의 유닛은 수동으로도 제어할 수 있고, 개별 제어가 용이하다.

15 공작물을 축조할 때 특별자치시장·특별자치도지사 또는 시장·군수·구청장에게 신고를 하여야 하는 대상 공작물이 아닌 것은?(단, 건축물과 분리하여 축조하는 경우이다)

① 높이 3m인 담장
② 높이 5m인 굴뚝
③ 높이 5m인 광고탑
④ 높이 5m인 광고판
⑤ 높이 5m인 담장

16 다음 그림과 같은 부정정 구조물의 A단 수직반력은?

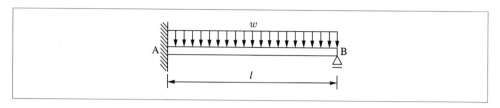

① $\dfrac{5wL}{8}$

② $\dfrac{4wL}{2}$

③ $\dfrac{3wL}{8}$

④ $\dfrac{2wL}{3}$

⑤ $\dfrac{wL}{2}$

17 다음 중 광원의 연색성에 대한 설명으로 옳지 않은 것은?

① 할로겐전구의 연색평가수(Ra)가 가장 크다.

② 고압수은램프의 평균 연색평가수(Ra)는 100이다.

③ 연색성을 수치로 나타낸 것을 연색평가수라고 한다.

④ 평균 연색평가수(Ra)가 100에 가까울수록 연색성이 좋다.

⑤ 물체가 광원에 의하여 조명될 때, 그 물체의 색의 보임을 정하는 광원의 성질을 말한다.

18 다음 그림과 같은 이동하중이 스팬 10m의 단순보 위를 지날 때 절대 최대 휨모멘트를 구하면?

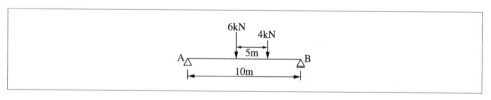

① 16kN · m

② 18kN · m

③ 25kN · m

④ 30kN · m

⑤ 40kN · m

19 다음 중 건축마감공사에서 단열공사에 대한 설명으로 옳지 않은 것은?

① 시공부위에 따른 공법은 벽단열, 바닥단열, 지붕단열 공법 등으로 분류할 수 있다.

② 설치위치에 따른 단열공법 중 내단열공법은 단열성능이 적고 내부 결로가 발생할 우려가 있다.

③ 단열재를 접착제로 바탕에 붙이고자 할 때에는 바탕면을 평탄하게 한 후 밀착하여 시공하되 초기 박리를 방지하기 위해 압착상태를 유지시킨다.

④ 단열재료에 따른 공법은 성형판단열재 공법, 현장발포재 공법, 뿜칠단열재 공법 등으로 분류할 수 있다.

⑤ 단열시공바탕은 단열재 또는 방습재 설치에 못, 철선, 모르타르 등의 돌출물이 도움이 되므로 제거하지 않아도 된다.

20 다음 중 강구조에 대한 설명으로 옳지 않은 것은?

① 고열에 취약하여 내피회복이 필요하다.

② 재료가 불에 타지 않기 때문에 내화성이 크다.

③ 장스팬의 구조물이나 고층 구조물에 적합하다.

④ 강재는 다른 구조재료에 비하여 균질도가 높다.

⑤ 단면에 비하여 부재길이가 비교적 길고 두께가 얇아 좌굴하기 쉽다.

21 다음은 지하층과 피난층 사이의 개방공간 설치에 대한 기준 내용이다. 빈칸에 들어갈 내용으로 옳은 것은?

> 바닥면적의 합계가 _____ 이상인 공연장 · 집회장 · 관람장 또는 전시장을 지하층에 설치하는 경우 에는 각 실에 있는 자가 지하층 각 층에서 건축물 밖으로 피난하여 옥외 계단 또는 경사로 등을 이용 하여 피난층으로 대피할 수 있도록 천장이 개방된 외부 공간을 설치하여야 한다.

① $1,000m^2$ ② $2,000m^2$

③ $3,000m^2$ ④ $4,000m^2$

⑤ $5,000m^2$

22 900명을 수용하고 있는 극장에서 실내 CO_2 농도를 0.1%로 유지하기 위해 필요한 환기량은?(단, 외기 CO_2 농도는 0.04%, 1인당 CO_2 배출량은 18L/h 이다)

① $27,000m^3/h$ ② $30,000m^3/h$

③ $60,000m^3/h$ ④ $66,000m^3/h$

⑤ $72,000m^3/h$

23 프리스트레스하지 않는 부재의 현장치기 콘크리트에서 흙에 접하여 콘크리트를 친 후, 영구히 흙에 묻혀 있는 콘크리트 부재의 최소 피복두께는?

① 40mm   ② 55mm

③ 60mm   ④ 75mm

⑤ 100mm

24 다음 중 조적조에 발생하는 백화현상을 방지하기 위하여 취할 수 있는 조치로 옳지 않은 것은?

① 잘 구워진 벽돌을 사용한다.

② 줄눈 모르타르에 방수제를 넣는다.

③ 줄눈부분을 방수처리하여 빗물을 막는다.

④ 생석회를 혼합하여 줄눈 모르타르를 바른다.

⑤ 차양 등의 비막이를 설치하여 벽에 직접 비가 맞지 않도록 한다.

25 다음 중 일반적으로 연면적에 대한 숙박면적의 비율이 가장 큰 호텔은?

① 해변 호텔   ② 리조트 호텔

③ 커머셜 호텔   ④ 레지덴셜 호텔

⑤ 터미널 호텔

26 다음 중 연약지반에 기초구조를 적용할 때 부동침하를 감소시키기 위한 상부구조의 대책으로 옳지 않은 것은?

① 건물을 경량화할 것

② 강성을 크게 할 것

③ 신축이음을 설치할 것

④ 부분 증축을 가급적 피할 것

⑤ 폭이 일정할 경우 건물의 길이를 길게 할 것

PART 3

27 다음 글이 설명하는 공법으로 옳은 것은?

> 미리 공장 생산한 기둥이나 보, 바닥판, 외벽, 내벽 등을 한 층씩 쌓아 올라가는 조립식으로 구체를 구축하고 이어서 마감 및 설비공사까지 포함하여 차례로 한 층씩 완성해 가는 공법이다.

① 하프 PC합성바닥판공법 ② 역타공법

③ 적층공법 ④ 지하연속벽공법

⑤ 어스앵커공법

28 다음 그림과 같이 옹벽에 토압 10kN이 가해질 때, 이 옹벽이 전도되지 않기 위해 필요한 최소 자중(自重)은?

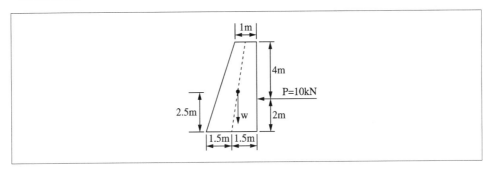

① 약 12.71kN ② 약 11.71kN

③ 약 10.44kN ④ 약 9.71kN

⑤ 약 8.44kN

29 압력탱크식 급수설비에서 탱크 내의 최고압력이 350kPa, 흡입양정이 5m인 경우, 압력탱크에 급수하기 위해 사용되는 급수펌프의 양정은?

① 약 3.5m

② 약 8.5m

③ 약 35m

④ 약 40m

⑤ 약 45m

30 다음 중 피난안전구역(건축물의 피난·안전을 위하여 건축물 중간층에 설치하는 대피공간)의 구조 및 설비에 대한 기준 내용으로 옳지 않은 것은?

① 내부마감재료는 불연재료로 설치할 것

② 피난안전구역의 높이는 2.1m 이상일 것

③ 비상용 승강기는 피난안전구역에서 승하차할 수 있는 구조로 설치할 것

④ 건축물의 내부에서 피난안전구역으로 통하는 계단은 피난계단의 구조로 설치할 것

⑤ 피난안전구역에는 식수공급을 위한 급수전을 1개소 이상 설치하고 예비전원에 의한 조명설비를 설치할 것

31 다음 중 증기난방에 대한 설명으로 옳지 않은 것은?

① 온수난방에 비해 예열시간이 짧다.

② 증기 순환이 빠르고 열의 운반능력이 크다.

③ 온수난방에 비해 한랭지에서 동결의 우려가 적다.

④ 운전 중 증기해머로 인한 소음발생의 우려가 있다.

⑤ 온수난방에 비해 부하변동에 따른 실내방열량 제어가 용이하다.

32 다음 중 건축공사비에 대한 설명으로 옳지 않은 것은?

① 공사비는 직접공사비와 간접공사비로 구성된다.

② 직접공사비의 구성은 인건비, 자재비, 장비사용료 등이 해당된다.

③ 공사속도를 빠르게 할수록 간접공사비는 감소한다.

④ 공사속도가 느릴수록 직접공사비는 증가한다.

⑤ 직접공사비의 원가는 자재비, 노무비, 외주비, 경비가 해당된다.

33 다음 그림과 같은 부정정 라멘의 B.M.D에서 P값을 구하면?

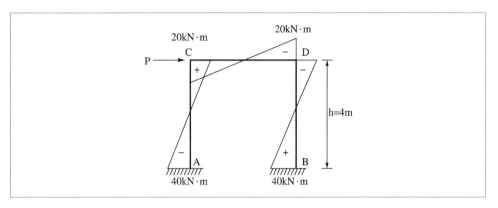

① 20kN   ② 30kN
③ 50kN   ④ 60kN
⑤ 70kN

34 다음 중 공사 착공시점의 인허가항목이 아닌 것은?

① 특정공사 사전신고   ② 가설건축물 축조신고
③ 오수처리시설 설치신고   ④ 비산먼지 발생사업 신고
⑤ 사업장폐기물배출자 신고

35 다음 중 미장재료에서 기경성 재료를 바르게 나열한 것은?

① 회반죽, 석고 플라스터, 돌로마이트 플라스터
② 시멘트 모르타르, 석고 플라스터, 회반죽
③ 석고 플라스터, 돌로마이트 플라스터, 진흙
④ 진흙, 회반죽, 돌로마이트 플라스터
⑤ 시멘트, 석회크림, 돌로마이트 플라스터

36 다음 중 아파트의 평면형식에 대한 설명으로 옳지 않은 것은?

① 입체형식은 단층형, 복층형으로 분류된다.

② 중복도형은 모든 세대의 향을 동일하게 할 수 없다.

③ 편복도형은 각 세대의 거주성이 균일한 배치 구성이 가능하다.

④ 홀형은 각 세대가 양쪽으로 개구부를 계획할 수 있는 관계로 일조와 통풍이 양호하다.

⑤ 집중형은 공용 부분이 오픈되어 있으므로, 공용 부분에 별도의 기계적 설비계획이 필요 없다.

37 다음 중 파이프구조에 대한 설명으로 옳지 않은 것은?

① 접합부의 절단가공이 어렵다.

② 파이프구조는 경량이며, 외관이 경쾌하다.

③ 형강에 비해 경량이며, 공사비가 저렴하다.

④ 파이프의 부재형상이 복잡하여 공사비가 증대된다.

⑤ 파이프구조는 대규모의 공장, 창고, 체육관, 동·식물원 등에 이용된다.

38 강도설계법에 의해서 전단보강 철근을 사용하지 않고 계수하중에 의한 전단력 $V_u = 50kN$을 지지하기 위한 직사각형 단면보의 최소 유효깊이 d는?(단, 보통중량콘크리트를 사용하고, $f_{ck} = 28MPa$, $b_w = 300mm$이다)

① 약 405mm

② 약 444mm

③ 약 504mm

④ 약 605mm

⑤ 약 648mm

39 다음 중 도시가스 배관 시공에 대한 설명으로 옳지 않은 것은?

① 건물 내에서는 반드시 은폐배관으로 한다.
② 배관 도중에 신축 흡수를 위한 이음을 한다.
③ 건물의 주요 구조부를 관통하지 않도록 한다.
④ 가스 사용시설의 지상배관은 황색으로 도색한다.
⑤ 건물의 규모가 크고 배관 연장이 길 경우는 계통을 나누어 배대한다.

40 다음 중 건축법령상 공사감리자가 수행하여야 하는 감리업무로 옳지 않은 것은?

① 공정표의 작성
② 상세시공도면의 검토·확인
③ 공사현장에서의 안전관리의 지도
④ 설계변경의 적정여부의 검토·확인
⑤ 시공계획 및 공사관리 적정여부 확인

41 다음 중 사무소 건축에서 기둥간격(Span)의 결정 요소로 옳지 않은 것은?

① 건물의 외관
② 주차배치의 단위
③ 책상배치의 단위
④ 구조상 스팬의 한도
⑤ 채광상 층고에 의한 안깊이

42 다음 중 바닥판과 보밑 거푸집 설계 시 고려해야 하는 하중으로 옳은 것은?

① 작업하중, 풍하중

② 충격하중, 풍하중

③ 고정하중, 풍하중

④ 굳지 않은 콘크리트 중량, 측압

⑤ 굳지 않은 콘크리트 중량, 충격하중

43 다음 중 H형강의 플랜지에 커버플레이트를 붙이는 주된 목적으로 옳은 것은?

① 휨내력의 보강을 위해

② 슬래브와의 전단접합을 위해

③ 웨브플레이트의 전단내력 보강을 위해

④ 수평부재 간 접합 시 틈새를 메우기 위해

⑤ 강판 사이의 각도를 유지하는 강도를 높이기 위해

44 다음 중 약전설비(소세력 전기설비)에 속하지 않는 것은?

① 조명설비   ② 전기음향설비

③ 감시제어설비   ④ 주차관제설비

⑤ 정보통신설비

45 층수가 12층이고 6층 이상의 거실면적의 합계가 12,000m²인 교육연구시설에 설치하여야 하는 8인승 승용승강기의 최소 대수는?

① 2대
② 3대
③ 4대
④ 5대
⑤ 6대

46 다음 중 종합병원의 건축계획에 대한 설명으로 옳지 않은 것은?

① 부속진료부는 외래환자 및 입원환자 모두가 이용하는 곳이다.
② 간호사 대기소는 각 간호단위 또는 각층 및 동별로 설치한다.
③ 병실 천장은 조도가 낮고 반사율이 낮은 마감재료를 사용한다.
④ 집중식 병원건축에서 부속진료부와 외래부는 주로 건물의 저층부에 구성된다.
⑤ 외래진료부의 운영방식에 있어서 미국의 경우는 대개 클로즈드 시스템인데 비하여, 우리나라는 오픈 시스템이다.

47 다음 중 볼류트 펌프의 토출구를 지나는 유체의 유속이 2.5m/s이고 유량이 1m³/min일 때, 토출구의 구경은?

① 약 75mm
② 약 82mm
③ 약 92mm
④ 약 105mm
⑤ 약 107mm

48 다음은 도로와 대지의 관계에 대한 기준 내용이다. 빈칸 ㉠, ㉡에 들어갈 내용을 바르게 짝지은 것은?(단, 축사, 작물 재배사, 그 밖에 이와 비슷한 건축물로서 건축조례로 정하는 규모의 건축물은 제외한다)

연면적의 합계가 2,000m²(공장인 경우에는 3,000m²) 이상인 건축물의 대지는 너비 ㉠ 이상의 도로에 ㉡ 이상 접하여야 한다.

	㉠	㉡
①	2m	4m
②	4m	2m
③	4m	6m
④	6m	4m
⑤	6m	6m

49 다음 중 목재를 자연건조할 때의 장점으로 옳지 않은 것은?

① 건조 소요시간이 짧은 편이다.
② 비교적 균일한 건조가 가능하다.
③ 그늘에서 자연적으로 건조시킨다.
④ 시설투자 비용 및 작업 비용이 적다.
⑤ 타 건조방식에 비해 건조에 의한 결함이 비교적 적은 편이다.

50 다음 중 콘크리트 블록벽체 $5m^2$를 쌓는 데 소요되는 콘크리트 블록 수는?(단, 블록은 기본형이며, 할증은 고려하지 않는다)

① 26매   ② 30매
③ 34매   ④ 38매
⑤ 42매

01 다음 중 상온에서 소성변형을 일으킨 후에 열을 가하면 원래의 모양으로 돌아가는 성질을 가진 재료는?

① 비금속

② 내열금속

③ 비정질합금

④ 초소성 재료

⑤ 형상기억합금

02 다음 중 구름 베어링과 미끄럼 베어링에 대한 설명으로 옳지 않은 것은?

① 구름 베어링은 미끄럼 베어링에 비해 가격이 비싸다.

② 구름 베어링은 미끄럼 베어링에 비해 기동토크가 적다.

③ 구름 베어링은 미끄럼 베어링과 달리 호환성이 높다.

④ 구름 베어링은 미끄럼 베어링과 달리 소음이 발생할 수 있다.

⑤ 구름 베어링은 미끄럼 베어링과 마찬가지로 윤활 장치가 필요하다.

03 다음 글에 해당하는 작업은?

> 튜브 형상의 소재를 금형에 넣고 유체압력을 이용하여 소재를 변형시켜 가공하는 작업으로 자동차 산업 등에서 많이 활용하는 기술이다.

① 아이어닝

② 하이드로포밍

③ 엠보싱

④ 스피닝

⑤ 딥드로잉

04 다음 중 공작물의 회전운동에 의하여 절삭이 이루어지는 공작기계는?

① 선반
② 슬로터
③ 프레스
④ 플레이너
⑤ 드릴링 머신

05 다음 중 펌프(Pump)에 대한 설명으로 옳지 않은 것은?

① 송출량 및 송출압력이 주기적으로 변화하는 현상을 수격현상(Water Hammering)이라 한다.
② 왕복펌프는 회전수에 제한을 받지 않아 고양정에 적합하다.
③ 원심펌프는 회전차가 케이싱 내에서 회전할 때 발생하는 원심력을 이용한다.
④ 축류 펌프는 유량이 크고 저양정인 경우에 적합하다.
⑤ 공동현상이 계속 발생하면 펌프의 효율이 저하된다.

06 다음 중 구조용 강의 인장시험에 의한 공칭응력 – 변형률선도(Stress – Strain Diagram)에 대한 설명으로 옳지 않은 것은?

① 극한응력(Ultimated Stress)은 선도상에서의 최대응력이다.
② 비례한도(Proportional Limit)까지는 응력과 변형률이 정비례의 관계를 유지한다.
③ 항복점(Yield Point)에서는 하중이 증가하더라도 시험편의 변형이 일어나지 않는다.
④ 네킹구간(Necking)은 극한 강도를 지나면서 재료의 단면이 줄어들어 길게 늘어나는 구간이다.
⑤ 탄성한도(Elastic Limit)에 이를 때까지는 하중을 제거하면, 시험편이 최초의 변형이 없는 상태로 돌아간다.

07 압력용기 내의 게이지압력이 30kPa로 측정되었다. 대기압력이 100kPa일 때 압력용기 내의 절대압력은?

① 30kPa   ② 65kPa

③ 70kPa   ④ 100kPa

⑤ 130kPa

08 폭 30cm, 높이 10cm, 길이 1.5m의 외팔보의 자유단에 8kN의 집중하중을 작용시킬 때의 최대처짐은?(단, 탄성계수 $E=200$GPa이다)

① 2.5mm   ② 2.2mm

③ 1.8mm   ④ 1.5mm

⑤ 1.2mm

09 다음 중 주조성이 좋은 주철을 용해하여 열처리를 함으로써 견인성을 높인 주철은?

① 합금주철   ② 구상흑연주철

③ 칠드주철   ④ 가단주철

⑤ 백주철

10 다음 중 재료의 원래 성질을 유지하면서 내마멸성을 강화시키는 목적으로 옳은 열처리 공정은?

① 풀림(Annealing)   ② 뜨임(Tempering)

③ 담금질(Quenching)   ④ 고주파 경화법(Induction Hardening)

⑤ 피닝(Peening)

11 다음 중 스테인리스강에 대한 설명으로 옳지 않은 것은?

① 12 ~ 18%의 Cr을 함유한 내식성이 아주 강한 강이다.

② 스테인리스강에서 탄소량이 많을수록 내식성이 향상된다.

③ 스테인리스강은 뛰어난 내식성과 높은 인장강도의 특성을 갖는다.

④ 스테인리스강은 산소와 접하면 얇고 단단한 크롬산화막을 형성한다.

⑤ 오스테나이트계 스테인리스강은 주로 크롬, 니켈이 철과 합금된 것으로 연성이 크다.

12 다음 중 Fe – C 평형상태도에 표시된 S, C, J점에 대한 설명으로 옳은 것은?

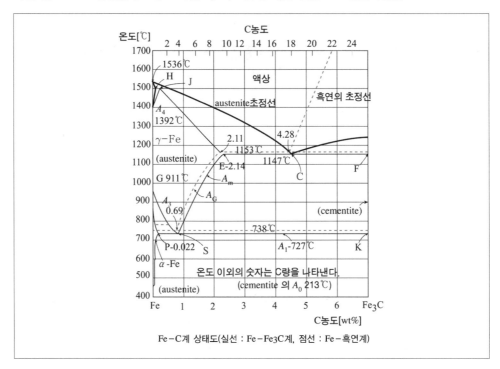

	S	C	J		S	C	J
①	포정점	공정점	공석점	②	공정점	공석점	포정점
③	공석점	공정점	포정점	④	공정점	포정점	공석점
⑤	공석점	포정점	공정점				

13 다음 중 블리드 오프 회로 내에서 필요에 따라 작동 유체의 일부 혹은 전체를 분기시키는 것은?

① 어큐뮬레이터　　　　　　② 릴리프 밸브

③ 체크 밸브　　　　　　　　④ 서보 밸브

⑤ 바이패스 관로

14 다음 중 스텔라이트 합금의 성분으로 옳은 것은?

① Al, Mn, Cu, Mg
② Co, Cr, W, Ni
③ Al, Ni, Cu, Mg
④ Fe, C, Cr, Ni,
⑤ Cu, Sn, Zn, Pb

15 다음 중 심냉처리의 목적으로 옳은 것은?

① 자경강에 인성을 부여하기 위함
② 항온 담금질하여 베이나이트 조직을 얻기 위함
③ 급열, 급냉 시 온도 이력현상을 관찰하기 위함
④ 담금질 후 일정한 시간 동안 온도를 유지하기 위함
⑤ 담금질 후 시효변형을 방지하기 위해 잔류 오스테나이트를 마텐자이트 조직으로 얻기 위함

16 다음 〈보기〉 중 절삭 시 발생하는 칩에 대한 설명으로 옳은 것을 모두 고르면?

> **보기**
> ㄱ. 칩이 공구의 날 끝에 붙어 원활하게 흘러가지 못하면 균열형 칩이 생성된다.
> ㄴ. 메짐성이 큰 재료를 저속으로 절삭하면 열단형 칩이 생성된다.
> ㄷ. 공구의 진행 방향 위쪽으로 압축되면서 불연속적인 미끄럼이 생기면 전단형 칩이 생성된다.
> ㄹ. 연성재료에서 절삭조건이 맞고 절삭저항 변동이 작으면 유동형 칩이 생성된다.

① ㄱ, ㄴ
② ㄱ, ㄷ
③ ㄴ, ㄷ
④ ㄴ, ㄹ
⑤ ㄷ, ㄹ

17 다음 중 베어링 메탈이 갖추어야 할 조건으로 옳지 않은 것은?

① 내식성이 클 것
② 압축강도가 클 것
③ 열전도율이 높을 것
④ 유막 형성이 용이할 것
⑤ 베어링에 흡입된 먼지 등이 흡착되지 않을 것

18 다음 중 윤활유의 구비조건으로 옳지 않은 것은?

① 온도에 따른 점도 변화가 적을 것

② 내열, 내압성이면서 가격이 저렴할 것

③ 발생열을 방출하여 열전도율이 낮을 것

④ 인화점이 높고 발열이나 화염에 인화되지 않을 것

⑤ 사용 중에 변질되지 않으며 불순물이 잘 혼합되지 않을 것

19 다음 중 사출성형품의 불량원인과 대책에 대한 설명으로 옳지 않은 것은?

① 플래싱(Flashing) : 고분자 수지가 금형의 분리면(Parting Line)의 틈으로 흘러나와 고화 또는 경화된 것으로, 금형 자체의 체결력을 높임으로써 해결될 수 있다.

② 주입부족(Short Shot) : 용융수지가 금형공동을 완전히 채우기 전에 고화되어 발생하는 결함으로, 성형 압력을 높임으로써 해결될 수 있다.

③ 수축(Shrinkage) : 수지가 금형공동에서 냉각되는 동안 발생하는 수축에 의한 치수 및 형상 변화로, 성형수지의 온도를 낮춰 해결될 수 있다.

④ 용접선(Weld Line) : 용융수지가 금형공동의 코어 등의 주위를 흐르면서 반대편에서 서로 만나는 경계 부분의 기계적 성질이 떨어지는 결함으로, 게이트의 위치변경 등으로 개선할 수 있다.

⑤ 번 마크(Burn Mark) : 과도하게 가열된 수지의 유입으로 성형품의 표면에 탄 모양이 생긴 결함으로, 용융 수지 및 금형의 온도를 낮춰 개선할 수 있다.

20 다음 중 선반 가공 작업에서 공구의 절삭속도에 대한 설명으로 옳은 것은?

① 절삭속도가 느리면 전단형 칩이 생성된다.

② 절삭속도가 빠를수록 절삭저항력은 증가한다.

③ 절삭속도가 빠르면 표면 거칠기는 거칠어진다.

④ 공작물의 재질에 따라 적절한 절삭속도가 있다.

⑤ 절삭속도는 절삭 공구가 공작물을 통과하여 이동하는 속도이다.

21 다음 중 제품과 같은 모양의 모형을 양초나 합성수지로 만든 후 내화재료로 도포하여 가열경화시키는 주조방법은?

① 셸몰드법
② 인베스트먼트주조법
③ 원심주조법
④ 다이캐스팅
⑤ 풀몰드법

22 다음 중 유동형 칩(Flow Type Chip)에 대한 설명으로 옳은 것은?

① 절삭할 때 진동을 동반한다.
② 점성이 큰 재료를 절삭할 때 발생한다.
③ 바이트 경사면에 따라 흐르듯이 연속적으로 발생한다.
④ 바이트가 충격에 의해 결손을 일으켜 불량한 절삭 상태이다.
⑤ 미끄럼 면에 간격이 조금 크게 된 상태에서 발생하는 칩이다.

23 다음 중 불활성가스 아크용접에 대한 설명으로 옳지 않은 것은?

① 산화와 질화를 방지할 수 있다.
② 용제를 사용하여 균일한 용접을 할 수 있다.
③ 철금속뿐만 아니라 비철금속용접이 가능하다.
④ 용접 가능한 판의 두께 범위가 크며, 용접능률이 높다.
⑤ 청정작용이 있고 슬래그나 잔류 용제를 제거할 필요가 없다.

24 다음 〈보기〉 중 웜기어에 대한 설명으로 옳은 것을 모두 고르면?

> **보기**
>
> ㄱ. 역전 방지를 할 수 없다.
> ㄴ. 웜에 축방향 하중이 생긴다.
> ㄷ. 부하용량이 크다.
> ㄹ. 진입각(Lead Angle)의 증가에 따라 효율이 증가한다.

① ㄱ, ㄷ
② ㄴ, ㄷ
③ ㄴ, ㄹ
④ ㄱ, ㄴ, ㄹ
⑤ ㄴ, ㄷ, ㄹ

25 다음 글에 해당하는 기계요소는?

- 원동절의 회전운동이나 직선운동을 종동절의 왕복 직선운동이나 왕복 각운동으로 변환한다.
- 내연기관의 밸브개폐 기구에 이용된다.

① 마찰차　　　　　　　　　　　② 캠
③ 체인과 스프로킷 휠　　　　　　④ 벨트와 풀리
⑤ 랙과 피니언

26 다음 〈보기〉 중 초기 재료의 형태가 분말인 신속조형기술을 모두 고르면?

> **보기**
> ㄱ. 융착모델링(FDM)　　　　　　ㄴ. 선택적 레이저소결(SLS)
> ㄷ. 박판적층법(LOM)　　　　　　ㄹ. 3차원 인쇄(3DP)

① ㄱ, ㄷ　　　　　　　　　　　② ㄴ, ㄹ
③ ㄱ, ㄴ, ㄹ　　　　　　　　　④ ㄴ, ㄷ, ㄹ
⑤ ㄱ, ㄷ, ㄹ

27 다음 중 배관 내 순간적으로 압력차가 발생하여 충격압을 만들어 음을 발하며 진동하는 현상은?

① 서징현상　　　　　　　　　　② 공동현상
③ 수격현상　　　　　　　　　　④ 진동현상
⑤ 과열현상

28 다음 중 V벨트의 특징으로 옳은 것은?

① 평벨트보다는 잘 벗겨진다.
② 고속운전에는 적합하지 않다.
③ 미끄럼이 작고 속도비가 크다.
④ 효율이 크지만 구조가 복잡하다.
⑤ 접촉 면적이 작아서 큰 동력 전달에는 불리하다.

29 다음 중 인벌루트 치형과 사이클로이드 치형의 공통점으로 옳은 것은?

① 마모가 잘 잘된다.

② 전위기어를 사용할 수 있다.

③ 두 이의 접촉점에서 공통법선방향의 속도는 같다.

④ 미끄럼률은 이끝면과 이뿌리면에서 각각 일정하다.

⑤ 원주피치와 구름원의 크기가 같아야 호환성이 있다.

30 어떤 밸브의 기호가 다음과 같을 때 이 밸브를 포트 수, 위치 수, 방향 수로 바르게 나타낸 것은?

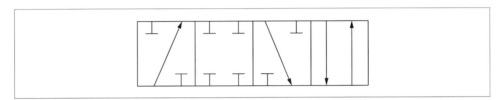

① 4포트 2위치 4방향 밸브

② 4포트 4위치 4방향 밸브

③ 4포트 8위치 4방향 밸브

④ 8포트 1위치 4방향 밸브

⑤ 8포트 3위치 4방향 밸브

31 다음 중 배관에서 역류를 방지하고 압력을 통해 자동으로 작동하는 밸브는?

① 셔틀 밸브(Shuttle Valve) ② 로터리 밸브(Rotary Valve)

③ 스풀 밸브(Spool Valve) ④ 체크 밸브(Check Valve)

⑤ 스톱 밸브(Stop Valve)

32 다음 중 유압 회로 내의 압력이 설정 압을 넘으면 유압에 의하여 막이 파열되어 유압유를 탱크로 귀환시키며 압력 상승을 막아 기기를 보호하는 역할을 하는 유압요소는?

① 압력 스위치 ② 감압 밸브

③ 유체 퓨즈 ④ 포핏 밸브

⑤ 카운터 밸런스 밸브

33 다음 중 원심 펌프에 대한 설명으로 옳지 않은 것은?

① 용량이 작고 양정이 높은 곳에 적합하다.

② 펌프의 회전수를 높임으로써 캐비테이션을 방지할 수 있다.

③ 평형공(Balance Hole)을 이용하여 축추력을 방지할 수 있다.

④ 송출량 및 압력이 주기적으로 변화하는 현상을 서징현상이라 한다.

⑤ 비속도를 성능이나 적합한 회전수를 결정하는 지표로 사용할 수 있다.

34 다음 중 펌프의 캐비테이션(Cavitation) 현상의 방지 대책으로 옳지 않은 것은?

① 수온을 높인다.

② 흡입관 직경을 크게 설정한다.

③ 임펠러 속도를 낮게 설정한다.

④ 흡입 측 배관의 길이를 줄인다.

⑤ 펌프를 수원보다 낮은 곳에 설치한다.

35 다음 중 유압기기 중 작동유가 가지고 있는 에너지를 잠시 저축했다가 사용하며, 이것을 이용하여 갑작스러운 충격에 대한 완충작용도 할 수 있는 것은?

① 축압기   ② 유체 커플링

③ 스테이터   ④ 토크 컨버터

⑤ 임펠러

36 펌프의 송출유량이 Q, 양정이 H, 액체의 밀도가 $1{,}000\text{kg/m}^3$일 때 펌프의 이론동력 L을 구하는 식으로 옳은 것은?(단, 중력가속도는 9.8m/s^2이고, 이론동력 L의 단위는 kW이다)

① $L = 9{,}800\,QH$ ② $L = 980\,QH$

③ $L = 98\,QH$ ④ $L = 9.8\,QH$

⑤ $L = 0.98\,QH$

37 표준대기압에서 비중이 0.9인 기름의 압력을 액주계로 잰 결과가 다음 그림과 같을 때, A점의 계기압력은 몇 kPa인가?

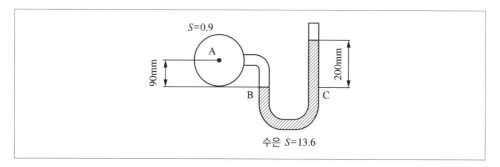

① 약 25.86kPa
② 약 32.45kPa
③ 약 41.15kPa
④ 약 62.48kPa
⑤ 약 75.36kPa

38 지름이 70mm인 소방노즐에서 물제트가 50m/s의 속도로 건물 벽에 수직으로 충돌할 때, 벽이 받는 힘의 크기는 몇 kN인가?(단, 물의 밀도는 $1,000\text{kg/m}^3$이다)

① 약 7.4kN
② 약 8.5kN
③ 약 9.6kN
④ 약 10.7kN
⑤ 약 11.8kN

39 다음 중 표준대기압의 값으로 옳지 않은 것은?

① 10.33mAq
② 1,013hPa
③ 760cmHg
④ 14.7psi
⑤ 1,013bar

40 다음 중 동력의 단위가 아닌 것은?

① J/s

② HP

③ kcal

④ W

⑤ $kg \cdot m^2/s^3$

41 다음 중 유압 작동유의 점도가 높을 때 발생할 수 있는 현상으로 옳지 않은 것은?

① 온도가 상승한다

② 더 빨리 마모된다.

③ 동력손실이 커진다.

④ 공동현상이 발생한다.

⑤ 내부 마찰력이 커진다.

42 역카르노사이클로 작동하는 냉동기의 증발기 온도가 250K, 응축기 온도가 350K일 때 냉동사이클의 성적계수는 얼마인가?

① 0.25

② 0.4

③ 2.5

④ 3.5

⑤ 4.5

43 직경이 50cm인 어떤 관에 동점성계수가 $5cm^2/s$인 기름이 층류로 흐를 때, 기름의 유속은?(단, 관마찰계수는 0.04이다)

① 1.2m/s

② 1.4m/s

③ 1.6m/s

④ 1.8m/s

⑤ 2m/s

44 다음 중 브레이턴 사이클(Brayton Cycle)에 대한 설명으로 옳은 것은?

① 열기관 사이클 중 가장 이상적인 사이클이다.

② 고온열원 · 저온열원 · 압축기 및 터빈으로 구성되는 기체의 표준사이클이다.

③ 고속 디젤기관의 기본 사이클로, 정압 사이클과 정적 사이클이 복합된 사이클이다.

④ 2개의 단열변화와 2개의 등압변화로 구성되는 사이클 중 작동유체가 증기와 액체의 상변화를 수반하는 것을 말한다.

⑤ 가솔린 기관의 열효율과 출력을 생각할 때 기본이 되는 사이클로, 단열, 압축, 폭발, 단열 팽창, 배기 행정으로 구성되어 있다.

45 다음 중 4행정 사이클 기관과 비교한 2행정 사이클 기관의 특징으로 옳지 않은 것은?

① 윤활유 소비량이 많다.

② 크랭크축 1회전 시 1회 폭발한다.

③ 밸브기구가 필요하며 구조가 복잡하다.

④ 배기량이 같은 경우 큰 동력을 얻을 수 있다.

⑤ 혼합 기체가 많이 손실되며 효율이 떨어진다.

46 다음 중 증기압축식 냉동기에서 냉매가 움직이는 경로를 바르게 나열한 것은?

① 압축기 → 응축기 → 팽창밸브 → 증발기 → 압축기

② 압축기 → 팽창밸브 → 증발기 → 응축기 → 압축기

③ 압축기 → 증발기 → 팽창밸브 → 응축기 → 압축기

④ 압축기 → 응축기 → 증발기 → 팽창밸브 → 압축기

⑤ 압축기 → 증발기 → 응축기 → 팽창밸브 → 압축기

47 카르노사이클로 작동되는 열기관이 400kJ의 열을 300℃에서 공급받아 50℃에서 방출한다면 이 기관의 일은 몇 kJ인가?

① 약 85.5kJ

② 약 123.4kJ

③ 약 152.8kJ

④ 약 174.5kJ

⑤ 약 181.2kJ

48 압력 50kPa, 온도 25℃인 일정량의 이상기체가 있다. 부피를 일정하게 유지하면서 압력이 처음의 1.5배가 되었을 때, 기체의 온도는 몇 ℃인가?

① 약 37.5℃

② 약 78.8℃

③ 약 122.3℃

④ 약 157.2℃

⑤ 약 174.1℃

49 다음 〈보기〉 중 주철에 대한 설명으로 옳은 것을 모두 고르면?

> 보기
>
> ㄱ. 주철은 탄소강보다 용융점이 높고 유동성이 커 복잡한 형상의 부품을 제작하기 쉽다.
> ㄴ. 탄소강에 비하여 충격에 약하고 고온에서도 소성가공이 되지 않는다.
> ㄷ. 회주철은 진동을 잘 흡수하므로 진동을 많이 받는 기계 몸체 등의 재료로 많이 쓰인다.
> ㄹ. 가단주철은 보통주철의 쇳물을 금형에 넣고 표면만 급랭시켜 단단하게 만든 주철이다.
> ㅁ. 많이 사용되는 주철의 탄소 함유량은 보통 2.5 ~ 4.5% 정도이다.

① ㄱ, ㄴ, ㄷ

② ㄱ, ㄴ, ㄹ

③ ㄴ, ㄷ, ㅁ

④ ㄴ, ㄹ, ㅁ

⑤ ㄷ, ㄹ, ㅁ

50 이상적인 역 카르노 냉동사이클에서 응축온도가 330K, 증발온도가 270K일 때, 성능계수는?

① 2.7

② 3.3

③ 4.5

④ 5.4

⑤ 6.3

01 다음 그림과 같은 회로에서 2Ω에 흐르는 전류의 세기는?

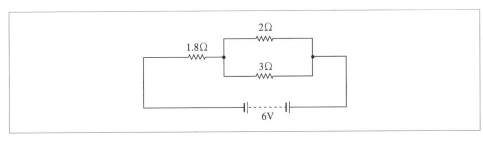

① 0.8A

② 1.2A

③ 1.8A

④ 2A

⑤ 3A

02 15F의 정전용량을 가진 커패시터에 270J의 전기에너지를 저장할 때, 커패시터 전압은?

① 3V

② 6V

③ 9V

④ 12V

⑤ 15V

03 기전력이 1.5V, 내부 저항이 3Ω인 전지 3개를 같은 극끼리 병렬로 연결하고, 어떤 부하저항을 연결하였더니 부하에 0.5A의 전류가 흘렀다. 부하저항의 값을 두 배로 높였을 때, 부하에 흐르는 전류는?

① 0.3A

② 0.35A

③ 0.4A

④ 0.45A

⑤ 0.5A

04 다음 중 3상 3선식 배전선로에서 대지정전용량이 C_s, 선간정전용량이 C_m일 때, 작용정전용량은?

① $2C_s + C_m$
② $C_s + 2C_m$

③ $2C_s + C_m$
④ $C_s + 3C_m$

⑤ $3C_s + 3C_m$

05 다음 중 역률의 개선 효과로 옳지 않은 것은?

① 절연비용 감소
② 전압강하 감소

③ 전력손실 경감
④ 전력계통 안정

⑤ 설비용량 여유 증가

06 다음 그림과 같이 자기인덕턴스가 $L_1 = 8H$, $L_2 = 4H$, 상호인덕턴스가 $M = 4H$인 코일에 5A의 전류를 흘릴 때, 전체 코일에 축적되는 자기에너지는?(단, 두 인덕턴스의 방향은 서로 다르다)

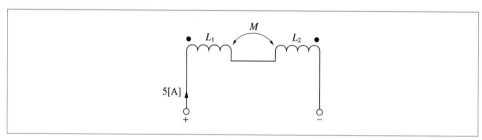

① 10J
② 25J

③ 50J
④ 75J

⑤ 100J

07 직선 전류가 흐르는 무한히 긴 도체에서 80cm 떨어진 점의 자기장의 세기가 20AT/m일 때, 도체에 흐른 전류는 몇 A인가?

① $2\pi A$
② $4\pi A$

③ $8\pi A$
④ $16\pi A$

⑤ $32\pi A$

08 공통 중성선 다중 접지 3상 4선식 배전선로에서 고압측(1차측) 중성선과 저압측(2차측) 중성선을 전기적으로 연결하는 목적으로 옳은 것은?

① 저압측 단락사고를 검출하기 위함
② 저압측 접지사고를 검출하기 위함
③ 주상변압기의 중성선측 부싱을 생략하기 위함
④ 고압측 단락사고 시 고장전류를 검출하기 위함
⑤ 고전압 혼촉 시 수용가에 침입하는 상승전압을 억제하기 위함

09 권수 300회의 코일에 6A의 전류가 흘러서 0.05Wb의 자속이 코일을 지날 때, 이 코일의 자체 인덕턴스는 몇 H인가?

① 0.25H
② 0.35H
③ 2.5H
④ 3.5H
⑤ 4.5H

10 다음 중 3상 유도 전압 조정기의 동작 원리는?

① 회전 자계에 의한 유도 작용을 이용하여 2차 전압의 위상 전압의 조정에 따라 변화한다.
② 교변 자계의 전자 유도 작용을 이용하여 2차 전압의 위상 전압의 조정에 따라 변화한다.
③ 충전된 두 물체 사이에 작용하는 힘을 이용한다.
④ 두 전류 사이에 작용하는 힘을 이용한다.
⑤ 누설 자계의 전자 유도 작용을 이용한다.

11 다음 중 가공전선의 구비조건으로 옳지 않은 것은?

① 도전율이 클 것
② 비중이 클 것
③ 기계적 강도가 클 것
④ 부식성이 작을 것
⑤ 가선공사가 용이할 것

12 직경이 3.2mm인 경동연선의 소선 총 가닥수가 37가닥일 때, 연선의 바깥지름은?

① 12.4mm

② 14.6mm

③ 18.7mm

④ 22.4mm

⑤ 25.5mm

13 다음 중 유도장해를 경감시키기 위한 통신선측의 대책으로 옳지 않은 것은?

① 차폐선을 설치한다.

② 충분한 연가를 한다.

③ 절연변압기를 사용한다.

④ 이격거리를 크게 설정한다.

⑤ 소호리액터 접지방식을 채용한다.

14 다음 〈보기〉 중 전자기학에서 발생하는 효과에 대한 설명으로 옳은 것을 모두 고르면?

> **보기**
>
> ㄱ. 제벡 효과는 재질이 서로 다른 두 금속을 맞대어 폐회로를 만들고 같은 온도를 유지하면 기전력
>   이 발생하는 효과이다.
> ㄴ. 펠티에 효과는 재질이 서로 다른 두 금속을 맞대고 전류를 흘려보내면 한 금속은 발열, 다른
>   금속은 흡열을 하는 효과이다.
> ㄷ. 톰슨 효과는 한 금속의 양 끝에 온도차를 주고 전류를 흘려보내면 발열 또는 흡열을 하는 효과이다.
> ㄹ. 핀치 효과는 도선에 전류가 흐를 때 전류가 도선의 바깥쪽으로 집중되어 흐르는 효과이다.

① ㄱ, ㄴ

② ㄱ, ㄷ

③ ㄴ, ㄷ

④ ㄴ, ㄹ

⑤ ㄷ, ㄹ

15 전압과 역률이 일정할 때, 전력을 몇 % 증가시키면 전력손실이 3배로 되는가?

① 약 33%

② 약 43%

③ 약 53%

④ 약 63%

⑤ 약 73%

16 다음 중 직류 송전방식의 장점으로 옳지 않은 것은?

① 도체이용률이 좋다.

② 회전자계를 쉽게 얻을 수 있다.

③ 안정도가 좋으므로 송전 용량을 높일 수 있다.

④ 기기 및 선로의 절연에 요하는 비용이 절감된다.

⑤ 리액턴스가 없으므로, 리액턴스에 의한 전압강하가 없다.

17 역률 0.8인 부하 640kW를 공급하는 변전소에 전력용 콘덴서 200kVA을 설치하면 역률은 몇 %로 개선할 수 있는가?

① 90%

② 91%

③ 92%

④ 93%

⑤ 94%

18 다음 중 발전기의 정태안정 극한전력에 대한 설명으로 옳은 것은?

① 부하가 일정할 때의 극한전력이다.

② 부하에 사고가 났을 때의 극한전력이다.

③ 부하가 서서히 증가할 때의 극한전력이다.

④ 부하가 급격히 감소할 때의 극한전력이다.

⑤ 부하가 갑자기 크게 증가할 때의 극한전력이다.

19 다음 〈보기〉 중 전기력선의 성질에 대한 설명으로 옳은 것을 모두 고르면?

> **보기**
>
> ㄱ. 전기력선은 양(+)전하에서 시작하여 음(−)전하에서 끝난다.
> ㄴ. 전기장 내에 도체를 넣으면 도체 내부의 전기장이 외부의 전기장을 상쇄하나 도체 내부에 전기력선은 존재한다.
> ㄷ. 전기장 내 임의의 점에서 전기력선의 접선 방향은 그 점에서의 전기장의 방향을 나타낸다.
> ㄹ. 전기장 내 임의의 점에서 전기력선의 밀도는 그 점에서의 전기장의 세기와 비례하지 않는다.

① ㄱ, ㄴ   ② ㄱ, ㄷ
③ ㄱ, ㄹ   ④ ㄴ, ㄹ
⑤ ㄷ, ㄹ

20 다음 중 수전용 변전설비의 1차측 차단기의 용량은 주로 어느 것에 의하여 정해지는가?

① 수전 계약용량   ② 수전전력의 역률
③ 부하설비의 용량   ④ 수전전력의 부하율
⑤ 공급측 전원의 단락용량

21 정격 출력 5kW, 정격 전압 100V의 직류 분권전동기를 전기 동력계를 사용하여 시험하였더니 전기동력계의 저울이 5kg을 지시했을 때, 전동기의 출력은 얼마인가?(단, 동력계의 암의 길이는 0.6m이고, 전동기의 회전수는 1,500rpm으로 한다)

① 약 3.69kW   ② 약 3.81kW
③ 약 4.62kW   ④ 약 4.87kW
⑤ 약 4.92kW

22 다음 중 직류기에서 전기자 반작용을 방지하기 위한 보상권선의 전류 방향은?

① 계자 전류의 방향과 같다.
② 정류자 전류 방향과 같다.
③ 전기자 전류 방향과 같다.
④ 전기자 전류 방향과 반대이다.
⑤ 계자 전류의 방향과 반대이다.

23 다음 중 3상 유도전동기를 급속 정지할 때 사용하는 제동방식은?

① 단상제동   ② 회생제동

③ 발전제동   ④ 저항제동

⑤ 역상제동

24 구리전선과 전기 기계 기구 단지를 접속하는 경우에 진동 등으로 인하여 헐거워질 염려가 있는 곳에는 어떤 것을 사용하여 접속하여야 하는가?

① 정 슬리브를 끼운다.   ② 평 와셔 2개를 끼운다.

③ 코드 패스너를 끼운다.   ④ 스프링 와셔를 끼운다.

⑤ 로크볼트를 끼운다.

25 다음 중 보호계전기의 구비조건으로 옳지 않은 것은?

① 신뢰도가 높고 오작동이 없어야 한다.

② 주변 환경에 따라 유동적으로 작동해야 한다.

③ 주어진 조건에 도달할 경우 신속하게 작동해야 한다.

④ 열적, 기계적으로 견고하며 후비보호능력을 갖춰야 한다.

⑤ 고장 시 신속한 선택차단 및 복구로 정전 구간을 최소화할 수 있어야 한다.

26 변압기의 2차측 부하 임피던스 Z가 20Ω일 때 1차측에서 $18\text{k}\Omega$이 되었다면 이 변압기의 권수비는 얼마인가?(단, 변압기의 임피던스는 무시한다)

① 3   ② 30

③ $\dfrac{1}{3}$ ④ $\dfrac{1}{30}$

⑤ $\dfrac{1}{300}$

27 다음 단상 유도 전동기의 기동방법 중 기동토크가 가장 큰 것은?

① 반발 기동형　　　　　　　② 분상 기동형

③ 반발 유도형　　　　　　　④ 콘덴서 기동형

⑤ 세이딩 코일형

28 4극, 60Hz의 유도 전동기가 슬립 5%로 전부하 운전하고 있다. 2차 권선의 손실이 94.25W라고 할 때, 토크의 크기는?

① 약 1.02N·m　　　　　　　② 약 2.04N·m

③ 약 10N·m　　　　　　　　④ 약 20N·m

⑤ 약 30N·m

29 다음 중 상전압 300V의 3상 반파 정류 회로의 직류 전압은 몇 V인가?

① 약 420V　　　　　　　　② 약 351V

③ 약 330V　　　　　　　　④ 약 271V

⑤ 약 250V

30 100V의 교류 전원에 1.5kW의 전동기를 접속 후 가동하였더니 20A의 전류가 흘렀다면 이때의 선풍기의 역률은?

① 0.8　　　　　　　　　② 0.77

③ 0.75　　　　　　　　　④ 0.7

⑤ 0.68

31 가공전선로의 경간 200m, 전선의 자체무게 20N/m, 인장하중 50,000N, 안전율 2.5인 경우, 전선의 이도는?

① 3m
② 3.5m
③ 4m
④ 4.5m
⑤ 5m

32 다음 중 변전소에서 비접지 선로의 접지 보호용으로 사용되는 계전기에 영상전류를 공급하는 계전기는?

① PT
② COS
③ MOF
④ OCR
⑤ ZCT

33 다음 중 $10\,\Omega$ 의 저항 회로에 $e=100\sin\left(377t+\dfrac{\pi}{3}\right)$V의 전압을 가했을 때, $t=0$에서의 순시전류는?

① 5A
② $5\sqrt{3}$ A
③ 10A
④ $10\sqrt{3}$ A
⑤ 15A

34 어떤 공장의 소모전력이 200kW이고 이 부하의 역률이 0.6이다. 역률을 0.9로 개선하기 위한 전력용 콘덴서의 용량은 몇 kVA인가?

① 약 165.4kVA   ② 약 169.8kVA

③ 약 173.4kVA   ④ 약 178.8kVA

⑤ 약 180.4kVA

35 한 상의 임피던스가 $30+j40\,\Omega$ 인 Y결선 평형부하에 선간전압 200V를 인가할 때, 발생되는 무효전력은?

① 580Var   ② 640Var

③ 968Var   ④ 1,024Var

⑤ 1,246Var

36 다음 중 3상 교류 전력을 나타내는 식으로 옳은 것은?

① $P=\sqrt{2}\times$(상전압)$\times$(상전류)$\times$(역률)

② $P=\sqrt{4}\times$(선간 전압)$\times$(상전류)$\times$(역률)

③ $P=\sqrt{2}\times$(선간 전압)$\times$(상전류)$\times$(역률)

④ $P=\sqrt{3}\times$(상전압)$\times$(선간 전압)$\times$(역률)

⑤ $P=\sqrt{3}\times$(선간 전압)$\times$(선전류)$\times$(역률)

37 다음 중 정전 용량이 $0.1\mu\mathrm{F}$ 인 콘덴서의 1MHz의 주파수에 대한 용량 리액턴스는?

① 약 $1.59\,\Omega$ ② 약 $2.05\,\Omega$

③ 약 $2.35\,\Omega$ ④ 약 $3.45\,\Omega$

⑤ 약 $5.29\,\Omega$

38 다음 중 과도응답시간 특성에 대한 설명으로 옳지 않은 것은?

① 감쇠비(ζ)가 0인 경우 시스템은 즉시 정지한다.

② 과도응답의 감쇠속도는 시정수의 크기에 영향을 받는다.

③ 0<[감쇠비(ζ)]<1일 때, 진폭이 점차 감소하는 진동을 보인다.

④ 지연시간은 출력값이 처음으로 정상 출력값의 50%에 도달하기까지 걸리는 시간이다.

⑤ 상승시간은 출력값이 정상 출력값의 10%에서 90%에 도달하기까지 걸리는 시간이다.

39 다음 회로에 표시된 테브난 등가저항은?

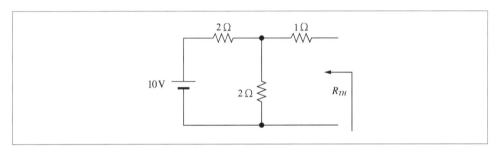

① $0\,\Omega$ ② $0.5\,\Omega$

③ $1\,\Omega$ ④ $1.5\,\Omega$

⑤ $2\,\Omega$

40 다음 그림의 회로에서 전압 V_o의 값은 얼마인가?

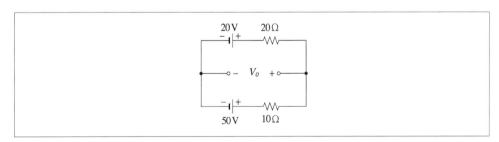

① -60V ② -40V

③ 40V ④ 60V

⑤ 80V

41 다음 중 고압에 해당하는 전압 구분은?

① 직류는 750V를, 교류는 600V를 초과하고 9kV 이하인 것

② 직류는 600V를, 교류는 750V를 초과하고 9kV 이하인 것

③ 직류는 500V를, 교류는 450V를 초과하고 9kV 이하인 것

④ 직류는 1,500V를, 교류는 1,000V를 초과하고 7kV 이하인 것

⑤ 직류는 1,000V를, 교류는 1,500V를 초과하고 7kV 이하인 것

42 다음 중 합성수지 전선관공사에서 관 상호 간 접속에 필요한 부속품은?

① 커플링　　　　　　　　　　② 커넥터

③ 리머　　　　　　　　　　　④ 노멀 밴드

⑤ 샤프 밴드

43 다음 중 일반적으로 저압 가공인입선 시설 시 도로를 횡단하여 시설하는 경우 노면상 높이는 몇 m 이상으로 시설해야 하는가?

① 4m　　　　　　　　　　　② 4.5m

③ 5m　　　　　　　　　　　④ 5.5m

⑤ 6m

44 터널 등에 시설하는 사용전압이 220V인 전구선이 0.6/1kV EP 고무절연 클로로프렌 캡타이어케이블일 경우 단면적은 최소 몇 mm^2 이상이어야 하는가?

① $0.5mm^2$　　　　　　　　② $0.75mm^2$

③ $1.25mm^2$　　　　　　　　④ $1.4mm^2$

⑤ $1.6mm^2$

45 다음 글의 빈칸 ㉠, ㉡에 들어갈 내용으로 옳은 것은?

> 과전류차단기로 시설하는 퓨즈 중 고압 전로에 사용하는 포장 퓨즈는 정격전류의 ___㉠___ 배의 전류에 견디고 또한 2배의 전류로 ___㉡___ 분 안에 용단되는 것이어야 한다.

	㉠	㉡
①	1.1	100
②	1.2	100
③	1.25	120
④	1.3	120
⑤	1.5	120

46 154kV용 변성기를 사람이 접촉할 우려가 없도록 시설하는 경우에 충전 부분의 지표상의 높이는 최소 몇 m 이상이어야 하는가?

① 4m
② 5m
③ 6m
④ 8m
⑤ 10m

47 다음 중 접지극을 매설할 때는 지표면으로부터 지하 몇 m 이상에 매설하여야 하는가?

① 0.5m
② 0.75m
③ 1m
④ 1.25m
⑤ 1.5m

48 다음 중 변전소에서 오접속을 방지하기 위하여 특고압 전로의 보기 쉬운 곳에 반드시 표시해야 하는 것은?

① 차단 표시
② 위험 표시
③ 최대 전류
④ 정격 전압
⑤ 상별 표시

49 다음 중 특고압 전선로에 접속하는 배전용 변압기의 1차 및 2차 전압을 바르게 짝지은 것은?

	1차	2차
①	35kV 이하	저압 또는 고압
②	50kV 이하	저압 또는 고압
③	35kV 이하	특고압 또는 고압
④	50kV 이하	특고압 또는 고압
⑤	35kV 이하	저압 또는 특고압

50 다음 중 피뢰기 단자에 충격파 인가 시 방전을 개시하는 전압은?

① 충격방전개시전압
② 피뢰기 지한전압
③ 피뢰기 정격전압
④ 방전내량
⑤ 절연협조

PART 4

최종점검 모의고사

최종점검
모의고사

■ 취약영역 분석

번호	O/×	영역	번호	O/×	영역	번호	O/×	영역
01			21			41		
02			22			42		조직이해능력
03			23			43		
04			24		문제해결능력	44		
05		의사소통능력	25			45		
06			26			46		
07			27			47		직업윤리
08			28			48		
09			29			49		
10			30			50		
11			31		대인관계능력			
12			32					
13			33					
14		수리능력	34					
15			35					
16			36					
17			37					
18			38		조직이해능력			
19		문제해결능력	39					
20			40					

평가문항	50문항	평가시간	50분
시작시간	:	종료시간	:
취약영역			

※ 다음은 패시브 하우스(Passive House)와 액티브 하우스(Active House)에 대한 글이다. 이어지는 질문에 답하시오. [1~2]

패시브 하우스(Passive House)

수동적(Passive)인 집이라는 뜻으로, 능동적으로 에너지를 끌어 쓰는 액티브 하우스에 대응하는 개념이다. 액티브 하우스는 태양열 흡수 장치 등을 이용하여 외부로부터 에너지를 끌어 쓰는 데 비하여 패시브 하우스는 집안의 열이 밖으로 새나가지 않도록 최대한 차단함으로써 화석연료를 사용하지 않고도 실내 온도를 따뜻하게 유지한다.

구체적으로는 냉방 및 난방을 위한 최대 부하가 $1m^2$당 10W 이하인 에너지 절약형 건축물을 가리킨다. 이를 석유로 환산하면 연간 냉방 및 난방 에너지 사용량이 $1m^2$당 1.5L 이하에 해당하는데, 한국 주택의 평균 사용량은 16L이므로 80% 이상의 에너지를 절약하는 셈이고 그만큼 탄소배출량을 줄일 수 있다는 의미이기도 하다.

기본적으로 남향(南向)으로 지어 남쪽에 크고 작은 창을 많이 내는데, 실내의 열을 보존하기 위하여 3중 유리창을 설치하고, 단열재도 일반 주택에서 사용하는 두께의 3배인 30cm 이상을 설치하는 등 첨단 단열공법으로 시공한다. 단열재는 난방 에너지 사용을 줄이는 것이 주목적이지만, 여름에는 외부의 열을 차단하는 구실도 한다.

또한 폐열회수형 환기장치를 이용하여 신선한 바깥 공기를 내부 공기와 교차시켜 온도차를 최소화한 뒤 환기함으로써 열손실을 막는다. 이렇게 함으로써 난방시설을 사용하지 않고도 한겨울에 실내온도를 약 20℃로 유지하고, 한여름에 냉방시설을 사용하지 않고도 약 26℃를 유지할 수 있다. 건축비는 단열공사로 인하여 일반 주택보다 $1m^2$당 50만 원 정도 더 소요된다.

액티브 하우스(Active House)

태양에너지를 비롯한 각종 에너지를 차단하는 데 목적을 둔 패시브 하우스와 반대로 자연 에너지를 적극적으로 활용한다. 주로 태양열을 적극적으로 활용하기 때문에 액티브 솔라하우스로 불리며, 지붕에 태양전지나 반사경을 설치하고 축열조를 설계하여 태양열과 지열을 저장한 후 난방이나 온수시스템에 활용한다. 에너지를 자급자족하는 형태이며 화석연료처럼 사용 후 환경오염을 일으키지 않아 패시브 하우스처럼 친환경적인 건축물로서 의의가 있으며, 최근에는 태양열뿐 아니라 풍력·바이오매스 등 신재생에너지를 활용한 액티브 하우스가 개발되고 있다.

01 다음 중 패시브 하우스 건축 형식의 특징으로 적절하지 않은 것은?

① 폐열회수형 환기장치를 이용해 설치한다.

② 일반 주택에 사용하는 두께보다 3배인 단열재를 설치한다.

③ 기본적으로 남향(南向)으로 짓는다.

④ 최대 부하가 $1m^2$당 10W 이하인 에너지 절약형 건축물이다.

⑤ 실내의 열을 보존하는 것이 중요하므로 창문의 개수를 최소화한다.

02 다음 자료를 참고할 때 적절하지 않은 것은?

패시브(Passive) 기술	액티브(Active) 기술
• 남향, 남동향 배치, 단열성능 강화 　- 고성능 단열재 벽재, 지붕, 바닥 단열 　- 블록형 단열재, 열반사 단열재, 진공 단열재, 흡음 　　단열재, 고무발포 단열재 등 　- 고기밀성 단열창호 　- 로이유리 　- 단열현관문 　- 열차단 필름 • 외부차양(처마, 전동블라인드) • LED · 고효율 조명 • 옥상녹화(단열+친환경) • 자연채광, 자연환기 • 패시브(Passive) 기술의 예 　- 고성능 단열재, 고기밀성 단열창호, 열차단 필름, 　　LED조명	• 기존의 화석연료를 변환하여 이용하거나 햇빛, 물, 지열, 강수, 생물유기체 등을 포함하여 재생 가능한 에너지를 변환하여 이용하는 에너지 　- 재생 에너지 : 태양광, 태양열, 바이오, 풍력, 수력, 해양, 폐기물, 지열 　- 신 에너지 : 연료전지, 석탄액화가스화 및 중질잔사 유가스화, 수소에너지 • 2030년까지 총 에너지의 11%를 신재생에너지로 보급 • 액티브(Active) 기술의 예 　- 태양광 발전, 태양열 급탕, 지열 냉난방, 수소연료 전지, 풍력발전시스템, 목재 팰릿보일러

① 패시브 기술을 사용할 때 남향, 남동향으로 배치하는 것은 일조량 때문이다.

② 패시브 기술의 핵심은 단열이다.

③ 태양열 급탕은 액티브 기술의 대표적인 예 중 하나이다.

④ 액티브 기술은 화석연료를 제외하고 재생 가능한 에너지를 변환하여 이용한다.

⑤ 액티브 기술은 2030년까지 총 에너지의 11%를 신재생에너지로 보급하는 것이 목표이다.

03 다음 중 의사 표현법을 바르게 사용하고 있는 사람은?

① A대리 : (늦잠으로 지각한 후배 사원의 잘못을 지적하며) 오늘도 지각을 했네요. 어제도 늦게 출근하지 않았나요? 왜 항상 지각하는 거죠?

② B대리 : (후배 사원의 고민을 들으며) 방금 뭐라고 이야기했죠? 미안해요. 아까 이야기한 고민에 대해서 어떤 답을 해야 할지 생각하고 있었어요.

③ C대리 : (후배 사원의 실수가 발견되어 이를 질책하며) 이번 프로젝트를 위해 많이 노력했다는 것 압니다. 다만, 발신 메일 주소를 한 번 더 확인하는 습관을 갖는 것이 좋겠어요. 앞으로는 더 잘할 거라고 믿어요.

④ D대리 : (거래처 직원에게 변경된 계약서에 서명할 것을 설득하며) 이 정도는 그쪽에 큰 손해 사항도 아니지 않습니까? 지금 서명해 주지 않으시면 곤란합니다.

⑤ E대리 : (후배 사원에게 업무를 지시하며) 이번 일은 직접 발로 뛰어야 해요. 특히 빨리 처리해야 하니까 반드시 이 순서대로 진행하세요!

04 다음 문단을 논리적 순서대로 바르게 나열한 것은?

(가) 정부 통계에 따르면 우리 연안 생태계 중 갯벌의 면적은 산림의 약 4%에 불과하지만 연간 이산화탄소 흡수량은 산림의 약 37%이며 흡수 속도는 수십 배에 달합니다.

(나) 연안 생태계는 대기 중 이산화탄소 흡수에 탁월합니다. 물론 연안 생태계가 이산화탄소를 얼마나 흡수할 수 있겠냐고 말하는 분도 계실 것입니다. 하지만 연안 생태계를 구성하는 갯벌과 염습지의 염생 식물, 식물성 플랑크톤 등은 광합성을 통해 대기 중 이산화탄소를 흡수하는데, 산림보다 이산화탄소 흡수 능력이 뛰어납니다.

(다) 통계에 따르면 우리나라의 이산화탄소 배출량은 세계 11위에 해당하는 높은 수준입니다. 그동안 우리나라는 이산화탄소 배출을 줄이려 노력하고, 대기 중 이산화탄소 흡수를 위한 산림 조성에 힘써 왔습니다. 그런데 우리가 놓치고 있는 이산화탄소 흡수원이 있습니다. 바로 연안 생태계입니다.

(라) 또한 연안 생태계는 탄소의 저장에도 효과적입니다. 연안의 염생 식물과 식물성 플랑크톤은 이산화탄소를 흡수하여 갯벌과 염습지에 탄소를 저장하는데 이 탄소를 블루카본이라 합니다. 산림은 탄소를 수백 년간 저장할 수 있지만 연안은 블루카본을 수천 년간 저장할 수 있습니다. 연안 생태계가 훼손되면 블루카본이 공기 중에 노출되어 이산화탄소 등이 대기 중으로 방출됩니다. 그러므로 블루카본이 온전히 저장되어 있도록 연안 생태계를 보호해야 합니다.

① (가) - (나) - (다) - (라)
② (나) - (다) - (가) - (라)
③ (다) - (나) - (가) - (라)
④ (다) - (라) - (가) - (나)
⑤ (다) - (라) - (나) - (가)

05 다음 글의 내용으로 가장 적절한 것은?

'청렴(淸廉)'은 현대 사회에서 좁게는 반부패와 동의어로 사용되며 넓게는 투명성과 책임성 등을 포괄하는 통합적 개념으로 사용되고 있다. 유학자들은 청렴을 효제와 같은 인륜의 덕목보다는 하위에 두었지만 군자라면 마땅히 지켜야 할 일상의 덕목으로 중시하였다. 조선의 대표적 유학자였던 이황과 이이는 청렴을 사회 규율이자 개인 처세의 지침으로 강조하였다. 특히 공적 업무에 종사하는 사람이라면 사회 규율로서의 청렴이 개인의 처세와 직결된다는 점에 유념해야 한다고 보았다.

청렴에 대한 논의는 정약용의 『목민심서』에서 본격적으로 나타난다. 정약용은 청렴이야말로 목민관이 지켜야 할 근본적인 덕목이며 목민관의 직무는 청렴이 없이는 불가능하다고 강조하였다. 정약용은 청렴을 당위의 차원에서 주장하는 기존의 학자들과 달리 행위자 자신에게 실질적 이익이 된다는 점을 들어 설득하고자 한다. 그는 청렴은 큰 이득이 남는 장사라고 말하며, 지혜롭고 욕심이 큰 사람은 청렴을 택하지만 지혜가 짧고 욕심이 작은 사람은 탐욕을 택한다고 설명한다. 정약용은 "지자(知者)는 인(仁)을 이롭게 여긴다."라는 공자의 말을 빌려 "지혜로운 자는 청렴함을 이롭게 여긴다."라고 하였다. 비록 재물을 얻는 데 뜻이 있더라도 청렴함을 택하는 것이 결과적으로는 지혜로운 선택이라고 정약용은 말한다. 목민관의 작은 탐욕은 단기적으로 보면 눈 앞의 재물을 취하여 이익을 얻을 수 있겠지만 궁극에는 개인의 몰락과 가문의 불명예를 가져올 수 있기 때문이다.

정약용은 청렴을 지키는 것은 두 가지 효과가 있다고 보았다. 첫째, 청렴은 다른 사람에게 긍정적 효과를 미친다. 목민관이 청렴할 경우 백성을 비롯한 공동체 구성원에게 좋은 혜택이 돌아갈 것이다. 둘째, 청렴한 행위를 하는 것은 목민관 자신에게도 좋은 결과를 가져다 준다. 청렴은 그 자신의 덕을 높이는 것일 뿐 아니라 자신의 가문에 빛나는 명성과 영광을 가져다 줄 것이다.

① 정약용은 청렴이 목민관이 반드시 지켜야 할 덕목임을 당위론 차원에서 정당화하였다.
② 정약용은 탐욕을 택하는 것보다 청렴을 택하는 것이 이롭다는 공자의 뜻을 계승하였다.
③ 정약용은 청렴한 사람은 욕심이 작기 때문에 재물에 대한 탐욕에 빠지지 않는다고 보았다.
④ 정약용은 청렴이 백성에게 이로움을 줄 뿐 아니라 목민관 자신에게도 이로운 행위라고 보았다.
⑤ 이황과 이이는 청렴을 개인의 처세에 있어 주요 지침으로 여겼으나 사회 규율로는 보지 않았다.

변혁적 리더십은 리더가 조직 구성원의 사기를 고양하기 위해 미래의 비전과 공동체적 사명감을 강조하고, 이를 통해 조직의 장기적 목표를 달성하는 것을 핵심으로 한다. 거래적 리더십이 협상과 교환을 통해 구성원의 동기를 부여한다면, 변혁적 리더십은 구성원의 변화를 통해 동기를 부여하고자 한다. 또한 거래적 리더십은 합리적 사고와 이성에 호소하는 반면, 변혁적 리더십은 감정과 정서에 호소하는 측면이 크다.

이러한 변혁적 리더십은 조직의 합병을 주도하고 신규 부서를 만들어 내며, 조직문화를 창출해 내는 등 조직 변혁을 주도하고 관리한다. 따라서 오늘날 급변하는 환경과 조직의 실정에 적합한 리더십 유형으로 주목받고 있다. 변혁적 리더는 주어진 목적의 중요성과 의미에 대한 구성원의 인식 수준을 제고시키고, 개인적 이익을 넘어서 구성원 자신과 조직 전체의 이익을 위해 일하도록 만든다. 그리고 구성원의 욕구 수준을 상위 수준으로 끌어올림으로써 구성원을 근본적으로 변혁시킨다. 즉, 거래적 리더십을 발휘하는 리더는 구성원에게서 기대되었던 성과만을 얻어내지만, 변혁적 리더는 _____

변혁적 리더가 변화를 이끌어 내는 전문적 방법의 하나는 카리스마와 긍정적인 행동 양식을 보여 주는 것이다. 이를 통해 리더는 구성원들의 신뢰와 충성심을 얻을 수 있다. 조직의 비전을 구체화하여 알려 주고 어떻게 목표를 달성할 것인지를 설명해 주거나 높은 윤리적 기준으로 모범이 되는 것도 좋은 방법이 된다.

지속적으로 구성원의 동기를 부여하는 것도 매우 중요하다. 팀워크를 장려하고, 조직의 비전을 구체화하여 개인의 일상 업무에도 의미를 부여할 수 있도록 해야 한다. 변혁적 리더는 구성원이 조직의 중요한 부분이 될 수 있도록 노력하게 만드는 데 초점을 둔다. 따라서 높지만 달성 가능한 목표를 세워 구성원의 생산력을 향상시키고, 구성원에게는 성취 경험을 제공하여 그들이 계속 성장할 수 있도록 만들어야 한다.

현재 상황에 대한 의문은 새로운 변화를 일어나게 한다. 변혁적 리더는 구성원들의 지적 자극을 불러일으켜 조직의 이슈에 대해 적극적으로 관심을 갖도록 만들며, 이를 통해 참신한 아이디어와 긍정적인 변화가 일어날 수 있도록 한다.

변혁적 리더는 개개인의 관점을 소홀히 생각하지 않는다. 구성원들을 독특한 재능, 기술 등을 보유한 독립된 개인으로 인지한다. 리더가 구성원들을 개개인으로 인지하게 되면 그들의 능력에 적합한 역할을 부여할 수 있으며, 구성원들 역시 개인적인 목표를 용이하게 달성할 수 있게 된다. 따라서 리더는 각 구성원의 소리에 귀 기울이고, 구성원 개개인에게 관심을 표현해야 한다.

06 다음 중 윗글의 빈칸에 들어갈 내용으로 가장 적절한 것은?

① 개개인의 성과를 얻어낼 수 있다.
② 구체적인 성과를 얻어낼 수 있다.
③ 기대 이상의 성과를 얻어낼 수 있다.
④ 참신한 아이디어도 함께 얻어낼 수 있다.
⑤ 구성원들의 신뢰도 함께 얻어낼 수 있다.

07 다음 중 윗글의 내용으로 적절하지 않은 것은?

① 변혁적 리더는 구성원 개개인에게 관심을 표현한다.

② 변혁적 리더는 구성원의 합리적 사고와 이성에 호소한다.

③ 변혁적 리더는 구성원의 변화를 통해 동기를 부여하고자 한다.

④ 변혁적 리더는 구성원에게 카리스마와 긍정적 행동 양식을 보여 준다.

⑤ 변혁적 리더는 구성원이 자신과 조직 전체의 이익을 위해 일하도록 한다.

08 다음 글을 읽고 추론한 내용으로 적절하지 않은 것은?

> 비만 환자의 경우 식사 조절을 통한 섭취량 감소가 중요하므로 적절한 식이요법이 필요하다. 먼저 환자의 표준 체중에 대한 기초대사량과 활동대사량을 파악하고, 이에 따라 3대 영양소인 단백질과 지방, 탄수화물의 섭취량을 조절해야 한다.
>
> 표준 체중은 남성의 경우 $[키(m)]^2 \times 22kg$으로 계산하고, 여성의 경우에는 $[키(m)]^2 \times 21kg$으로 계산한다. 성인의 하루 기초대사량은 $1kcal \times (표준 체중) \times 24$로 계산하고, 활동대사량은 활동의 정도에 따라 기초대사량에 0.2(정적 활동), 0.4(보통 활동), 0.8(격심한 활동)을 곱한다. 기초대사량에 활동대사량을 합한 값이 성인이 하루에 필요로 하는 칼로리가 된다.
>
> 필요한 칼로리가 정해지면 우선 단백질의 섭취량을 계산하고, 나머지를 지방과 탄수화물로 배분한다. 성인의 하루 단백질 섭취량은 표준 체중을 기준으로 0.8 ~ 1.2g/kg(평균 1.13g/kg)이며, 비만 환자가 저열량 식이 조절을 하는 경우에는 1.2 ~ 1.5g/kg(평균 1.35g/kg)으로 계산한다. 지방은 전체 필요 칼로리 중 20% 이하로 섭취하는 것이 좋으며, 콜레스테롤은 하루 300mg 이하로 제한하는 것이 좋다. 탄수화물의 경우 섭취량이 부족하면 단백질을 분해하여 포도당을 생성하게 되므로 케톤산증을 유발할 수 있다. 따라서 총 섭취 칼로리의 55 ~ 60% 정도의 섭취를 권장하며, 반드시 최소 100g 정도의 탄수화물을 섭취해야 한다.

① 신장이 178cm인 성인 남성의 표준 체중은 약 69.7kg이 된다.

② 주로 정적 활동을 하는 남성의 표준 체중이 73kg이라면 하루에 필요한 칼로리는 2,102.4kcal이다.

③ 표준 체중이 55kg인 성인 여성의 경우 하루 평균 62.15g의 단백질을 섭취하는 것이 좋다.

④ 주로 보통 활동을 하는 비만 환자의 경우에도 하루에 반드시 최소 100g 정도의 탄수화물을 섭취해야 한다.

⑤ 주로 보통 활동을 하는 성인 남성의 하루 기초대사량이 1,728kcal라면 하루 500g 이하의 지방을 섭취하는 것이 좋다.

(가) 우리는 최근 사회가 많이 깨끗해졌다는 말을 많이 듣는다. 실제 우리의 일상생활은 정말 많이 깨끗해졌다. 과거에 비하면 일상생활에서 뇌물이 오가는 경우가 거의 없어진 것이다. 그런데 왜 부패인식지수가 나아지기는커녕 도리어 나빠지고 있을까? 일상생활과 부패인식지수가 전혀 다른 모습을 보이는 이유는 어디에 있을까?

(나) 부패인식지수가 산출되는 과정에서 그 물음의 답을 찾을 수 있다. 부패인식지수는 국제투명성기구에서 매년 조사하여 발표하고 있는 세계적으로 가장 권위 있는 부패 지표로, 지수는 국제적인 조사 및 평가를 실시하고 있는 여러 기관의 조사 결과를 바탕으로 산출된다. 각 기관의 조사 항목과 조사 대상은 서로 다르지만, 주요 항목은 공무원의 직권 남용 억제 기능, 공무원의 공적 권력의 사적 이용, 공공서비스와 관련한 뇌물 등으로 공무원의 뇌물과 부패에 초점이 맞추어져 있다.

(다) 부패인식지수를 이해하는 데 주목하여야 할 또 하나의 중요한 점은 부패인식지수 계산에 사용된 각 지수의 조사 대상이다. 조사에 따라 약간의 차이가 있기는 하지만 조사는 주로 해당 국가나 해당 국가와 거래하고 있는 고위 기업인과 전문가들을 대상으로 이루어진다. 일반 시민이 아닌 기업 활동에서 공직자들과 깊숙한 관계를 맺고 있어 공직자들의 행태를 누구보다 잘 알고 있을 것으로 추정되는 사람들의 의견을 대상으로 하는 것이다. 결국 부패인식지수는 고위 기업 경영인과 전문가들의 공직 사회의 뇌물과 부패에 대한 평가라 할 수 있다.

(라) 그렇다면 부패인식지수를 개선하는 방법은 무엇일까? 그간 정부는 공무원행동강령, 청탁금지법, 부패방지기구 설치 등 많은 제도적인 노력을 기울여왔다. 이러한 정부의 노력에도 불구하고 정부 반부패정책은 대부분 효과가 없는 것으로 보인다. 정부 노력에 대한 일반 시민들의 시선도 차갑기만 하다. 결국 법과 제도적 장치는 우리 사회에 만연한 연줄 문화 앞에서 힘을 쓰지 못하고 있는 것으로 해석할 수 있다.

(마) 천문학적인 뇌물을 받아도 마스크를 낀 채 휠체어를 타고 교도소를 나오는 기업경영인과 공직자들의 모습을 우리는 자주 보아왔다. 이처럼 솜방망이 처벌이 반복되는 상황에서 부패는 계속될 수밖에 없다. 예상되는 비용에 비해 기대 수익이 큰 상황에서 부패는 끊어질 수 없는 것이다. 이러한 상황이 인간의 욕망을 도리어 자극하여 사람들은 연줄을 찾아 더 많은 부당이득을 노리려 할지 모른다. 연줄로 맺어지든 다른 방식으로 이루어지든 부패로 인하여 지불해야 할 비용이 크다면 부패에 대한 유인이 크게 줄어들 수 있을 것이다.

① (가) : 일상부패에 대한 인식과 부패인식지수의 상반되는 경향에 대한 의문
② (나) : 공공분야에 맞추어진 부패인식지수의 산출과정
③ (다) : 특정 계층으로 집중된 부패인식지수의 조사 대상
④ (라) : 부패인식지수의 효과적인 개선방안
⑤ (마) : 부패가 계속되는 원인과 부패 해결 방향

10 다음 그림과 같이 한 대각선의 길이가 6으로 같은 마름모 2개가 겹쳐져 있다. 다른 대각선 길이가 각각 4, 9일 때 두 마름모의 넓이의 차는?

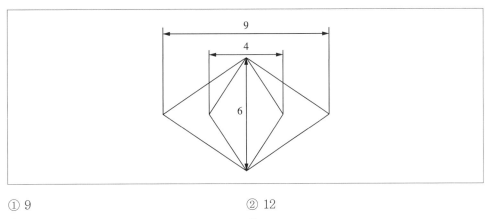

① 9
② 12
③ 15
④ 24
⑤ 30

11 다음은 연도별 국내 기업의 남성육아휴직제 시행 현황에 대한 자료이다. 이에 대한 설명으로 옳은 것은?

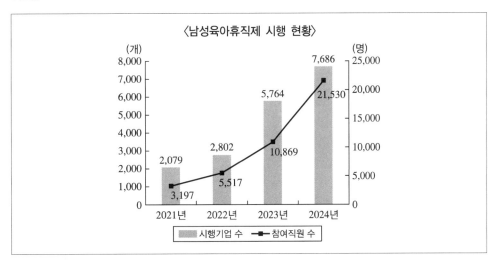

① 2024년 남성육아휴직제 참여직원 수는 2022년의 4배 이상이다.
② 시행기업 수 대비 참여직원 수가 가장 많은 해는 2022년이다.
③ 2022년 대비 2024년 시행기업 수의 증가율은 참여직원 수의 증가율보다 낮다.
④ 2021년부터 2024년까지 연간 참여직원 수 증가 인원의 평균은 5,000명 정도이다.
⑤ 2022년 이후 전년보다 참여직원 수가 가장 많이 증가한 해는 2024년이고, 시행기업 수가 가장 많이 증가한 해는 2022년이다.

12

| 7 | 4 | 35 | 13 | 175 | 40 | 875 | (|) | 4,375 | 364 |

① 121   ② 119

③ 118   ④ 117

⑤ 115

13

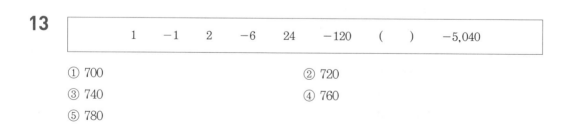

| 1 | −1 | 2 | −6 | 24 | −120 | (|) | −5,040 |

① 700   ② 720

③ 740   ④ 760

⑤ 780

14 다음은 산업별 경기전망지수를 나타낸 자료이다. 〈조건〉을 바탕으로 A ~ D에 들어갈 산업을 바르게 연결한 것은?

〈산업별 경기전망지수〉

(단위 : 점)

구분	2020년	2021년	2022년	2023년	2024년
A	45.8	48.9	52.2	52.5	54.4
B	37.2	39.8	38.7	41.9	46.3
도소매업	38.7	41.4	38.3	41.7	46.2
C	36.1	40.6	44.0	37.1	39.7
D	39.3	41.1	40.2	44.9	48.7

조건

• 2020년부터 2024년까지 보건업의 경기전망지수가 40점 이상인 해는 2개이다.
• 2022년 조선업과 제조업의 경기전망지수는 전년 대비 증가하였다.
• 전년 대비 2021년 해운업의 경기전망지수의 증가율은 5개의 산업 중 가장 낮다.
• 제조업은 매년 5개의 산업 중 경기전망지수가 가장 높다.

	A	B	C	D
①	조선업	보건업	제조업	해운업
②	조선업	제조업	보건업	해운업
③	조선업	제조업	해운업	보건업
④	제조업	보건업	조선업	해운업
⑤	제조업	조선업	보건업	해운업

※ 다음은 S사에서 제품별 밀 소비량을 조사한 자료이다. 이어지는 질문에 답하시오. [15~16]

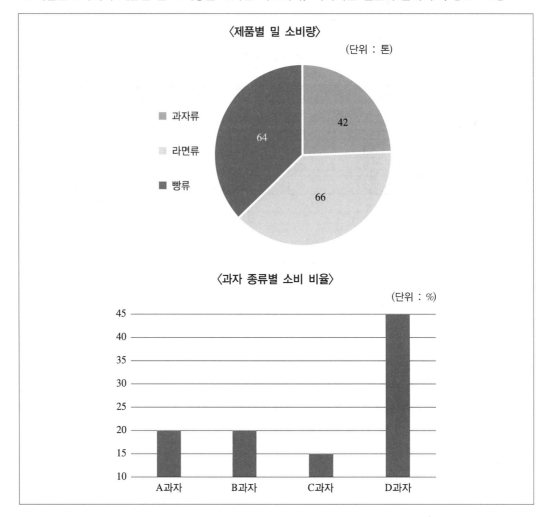

〈제품별 밀 소비량〉

(단위 : 톤)

- ■ 과자류
- ■ 라면류
- ■ 빵류

64

42

66

〈과자 종류별 소비 비율〉

(단위 : %)

15 S사가 과자류에 밀 사용량을 늘리기로 결정하였다. 라면류와 빵류에 소비되는 밀 소비량의 각각 10%씩을 과자류에 사용한다면, 과자류에는 총 몇 톤의 밀을 사용하는가?

① 45톤

② 50톤

③ 55톤

④ 60톤

⑤ 65톤

16 A ~ D과자 중 밀을 가장 많이 소비하는 과자와 가장 적게 소비하는 과자의 밀 소비량 차이는 몇 톤인가?(단, 제품별 밀 소비량 그래프를 기준으로 한다)

① 10.2톤　　　　　　　　　　　② 11.5톤

③ 12.6톤　　　　　　　　　　　④ 13톤

⑤ 14.4톤

17 흰색 탁구공 7개와 노란색 탁구공 5개가 들어 있는 주머니에서 4개의 탁구공을 동시에 꺼낼 때, 흰색 탁구공이 노란색 탁구공보다 많을 확률은?

① $\dfrac{10}{33}$　　　　　　　　　　② $\dfrac{14}{33}$

③ $\dfrac{17}{33}$　　　　　　　　　　④ $\dfrac{20}{33}$

⑤ $\dfrac{23}{33}$

18 다음은 S도서관의 도서 대여건수에 대하여 일정기간 동안 작성한 자료이다. 이에 대한 설명으로 옳지 않은 것은?

〈도서 대여건수〉

(단위 : 건)

구분	비소설		소설	
	남자	여자	남자	여자
40세 미만	520	380	450	600
40세 이상	320	400	240	460

① 소설의 전체 대여건수가 비소설의 전체 대여건수보다 많다.

② 40세 미만보다 40세 이상이 대여건수가 더 적다.

③ 소설을 대여한 남자의 수가 소설을 대여한 여자의 수의 70% 이상이다.

④ 전체 40세 미만 대여 수에서 비소설 대여 수가 차지하는 비율은 40%를 넘는다.

⑤ 전체 40세 이상 대여 수에서 소설 대여 수가 차지하는 비율은 50% 미만이다.

19 S회사의 영업팀과 홍보팀에서 근무 중인 총 9명(A ~ I)의 사원은 워크숍을 가려고 하는데, 한 층당 4개의 객실로 이루어져 있는 호텔을 1층부터 3층까지 사용한다. 다음 〈조건〉을 참고할 때, 항상 옳은 것은?(단, 직원 한 명당 하나의 객실을 사용하며, 2층 이상의 객실은 반드시 엘리베이터를 이용해야 한다)

> **조건**
> • 202호는 현재 공사 중이라 사용할 수 없다.
> • 영업팀 A사원은 홍보팀 B, E사원과 같은 층에 묵는다.
> • 3층에는 영업팀 직원 C, D, F가 묵는다.
> • 홍보팀 G사원은 같은 팀 H사원의 바로 아래층 객실에 묵는다.
> • I사원은 101호에 배정받았다.

① 영업팀은 총 5명의 직원이 워크숍에 참석했다.
② 홍보팀 G사원은 2층에 묵는다.
③ 영업팀 C사원의 객실 바로 아래층은 빈 객실이다.
④ 엘리베이터를 이용해야 하는 사람의 수는 영업팀보다 홍보팀이 더 많다.
⑤ 홍보팀 E사원이 객실에 가기 위해서는 반드시 엘리베이터를 이용해야 한다.

20 경제학과, 물리학과, 통계학과, 지리학과 학생인 A ~ D는 검은색, 빨간색, 흰색의 세 가지 색 중 적어도 1가지 이상의 색을 좋아한다. 다음 〈조건〉에 따라 항상 참인 것은?

> **조건**
> • 경제학과 학생은 검은색과 빨간색만 좋아한다.
> • 경제학과 학생과 물리학과 학생은 좋아하는 색이 서로 다르다.
> • 통계학과 학생은 빨간색만 좋아한다.
> • 지리학과 학생은 물리학과 학생과 통계학과 학생이 좋아하는 색만 좋아한다.
> • C는 검은색을 좋아하고, B는 빨간색을 좋아하지 않는다.

① A는 통계학과이다.
② B는 물리학과이다.
③ C는 지리학과이다.
④ D는 경제학과이다.
⑤ B와 C는 빨간색을 좋아한다.

21 S자동차 회사에 근무하는 A씨는 올해 새로 출시될 예정인 수소전기차 '럭스'에 대해 SWOT 분석을 진행하기로 하였다. '럭스'의 분석 내용이 다음과 같을 때, 〈보기〉 중 SWOT 분석에 들어갈 내용으로 적절하지 않은 것은?

〈수소전기차 '럭스' 분석 내용〉

- 럭스는 서울에서 부산을 달리고도 절반 가까이 남는 609km에 달하는 긴 주행거리와 5분에 불과한 짧은 충전시간을 볼 수 있다.
- 수소전기차의 정부 보조금 지급 대상은 총 240대로, 생산량에 비해 보조금이 부족한 실정이다.
- 전기차의 경우 전기의 가격은 약 10 ~ 30원/km이며, 수소차의 경우 수소의 가격은 약 72.8원/km이다.
- 럭스의 가격은 정부와 지자체의 보조금을 통해 3천여만 원에 구입이 가능하며, 이는 첨단 기술이 집약된 친환경차를 중형 SUV 가격에 구매한다는 점에서 매력적이지 않을 수 없다.
- 화석연료료 만든 전기를 충전해서 움직이는 전기차보다 물로 전기를 만들어서 움직이는 수소전기차가 더 친환경적이다.
- 수소를 충전할 수 있는 충전소는 전국 12개소에 불과하며, 올해 S자동차 회사는 안에 10개소를 더 설치한다고 발표하였으나 모두 완공될지는 미지수이다.
- 현재 전세계에서 친환경차의 인기는 뜨거우며, 저유가와 레저 문화의 확산으로 앞으로도 인기가 지속될 전망이다.

보기

강점(Strength)	약점(Weakness)
• (가) <u>보조금 지원으로 상대적으로 저렴한 가격</u> • 일반 전기차보다 깨끗한 수소전기차 • 짧은 충전시간과 긴 주행거리	• (나) <u>충전 인프라 부족</u> • (다) <u>전기보다 비싼 수소 가격</u>
기회(Opportunity)	위협(Threat)
• (라) <u>친환경차에 대한 인기</u> • 레저 문화의 확산	• (마) <u>생산량에 비해 부족한 보조금</u>

① (가)
② (나)
③ (다)
④ (라)
⑤ (마)

※ S주임은 신입사원 선발을 위해 면접자들의 면접 순서를 배정하는 업무를 담당하게 되었다. 다음 자료를 보고 이어지는 질문에 답하시오. [22~23]

〈면접자 정보〉

구분	성별	인턴경력	유학경험	해외봉사	지원직무	최종학력
A	남	○	×	×	마케팅	석사
B	여	×	×	○	인사	석사
C	남	○	×	○	인사	박사
D	여	×	×	○	생산관리	학사
E	남	○	○	×	재무	학사
F	여	×	○	×	마케팅	석사

〈면접 순서 지정 규칙〉

• 면접은 4월 5일과 6일에 걸쳐 2일 간 진행된다.
• 다음 표에 따라 각 면접자가 해당되는 항목의 질의시간만큼 면접을 진행한다.

구분	공통사항	인턴경력	유학경험	해외봉사	석·박사학위
질의시간	5분	8분	6분	3분	10분

• 모든 면접자는 공통사항에 대한 질의를 받는다.
• 같은 직무에 지원한 면접자들끼리 연달아 면접을 실시한다.
• 같은 성별인 면접자들끼리 연달아 면접을 실시할 수 없다.
• 인턴경력이 있는 면접자들끼리 연달아 면접을 실시할 수 없다.
• 최종학력이 학사인 면접자는 석사인 면접자보다 먼저 면접을 본다.
• 유학경험이 있는 면접자들끼리 연달아 면접을 실시한다.
• 면접은 4월 5일 오전 10시에 시작하여 오전 11시까지 진행하며, 면접을 완료하지 못한 면접자는 다음날 면접을 보게 된다.
• 4월 5일 오전 11시에 면접이 종료되는 면접자들만 5일에 면접을 실시한다.
• 앞선 면접자의 면접이 끝난 직후, 바로 다음 순번의 면접자의 면접이 시작된다.

22 S주임이 면접자 정보와 면접 순서 지정 규칙에 따라 면접자들의 면접에 소요되는 시간을 계산할 때, 다음 중 면접을 오래 진행하는 면접자부터 순서대로 바르게 나열한 것은?

① A - C - F - E - B - D
② A - F - C - E - B - D
③ B - A - C - F - E - D
④ C - A - F - E - B - D
⑤ D - A - F - B - E - C

23 면접 순서 지정 규칙에 따를 때, 4월 5일에 면접을 실시할 사람과 4월 6일에 면접을 실시할 사람이 바르게 연결된 것은?

	4월 5일	4월 6일
①	A, D, C	B, E, F
②	A, D, C, F	B, E
③	B, C, F	A, D, E
④	D, E, F	A, B, C
⑤	D, E, F, A	B, C

24 A~E 다섯 명을 포함한 여덟 명이 달리기 경기를 하였다. 〈조건〉이 다음과 같을 때, 항상 옳은 것은?

조건
• A와 D는 연속으로 들어왔으나, C와 D는 연속으로 들어오지 않았다.
• A와 B 사이에 3명이 있다.
• B는 일등도, 꼴찌도 아니다.
• E는 4등 또는 5등이고, D는 7등이다.
• 5명을 제외한 3명 중에 꼴찌는 없다.

① C가 3등이다.
② A가 C보다 늦게 들어왔다.
③ B가 E보다 늦게 들어왔다.
④ D가 E보다 일찍 들어왔다.
⑤ E가 C보다 일찍 들어왔다.

25 철수는 장미에게 "43 41 54"의 문자를 전송하였다. 장미는 문자가 16진법으로 표현된 것을 발견하였고, 아스키 코드표를 이용하여 해독을 진행하려고 한다. 다음 중 철수가 장미에게 보낸 문자의 의미로 옳은 것은?

문자	아스키	문자	아스키	문자	아스키	문자	아스키
A	65	H	72	O	79	V	86
B	66	I	73	P	80	W	87
C	67	J	74	Q	81	X	88
D	68	K	75	R	82	Y	89
E	69	L	76	S	83	Z	90
F	70	M	77	T	84	–	–
G	71	N	78	U	85	–	–

① CAT
② SIX
③ BEE
④ CUP
⑤ SUN

26 S대학교 동아리 회원 A ~ E가 주말을 포함한 일주일 동안 각자 하루를 골라 봉사활동을 간다. 다음 〈조건〉에 따라 항상 참이 아닌 것은?

> **조건**
> • A, B, C, D, E는 일주일 동안 정해진 요일에 혼자서 봉사활동을 간다.
> • A는 B보다 빠른 요일에 봉사활동을 간다.
> • E는 C가 봉사활동을 다녀오고 이틀 후에 봉사활동을 간다.
> • B와 D는 평일에 봉사활동을 간다.
> • C는 목요일에 봉사활동을 가지 않는다.
> • A는 월요일, 화요일 중에 봉사활동을 간다.

① E가 수요일에 봉사활동을 간다면 토요일에 봉사활동을 가는 사람이 있다.
② B가 화요일에 봉사활동을 간다면 토요일에 봉사활동을 가는 사람은 없다.
③ C가 A보다 빨리 봉사활동을 간다면 D는 목요일에 봉사활동을 갈 수 있다.
④ D가 금요일에 봉사활동을 간다면 다섯 명은 모두 평일에 봉사활동을 간다.
⑤ D가 A보다 빨리 봉사활동을 간다면 B는 금요일에 봉사활동을 가지 않는다.

27 S회사는 창립 10주년을 맞이하여 전 직원 단합대회를 준비하고 있다. 이를 위해 B사장은 여행상품 중 한 가지를 선정하여 떠날 계획을 갖고 있는데, 직원 투표 결과를 통해 결정하려고 한다. 직원 투표 결과와 여행상품별 혜택이 다음과 같을 때, 부서별 고려사항을 토대로 옳은 것을 〈보기〉에서 모두 고르면?

〈직원 투표 결과〉

상품내용		투표 결과(표)					
여행상품	1인당 비용	총무팀	영업팀	개발팀	홍보팀	공장 1	공장 2
A	500,000원	2	1	2	0	15	6
B	750,000원	1	2	1	1	20	5
C	600,000원	3	1	0	1	10	4
D	1,000,000원	3	4	2	1	30	10
E	850,000원	1	2	0	2	5	5

〈여행상품별 혜택〉

상품명	날짜	장소	식사제공	차량지원	편의시설	체험시설
A	5/10 ~ 5/11	해변	○	○	×	×
B	5/10 ~ 5/11	해변	○	○	○	×
C	6/7 ~ 6/8	호수	○	○	○	×
D	6/15 ~ 6/17	도심	○	×	○	○
E	7/10 ~ 7/13	해변	○	○	○	×

〈부서별 고려사항〉

- 총무팀 : 행사 시 차량지원이 가능함
- 영업팀 : 6월 초에 해외 바이어와 가격 협상 회의 일정이 있음
- 공장 1 : 3일 연속 공장 비가동 시 품질 저하가 예상됨
- 공장 2 : 7월 중순 공장 이전 계획이 있음

보기

ㄱ. 필요한 여행상품 비용은 총 1억 500만 원이다.
ㄴ. 투표 결과 가장 인기가 좋은 여행상품은 B이다.
ㄷ. 공장 1의 A, B 투표 결과가 바뀐다면 여행상품 선택은 변경된다.

① ㄱ
② ㄱ, ㄴ
③ ㄱ, ㄷ
④ ㄴ, ㄷ
⑤ ㄱ, ㄴ, ㄷ

28 다음 중 거래적 리더십과 변혁적 리더십의 차이점에 대한 설명으로 옳지 않은 것은?

> 거래적 리더십은 '규칙을 따르는' 의무에 관계되어 있기 때문에 거래적 리더들은 변화를 촉진하기보다는 조직의 안정을 유지하는 것을 중시한다. 그리고 거래적 리더십에는 리더의 요구에 부하가 순응하는 결과를 가져오는 교환 과정이 포함되지만, 조직원들이 과업목표에 대해 열의와 몰입까지는 발생시키지 않는 것이 일반적이다.
> 변혁적 리더십은 거래적 리더십과 대조적이다. 리더가 조직원들에게 장기적 비전을 제시하고 그 비전을 향해 매진하도록 하고, 조직원들로 하여금 자신의 정서·가치관·행동 등을 바꾸어 목표 달성을 위한 성취의지와 자신감을 고취시킨다. 즉, 거래적 리더십은 교환에 초점을 맞춰 단기적 목표를 달성하고 이에 따른 보상을 받고, 변혁적 리더십은 장기적으로 성장과 발전을 도모하며 조직원들이 소속감, 몰입감, 응집력, 직무만족 등을 발생시킨다.

① 거래적 리더십의 보상체계는 규정에 맞게 성과 달성 시 인센티브와 보상이 주어진다.

② 변혁적 리더십은 기계적 관료제에 적합하고, 거래적 리더십은 단순구조나 임시조직에 적합하다.

③ 거래적 리더십은 안전을 지향하고 폐쇄적인 성격을 가지고 있다.

④ 변혁적 리더십은 공동목표를 추구하고 리더가 교육적 역할을 담당한다.

⑤ 변혁적 리더십은 업무 등의 과제의 가치와 당위성을 주시하여 성공에 대한 기대를 제공한다.

29 다음 상황에서 나타나는 협상 전략으로 가장 적절한 것은?

> S먹자골목에 있는 상가들은 수십 년간 역사를 이어온 상가들이 대부분이다 보니 서로 부모님은 물론 조부모님까지 아는 사이들이 대다수이다. 이로 인해 상가들끼리는 관계가 매우 돈독해 손님들이 지나가도 과도한 고객행위를 하지 않고 영업을 하는 비교적 조용한 골목이었다. 하지만 최근에 근처에 신도시가 들어서면서 많은 상가들이 들어와 S먹자골목에는 손님들이 눈에 띄게 줄어들었다. 이에 대부분의 상가들이 적자를 보는 상황임에도 불구하고 타지역처럼 손님들에게 과도한 호객행위를 하는 대신 상가들끼리 힘을 합쳐 S먹자골목 거리를 손님들이 방문하고 싶도록 새롭게 바꾸기로 하였다.

① 협력전략   ② 유화전략

③ 회피전략   ④ 무행동전략

⑤ 경쟁전략

30 다음 〈보기〉 중 갈등해결법을 모색함에 있어 명심해야 할 사항으로 옳지 않은 것을 모두 고르면?

> **보기**
>
> ㄱ. 역지사지의 관점에서 다른 사람의 입장을 이해하고자 노력해야 한다.
> ㄴ. 해결하기 어려운 문제는 갈등을 심화시킬 수 있으므로 되도록 피해야 한다.
> ㄷ. 자신의 의견을 명확하게 밝히는 것은 상대방의 반감을 살 수 있으므로 자신의 의견을 피력하기
>   보다는 듣는 것에 집중해야 한다.
> ㄹ. 갈등을 대함에 있어서 논쟁하고 싶은 마음이 들더라도 이를 자제해야 한다.

① ㄱ, ㄴ   ② ㄱ, ㄷ
③ ㄴ, ㄷ   ④ ㄴ, ㄹ
⑤ ㄷ, ㄹ

31 다음 〈보기〉 중 팀워크(Teamwork)를 저해하는 일반적인 요인을 모두 고르면?

> **보기**
>
> ㄱ. 역할과 책임의 모호성
> ㄴ. 개인의 무뚝뚝한 성격
> ㄷ. 자기중심적 성격
> ㄹ. 사고방식의 차이에 대한 무시

① ㄱ, ㄴ   ② ㄴ, ㄷ
③ ㄱ, ㄷ, ㄹ   ④ ㄴ, ㄷ, ㄹ
⑤ ㄱ, ㄴ, ㄷ, ㄹ

32 다음은 자신의 소속 부서에 대한 최주임의 생각을 나타낸 글이다. 최주임에 대한 설명으로 옳지 않은 것은?

> 조직은 항상 나에게 규정을 준수할 것을 강조한다. 리더와 조직 구성원 간의 인간관계에는 비인간적 풍토가 자리 잡고 있으며, 조직의 계획과 리더의 명령은 빈번하게 변경된다.

① 동료들은 최주임에 대하여 평범한 수완으로 업무를 수행한다고 평가할 것이다.
② 리더는 최주임에게 업무를 맡길 경우 감독이 필수적이라고 생각할 것이다.
③ 최주임은 조직의 운영방침에 매우 민감할 것이다.
④ 리더는 최주임이 자기 이익을 극대화하기 위한 흥정에 능하다고 볼 것이다.
⑤ 최주임은 다른 유형의 직원에 비해 균형적 시각에서 사건을 판단할 것이다.

33 프랜차이즈 커피숍에서 바리스타로 근무하고 있는 귀하는 종종 가격을 깎아달라는 고객 때문에 고민이 이만저만이 아니다. 이를 본 선배가 귀하에게 도움이 될 만한 몇 가지 조언을 해 주었다. 다음 중 선배가 귀하에게 한 조언으로 가장 적절한 것은?

① 못 본 체하고 다른 손님의 주문을 받으면 됩니다.
② 이번이 마지막이라고 말하면서 한 번만 깎아 주세요.
③ '절대로 안 된다.'고 딱 잘라 거절하는 태도가 필요합니다.
④ 다음에 오실 때 깎아드리겠다고 약속드리고 지키면 됩니다.
⑤ 규정상 임의로 깎아 줄 수 없다는 점을 상세히 설명해 드리세요.

34 최근 회사 생활을 하면서 대인관계에 어려움을 겪고 있는 A사원은 같은 팀 B대리에게 조언을 구하고자 면담을 신청하였다. 다음 중 B대리가 A사원에게 해 줄 조언으로 적절하지 않은 것은?

> A사원 : 지난달 팀 프로젝트를 진행하면서 같은 팀원인 C사원이 업무적으로 힘들어하는 것 같아서 C사원의 업무를 조금 도와줬습니다. 그 뒤로 타 부서 직원인 D사원의 업무 협조 요청도 거절하지 못해 함께 업무를 진행했습니다. 그러다 보니 막상 제 업무는 제시간에 끝내지 못했고, 결국에는 늘 야근을 해야만 했습니다. 앞으로는 제 업무에만 전념하기로 다짐하면서 지난주부터는 다른 직원들의 부탁을 모두 거절하였습니다. 그랬더니 동료들로부터 제가 냉정하고 업무에 비협조적이라는 이야기를 들었습니다. 이번 달에는 정말 제가 당장 처리해야 할 업무가 많아 도움을 줄 수 없는 상황입니다. 동료들의 부탁을 어떻게 거절해야 동료들이 저를 이해해 줄까요?
>
> B대리 : _____

① 도움을 주지 못해 아쉬운 마음을 함께 표현해야 합니다.

② 상대 동료가 미련을 갖지 않도록 단번에 거절해야 합니다.

③ 도움이 필요한 상대 동료의 상황을 충분히 이해하고 있음을 드러내야 합니다.

④ 현재 도움을 줄 수 없는 A사원의 상황이나 이유를 분명하게 설명해야 합니다.

⑤ 부탁을 거절할 때는 인간관계를 해치지 않도록 신중하게 거절하는 것이 중요합니다.

PART 4

35 S전자 영업부에 근무하는 A사원은 제품에 대한 불만이 있는 고객의 전화를 받았다. 제품에 문제가 있어 담당부서에 고장수리를 요청했으나 연락이 없어 고객이 화가 많이 난 상태였다. 이때 직원으로서의 응대로 가장 적절한 것은?

① 고객에게 사과하여 고객의 마음을 진정시키고 전화를 상사에게 연결한다.

② 화를 가라앉히시라고 말하고 그렇지 않으면 전화응대를 하지 않겠다고 한다.

③ 고객의 불만을 들어준 후, 고객에게 제품수리에 대해 담당부서로 다시 전화할 것을 권한다.

④ 고객의 불만을 듣고 지금 사장님과 전화연결은 어렵고 다시 연락을 드리겠다고 답한 후, 사장님께 메모를 전한다.

⑤ 회사를 대표해서 미안하다는 사과를 하고, 고객의 불만을 메모한 후 담당부서에 먼저 연락하여 해결해 줄 것을 의뢰한다.

36 다음은 개인화 마케팅에 대한 글이다. 개인화 마케팅의 사례로 적절하지 않은 것은?

> 소비자들의 요구가 점차 다양해지고 복잡해짐에 따라 개인별로 맞춤형 제품과 서비스를 제공하며 '개인화 마케팅'을 펼치는 기업이 늘어나고 있다. 개인화 마케팅이란 각 소비자의 이름, 관심사, 구매이력 등의 데이터를 기반으로 특정 고객에 대한 개인화 서비스를 제공하는 활동을 의미한다. 이러한 개인화 마케팅은 개별적 커뮤니케이션 실현을 통한 효율성 증대 및 기업 이윤 창출을 목적으로 하고 있다.
>
> 이러한 개인화 마케팅은 기업들의 지속적인 투자를 통해 다양한 방식으로 계속되고 있다. 빠르게 변화하고 있는 마케팅 시장에서 개인화된 서비스 제공을 통해 소비자 만족도를 끌어낼 수 있다는 점은 충분히 매력적일 수 있기 때문이다.

① 고객들의 사연을 받아 지하철역 에스컬레이터 벽면에 광고판을 만든 A배달업체는 고객들로 하여금 자신의 사연이 뽑히지 않았는지 관심을 갖도록 유도하여 광고 효과를 톡톡히 보고 있다.

② 최근 B전시관은 시각적인 시원한 민트색 벽지와 그에 어울리는 시원한 음향, 상쾌한 민트 향기, 민트맛 사탕을 나눠주며 민트에 대한 다섯 가지 감각을 이용한 미술관 전시로 화제가 되었다.

③ 참치캔을 생산하는 C사는 최근 소외계층에게 힘이 되는 응원 메시지를 댓글로 받아 77명을 추첨하여 댓글 작성자의 이름으로 소외계층들에게 참치캔을 전달하는 이벤트를 진행하였다.

④ D위생용품회사는 자사의 인기 상품에 대한 단종으로 사과의 뜻을 담은 뮤직비디오를 제작했다. 고객들은 뮤직비디오를 보기 전에 자신의 이름을 입력하면, 뮤직비디오에 자신의 이름이 노출되어 자신이 직접 사과를 받는 듯한 효과를 느낄 수 있다.

⑤ 커피전문점 E사는 고객이 자사 홈페이지에서 회원 가입 후 이름을 등록한 경우, 음료 주문 시 "○○○ 고객님, 주문하신 아메리카노 나왔습니다."와 같이 고객의 이름을 불러주는 서비스를 제공하고 있다.

37 S회사 총무부에서 근무하는 P대리는 다음 업무를 처리해야 한다. P대리의 업무처리 정보와 업무 리스트가 다음과 같을 때, P대리가 업무들에 착수할 순서로 가장 적절한 것은?

〈업무처리 정보〉

• P대리는 동시에 최대 두 가지 업무를 수행할 수 있다.
• P대리는 중요한 일보다 긴급한 일에 먼저 착수하고자 한다.
• 현재는 2월 17일이다.
• 같은 날에 하는 업무라도 업무 착수 순서는 구별한다.

〈업무 리스트〉

• 본부에서 이번 분기에 가장 중요한 사업으로 지정한 사업안 A의 계획안을 2월 24일까지 검토하여야 하며, 검토에는 6일이 소요된다.
• 총무부 내 업무분장 갱신안 B를 2월 19일까지 제출하여야 하며, 갱신안 구상에는 3일이 소요된다.
• B대리는 개인적 부탁 C를 2월 22일까지 해줄 것을 부탁하였으며, 일 완료에는 3일이 소요된다.
• 총무부 내 비품을 2월 19일까지 파악하여 보고서 D를 작성하여야 하며, 비품 파악에 1일, 이후 보고서 작성에 1일이 소요된다.

① A - B - D - C
② B - A - C - D
③ B - D - A - C
④ C - A - D - B
⑤ C - D - A - B

38 다음은 조직의 문화를 기준에 따라 4가지로 구분한 자료이다. (가) ~ (라)에 대한 설명으로 적절하지 않은 것은?

	유연성, 자율성 강조 (Flexibility & Discretion)		
내부지향성, 통합 강조 (Internal Focus & Integration)	(가)	(나)	외부지향성, 차별 강조 (External Focus & Differentiation)
	(다)	(라)	
	안정, 통제 강조 (Stability & Control)		

① (가)는 구성원 간 인화단결, 협동, 팀워크, 공유가치, 사기, 의사결정 과정에 참여 등을 중요시한다.

② (가)는 개인의 능력개발에 대한 관심이 높고, 구성원에 대한 인간적 배려와 가족적인 분위기를 만들어내는 특징을 가진다.

③ (나)는 규칙과 법을 준수하고, 관행과 안정, 문서와 형식, 명확한 책임소재 등을 강조하는 관리적 문화의 특징을 가진다.

④ (다)는 조직 내부의 통합과 안정성을 확보하고, 현상유지 차원에서 계층화되는 조직문화이다.

⑤ (라)는 실적을 중시하고, 직무에 몰입하며, 미래를 위한 계획을 수립하는 것을 강조한다.

39 직장인은 조직의 구성원으로서 조직체제의 구성요소를 이해하는 체제이해능력이 요구된다. 조직체제의 구성요소가 다음과 같을 때, 이에 대한 설명으로 적절하지 않은 것은?

① 조직의 규칙 및 규정은 조직구성원들의 자유로운 활동범위를 보장하는 기능을 가진다.

② 조직 구조는 의사결정권의 집중정도, 명령계통, 최고경영자의 통제 등에 따라 달라진다.

③ 조직 문화는 조직구성원들의 사고와 행동에 영향을 미치며, 일체감과 정체성을 부여한다.

④ 조직 구조에서는 의사결정권이 하부구성원들에게 많이 위임되는 유기적 조직도 볼 수 있다.

⑤ 조직 목표는 조직이 달성하려는 장래의 상태로, 조직이 존재하는 정당성과 합법성을 제공한다.

40 김팀장은 이대리에게 다음과 같은 업무지시를 내렸고, 이대리는 김팀장의 업무 지시에 따라 자신의 업무 일정을 정리하였다. 다음 중 이대리의 업무에 대한 설명으로 적절하지 않은 것은?

이대리, 오늘 월요일 정기회의 진행에 앞서 이번 주 업무에 대해서 미리 전달할게요. 먼저 이번 주 금요일에 진행되는 회사 창립 기념일 행사 준비는 잘 되고 있나요? 행사 진행 전에 확인해야 할 사항들에 대해 체크리스트를 작성해서 수요일 오전까지 저에게 제출해 주세요. 그리고 행사가 끝난 후에는 총무팀 회식을 할 예정입니다. 이대리가 적당한 장소를 결정하고, 목요일 퇴근 전까지 예약이 완료될 수 있도록 해 주세요. 아! 그리고 내일 오후 3시에 진행되는 신입사원 면접과 관련해서 오늘 퇴근 전까지 면접 지원자에게 다시 한 번 유선으로 참여 여부를 확인하고, 정확한 시간과 준비 사항 등의 안내를 부탁할게요. 참! 지난주 영업팀이 신청한 비품도 주문해야 합니다. 오늘 오후 2시 이전에 발주하여야 영업팀이 요청한 수요일 전에 배송 받을 수 있다는 점 기억하세요. 자, 그럼 바로 회의 진행하도록 합시다. 그리고 오늘 회의 내용은 이대리가 작성해서 회의가 끝난 후 바로 사내 인트라넷 게시판에 공유해 주세요.

〈3월 첫째 주 업무 일정〉

㉠ 회의록 작성 및 사내 게시판 게시
㉡ 신입사원 면접 참여 여부 확인 및 관련사항 안내
㉢ 영업팀 신청 비품 주문
㉣ 회사 창립 기념일 행사 준비 관련 체크리스트 작성
㉤ 총무팀 회식 장소 예약

---

① 이대리가 가장 먼저 처리해야 할 업무는 ㉠이다.
② 이대리는 ㉡보다 ㉢을 우선 처리하는 것이 좋다.
③ ㉠, ㉡, ㉢은 월요일 내에 모두 처리해야 한다.
④ ㉣을 완료한 이후에는 김팀장에게 제출해야 한다.
⑤ ㉤은 회사 창립 기념일 행사가 끝나기 전까지 처리해야 한다.

41 다음은 경영활동에 대한 글이다. 외부경영활동으로 가장 적절한 것은?

> 경영활동은 외부경영활동과 내부경영활동으로 구분하여 볼 수 있다. 외부경영활동은 조직 외부에서 조직의 효과성을 높이기 위해 이루어지는 활동이다. 다음으로 내부경영활동은 조직 내부에서 자원들을 관리하는 것이다.

① 마케팅 활동
② 직원 부서 배치
③ 직원 채용
④ 직원 교육훈련
⑤ 사내행사 진행

42 다음 중 조직변화의 과정을 순서대로 바르게 나열한 것은?

> ㉠ 환경의 변화 인지
> ㉡ 변화의 결과 평가
> ㉢ 조직변화 방향 수립
> ㉣ 조직변화 실행

① ㉠ - ㉢ - ㉣ - ㉡
② ㉠ - ㉣ - ㉢ - ㉡
③ ㉡ - ㉢ - ㉣ - ㉠
④ ㉣ - ㉠ - ㉢ - ㉡
⑤ ㉣ - ㉡ - ㉢ - ㉠

43 다음 중 국제매너에 대한 설명으로 적절하지 않은 것은?

① 미국에서 택시 탑승 시에는 가급적 운전자 옆자리에 앉지 않는다.
② 라틴아메리카 사람들은 약속시간보다 조금 늦게 도착하는 것이 예의라고 생각한다.
③ 인도에서도 악수가 보편화되어 남녀 상관없이 악수를 청할 수 있다.
④ 아프리카에서 상대방의 눈을 바라보며 대화하는 것은 예의에 어긋난다.
⑤ 미국 사람들은 시간 약속을 매우 중요하게 생각한다.

44 다음은 S공사의 신입사원 윤리경영 교육내용이다. 이를 통해 추론할 수 없는 것은?

주제 : 정보취득에 있어 윤리적 / 합법적 방법이란 무엇인가?

〈윤리적 / 합법적〉
1. 공개된 출판물, 재판기록, 특허기록
2. 경쟁사 종업원의 공개 증언
3. 시장조사 보고서
4. 공표된 재무기록, 증권사보고서
5. 전시회, 경쟁사의 안내문, 제품설명서
6. 경쟁사 퇴직직원을 합법적으로 면접, 증언 청취

〈비윤리적 / 합법적〉
1. 세미나 등에서 경쟁사 직원에게 신분을 속이고 질문
2. 사설탐정을 고용하는 등 경쟁사 직원을 비밀로 관찰
3. 채용계획이 없으면서 채용공고를 하여 경쟁사 직원을 면접하거나 실제 스카우트

〈비윤리적 / 비합법적〉
1. 설계도면 훔치기 등 경쟁사에 잠입하여 정보 수집
2. 경쟁사 직원이나 납품업자에게 금품 등 제공
3. 경쟁사에 위장 취업
4. 경쟁사의 활동을 도청
5. 공갈, 협박

---

① 경쟁사 직원에게 신분을 속이고 질문하는 행위는 윤리적으로 문제가 없다.
② 시장조사 보고서를 통해 정보획득을 한다면 법적인 문제가 발생하지 않을 것이다.
③ 경쟁사 종업원의 공개 증언을 활용하는 것은 적절한 정보획득 행위이다.
④ 정보획득을 위해 경쟁사 직원을 협박하는 행위는 비윤리적인 행위이다.
⑤ 경쟁사에 잠입하여 정보를 수집하는 것은 윤리적이지 못하다.

45 다음은 직업의 의미에 대한 글이다. 직업의 사례로 가장 적절한 것은?

> 직업은 경제적 보상이 있어야 하며, 본인의 자발적 의사에 의한 것이어야 하고, 장기적으로 계속해서 일하는 지속성을 가지고 있어야 한다.

① 꽃을 좋아하는 민정이는 주말마다 꽃꽂이를 취미활동으로 하고 있다.
② 영희는 동네 요양원을 찾아가 청소, 빨래 등을 하며 봉사활동을 하였다.
③ 보드게임을 좋아하는 승호는 퇴근 후 보드게임 동아리에 참여하고 있다.
④ 커피를 좋아하는 현희는 카페에서 커피를 연구하며 바리스타로 일하고 있다.
⑤ 지연이의 할아버지는 일본 제철소에서 강제노동에 시달린 경험을 갖고 계시다.

46 다음 사례에서 총무부 S부장에게 가장 필요한 태도는 무엇인가?

> 총무부 S부장은 신입사원 K가 얼마 전 처리한 업무로 인해 곤경에 빠졌다. 신입사원 K가 처리한 서류에서 기존 금액에 0이 하나 추가되어 회사에 엄청난 손실을 끼치게 생긴 것이다.

① '왜 이런 일이 나에게 일어났는지' 생각해 본다.
② 책임을 가리기 위해 잘잘못을 분명하게 따져본다.
③ 개인적인 일을 먼저 해결하려는 자세가 필요하다.
④ 다른 사람의 입장에서 생각해보는 태도가 필요하다.
⑤ 나 자신뿐만 아니라 나의 부서의 일은 내 책임이라고 생각한다.

47 다음 중 직업윤리에 따른 직업인의 기본자세로 옳지 않은 것은?

① 공평무사한 자세가 필요하다.
② 봉사 정신과 협동 정신이 있어야 한다.
③ 소명 의식과 천직 의식을 가져야 한다.
④ 책임 의식과 전문 의식이 있어야 한다.
⑤ 대체 불가능한 희소성을 갖추어야 한다.

48 직장 내 괴롭힘 금지법이 시행됨에 따라 사용자나 근로자가 직장에서의 지위 또는 관계 우위를 이용해 다른 근로자에게 신체적, 정신적 고통을 주는 행위가 금지되었다. 다음 중 직장 내 괴롭힘 사례에 해당하지 않는 것은?

① 상사가 직원들 앞에서 부하 직원의 업무 실수를 공개적으로 지적하여 망신을 주었다.

② 부장은 회식 참여가 어려울 것 같다는 신입사원에게 회식에 참여할 것을 강요하였다.

③ 회사 내에서 업무 성과를 인정받고 있는 부하 직원이 상사의 업무 지시를 무시하였다.

④ 팀장이 자주 지각하는 팀원의 출근 내역을 매일 기록하는 등 특정 직원의 근태를 감시하였다.

⑤ 같은 부서의 직원들이 한 명의 직원을 제외하고 단체 채팅방을 개설하여 사적인 이야기를 주고받았다.

49 다음 중 책임과 준법에 대한 설명으로 적절하지 않은 것은?

① 삶을 긍정적으로 바라보는 태도는 책임감의 바탕이 된다.

② 책임감은 삶에 대한 자기통제력을 극대화하는 데 도움이 된다.

③ 준법을 유도하는 제도적 장치가 마련되면 개개인의 준법의식도 개선된다.

④ 책임이란 모든 결과가 자신의 선택에서 유래한 것임을 인정하는 태도이다.

⑤ 준법이란 민주시민으로서 기본적으로 준수해야 하는 의무이자 생활 자세이다.

50 다음 중 직업윤리의 5대 원칙으로 볼 수 없는 것은?

〈직업윤리의 5대 원칙〉

1. 업무의 공공성을 바탕으로 공사구분을 명확히 하고, 모든 것을 숨김없이 투명하게 처리하는 것
2. 고객에 대한 봉사를 최우선으로 생각하고 현장중심, 실천중심으로 일하는 것
3. 자기업무에 전문가로서의 능력과 의식을 가지고 책임을 다하며, 능력을 연마하는 것
4. 업무와 관련된 모든 것을 숨김없이 정직하게 수행하고, 본분과 약속을 지켜 신뢰를 유지하는 것
5. 법규를 준수하고, 경쟁원리에 따라 공정하게 행동하는 것

---

① 주관성의 원칙　　　　　　　　　② 고객중심의 원칙

③ 전문성의 원칙　　　　　　　　　④ 정직과 신용의 원칙

⑤ 공정경쟁의 원칙

모든 전사 중 가장 강한 전사는 이 두 가지, 시간과 인내다.

- 레프 톨스토이 -

PART 5

채용 가이드

CHAPTER 01 블라인드 채용 소개

1. 블라인드 채용이란?

채용 과정에서 편견이 개입되어 불합리한 차별을 야기할 수 있는 출신지, 가족관계, 학력, 외모 등의 편견요인은 제외하고, 직무능력만을 평가하여 인재를 채용하는 방식입니다.

2. 블라인드 채용의 필요성

- 채용의 공정성에 대한 사회적 요구
  - 누구에게나 직무능력만으로 경쟁할 수 있는 균등한 고용기회를 제공해야 하나, 아직도 채용의 공정성에 대한 불신이 존재
  - 채용상 차별금지에 대한 법적 요건이 권고적 성격에서 처벌을 동반한 의무적 성격으로 강화되는 추세
  - 시민의식과 지원자의 권리의식 성숙으로 차별에 대한 법적 대응 가능성 증가
- 우수인재 채용을 통한 기업의 경쟁력 강화 필요
  - 직무능력과 무관한 학벌, 외모 위주의 선발로 우수인재 선발기회 상실 및 기업경쟁력 약화
  - 채용 과정에서 차별 없이 직무능력중심으로 선발한 우수인재 확보 필요
- 공정한 채용을 통한 사회적 비용 감소 필요
  - 편견에 의한 차별적 채용은 우수인재 선발을 저해하고 외모·학벌 지상주의 등의 심화로 불필요한 사회적 비용 증가
  - 채용에서의 공정성을 높여 사회의 신뢰수준 제고

3. 블라인드 채용의 특징

편견요인을 요구하지 않는 대신 직무능력을 평가합니다.

※ 직무능력중심 채용이란?
기업의 역량기반 채용, NCS기반 능력중심 채용과 같이 직무수행에 필요한 능력과 역량을 평가하여 선발하는 채용방식을 통칭합니다.

4. 블라인드 채용의 평가요소

직무수행에 필요한 지식, 기술, 태도 등을 과학적인 선발기법을 통해 평가합니다.

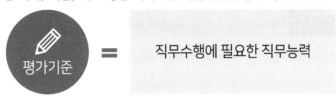

※ 과학적 선발기법이란?
  직무분석을 통해 도출된 평가요소를 서류, 필기, 면접 등을 통해 체계적으로 평가하는 방법으로 입사지원서, 자기소개서, 직무수행능력평가, 구조화 면접 등이 해당됩니다.

5. 블라인드 채용 주요 도입 내용

- 입사지원서에 인적사항 요구 금지
  - 인적사항에는 출신지역, 가족관계, 결혼여부, 재산, 취미 및 특기, 종교, 생년월일(연령), 성별, 신장 및 체중, 사진, 전공, 학교명, 학점, 외국어 점수, 추천인 등이 해당
  - 채용 직무를 수행하는 데 있어 반드시 필요하다고 인정될 경우는 제외
    예 특수경비직 채용 시 : 시력, 건강한 신체 요구
       연구직 채용 시 : 논문, 학위 요구 등
- 블라인드 면접 실시
  - 면접관에게 응시자의 출신지역, 가족관계, 학교명 등 인적사항 정보 제공 금지
  - 면접관은 응시자의 인적사항에 대한 질문 금지

6. 블라인드 채용 도입의 효과성

- 구성원의 다양성과 창의성이 높아져 기업 경쟁력 강화
  - 편견을 없애고 직무능력 중심으로 선발하므로 다양한 직원 구성 가능
  - 다양한 생각과 의견을 통하여 기업의 창의성이 높아져 기업경쟁력 강화
- 직무에 적합한 인재선발을 통한 이직률 감소 및 만족도 제고
  - 사전에 지원자들에게 구체적이고 상세한 직무요건을 제시함으로써 허수 지원이 낮아지고, 직무에 적합한 지원자 모집 가능
  - 직무에 적합한 인재가 선발되어 직무이해도가 높아져 업무효율 증대 및 만족도 제고
- 채용의 공정성과 기업이미지 제고
  - 블라인드 채용은 사회적 편견을 줄인 선발 방법으로 기업에 대한 사회적 인식 제고
  - 채용과정에서 불합리한 차별을 받지 않고 실력에 의해 공정하게 평가를 받을 것이라는 믿음을 제공하고, 지원자들은 평등한 기회와 공정한 선발과정 경험

01   채용공고문

1. 채용공고문의 변화

기존 채용공고문	변화된 채용공고문
• 취업준비생에게 불충분하고 불친절한 측면 존재 • 모집분야에 대한 명확한 직무관련 정보 및 평가기준 부재 • 해당분야에 지원하기 위한 취업준비생의 무분별한 스펙 쌓기 현상 발생	• NCS 직무분석에 기반한 채용공고를 토대로 채용전형 진행 • 지원자가 입사 후 수행하게 될 업무에 대한 자세한 정보 공지 • 직무수행내용, 직무수행 시 필요한 능력, 관련된 자격, 직업기초능력 제시 • 지원자가 해당 직무에 필요한 스펙만을 준비할 수 있도록 안내
• 모집부문 및 응시자격 • 지원서 접수 • 전형절차 • 채용조건 및 처우 • 기타사항	• 채용절차 • 채용유형별 선발분야 및 예정인원 • 전형방법 • 선발분야별 직무기술서 • 우대사항

2. 지원 유의사항 및 지원요건 확인

채용 직무에 따른 세부사항을 공고문에 명시하여 지원자에게 적격한 지원 기회를 부여함과 동시에 채용과정에서의 공정성과 신뢰성을 확보합니다.

구성	내용	확인사항
모집분야 및 규모	고용형태(인턴 계약직 등), 모집분야, 인원, 근무지역 등	채용직무가 여러 개일 경우 본인이 해당되는 직무의 채용규모 확인
응시자격	기본 자격사항, 지원조건	지원을 위한 최소자격요건을 확인하여 불필요한 지원을 예방
우대조건	법정·특별·자격증 가점	본인의 가점 여부를 검토하여 가점 획득을 위한 사항을 사실대로 기재
근무조건 및 보수	고용형태 및 고용기간, 보수, 근무지	본인이 생각하는 기대수준에 부합하는지 확인하여 불필요한 지원을 예방
시험방법	서류·필기·면접전형 등의 활용방안	전형방법 및 세부 평가기법 등을 확인하여 지원전략 준비
전형일정	접수기간, 각 전형 단계별 심사 및 합격자 발표일 등	본인의 지원 스케줄을 검토하여 차질이 없도록 준비
제출서류	입사지원서(경력·경험기술서 등), 각종 증명서 및 자격증 사본 등	지원요건 부합 여부 및 자격 증빙서류 사전에 준비
유의사항	임용취소 등의 규정	임용취소 관련 법적 또는 기관 내부 규정을 검토하여 해당여부 확인

직무기술서란 직무수행의 내용과 필요한 능력, 관련 자격, 직업기초능력 등을 상세히 기재한 것으로 입사 후 수행하게 될 업무에 대한 정보가 수록되어 있는 자료입니다.

1. 채용분야

설명

NCS 직무분류 체계에 따라 직무에 대한 「대분류 – 중분류 – 소분류 – 세분류」 체계를 확인할 수 있습니다. 채용 직무에 대한 모든 직무기술서를 첨부하게 되며 실제 수행 업무를 기준으로 세부적인 분류정보를 제공합니다.

채용분야	분류체계			
사무행정	대분류	중분류	소분류	세분류
분류코드	02. 경영·회계·사무	03. 재무·회계	01. 재무	01. 예산
				02. 자금
			02. 회계	01. 회계감사
				02. 세무

2. 능력단위

설명

직무분류 체계의 세분류 하위능력단위 중 실질적으로 수행할 업무의 능력만 구체적으로 파악할 수 있습니다.

능력단위	(예산)	03. 연간종합예산수립 05. 확정예산 운영	04. 추정재무제표 작성 06. 예산실적 관리
	(자금)	04. 자금운용	
	(회계감사)	02. 자금관리 05. 회계정보시스템 운용 07. 회계감사	04. 결산관리 06. 재무분석
	(세무)	02. 결산관리 07. 법인세 신고	05. 부가가치세 신고

3. 직무수행내용

설명

세분류 영역의 기본정의를 통해 직무수행내용을 확인할 수 있습니다. 입사 후 수행할 직무내용을 구체적으로 확인할 수 있으며, 이를 통해 입사서류 작성부터 면접까지 직무에 대한 명확한 이해를 바탕으로 자신의 희망직무 인지 아닌지, 해당 직무가 자신이 알고 있던 직무가 맞는지 확인할 수 있습니다.

직무수행내용	(예산) 일정기간 예상되는 수익과 비용을 편성, 집행하며 통제하는 일
	(자금) 자금의 계획 수립, 조달, 운용을 하고 발생 가능한 위험 관리 및 성과평가
	(회계감사) 기업 및 조직 내·외부에 있는 의사결정자들이 효율적인 의사결정을 할 수 있도록 유용한 정보를 제공, 제공된 회계정보의 적정성을 파악하는 일
	(세무) 세무는 기업의 활동을 위하여 주어진 세법범위 내에서 조세부담을 최소화시키는 조세전략을 포함하고 정확한 과세소득과 과세표준 및 세액을 산출하여 과세당국에 신고·납부하는 일

PART 5

4. 직무기술서 예시

태도	(예산) 정확성, 분석적 태도, 논리적 태도, 타 부서와의 협조적 태도, 설득력
	(자금) 분석적 사고력
	(회계 감사) 합리적 태도, 전략적 사고, 정확성, 적극적 협업 태도, 법률준수 태도, 분석적 태도, 신속성, 책임감, 정확한 판단력
	(세무) 규정 준수 의지, 수리적 정확성, 주의 깊은 태도
우대 자격증	공인회계사, 세무사, 컴퓨터활용능력, 변호사, 워드프로세서, 전산회계운용사, 사회조사분석사, 재경관리사, 회계관리 등
직업기초능력	의사소통능력, 문제해결능력, 자원관리능력, 대인관계능력, 정보능력, 조직이해능력

5. 직무기술서 내용별 확인사항

항목	확인사항
모집부문	해당 채용에서 선발하는 부문(분야)명 확인 예 사무행정, 전산, 전기
분류체계	지원하려는 분야의 세부직무군 확인
주요기능 및 역할	지원하려는 기업의 전사적인 기능과 역할, 산업군 확인
능력단위	지원분야의 직무수행에 관련되는 세부업무사항 확인
직무수행내용	지원분야의 직무군에 대한 상세사항 확인
전형방법	지원하려는 기업의 신입사원 선발전형 절차 확인
일반요건	교육사항을 제외한 지원 요건 확인(자격요건, 특수한 경우 연령)
교육요건	교육사항에 대한 지원요건 확인(대졸 / 초대졸 / 고졸 / 전공 요건)
필요지식	지원분야의 업무수행을 위해 요구되는 지식 관련 세부항목 확인
필요기술	지원분야의 업무수행을 위해 요구되는 기술 관련 세부항목 확인
직무수행태도	지원분야의 업무수행을 위해 요구되는 태도 관련 세부항목 확인
직업기초능력	지원분야 또는 지원기업의 조직원으로서 근무하기 위해 필요한 일반적인 능력사항 확인

1. 입사지원서의 변화

기존지원서		능력중심 채용 입사지원서
직무와 관련 없는 학점, 개인신상, 어학점수, 자격, 수상경력 등을 나열하도록 구성	VS	해당 직무수행에 꼭 필요한 정보들을 제시할 수 있도록 구성

직무기술서

직무수행내용

요구지식 / 기술

관련 자격증

사전직무경험

인적사항	성명, 연락처, 지원분야 등 작성 (평가 미반영)
교육사항	직무지식과 관련된 학교교육 및 직업교육 작성
자격사항	직무관련 국가공인 또는 민간자격 작성
경력 및 경험사항	조직에 소속되어 일정한 임금을 받거나(경력) 임금 없이(경험) 직무와 관련된 활동 내용 작성

2. 교육사항

- 지원분야 직무와 관련된 학교 교육이나 직업교육 혹은 기타교육 등 직무에 대한 지원자의 학습 여부를 평가하기 위한 항목입니다.
- 지원하고자 하는 직무의 학교 전공교육 이외에 직업교육, 기타교육 등을 기입할 수 있기 때문에 전공 제한 없이 직업교육과 기타교육을 이수하여 지원이 가능하도록 기회를 제공합니다.

(기타교육 : 학교 이외의 기관에서 개인이 이수한 교육과정 중 지원직무와 관련이 있다고 생각되는 교육내용)

구분	교육과정(과목)명	교육내용	과업(능력단위)

3. 자격사항

- 채용공고 및 직무기술서에 제시되어 있는 자격 현황을 토대로 지원자가 해당 직무를 수행하는 데 필요한 능력을 가지고 있는지를 평가하기 위한 항목입니다.
- 채용공고 및 직무기술서에 기재된 직무관련 필수 또는 우대자격 항목을 확인하여 본인이 보유하고 있는 자격사항을 기재합니다.

자격유형	자격증명	발급기관	취득일자	자격증번호

4. 경력 및 경험사항

- 직무와 관련된 경력이나 경험 여부를 표현하도록 하여 직무와 관련한 능력을 갖추었는지를 평가하기 위한 항목입니다.
- 해당 기업에서 직무를 수행함에 있어 필요한 사항만을 기록하게 되어 있기 때문에 직무와 무관한 스펙을 갖추지 않아도 됩니다.
- 경력 : 금전적 보수를 받고 일정기간 동안 일했던 경우
- 경험 : 금전적 보수를 받지 않고 수행한 활동

※ 기업에 따라 경력 / 경험 관련 증빙자료 요구 가능

구분	조직명	직위 / 역할	활동기간(년 / 월)	주요과업 / 활동내용

Tip

입사지원서 작성 방법

○ 경력 및 경험사항 작성
- 직무기술서에 제시된 지식, 기술, 태도와 지원자의 교육사항, 경력(경험)사항, 자격사항과 연계하여 개인의 직무역량에 대해 스스로 판단 가능

○ 인적사항 최소화
- 개인의 인적사항, 학교명, 가족관계 등을 노출하지 않도록 유의

부적절한 입사지원서 작성 사례
- 학교 이메일을 기입하여 학교명 노출
- 거주지 주소에 학교 기숙사 주소를 기입하여 학교명 노출
- 자기소개서에 부모님이 재직 중인 기업명, 직위, 직업을 기입하여 가족관계 노출
- 자기소개서에 석·박사 과정에 대한 이야기를 언급하여 학력 노출
- 동아리 활동에 대한 내용을 학교명과 더불어 언급하여 학교명 노출

04 자기소개서

1. 자기소개서의 변화

- 기존의 자기소개서는 지원자의 일대기나 관심 분야, 성격의 장·단점 등 개괄적인 사항을 묻는 질문으로 구성되어 지원자가 자신의 직무능력을 제대로 표출하지 못합니다.
- 능력중심 채용의 자기소개서는 직무기술서에 제시된 직업기초능력(또는 직무수행능력)에 대한 지원자의 과거 경험을 기술하게 함으로써 평가 타당도의 확보가 가능합니다.

1. 우리 회사와 해당 지원 직무분야에 지원한 동기에 대해 기술해 주세요.

2. 자신이 경험한 다양한 사회활동에 대해 기술해 주세요.

3. 지원 직무에 대한 전문성을 키우기 위해 받은 교육과 경험 및 경력사항에 대해 기술해 주세요.

4. 인사업무 또는 팀 과제 수행 중 발생한 갈등을 원만하게 해결해 본 경험이 있습니까? 당시 상황에 대한 설명과 갈등의 대상이 되었던 상대방을 설득한 과정 및 방법을 기술해 주세요.

5. 과거에 있었던 일 중 가장 어려웠던(힘들었었던) 상황을 고르고, 어떤 방법으로 그 상황을 해결했는지를 기술해 주세요.

자기소개서 작성 방법

① 자기소개서 문항이 묻고 있는 평가 역량 추측하기

> 예시
>
> • 팀 활동을 하면서 갈등 상황 시 상대방의 니즈나 의도를 명확히 파악하고 해결하여 목표 달성에 기여했던 경험에 대해서 작성해 주시기 바랍니다.
> • 다른 사람이 생각해내지 못했던 문제점을 찾고 이를 해결한 경험에 대해 작성해 주시기 바랍니다.

② 해당 역량을 보여줄 수 있는 소재 찾기(시간×역량 매트릭스)

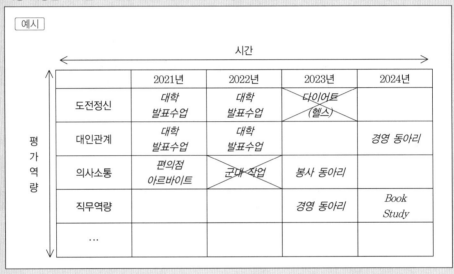

예시

시간 →

평가 역량	2021년	2022년	2023년	2024년
도전정신	대학 발표수업	대학 발표수업	~~다이어트 (헬스)~~	
대인관계	대학 발표수업	대학 발표수업		경영 동아리
의사소통	편의점 아르바이트	~~군대 작업~~	봉사 동아리	
직무역량			경영 동아리	Book Study
…				

③ 자기소개서 작성 Skill 익히기
- 두괄식으로 작성하기
- 구체적 사례를 사용하기
- '나'를 중심으로 작성하기
- 직무역량 강조하기
- 경험 사례의 차별성 강조하기

인성검사 소개 및 모의테스트

01 인성검사 유형

인성검사는 지원자의 성격특성을 객관적으로 파악하고 그것이 각 기업에서 필요로 하는 인재상과 가치에 부합하는가를 평가하기 위한 검사입니다. 인성검사는 KPDI(한국인재개발진흥원), K-SAD(한국사회적성개발원), KIRBS(한국행동과학연구소), SHR(에스에이치알) 등의 전문기관을 통해 각 기업의 특성에 맞는 검사를 선택하여 실시합니다. 대표적인 인성검사의 유형에는 크게 다음과 같은 세 가지가 있으며, 채용 대행업체에 따라 달라집니다.

1. KPDI 검사

조직적응성과 직무적합성을 알아보기 위한 검사로 인성검사, 인성역량검사, 인적성검사, 직종별 인적성검사 등의 다양한 검사 도구를 구현합니다. KPDI는 성격을 파악하고 정신건강 상태 등을 측정하고, 직무검사는 해당 직무를 수행하기 위해 기본적으로 갖추어야 할 인지적 능력을 측정합니다. 역량검사는 특정 직무 역할을 효과적으로 수행하는 데 직접적으로 관련 있는 개인의 행동, 지식, 스킬, 가치관 등을 측정합니다.

2. KAD(Korea Aptitude Development) 검사

K-SAD(한국사회적성개발원)에서 실시하는 적성검사 프로그램입니다. 개인의 성향, 지적 능력, 기호, 관심, 흥미도를 종합적으로 분석하여 적성에 맞는 업무가 무엇인가 파악하고, 직무수행에 있어서 요구되는 기초능력과 실무능력을 분석합니다.

3. SHR 직무적성검사

직무수행에 필요한 종합적인 사고 능력을 다양한 적성검사(Paper and Pencil Test)로 평가합니다. SHR의 모든 직무능력검사는 표준화 검사입니다. 표준화 검사는 표본집단의 점수를 기초로 규준이 만들어진 검사이므로 개인의 점수를 규준에 맞추어 해석·비교하는 것이 가능합니다. S(Standardized Tests), H(Hundreds of Version), R(Reliable Norm Data)을 특징으로 하며, 직군·직급별 특성과 선발 수준에 맞추어 검사를 적용할 수 있습니다.

PART 5

인성검사는 특히 면접질문과 관련성이 높습니다. 면접관은 지원자의 인성검사 결과를 토대로 질문을 하기 때문입니다. 일관적이고 이상적인 답변을 하는 것이 가장 좋지만, 실제 시험은 매우 복잡하여 전문가라 해도 일정 성격을 유지하면서 답변을 하는 것이 힘듭니다. 또한, 인성검사에는 라이 스케일(Lie Scale) 설문이 전체 설문 속에 교묘하게 섞여 들어가 있으므로 겉치레적인 답을 하게 되면 회답태도의 허위성이 그대로 드러나게 됩니다. 예를 들어 '거짓말을 한 적이 한 번도 없다.'에 '예'로 답하고, '때로는 거짓말을 하기도 한다.'에 '예'라고 답하여 라이 스케일의 득점이 올라가게 되면 모든 회답의 신빙성이 사라지고 '자신을 돋보이게 하려는 사람'이라는 평가를 받을 수 있으므로 주의해야 합니다. 따라서 모의테스트를 통해 인성검사의 유형과 실제 시험 시 어떻게 문제를 풀어야 하는지 연습해 보고 체크한 부분 중 자신의 단점과 연결되는 부분은 면접에서 질문이 들어왔을 때 어떻게 대처해야 하는지 생각해 보는 것이 좋습니다.

03 **유의사항**

1. 기업의 인재상을 파악하라!

인성검사를 통해 개인의 성격 특성을 파악하고 그것이 기업의 인재상과 가치에 부합하는지를 평가하는 시험이기 때문에 해당 기업의 인재상을 먼저 파악하고 시험에 임하는 것이 좋습니다. 모의테스트에서 인재상에 맞는 가상의 인물을 설정하고 문제에 답해 보는 것도 많은 도움이 됩니다.

2. 일관성 있는 대답을 하라!

짧은 시간 안에 다양한 질문에 답을 해야 하는데, 그 안에는 중복되는 질문이 여러 번 나옵니다. 이때 앞서 자신이 체크했던 대답을 잘 기억해뒀다가 일관성 있는 답을 하는 것이 중요합니다.

3. 모든 문항에 대답하라!

많은 문제를 짧은 시간 안에 풀려다 보니 다 못 푸는 경우도 종종 생깁니다. 하지만 대답을 누락하거나 끝까지 다 못했을 경우 좋지 않은 결과를 가져올 수도 있으니 최대한 주어진 시간 안에 모든 문항에 답할 수 있도록 해야 합니다.

※ 모의테스트는 질문 및 답변 유형 연습을 위한 것으로 실제 시험과 다를 수 있습니다.
※ 인성검사는 정답이 따로 없는 유형의 검사이므로 결과지를 제공하지 않습니다.

번호	내용	예	아니요
001	나는 솔직한 편이다.	☐	☐
002	나는 리드하는 것을 좋아한다.	☐	☐
003	법을 어겨서 말썽이 된 적이 한 번도 없다.	☐	☐
004	거짓말을 한 번도 한 적이 없다.	☐	☐
005	나는 눈치가 빠르다.	☐	☐
006	나는 일을 주도하기보다는 뒤에서 지원하는 것을 선호한다.	☐	☐
007	앞일은 알 수 없기 때문에 계획은 필요하지 않다.	☐	☐
008	거짓말도 때로는 방편이라고 생각한다.	☐	☐
009	사람이 많은 술자리를 좋아한다.	☐	☐
010	걱정이 지나치게 많다.	☐	☐
011	일을 시작하기 전 재고하는 경향이 있다.	☐	☐
012	불의를 참지 못한다.	☐	☐
013	처음 만나는 사람과도 이야기를 잘 한다.	☐	☐
014	때로는 변화가 두렵다.	☐	☐
015	나는 모든 사람에게 친절하다.	☐	☐
016	힘든 일이 있을 때 술은 위로가 되지 않는다.	☐	☐
017	결정을 빨리 내리지 못해 손해를 본 경험이 있다.	☐	☐
018	기회를 잡을 준비가 되어 있다.	☐	☐
019	때로는 내가 정말 쓸모없는 사람이라고 느낀다.	☐	☐
020	누군가 나를 챙겨주는 것이 좋다.	☐	☐
021	자주 가슴이 답답하다.	☐	☐
022	나는 내가 자랑스럽다.	☐	☐
023	경험이 중요하다고 생각한다.	☐	☐
024	전자기기를 분해하고 다시 조립하는 것을 좋아한다.	☐	☐

PART 5

025	감시받고 있다는 느낌이 든다.	☐	☐
026	난처한 상황에 놓이면 그 순간을 피하고 싶다.	☐	☐
027	세상엔 믿을 사람이 없다.	☐	☐
028	잘못을 빨리 인정하는 편이다.	☐	☐
029	지도를 보고 길을 잘 찾아간다.	☐	☐
030	귓속말을 하는 사람을 보면 날 비난하고 있는 것 같다.	☐	☐
031	막무가내라는 말을 들을 때가 있다.	☐	☐
032	장래의 일을 생각하면 불안하다.	☐	☐
033	결과보다 과정이 중요하다고 생각한다.	☐	☐
034	운동은 그다지 할 필요가 없다고 생각한다.	☐	☐
035	새로운 일을 시작할 때 좀처럼 한 발을 떼지 못한다.	☐	☐
036	기분 상하는 일이 있더라도 참는 편이다.	☐	☐
037	업무능력은 성과로 평가받아야 한다고 생각한다.	☐	☐
038	머리가 맑지 못하고 무거운 느낌이 든다.	☐	☐
039	가끔 이상한 소리가 들린다.	☐	☐
040	타인이 내게 자주 고민상담을 하는 편이다.	☐	☐

※ 모의테스트는 질문 및 답변 유형 연습을 위한 것으로 실제 시험과 다를 수 있습니다.

※ 인성검사는 정답이 따로 없는 유형의 검사이므로 결과지를 제공하지 않습니다.

※ 이 성격검사의 각 문항에는 서로 다른 행동을 나타내는 네 개의 문장이 제시되어 있습니다. 이 문장들을 비교하여, 자신의 평소 행동과 가장 가까운 문장을 'ㄱ' 열에 표기하고, 가장 먼 문장을 'ㅁ' 열에 표기하십시오.

01 나는 _____

	ㄱ	ㅁ
A. 실용적인 해결책을 찾는다.	☐	☐
B. 다른 사람을 돕는 것을 좋아한다.	☐	☐
C. 세부 사항을 잘 챙긴다.	☐	☐
D. 상대의 주장에서 허점을 잘 찾는다.	☐	☐

02 나는 _____

	ㄱ	ㅁ
A. 매사에 적극적으로 임한다.	☐	☐
B. 즉흥적인 편이다.	☐	☐
C. 관찰력이 있다.	☐	☐
D. 임기응변에 강하다.	☐	☐

03 나는 _____

	ㄱ	ㅁ
A. 무서운 영화를 잘 본다.	☐	☐
B. 조용한 곳이 좋다.	☐	☐
C. 가끔 울고 싶다.	☐	☐
D. 집중력이 좋다.	☐	☐

04 나는 _____

	ㄱ	ㅁ
A. 기계를 조립하는 것을 좋아한다.	☐	☐
B. 집단에서 리드하는 역할을 맡는다.	☐	☐
C. 호기심이 많다.	☐	☐
D. 음악을 듣는 것을 좋아한다.	☐	☐

PART 5

05 나는 _____

	ㄱ	ㅁ
A. 타인을 늘 배려한다.	☐	☐
B. 감수성이 예민하다.	☐	☐
C. 즐겨하는 운동이 있다.	☐	☐
D. 일을 시작하기 전에 계획을 세운다.	☐	☐

06 나는 _____

	ㄱ	ㅁ
A. 타인에게 설명하는 것을 좋아한다.	☐	☐
B. 여행을 좋아한다.	☐	☐
C. 정적인 것이 좋다.	☐	☐
D. 남을 돕는 것에 보람을 느낀다.	☐	☐

07 나는 _____

	ㄱ	ㅁ
A. 기계를 능숙하게 다룬다.	☐	☐
B. 밤에 잠이 잘 오지 않는다.	☐	☐
C. 한 번 간 길을 잘 기억한다.	☐	☐
D. 불의를 보면 참을 수 없다.	☐	☐

08 나는 _____

	ㄱ	ㅁ
A. 종일 말을 하지 않을 때가 있다.	☐	☐
B. 사람이 많은 곳을 좋아한다.	☐	☐
C. 술을 좋아한다.	☐	☐
D. 휴양지에서 편하게 쉬고 싶다.	☐	☐

09 나는 _____

	ㄱ	ㅁ
A. 뉴스보다는 드라마를 좋아한다.	☐	☐
B. 길을 잘 찾는다.	☐	☐
C. 주말엔 집에서 쉬는 것이 좋다.	☐	☐
D. 아침에 일어나는 것이 힘들다.	☐	☐

10 나는 _____

	ㄱ	ㅁ
A. 이성적이다.	☐	☐
B. 할 일을 종종 미룬다.	☐	☐
C. 어른을 대하는 게 힘들다.	☐	☐
D. 불을 보면 매혹을 느낀다.	☐	☐

PART 5

11 나는 _____

	ㄱ	ㅁ
A. 상상력이 풍부하다.	☐	☐
B. 예의 바르다는 소리를 자주 듣는다.	☐	☐
C. 사람들 앞에 서면 긴장한다.	☐	☐
D. 친구를 자주 만난다.	☐	☐

12 나는 _____

	ㄱ	ㅁ
A. 나만의 스트레스 해소 방법이 있다.	☐	☐
B. 친구가 많다.	☐	☐
C. 책을 자주 읽는다.	☐	☐
D. 활동적이다.	☐	☐

1. 면접전형의 변화

기존 면접전형에서는 일상적이고 단편적인 대화나 지원자의 첫인상 및 면접관의 주관적인 판단 등에 의해서 입사 결정 여부를 판단하는 경우가 많았습니다. 이러한 면접전형은 면접 내용의 일관성이 결여되거나 직무 관련 타당성이 부족하였고, 면접에 대한 신뢰도에 영향을 주었습니다.

기존 면접(전통적 면접)		능력중심 채용 면접(구조화 면접)

• 일상적이고 단편적인 대화
• 인상, 외모 등 외부 요소의 영향
• 주관적인 판단에 의존한 총점 부여
 	
⇩
 	
• 면접 내용의 일관성 결여
• 직무관련 타당성 부족
• 주관적인 채점으로 신뢰도 저하
	VS	• 일관성
		  – 직무관련 역량에 초점을 둔 구체적 질문 목록
		  – 지원자별 동일 질문 적용
		• 구조화
		  – 면접 진행 및 평가 절차를 일정한 체계에 의해 구성
		• 표준화
		  – 평가 타당도 제고를 위한 평가 Matrix 구성
		  – 척도에 따라 항목별 채점, 개인 간 비교
		• 신뢰성
		  – 면접진행 매뉴얼에 따라 면접위원 교육 및 실습

2. 능력중심 채용의 면접 유형

① 경험 면접
- 목적 : 선발하고자 하는 직무 능력이 필요한 과거 경험을 질문합니다.
- 평가요소 : 직업기초능력과 인성 및 태도적 요소를 평가합니다.

② 상황 면접
- 목적 : 특정 상황을 제시하고 지원자의 행동을 관찰함으로써 실제 상황의 행동을 예상합니다.
- 평가요소 : 직업기초능력과 인성 및 태도적 요소를 평가합니다.

③ 발표 면접
- 목적 : 특정 주제와 관련된 지원자의 발표와 질의응답을 통해 지원자 역량을 평가합니다.
- 평가요소 : 직무수행능력과 인지적 역량(문제해결능력)을 평가합니다.

④ 토론 면접
- 목적 : 토의과제에 대한 의견수렴 과정에서 지원자의 역량과 상호작용능력을 평가합니다.
- 평가요소 : 직무수행능력과 팀워크를 평가합니다.

1. 경험 면접

① 경험 면접의 특징

- 주로 직업기초능력에 관련된 지원자의 과거 경험을 심층 질문하여 검증하는 면접입니다.
- 직무능력과 관련된 과거 경험을 평가하기 위해 심층 질문을 하며, 이 질문은 지원자의 답변에 대하여 '꼬리에 꼬리를 무는 형식'으로 진행됩니다.

> - 능력요소, 정의, 심사 기준
>   - 평가하고자 하는 능력요소, 정의, 심사기준을 확인하여 면접위원이 해당 능력요소 관련 질문을 제시합니다.
> - Opening Question
>   - 능력요소에 관련된 과거 경험을 유도하기 위한 시작 질문을 합니다.
> - Follow-up Question
>   - 지원자의 경험 수준을 구체적으로 검증하기 위한 질문입니다.
>   - 경험 수준 검증을 위한 상황(Situation), 임무(Task), 역할 및 노력(Action), 결과(Result) 등으로 질문을 구분합니다.

경험 면접의 형태

[면접관 1] [면접관 2] [면접관 3]   [면접관 1] [면접관 2] [면접관 3]

[지원자]   [지원자 1] [지원자 2] [지원자 3]

〈일대다 면접〉   〈다대다 면접〉

② 경험 면접의 구조

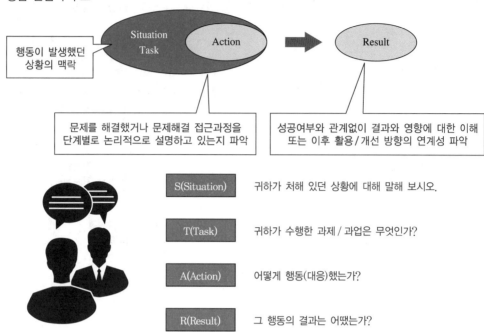

S(Situation)	귀하가 처해 있던 상황에 대해 말해 보시오.
T(Task)	귀하가 수행한 과제 / 과업은 무엇인가?
A(Action)	어떻게 행동(대응)했는가?
R(Result)	그 행동의 결과는 어땠는가?

(   )에 관한 과거 경험에 대하여 말해 보시오.

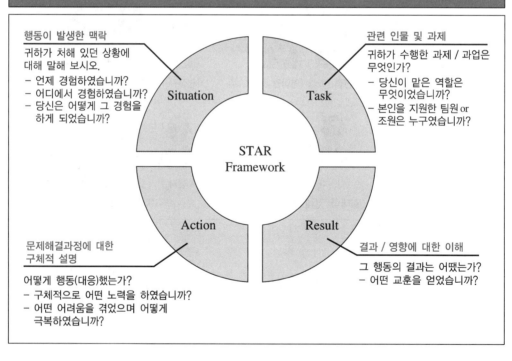

③ 경험 면접 질문 예시(직업윤리)

시작 질문	
1	남들이 신경 쓰지 않는 부분까지 고려하여 절차대로 업무(연구)를 수행하여 성과를 낸 경험을 구체적으로 말해 보시오.
2	조직의 원칙과 절차를 철저히 준수하며 업무(연구)를 수행한 것 중 성과를 향상시킨 경험에 대해 구체적으로 말해 보시오.
3	세부적인 절차와 규칙에 주의를 기울여 실수 없이 업무(연구)를 마무리한 경험을 구체적으로 말해 보시오.
4	조직의 규칙이나 원칙을 고려하여 성실하게 일했던 경험을 구체적으로 말해 보시오.
5	타인의 실수를 바로잡고 원칙과 절차대로 수행하여 성공적으로 업무를 마무리하였던 경험에 대해 말해 보시오.

후속 질문		
상황 (Situation)	상황	구체적으로 언제, 어디에서 경험한 일인가?
		어떤 상황이었는가?
	조직	어떤 조직에 속해 있었는가?
		그 조직의 특성은 무엇이었는가?
		몇 명으로 구성된 조직이었는가?
	기간	해당 조직에서 얼마나 일했는가?
		해당 업무는 몇 개월 동안 지속되었는가?
	조직규칙	조직의 원칙이나 규칙은 무엇이었는가?
임무 (Task)	과제	과제의 목표는 무엇이었는가?
		과제에 적용되는 조직의 원칙은 무엇이었는가?
		그 규칙을 지켜야 하는 이유는 무엇이었는가?
	역할	당신이 조직에서 맡은 역할은 무엇이었는가?
		과제에서 맡은 역할은 무엇이었는가?
	문제의식	규칙을 지키지 않을 경우 생기는 문제점 / 불편함은 무엇인가?
		해당 규칙이 왜 중요하다고 생각하였는가?
역할 및 노력 (Action)	행동	업무 과정의 어떤 장면에서 규칙을 철저히 준수하였는가?
		어떻게 규정을 적용시켜 업무를 수행하였는가?
		규정은 준수하는 데 어려움은 없었는가?
	노력	그 규칙을 지키기 위해 스스로 어떤 노력을 기울였는가?
		본인의 생각이나 태도에 어떤 변화가 있었는가?
		다른 사람들은 어떤 노력을 기울였는가?
	동료관계	동료들은 규칙을 철저히 준수하고 있었는가?
		팀원들은 해당 규칙에 대해 어떻게 반응하였는가?
		규칙에 대한 태도를 개선하기 위해 어떤 노력을 하였는가?
		팀원들의 태도는 당신에게 어떤 자극을 주었는가?
	업무추진	주어진 업무를 추진하는 데 규칙이 방해되진 않았는가?
		업무수행 과정에서 규정을 어떻게 적용하였는가?
		업무 시 규정을 준수해야 한다고 생각한 이유는 무엇인가?

결과 (Result)	평가	규칙을 어느 정도나 준수하였는가?	
		그렇게 준수할 수 있었던 이유는 무엇이었는가?	
		업무의 성과는 어느 정도였는가?	
		성과에 만족하였는가?	
		비슷한 상황이 온다면 어떻게 할 것인가?	
	피드백	주변 사람들로부터 어떤 평가를 받았는가?	
		그러한 평가에 만족하는가?	
		다른 사람에게 본인의 행동이 영향을 주었다고 생각하는가?	
	교훈	업무수행 과정에서 중요한 점은 무엇이라고 생각하는가?	
		이 경험을 통해 느낀 바는 무엇인가?	

2. 상황 면접

① 상황 면접의 특징

직무 관련 상황을 가정하여 제시하고 이에 대한 대응능력을 직무관련성 측면에서 평가하는 면접입니다.

> • 상황 면접 과제의 구성은 크게 2가지로 구분
> - 상황 제시(Description) / 문제 제시(Question or Problem)
> • 현장의 실제 업무 상황을 반영하여 과제를 제시하므로 직무분석이나 직무전문가 워크숍 등을 거쳐 현장성을 높임
> • 문제는 상황에 대한 기본적인 이해능력(이론적 지식)과 함께 실질적 대응이나 변수 고려능력(실천적 능력) 등을 고르게 질문해야 함

상황 면접의 형태

[면접관 1] [면접관 2]

[연기자 1] [연기자 2]   [면접관 1] [면접관 2]

[지원자]   [지원자 1] [지원자 2] [지원자 3]
〈시뮬레이션〉   〈문답형〉

② 상황 면접 예시

	인천공항 여객터미널 내에는 다양한 용도의 시설(사무실, 통신실, 식당, 전산실, 창고, 면세점 등)이 설치되어 있습니다.	실제 업무 상황에 기반함
상황 제시	금년에 소방배관의 누수가 잦아 메인 배관을 교체하는 공사를 추진하고 있으며, 당신은 이번 공사의 담당자입니다.	배경 정보
	주간에는 공항 운영이 이루어져 주로 야간에만 배관 교체 공사를 수행하던 중, 시공하는 기능공의 실수로 배관 연결 부위를 잘못 건드려 고압배관의 소화수가 누출되는 사고가 발생하였으며, 이로 인해 인근 시설물에 누수에 의한 피해가 발생하였습니다.	구체적인 문제 상황
문제 제시	일반적인 소방배관의 배관연결(이음)방식과 배관의 이탈(누수)이 발생하는 원인에 대해 설명해 보시오.	문제 상황 해결을 위한 기본 지식 문항
	담당자로서 본 사고를 현장에서 긴급히 처리하는 프로세스를 제시하고, 보수완료 후 사후적 조치가 필요한 부분 및 재발방지 방안에 대해 설명해 보시오.	문제 상황 해결을 위한 추가 대응 문항

3. 발표 면접

① 발표 면접의 특징

- 직무관련 주제에 대한 지원자의 생각을 정리하여 의견을 제시하고, 발표 및 질의응답을 통해 지원자의 직무능력을 평가하는 면접입니다.
- 발표 주제는 직무와 관련된 자료로 제공되며, 일정 시간 후 지원자가 보유한 지식 및 방안에 대한 발표 및 후속 질문을 통해 직무적합성을 평가합니다.

- 주요 평가요소
  - 설득적 말하기 / 발표능력 / 문제해결능력 / 직무관련 전문성
- 이미 언론을 통해 공론화된 시사 이슈보다는 해당 직무분야에 관련된 주제가 발표면접의 과제로 선정되는 경우가 최근 들어 늘어나고 있음
- 짧은 시간 동안 주어진 과제를 빠른 속도로 분석하여 발표문을 작성하고 제한된 시간 안에 면접관에게 효과적인 발표를 진행하는 것이 핵심

발표 면접의 형태

[면접관 1]　[면접관 2]

[면접관 1]　[면접관 2]

[지원자]

〈개별 과제 발표〉

[지원자 1]　[지원자 2]　[지원자 3]

〈팀 과제 발표〉

※ 면접관에게 시각적 효과를 사용하여 메시지를 전달하는 쌍방향 커뮤니케이션 방식
※ 심층면접을 보완하기 위한 방안으로 최근 많은 기업에서 적극 도입하는 추세

② 발표 면접 예시

---

1. 지시문

> 당신은 현재 A사에서 직원들의 성과평가를 담당하고 있는 팀원이다. 인사팀은 지난주부터 사내 조직문화관련 인터뷰를 하던 도중 성과평가제도에 관련된 개선 니즈가 제일 많다는 것을 알게 되었다. 이에 팀장님은 인터뷰 결과를 종합하려 성과평가제도 개선 아이디어를 A4용지에 정리하여 신속 보고할 것을 지시하셨다. 당신에게 남은 시간은 1시간이다. 자료를 준비하는 대로 당신은 팀원들이 모인 회의실에서 5분 간 발표할 것이며, 이후 질의응답을 진행할 것이다.

2. 배경자료

> <성과평가제도 개선에 대한 인터뷰>
>
> 최근 A사는 회사 사세의 급성장으로 인해 작년보다 매출이 두 배 성장하였고, 직원 수 또한 두 배로 증가하였다. 회사의 성장은 임금, 복지에 대한 상승 등 긍정적인 영향을 주었으나 업무의 불균형 및 성과보상의 불평등 문제가 발생하였다. 또한 수시로 입사하는 신입직원과 경력직원, 퇴사하는 직원들까지 인원들의 잦은 변동으로 인해 평가해야 할 대상이 변경되어 현재의 성과평가제도로는 공정한 평가가 어려운 상황이다.
>
> [생산부서 김상호]
> 우리 팀은 지난 1년 동안 생산량이 급증했기 때문에 수십 명의 신규인력이 급하게 채용되었습니다. 이 때문에 저희 팀장님은 신규 입사자들의 이름조차 기억 못할 때가 많이 있습니다. 성과평가를 제대로 하고 있는지 의문이 듭니다.
>
> [마케팅 부서 김흥민]
> 개인의 성과평가의 취지는 충분히 이해합니다. 그러나 현재 평가는 실적기반이나 정성적인 평가가 많이 포함되어 있어 객관성과 공정성에는 의문이 드는 것이 사실입니다. 이러한 상황에서 평가제도를 재수립하지 않고, 인센티브에 계속 반영한다면, 평가제도에 대한 반감이 커질 것이 분명합니다.
>
> [교육부서 홍경민]
> 현재 교육부서는 인사팀과 밀접하게 일하고 있습니다. 그럼에도 인사팀에서 실시하는 성과평가제도에 대한 이해가 부족한 것 같습니다.
>
> [기획부서 김경호 차장]
> 저는 저의 평가자 중 하나가 연구부서의 팀장님인데, 일 년에 몇 번 같이 일하지 않는데 어떻게 저를 평가할 수 있을까요? 특히 연구팀은 저희가 예산을 배정하는데, 저에게는 좋지만….

4. 토론 면접

① 토론 면접의 특징
- 다수의 지원자가 조를 편성해 과제에 대한 토론(토의)을 통해 결론을 도출해가는 면접입니다.
- 의사소통능력, 팀워크, 종합인성 등의 평가에 용이합니다.

> - 주요 평가요소
>   - 설득적 말하기, 경청능력, 팀워크, 종합인성
> - 의견 대립이 명확한 주제 또는 채용분야의 직무 관련 주요 현안을 주제로 과제 구성
> - 제한된 시간 내 토론을 진행해야 하므로 적극적으로 자신 있게 토론에 임하고 본인의 의견을 개진할 수 있어야 함

토론 면접의 형태

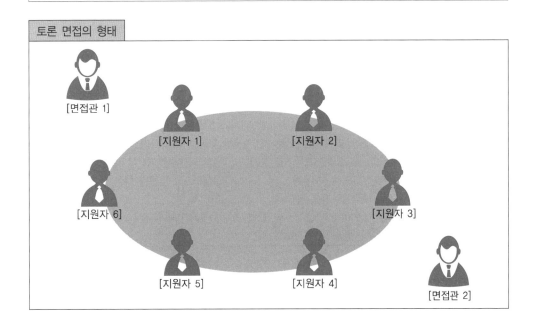

② 토론 면접 예시

고객 불만 고충처리

1. 들어가며

최근 우리 상품에 대한 고객 불만의 증가로 고객고충처리 TF가 만들어졌고 당신은 여기에 지원해 배치받았다. 당신의 업무는 불만을 가진 고객을 만나서 애로사항을 듣고 처리해 주는 일이다. 주된 업무로는 고객의 니즈를 파악해 방향성을 제시해 주고 그 해결책을 마련하는 일이다. 하지만 경우에 따라서 고객의 주관적인 의견으로 인해 제대로 된 방향으로 의사결정을 하지 못할 때가 있다. 이럴 경우 설득이나 논쟁을 해서라도 의견을 관철시키는 것이 좋을지 아니면 고객의 의견대로 진행하는 것이 좋을지 결정해야 할 때가 있다. 만약 당신이라면 이러한 상황에서 어떤 결정을 내릴 것인지 여부를 자유롭게 토론해 보시오.

2. 1분 자유 발언 시 준비사항

• 당신은 의견을 자유롭게 개진할 수 있으며 이에 따른 불이익은 없습니다.
• 토론의 방향성을 이해하고, 내용의 장점과 단점이 무엇인지 문제를 명확히 말해야 합니다.
• 합리적인 근거에 기초하여 개선방안을 명확히 제시해야 합니다.
• 제시한 방안을 실행 시 예상되는 긍정적·부정적 영향요인도 동시에 고려할 필요가 있습니다.

3. 토론 시 유의사항

• 토론 주제문과 제공해드린 메모지, 볼펜만 가지고 토론장에 입장할 수 있습니다.
• 사회자의 지정 또는 발표자가 손을 들어 발언권을 획득할 수 있으며, 사회자의 통제에 따릅니다.
• 토론회가 시작되면, 팀의 의견과 논거를 정리하여 1분간의 자유발언을 할 수 있습니다. 순서는 사회자가 지정합니다. 이후에는 자유롭게 상대방에게 질문하거나 답변을 하실 수 있습니다.
• 핸드폰, 서적 등 외부 매체는 사용하실 수 없습니다.
• 논제에 벗어나는 발언이나 지나치게 공격적인 발언을 할 경우, 위에서 제시한 유의사항을 지키지 않을 경우 불이익을 받을 수 있습니다.

1. 면접 Role Play 편성

- 교육생끼리 조를 편성하여 면접관과 지원자 역할을 교대로 진행합니다.
- 지원자 입장과 면접관 입장을 모두 경험해 보면서 면접에 대한 적응력을 높일 수 있습니다.

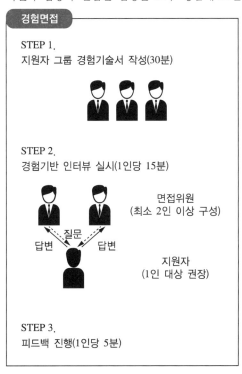

경험면접

STEP 1.
지원자 그룹 경험기술서 작성(30분)

STEP 2.
경험기반 인터뷰 실시(1인당 15분)

면접위원
(최소 2인 이상 구성)

질문
답변   답변

지원자
(1인 대상 권장)

STEP 3.
피드백 진행(1인당 5분)

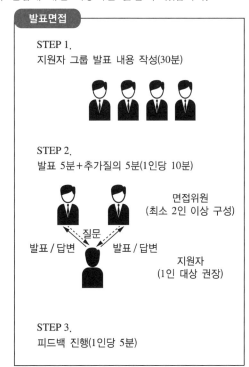

발표면접

STEP 1.
지원자 그룹 발표 내용 작성(30분)

STEP 2.
발표 5분+추가질의 5분(1인당 10분)

면접위원
(최소 2인 이상 구성)

질문
발표 / 답변   발표 / 답변

지원자
(1인 대상 권장)

STEP 3.
피드백 진행(1인당 5분)

> **Tip**
>
> 면접 준비하기
> 1. 면접 유형 확인 필수
>   - 기업마다 면접 유형이 상이하기 때문에 해당 기업의 면접 유형을 확인하는 것이 좋음
>   - 일반적으로 실무진 면접, 임원면접 2차례에 거쳐 면접을 실시하는 기업이 많고 실무진 면접과 임원 면접에서 평가요소가 다르기 때문에 유형에 맞는 준비방법이 필요
> 2. 후속 질문에 대한 사전 점검
>   - 블라인드 채용 면접에서는 주요 질문과 함께 후속 질문을 통해 지원자의 직무능력을 판단
>   → STAR 기법을 통한 후속 질문에 미리 대비하는 것이 필요

SH 서울주택도시공사
면접 기출질문

SH 서울주택도시공사의 면접전형은 AI면접과 직무수행능력면접, 인성면접으로 진행된다. 먼저 AI면접은 기한 내 자택 등에서 응시하며, 직무역량, 직무적합도 등을 평가한다. 다음으로 직무수행능력면접은 직무 관련 주제에 대해 지원자별로 발표 후 6인 이내의 지원자가 한 조가 되어 지원자 상호 간 토론 진행 후 질의응답을 실시하며, 문제해결, 언어구사, 직무전문성 등을 평가한다. 마지막으로 인성면접은 3인 이내의 지원자가 한 조가 되어 지원자별 질의응답을 실시하며, 가치관, 직업윤리 등을 평가한다.

1. 2024년 기출질문

- 서울주택도시공사의 다양한 사업들 중 가장 하고 싶은 사업이 무엇인지 말해 보시오.
- 학과 내에서 세부 전공들이 나뉠 텐데, 본인의 전공 외에 다른 전공을 잘하기 위해 노력했던 경험을 말해 보시오.
- 마지막으로 하고 싶은 말을 10초 동안 해 보시오.
- 서울주택도시공사의 소식 중 가장 인상 깊었던 것은 무엇인지 말해 보시오.
- 다른 사람이 꺼리는 일을 했던 경험을 말해 보시오.
- 다른 사람이 포기한 업무를 대신 처리했던 경험을 말해 보시오.
- 나태한 팀원을 끌고 가기 위해 필요한 노력은 무엇인지 말해 보시오.

2. 2023년 기출질문

- 서울시가 녹색에너지를 확대하기 위해 해야 할 노력은 무엇인지 말해 보시오.
- 서울주택도시공사가 현재 운영하는 사업의 개선점 및 개선방안에 대해 말해 보시오.
- 서울주택도시공사가 새롭게 실시해야 할 사업은 무엇인지 말해 보시오.
- 서울주택도시공사가 운영하는 사업과 연관된 경험을 있는 대로 말해 보시오.
- 어떤 사업을 기획할 때, 청렴도를 높이려면 어떤 부서에서 기획을 해야 하는지 그 이유와 함께 말해 보시오.
- 공직자로서 갖추어야 할 자세는 무엇인지 말해 보시오.
- 업무 중 상사와의 갈등이 생길 시 어떻게 대처할 것인지 말해 보시오.
- 팀 목표 달성을 위해 본인이 했던 노력은 무엇인지 말해 보시오.
- 본인이 살면서 가장 어려웠던 경험은 무엇이며, 이를 어떻게 극복하였는지 말해 보시오.

3. 2022년 기출질문

- 1분 동안 자기소개를 해 보시오.
- 서울주택도시공사에 지원하게 된 동기가 무엇인지 말해 보시오.
- 어떤 부서에서 어떤 업무를 하고 싶은지 말해 보시오.
- 본인의 장점과 단점에 대해 말해 보시오.
- 업무를 수행하면서 민원이 들어올 경우 어떻게 대처할 것인지 말해 보시오.
- 본인의 직업 가치관에 대해 말해 보시오.
- 회사의 업무와 개인적인 약속이 겹쳤을 경우 어떻게 행동할 것인지 말해 보시오.
- 살면서 약속을 어긴 경험이 있는지, 이에 후속조치는 어떻게 했는지 말해 보시오.
- 주거복지를 활성화하기 위한 방안을 말해 보시오.
- 긴급한 일과 중요한 일 중에서 우선적으로 해야 할 일은 무엇인지 그 이유와 함께 말해 보시오.

4. 2021년 기출질문

- 도시재생의 의미는 무엇인지 말해 보시오.
- 본인의 전문성을 향상시키기 위해 어떠한 노력을 했는지 말해 보시오.
- 본인이 면접관이라고 가정할 때, 지원자의 어떤 면을 가장 중요하게 볼 것인지 그 이유와 함께 말해 보시오.
- 가장 존경하는 인물이 누구인지 말해 보시오.
- 채용비리를 막기 위해서는 어떤 시스템을 구비해야 할지 말해 보시오.
- 서울주택도시공사의 주요 사업에 대해 아는 대로 말해 보시오.
- 서울주택도시공사에서 가장 중요하게 여겨야 할 사회적 가치는 무엇인지 말해 보시오.
- 스마트 홈에 대해 아는 대로 설명해 보시오.
- 도시재생과 관련하여 서울주택도시공사가 해야 할 일이 무엇일지 말해 보시오.
- 공공주택과 임대주택의 차이가 무엇인지 말해 보시오.
- 구도시의 개발 및 활성화에 대한 본인의 생각을 말해 보시오.
- 서울주택도시공사의 사회적 책무에 대해 말해 보시오.
- 4차 산업혁명 기술이 가져온 주거 환경의 변화에 대해 아는 대로 말해 보시오.
- 기존의 틀을 깨고 새로운 시도를 한 결과 일이 잘 풀리지 않았던 경험을 말해 보시오.
- 거짓말을 해서 사업이 잘 풀리는 상황이 있을 때 본인은 어떻게 행동할 것인지 말해 보시오.
- 동료직원과 상사의 의견 충돌이 있을 경우 본인은 어떻게 행동할 것인지 말해 보시오.
- 직장 생활에서 가장 중요한 것 한 가지를 말해 보시오.
- 지원한 업무가 본인의 마음에 들지 않을 경우에 어떻게 할 것인지 말해 보시오.
- 서울주택도시공사의 업무를 위해 어떤 노력을 할 수 있는지 말해 보시오.

작은 기회로부터 종종 위대한 업적이 시작된다.

- 데모스테네스 -

현재 나의 실력을 객관적으로 파악해 보자!

모바일 OMR
답안채점 / 성적분석 서비스

도서에 수록된 모의고사에 대한 객관적인 결과[정답률, 순위]를 종합적으로 분석하여 제공합니다.

OMR 입력
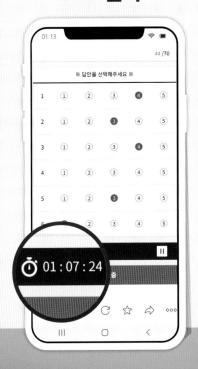

성적분석
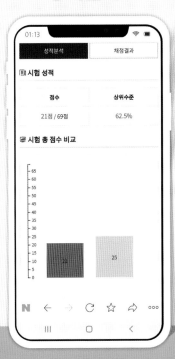

채점결과

※OMR 답안채점 / 성적분석 서비스는 등록 후 30일간 사용 가능합니다.

도서 내 모의고사 우측 상단에 위치한 QR코드 찍기 → 로그인 하기 → '시작하기' 클릭 → '응시하기' 클릭 → 나의 답안을 모바일 OMR 카드에 입력 → '성적분석 & 채점결과' 클릭 → 현재 내 실력 확인하기

S
SDC

2025
최신판

판매량
1위
서울주택도시공사
YES24

SH
서울주택
도시공사

정답 및 해설

NCS＋전공＋모의고사 4회

편저 | SDC(Sidae Data Center)

기출복원문제부터
대표기출유형 및
모의고사까지
한 권으로
마무리!

SDC
SDC는 시대에듀 데이터 센터의 약자로
약 30만 개의 NCS · 적성 문제 데이터풀
바탕으로 최신 출제경향을 반영하여
문제를 출제합니다.

시대에듀

Add+

특별부록

끝까지 책임진다! 시대에듀!

QR코드를 통해 도서 출간 이후 발견된 오류나 개정법령, 변경된 시험 정보, 최신기출문제, 도서 업데이트 자료 등이 있는지 확인해 보세요! **시대에듀 합격 스마트 앱**을 통해서도 알려 드리고 있으니 구글 플레이나 앱 스토어에서 다운받아 사용하세요. 또한, 파본 도서인 경우에는 구입하신 곳에서 교환해 드립니다.

01	02	03	04	05	06	07	08	09	10	11	12	13	14	15	16	17	18	19	20
④	③	⑤	③	③	③	④	④	③	⑤	③	④	②	①	③	④	⑤	④	③	④
21	22	23	24	25	26	27	28	29	30	31	32	33	34	35	36	37	38	39	40
⑤	③	②	⑤	⑤	③	③	③	①	①	③	①	②	①	④	③	④	④	④	③
41	42	43	44	45	46	47	48	49	50										
②	③	⑤	③	①	④	④	⑤	②	②										

01
정답 ④

쉼이란 대화 도중에 잠시 침묵하는 것을 말한다. 쉼을 사용하는 대표적인 경우는 다음과 같다.
• 이야기의 전이 시(흐름을 바꾸거나 다른 주제로 넘어갈 때)
• 양해, 동조, 반문의 경우
• 생략, 암시, 반성의 경우
• 여운을 남길 때
위와 같은 목적으로 쉼을 활용함으로써 논리성, 감정 제고, 동질감 등을 확보할 수 있다.
반면, 연단공포증은 면접이나 발표 등 청중 앞에서 이야기할 때 가슴이 두근거리고, 입술이 타고, 식은땀이 나고, 얼굴이 달아오르는 생리적인 현상으로, 쉼과는 관련이 없다. 연단공포증은 90% 이상의 사람들이 호소하는 불안이므로 극복하기 위해서는 연단공포증에 대한 걱정을 떨쳐내고 이러한 심리현상을 잘 통제하여 의사 표현하는 것을 연습해야 한다.

02
정답 ③

미국의 심리학자인 도널드 키슬러는 대인관계 의사소통 방식을 체크리스트로 평가하여 8가지 유형으로 구분하였다. 이 중 친화형은 따뜻하고 배려심이 깊으며, 타인과의 관계를 중시하는 유형이다. 또한 협동적이고 조화로운 성격으로, 자기희생적인 경향이 강하다.

키슬러의 대인관계 의사소통 유형
• 지배형 : 자신감이 있고 지도력이 있으나 논쟁적이고 독단이 강하여 대인 갈등을 겪을 수 있으므로 타인의 의견을 경청하고 수용하는 자세가 필요하다.
• 실리형 : 이해관계에 예민하고 성취 지향적으로 경쟁적인 데다 자기중심적이어서 타인의 입장을 배려하고 관심을 갖는 자세가 필요하다.
• 냉담형 : 이성적인 의지력이 강하고 타인의 감정에 무관심하며 피상적인 대인관계를 유지하므로 타인의 감정 상태에 관심을 가지고 긍정적인 감정을 표현하는 것이 필요하다.
• 고립형 : 혼자 있는 것을 선호하고 사회적 상황을 회피하며 지나치게 자신의 감정을 억제하므로 대인관계의 중요성을 인식하고 타인에 대한 비현실적인 두려움의 근원을 성찰하는 것이 필요하다.
• 복종형 : 수동적이고 의존적이며 자신감이 없으므로 적극적인 자기표현과 주장이 필요하다.
• 순박형 : 단순하고 솔직하며 자기주관이 부족하므로 자기주장을 하는 노력이 필요하다.
• 친화형 : 따뜻하고 인정이 많고 자기희생적이나 타인의 요구를 거절하지 못하므로 타인과의 정서적인 거리를 유지하는 노력이 필요하다.
• 사교형 : 외향적이고 인정하는 욕구가 강하며, 타인에 대한 관심이 많아서 간섭하는 경향이 있고 흥분을 잘 하므로 심리적 안정과 지나친 인정욕구에 대한 성찰이 필요하다.

03

정답 ⑤

철도사고는 달리는 도중에도 발생할 수 있으므로 먼저 인터폰을 통해 승무원에게 사고를 알리고, 열차가 멈춘 후에 안내방송에 따라 비상핸들이나 비상콕크를 돌려 문을 열고 탈출해야 한다. 만일 화재가 발생했을 경우에는 승무원에게 사고를 알리고 곧바로 119에도 신고를 해야 한다.

[오답분석]
① 침착함을 잃고 패닉에 빠지게 되면, 적절한 행동요령에 따라 대피하기 어렵다. 따라서 사고현장에서 대피할 때는 승무원의 안내에 따라 질서 있게 대피해야 한다.
② 화재사고 발생 시 승객들은 여유가 있을 경우 전동차 양 끝에 비치된 소화기를 통해 초기 진화를 시도해야 한다.
③ 역이 아닌 곳에서 열차가 멈췄을 경우 감전의 위험이 있으므로 반드시 승무원의 안내에 따라 반대편 선로의 열차 진입에 유의하며 대피 유도등을 따라 침착하게 비상구로 대피해야 한다.
④ 전동차에서 대피할 때는 부상자, 노약자, 임산부 등 탈출이 어려운 사람부터 먼저 대피할 수 있도록 배려하고 도와주어야 한다.

04

정답 ③

하향식 읽기 모형은 독자의 배경지식을 바탕으로 글의 맥락을 먼저 파악하는 읽기 전략이다. ③의 경우 제품 설명서를 통해 세부 기능과 버튼별 용도를 파악하고 기계를 작동시켰으므로 상향식 읽기를 수행한 사례이다. 제품 설명서를 하향식으로 읽는다면 제품 설명서를 읽기 전 제품을 보고 배경지식을 바탕으로 어떤 기능이 있는지 예측하고, 해당 기능을 수행하는 세부 방법을 제품 설명서를 통해 찾아봐야 한다.

[오답분석]
① 회의의 주제에 대한 배경지식을 가지고 회의 안건을 예상한 후 회의 자료를 파악하였으므로 하향식 읽기 모형에 해당한다.
② 헤드라인을 먼저 읽어 배경지식을 바탕으로 전체적인 내용을 파악하고 상세 내용을 읽었으므로 하향식 읽기 모형에 해당한다.
④ 요리에 대한 경험과 지식을 바탕으로 요리 과정을 파악하였으므로 하향식 읽기 모형에 해당한다.
⑤ 해당 분야에 대한 기본적인 지식을 바탕으로 서문이나 목차를 통해 책의 전체적인 흐름을 파악하였으므로 하향식 읽기 모형에 해당한다.

05

정답 ③

농도가 15%인 소금물 200g의 소금의 양은 $200 \times \frac{15}{100} = 30$g이고, 농도가 20%인 소금물 300g의 소금의 양은 $300 \times \frac{20}{100} = 60$g이다. 따라서 두 소금물을 섞었을 때의 농도는 $\frac{30+60}{200+300} \times 100 = \frac{90}{500} \times 100 = 18\%$이다.

06

정답 ③

여직원끼리 인접하지 않는 경우는 남직원과 여직원이 번갈아 앉는 경우뿐이다. 이때 여직원 D의 자리를 기준으로 남직원 B가 옆에 앉는 경우를 다음과 같이 나눌 수 있다.
• 첫 번째, 여섯 번째 자리에 여직원 D가 앉는 경우
 남직원 B가 여직원 D 옆에 앉는 경우는 1가지뿐으로, 남은 자리에 남직원, 여직원이 번갈아 앉아 경우의 수는 $2 \times 1 \times 2! \times 2! = 8$가지이다.
• 두 번째, 세 번째, 네 번째, 다섯 번째 자리에 여직원 D가 앉는 경우
 각 경우에 대하여 남직원 B가 여직원 D 옆에 앉는 경우는 2가지이다. 남은 자리에 남직원, 여직원이 번갈아 앉으므로 경우의 수는 $4 \times 2 \times 2! \times 2! = 32$가지이다.
따라서 구하고자 하는 경우의 수는 $8+32=40$가지이다.

07

정답 ④

제시된 수열은 홀수 항일 때 $+12$, $+24$, $+48$, $\cdots$씩 증가하고, 짝수 항일 때 $+20$씩 증가하는 수열이다.
따라서 빈칸에 들어갈 수는 $13+48=61$이다.

08

정답 ④

2022년에 중학교에서 고등학교로 진학한 학생의 비율은 99.7%이고, 2023년 중학교에서 고등학교로 진학한 학생의 비율은 99.6%이다. 따라서 진학한 비율이 감소하였으므로 중학교에서 고등학교로 진학하지 않은 학생의 비율은 증가하였음을 알 수 있다.

오답분석
① 중학교의 취학률이 가장 낮은 해는 97.1%인 2020년이다. 이는 97% 이상이므로 중학교의 취학률은 매년 97% 이상이다.
② 매년 초등학교의 취학률이 가장 높다.
③ 고등교육기관의 취학률은 2020년 이후로 계속해서 70% 이상을 기록하였다.
⑤ 고등교육기관의 취학률이 가장 낮은 해는 2016년이고, 고등학교의 상급학교 진학률이 가장 낮은 해 또한 2016년이다.

09

정답 ③

오답분석
① B기업의 매출액이 가장 많은 때는 2024년 3월이지만, 그래프에서는 2024년 4월의 매출액이 가장 많은 것으로 나타났다.
② 2024년 2월에는 A기업의 매출이 더 많지만, 그래프에서는 B기업이 더 많은 것으로 나타났다.
④ A기업의 매출액이 가장 적은 때는 2024년 4월이지만, 그래프에서는 2024년 3월의 매출액이 가장 적은 것으로 나타났다.
⑤ A기업과 B기업의 매출액의 차이가 가장 큰 때는 2024년 1월이지만, 그래프에서는 2024년 5월과 6월의 매출액 차이가 더 큰 것으로 나타났다.

10

정답 ⑤

스마트 팜 관련 정부 사업 참여 경험은 K사의 강점 요인이다. 또한 정부의 적극적인 지원은 스마트 팜 시장 성장에 따른 기회 요인이다. 따라서 스마트 팜 관련 정부 사업 참여 경험을 바탕으로 정부의 적극적인 지원을 확보하는 것은 내부의 강점을 통해 외부의 기회 요인을 극대화하는 SO전략에 해당한다.

오답분석
①·②·③·④ 외부의 기회를 이용하여 내부의 약점을 보완하는 WO전략에 해당한다.

11

정답 ③

A ~ F 모두 문맥을 무시하고 일부 문구에만 집착하여 뜻을 해석하고 있으므로 '과대해석의 오류'를 범하고 있다. 과대해석의 오류는 전체적인 상황이나 맥락을 고려하지 않고 특정 단어나 문장에만 집착하여 의미를 해석하는 오류로, 글의 의미를 지나치게 확대하거나 축소하여 생각하고, 문자 그대로의 의미에만 너무 집착하여 다른 가능성이나 해석을 배제하게 되는 논리적 오류이다.

오답분석
① 무지의 오류 : '신은 존재하지 않는다가 증명되지 않았으므로 신은 존재한다.'처럼 증명되지 않았다고 해서 그 반대의 주장이 참이라고 생각하는 오류이다.
② 연역법의 오류 : '조류는 날 수 있다. 펭귄은 조류이다. 따라서 펭귄은 날 수 있다.'처럼 잘못된 삼단논법에 의해 발생하는 논리적 오류이다.
④ 허수아비 공격의 오류 : '저 사람은 과거에 거짓말을 한 적이 있으니 이번에 일어난 사기 사건의 범인이다.'처럼 개별적 인과관계를 입증하지 않고 전혀 상관없는 별개의 논리를 만들어 공격하는 논리적 오류이다.
⑤ 권위나 인신공격에 의존한 논증 : '제정신을 가진 사람이면 그런 주장을 할 수가 없다.'처럼 상대방의 주장 대신 인격을 공격하거나, '최고 권위자인 A교수도 이런 말을 했습니다.'처럼 자신의 논리적인 약점을 권위자를 통해 덮으려는 논리적 오류이다.

12

정답 ④

A ~ E열차의 운행시간 단위를 시간 단위로, 평균 속력의 단위를 시간당 운행거리로 통일하여 정리하면 다음과 같다.

구분	운행시간	평균 속력	운행거리
A열차	900분=15시간	50m/s=(50×60×60)m/h=180km/h	15×180=2,700km
B열차	10시간 30분=10.5시간	150km/h	10.5×150=1,575km
C열차	8시간	55m/s=(55×60×60)m/h=198km/h	8×198=1,584km
D열차	720분=12시간	2.5km/min=(2.5×60)km/h=150km/h	12×150=1,800km
E열차	10시간	2.7km/min=(2.7×60)m/h=162km/h	10×162=1,620km

따라서 C열차의 운행거리는 네 번째로 길다.

13

정답 ②

K대학교 기숙사 운영위원회는 단순히 '기숙사에 문제가 있다.'라는 큰 문제에서 벗어나 식사, 시설, 통신환경이라는 세 가지 주요 문제를 파악하고 문제별로 다시 세분화하여 더욱 구체적으로 인과관계 및 구조를 파악하여 분석하고 있다. 따라서 제시문에서 나타난 문제해결 절차는 '문제 도출'이다.

> **문제해결 절차 5단계**
> 1. 문제 인식 : 해결해야 할 전체 문제를 파악하여 우선순위를 정하고 선정 문제에 대한 목표를 명확히 하는 단계
> 2. 문제 도출 : 선정된 문제를 분석하여 해결해야 할 것이 무엇인지를 명확히 하는 단계로, 현상에 대한 문제를 분해하여 인과관계 및 구조를 파악하는 단계
> 3. 원인 분석 : 파악된 핵심 문제에 대한 분석을 통해 근본 원인을 도출해 내는 단계
> 4. 해결안 개발 : 문제로부터 도출된 근본 원인을 효과적으로 해결할 수 있는 최적의 해결 방안을 수립하는 단계
> 5. 실행 및 평가 : 해결안 개발을 통해 만들어진 실행 계획을 실제 상황에 적용하는 단계로, 해결안을 통해 문제의 원인들을 제거해 나가는 단계

14

정답 ①

공공사업을 위해 투입된 세금을 본래의 목적에 사용하지 않고 무단으로 다른 곳에 쓴 상황이므로 '예정되어 있는 곳에 쓰지 아니하고 다른 데로 돌려서 씀'을 의미하는 '전용(轉用)'이 가장 적절한 단어이다.

오답분석

② 남용(濫用) : 일정한 기준이나 한도를 넘어서 함부로 씀
③ 적용(適用) : 알맞게 이용하거나 맞추어 씀
④ 활용(活用) : 도구나 물건 따위를 충분히 잘 이용함
⑤ 준용(遵用) : 그대로 좇아서 씀

15

정답 ③

시조새는 비대칭형 깃털을 가진 최초의 동물로, 현대의 날 수 있는 조류처럼 바람을 맞는 곳의 깃털은 짧고, 뒤쪽은 긴 형태로 이루어졌으며, 이와 같은 비대칭형 깃털이 양력을 제공하여 짧은 거리의 활강을 가능하게 하였다. 따라서 비행을 하기 위한 시조새의 신체 조건은 날개의 깃털이 비대칭 구조로 형성되어 있는 것이다.

오답분석

① 제시문에서 언급하지 않은 내용이다.
②·④ 세 개의 갈고리 발톱과 척추뼈가 꼬리까지 이어지는 구조는 공룡의 특징을 보여주는 신체 조건이다.
⑤ 시조새는 현대 조류처럼 가슴뼈가 비행에 최적화된 형태로 발달되지 않았다고 언급하고 있다.

16

제시문은 서양의학에 중요한 영향을 준 히포크라테스와 갈레노스에 대해 소개하고 있다. 히포크라테스는 자연적 관찰을 통해 의사를 과학적인 기반 위의 직업으로 만들었으며, 히포크라테스 선서와 같이 전문직업으로써의 윤리적 기준을 마련한 서양의학의 상징이라고 소개하고 있으며, 갈레노스는 실제 해부와 임상 실험을 통해 의학 이론을 증명하고 방대한 저술을 남겨 후대 의학 발전에 큰 영향을 주었음을 설명하고 있다. 따라서 '히포크라테스와 갈레노스가 서양의학에 끼친 영향과 중요성'이 제시문의 주제이다.

[오답분석]
① 갈레노스의 의사로서의 이력은 언급하고 있지만, 생애에 대해 구체적으로 밝히는 글은 아니다.
② 갈레노스가 해부와 실험을 통해 의학 이론을 증명하였음을 설명할 뿐이며, 해부학의 발전 과정에 대해 설명하는 글은 아니다.
③ 히포크라테스 선서는 히포크라테스가 서양의학에 남긴 중요한 윤리적 기준이지만, 이를 중심으로 설명하는 글은 아니다.
⑤ 히포크라테스와 갈레노스 모두 4체액설과 같은 부분에서는 현대 의학과는 거리가 있었음을 밝히고 있다.

17

'비상구'는 '화재나 지진 따위의 갑작스러운 사고가 일어날 때에 급히 대피할 수 있도록 특별히 마련한 출입구'이다. 따라서 이와 가장 비슷한 단어는 '갇힌 곳에서 빠져나가거나 도망하여 나갈 수 있는 출구'를 의미하는 '탈출구'이다.

[오답분석]
① 진입로 : 들어가는 길
② 출입구 : 나갔다가 들어왔다가 하는 어귀나 문
③ 돌파구 : 가로막은 것을 쳐서 깨뜨려 통과할 수 있도록 뚫은 통로나 목
④ 여울목 : 여울물(강이나 바다 따위의 바닥이 얕거나 폭이 좁아 물살이 세게 흐르는 곳의 물)이 턱진 곳

18

A열차의 속력을 V_a, B열차의 속력을 V_b라 하고, 터널의 길이를 l, 열차의 전체 길이를 x라 하자.

A열차가 터널을 진입하고 빠져나오는 데 걸린 시간은 $\dfrac{l+x}{V_a}=14$초이다. B열차가 A열차보다 5초 늦게 진입하고 5초 빠르게 빠져나왔으므로 터널을 진입하고 빠져나오는 데 걸린 시간은 $14-5-5=4$초이다. 그러므로 $\dfrac{l+x}{V_b}=4$초이다.

따라서 $V_a=14(l+x)$, $V_b=4(l+x)$이므로 $\dfrac{V_a}{V_b}=\dfrac{14(l+x)}{4(l+x)}=3.5$배이다.

19

A팀은 5일마다, B팀은 4일마다 회의실을 사용하므로 두 팀이 회의실을 사용하고자 하는 날은 20일마다 겹친다. 첫 번째 겹친 날에 A팀이 먼저 사용했으므로 20일 동안 A팀이 회의실을 사용한 횟수는 4회이다. 두 번째 겹친 날에는 B팀이 사용하므로 40일 동안 A팀이 회의실을 사용한 횟수는 7회이고, 세 번째로 겹친 날에는 A팀이 회의실을 사용하므로 60일 동안 A팀은 회의실을 11회 사용하였다. 이를 표로 정리하면 다음과 같다.

겹친 횟수	첫 번째	두 번째	세 번째	네 번째	다섯 번째	…	$(n-1)$번째	n번째
회의실 사용 팀	A팀	B팀	A팀	B팀	A팀	…	A팀	B팀
A팀의 회의실 사용 횟수	4회	7회	11회	14회	18회	…		

겹친 날을 기준으로 A팀은 9회, B팀은 8회를 사용하였으므로 다음으로는 B팀이 회의실을 사용할 순서이다. 이때, B팀이 m번째로 회의실을 사용할 순서라면 A팀이 이때까지 회의실을 사용한 횟수는 $7m$회이다. 따라서 B팀이 겹친 날을 기준으로 회의실을 8회까지 사용하였고, 9번째로 사용할 순서이므로 이때까지 A팀이 회의실을 사용한 횟수는 최대 $7\times9=63$회이다.

20

마지막 조건에 따라 광물 B는 인회석이고, 광물 B로 광물 C를 긁었을 때 긁힘 자국이 생기므로 광물 C는 인회석보다 무른 광물이다. 한편, 광물 A로 광물 C를 긁었을 때 긁힘 자국이 생기므로 광물 A는 광물 C보다 단단하고, 광물 A로 광물 B를 긁었을 때 긁힘 자국이 생기지 않으므로 광물 A는 광물 B보다는 무른 광물이다. 따라서 가장 단단한 광물은 B이며, 그다음으로 A, C 순으로 단단하다.

오답분석

① 광물 C는 인회석보다 무른 광물이므로 석영이 아니다.
② 광물 A는 인회석보다 무른 광물이지만, 방해석인지는 확인할 수 없다.
③ 가장 무른 광물은 C이다.
⑤ 광물 B는 인회석이므로 모스 굳기 단계는 5단계이다.

21

J공사의 지점 근무 인원이 71명이므로 가용 인원수가 부족한 B오피스는 제외된다. 또한, 시설 조건에서 스튜디오와 회의실이 필요하다고 했으므로 스튜디오가 없는 D오피스도 제외된다. 나머지 A, C, E오피스는 모두 교통 조건을 충족하므로 임대비용만 비교하면 된다. A, C, E오피스의 5년 임대비용은 다음과 같다.
• A오피스 : 600만×71×5=213,000만 원 → 21억 3천만 원
• C오피스 : 3,600만×12×5=216,000만 원 → 21억 6천만 원
• E오피스 : (3,800만×12×0.9)×5=205,200만 원 → 20억 5천 2백만 원
따라서 사무실 이전 조건을 바탕으로 가장 저렴한 공유 오피스인 E오피스로 이전한다.

22

에너지바우처를 신청하기 위해서는 소득기준과 세대원 특성기준을 모두 충족해야 한다. C는 생계급여 수급자이므로 소득기준을 충족하고, 65세 이상이므로 세대원 특성기준도 충족한다. 그러나 C의 경우 보장시설인 양로시설에 거주하는 보장시설 수급자이므로 지원 제외 대상이다. 따라서 C는 에너지바우처를 신청할 수 없다.

오답분석

① A의 경우 의료급여 수급자이므로 소득기준을 충족하고, 7세 이하의 영유아가 있으므로 세대원 특성기준도 충족한다. 따라서 에너지바우처를 신청할 수 있다.
② B의 경우 교육급여 수급자이므로 소득기준을 충족하고, 한부모가족이므로 세대원 특성기준도 충족한다. 또한 4인 이상 세대에 해당하므로 바우처 지원금액은 716,300원으로 70만 원 이상이다.
④ 동절기 에너지바우처 지원방법은 요금차감과 실물카드 2가지 방법이 있다. 이 중 D의 경우 연탄보일러를 이용하고 있으므로 실물카드를 받아 연탄을 직접 결제하는 방식으로 지원받아야 한다.
⑤ E의 경우 생계급여 수급자이므로 소득기준을 충족하고, 희귀질환을 앓고 있는 어머니가 세대원으로 있으므로 세대원 특성기준도 충족한다. 또한 2인 세대에 해당하므로 하절기 바우처 지원금액인 73,800원이 지원된다. 이때, 하절기는 전기요금 고지서에서 요금을 자동으로 차감해 주므로 전기비에서 73,800원이 차감될 것이다.

23

A가족과 B가족 모두 소득기준과 세대원 특성기준이 에너지바우처 신청기준을 충족한다. A가족의 경우 5명이므로 총 716,300원을 지원받을 수 있다. 그러나 이미 연탄쿠폰을 발급받았으므로 동절기 에너지바우처는 지원받을 수 없다. 따라서 하절기 지원금액인 117,000원을 지원받는다. B가족의 경우 2명이므로 총 422,500원을 지원받을 수 있으며, 지역난방을 이용 중이므로 하절기와 동절기 모두 요금차감의 방식으로 지원받는다. 따라서 두 가족의 에너지바우처 지원 금액은 117,000+422,500=539,500원이다.

24

제시된 프로그램은 'result'의 초기 값을 0으로 정의한 후 'result' 값이 2를 초과할 때까지 하위 명령을 실행하는 프로그램이다. 이때 'result' 값을 1 증가시킨 후 그 값을 출력하고, 다시 1을 빼므로 0 → 1 → 1 출력 → 0 → 1 → 1 출력 → 0 → 1 → 1 출력 → ⋯ 과정을 무한히 반복하게 된다. 따라서 1이 무한히 출력된다.

25

정답 ⑤

ROUND 함수는 인수를 지정한 자릿수로 반올림한 값을 구하는 함수로, 「=ROUND(인수,자릿수)」로 표현한다. 이때 자릿수는 다음과 같이 나타낸다.

만의 자리	천의 자리	백의 자리	십의 자리	일의 자리	소수점 첫째 자리	소수점 둘째 자리	소수점 셋째 자리
-4	-3	-2	-1	0	1	2	3

따라서 「=ROUND(D2,-1)」는 [D2] 셀에 입력된 117.3365의 값을 십의 자리로 반올림하여 나타내므로, 출력되는 값은 120이다.

26

정답 ③

제시문은 ADHD의 원인과 치료 방법에 대한 글이다. 첫 번째 문단에서는 ADHD가 유전적 원인에 의해 발생한다고 설명하고, 두 번째 문단에서는 환경적 원인에 의해 발생한다고 설명하고 있다. 이를 종합하면 ADHD가 다양한 원인이 복합적으로 작용하는 질환임을 알 수 있다. 또한 빈칸 뒤에서도 다양한 원인에 부합하는 맞춤형 치료와 환경 조성이 필요하다고 하였으므로 빈칸에 들어갈 내용으로 가장 적절한 것은 ③이다.

27

정답 ③

~율/률의 앞 글자가 'ㄱ' 받침을 가지고 있으므로 '출석률'이 옳은 표기이다.

> **~율과 ~률의 구별**
> • ~율 : 앞 글자의 받침이 없거나 받침이 'ㄴ'인 경우 → 비율, 환율, 백분율
> • ~률 : 앞 글자의 받침이 있는 경우(단, 'ㄴ' 받침 제외) → 능률, 출석률, 이직률, 합격률

28

정답 ③

남성 합격자 수와 여성 합격자 수의 비율이 2 : 3이므로 여성 합격자는 48명이다.
남성 불합격자 수와 여성 불합격자 수가 모두 a명이라 하면 다음과 같이 정리할 수 있다.

(단위 : 명)

구분	합격자	불합격자	전체 지원자
남성	$2b=32$	a	$a+2b$
여성	$3b=48$	a	$a+3b$

남성 전체 지원자 수는 $(a+32)$명이고, 여성 전체 지원자 수는 $(a+48)$명이다.
$(a+32):(a+48)=6:7$
→ $6\times(a+48)=7\times(a+32)$
→ $a=(48\times6)-(32\times7)$
∴ $a=64$
따라서 전체 지원자 수는 $2a+5b=(64\times2)+(16\times5)=128+80=208$명이다.

8 • SH 서울주택도시공사

29

A씨는 2023년에는 9개월 동안 K공사에 근무하였다. (건강보험료)=(보수월액)×(건강보험료율)이고, 2023년 1월 1일 이후 (장기요양

보험료)=(건강보험료)×$\dfrac{(장기요양보험료율)}{(건강보험료율)}$이므로 (장기요양보험료)=(보수월액)×(건강보험료율)×$\dfrac{(장기요양보험료율)}{(건강보험료율)}$이다.

그러므로 (보수월액)=$\dfrac{(장기요양보험료)}{(장기요양보험료율)}$이다.

따라서 A씨의 2023년 장기요양보험료는 35,120원이므로 보수월액은 $\dfrac{35,120}{0.9082\%}=\dfrac{35,120}{0.9082}\times100≒3,866,990$원이다.

30

'가명처리'란 개인정보의 일부를 삭제하거나 일부 또는 전부를 대체하는 등의 방법으로 추가 정보가 없이는 특정 개인을 알아볼 수 없도록 처리하는 것을 말한다(개인정보보호법 제2조 제1의2호).

오답분석
② 개인정보보호법 제2조 제3호
③ 개인정보보호법 제2조 제1호 가목
④ 개인정보보호법 제2조 제2호

31

「=COUNTIF(범위,조건)」 함수는 조건을 만족하는 범위 내 인수의 개수를 셈하는 함수이다. 이때, 열 전체에 적용하려면 해당 범위에서 숫자를 제외하면 된다. 따라서 B열에서 값이 100 이하인 셀의 개수를 구하는 함수는 「=COUNTIF(B:B,"<=100")」 이다.

32

• 초등학생의 한 달 용돈의 합계는 B열부터 E행까지 같은 열에 있는 금액의 합이다. 따라서 (A)에 들어갈 함수는 「=SUM(B2:E2)」이다.
• 한 달 용돈이 150,000원 이상인 학생 수는 [F2] 셀부터 [F7] 셀까지 금액이 150,000원 이상인 셀의 개수로 구할 수 있다. 따라서 (B)에 들어갈 함수는 「=COUNTIF(F2:F7,">=150,000」이다.

33

빅데이터 분석을 기획하고자 할 때는 먼저 범위를 설정한 다음 프로젝트를 정의해야 한다. 그 후에 수행 계획을 수립하고 위험 계획을 수립해야 한다.

34

㉠ 짜깁기 : 기존의 글이나 영화 따위를 편집하여 하나의 완성품으로 만드는 일
㉡ 뒤처지다 : 어떤 수준이나 대열에 들지 못하고 뒤로 처지거나 남게 되다.

오답분석
• 짜집기 : 짜깁기의 비표준어형
• 뒤쳐지다 : 물건이 뒤집혀서 젖혀지다.

35

공문서에서 날짜를 작성할 때 날짜 다음에 괄호를 사용할 경우에는 마침표를 찍지 않아야 한다.

> **공문서 작성 시 유의사항**
> • 한 장에 담아내는 것이 원칙이다.
> • 마지막엔 반드시 '끝'자로 마무리한다.
> • 날짜 다음에 괄호를 사용할 경우에는 마침표를 찍지 않는다.
> • 복잡한 내용은 항목별로 구분한다('-다음-', 또는 '-아래-').
> • 대외문서이며 장기간 보관되는 문서이므로 정확하게 기술한다.

36

영서가 1시간 동안 빚을 수 있는 만두의 수를 x개, 어머니가 1시간 동안 만두를 빚을 수 있는 만두의 수를 y개라 할 때 다음 식이 성립한다.

$\frac{2}{3}(x+y)=60 \cdots$ ㉠

$y=x+10 \cdots$ ㉡

㉠ $\times \frac{3}{2}$ 에 ㉡을 대입하면

$x+(x+10)=90$

$\rightarrow 2x=80$

$\therefore x=40$

따라서 영서는 혼자서 1시간 동안 40개의 만두를 빚을 수 있다.

37

• 1,000 이상 10,000 미만

맨 앞과 맨 뒤의 수가 같은 경우는 1 ~ 9의 수가 올 수 있으므로 9가지이고, 각각의 경우에 따라 두 번째 수와 네 번째 수로 0 ~ 9의 수가 올 수 있으므로 경우의 수는 10가지이다. 그러므로 모든 네 자리 대칭수의 개수는 $9 \times 10 = 90$개이다.

• 10,000 이상 50,000 미만

맨 앞과 맨 뒤의 수가 같은 경우는 1, 2, 3, 4의 수가 올 수 있으므로 4가지이고, 각각의 경우에 따라 두 번째 수와 네 번째 수로 0 ~ 9의 수가 올 수 있으므로 경우의 수는 10가지, 그 각각의 경우에 따라 세 번째에 올 수 있는 수 또한 0 ~ 9의 수가 올 수 있으므로 경우의 수는 10가지이다. 그러므로 10,000 ~ 50,000 사이의 대칭수의 개수는 $4 \times 10 \times 10 = 400$개이다.

따라서 1,000 이상 50,000 미만의 모든 대칭수의 개수는 $90+400=490$개이다.

38

어떤 자연수의 모든 자릿수의 합이 3의 배수일 때, 그 자연수는 3의 배수이다. 그러므로 $2+5+\square$의 값이 3의 배수일 때, $25\square$는 3의 배수이다. $2+5=7$이므로, $7+\square$의 값이 3의 배수가 되도록 하는 $\square$의 값은 2, 5, 8이다. 따라서 가능한 모든 수의 합은 $2+5+8=15$이다.

39

정답 ④

바이올린(V), 호른(H), 오보에(O), 플루트(F) 중 첫 번째 조건에 따라 호른과 바이올린을 묶었을 때 가능한 경우는 $3!=6$가지로 다음과 같다.

- $(HV)-O-F$
- $(HV)-F-O$
- $F-(HV)-O$
- $O-(HV)-F$
- $F-O-(HV)$
- $O-F-(HV)$

이때 두 번째 조건에 따라 오보에는 플루트 왼쪽에 위치하지 않으므로 $(HV)-O-F$, $O-F-(HV)$ 2가지는 제외된다.

따라서 왼쪽에서 두 번째 칸에는 바이올린, 호른, 오보에만 위치할 수 있으므로 플루트는 배치할 수 없다.

40

정답 ③

사회적 기업은 수익 창출을 통해 자립적인 운영을 추구하고, 사회적 문제 해결과 경제적 성장을 동시에 달성하려는 특징을 가진 기업 모델로, 영리 조직에 해당한다.

> **영리 조직과 비영리 조직**
> - 영리 조직 : 이윤 추구를 주된 목적으로 하는 집단으로, 일반적인 사기업이 해당된다.
> - 비영리 조직 : 사회적 가치 실현을 위해 공익을 추구하는 집단으로 자선단체, 의료기관, 교육기관, 비정부기구(NGO) 등이 해당된다.

41

정답 ②

$(영업이익률)=\dfrac{(영업이익)}{(매출액)}\times100$이고, 영업이익을 구하기 위해서는 매출총이익을 먼저 계산해야 한다. 따라서 2022년 4분기의 매출총이익은 $60-80=-20$십억 원이고, 영업이익은 $-20-7=-27$십 억 원이므로 영업이익률은 $-\dfrac{27}{60}\times100=-45\%$이다.

42

정답 ③

1시간은 3,600초이므로 36초는 $36초\times\dfrac{1시간}{3,600초}=0.01$시간이다. 그러므로 무빙워크의 전체 길이는 $5\times0.01=0.05$km이다.

따라서 무빙워크와 같은 방향으로 4km/h의 속력으로 걸을 때의 속력은 $5+4=9$km/h이므로 걸리는 시간은 $\dfrac{0.05}{9}=\dfrac{5}{900}=\dfrac{5}{900}\times\dfrac{3,600초}{1시간}=20초$이다.

43

정답 ⑤

제시된 순서도는 result 값이 6을 초과할 때까지 2씩 증가하고, result 값이 6을 초과하면 그 값을 출력하는 순서도이다. 따라서 result 값이 5일 때 2를 더하여 $5+2=7$이 되어 6을 초과하므로 출력되는 값은 7이다.

44

방문 사유 → 파손 관련(NO) → 침수 관련(NO) → 데이터 복구 관련(YES) → ◎ 출력 → STOP
따라서 출력되는 도형은 ◎이다.

45

상품코드의 맨 앞 자릿수가 '9'이므로 2 ~ 7번째 자릿수의 이진코드 변환 규칙은 'ABBABA'를 따른다. 이를 변환하면 다음과 같다.

3	8	7	6	5	5
A	B	B	A	B	A
0111101	0001001	0010001	0101111	0111001	0110001

따라서 주어진 수를 이진코드로 바르게 변환한 것은 ①이다.

46

안전 스위치를 누르는 동안에만 스팀이 나온다고 하였으므로 안전 스위치를 누르는 등의 외부 입력이 없다면 스팀은 발생하지
않는다.

오답분석

① 기본형 청소구로 카펫를 청소하면 청소 효율이 떨어질 뿐이며, 카펫 청소는 가능하다고 언급되어 있다.
② 스팀 청소 완료 후 충분히 식지 않은 상태에서 통을 분리하면 뜨거운 물이 새어 나와 화상의 위험이 있다고 언급되어 있다.
③ 기본형 청소구의 돌출부를 누른 상태에서 잡아당기면 좁은 흡입구를 꺼낼 수 있다고 언급되어 있다.
⑤ 스팀 청소구의 물통에 물을 채우는 작업, 걸레판에 걸레를 부착하는 작업 모두 반드시 전원을 분리한 상태에서 진행해야 한다고
　언급되어 있다.

47

바닥에 물이 남는다면 스팀 청소구를 좌우로 자주 기울이지 않도록 주의하거나 젖은 걸레를 교체해야 한다.

48

팀 목표를 달성하도록 팀원을 격려하는 환경을 조성하기 위해서는 동료의 피드백이 필요하다. 긍정이든 부정이든 피드백이 없다면
팀원들은 개선을 이루거나 탁월한 성과를 내고자 하는 노력을 게을리하게 된다.

> **동료의 피드백을 장려하는 4단계**
> 1. 간단하고 분명한 목표와 우선순위를 설정하라.
> 2. 행동과 수행을 관찰하라.
> 3. 즉각적인 피드백을 제공하라.
> 4. 뛰어난 수행성과에 대해 인정하라.

49

정답 ②

업무적으로 내적 동기를 유발하기 위해서는 업무 관련 교육을 꾸준히 하여야 한다.

내적 동기를 유발하는 방법
- 긍정적 강화법 활용하기
- 새로운 도전의 기회 부여하기
- 창의적인 문제해결법 찾기
- 자신의 역할과 행동에 책임감 갖기
- 팀원들을 지도 및 격려하기
- 변화를 두려워하지 않기
- 지속적인 교육 실시하기

50

정답 ②

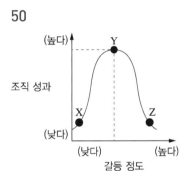

갈등 정도와 조직 성과에 대한 그래프에서 갈등이 X점 수준일 때에는 조직 내부의 의욕이 상실되고 환경의 변화에 대한 적응력도 떨어져 조직 성과가 낮아진다. 갈등이 Y점 수준일 때에는 갈등의 순기능이 작용하여 조직 내부에 생동감이 넘치고 변화 지향적이며 문제해결능력이 발휘되어 조직 성과가 높아진다. 반면, 갈등이 Z점 수준일 때에는 오히려 갈등의 역기능이 작용하여 조직 내부에 혼란과 분열이 발생하고 조직 구성원들이 비협조적이 되어 조직 성과는 낮아지게 된다.

01 법학

01	02	03	04	05															
④	①	③	⑤	②															

01
정답 ④

근로자참여 및 협력증진에 관한 법은 집단적 노사관계법으로, 노동조합과 사용자단체 간의 노사관계를 규율한 법이다. 노동조합 및 노동관계조정법, 근로자참여 및 협력증진에 관한 법, 노동위원회법, 교원의 노동조합설립 및 운영 등에 관한 법률, 공무원직장협의회법 등이 이에 해당한다.

나머지는 근로자와 사용자의 근로계약을 체결하는 관계에 대해 규율한 법으로, 개별적 근로관계법이라고 한다. 근로기준법, 최저임금법, 산업안전보건법, 직업안정법, 남녀고용평등법, 선원법, 산업재해보상보험법, 고용보험법 등이 이에 해당한다.

02
정답 ①

용익물권은 타인의 토지나 건물 등 부동산의 사용가치를 지배하는 제한물권으로, 민법상 지상권, 지역권, 전세권이 이에 속한다.

용익물권의 종류
- 지상권 : 타인의 토지에 건물이나 수목 등을 설치하여 사용하는 물권
- 지역권 : 타인의 토지를 자기 토지의 편익을 위하여 이용하는 물권
- 전세권 : 전세금을 지급하고 타인의 토지 또는 건물을 사용·수익하는 물권

03
정답 ③

- 선고유예 : 형의 선고유예를 받은 날로부터 2년이 경과한 때에는 면소된 것으로 간주한다(형법 제60조).
- 집행유예 : 양형의 조건을 참작하여 그 정상에 참작할 만한 사유가 있는 때에는 1년 이상 5년 이하의 기간 형의 집행을 유예할 수 있다(형법 제62조 제1항).

04
정답 ⑤

몰수의 대상(형법 제48조 제1항)
1. 범죄행위에 제공하였거나 제공하려고 한 물건
2. 범죄행위로 인하여 생겼거나 취득한 물건
3. 제1호 또는 제2호의 대가로 취득한 물건

05

상법상 법원에는 상사제정법(상법전, 상사특별법령, 상사조약), 상관습법, 판례, 상사자치법(회사의 정관, 이사회 규칙), 보통거래약관, 조리 등이 있다. 조례는 해당되지 않는다.

02   행정학

01	02	03	04	05	06	07	08	09	10	11	12	13	14	15	16	17			
④	④	③	④	③	②	④	②	②	④	①	②	②	②	②	①	②			

01

목적세는 통일성의 원칙에 대한 예외이다. 통일성의 원칙에 대한 예외로는 특별회계, 기금, 목적세, 수입대체경비, 수입금마련지출이 있다.

오답분석
① 단일성의 원칙에 대한 예외로는 추가경정예산, 특별회계, 기금이 있다.
② 사전의결의 원칙에 대한 예외로는 준예산, 사고이월, 예비비 지출, 전용, 긴급재정경제처분이 있다.
③ 한계성의 원칙에 대한 예외로는 예산의 이용, 전용, 국고채무부담행위, 계속비, 이월(명시이월, 사고이월), 지난 연도 수입, 지난 연도 지출, 조상충용, 추가경정예산, 예비비가 해당된다.

02

정책의 대략적인 방향을 정책결정자가 정하고 정책집행자들은 이 목표의 구체적인 집행에 필요한 폭넓은 재량권을 위임받아 정책을 집행하는 유형은 재량적 실험가형에 해당한다.

03

현대에는 민주주의의 심화 및 분야별 전문 민간기관의 성장에 따라 정부 등 공식적 참여자보다 비공식적 참여자의 중요도가 높아지고 있다.

오답분석
① 의회와 지방자치단체는 정부, 사법부 등과 함께 대표적인 공식적 참여자에 해당된다.
② 정당과 NGO, 언론 등은 비공식적 참여자에 해당된다.
④ 사회적 의사결정에서 정부의 역할이 줄어들면 비공식적 참여자가 해당 역할을 대체하므로 중요도가 높아진다.

04

효율 증대에 따른 이윤 추구라는 경제적 결정이 중심인 기업경영의 의사결정에 비해, 정책문제는 사회효율 등 수단적 가치뿐만 아니라 형평성, 공정성 등 목적적 가치들도 고려가 필요하므로 고려사항이 더 많고 복잡하다는 특성을 갖는다.

05

회사모형은 사이어트와 마치가 주장한 의사결정 모형으로, 준독립적이고 느슨하게 연결되어 있는 조직들의 상호 타협을 통해 의사결정이 이루어진다고 설명한다.

오답분석

① 드로어는 최적모형에 따른 의사결정 모형을 제시했다.
② 합리적 결정과 점증적 결정이 누적 및 혼합되어 의사결정이 이루어진다고 본 것은 혼합탐사모형이다.
④ 정책결정 단계를 초정책결정 단계, 정책결정 단계, 후정책결정 단계로 구분하여 설명한 것은 최적모형이다.

06

ㄱ. 호혜조직의 1차적 수혜자는 조직 구성원이 맞으나, 은행, 유통업체는 사업조직에 해당되며, 노동조합, 전문가단체, 정당, 사교클럽, 종교단체 등이 호혜조직에 해당된다.
ㄷ. 봉사조직의 1차적 수혜자는 이들과 접촉하는 일반적인 대중이다.

07

특수한 경우를 제외하고 일반적으로 해당 구성원 간 동일한 인사 및 보수 체계를 적용받는 구분은 직급이다.

08

실적주의에서는 개인의 역량, 자격에 따라 인사행정이 이루어지기 때문에 정치적 중립성 확보가 강조되지만, 엽관주의에서는 정치적 충성심 및 기여도에 따라 인사행정이 이루어지기 때문에 조직 수반에 대한 정치적 정합성이 더 강조된다.

오답분석

③ 공공조직에서 엽관주의적 인사가 이루어지는 경우 정치적 충성심에 따라 구성원이 변경되므로, 정치적 사건마다 조직 구성원들의 신분유지 여부에 변동성이 생겨 불안정해진다.

09

발생주의 회계는 거래가 발생한 기간에 기록하는 원칙으로, 영업활동 관련 기록과 현금 유출입이 일치하지 않지만, 수익 및 비용을 합리적으로 일치시킬 수 있다는 장점이 있다.

오답분석

①·③·④·⑤ 현금흐름 회계에 대한 설명이다.

10

ㄴ. X이론에서는 부정적인 인간관을 토대로 보상과 처벌, 권위적이고 강압적인 지도성을 경영전략으로 강조한다.
ㄹ. Y이론의 적용을 위한 대안으로 권한의 위임 및 분권화, 직무 확대, 업무수행능력의 자율적 평가, 목표 관리전략 활용, 참여적관리 등을 제시하였다.

오답분석

ㄷ. Y이론에 따르면 인간은 긍정적이고 적극적인 존재이므로, 직접적 통제보다는 자율적 통제가 더 바람직한 경영전략이라고 보았다.

11

독립합의형 중앙인사기관의 위원들은 임기를 보장받으며, 각 정당의 추천인사나 초당적 인사로 구성되는 등 중립성을 유지하기 유리하다는 장점을 지닌다. 이로 인해 행정부 수반에 의하여 임명된 기관장 중심의 비독립단독형 인사기관에 비해 엽관주의 영향을 최소화하고, 실적 중심의 인사행정을 실현하기에 유리하다.

오답분석

② 비독립단독형 인사기관은 합의에 따른 의사결정 과정을 거치지 않으므로, 의견 불일치 시 조율을 하는 시간이 불필요하여 상대적으로 의사결정이 신속히 이루어진다.

③ 비독립단독형 인사기관은 기관장의 의사가 강하게 반영되는 만큼 책임소재가 분명한 데 비해, 독립합의형 인사기관은 다수의 합의에 따라 의사결정이 이루어지므로 책임소재가 불분명하다.

④ 독립합의형 인사기관의 개념에 대한 옳은 설명이다.

12

㉠ 정부가 시장에 대해 충분한 정보를 확보하는 데 실패함으로써 정보 비대칭에 따른 정부실패가 발생한다.

㉢ 정부행정은 단기적 이익을 중시하는 정치적 이해관계의 영향을 받아 사회에서 필요로 하는 바보다 단기적인 경향을 보인다. 이처럼 정치적 할인율이 사회적 할인율보다 높기 때문에 정부실패가 발생한다.

오답분석

㉡ 정부는 독점적인 역할을 수행하기 때문에 경쟁에 따른 개선효과가 미비하여 정부실패가 발생한다.

㉣ 정부의 공공재 공급은 사회적 무임승차를 유발하여 지속가능성을 저해하기 때문에 정부실패가 발생한다.

13

공익, 자유, 복지는 행정의 본질적 가치에 해당한다.

행정의 가치
- 본질적 가치(행정을 통해 실현하려는 궁극적인 가치) : 정의, 공익, 형평, 복지, 자유, 평등
- 수단적 가치(본질적 가치 달성을 위한 수단적인 가치) : 합법성, 능률성, 민주성, 합리성, 효과성, 가외성, 생산성, 신뢰성, 투명성

14

영국의 대처주의와 미국의 레이거노믹스는 경쟁과 개방, 위임의 원칙을 강조하는 신공공관리론에 입각한 정치기조이다.

오답분석

① 뉴거버넌스는 시민 및 기업의 참여를 통한 공동생산을 지향하며, 민영화와 민간위탁을 통한 서비스의 공급은 뉴거버넌스가 제시되기 이전 거버넌스의 내용이다.

③ 뉴거버넌스는 정부가 사회의 문제해결을 주도하는 것이 아니라, 민간 주체들이 논의를 주도할 수 있도록 조력자의 역할을 하는 것을 추구한다.

④ 신공공관리론은 정부실패의 대안으로 등장하였으며, 작고 효율적인 시장지향적 정부를 추구한다.

15

정답 ②

네트워크를 통한 기기 간의 연결을 활용하지 않으므로 사물인터넷을 사용한 것이 아니다.

오답분석

① 스마트 팜을 통해 각종 센서를 기반으로 온도와 습도, 토양 등에 대한 정보를 정확하게 확인하고 필요한 영양분(물, 비료, 농약 등)을 시스템이 알아서 제공해 주는 것은 사물인터넷을 활용한 경우에 해당된다.

③ 커넥티드 카는 사물인터넷 기술을 통해 통신망에 연결된 차량으로, 가속기, 브레이크, 속도계, 주행 거리계, 바퀴 등에서 운행 데이터를 수집하여 운전자 행동과 차량 상태를 모두 모니터링할 수 있다.

16

정답 ①

ㄱ. 강임은 현재보다 낮은 직급으로 임명하는 것으로, 수직적 인사이동에 해당한다.

ㄴ. 승진은 직위가 높아지는 것으로, 수직적 인사이동에 해당한다.

오답분석

ㄷ. 전보는 동일 직급 내에서 다른 관직으로 이동하는 것으로, 수평적 인사이동에 해당한다.

ㄹ. 전직은 직렬을 변경하는 것으로, 수평적 인사이동에 해당한다.

17

정답 ②

국립공원 입장료는 2007년에 폐지되었다.

오답분석

ㄱ. 2023년 5월에 문화재보호법이 개정되면서 국가지정문화재 보유자 및 기관에 대해 정부 및 지방자치단체가 해당 비용을 지원할 수 있게 되어, 많은 문화재에 대한 관람료가 면제되었다. 그러나 이는 요금제가 폐지된 것이 아니라 법규상 유인책에 따라 감면된 것에 해당된다. 원론적으로 국가지정문화재의 소유자가 관람자로부터 관람료를 징수할 수 있음은 유효하기도 했다. 2023년 8월 새로운 개정을 통해 해당 법에서 칭하던 '국가지정문화재'가 '국가지정문화유산'으로 확대되었다.

03   경영학

01	02	03	04	05	06	07	08	09	10	11	12	13	14	15	16	17	18	19	20
③	⑤	④	③	⑤	④	③	③	①	①	④	②	①	③	④	①	④	③	③	④

21	22	23	24	25															
④	③	③	④	④															

01

정답 ③

테일러의 과학적 관리법은 하루 작업량을 과학적으로 설정하고 과업 수행에 따른 임금을 차별적으로 설정하는 차별적 성과급제를 시행한다.

오답분석

①·② 시간연구와 동작연구를 통해 표준 노동량을 정하고 해당 노동량에 따라 임금을 지급하여 생산성을 향상시킨다.

④ 각 과업을 전문화하여 관리한다.

⑤ 근로자가 노동을 하는 데 필요한 최적의 작업조건을 유지한다.

02

정답 ⑤

기능목록제도는 종업원별로 기능보유색인을 작성하여 데이터베이스에 저장하여 인적자원관리 및 경력개발에 활용하는 제도이며, 근로자의 직무능력 평가에 있어 필요한 정보를 파악하기 위해 개인능력평가표를 활용한다.

[오답분석]

① 자기신고제도 : 근로자에게 본인의 직무내용, 능력수준, 취득자격 등에 대한 정보를 직접 자기신고서에 작성하여 신고하게 하는 제도이다.
② 직능자격제도 : 직무능력을 자격에 따라 등급화하고 해당 자격을 취득하는 경우 직위를 부여하는 제도이다.
③ 평가센터제도 : 근로자의 직무능력을 객관적으로 발굴 및 육성하기 위한 제도이다.
④ 직무순환제도 : 담당직무를 주기적으로 교체함으로써 직무 전반에 대한 이해도를 높이는 제도이다.

03

정답 ④

데이터베이스 마케팅(DB 마케팅)은 고객별로 맞춤화된 서비스를 제공하기 위해 정보 기술을 이용하여 고객의 정보를 데이터베이스로 구축하여 관리하는 마케팅 전략이다. 이를 위해 고객의 성향, 이력 등 관련 정보가 필요하므로 기업과 고객 간 양방향 의사소통을 통해 1 : 1 관계를 구축하게 된다.

04

정답 ③

공정성 이론에 따르면 공정성 유형은 크게 절차적 공정성, 상호작용적 공정성, 분배적 공정성으로 나누어진다.
• 절차적 공정성 : 과정통제, 접근성, 반응속도, 유연성, 적정성
• 상호작용적 공정성 : 정직성, 노력, 감정이입
• 분배적 공정성 : 형평성, 공평성

05

정답 ⑤

e-비즈니스 기업은 비용절감 등을 통해 더 낮은 가격으로 우수한 품질의 상품 및 서비스를 제공할 수 있다는 장점이 있다.

06

정답 ④

조직시민행동은 조직 구성원의 내재적 만족으로 인해 촉발되므로 구성원에 대한 처우가 합리적일수록 자발적으로 일어난다.

07

정답 ③

협상을 통해 공동의 이익을 확대(Win – Win)하는 것은 통합적 협상의 특징이다.

분배적 협상과 통합적 협상의 비교
• 분배적 협상
  - 고정된 자원을 대상으로 합리적인 분배를 위해 진행하는 협상이다.
  - 한정된 자원량으로 인해 제로섬 원칙이 적용되어 갈등이 발생할 가능성이 많다.
  - 당사자 간 이익 확보를 목적으로 하며, 협상 참여자 간 관계는 단기적인 성격을 나타낸다.
• 통합적 협상
  - 당사자 간 이해관계를 조율하여 더 큰 이익을 추구하기 위해 진행하는 협상이다.
  - 협상을 통해 확보할 수 있는 자원량이 변동될 수 있어 갈등보다는 문제해결을 위해 노력한다.
  - 협상 참여자의 이해관계, 우선순위 등이 달라 장기적인 관계를 가지고 통합적인 문제해결을 추구한다.

08

③

워크 샘플링법은 전체 작업과정에서 무작위로 많은 관찰을 실시하여 직무활동에 대한 정보를 얻는 방법으로, 여러 직무활동을 동시에 기록하기 때문에 전체 직무의 모습을 파악할 수 있다.

오답분석

① 관찰법 : 조사자가 직접 조사대상과 생활하면서 관찰을 통해 자료를 수집하는 방법이다.
② 면접법 : 조사자가 조사대상과 직접 대화를 통해 자료를 수집하는 방법이다.
④ 질문지법 : 설문지로 조사내용을 작성하고 자료를 수집하는 방법이다.
⑤ 연구법 : 기록물, 통계자료 등을 토대로 자료를 수집하는 방법이다.

09

정답 ①

가구, 가전제품 등은 선매품에 해당한다. 전문품에는 명품제품, 자동차, 아파트 등이 해당한다.

10

정답 ①

연속생산은 동일제품을 대량생산하기 때문에 규모의 경제가 적용되어 여러 가지 제품을 소량생산하는 단속생산에 비해 단위당 생산원가가 낮다.

오답분석

② 연속생산의 경우, 표준화된 상품을 대량으로 생산함에 따라 운반에 따른 자동화 비율이 매우 높고, 속도가 빨라 운반비용이 적게 소요된다.
③ · ④ 제품의 수요가 다양하거나 제품의 수명이 짧은 경우 단속생산 방식이 적합하다.
⑤ 연속생산은 작업자의 숙련도와 관계없이 작업에 참여가 가능하다.

11

정답 ④

ELS는 주가연계증권으로, 사전에 정해진 조건에 따라 수익률이 결정되며 만기가 있다.

오답분석

① 주가연계펀드(ELF)에 대한 설명이다.
② 주가연계파생결합사채(ELB)에 대한 설명이다.
③ 주가지수연동예금(ELD)에 대한 설명이다.
⑤ 주가연계신탁(ELT)에 대한 설명이다.

12

정답 ②

브룸은 동기 부여에 대해 기대이론을 적용하여 기대감, 수단성, 유의성을 통해 구성원의 직무에 대한 동기 부여를 결정한다고 주장하였다.

오답분석

① 로크의 목표설정이론에 대한 설명이다.
③ 매슬로의 욕구 5단계이론에 대한 설명이다.
④ 맥그리거의 XY이론에 대한 설명이다.
⑤ 허즈버그의 2요인이론에 대한 설명이다.

13

정답 ①

시장세분화 단계에서는 시장을 기준에 따라 세분화하고, 각 세분시장의 고객 프로필을 개발하여 차별화된 마케팅을 실행한다.

오답분석

② · ③ 표적시장 선정 단계에서는 각 세분시장의 매력도를 평가하여 표적시장을 선정한다.
④ 포지셔닝 단계에서는 각각의 시장에 대응하는 포지셔닝을 개발하고 전달한다.
⑤ 재포지셔닝 단계에서는 자사와 경쟁사의 경쟁위치를 분석하여 포지셔닝을 조정한다.

14

정답 ③

수익이 많고 안정적이어서 현상을 유지하는 것이 필요한 사업은 현금젖소(Cash Cow)이다. 스타(Star)는 성장률과 시장 점유율이 모두 높아 추가적인 자금흐름을 통해 성장시킬 필요가 있는 사업을 의미한다.

BCG 매트릭스의 영역
- 물음표(Question) : 성장률은 높으나 점유율이 낮아 수익이 적고 현금흐름이 마이너스인 사업이다.
- 스타(Star) : 성장률과 시장 점유율이 모두 높아 수익이 많고, 더 많은 투자를 통해 수익을 증대하는 사업이다.
- 현금젖소(Cash Cow) : 성장률은 낮으나 점유율이 높아 안정적인 수익이 확보되는 사업으로, 투자 금액이 유지 · 보수 차원에서 머물게 되어 자금 투입보다 자금 산출이 많다.
- 개(Dog) : 성장률과 시장 점유율이 모두 낮아 수익이 적거나 마이너스인 사업이다.

15

정답 ④

변혁적 리더십에서 구성원의 성과 측정뿐만 아니라 구성원들을 리더로 얼마나 육성했는지도 중요한 평가 요소라 할 수 있다.

16

정답 ①

감정적 치유는 서번트 리더십의 구성요소에 해당한다.

변혁적 리더십의 구성요소
- 카리스마 : 변혁적 리더십의 가장 핵심적인 구성요소로, 명확한 비전을 제시하고 집합적인 행동을 위해 동기를 부여하며, 환경 변화에 민감하게 반응하는 일련의 과정을 의미한다.
- 영감적 동기화 : 구성원에게 영감을 주고 격려를 통해 동기를 부여하는 것을 의미한다.
- 지적 자극 : 구성원들이 기존 조직의 가치관, 신념, 기대 등에 대해 끊임없이 의문을 가지도록 지원하는 것을 의미한다.
- 개별 배려 : 구성원을 개별적으로 관리하며, 개인적인 욕구, 관심 등을 파악하여 만족시키고자 하는 것을 의미한다.

17

정답 ④

매트릭스 조직은 기존의 기능별 조직구조 상태를 유지하면서 특정한 프로젝트를 수행할 때는 다른 부서의 인력과도 함께 일하는 조직설계 방식으로, 서로 다른 부서 구성원이 함께 일하면서 효율적인 자원 사용과 브레인스토밍을 통한 창의적인 대안 도출도 가능하다.

오답분석

① 매트릭스 조직은 조직 목표와 외부 환경 간 발생하는 갈등이 내재하여 갈등과 혼란을 초래할 수 있다.
② 복수의 상급자를 상대해야 하므로 역할에 대한 갈등 등으로 구성원이 심한 스트레스에 노출될 수 있다.
③ 힘의 균형이 치우치게 되면 조직의 구성이 깨지기 때문에 경영자의 개입 등으로 힘의 균형을 유지하기 위한 노력이 필요하다.

18

가치사슬(Value Chain)은 기업의 경쟁적 지위를 파악하고 이를 향상할 수 있는 지점을 찾기 위해 사용하는 모형으로, 고객에게 가치를 제공함에 있어서 부가가치 창출에 직·간접적으로 관련된 일련의 활동·기능·프로세스의 연계를 뜻한다. 가치사슬의 각 단계에서 가치를 높이는 활동을 어떻게 수행할 것인지, 비즈니스 과정이 어떻게 개선될 수 있는지를 조사·분석하여야 한다.

> **가치사슬 분석의 효과**
> • 프로세스 혁신 : 생산, 물류, 서비스 등 기업의 전반적 경영활동을 혁신할 수 있다.
> • 원가 절감 : 낭비요소를 사전에 파악하여 제거함으로써 원가를 절감할 수 있다.
> • 품질 향상 : 기술개발 등을 통해 더욱 양질의 제품을 생산할 수 있다.
> • 기간 단축 : 조달, 물류, CS 등을 분석하여 고객에게 제품을 더욱 빠르게 납품할 수 있다.

19

• (당기순이익)=(총수익)−(총비용)=35억−20억=15억 원
• (기초자본)=(기말자본)−(당기순이익)=65억−15억=50억 원
• (기초부채)=(기초자산)−(기초자본)=100억−50억=50억 원

20

상위에 있는 욕구를 충족시키지 못하면 하위에 있는 욕구는 더욱 크게 증가하여, 하위욕구를 충족시키기 위해 훨씬 더 많은 노력이 필요하게 된다.

[오답분석]
① 심리학자 앨더퍼가 인간의 욕구에 대해 매슬로의 욕구 5단계설을 발전시켜 주장한 이론이다.
②·③ 존재욕구를 기본적 욕구로 정의하며, 관계욕구, 성장욕구로 계층화하였다.

21

사업 다각화는 무리하게 추진할 경우 수익성에 악영향을 줄 수 있다는 단점이 있다.

[오답분석]
① 지속적인 성장을 추구하여 미래 유망산업에 참여하고, 구성원에게 더 많은 기회를 줄 수 있다.
② 기업이 한 가지 사업만 영위하는 데 따르는 위험에 대비할 수 있다.
③ 보유자원 중 남는 자원을 활용하여 범위의 경제를 실현할 수 있다.

22

종단분석은 시간과 비용의 제약으로 인해 표본 규모가 작을수록 좋으며, 횡단분석은 집단의 특성 또는 차이를 분석해야 하므로 표본이 일정 규모 이상일수록 정확하다.

23

채권이자율이 시장이자율보다 높아지면 채권가격은 액면가보다 높은 가격에 거래된다. 단, 만기에 가까워질수록 채권가격이 하락하여 가격위험에 노출된다.

[오답분석]
①·②·④ 채권이자율이 시장이자율보다 낮은 할인채에 대한 설명이다.

24

정답 ④

물음표(Question Mark) 사업은 신규 사업 또는 현재 시장점유율은 낮으나, 향후 성장 가능성이 높은 사업이다. 기업 경영 결과에 따라 개(Dog) 사업 또는 스타(Star) 사업으로 바뀔 수 있다.

[오답분석]

① 스타(Star) 사업 : 성장 가능성과 시장점유율이 모두 높아서 계속 투자가 필요한 유망 사업이다.
② 현금젖소(Cash Cow) 사업 : 높은 시장점유율로 현금창출은 양호하나, 성장 가능성은 낮은 사업이다.
③ 개(Dog) 사업 : 성장 가능성과 시장점유율이 모두 낮아 철수가 필요한 사업이다.

25

정답 ④

테일러의 과학적 관리법에서는 작업에 사용하는 도구 등을 표준화하여 관리 비용을 낮추고 효율성을 높이는 것을 추구한다.

[오답분석]

① 과학적 관리법의 특징 중 동기부여에 대한 설명이다.
② 과학적 관리법의 특징 중 표준화에 대한 설명이다.
③ 과학적 관리법의 특징 중 통제에 대한 설명이다.

04　경제학

01	02	03	04	05	06	07	08	09	10	11	12	13	14	15				
⑤	②	①	④	⑤	①	④	③	③	④	④	③	①	③	④				

01

정답 ⑤

가격탄력성이 1보다 크면 탄력적이라고 할 수 있다.

[오답분석]

①・② 수요의 가격탄력성은 가격의 변화에 따른 수요의 변화를 의미하는 것으로, 분모는 상품 가격의 변화량을 상품 가격으로 나눈 값이고, 분자는 수요량의 변화량을 수요량으로 나눈 값이다.
③ 대체재가 많을수록 해당 상품 가격 변동에 따른 수요의 변화는 더 크게 반응하게 된다.

02

정답 ②

GDP 디플레이터는 명목 GDP를 실질 GDP로 나누어 물가상승 수준을 예측할 수 있는 물가지수로, 국내에서 생산된 모든 재화와 서비스 가격을 반영한다. 따라서 GDP 디플레이터를 구하는 계산식은 (명목 GDP)÷(실질 GDP)×100이다.

03

정답 ①

한계소비성향은 소비의 증가분을 소득의 증가분으로 나눈 값으로, 소득이 1,000만 원 늘었을 때 현재 소비자들의 한계소비성향이 0.7이므로 소비는 700만 원이 늘었다고 할 수 있다. 따라서 소비의 변화폭은 700이다.

04

㉠ 환율이 상승하면 제품을 수입하기 위해 더 많은 원화를 필요로 하고, 이에 따라 수입이 감소하게 되므로 순수출이 증가한다.
㉡ 국내이자율이 높아지면 국내자산 투자수익률이 좋아져 해외로부터 자본유입이 확대되고, 이에 따라 환율은 하락한다.
㉢ 국내물가가 상승하면 상대적으로 가격이 저렴한 수입품에 대한 수요가 늘어나 환율은 상승한다.

05

독점적 경쟁시장은 광고, 서비스 등 비가격경쟁이 가격경쟁보다 더 활발히 진행된다.

06

케인스학파는 경기침체 시 정부가 적극적으로 개입하여 총수요의 증대를 이끌어야 한다고 주장하였다.

오답분석

② 고전학파의 거시경제론에 대한 설명이다.
③ 케인스학파의 거시경제론에 대한 설명이다.
④ 고전학파의 이분법에 대한 설명이다.
⑤ 케인스학파의 화폐중립성에 대한 설명이다.

07

오답분석

① 매몰비용의 오류 : 이미 투입한 비용과 노력 때문에 경제성이 없는 사업을 지속하여 손실을 키우는 것을 의미한다.
② 감각적 소비 : 제품을 구입할 때, 품질, 가격, 기능보다 디자인, 색상, 패션 등을 중시하는 소비 패턴을 의미힌다.
③ 보이지 않는 손 : 개인의 사적 영리활동이 사회 전체의 공적 이익을 증진시키는 것을 의미한다.
⑤ 희소성 : 사람들의 욕망에 비해 그 욕망을 충족시켜 주는 재화나 서비스가 부족한 현상을 의미한다.

08

- (실업률)=(실업자)÷(경제활동인구)×100
- (경제활동인구)=(취업자)+(실업자)
∴ $5,000÷(20,000+5,000)×100=20\%$

09

(한계비용)=(총비용 변화분)÷(생산량 변화분)
- 생산량이 50일 때 총비용 : 16(평균비용)×50(생산량)=800
- 생산량이 100일 때 총비용 : 15(평균비용)×100(생산량)=1,500
따라서 한계비용은 700÷50=14이다.

10

A국은 노트북을 생산할 때 기회비용이 더 크기 때문에 TV 생산에 비교우위가 있고, B국은 TV를 생산할 때 기회비용이 더 크기 때문에 노트북 생산에 비교우위가 있다.

구분	노트북 1대	TV 1대
A국	TV 0.75	노트북 1.33
B국	TV 1.25	노트북 0.8

11

다이내믹 프라이싱의 단점은 소비자 후생이 감소해 소비자의 만족도가 낮아진다는 것이다. 이로 인해 기업이 소비자의 불만에 직면할 수 있다는 리스크가 발생한다.

12

정답 ③

ⓒ 빅맥 지수는 동질적으로 판매되는 상품의 가치는 동일하다는 가정에서 나라별 화폐로 해당 제품의 가격을 평가하여 구매력을 비교하는 것이다.
ⓒ 맥도날드의 대표적 햄버거인 빅맥 가격을 기준으로 한 이유는 전 세계에서 가장 동질적으로 판매되고 있기 때문이며, 이처럼 품질, 크기, 재료가 같은 물건이 세계 여러 나라에서 팔릴 때 나라별 물가를 비교하기 수월하다.

[오답분석]
ⓖ 빅맥 지수는 영국 경제지인 이코노미스트에서 최초로 고안하였다.
ⓔ 빅맥 지수에 사용하는 빅맥 가격은 제품 가격만 반영하고 서비스 가격은 포함하지 않기 때문에 나라별 환율에 대한 상대적 구매력 평가 외에 다른 목적으로 사용하기에는 측정값이 정확하지 않다.

13

정답 ①

확장적 통화정책은 국민소득을 증가시켜 이에 따른 보험료 인상 등 세수확대 요인으로 작용한다.

[오답분석]
② 이자율이 하락하고, 소비 및 투자가 증가한다.
③・④ 긴축적 통화정책이 미치는 영향이다.

14

정답 ③

토지, 설비 등이 부족하면 한계 생산가치가 떨어지기 때문에 노동자를 많이 고용하는 게 오히려 손해이다. 따라서 노동 수요곡선은 왼쪽으로 이동한다.

[오답분석]
① 노동 수요는 재화에 대한 수요가 아닌 재화를 생산하기 위해 파생되는 수요이다.
② 상품 가격이 상승하면 기업은 더 많은 제품을 생산하기 위해 노동자를 더 많이 고용한다.
④ 노동에 대한 인식이 긍정적으로 변화하면 노동시장에 더 많은 노동력이 공급된다.

15

정답 ④

S씨가 달리기를 선택할 경우 (기회비용)=1(순편익)+8(암묵적 기회비용)=9로 기회비용이 가장 작다.

[오답분석]
① 헬스를 선택할 경우
    (기회비용)=2(순편익)+8(암묵적 기회비용)=10
② 수영을 선택할 경우
    (기회비용)=5(순편익)+8(암묵적 기회비용)=13
③ 자전거를 선택할 경우
    (기회비용)=3(순편익)+7(암묵적 기회비용)=10

01	02	03	04	05	06	07	08	09	10	11	12	13	14	15	16	17	18	19	20
①	③	③	⑤	②	③	④	①	②	③	①	②	②	②	④	④	②	④	④	④

21	22	23	24	25															
④	②	②	③	④															

01

정답 ①

질량 1kg의 물을 1℃ 가열하는 데 필요한 열량은 1kcal이다. 따라서 질량 10kg의 물을 10℃에서 60℃로 가열하는 데 필요한 열량을 구하면 다음과 같다.

$$Q = cm \triangle t = 1 \times 10 \times (60-10) = 500\text{kcal} = 500 \times \frac{4.2\text{kJ}}{1\text{kcal}} = 2,100\text{kJ}$$

02

정답 ③

ㄴ. n몰의 단원자 분자인 이상기체의 내부에너지는 $U = \frac{3}{2}nRT$이다.

ㄷ. n몰의 단원자 분자인 이상기체의 엔탈피는 $H = U + W = \frac{5}{2}nRT$이다.

오답분석

ㄱ. n몰의 단원자 분자인 이상기체의 내부에너지는 $U = \frac{3}{2}nRT$이고, 이원자 분자인 이상기체의 내부에너지는 $U = \frac{5}{2}nRT$,

삼원자 이상의 분자인 이상기체의 내부에너지는 $U = \frac{6}{2}nRT$이다.

ㄹ. 이상기체의 무질서도를 표현한 함수는 엔트로피이다.

03

정답 ③

자동차가 안정적으로 선회하기 위해서는 양 바퀴의 회전수가 달라야 한다. 이를 조절하기 위해 사용하는 기어는 유성기어와 태양기어이다. 먼저, 외부로부터 전달받은 동력을 베벨기어를 통해 링기어에 전달하여 회전시킨다. 회전하는 링기어는 유성기어와 태양기어를 회전시킨다. 정상적인 직선 주행 중에는 양 바퀴의 회전수가 같으므로 유성기어와 태양기어가 같은 속력으로 회전하지만, 선회 시에는 양 바퀴에 작용하는 마찰저항이 서로 다르게 작용한다. 이를 유성기어, 태양기어에 전달하면 안쪽 바퀴의 회전저항은 증가하고 바깥쪽 바퀴의 회전수는 안쪽 바퀴의 감소한 회전수만큼 증가한다.

04

정답 ⑤

파텐팅은 오스템퍼링 온도의 상한에서 미세한 소르바이트 조직을 얻기 위하여 오스테나이트 가열온도부터 항온 유지 후 공랭시키는 열처리법이다.

오답분석

① 청화법 : 사이안화산칼륨 또는 사이안화나트륨을 이용하여 강 표면에 질소를 침투시켜 경화시키는 표면 처리법이다.
② 침탄법 : 재료의 표면을 단단하게 강화하기 위해 저탄소강을 침탄제 속에 묻고 가열하여 강 표면에 탄소를 침입시키는 표면 열처리법이다.
③ 마켄칭 : 오스테나이트 구역에서 강 내부의 온도와 외부의 온도가 동일하도록 항온 유지 후 공랭하는 항온 열처리법이다.
④ 질화법 : 강 표면에 질소를 침투시켜 매우 단단한 질소화합물 층을 형성하는 표면 열처리법이다.

05

세레이션은 축과 보스를 결합하기 위해 축에 삼각형 모양의 톱니를 새긴 가늘고 긴 키 홈이다.

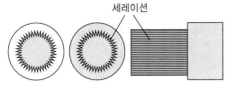

세레이션

오답분석

① 묻힘키 : 보스와 축 모두 키 홈을 파낸 후 그 구멍에 키를 끼워 넣어 보스와 축을 고정한 것이다.

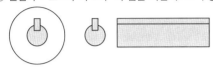

③ 둥근키 : 키 홈을 원모양으로 만든 묻힘키의 하나이다.

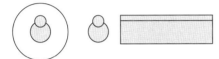

④ 테이퍼 : 경사도가 1/50 이하인 핀이다.

평행 핀   테이퍼

⑤ 스플라인 : 축과 보스를 결합하기 위해 다각형 또는 곡선 형태의 톱니를 새긴 가늘고 긴 홈이다.

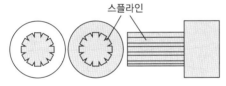

스플라인

06

카르노 사이클은 외부로부터 열을 받아 등온 팽창한다. 팽창한 기체는 외부와의 열 교환 없이 단열 팽창하고, 팽창한 기체는 열을 버리면서 등온 수축하게 된다. 이후 수축한 기체는 외부와의 열 교환 없이 단열 수축하여 처음 상태로 돌아온다. 이때 카르노 사이클은 흡열한 열량과 버린 열량의 차이만큼 일을 한다.

07

사바테 사이클은 복합 사이클, 또는 정적 – 정압 사이클이라고도 하며, 정적 가열과 정압 가열로 열을 받아 일을 한 후 정적 방열을 하는 열 사이클이다. 고속 디젤 기관에서는 짧은 시간 내에 연료를 연소시켜야 하므로 압축행정이 끝나기 전에 연료를 분사하여 행정 말기에 착화되도록 하면 공급된 연료는 정적 아래에서 연소하고 후에 분사된 연료는 대부분 정압 아래에서 연소하게 된다.

오답분석

① 오토 사이클 : 2개의 단열과정과 2개의 정적과정으로 이루어진 사이클로, 가솔린 기관 및 가스터빈의 기본 사이클이다.
② 랭킨 사이클 : 2개의 단열과정과 2개의 가열 및 팽창과정으로 이루어진 증기터빈의 기본 사이클이다.
③ 브레이턴 사이클 : 2개의 단열과정과 2개의 정압과정으로 이루어진 사이클로, 가스터빈의 기본 사이클이다.
⑤ 카르노 사이클 : 2개의 단열과정과 2개의 등온과정으로 이루어진 사이클로, 모든 과정이 가역적인 가장 이상적인 사이클이다.

열기관 사이클의 P – V 선도, T – S 선도

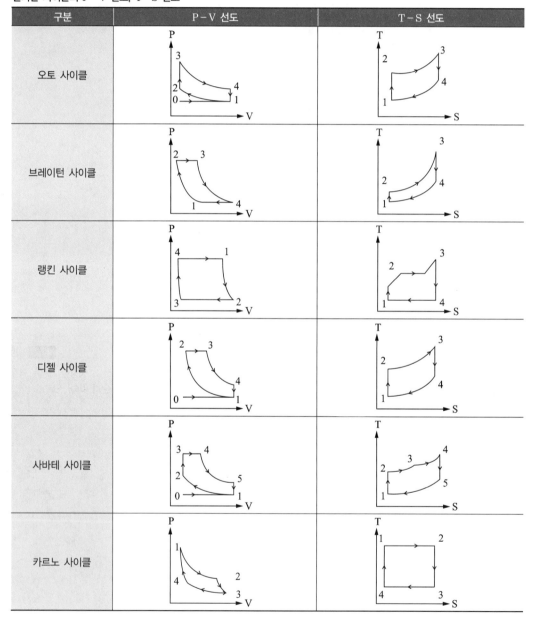

구분	P – V 선도	T – S 선도
오토 사이클		
브레이턴 사이클		
랭킨 사이클		
디젤 사이클		
사바테 사이클		
카르노 사이클		

28 · SH 서울주택도시공사

08

정답 ①

페라이트는 탄소 함량이 매우 적어 무르므로 담금질 효과가 거의 없다.

09

정답 ②

[오답분석]
① 정하중 : 하중의 크기, 방향, 작용점이 일정하게 작용하는 하중이다.
③ 반복하중 : 하중이 일정한 크기와 일정한 작용점에서 주기적으로 반복하여 작용하는 하중이다.
④ 충격하중 : 한 작용점에서 매우 짧은 시간 동안 강하게 작용하는 하중이다.
⑤ 임의진동하중 : 하중의 크기, 방향, 작용점이 불규칙적으로 변하는 하중이다.

10

정답 ③

디퓨저는 유체의 운동에너지를 압력에너지로 변환시키기 위해 관로의 단면적을 서서히 넓게 한 유로이다.

[오답분석]
① 노즐 : 유체의 압력에너지를 운동에너지로 변환시키기 위해 관로의 단면적을 서서히 좁게 한 유로이다.
② 액추에이터 : 유압장치 등으로부터 에너지를 받아 시스템을 제어하는 기계장치이다.
④ 어큐뮬레이터 : 유압유의 압력에너지를 저장하는 유압기기이다.
⑤ 피스톤 로드 : 피스톤에 의해 변환된 힘을 외부로 전달하는 기기이다.

11

정답 ①

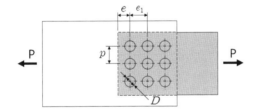

p : 피치
e : 마진
e_1 : 뒷피치
D : 리벳 지름

[오답분석]
② 피치 : 같은 줄에 있는 리벳의 중심 사이의 거리이다.
③ 뒷피치 : 여러 줄 리벳 이음에서 리벳의 열과 이웃한 열 사이의 거리이다.
④ 리드 : 나사가 1바퀴 회전할 때 축 방향으로 이동한 거리이다.
⑤ 유효지름 : 나사의 골지름과 바깥지름의 평균인 지름이다.

12

정답 ②

단면 1차 모멘트는 구하고자 하는 위치에 따라 음수가 나올 수도 있고, 0이 나올 수도 있고, 양수가 나올 수도 있다.

13

정답 ②

물체의 밀도를 ρ, 물체의 부피를 V, 유체의 밀도를 ρ', 유체에 물체를 둘 때 잠기는 영역의 부피를 V'라고 하자. $\rho g V = \rho' g V'$ 일 때 물체가 물에 뜨게 된다. 이때 $\rho' g V'$가 부력이며, 부력은 유체의 밀도와 유체에 잠기는 영역의 부피와 관련이 있다. 제시된 실험은 재질과 유체가 동일하고 형상이 다르므로 잠기는 영역의 부피가 변화한 것이다.

14

정답 ②

오답분석

① 회주철 : 가장 일반적인 주철이다.
③ 칠드주철 : 표면을 급랭시켜 경도를 증가시킨 주철이다.
④ 구상흑연주철 : Ni, Cr, Mo, Cu 등을 첨가하여 흑연을 구상화시켜 가공성, 내마모성, 연성 등을 향상시킨 주철이다.

15

정답 ④

탄소의 양과 탄소 연소 시 필요한 산소의 양의 비는 1 : 1이고 탄소의 원자량은 12, 산소의 원자량은 16이다.

따라서 $12 : 32 = 5 : x \rightarrow x = \dfrac{32 \times 6}{12} = 16$이므로 공기 내 산소의 비는 20%이고, 전체 공기의 양은 $\dfrac{16}{0.2} = 80$kg이다.

16

정답 ④

교번하중은 크기와 방향이 지속적으로 변하는 하중이며, 일정한 크기와 방향을 가진 하중이 반복적으로 작용하는 하중은 반복하중이다.

17

정답 ②

$\delta = \dfrac{PL}{AE} = \dfrac{4PL}{\pi d^2 E}$ 이므로

$1.5 \times 10^{-3} = \dfrac{4 \times 100 \times 10^3 \times 3}{\pi \times d^2 \times 250 \times 10^9} \rightarrow d = \sqrt{\dfrac{4 \times 100 \times 10^3 \times 3}{\pi \times 250 \times 10^9 \times 1.5 \times 10^{-3}}} \fallingdotseq 0.032\text{m} = 3.2\text{cm}$

18

정답 ④

단순보에서 등분포하중이 작용할 때,

최대 처짐량은 $\delta_{\max} = \delta_C = \dfrac{5wL^4}{384EI}$ 이므로

$\delta_{\max} = \dfrac{5 \times 8 \times 10^3 \times 5^4}{384 \times 240 \times 10^9 \times \dfrac{0.5 \times 0.2^3}{12}} \fallingdotseq 8.1 \times 10^{-4}\text{m} = 0.81\text{mm}$

19

정답 ④

외팔보에서 작용하는 등분포하중은 $\theta = \dfrac{wl^3}{6EI}$ 이므로

$\theta = \dfrac{10 \times 6^3}{6 \times 10,000} = 3.6 \times 10^{-2}\text{rad}$이다.

20

오답분석

① 레이놀즈(Re) 수로서 유체의 흐름 상태를 층류와 난류로 파악할 수 있다.

② 마하(Ma) 수로서 유체의 압축성을 파악할 수 있다.

③ 스토크(Stk) 수로서 유체 입자가 흐름을 따르는 정도를 파악할 수 있다.

21

정답 ④

체심입방격자에 해당하는 원소는 Cr, Mo, Ni, Ta, V, W 등이 있고, 면심입방격자에 해당하는 원소는 Ag, Al, Au, Cu, Ni, Pt 등이 있다.

22

정답 ②

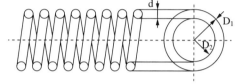

$\delta = \dfrac{8N_a D^3 P}{Gd^4}$ 이고 $c = \dfrac{D}{d}$ 이므로 $\delta = \dfrac{8N_a c^3 P}{Gd}$ 이다.

$300 = \dfrac{8 \times 100 \times 10^3 \times 300}{80 \times 10^3 \times d} \rightarrow d = \dfrac{8 \times 100 \times 10^3 \times 300}{80 \times 10^3 \times 300} = 10\text{mm}$

$10 = \dfrac{D}{10} \rightarrow D = 100\text{mm}$이므로 외경은 100mm이고 내경은 $100 - (10 \times 2) = 80\text{mm}$이다.

따라서 스프링의 평균 반지름의 길이는 $\dfrac{100 + 80}{2} = 90\text{mm}$이다.

23

정답 ②

$[\text{성능계수(COP)}] = \dfrac{Q_L}{W} = \dfrac{Q_L}{Q_H - Q_L} = \dfrac{T_L}{T_H - T_L}$

성능계수(COP; Coefficient Of Performance)
냉각기, 열펌프 등의 냉각 효율을 나타내는 척도이다.

24

정답 ③

주철은 강재에 비해 단단하지만 부서지기 쉽다.

25

정답 ④

오답분석

① 소성가공은 재료에 탄성한도보다 큰 외력을 가함으로써 발생하는 영구적으로 변형되는 성질인 소성을 이용한 가공이다.

② 잔류응력이 남아 있으면 제품이 변형될 수 있으므로 별도의 후처리를 통해 잔류응력을 제거하여야 한다.

③ 소성가공으로 제품 생산 시 주물에 비해 치수가 정확하다.

01	02	03	04	05	06	07	08	09	10	11	12	13	14	15	16	17	18	19	20
②	④	④	②	①	③	③	①	⑤	⑤	②	⑤	③	②	④	②	②	③	④	③

21	22	23	24	25															
②	③	③	②	⑤															

01
정답 ②

VVVF(Variable Voltage Variable Frequency) 제어는 가변 전압 가변 주파수 제어로, 전력 변환 장치에 출력한 교류 전력을 두어 출력된 교류 전력의 실효전압과 주파수를 제어하는 기술이다. VVVF 제어는 전압, 전류, 주파수의 변동이 유동적이므로 전력 손실이 적다. 이에 따라 압연기기 등의 생산용 기기와 팬, 펌프설비뿐만 아니라 철도, 전기자동차 등의 모터, 가전제품 등 다양한 분야에 적용되고 있다.

02
정답 ④

궤도와 선로 구조물의 구성요소

구분	궤도	선로 구조물	
구성 요소	• 레일 • 침목 • 도상	• 측구 • 철주 • 전차선 • 조가선 • 급전선 • 고압선 • 특별고압선 • 부급전선	• 통신선 • 신호기 • ATS지상자 • 임피던스본드 • 구배표 • km정표 • 방음벽

03
정답 ④

오답분석
① 고도 : 레일의 곡선부에서 운전의 안정성을 확보하기 위해 바깥쪽 레일을 안쪽 레일보다 더 높이는데, 그 높이의 차이를 말한다.
② 구배 : 선로의 기울기이며, 대한민국은 수평거리 1,000에 대한 고저차로 표시한 천분율로 표기한다.
③ 침목 : 차량의 하중을 분산하며 충격을 흡수하는 궤도재료이다.
⑤ 확도 : 곡선 궤도를 운행할 때 안쪽 궤도의 궤간을 넓히는 정도를 말한다.

04
정답 ②

궤간은 두 철로 사이의 간격으로, 궤간의 길이는 1,435mm를 국제 표준 규격으로 하며 이보다 넓으면 광궤, 좁으면 협궤로 본다.

05
정답 ①

오답분석
② 평균속도 : 열차의 운전거리를 정차시간을 제외한 실제 운전시간으로 나눈 속도이다.
③ 설계속도 : 이상적인 조건에서 차량이 주행할 수 있는 최고속도이다.
④ 균형속도 : 열차의 견인력과 열차가 받는 저항력이 같아 속력이 일정할 때의 속도이다.
⑤ 최고속도 : 허용조건에서 열차가 5초 이상 낼 수 있는 속력의 최댓값이다.

06

PP급전방식은 역간이 길고 고속 운행구간에 적합한 급전방식이다.

> **PP급전방식의 특징**
> • 선로 임피던스가 작다.
> • 전압강하가 작다.
> • 상대적으로 고조파의 공진주파수가 낮고 확대율이 작다.
> • 회생전력 이용률이 높다.
> • 급전구분소의 단권변압기 수를 줄일 수 있다.
> • 역간이 길고 고속 운행구간에 적합하다.
> • 급전구분소의 GIS설비가 다량 요구된다.
> • Tie 차단 설비가 필요하다.

07

정답 ③

강체가선방식은 T-bar, R-bar로 구분하며, 대한민국에서는 전류용량이 큰 DC 1,500V 구간에서는 T-bar 방식, 전류용량이 작은 AC 25k 구간에서는 R-bar 방식을 사용한다. T-bar의 경우 표준길이는 10m이며, 2,100mm^{2}의 알루미늄 합금으로 bar의 아랫면에 볼트로 지지하는 방식이다. 반면, R-bar의 경우 표준길이는 12m이며, 2,214mm^{2}의 가선 도르래를 이용하여 가선한다.

08

정답 ①

변류기 사용 및 절연변압기 채용은 통신선의 유도장해를 줄이기 위한 통신선의 대응책이다.

통신선 유도장해 경감을 위한 전력선과 통신선에 대한 대책

구분	전력선	통신선
대책	• 통신선과 직각으로 교차하도록 한다. • 전력선과 통신선의 상호 간격을 크게 한다. • 전선의 위치를 바꾼다. • 소호리액터를 사용한다. • 차폐선을 설치한다. • 고장회선을 신속하게 차단한다. • 고주파 발생을 방지한다. • 고저항 중성점 접지 방식을 택한다. • 지중매설방식을 택한다.	• 전력선과 직각으로 교차하도록 한다. • 변류기를 사용하고 절연변압기를 채용한다. • 연피케이블을 사용한다. • 성능이 우수한 피뢰기를 설치한다. • 통신선, 통신기기의 절연능력을 향상시킨다. • 통신 전류의 레벨을 높이고 반송식을 이용한다. • 배류코일, 중화코일을 통해 접지한다.

09

정답 ⑤

직접조가식은 가공전차선의 조가방식 중 하나이다.

전차선로 가선방식과 가공전차선 조가방식의 분류

전차선로 가선방식	가공전차선 조가방식
• 가공식 − 가공단선식 − 가공복선식 − 강체식 • 제3궤조식	• 직접조가식 • 커티너리 조가방식 − 심플식 − 컴파운드식 − 사조식 • 강체가선방식 − T-bar방식 − R-bar방식

10

정답 ⑤

직류송전방식의 특징에 대한 설명이다.

> **교류송전방식의 특징**
> • 변압기를 통한 승압 및 강압이 용이하다.
> • 3상 회전자계를 쉽게 얻을 수 있다.
> • 표피효과 및 코로나 손실이 발생한다.
> • 페란티 현상이 발생한다.
> • 주파수가 다른 계통끼리의 연결이 불가능하다.
> • 직류송전에 비해 안정도가 저하된다.

11

정답 ②

직류식 전기철도와 교류식 전기철도의 비교

직류식 전기철도	교류식 전기철도
• 고속 운전 시 효율이 나쁘다.	• 고속 운전 시 효율이 좋다.
• 변전소 중간 급전구분소가 필요하다.	• 변전소 설치 간격을 길게 할 수 있다.
• 사고전류의 선택적 차단이 어렵다.	• 사고전류의 선택적 차단이 용이하다.
• 전차선 설비에서의 전선이 굵다.	• 전차선 설비에서의 전선이 얇다.
• 차량가격이 저렴하다.	• 차량가격이 고가이다.
• 통신유도장해가 작다.	• 통신유도장해가 크다.

12

정답 ⑤

직접조가식에 대한 설명이다.

> **커티너리 조가방식**
> 전기차의 속도 향상을 위해 전차선의 처짐에 의한 이선율을 적게 하고, 지지물 간 거리를 크게 하기 위해 조가선을 전차선 위에 기계적으로 가선한 후 일정한 간격으로 행거나 드로퍼로 매달아 전차선이 두 지지점 사이에서 궤도면에 대하여 일정한 높이를 유지하도록 하는 방식이다. 대한민국에서는 심플 커티너리를 표준으로 한다.

13

정답 ③

가공전차선의 조가방식
• 직접조가식 : 가장 간단한 구조로, 전차선 1조로만 구성되어 있다. 설치비가 가장 저렴하지만, 전차선의 장력, 높이를 일정하게 유지하기가 곤란하여 철도에서는 저속의 구내측선 등에서만 드물게 사용한다.
• 심플 커티너리 조가방식 : 조가선과 전차선의 1조로 구성되어 있고, 조가선에서 행거 또는 드로퍼에 의해 전차선이 궤도면과 평행하게 조가된 가선방식이다.
• 헤비 심플 커티너리 조가방식 : 심플 커티너리 조가방식과 구조가 동일하며, 가선의 중량을 늘리고 장력을 늘린 방식이다.
• 변Y형 심플 커티너리 조가방식 : 심플 커티너리식의 지지점 부근에 조가선과 나란히 가는 전선을 가선하여 안정화시킨 방식이다.
• 컴파운드 커티너리 조가방식 : 심플 커티너리 조가선과 전차선 사이에 보조가선을 가설하여 조가선에서 드로퍼로 보조 조가선을 매달고 보조 조가선에서 행거로 전차선을 구조한 방식이다.
• 헤비 컴파운드 커티너리 조가방식 : 컴파운드 커티너리 조가방식과 구조가 동일하며, 가선의 중량을 늘리고 장력을 늘린 방식이다.
• 합성 컴파운드 커티너리 조가방식 : 컴파운드 커티너리 조가방식의 드로퍼에 스프링과 공기 댐퍼를 조합한 합성소자를 사용한 방식이다.

14

정답 ②

[오답분석]

① 역상제동 : 전동기를 전원에 접속한 채로 전기자의 접속을 반대로 바꾸어 토크를 역으로 발생시켜 전동기를 정지 또는 역회전시키는 제동방식이다.

③ 회생제동 : 운동에너지를 전기에너지로 다시 회수하여 배터리 등의 저장장치에 에너지를 저장하는 제동방식이다.

④ 와류제동 : 전자석과 궤도의 상대적인 운동에 의하여 궤도면에 유기되는 와전류에 의해 발생하는 제동력으로 전동기를 정지하는 제동방식이다.

⑤ 와전류 레일제동 : 와류제동과 같은 원리이며, 레일에 근접하고 내부에 전자석이 내장된 브레이크 편을 장비하여 전자석에 의해 제동하는 방식이다.

15

정답 ④

오버슈트는 어떤 신호의 값이 과도기간 중에 목표값보다 커지는 현상이고, 반대로 언더슈트는 어떤 신호의 값이 과도기간 중에 목표값보다 작아지는 현상이다. 오버슈트와 언더슈트를 반복하며 그 편차가 줄어들어 목표값에 수렴하게 된다.

16

정답 ②

3상 무효 전력은 $P_r = 3I^2X$이다. 따라서 $P_r = 3 \times 200^2 \times 20 = 2,400,000 \text{Var} = 2,400 \text{kVar}$이다.

> **3상 교류 전력**
> [유효전력(P)]$= 3 \times I^2 R$
> [무효전력(P_r)]$= 3 \times I^2 X$
> [피상전력(P_a)]$= 3 \times I^2 Z = \sqrt{P^2 + P_r^2}$

17

정답 ②

비례추이가 불가능한 것은 동손, 효율, 2차 출력이다.

18

정답 ③

유전물질을 넣기 전 평행판 축전기의 충전용량은 $C = \varepsilon_0 \dfrac{5S}{d}$이다. 이 평행판 축전기에 비유전율이 4인 유전물질로 면적의 $\dfrac{4}{5}$를 채운 후의 충전용량은 $C' = \left[(4 \times \varepsilon) \times \dfrac{4S}{d} \right] + \left(\varepsilon \times \dfrac{S}{d} \right) = \left(4 \times \dfrac{4}{5}C \right) + \left(\dfrac{1}{5}C \right) = \dfrac{17}{5}C$이다.

19

정답 ④

변압기의 병렬 운전 조건

• 극성, 권수비, 1, 2차 정격 전압이 같아야 한다(용량은 무관).

• 각 변압기의 저항과 리액턴스비가 같아야 한다.

• 부하분담 시 용량에 비례하고 임피던스 강하에는 반비례해야 한다.

• 상회전 방향과 각 변위가 같아야 한다(3ϕ 변압기).

• 변압기의 결선 조합은 다음과 같아야 한다.

가능	불가능
Y – Y와 Y – Y	Y – Y와 Y – △
Y – △와 Y – △	Y – △와 △ – △
Y – △와 △ – Y	△ – Y와 Y – Y
△ – △와 △ – △	△ – △와 △ – Y
△ – Y와 △ – Y	–
△ – △와 Y – Y	–

20

정답 ③

$\mathcal{L}\left(e^{at}\sin\omega t\right)=\dfrac{\omega}{(s-a)^2+\omega^2}$ 이므로 $\mathcal{L}\left(e^{2t}\sin\omega t\right)=\dfrac{\omega}{(s-2)^2+\omega^2}$ 이다.

라플라스 변환표

$f(t)$	$\mathcal{L}[f(t)]$	$f(t)$	$\mathcal{L}[f(t)]$
t^n	$\dfrac{n!}{s^{n+1}}$	$\delta(t-a)$	e^{-as}
e^{at}	$\dfrac{1}{s-a}$	$e^{at}t^n$	$\dfrac{n!}{(s-a)^{n+1}}$
$\sin at$	$\dfrac{a}{s^2+a^2}$	$e^{at}\sin bt$	$\dfrac{b}{(s-a)^2+a^2}$
$\cos at$	$\dfrac{s}{s^2+a^2}$	$e^{at}\cos bt$	$\dfrac{s-a}{(s-a)^2+b^2}$
$\sinh at$	$\dfrac{a}{s^2-a^2}$	$e^{at}\sinh bt$	$\dfrac{b}{(s-a)^2-a^2}$
$\cosh at$	$\dfrac{s}{s^2-a^2}$	$e^{at}\cosh bt$	$\dfrac{s-a}{(s-a)^2-b^2}$

21

정답 ②

- 전류원이 개방되어 전압원만 있는 경우

  회로 전체에 흐르는 전류의 세기는 $I'=\dfrac{50}{10+\dfrac{30\times(10+20)}{30+(10+20)}}=2\text{A}$이고 시계 방향으로 흐른다.

  따라서 전류원이 개방되어 전류원만 있을 때 R_1에 흐르는 전류는 $2\times\dfrac{10+20}{30+(10+20)}=1\text{A}$이다.

- 전압원이 단락된 상태에서 전류원만 있는 경우

  R_1에 흐르는 전류는 $2\times\dfrac{\dfrac{10\times30}{10+30}+10}{\left(\dfrac{10\times30}{10+30}+10\right)+20}\fallingdotseq0.93\text{A}$이고 시계 방향으로 흐른다.

따라서 중첩의 원리에 의해 R_1에 흐르는 전체 전류는 $1+0.93=1.93\text{A}$이다.

22

정답 ③

$$\begin{aligned}\text{div}E&=\left(\frac{\partial}{\partial x}i+\frac{\partial}{\partial y}j+\frac{\partial}{\partial z}k\right)\cdot(3x^2yi-7yzj+5xz^2k)\\&=\left(\frac{\partial}{\partial x}i\right)\cdot3x^2yi-\left(\frac{\partial}{\partial y}j\right)\cdot7yzj+\left(\frac{\partial}{\partial z}k\right)\cdot5xz^2k\\&=6xy-7z+10xz\\&=6xy+10xz-7z\end{aligned}$$

23

정답 ③

RLC 직렬회로의 진동상태의 조건은 다음과 같다.

- 부족제동 : $R<\sqrt{\dfrac{L}{C}}$

- 임계진동 : $R=\sqrt{\dfrac{L}{C}}$

- 과제동 : $R>\sqrt{\dfrac{L}{C}}$

24

정답 ②

두 지점 A, B의 전위차는 $V_{ab}=\dfrac{Q}{4\pi\varepsilon}\left(\dfrac{1}{a}-\dfrac{1}{b}\right)$이다. 따라서 $C=\dfrac{Q}{V}=\dfrac{Q}{\dfrac{Q}{4\pi\varepsilon}\left(\dfrac{1}{a}-\dfrac{1}{b}\right)}=\dfrac{4\pi\varepsilon ab}{b-a}$이다.

25

⑤

계자 권선 저항이 5Ω이므로 $V = I_f R_f$에서 $I_f \dfrac{V}{R_f} = \dfrac{V}{5}$ 이다.

$$V = \frac{950 \times \dfrac{V}{5}}{35 + \dfrac{V}{5}}$$

$$\rightarrow 35 + \frac{V}{5} = 190$$

$$\therefore \ V = 155 \times 5 = 775\text{V}$$

따라서 유기되는 전압은 775V이다.

PART 1
직업기초능력평가

대표기출유형 01 ﹒ 기출응용문제

01

정답 ⑤

두 번째 문단을 통해 '셉테드'는 건축물 설계 과정에서부터 범죄를 예방﹒차단하기 위해 공간을 구성하는 것임을 알 수 있다. ①﹒②﹒③﹒④는 건축물 및 구조물의 설계를 통해 범죄를 예방하는 사례이나, ⑤는 셉테드와는 관련이 없다.

02

정답 ③

계약면적은 공급면적과 기타공용면적을 더한 것이고, 공급면적은 전용면적과 주거공용면적을 더한 것이다. 따라서 계약면적은 전용면적, 주거공용면적, 기타공용면적을 더한 것이다.

[오답분석]

① 발코니 면적은 서비스면적에 포함되며, 서비스면적은 전용면적과 공용면적에서 제외된다.
② 관리사무소 면적은 공용면적 중에서도 기타공용면적에 포함된다. 공급면적은 전용면적과 주거공용면적을 더한 것이므로 관리사무소 면적은 공급면적에 포함되지 않는다.
④ 공용계단과 공용복도의 면적은 주거공용면적에 포함되므로 공급면적에 포함된다.
⑤ 현관문 안쪽의 전용 생활공간인 거실과 주방의 면적은 전용면적에 포함된다.

03

정답 ⑤

정부의 규제 장치나 법률 제정은 장벽을 만들어 특정 산업의 로비스트들이 지대추구 행위를 계속할 수 있도록 도와준다.

[오답분석]

①﹒②﹒③ 첫 번째 문단을 통해 알 수 있다.
④ 세 번째 문단을 통해 알 수 있다.

04

정답 ③

연립주택과 다세대주택의 차이는 바닥면적으로, 연립주택은 1개 동의 바닥면적의 합계가 660m^2 초과이고 다세대주택은 660m^2 이하이다.

[오답분석]

① 노인복지주택은 단독주택과 공동주택에 모두 포함되지 않는다고 명시되어 있다.
② 다중주택과 다가구주택의 경우 3층 이하여야 하나, 단독주택의 경우 층수 제한은 없다.
④ 아파트의 경우 필로티 구조로 된 1층 전부가 주차장으로 사용되어야 층수 산정에서 제외되나, 다세대주택은 1층 바닥 면적의 2분의 1 이상을 필로티 구조로 된 주차장으로 사용하기만 하면 층수에서 제외된다. 따라서 아파트의 경우가 더 엄격한 기준이라고 할 수 있다.
⑤ 1개 동의 주택으로 쓰는 바닥면적의 합계가 660m^2 이하이면 다가구주택에 해당하는 사유가 되며, 부설 주차장 면적은 660m^2 산정에 포함되지 않는다.

05

'꼭 필요한 부위에만 접착제와 대나무 못을 사용하여 목재가 수축·팽창하더라도 뒤틀림과 휘어짐이 최소화될 수 있도록 하였다.'라는 내용을 볼 때, 접착제와 대나무 못을 사용하면 수축과 팽창이 발생하지 않게 된다는 말은 적절하지 않다.

06

인간이 지구상에서 이용할 수 있는 생활공간은 제한되어 있기 때문에, 인간이 이용할 수 있는 생활공간의 한계를 깨뜨리지 않는 범위 안에서만 인간의 생활공간을 확장시켜야 한다고 언급되어 있다.

대표기출유형 02 | 기출응용문제

01

제시문에서는 산업 사회의 여러 가지 특징에 대해 설명함으로써 산업 사회가 가지고 있는 문제점을 강조하고 있다.

02

제시문은 빠른 사회변화 속 다양해지는 수요에 맞춘 주거복지 정책의 예로 예술인을 위한 공동주택, 창업 및 취업자를 위한 주택, 의료안심주택을 들고 있다. 따라서 제시문의 주제로 적절한 것은 ⑤이다.

03

'최고의 진리는 언어 이전, 혹은 언어 이후의 무언(無言)의 진리이다.', '동양 사상의 정수(精髓)는 말로써 말이 필요 없는 경지'라고 한 부분을 보았을 때 동양 사상은 언어적 지식을 초월하는 진리를 추구한다는 것이 제시문의 주제이다.

04

제시문에서는 현대 사회의 소비 패턴이 '보이지 않는 손' 아래의 합리적 소비에서 벗어나 과시 소비가 중심이 되었으며, 그 이면에는 소비를 통해 자신의 물질적 부를 표현함으로써 신분을 과시하려는 욕구가 있다고 설명하고 있다. 따라서 제시문의 제목으로 적절한 것은 ⑤이다.

05

제시문에서는 '장애인 편의 시설에 대한 새로운 시각'이 필요하다고 밝히고, 장애인 편의 시설이 '우리 모두에게 유용함'을 강조하고 있다. 또한 마지막 문단에서 보편적 디자인의 시각으로 바라볼 때 '장애인 편의 시설은 우리 모두에게 편리하고 안전한 시설로 인식될 것'이라고 하였다. 따라서 주제로 적절한 것은 ④이다.

01

정답 ⑤

제시문은 자본주의의 발생과 한계, 그로 인한 수정자본주의의 탄생과 수정자본주의의 한계로 인한 신자유주의의 탄생에 대해 다루고 있다. 제시된 첫 번째 문단의 마지막 문장인 '이러한 자본주의는 어떻게 발생하였을까?'를 통해 이어질 내용이 자본주의의 역사임을 유추할 수 있다. 따라서 (라) 자본주의의 태동 → (나) 자본주의의 학문화를 통한 영역의 공고화 → (가) 고전적 자본주의의 문제점을 통한 수정자본주의의 탄생 → (다) 수정자본주의의 문제점을 통한 신자유주의의 탄생의 순서로 나열해야 한다.

02

정답 ③

먼저 보험료와 보험금의 산정 기준을 언급하는 (나) 문단이 오는 것이 적절하며, 다음으로 자신이 속한 위험 공동체의 위험에 상응하는 보험료를 내야 공정하다는 (다) 문단이 오는 것이 적절하다. 또한 공정한 보험은 내는 보험료와 보험금에 대한 기댓값이 일치해야 한다는 (라) 문단과 이러한 보험금에 대한 기댓값을 설명하는 (가) 문단이 순서대로 이어지는 것이 적절하다.

03

정답 ②

제시문은 세종대왕이 한글을 창제하고 반포하는 과정을 설명하고 있다. 따라서 (가) 세종대왕이 글을 읽고 쓰지 못하는 백성들을 안타깝게 여김 → (라) 훈민정음을 만들었지만 신하들의 반대에 부딪힘 → (다) 훈민정음을 세상에 알림 → (나) 훈민정음의 해설서인 『훈민정음 해례본』과 『용비어천가』를 펴냄 순서로 나열되어야 한다.

04

정답 ④

제시문은 1920년대 영화의 소리에 대한 부정적인 견해가 있었음을 이야기하며 화두를 꺼내고 있다. 이후 현대에는 소리와 영상을 분리해서 생각할 수 없음을 이야기하고 영화에서의 소리가 어떤 역할을 하는지에 대해 설명하면서 현대 영화에서의 소리의 의의에 대해 서술하고 있다. 따라서 (라) 1920년대 영화의 소리에 대한 부정적인 견해 → (가) 현대 영화에서 분리해서 생각할 수 없는 소리와 영상 → (다) 영화 속 소리의 역할 → (나) 현대 영화에서의 소리의 의의 순으로 나열하는 것이 적절하다.

01

정답 ⑤

현존하는 가장 오래된 실록은 전주에 전주 사고에 보관되어 있던 것으로, 강화도 마니산에 봉안되었다가 1936년 병자호란에 의해 훼손된 것을 현종 때 보수하여 숙종 때 강화도 정족산에 다시 봉안하였고, 현재 서울대에서 보관하고 있다.

오답분석

① 원본을 포함해 모두 5벌의 실록을 갖추게 되었으므로 재인쇄하였던 실록은 모두 4벌이다.
② 강원도 태백산에 보관하였던 실록은 서울대에 있다.
③ 현재 한반도에 남아 있는 실록은 강원도 태백산, 강화도 정족산, 장서각의 것으로 모두 3벌이다.
④ 적상산에 보관하였던 실록은 구황국 장서각으로 옮겨졌으며, 이는 6·25 전쟁 때 북한으로 옮겨져 현재 김일성종합대학에서 소장하고 있다.

02

교환되는 내용이 양과 질의 측면에서 정확히 대등하지 않기 때문에 비대칭적 상호주의의 예시이다.

03

정답 ①

국가 주요 정책이나 환경에 대한 관심이 상표 출원에 많은 영향을 미치고 있음을 알 수 있다.

오답분석

② 친환경 상표가 가장 많이 출원된 제품이 화장품인 것은 맞지만, 그 안전성에 대해서는 언급하고 있지 않기 때문에 추론하기 어렵다.
③ 환경과 건강에 대한 관심이 증가하면서 앞으로도 친환경 관련 상표 출원은 증가할 것으로 추론할 수 있다.
④ 2007년부터 2017년까지 영문 ECO가 상표 출원실적이 가장 높았으며 그다음은 그린, 에코 순이다. 제시문의 내용만으로는 추론하기 어렵다.
⑤ 출원건수는 상품류를 기준으로 한다. ECO 달세제, ECO 별세제는 모두 친환경 세제라는 상품류에 속하므로 단류 출원 1건으로 계산한다.

대표기출유형 05 | 기출응용문제

01

정답 ②

B사원은 현재 문제 상황과 관련이 없는 A사원의 업무 스타일을 근거로 들며, A사원의 의견을 무시하고 있다. 즉, 상대방에 대한 부정적인 판단 때문에 상대방의 말을 듣지 않는 태도가 B사원의 경청을 방해하고 있는 것이다.

오답분석

① 짐작하기 : 상대방의 말을 듣고 받아들이기보다 자신의 생각에 들어맞는 단서들을 찾아 자신의 생각을 확인하는 것이다.
③ 조언하기 : 다른 사람의 문제를 지나치게 본인이 해결해 주고자 하여 상대방의 말끝마다 조언하려고 끼어드는 것이다.
④ 비위 맞추기 : 상대방을 위로하기 위해서 혹은 비위를 맞추기 위해서 너무 빨리 동의하는 것이다.
⑤ 대답할 말 준비하기 : 상대방의 말을 듣고 곧 자신이 다음에 할 말을 생각하기에 바빠 상대방의 말을 잘 듣지 않는 것이다.

02

정답 ④

개방적인 질문하기는 상대방의 다양한 생각을 이해하고, 상대방으로부터 보다 많은 정보를 얻기 위한 방법으로, 이로 인하여 서로에 대한 이해의 정도를 높일 수 있다. 그러나 G씨에게 누구와 여행을 함께 가는지 묻는 F씨의 질문은 개방적 질문이 아닌 단답형의 대답이나 반응을 이끌어 내는 폐쇄적 질문에 해당하므로 ④는 개방적인 질문 방법에 대한 사례로 적절하지 않다.

03

정답 ②

원활한 의사 표현을 위해서는 긍정과 공감에 초점을 둔 의사 표현 기법을 습득해야 한다. 상대방의 말을 그대로 받아서 맞장구를 치는 것은 상대방에게 공감을 보여주는 가장 쉬운 방법이다.

오답분석

① 상대방의 말이 채 끝나기 전에 어떤 답을 할까 궁리하는 것은 주의를 분산시켜 경청에 몰입하는 것을 방해한다.
③ 핵심은 구체적으로 짚되, 표현은 가능한 간결하게 하도록 하는 것이 바람직한 의사 표현법이다.
④ 이견이 있거나 논쟁이 붙었을 때는 무조건 앞뒤 말의 '논리적 개연성'만 따지지 않고 이성과 감성의 조화를 통해 문제를 해결해야 한다.
⑤ 장점은 자신이 부각한다고 해서 공식화되지 않고, 오히려 자신의 단점과 실패 경험을 앞세우면 더 많은 지지자를 얻을 수 있다.

대표기출유형 01   기출응용문제

01
정답 ④

제시된 그림의 운동장 둘레는 왼쪽과 오른쪽 반원을 합친 지름이 50m인 원의 원주[(지름)×(원주율)]와 위, 아래 직선거리 90m를 더하면 된다. 따라서 학생이 운동장 한 바퀴를 달린 거리는 $(50×3)+(90×2)=330$m이다.

02
정답 ⑤

둘레의 길이가 20cm이고, 넓이가 24cm^{2}이므로
$2(x+y)=20 \rightarrow x+y=10 \cdots \bigcirc$
$xy=24 \cdots \bigcirc$
직사각형의 가로 길이와 세로 길이를 각각 3cm씩 늘렸을 때, 늘어난 직사각형의 넓이는
$(x+3)(y+3)=(xy+3x+3y+9)$cm^{2}이다.
따라서 $xy+3x+3y+9=xy+3(x+y)+9=24+3×10+9=63$cm^{2}이다.

03
정답 ④

농도가 15%인 소금물의 양을 xg이라고 가정하고, 소금의 양에 대한 식을 세우면 다음과 같다.
$0.1×200+0.15×x=0.13×(200+x)$
$\rightarrow 20+0.15x=26+0.13x$
$\rightarrow 0.02x=6$
$\therefore x=300$
따라서 농도가 15%인 소금물은 300g이 필요하다.

04
정답 ②

작년 비행기 왕복 요금을 x원, 작년 1박 숙박비를 y원이라 하면
• $-\dfrac{20}{100}x+\dfrac{15}{100}y=\dfrac{10}{100}(x+y) \cdots \bigcirc$
• $\left(1-\dfrac{20}{100}\right)x+\left(1+\dfrac{15}{100}\right)y=308,000 \cdots \bigcirc$
$\bigcirc$, $\bigcirc$을 정리하면
• $y=6x \cdots \bigcirc$
• $16x+23y=6,160,000 \cdots \bigcirc$
$\bigcirc$, $\bigcirc$을 연립하면
$16x+138x=6,160,000$
$\therefore x=40,000, \ y=240,000$

따라서 올해 비행기 왕복 요금은 $40,000-40,000×\dfrac{20}{100}=32,000$원이다.

05

정답을 맞힌 2점 문항의 개수를 x개, 3점 문항의 개수를 y개라고 하면, 4점 문항의 개수는 $(y-3)$개이다.

$x+y+(y-3)=22 \rightarrow x+2y=25 \cdots \bigcirc$

희철이가 받은 점수가 71점이므로

$2x+3y+4(y-3)=71 \rightarrow 2x+7y=83 \cdots \bigcirc$

$\bigcirc$, $\bigcirc$을 연립하면 $x=3$, $y=11$이다.

따라서 정답을 맞힌 3점 문항의 개수는 11개이다.

06

주어진 정보를 표로 정리하면 다음과 같다.

(단위 : 명)

구분	뮤지컬 좋아함	뮤지컬 좋아하지 않음	합계
남학생	24	26	50
여학생	16	14	30
합계	40	40	80

따라서 뮤지컬을 좋아하지 않는 사람을 골랐을 때, 그 사람이 여학생일 확률은 $\dfrac{14}{40} = \dfrac{7}{20}$ 이다.

07

A기계, B기계가 1분 동안 생산하는 비누의 수를 각각 x개, y개라 하면

$5(x+4y)=100 \cdots \bigcirc$

$4(2x+3y)=100 \cdots \bigcirc$

두 식을 정리하면

$x+4y=20 \cdots \bigcirc'$

$2x+3y=25 \cdots \bigcirc'$

$\bigcirc'$, $\bigcirc'$을 연립하면

$5y=15$

$\rightarrow y=3$

$\therefore x=8$

따라서 A기계 3대와 B기계 2대를 동시에 가동하여 비누 100개를 생산하는 데 걸리는 시간은

$\dfrac{100}{(8 \times 3)+(3 \times 2)} = \dfrac{100}{30} = \dfrac{10}{3}$ 시간이다.

08

500mL 물과 2L 음료수의 개수를 각각 x개, y개라 하자.

$x+y=330$이고, 이때 2L 음료수는 5명당 1개가 지급되므로 $y=\dfrac{1}{5}x$이다.

$\dfrac{6}{5}x=330$

$\rightarrow 6x=1,650$

$\therefore x=275$

500mL 물은 1인당 1개 지급하므로 직원의 인원수와 같다.

따라서 야유회에 참가한 직원은 275명이다.

09

전체 8명에서 4명을 선출하는 경우의 수에서 남자만 4명을 선출하는 경우를 제외하면 된다.

$${}_8C_4 - {}_5C_4 = \frac{8 \times 7 \times 6 \times 5}{4 \times 3 \times 2 \times 1} - \frac{5 \times 4 \times 3 \times 2}{4 \times 3 \times 2 \times 1} = 70 - 5 = 65$$ 가지

대표기출유형 02 기출응용문제

01

정답 ③

앞의 항에 ×3+1을 적용하는 수열이다.

따라서 (   )=121×3+1=364이다.

02

정답 ④

n번째 항의 값은 앞의 항에 $\times 2 + (n-1)$을 적용하는 수열이다.

따라서 (   )=121×2+6=248이다.

03

정답 ②

분자는 6씩 더하고, 분모는 6씩 빼는 수열이다.

따라서 (   )$= \dfrac{59+6}{373-6} = \dfrac{65}{367}$ 이다.

대표기출유형 03 기출응용문제

01

정답 ⑤

2023년 관광 수입이 가장 많은 국가는 중국(44,400백만 달러)이며, 가장 적은 국가는 한국(17,300백만 달러)이다. 두 국가의 2024년 관광 지출 대비 관광 수입 비율을 계산하면 다음과 같다.

• 한국 : $\dfrac{13,400}{30,600} \times 100 \fallingdotseq 43.8\%$

• 중국 : $\dfrac{32,600}{257,700} \times 100 \fallingdotseq 12.7\%$

따라서 두 국가의 비율 차이는 43.8-12.7=31.1%이다.

02

S통신회사의 기본요금을 x원이라 하면, 8월과 9월의 요금 계산식은 각각 다음과 같다.

$x+60a+30 \times 2a=21,600 \rightarrow x+120a=21,600 \cdots \textcircled{\scriptsize ㄱ}$

$x+20a=13,600 \cdots \textcircled{\scriptsize ㄴ}$

$\textcircled{\scriptsize ㄱ}-\textcircled{\scriptsize ㄴ}$을 하면

$100a=8,000$

$\therefore a=80$

대표기출유형 04 ┃ 기출응용문제

01

대치동의 증권자산은 23.0조－17.7조－3.1조＝2.2조 원이고, 서초동의 증권자산은 22.6조－16.8조－4.3조＝1.5조 원이므로 옳은 설명이다.

오답분석

① 압구정동의 가구 수는 $\dfrac{14.4}{12.8} ≒ 1.13$가구, 여의도동의 가구 수는 $\dfrac{24.9}{26.7} ≒ 0.93$가구이므로 옳지 않은 설명이다.

② 이촌동의 가구 수가 2만 가구 이상이라면, 총자산이 7.4억×20,000＝14.8조 원 이상이어야 한다. 그러나 이촌동은 총자산이 14.4조 원인 압구정동보다 순위가 낮으므로 이촌동의 가구 수는 2만 가구 미만인 것을 추론할 수 있다.

④ 여의도동의 부동산자산은 12.3조 원 미만이다. 여의도동의 부동산자산을 12.2조 원이라고 가정하면, 여의도동의 증권자산은 최대 24.9조－12.2조－9.6조＝3.1조 원이므로 옳지 않은 설명이다.

⑤ 도곡동의 총자산 대비 부동산자산의 비율은 $\dfrac{12.3}{15.0} \times 100=80\%$이고, 목동의 총자산 대비 부동산자산의 비율은 $\dfrac{13.7}{15.5} \times 100 ≒ 88.4\%$이므로 옳지 않은 설명이다.

02

이산화탄소의 농도가 계속해서 증가하고 있는 것과 달리 오존전량은 2018년부터 2021년까지 차례로 감소하고 있다.

오답분석

② 이산화탄소의 농도는 2018년 387.2ppm에서 시작하여 2024년 395.7ppm으로 해마다 증가했다.

③ 2019년 오존전량은 1DU 감소하였고, 2020년에는 2DU, 2021년에는 3DU 감소하였다. 2024년에는 8DU 감소하였다.

④ 2024년 이산화탄소 농도는 2019년의 388.7ppm에서 395.7ppm으로 7ppm 증가했다.

③ 2024년 오존전량은 335DU로, 2018년의 331DU보다 4DU 증가했다.

03

월간 용돈을 5만 원 미만으로 받는 비율은 중학생 89.4%, 고등학생 60%로 중학생이 고등학생보다 높다.

오답분석

① 용돈을 받는 남학생과 여학생의 비율은 각각 82.9%, 85.4%이다. 따라서 여학생이 더 높다.

③ 고등학교 전체 인원을 100명이라 한다면 그중에 용돈을 받는 학생은 약 80.8명이다. 80.8명 중에 용돈을 5만 원 이상 받는 학생의 비율은 40%이므로 80.8×0.4≒32.3명이다.

④ 금전출납부의 기록, 미기록 비율은 각각 30%, 70%이다. 따라서 기록하는 비율이 더 낮다.

⑤ 용돈을 받지 않는 중학생과 고등학생 비율은 각각 12.4%, 19.2%이다. 따라서 용돈을 받지 않는 고등학생 비율이 더 높다.

04

정답 ⑤

2020년과 2024년에는 출생아 수와 사망자 수의 차이가 20만 명이 되지 않는다.

05

정답 ④

세 지역 모두 핵가족 가구 비중이 더 높으므로, 핵가족 수가 더 많다는 것을 추론할 수 있다.

[오답분석]

① 핵가족 가구의 비중이 가장 높은 곳은 71%인 B지역이다.
② 1인 가구는 기타 가구의 일부이므로, 1인 가구만의 비중은 알 수 없다.
③ 확대가족 가구의 비중이 가장 높은 곳은 C지역이지만, 이 수치는 비중이므로 가구 수는 알 수가 없다.
⑤ 부부 가구의 구성비는 B지역이 가장 높다.

06

정답 ②

2004년 대비 2014년의 평균 매매가격 증가율은 전국이 $\frac{14,645-10,100}{10,100} \times 100 = 45\%$, 수도권 전체가 $\frac{18,500-12,500}{12,500} \times 100 = 48\%$이므로 그 차이는 $48-45=3\%$p이다.

[오답분석]

① 2004년 전국의 평균 전세가격 6,762만 원으로 수도권 전체 평균 전세가격인 8,400만 원의 $\frac{6,762}{8,400} \times 100 = 80.5\%$이다.

③ 2024년 평균 매매가격은 수도권이 22,200만 원, 전국이 18,500만 원으로 수도권은 전국의 $\frac{22,200}{18,500} = 1.2$배이고, 평균 전세가격은 수도권이 18,900만 원, 전국이 13,500만 원이므로 수도권은 전국의 $\frac{18,900}{13,500} = 1.4$배이다.

④ 서울의 매매가격 증가율은 다음과 같다.
  • 2014년 대비 2024년 매매가격 증가율 : $\frac{30,744-21,350}{21,350} \times 100 = 44\%$
  • 2004년 대비 2014년 매매가격 증가율 : $\frac{21,350-17,500}{17,500} \times 100 = 22\%$
  따라서 1.5배가 아닌 2배이다.
⑤ 2014년 평균 전세가격은 '서울(15,500만 원) - 경기(11,200만 원) - 인천(10,600만 원)' 순이다.

07

정답 ③

ㄱ. 대형마트의 종이봉투 사용자 수는 $2,000 \times 0.05 = 100$명으로, 중형마트의 종이봉투 사용자 수인 $800 \times 0.02 = 16$명의 $\frac{100}{16} = 6.25$배이다.

ㄷ. 비닐봉투 사용자 수를 정리하면 다음과 같다.
  • 대형마트 : $2,000 \times 0.07 = 140$명
  • 중형마트 : $800 \times 0.18 = 144$명
  • 개인마트 : $300 \times 0.21 = 63$명
  • 편의점 : $200 \times 0.78 = 156$명
  따라서 비닐봉투 사용률이 가장 높은 곳은 78%로 편의점이며, 비닐봉투 사용자 수가 가장 많은 곳도 156명으로 편의점이다.

ㄹ. 마트규모별 개인 장바구니의 사용률을 살펴보면, 대형마트가 44%, 중형마트가 36%, 개인마트가 29%이다. 따라서 마트의 규모가 커질수록 개인 장바구니 사용률이 증가함을 알 수 있다.

ㄴ. 전체 종량제봉투 사용자 수를 구하면 다음과 같다.
  • 대형마트 : 2,000×0.28＝560명
  • 중형마트 : 800×0.37＝296명
  • 개인마트 : 300×0.43＝129명
  • 편의점 : 200×0.13＝26명
  • 전체 종량제봉투 사용자 수 : 560＋296＋129＋26＝1,011명
  따라서 대형마트의 종량제봉투 사용자 수인 560명은 전체 종량제봉투 사용자 수인 1,011명의 절반 이상이다.

08

정답 ⑤

업그레이드 전 성능지수가 100인 기계의 수는 15대이고, 성능지수 향상 폭이 35인 기계의 수도 15대이므로 동일하다.

오답분석

① 업그레이드한 기계 100대의 성능지수 향상 폭의 평균을 구하면 $\frac{60\times14＋5\times20＋5\times21＋15\times35}{100}＝15.7$로 20 미만이다.

② 성능지수 향상 폭이 35인 기기는 15대인데, 성능지수는 65, 79, 85, 100 네 가지가 있고 이 중 가장 최대는 100이다. 서비스 성능이 35만큼 향상할 수 있는 경우는 성능지수가 65였을 때이다. 따라서 35만큼 향상된 기계의 수가 15대라고 했으므로 $\frac{15}{80}\times$ 100＝18.75%가 100으로 향상되었다.

③ 성능지수 향상 폭이 21인 기계는 5대로, 업그레이드 전 79인 기계 5대가 모두 100으로 향상되었다.

④ 향상되지 않은 기계는 향상 폭이 0인 15대이고, 이는 업그레이드 전 성능지수가 100인 기계 15대를 뜻하며, 그 외 기계는 모두 성능지수가 향상되었다.

대표기출유형 01 기출응용문제

01

세 번째와 다섯 번째 조건에 의해 F의 점검 순서는 네 번째 이후임을 알 수 있고, 네 번째, 여섯 번째 조건에 의해 F가 네 번째로 점검받음을 알 수 있다. 주어진 조건을 이용하여 가능한 경우를 나타내면 다음과 같다.
• 경우 1 : G - C - E - F - B - A - D
• 경우 2 : G - C - E - F - D - A - B
따라서 두 번째와 세 번째, 다섯 번째 조건에 의해 G, E는 귀금속점이고, C는 은행이다.

02

'약속을 지킨다.'를 A, '다른 사람에게 신뢰감을 준다.'를 B, '메모하는 습관'을 C라고 하면, 전제1은 ~A → ~B, 전제2는 ~C → ~A이므로 ~C → ~A → ~B가 성립한다. ~C → ~B의 대우인 B → C 또한 참이므로 '다른 사람에게 신뢰감을 주려면 메모하는 습관이 있어야 한다.'가 적절하다.

03

다섯 명 중 단 한 명만이 거짓말을 하고 있으므로 C와 D 중 한 명은 반드시 거짓을 말하고 있다.
1) C의 진술이 거짓일 경우
    B와 C의 말이 모두 거짓이 되므로 한 명만 거짓말을 하고 있다는 조건이 성립하지 않는다.
2) D의 진술이 거짓일 경우

구분	A	B	C	D	E
출장지	잠실		여의도	강남	

이때, B는 상암으로 출장을 가지 않는다는 A의 진술에 따라 상암으로 출장을 가는 사람은 E임을 알 수 있다. 따라서 ⑤는 항상 거짓이 된다.

04

'등산을 하는 사람'을 A, '심폐지구력이 좋은 사람'을 B, '마라톤 대회에 출전하는 사람'을 C, '자전거를 타는 사람'을 D라고 하면, 첫 번째 명제와 세 번째 명제, 네 번째 명제는 다음과 같은 벤 다이어그램으로 나타낼 수 있다.

1) 첫 번째 명제

2) 세 번째 명제

3) 네 번째 명제

이를 정리하면 다음과 같은 벤 다이어그램이 성립한다.

따라서 반드시 참인 명제는 '심폐지구력이 좋은 어떤 사람은 등산을 하고 자전거도 탄다.'의 ④이다.

05

정답 ③

주어진 조건을 다음과 같이 다섯 가지 경우로 정리할 수 있다.

구분	1층	2층	3층	4층	5층	6층
경우 1	C	D	A	F	E	B
경우 2	F	D	A	C	E	B
경우 3	F	D	A	E	C	B
경우 4	D	F	A	E	B	C
경우 5	D	F	A	C	B	E

따라서 B는 항상 F보다 높은 층에 산다.

[오답분석]
① C는 1, 4, 5, 6층에 살 수 있다.
② E는 F와 인접해 있을 수도 인접하지 않을 수도 있다.
④ C는 B보다 높은 곳에 살 수도 낮은 곳에 살 수도 있다.
⑤ D는 2층이 아닌 1층에 살 수도 있다.

06

정답 ⑤

'김팀장이 이번 주 금요일에 월차를 쓴다.'를 A, '최대리가 이번 주 금요일에 월차를 쓴다.'를 B, '강사원의 프로젝트 마감일은 이번 주 금요일이다.'를 C라고 하면 제시된 명제는 A → ~B → C이므로 대우 ~C → B → ~A가 성립한다. 따라서 '강사원의 프로젝트 마감일이 이번 주 금요일이 아니라면, 김팀장은 이번 주 금요일에 월차를 쓰지 않을 것이다.'는 반드시 참이 된다.

01

정답 ③

리스크 관리 능력의 부족은 기업 내부환경의 약점 요인에 해당한다. 위협은 외부환경 요인에 해당하므로 위협 요인에는 회사 내부를 제외한 외부에서 비롯되는 요인이 들어가야 한다.

02

정답 ④

ㄴ. 다수의 풍부한 경제자유구역 성공 사례를 활용하는 것은 강점에 해당되지만, 외국인 근로자를 국내주민과 문화적으로 동화시키려는 시도는 위협을 극복하는 것과는 거리가 멀다. 따라서 해당 전략은 ST전략으로 부적절하다.

ㄹ. 경제자유구역 인근 대도시와의 연계를 활성화하면 오히려 인근 기성 대도시의 산업이 확장된 교통망을 바탕으로 경제자유구역의 사업을 흡수할 위험이 커진다. 또한 인근 대도시와의 연계 확대는 경제자유구역 내 국내·외 기업 간의 구조 및 운영상 이질감을 해소하는 데 직접적인 도움이 된다고 보기 어렵다.

[오답분석]

ㄱ. 경제호황으로 인해 자국을 벗어나 타국으로 진출하려는 해외기업이 증가하는 기회상황에서, 성공적 경험에서 축적된 우리나라의 경제자유구역 조성 노하우로 이들을 유인하여 유치하는 전략은 SO전략으로 적절하다.

ㄷ. 기존에 국내에 입주한 해외기업의 동형화 사례를 활용하여 국내기업과 외국계 기업의 운영상 이질감을 해소하여 생산성을 증대시키는 전략은 WO전략에 해당한다.

03

정답 ④

ㄴ. 민간의 자율주행기술 R&D를 지원하여 기술적 안정성을 높이는 전략은 위협을 최소화하는 내용은 포함하지 않고 약점만 보완하는 것이므로 ST전략이라 할 수 없다.

ㄹ. 국내기업의 자율주행기술 투자가 부족한 약점을 국가기관의 주도로 극복하려는 것은 약점을 최소화하고 위협을 회피하려는 WT전략으로 적합하지 않다.

[오답분석]

ㄱ. 높은 수준의 자율주행기술을 가진 외국 기업과의 기술이전협약 기회를 통해 국내외에서 우수한 평가를 받는 국내 자동차기업의 수준을 향상시켜 국내 자율주행자동차 산업의 강점을 강화하는 전략은 SO전략에 해당한다.

ㄷ. 국가가 지속적으로 자율주행차 R&D를 지원하는 법안이 본회의를 통과한 기회를 토대로 기술개발을 지원하여 국내 자율주행자동차 산업의 약점인 기술적 안전성을 확보하려는 전략은 WO전략에 해당한다.

01

정답 ③

ㄱ. 공정 순서는 A → B·C → D → E → F로 전체 공정이 완료되기 위해서는 15분이 소요된다.

ㄷ. B공정이 1분 더 지연되어도 C공정에서 5분이 걸리기 때문에 전체 공정 시간에는 변화가 없다.

[오답분석]

ㄴ. 첫 제품 생산 후부터는 5분마다 제품이 생산되기 때문에 첫 제품 생산 후부터 1시간마다 12개의 제품이 생산된다.

02

정답 ③

임직원들의 업무평가 항목 평균 점수를 구하면 다음과 같다.

(단위 : 점)

성명	조직기여	대외협력	기획	평균	순위
유시진	58	68	83	69.67	9위
최은서	79	98	96	91	1위
양현종	84	72	86	80.67	6위
오선진	55	91	75	73.67	8위
이진영	90	84	97	90.33	2위
장수원	78	95	85	86	4위
김태균	97	76	72	81.67	5위
류현진	69	78	54	67	10위
강백호	77	83	66	75.33	7위
최재훈	80	94	92	88.67	3위

따라서 상위 4명인 최은서, 이진영, 최재훈, 장수원이 해외연수 대상자로 선정된다.

03

정답 ②

평균 점수의 내림차순으로 순위를 정리하면 다음과 같다.

(단위 : 점)

성명	조직기여	대외협력	기획	평균	순위
최은서	79	98	96	91	1위
이진영	90	84	97	90.33	2위
최재훈	80	94	92	88.67	3위
장수원	78	95	85	86	4위
김태균	97	76	72	81.67	5위
양현종	84	72	86	80.67	6위
강백호	77	83	66	75.33	7위
오선진	55	91	75	73.67	8위
유시진	58	68	83	69.67	9위
류현진	69	78	54	67	10위

따라서 오선진은 8위로 해외연수 대상자가 될 수 없다.

04

정답 ②

세 도시를 방문하는 방법은 ABC=60, BCD=80, CDE=80, CEF=60, ACF=70, ABD=80, BDE=110, DEF=100, AEF=80, BCE=70, ABF=90, CDF=100, ACD=70, ACE=50, BCF=90 총 15가지 방법이다. 이 중 80km를 초과하지 않는 방법은 BDE, DEF, CDF, BCF, ABF를 제외한 10가지 방법이다.

05

B안의 가중치는 전문성인데 전문성 면에서 자원봉사제도는 (−)이므로 적절하지 않은 내용이다.

[오답분석]

① 비용저렴성을 달성하려면 (+)를 보이는 자원봉사제도가 가장 유리하다.
② B안에 가중치를 적용할 경우 전문성에 가중치를 적용하므로 (+)를 보이는 유급법률구조제도가 가장 적절하며, A안에 가중치를 적용할 경우 유급법률구조제도가 가장 적절하다. 따라서 어떤 것을 적용하더라도 결과는 같다.
④ A안에 가중치를 적용할 경우 접근용이성과 전문성에 가중치를 적용하므로 두 정책목표 모두에서 (+)를 보이는 유급법률구조제도가 가장 적절하다.
⑤ 전문성 면에서는 유급법률구조제도가 (+), 자원봉사제도가 (−)이므로 옳은 내용이다.

06

선택지별 부품 구성에 따른 총 가격 및 총 소요시간을 계산하면 다음과 같으며, 총 소요시간에서 30초는 0.5분으로 환산한다.

구분	부품	총 가격	총 소요시간
①	A, B, E	$(20\times3)+(35\times5)+(80\times1)=315$원	$6+7+8.5=21.5$분
②	A, C, D	$(20\times3)+(33\times2)+(50\times2)=226$원	$6+5.5+11.5=23$분
③	B, C, E	$(35\times5)+(33\times2)+(80\times1)=321$원	$7+5.5+8.5=21$분
④	B, D, F	$(35\times5)+(50\times2)+(90\times2)=455$원	$7+11.5+10=28.5$분
⑤	D, E, F	$(35\times5)+(80\times1)+(90\times2)=510$원	$11.5+8.5+10=30$분

세 번째 조건에 따라 ④, ⑤의 부품 구성은 총 소요시간이 25분 이상이므로 제외된다. 마지막 조건에 따라 ①, ②, ③의 부품 구성의 총 가격 차액이 서로 100원 미만 차이가 나므로 총 소요시간이 가장 짧은 것을 택한다. 따라서 총 소요시간이 21분으로 가장 짧은 B, C, E부품으로 마우스를 조립한다.

대표기출유형 04 기출응용문제

01

조건에 따라 소괄호 안에 있는 부분을 순서대로 풀이하면 다음과 같다.
'1 A 5'에서 A는 좌우의 두 수를 더하는 것이지만, 더한 값이 10 미만이면 좌우에 있는 두 수를 곱해야 한다. 1+5=6으로 10 미만이므로 두 수를 곱하여 5가 된다.
'3 C 4'에서 C는 좌우의 두 수를 곱하는 것이지만 곱한 값이 10 미만일 경우 좌우에 있는 두 수를 더한다. 이 경우 3×4=12로 10 이상이므로 12가 된다.
중괄호를 풀어보면 '5 B 12'이다. B는 좌우에 있는 두 수 가운데 큰 수에서 작은 수를 빼는 것이지만, 두 수가 같거나 뺀 값이 10 미만이면 두 수를 곱한다. 12−5=7로 10 미만이므로 두 수를 곱해야 한다. 따라서 60이 된다.
'60 D 6'에서 D는 좌우에 있는 두 수 가운데 큰 수를 작은 수로 나누는 것이지만, 두 수가 같거나 나눈 값이 10 미만이면 두 수를 곱해야 한다. 이 경우 나눈 값이 10이 되므로 답은 10이다.

02

규칙에 따라 사용할 수 있는 숫자는 1, 5, 6을 제외한 나머지 2, 3, 4, 7, 8, 9의 총 6개이다. (한 자릿수)×(두 자릿수)=156이 되는 수를 알기 위해서는 156의 소인수를 구해보면 된다. 156의 소인수는 3, 2^2, 13으로 여기서 156이 되는 수의 곱 중에 조건을 만족하는 것은 2×78과 4×39이다. 따라서 선택지 중에 A팀 또는 B팀에 들어갈 수 있는 암호배열은 39이다.

03

정답 ④

간선노선과 보조간선노선을 구분하여 노선번호를 부여하면 다음과 같다.

• 간선노선
 - 동서를 연결하는 경우 : (가), (나)에 해당하며, 남에서 북으로 가면서 숫자가 증가하고 끝자리에는 0을 부여하므로 (가)는 20, (나)는 10이다.
 - 남북을 연결하는 경우 : (다), (라)에 해당하며, 서에서 동으로 가면서 숫자가 증가하고 끝자리에는 5를 부여하므로 (다)는 15, (라)는 25이다.
• 보조간선노선
 - (마) : 남북을 연결하는 모양에 가까우므로, (마)의 첫자리는 남쪽 시작점의 간선노선인 (다)의 첫자리와 같은 1이 되어야 하고, 끝자리는 5를 제외한 홀수를 부여해야 하므로, 가능한 노선번호는 11, 13, 17, 19이다.
 - (바) : 동서를 연결하는 모양에 가까우므로, (바)의 첫자리는 바로 아래쪽에 있는 간선노선인 (나)의 첫자리와 같은 1이 되어야 하고, 끝자리는 0을 제외한 짝수를 부여해야 하므로, 가능한 노선번호는 12, 14, 16, 18이다.

따라서 가능한 조합은 ④이다.

04

정답 ②

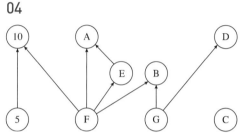

A, B, C를 제외한 빈칸에 적힌 수를 각각 D, E, F, G라고 하자.

F는 10의 약수이고 원 안에는 2에서 10까지의 자연수가 적혀있으므로 F는 2이다.

10을 제외한 2의 배수는 4, 6, 8이고, A는 E와 F의 공배수이다. 즉, A는 8, E는 4이고, B는 6이다.

6의 약수는 1, 2, 3, 6이므로 G는 3이고 D는 3의 배수이므로 9이며, 남은 7은 C이다.

따라서 A~C에 해당하는 수의 합은 8+6+7=21이다.

01

정답 ③

S사의 사례는 팀워크의 중요성과 주의할 점을 보여주고, E병원의 사례는 공통된 비전으로 인한 팀워크의 성공을 보여준다. 두 사례 모두 팀워크에 대한 내용이지만, 개인 간의 차이를 중시해야 한다는 내용은 언급되지 않았다.

02

정답 ④

A, B, C는 각자 자신이 해야 할 일이 무엇인지 잘 알고 있으며, 서로의 역할도 이해하는 모습을 볼 수 있다. 이처럼 효과적인 팀은 역할을 명확하게 규정한다.

03

정답 ⑤

팀워크의 저해요인
• 조직에 대한 이해 부족
• 자기중심적인 이기주의
• '내가'라는 자아의식의 과잉
• 질투나 시기로 인한 파벌주의
• 그릇된 우정과 인정
• 사고방식의 차이에 대한 무시

04

정답 ①

대인관계는 이해와 양보의 미덕을 기반으로 이루어진다. 신입사원 A는 팀원들과 교류가 없는 선임과 같이 일을 하면서 그를 이해하게 되고 적극적으로 다가가면서 관계가 가까워졌다.

05

정답 ③

제시된 상황은 다른 팀원들이 선임과 개방적으로 의사소통을 하지도 않고, 건설적으로 해결하려는 모습을 보여주고 있지 않기 때문에 신입사원 A는 팀의 좋은 영향을 미치지 못할 것이라고 판단하고 있다.

06

정답 ②

제시된 상황은 신입사원 A의 한 선임과 다른 팀원들 사이에서 갈등이 일어나 팀워크가 저해되고 있는 경우이므로 갈등을 해결해서 팀워크를 개발해야 한다. 갈등은 시간이 지남에 따라 점점 더 커지기 때문에 바로 해결하는 것이 좋으며, 팀원들의 갈등이 발견되면 제3자가 중재하는 것이 해결에 도움이 된다.

01

변화에 저항하는 직원들을 성공적으로 이끌기 위해서는 주관적인 자세보다는 객관적인 자세로 업무에 임할 수 있도록 해야 한다. 변화를 수행하는 것이 힘들더라도 변화가 필요한 이유를 직원들이 명확히 알도록 해야 하며, 변화의 유익성을 밝힐 수 있는 객관적인 수치 및 사례를 직원들에게 직접 확인시킬 필요가 있다.

변화에 저항하는 직원들을 성공적으로 이끄는 방법
• 개방적인 분위기를 조성한다.
• 객관적인 자세를 유지한다.
• 구성원의 감정을 세심하게 살핀다.
• 변화의 긍정적인 면을 강조한다.
• 변화에 적응할 시간을 준다.

02

리더는 혁신을 신조로 가지며, 일이 잘 될 때에도 더 좋아지는 방법이 있다면 변화를 추구한다. 반면, 관리자는 현재의 현상과 지금 잘하고 있는 것을 계속 유지하려는 모습을 보인다.

리더와 관리자의 비교

리더	관리자
• 새로운 상황을 창조한다.	• 상황에 수동적이다.
• 혁신지향적이다.	• 유지지향적이다.
• 내일에 초점을 둔다.	• 오늘에 초점을 둔다.
• 사람의 마음에 불을 지핀다.	• 사람을 관리한다.
• 사람을 중시한다.	• 체제나 기구를 중시한다.
• 정신적이다.	• 기계적이다.
• 계산된 리스크를 취한다.	• 리스크를 회피한다.
• '무엇을 할까?'를 생각한다.	• '어떻게 할까?'를 생각한다.

03

리더는 구성원들이 목표 의식을 분명히 할 수 있도록 목표를 명확히 설정하고, 이를 위한 활동을 지원하여 자발적인 노력을 격려함으로써 조직 목표를 달성하기 위해 노력해야 한다. '무엇을 할까?'보다 '어떻게 할까?'에 초점을 두는 것은 리더가 아닌 관리자의 성향이며, 리더는 '무엇을 할까?'에 초점을 맞추어야 한다.

04

정답 ⑤

서번트 리더십은 다른 사람을 섬기는 사람이 리더가 될 수 있다는 이론으로, 로버트 그린리프(Robert K. Greenleaf)가 처음 제시하였다. 인재를 가장 중요한 자원으로 보았으며, 봉사를 통해 구성원을 현명하면서도 자율적인 사람이 되게 하는 것을 리더의 역할로 보고 있다.

[오답분석]
① 지시적 리더십 : 조직 구성원에게 해야 할 일과 따라야 할 일을 지시하는 유형의 리더십이다.
② 파트너십 리더십 : 리더를 하나의 조직 구성원으로 보는 것으로, 집단의 모든 구성원이 결과에 대한 책임을 함께 가져야 한다고 보는 리더십이다.
③ 슈퍼 리더십 : 구성원 개인의 능력을 중요시하여 인재를 영입하고 육성하는 것에 집중하며, 리더가 구성원의 능력을 발현할 수 있게 하는 리더십이다.
④ 변혁적 리더십 : 리더가 조직 구성원의 사기를 고양시키기 위해 미래의 비전과 집단의 사명감을 강조하고, 이를 통해 조직의 장기적 목표를 달성하려 하는 리더십이다.

05

정답 ③

현상을 유지하고 조직에 순응하려는 경향은 반임파워먼트 환경에서 나타나는 모습이다.

임파워먼트 환경의 특징
• 업무에 있어 도전적이고 흥미를 가지게 된다.
• 학습과 성장의 기회가 될 수 있다.
• 긍정적인 인간관계를 형성할 수 있다.
• 개인들이 조직에 공헌하며 만족하는 느낌을 가질 수 있다.
• 자신의 업무가 존중받고 있음을 느낄 수 있다.

06

정답 ⑤

관리자가 오늘에 초점을 맞춘다면, 리더는 내일에 초점을 맞춰야 한다.

07

정답 ⑤

수동형 사원은 자신의 능력과 노력을 조직으로부터 인정받지 못해 자신감이 떨어지는 모습을 보인다. 따라서 자신의 업무에 대해 자신감을 키워주는 것이 적절하다.

[오답분석]
① 적절한 보상이 없다고 느끼는 소외형 사원에게 팀에 대한 협조의 조건으로 보상을 제시하는 것은 적절하지 않다.
② 리더는 팀원을 배제시키지 않고 팀 목표를 위해 팀원들이 자발적으로 업무에 참여하도록 노력해야 한다.
③ 순응형 사원에 대해서는 그들의 잠재력 개발을 통해 팀 발전을 위한 창의적인 모습을 갖도록 해야 한다.
④ 실무형 사원에 대해서는 징계를 통해 규정준수를 억지로 강조하는 모습보다는 의사소통을 통해 규정준수를 이해시키는 것이 적절하다.

01

정답 ④

동료에 대한 편견에서 생긴 적대적 감정은 불필요한 유형의 갈등일 뿐 해결이 불가능한 것은 아니다.

[오답분석]
① 절차 혹은 책임에 대한 인식의 불일치로 발생하는 갈등은 핵심 문제에 해당한다.
② 문제를 바라보는 시각의 차이에서 발생하는 갈등은 서로에 대한 이해 또는 관점의 전환을 통해 해결할 수 있는 유형의 갈등이다.
③ 상호 간에 인식하는 정보의 차이로 인해 발생하는 갈등은 불필요한 유형의 갈등이다.
⑤ 욕망 혹은 가치의 차이에 의한 갈등은 서로에 대한 이해를 통해 해결할 수 있는 유형의 갈등이다.

02

정답 ④

갈등을 성공적으로 해결하기 위해서는 누가 옳고 그른지 논쟁하는 일은 피하는 것이 좋으며, 상대방의 양 측면을 모두 이해하고 배려하는 것이 중요하다.

03

정답 ④

갈등을 발견하고도 즉각적으로 다루지 않는다면 나중에는 팀 성공을 저해하는 장애물이 될 것이다. 그러나 갈등이 존재한다는 사실을 인정하고 즉각적으로 해결을 위한 조치를 취한다면, 갈등을 해결하기 위한 하나의 기회로 전환할 수 있다.

04

정답 ④

모든 사람들은 거의 대부분의 문제에 대해 나름의 의견을 가지고 있다는 점을 인식하고 의견의 차이를 인정하는 것이 중요하다. 이러한 의견의 차이를 인정하고, 상호 간의 관점을 이해할 수 있게 됨으로써 갈등을 최소화할 수 있다.

05

정답 ③

ⓒ 갈등을 해결하려면 논쟁하고 싶은 유혹을 떨쳐내야 한다.
ⓔ 갈등을 해결하려면 어려운 문제는 피하지 말고 맞서야 한다.

06

정답 ⑤

• 김대리 : 사업안의 내용과 관련 없는 조주임의 징계 여부를 언급하며 사업안을 비판하고 있다. 이는 지나치게 감정적인 논평으로, 조주임과의 갈등을 드러내고 있다.
• 안주임 : 김대리가 핵심을 이해하지 못한다는 점을 비난함으로써 갈등 관계를 드러내고 있다.
• 최대리 : 변주임과 김대리가 동문이라는 이유로 편을 가름으로써 갈등 관계를 드러내고 있다.
따라서 갈등 관계에 있는 사람은 김대리와 조주임, 안주임과 김대리, 최대리와 변주임으로, 박팀장을 제외한 총 5명이다.

01

정답 ②

어떠한 비난도 하지 않고 문제를 해결하는 것은 고객 불만에 대응하는 적절한 방법이다.

오답분석

① 회사 규정을 말하며 변명을 하는 것은 오히려 화를 키울 수 있다.
③ 먼저 사과를 하고 이야기를 듣는 것이 더 효과적이다.
④ 내 잘못이 아니라는 것을 고객에게 알리는 것은 화를 더 키울 수 있다.
⑤ 실현 가능한 최선의 대안을 제시해야 한다.

02

정답 ④

제시문의 빈칸에 들어갈 용어는 고객접점 서비스이다. 고객접점 서비스는 짧은 순간의 서비스를 통해 고객의 인상이 달라질 수 있으며, 이로 인해 서비스 직원의 첫인상은 매우 중요하다고 볼 수 있다. 따뜻한 미소와 친절한 한마디 역시 중요하지만, 서비스 직원의 용모와 복장은 친절한 서비스를 제공하기 전에 첫인상을 좌우하는 첫 번째 요소이므로 고객접점 서비스에서 중요하다.

03

정답 ④

제품 및 서비스가 복잡해지고 시장이 다양해짐에 따라 고객만족도를 정확히 측정하기 위해서는 먼저 조사 분야와 대상을 명확히 정의해야 한다. 또한 조사의 목적이 고객에 대한 개별대응이나 고객과의 관계를 파악하기 위한 것이라면 조사 대상을 임의로 선택해서는 안 되며, 중요한 고객을 우선 선택해야 한다.

04

정답 ②

고객 불만 처리는 정확하게, 그리고 최대한 신속히 이루어져야 한다. 재발 방지 교육은 고객 보고 후 실시해도 무방하므로 신속하게 고객에게 상황을 보고하는 것이 우선이다.

오답분석

① 고객 보고 후 피드백이 이루어지면 고객 불만처리의 결과를 잘 파악할 수 있다.
③ 고객 불만 접수와 함께 진심어린 사과도 이루어져야 한다.
④ 고객 불만 접수 단계에서는 고객의 불만을 경청함으로써 불만 사항을 잘 파악하는 것이 중요하다.
⑤ 불만 처리 과정을 고객에게 통보해 줌으로써 업체에 대한 고객의 신뢰도를 높일 수 있다.

05

정답 ③

K씨와 통화 중인 고객은 고객의 불만표현 유형 중 하나인 빨리빨리형으로, 성격이 급하고, 확신 있는 말이 아니면 잘 믿지 못하는 모습을 보이고 있다. 이러한 경우 "글쎄요.", "아마"와 같은 애매한 표현은 고객의 불만을 더 높일 수 있다.

06

정답 ③

제시된 상황의 고객은 제품의 기능에 대해 믿지 못하고 있으므로 의심형에 해당한다. 의심형에는 분명한 증거나 근거를 제시해 고객이 확신을 갖도록 유도하는 대처가 필요하다.

오답분석

①·② 트집을 잡는 유형의 고객에게 적합한 방법으로, 이 외에도 '손님의 말씀이 맞습니다. 역시 손님께서 정확하십니다.' 하고 고객의 지적이 옳음을 표시한 후 '저도 그렇게 생각하고 있습니다만…' 하고 설득하는 것도 좋다.
④·⑤ 거만한 유형의 고객에게 적합한 방법으로, 이들에게는 정중하게 대하는 것이 가장 좋은 방법이다.

01
정답 ⑤
㉠ 집중화 전략
㉡ 원가우위 전략
㉢ 차별화 전략

02
정답 ②
경영활동을 구성하는 요소는 경영목적, 인적자원, 자금, 경영전략이다. (나)의 경우와 같이 봉사활동을 수행하는 일은 목적과 인력, 자금 등이 필요한 일이지만, 정해진 목표를 달성하기 위한 조직의 관리, 전략, 운영활동이라고 볼 수 없으므로 경영활동이 아니다.

03
정답 ④
집단에서 일련의 과정을 거쳐 여럿의 의견을 모은 뒤에 의사가 결정되었다고 해서 그것이 최선의 결과라고 단정 지을 수는 없다.

04
정답 ③
도요타 자동차는 소비자의 관점이 아닌 생산자의 관점에서 문제를 해결하려다 소비자들의 신뢰를 잃게 됐다. 따라서 기업은 생산자가 아닌 소비자의 관점에서 문제를 해결하기 위해 노력해야 한다.

05
정답 ③
일 년에 한두 권밖에 안 팔리는 책일지라도 이러한 책들의 매출이 모이고 모이면 베스트셀러 못지않은 수익을 낼 수 있다.

01
정답 ⑤
조직문화는 조직의 안정성을 가져 오므로 많은 조직들은 그 조직만의 독특한 조직문화를 만들기 위해 노력한다.

02

정답 ④

조직목표의 기능
- 조직이 존재하는 정당성과 합법성 제공
- 조직이 나아갈 방향 제시
- 조직 구성원의 의사결정의 기준
- 조직 구성원 행동수행의 동기 유발
- 수행평가의 기준
- 조직설계의 기준

03

정답 ②

조직이 투입요소를 산출물로 전환하는 지식과 기계, 절차 등을 기술이라 하는데, 소량생산 기술을 가진 조직은 유기적 조직 구조를, 대량생산 기술을 가진 조직은 기계적 조직 구조를 따른다. 조직은 환경의 변화에 적절하게 대응해야 하므로 환경에 따라 조직의 구조를 달리한다. 이때 안정적이고 확실한 환경에서는 기계적 조직이 적합하고, 급변하는 환경에서는 유기적 조직이 적합하다.

04

정답 ⑤

영리조직의 사례로는 이윤 추구를 목적으로 하는 사기업을 들 수 있으며, 비영리조직으로는 정부조직, 병원, 대학, 시민단체, 종교단체 등을 들 수 있다.

05

정답 ③

비공식조직이 회사 내 동호회와 같이 공식조직 내에 있을 경우, 비공식조직 내에서의 취미 공유 등 행동의 공유는 공식조직에서의 업무 효율을 증대시키기도 한다.

[오답분석]
① 정부조직은 대표적인 비영리조직이자 공식조직에 해당한다.
② 공식조직과 비공식 조직의 구분 기준은 규모가 아니라 공식화 정도이다.
④ 조직발달의 역사는 인간관계에 기반을 둔 비공식조직에서 시작하여 여러 공식적인 체계가 형성되는 공식조직 순서로 발전하였다.
⑤ 환경보존이라는 공익적 메시지를 담은 상품을 판매하더라도, 그 수익을 극대화하려는 목적에서 운영된다면 영리조직에 해당된다.

06

정답 ①

제시문에 나타난 조직은 S공사의 사내 봉사 동아리이기 때문에 공식 조직이 아닌 비공식조직에 해당한다. 비공식조직의 특징에는 인간관계에 따라 형성된 자발적인 조직, 내면적·비가시적·비제도적·감정적, 사적 목적 추구, 부분적 질서를 위한 활동 등이 있다.

[오답분석]
② 영리조직에 해당한다.
③·④ 공식조직에 해당한다.
⑤ 비영리조직에 해당한다.

01

정답 ①

이팀장의 지시 사항에 따라 강대리가 해야 할 일은 회사 차 반납하기, K은행 김팀장에게 서류 제출하기, 최팀장에게 회의 자료 전달하기, 대표 결재 받기이다. 이 중 대표의 결재를 오전 중으로 받아야 하므로 강대리는 가장 먼저 대표에게 결재를 받아야 한다. 이후 1시에 출근하는 최팀장에게 회의 자료를 전달하고, 이팀장에게 들러 회사 차를 찾아 차 안의 서류를 K은행 김팀장에게 제출한 뒤 회사 차를 반납해야 한다. 즉, 강대리가 해야 할 일을 정리하면 '대표에게 결재 받기 → 최팀장에게 회의 자료 전달하기 → K은행 김팀장에게 서류 제출하기 → 회사 차 반납하기'의 순이 된다.

02

정답 ③

ㄱ. 최수영 상무이사가 결재한 것은 대결이다. 대결은 결재권자가 출장, 휴가, 기타 사유로 상당기간 부재중일 때 긴급한 문서를 처리하고자 할 경우에는 결재권자의 차하위 직위의 결재를 받아 시행하는 것을 말한다.
ㄴ. 대결 시에는 기안문의 결재란 중 대결한 자의 란에 '대결'을 표시하고 서명 또는 날인한다.
ㄹ. 대결의 경우 원결재자가 문서의 시행 이후 결재하며 이를 후결이라 하며, 전결 사항은 전결권자에게 책임과 권한이 위임되었으므로 중요한 사항이라면 원결재자에게 보고하는 데 그친다.

담당	과장	부장	상무이사	전무이사
아무개	최경옥	김석호	대결 최수영	전결

03

정답 ③

오전 반차를 사용한 이후 14시부터 16시까지 미팅 업무가 있는 J대리는 택배 접수 마감 시간인 16시 이전에 행사 용품 오배송건 반품 업무를 진행할 수 없다.

오답분석

① 부서장 회의이므로 총무부 부장인 S부장이 반드시 회의에 참석해야 한다.
② H프로젝트 보고서 초안 작성 업무는 해당 프로젝트 회의에 참석한 G과장이 담당하는 것이 적절하다.
④ 사내 교육 프로그램 참여 이후 17시 전까지 주요 업무가 없는 L사원은 우체국 방문 및 등기 발송 업무를 담당할 수 있다.
⑤ 사내 교육 프로그램 참여 이후 17시 전까지 주요 업무가 없는 O사원은 사무용품 주문 관련 업무를 담당할 수 있다.

04

정답 ⑤

예산집행 조정, 통제 및 결산 총괄 등 예산과 관련된 업무는 ⑩ 자산팀이 아닌 ㉠ 예산팀이 담당하는 업무이다. 반면, 자산팀은 물품 구매와 장비·시설물 관리 등의 업무를 담당한다.

05

정답 ⑤

전문자격 시험의 출제정보를 관리하는 시스템의 구축·운영 업무는 정보화사업팀이 담당하는 업무로, 개인정보 보안과 관련된 업무를 담당하는 정보보안전담반의 업무로는 적절하지 않다.

대표기출유형 01 기출응용문제

01
정답 ②

절차 공정성에 대한 설명이다. 절차 공정성은 개인의 의사결정 형성에 적용되는 과정의 타당성에 대한 것으로, 목적이 달성되는 데 사용한 수단에 관한 공정성이며, 의사결정자들이 논쟁 또는 협상의 결과에 도달하기 위해 사용한 정책, 절차, 기준에 관한 공정성이다.

분배 공정성
최종적인 결과에 대한 지각이 공정했는가를 나타내며 교환의 주목적인 대상물, 즉 핵심적인 서비스에 대한 지각이 공정했는가를 결정하는 것이다.

02
정답 ③

B사원의 업무방식은 그의 성격으로 인해 나타나는 것이며, B사원의 잘못이 아님을 알 수 있다. 따라서 S대리는 업무방식에 대해 서로 다른 부분을 인정하는 상호 인정에 대한 역량이 필요하다고 볼 수 있다.

03
정답 ④

노동 현장에서는 보수나 진급이 보장되지 않더라도 적극적인 노동 자세가 필요하다.

04
정답 ①

직업윤리란 어느 직장에 다니느냐를 구분하지 않고, 직업을 가진 사람이라면 반드시 지켜야 할 공통적인 윤리규범을 말한다.

05
정답 ④

(가)의 입장을 반영하면 국가 청렴도가 낮은 문제를 해결하기 위해서는 청렴을 강조한 전통 윤리를 지킬 필요가 있다. 이에 개인을 넘어서 공동체, 나아가 국가의 공사(公事)를 우선하는 봉공 정신, 청빈한 생활 태도를 유지하면서 국가의 일에 충심을 다하려는 청백리 정신을 실천하는 자세가 필요하다.

01

정답 ④

제시문은 민주 시민으로서 기본적으로 지켜야 하는 의무와 생활 자세인 준법 정신에 대한 일화이다. 사회가 유지되기 위해서는 준법 정신이 필요한 것처럼 직장생활에서도 조직의 운영을 위해 준법 정신이 필요하다.

[오답분석]

① 봉사(서비스)에 대한 설명이다.
② 근면에 대한 설명이다.
③ 책임에 대한 설명이다.
⑤ 정직과 신용에 대한 설명이다.

02

정답 ②

일을 하다가 예상하지 못한 상황이 일어났을 때 그 이유에 대해 고민해보는 것은 필요하다. 다시 같은 상황을 겪지 않도록 대처해야 하기 때문이다. 그러나 그 이유에 대해서만 계속 매달리는 것은 시간과 에너지를 낭비하는 일이다. 최대한 객관적으로 이유를 분석한 뒤 결과를 수용하고 신속하게 대책을 세우는 것이 바람직하다.

03

정답 ①

우수한 직업인의 자세에는 해당할 수 있으나, 직업윤리에서 제시하는 직업인의 기본자세에는 해당하지 않는다.

[오답분석]

② 나의 일을 필요로 하는 사람에게 봉사한다는 마음가짐이 필요하며, 직무를 수행하는 과정에서 다른 사람과 긴밀히 협력하는 협동 정신이 요구된다.
③ 직업이란 신이 나에게 주신 거룩한 일이며, 일을 통하여 자신의 존재를 실현하고 사회적 역할을 담당하는 것이니 자기의 직업을 사랑하며, 긍지와 자부심을 갖고 성실하게 임하는 마음가짐이 있어야 한다.
④ 법규를 준수하고 직무상 요구되는 윤리기준을 준수해야 하며, 공정하고 투명하게 업무를 처리해야 한다.
⑤ 협력체제에서 각자의 책임을 충실히 수행할 때 전체 시스템의 원만한 가동이 가능하며, 다른 사람에게 피해를 주지 않는다. 이러한 책임을 완벽하게 수행하기 위하여 자신이 맡은 분야에서 전문적인 능력과 역량을 갖추고, 지속적인 자기계발을 해야 한다.

04

정답 ④

'병풍과 장사는 약간 구부려야 잘 선다.'라는 말은 융통성이 없이 성실하고 올곧기만 하면 목적을 완수하기에 어렵다는 뜻으로 쓰인다. 목적의 달성을 위해 부정적인 것을 감수해야 한다는 말이기 때문에 성실에 대한 설명으로 적절하지 않다.

05

정답 ⑤

봉사 의식은 직업 활동을 통해 다른 사람과 공동체에 대하여 봉사하는 정신을 갖추고 실천하는 태도를 의미한다.

남에게 이기는 방법의 하나는 예의범절로 이기는 것이다.

- 조쉬 빌링스 -

PART 2

사무직 전공

01	02	03	04	05	06	07	08	09	10	11	12	13	14	15	16	17	18	19	20
②	③	⑤	④	⑤	④	③	④	⑤	①	⑤	②	③	①	③	③	⑤	④	②	④
21	22	23	24	25	26	27	28	29	30	31	32	33	34	35	36	37	38	39	40
④	③	③	②	②	⑤	①	③	②	③	⑤	①	①	④	④	②	⑤	③	⑤	④
41	42	43	44	45	46	47	48	49	50										
⑤	④	③	①	③	②	①	②	②	①										

01
정답 ②

근대민법은 형식적 평등을 추구하며 사적 자치의 원칙에 소유권 절대의 원칙(㉠), 계약 자유의 원칙(㉡), 과실 책임의 원칙(㉣)에 충실했다. 그러나 현대민법은 공공의 복리를 강조하며 이를 실천하기 위한 수단으로 신의성실의 원칙, 계약 공정의 원칙, 권리 남용 금지의 원칙, 무과실 책임의 원칙 등을 강조한다.

02
정답 ③

사회법에서 사회란 의미는 약자보호를 의미하며, 산업재해보상보험법이 사회법에 해당한다.
• 공법 : 헌법, 행정법, 형법, 형사소송법, 민사소송법, 행정소송법, 국제법 등
• 사법 : 민법, 상법, 회사법, 어음법, 수표법 등
• 사회법 : 근로기준법, 연금법, 보험법, 사회보장법, 산업재해보상보험법 등

03
정답 ⑤

가정법원은 질병, 장애, 노령, 그 밖의 사유로 인한 정신적 제약으로 사무를 처리할 능력이 지속적으로 결여된 사람에 대하여 본인, 배우자, 4촌 이내의 친족, 미성년후견인, 미성년후견감독인, 한정후견인, 한정후견감독인, 특정후견인, 특정후견감독인, 검사 또는 지방자치단체의 장의 청구에 의하여 성년후견개시의 심판을 한다(민법 제9조 제1항). 사무를 처리할 능력이 부족한 사람에 대하여는 한정후견개시의 심판을 한다(민법 제12조 제1항).

04
정답 ④

대통령은 중대한 재정·경제상의 위기에 있어서 국가의 안전보장 또는 공공의 안녕질서를 유지하기 위하여 최소한으로 필요한 재정·경제상의 처분을 할 수 있다(헌법 제76조 제1항). 따라서 국무총리가 아니라 대통령의 긴급재정경제처분권을 규정하고 있다.

[오답분석]
① 헌법 전문·헌법 제5조·제6조 등에서 국제평화주의를 선언하고 있다.
② 헌법 제77조 제1항
③ 헌법 제1조 제1항
⑤ 실질적 의미의 헌법은 규범의 형식과 관계없이 국가의 통치조직·작용의 기본원칙에 대한 규범을 총칭한다.

05

정답 ⑤

권리와 의무의 관계에 있어서는 권리가 있으면 이에 대응하는 의무가 있는 것이 원칙이다. 그러나 권리와 의무는 언제나 서로 대응하여 존재하는 것은 아니다. 권리가 대응하지 않는 의무도 있고, 의무가 대응하지 않는 권리도 있다.

법과 도덕의 비교

구분	법(法)	도덕(道德)
목적	정의(Justice)의 실현	선(Good)의 실현
규율대상	평균인의 현실적 행위 · 결과	평균인의 내면적 의사 · 동기 · 양심
규율주체	국가	자기 자신
준수근거	타율성	자율성
표현양식	법률 · 명령형식의 문자로 표시함	표현양식이 다양함
특징	외면성 : 인간의 외부적 행위 · 결과 중시	내면성 : 인간의 내면적 양심과 동기 중시
	강제성 : 위반 시 국가권력에 의해 처벌받음	비강제성 : 규범의 유지 · 제재에 강제가 없음
	양면성 : 의무에 대응하는 권리가 있음	일면성(편면성) : 의무에 대응하는 권리가 없음

06

정답 ④

종물은 주물의 처분에 수반된다는 민법 제100조 제2항은 임의규정이므로, 당사자는 주물을 처분할 때에 특약으로 종물을 제외할 수 있고 종물만을 별도로 처분할 수도 있다(대판 2012. 1. 26., 2009다76546).

07

정답 ③

마그나 카르타(1215년) → 영국의 권리장전(1689년) → 미국의 독립선언(1776년) → 프랑스의 인권선언(1789년) 순서이다.

08

정답 ④

근대 입헌주의적 헌법은 국법과 왕법을 구별하는 근본법(국법) 사상에 근거를 두고, 국가권력의 조직과 작용에 대한 사항을 정하는 동시에 국가권력의 행사를 제한하여 국민의 자유와 권리 보장을 이념으로 하고 있다.

09

정답 ⑤

행정주체와 국민의 관계는 행정주체인 국가의 물품공급계약관계, 공사도급계약관계, 국가의 회사주식매입관계, 국채모집관계 등과 같이 상호 대등한 당사자로서 사법관계일 때도 있고, 법률상 지배자와 종속관계의 위치로 인 · 허가 및 그 취소, 토지의 수용 등과 같이 행정주체가 국민에게 일방적으로 명령 · 강제할 수 있는 공법관계일 때도 있다.

10

정답 ①

건축허가는 법률행위적 행정행위 중 명령적 행위에 속한다.

행정행위의 구분

법률행위적 행정행위	명령적 행위	하명, 허가, 면제
	형성적 행위	특허, 인가, 대리
준법률행위적 행정행위		확인, 공증, 통지, 수리

11

정답 ⑤

헌법제정권력은 국민이 정치적 존재에 대한 근본결단을 내리는 정치적 의사이며 법적 권한이다. 시원적 창조성과 자율성, 항구성, 단일불가분성, 불가양성 등의 본질을 가지며 인격 불가침, 법치국가의 원리, 민주주의의 원리 등과 같은 근본규범의 제약을 받는다.

12

정답 ②

청원의 심사의무는 헌법 제26조 제2항에서, 청원의 수리·심사·결과의 통지에 대해서는 청원법에서 규정하고 있다.

오답분석

① 공무원, 군인, 수형자도 청원을 할 수 있다. 다만, 직무와 관련된 청원이나 집단적 청원은 할 수 없다.
③ 정부에 제출된 청원의 심사는 국무회의의 심의를 거쳐야 한다(헌법 제89조 제15호).
④ 공무원의 위법·부당한 행위에 대한 시정이나 징계의 요구도 청원할 수 있다(청원법 제5조 제2호).
⑤ 사인 간의 권리관계 또는 개인의 사생활에 관한 사항인 때에는 청원을 처리하지 아니할 수 있다(청원법 제6조 제5호).

13

정답 ③

헌법의 개정은 헌법의 동일성을 유지하면서 의식적으로 헌법전의 내용을 수정·삭제·추가하는 것을 말한다.

14

정답 ①

헌법의 폐지는 기존의 헌법전은 배제하지만 헌법제정권력의 주체는 경질되지 않으면서 헌법의 근본규범성을 인정하고 헌법의 전부를 배제하는 경우이다.

15

정답 ③

오답분석

① 확정력에는 형식적 확정력(불가쟁력)과 실질적 확정력(불가변력)이 있다.
② 불가쟁력은 행정행위의 상대방 기타 이해관계인이 더 이상 그 효력을 다툴 수 없게 되는 힘을 의미한다.
④ 강제력에는 행정법상 의무위반자에게 처벌을 가할 수 있는 제재력과 행정법상 의무불이행자에게 의무의 이행을 강제할 수 있는 자력집행력이 있다.
⑤ 불가변력은 일정한 행정행위의 그 성질상 행정청 스스로도 직권취소나 변경이 제한되는 경우를 의미한다.

16

정답 ③

법규범은 자유의지가 작용하는 자유법칙으로 당위의 법칙이다.

17

정답 ⑤

지방자치단체의 장은 법령 또는 조례의 범위에서 그 권한에 속하는 사무에 관하여 규칙을 제정할 수 있다(지방자치법 제29조).

오답분석

① 지방자치법 제39조
② 헌법 제117조 제2항
③ 지방자치법 제37조
④ 지방자치법 제107조

18

국회 내부사항에 대한 자율권

국회규칙 제정권, 의원의 신분에 대한 권한(의원 제명·징계·자격심사), 내부조직권, 내부경찰권(의사자율권, 신분자율권, 규칙제정권) 등

19

루소는 개인의 이익이 국가의 이익보다 우선하며, 법의 목적은 개인의 자유와 평등의 확보 및 발전이라고 보았다.

20

오답분석

①·②·③·⑤ 행정기관은 이외에 자유민주주의, 권력분립주의, 기본권 존중주의, 복지국가의 원리, 사회적 시장경제주의의 원리 등을 표방하고 있다.

21

유효한 행정행위가 존재하는 이상 모든 국가기관은 그 존재를 존중하고 스스로의 판단에 대한 기초로 삼아야 한다는 것은 구성요건적 효력을 말한다.

행정행위의 효력

공정력	비록 행정행위에 하자가 있는 경우에도 그 하자가 중대하고 명백하여 당연무효인 경우를 제외하고는, 권한 있는 기관에 의해 취소될 때까지는 일응 적법 또는 유효한 것으로 보아 누구든지(상대방은 물론 제3의 국가기관도) 그 효력을 부인하지 못하는 효력	
구속력	행정행위가 그 내용에 따라 관계행정청, 상대방 및 관계인에 대하여 일정한 법적 효과를 발생하는 힘으로, 모든 행정행위에 당연히 인정되는 실체법적 효력	
존속력	불가쟁력 (형식적)	행정행위에 대한 쟁송제기기간이 경과하거나 쟁송수단을 다 거친 경우에는 상대방 또는 이해관계인은 더 이상 그 행정행위의 효력을 다툴 수 없게 되는 효력
	불가변력 (실질적)	일정한 경우 행정행위를 발한 행정청 자신도 행정행위의 하자 등을 이유로 직권으로 취소·변경·철회할 수 없는 제한을 받게 되는 효력

22

아리스토텔레스는 정의를 동등한 대가적 교환을 내용으로 하여 개인 대 개인 간 관계의 조화를 이룩하는 이념으로서의 평균적 정의와 국가 대 국민 또는 단체 대 그 구성원 간 관계를 비례적으로 조화시키는 이념으로서의 배분적 정의로 나누었다. 이는 정의를 협의의 개념에서 파악한 것이다.

23

오답분석

① 집행기관은 의결기관 또는 의사기관에 대하여 그 의결 또는 의사결정을 집행하는 기관이나 행정기관이며, 채권자의 신청에 의하여 강제집행을 실시할 직무를 가진 국가기관이다.
② 자문기관은 행정기관의 자문에 응하여 행정기관에 전문적인 의견을 제공하거나, 자문을 구하는 사항에 관하여 심의·조정·협의하는 등 행정기관의 의사결정에 도움을 주는 행정기관을 말한다.
④ 의결기관은 의사결정에만 그친다는 점에서 외부에 표시할 권한을 가지는 행정관청과 다르고, 행정관청을 구속한다는 점에서 단순한 자문적 의사의 제공에 그치는 자문기관과 다르다.
⑤ 독임제 행정청이 원칙적인 형태이고, 지자체의 경우 지자체장이 행정청에 해당한다.

24

법정과실은 반드시 물건의 사용대가로서 받는 금전 기타의 물건이어야 한다. 사용에 제공되는 것이 물건이 아닌 근로의 임금·특허권의 사용료, 사용대가가 아닌 매매의 대금·교환의 대가, 받는 것이 물건이 아닌 공작물의 임대료청구권 등은 법정과실이 아니다.

오답분석
①·③ 법정과실에 해당한다.
④·⑤ 천연과실에 해당한다.

25

정답 ②

영미법계 국가에서는 선례구속의 원칙에 따라 판례의 법원성이 인정된다.

26

정답 ⑤

무권대리행위에 대한 추인은 무권대리행위로 인한 효과를 자기에게 귀속시키려는 의사표시이니 만큼 무권대리행위에 대한 추인이 있었다고 하려면 그러한 의사가 표시되었다고 볼 만한 사유가 있어야 하고, 무권대리행위가 범죄가 되는 경우에 대하여 그 사실을 알고도 장기간 형사고소를 하지 아니하였다 하더라도 그 사실만으로 묵시적인 추인이 있었다고 할 수는 없는 바, 권한 없이 기명날인을 대행하는 방식에 의하여 약속어음을 위조한 경우에 피위조자가 이를 묵시적으로 추인하였다고 인정하려면 추인의 의사가 표시되었다고 볼 만한 사유가 있어야 한다(대판 1998. 2. 10., 97다31113).

27

정답 ①

오답분석
②·③·④·⑤ 공무원의 복무는 이외에 성실의무, 종교중립의 의무, 청렴의 의무 등이 있다(국가공무원법 제7장).

28

정답 ③

소멸시효의 중단사유로는 청구·압류 또는 가압류, 가처분·승인이 있다(민법 제168조).

소멸시효의 중단과 정지
- 정당한 권리자는 사실상태의 진행을 중단시켜 시효의 완성을 방지할 필요가 있는 바, 이를 시효의 중단이라 한다. 시효의 중단은 당사자 및 그 승계인 간에만 효력이 있다(민법 제169조).
- 중단사유로는 청구·압류 또는 가압류, 가처분·승인이 있다(민법 제168조).
- 시효의 정지라 함은 시효완성 직전에 그대로 시효를 완성시켜서는 권리자에게 가혹하다는 사정이 있을 때 시효의 완성을 일정기간 유예하는 제도이다.

29

정답 ②

만 14세 미만의 미성년자는 형사미성년자로 지정되어 형사상 책임을 물을 수 없다(형법 제9조).

30

정답 ③

민사·형사소송법은 절차법으로서 공법에 해당한다.

31

정답 ⑤

도로·하천 등의 설치 또는 관리의 하자로 인한 손해에 대하여는 국가 또는 지방자치단체는 국가배상법 제5조의 영조물책임을 진다.

[오답분석]

① 공무원도 국가배상법 제2조나 제5조의 요건을 갖추면 국가배상청구권을 행사할 수 있다. 다만, 군인·군무원·경찰공무원 또는 예비군대원의 경우에는 일정한 제한이 있다.

② 국가배상법에서 규정하고 있는 손해배상은 불법행위로 인한 것이므로 적법행위로 인하여 발생하는 손실을 보상하는 손실보상과는 구별해야 한다.

③ 도로건설을 위해 토지를 수용당한 경우에는 위법한 국가작용이 아니라 적법한 국가작용이므로 개인은 손실보상청구권을 갖는다.

④ 공무원이 직무수행 중에 적법하게 타인에게 손해를 입힌 경우 국가는 배상책임이 없다.

32

정답 ①

성문법은 '헌법 → 법률 → 명령 → 자치법규(조례 → 규칙)'의 단계로 이루어져 있다.

33

정답 ①

하명은 명령적 행정행위이다.

행정행위의 구분

법률행위적 행정행위		준법률행위적 행정행위
명령적 행위	**형성적 행위**	
하명, 면제, 허가	특허, 인가, 대리	공증, 통지, 수리, 확인

34

정답 ④

사채의 모집에 응하고자 하는 자는 사채청약서 2통에 그 인수할 사채의 수와 주소를 기재하고 기명날인 또는 서명하여야 한다(상법 제474조 제1항).

[오답분석]

① 사채의 상환청구권은 10년간 행사하지 아니하면 소멸시효가 완성한다(상법 제487조 제1항).

② 사채관리회사는 사채를 발행한 회사와 사채권자집회의 동의를 받아 사임할 수 있다(상법 제481조).

③ 채권은 사채전액의 납입이 완료한 후가 아니면 이를 발행하지 못한다(상법 제478조 제1항).

⑤ 사채의 모집이 완료한 때에는 이사는 지체 없이 인수인에 대하여 각 사채의 전액 또는 제1회의 납입을 시켜야 한다(상법 제476조 제1항).

35

정답 ④

사실인 관습은 그 존재를 당사자가 주장·입증하여야 하나, 관습법은 당사자의 주장·입증을 기다림이 없이 법원이 직권으로 이를 판단할 수 있다(대판1983.6.14., 80다3231).

36

정답 ②

행정상 장해가 존재하거나 장해의 발생이 목전에 급박한 경우, 성질상 개인에게 의무를 명해서는 공행정 목적을 달성할 수 없거나 또는 미리 의무를 명할 시간적 여유가 없거나 또는 미리 의무를 명할 시간적 여유가 없는 경우에 개인에게 의무를 명함이 없이 행정기관이 직접 개인의 신체에 직접 실력을 가하여 행정상 필요한 상태의 실현을 목적으로 하는 행위를 '행정상 즉시강제'라 한다.

37

정당의 목적이나 활동이 민주적 기본질서에 위배될 때에는 정부는 헌법재판소에 그 해산을 제소할 수 있고, 정당은 헌법재판소의 심판에 의하여 해산된다(헌법 제8조 제4항).

오답분석

① 헌법 제8조 제1항
②・③ 헌법 제8조 제2항
④ 헌법 제8조 제3항

38

정답 ③

상사에 대하여는 상법에 규정이 없으면 상관습법에 의하고, 상관습법이 없으면 민법의 규정에 의한다(상법 제1조)는 점을 주의하여야 한다. 따라서 상법의 적용순서는 '상법 → 상관습법 → 민사특별법 → 민법 → 민사관습법' 순이다.

39

정답 ⑤

중・대선거구제와 비례대표제는 군소정당이 난립하여 정국이 불안정을 가져온다는 단점이 있다. 그에 비해 소선거구제는 양대정당이 육성되어 정국이 안정된다는 장점이 있다.

40

정답 ④

행정소송법에서 정한 행정사건과 다른 법률에 의하여 행정법원의 권한에 속하는 사건의 제1심 관할 법원은 행정법원이다(행정법원이 설치되지 아니한 지역의 경우 지방법원이 관할). 행정소송은 3심급제를 채택하여 제1심 판결에 대한 항소사건은 고등법원이 심판하고, 상고사건은 대법원이 관할한다.

41

정답 ⑤

오답분석

① 고유법과 계수법은 법이 생성된 근거에 따른 구분이다.
② 강행법과 임의법은 당사자 의사의 상관성 여부에 따른 구분이다.
③ 실체법과 절차법은 법이 규정하는 내용상의 구분이다.
④ 공법과 사법은 법이 규율하는 생활관계에 따라 분류하는 것으로 대륙법계의 특징에 해당한다.

42

정답 ④

행정쟁송제도 중 행정소송에 대한 설명이다. 행정심판은 행정관청의 구제를 청구하는 절차를 말한다.

43

정답 ③

기본권의 제3자적 효력에 대하여 간접적용설(공서양속설)은 기본권 보장에 대한 헌법 조항을 사인관계에 직접 적용하지 않고, 사법의 일반규정의 해석을 통하여 간접적으로 적용하자는 설로 오늘날의 지배적 학설이다.

44

정답 ①

법규의 명칭에 따른 구별기준에 대한 학설은 존재하지 않는다.

공법과 사법의 구별기준에 대한 학설

이익설 (목적설)	관계되는 법익에 따른 분류로 공익보호를 목적으로 하는 법을 공법, 사익보호를 목적으로 하는 법을 사법으로 본다.
주체설	법률관계의 주체에 따른 분류기준을 구하여 국가 또는 공공단체 상호 간, 국가·공공단체와 개인 간의 관계를 규율하는 것을 공법, 개인 상호 간의 관계를 규율하는 것을 사법으로 본다.
성질설 (법률관계설)	법이 규율하는 법률관계에 대한 불평등 여부에 따른 분류기준으로 불평등관계(권력·수직관계)를 규율하는 것을 공법, 평등관계(비권력·대등·수평관계)를 규율하는 것을 사법으로 본다.
생활관계설	사람의 생활관계를 표준으로 삼아 국민으로서의 생활관계를 규율하는 것을 공법, 국가와 직접적 관계가 없는 사인 간의 생활관계를 규율하는 것을 사법으로 본다.
통치관계설	법이 통치권의 발동에 대한 것이냐 아니냐에 따라 국가통치권의 발동에 대한 법을 공법, 그렇지 않은 법을 사법으로 본다.
귀속설 (신주체설)	행정주체에 대해서만 권리·권한·의무를 부여하는 것을 공법, 모든 권리주체에 권리·의무를 부여하는 것을 사법으로 본다.

45

정답 ③

우리나라는 법원조직법에서 판례의 법원성에 대해 규정하고 있다.

우리나라 불문법의 법원성

판례법	법원의 판결은 본래 어떤 구체적인 사건의 해결방법으로서의 의미만을 가질 뿐이나, 실제로는 사실상 뒤의 재판을 강력하게 기속하는 구속력이 있으므로, 같은 내용의 사건에 대해서는 같은 내용의 판결이 내려지게 된다. 판례법이란 이와 같이 거듭되는 법원의 판결을 법으로 보는 경우에 있게 된다. 영미법계의 국가에서는 이러한 판례의 구속력이 인정되나, 대륙법계의 국가에서는 대체로 성문법주의이기 때문에 판례법은 제2차적 법원에 지나지 않는다. 우리나라의 경우에도 성문법 중심의 대륙법계의 법체계를 따르고 있어 판례법의 구속력은 보장되지 않는다. 그러나 법원조직법에서 상급법원의 판단은 해당 사건에서만 하급법원에 기속력을 지닌다고 규정(제8조)하는 한편, 대법원에서 종전의 판례를 변경하려면 대법관 전원의 3분의 2 이상의 합의가 있어야 한다고 엄격한 절차를 규정(제7조 제1항 제3호)하고 있어 하급법원은 상급법원의 판결에 기속된다. 따라서 우리나라의 경우 판례는 사실상의 구속력을 지닌다고 볼 수 있다.
관습법	사회생활상 일정한 사실이 장기간 반복되어 그 생활권의 사람들을 구속할 수 있는 규범으로 발전된 경우 사회나 국가로부터 법적 확신을 획득하여 법적 가치를 가진 불문법으로서 관행의 존재와 그에 대한 법적 확신, 또한 관행이 선량한 풍속이나 사회질서에 반하지 않을 것이며 그러한 관행을 반대하는 법령이 없을 때 혹은 법령의 규정에 의하여 명문으로 인정한 관습일 때에 관습법으로 성립되며 성문법을 보충한다.
조리	법원은 구체적 사건에 적용할 법규가 없는 경우에도 재판을 거부할 수 없으며 조리는 이러한 법의 흠결 시에 재판의 준거가 된다. 또한 법률행위의 해석의 기준이 되기도 한다. 우리나라 민법 제1조에는 "민사에 관하여 법률에 규정이 없으면 관습법에 의하고 관습법이 없으면 조리에 의한다."라고 규정하고 있다.

46

인격권은 권리의 내용에 따른 분류에 속한다. 권리의 작용(효력)에 따라 분류하면 지배권, 청구권, 형성권, 항변권으로 나누어진다.

권리의 작용(효력)에 따른 분류

지배권(支配權)	권리의 객체를 직접·배타적으로 지배할 수 있는 권리를 말한다(예 물권, 무체재산권, 친권 등).
청구권(請求權)	타인에 대하여 일정한 급부 또는 행위(작위·부작위)를 적극적으로 요구하는 권리이다(예 채권, 부양청구권 등).
형성권(形成權)	권리자의 일방적인 의사표시에 의하여 일정한 법률관계를 발생·변경·소멸시키는 권리이다(예 취소권, 해제권, 추인권, 해지권 등).
항변권(抗辯權)	청구권의 행사에 대하여 급부를 거절할 수 있는 권리로, 타인의 공격을 막는 방어적 수단으로 사용되며 상대방에게 청구권이 있음을 부인하는 것이 아니라 그것을 전제하고, 다만 그 행사를 배척하는 권리를 말한다(예 보증인의 최고 및 검색의 항변권, 동시이행의 항변권 등).

47

사법은 개인 상호간의 권리·의무관계를 규율하는 법으로 민법, 상법, 회사법, 어음법, 수표법 등이 있으며, 실체법은 권리·의무의 실체, 즉 권리나 의무의 발생·변경·소멸 등을 규율하는 법으로 헌법, 민법, 형법, 상법 등이 해당한다. 부동산등기법은 절차법으로 공법에 해당한다는 보는 것이 다수의 견해이나, 사법에 해당한다는 소수 견해도 있다. 따라서 부동산등기법은 사법에 해당하는지 여부와 관련하여 견해 대립이 있으나 절차법이므로 옳지 않다.

48

형법에서는 유추해석과 확대해석을 동일한 것으로 보아 금지하며(죄형법정주의의 원칙), 피고인에게 유리한 유추해석만 가능하다고 본다.

49

행정행위는 행정처분이라고도 하며, 처분이란 행정청이 행하는 구체적 사실에 관한 법 집행으로서의 공권력 행사 또는 그 거부와 그 밖에 이에 준하는 행정작용이다(행정절차법 제2조 제2호).

50

조건이 법률행위의 당시 이미 성취한 것인 경우에는 그 조건이 정지조건이면 조건 없는 법률행위로 하고 해제조건이면 그 법률행위는 무효로 한다(민법 제151조 제2항).

01	02	03	04	05	06	07	08	09	10	11	12	13	14	15	16	17	18	19	20
④	⑤	①	⑤	⑤	②	②	②	⑤	③	①	④	⑤	③	④	④	②	⑤	⑤	②
21	22	23	24	25	26	27	28	29	30	31	32	33	34	35	36	37	38	39	40
②	③	③	③	④	③	①	④	①	③	⑤	②	⑤	③	②	①	①	①	②	②
41	42	43	44	45	46	47	48	49	50										
②	①	⑤	⑤	②	④	①	②	③	①										

01

정답 ④

위탁집행형 준정부기관은 준정부기관 중 기금관리형 준정부기관이 아닌 공공기관으로, 한국도로교통공단, 건강보험심사평가원, 국민건강보험공단 등이 속한다.

오답분석

① 정부기업은 형태상 일반부처와 동일한 형태를 띠는 공기업이다.
② 지방공기업의 경우 지방공기업법의 적용을 받는다.
③ 준정부기관은 직원 정원이 300명, 총수입액 200억 원, 자산규모 30억 원 이상이면서 총수입 중 자체수입액이 50% 미만인 공공기관을 의미한다.
⑤ 일반적으로 공기업은 정부조직에 비해 인사 및 조직운영에 많은 자율권이 부여된다.

02

정답 ⑤

공무원은 형의 선고, 징계처분 또는 이 법에서 정하는 사유에 따르지 아니하고는 본인의 의사에 반하여 휴직·강임 또는 면직을 당하지 아니한다. 다만, 1급 공무원과 가장 높은 등급의 지위에 임용된 고위공무원단에 속하는 공무원은 그러하지 아니하다(국가공무원법 제68조).

오답분석

① 국가공무원법 제65조
② 부패방지 및 국민권익위원회의 설치와 운영에 관한 법률 제56조
③ 부패방지 및 국민권익위원회의 설치와 운영에 관한 법률 제72조 제1항
④ 공직자윤리법 제1조

03

정답 ①

판단적 미래예측기법은 경험적 자료나 이론이 없을 때 전문가나 경험자들의 주관적인 견해에 의존하는 질적·판단적 예측이다.

04

정답 ⑤

윌슨의 정치행정이원론에 따르면 행정의 비정치성이란 행정은 정치적 이념 혹은 집안이나 특정 개인의 선호도를 고려하지 않고 중립적으로 이루어져야 한다는 것을 의미한다.

05

정답 ⑤

역사학적 신제도주의는 각국에서 채택된 정책의 상이성과 효과를 역사적으로 형성된 제도에서 찾으려는 접근방법을 말한다.

오답분석

① 행태주의는 인간을 사물과 같은 존재로 인식하기 때문에 인간의 자유와 존엄을 강조하기보다는 인간을 수단적 존재로 인식한다.
② 자연현상과 사회현상을 동일시하여 자연과학적인 논리실증주의를 강조한 것은 행태론적 연구의 특성이다.
③ 행태주의를 비판하며 나타난 후기 행태주의의 입장이다.
④ 행태주의는 객관적인 사실에 입각한 일반법칙적인 연구에만 몰두한 나머지 보수적인 이론이며, 제도변화와 개혁을 지향하지 않는다.

06

정답 ②

구조적 요인의 개편이란 조직 합병, 인사교류 등을 말하는 것으로, 이는 갈등해소 방안이다.

오답분석

③ 행태론적 갈등론은 갈등의 순기능론으로서 갈등을 불가피하거나 정상적인 현상으로 보고, 문제해결과 조직발전의 계기로 보는 적극적 입장이다.

07

정답 ②

(가) 1910년대 과학적 관리론 → (다) 1930년대 인간관계론 → (나) 1940년대 행정행태론 → (라) 1990년대 후반 신공공서비스론의 순서이다.

08

정답 ②

ㄱ. 분배정책은 정부가 가지고 있는 권익이나 서비스 등 자원을 배분하는 정책이다. 수혜자들은 서비스와 편익을 더 많이 취하기 위해서 다투게 되므로 포크배럴(구유통), 로그롤링과 같은 정치적 현상이 발생하기도 한다.
ㄷ. 재분배정책은 누진소득세, 임대주택 건설사업 등이 대표적이다.

오답분석

ㄴ. 재분배정책에 대한 설명이다. 분배정책은 갈등이나 반발이 별로 없기 때문에 가장 집행이 용이한 정책이다.
ㄹ. 분배정책이 재분배정책에 비해서 안정적 정책을 위한 루틴화의 가능성이 높고 집행을 둘러싼 논란이 적어 집행이 용이하다.

분배정책과 재분배정책의 비교

구분	분배정책	재분배정책
재원	조세(공적 재원)	고소득층 소득
성격과 갈등 정도	없음(Non-Zero Sum)	많음(Zero Sum)
정책	사회간접자본 건설	누진세, 임대주택 건설
이념	능률성, 효과성, 공익성	형평성
집행	용이	곤란
수혜자	모든 국민	저소득층
관련 논점	포크배럴(구유통 정책), 로그롤링	이념상, 계급 간 대립

09

정답 ⑤

총액배분 자율편성예산제도는 중앙예산기관이 국가재정운용계획에 따라 각 부처의 지출한도를 하향식으로 설정해주면 각 부처가 배정받은 지출한도 내에서 자율적으로 편성하는 예산제도이다.

10

정답 ③

합병, 흡수통합, 전부사무조합 등은 광역행정의 방식 중 통합방식에 해당한다. 일부사무조합은 공동처리방식에 해당하며, 도시공동체는 연합방식에 해당한다.

> **광역행정**
> 특정 사무를 자치단체 간 협력적으로 처리하기 위하여 독립된 법인격을 부여하여 설치한 특별자치단체이다.
> • 일부사무조합 : 한 가지 사무처리(공동처리방식과 유사)
> • 복합사무조합 : 둘 이상 사무처리(연합방식과 유사)
> • 전부사무조합 : 모든 사무처리(사실상 통합방식·종합적 처리방식)

11

정답 ①

오답분석

ㄱ. 과정설에 대한 설명이다.
ㄴ. 롤스의 사회정의의 원리에 따르면 제2원리 내에서 충돌이 생길 때에는 기회균등의 원리가 차등의 원리에 우선되어야 한다.
ㄷ. 실체설에 대한 설명이다.
ㄹ. 베를린은 간섭과 제약이 없는 상태를 소극적 자유라고 하고, 무엇을 할 수 있는 자유를 적극적 자유라고 하였다.

12

정답 ④

ㄴ. 킹던의 정책창 모형은 쓰레기통 모형을 한층 발전시켜 우연한 기회에 이루어지는 결정을 흐름으로 설명하고 있다.
ㄷ·ㄹ. 킹던은 정책과정을 문제 흐름, 정책 흐름, 정치 흐름 등 세 가지 독립적인 흐름으로 개념화될 수 있으며, 각 흐름의 주도적인 행위자도 다르다고 보았다. 킹던은 정치 흐름과 문제 흐름이 합류할 때 정책의제가 설정되고, 정책 흐름에 의해서 만들어진 정책대안은 이들 세 개의 흐름이 서로 같이 만나게 될 때 정책으로 결정될 기회를 갖게 된다고 보았다. 이러한 복수 흐름을 토대로 정책의 창이 열리고 닫히는 이유를 제시하고 그 유형을 구분하였는데, 세 흐름을 합류시키는 데 주도적인 역할을 담당하는 정책기업가의 노력이나 점화장치가 중요하다고 보았다.

오답분석

ㄱ. 방법론적 개인주의와 정책창 모형은 관련성이 없다.
ㅁ. 표준운영절차는 회사모형을 설명하는 주요 개념이다.

13

정답 ⑤

오답분석

ㄱ. 보수주의 정부관에 따르면 정부에 대한 불신이 강하고 정부실패를 우려한다.
ㄴ. 공공선택론은 정부를 공공재의 생산자로 규정하고 있다. 그러나 대규모 관료제에 의한 행정은 효율성을 극대화하지 못한다고 비판하므로 옳지 않다.

보수주의 정부관과 진보주의 정부관의 비교

구분	보수주의 정부관	진보주의 정부관
추구 가치	• 자유 강조(국가로부터의 자유) • 형식적 평등, 기회의 평등 중시 • 교환적 정의 중시	• 자유를 열렬히 옹호(국가에로의 자유) • 실질적 평등, 결과의 평등 중시 • 배분적 정의 중시
인간관	• 합리적이고 이기적인 경제인	• 오류가능성의 여지 인정
정부관	• 최소한의 정부-정부 불신	• 적극적인 정부-정부 개입 인정
경제정책	• 규제완화, 세금감면, 사회복지정책의 폐지	• 규제옹호, 소득재분배정책, 사회보장정책
비고	• 자유방임적 자본주의	• 복지국가, 사회민주주의, 수정자본주의

14

정답 ③

ㄱ. 행정통제는 통제시기의 적시성과 통제내용의 효율성이 고려되어야 한다. 즉, 통제의 비용과 통제의 편익 중 편익이 더 커야 한다.
ㄴ. 옴부즈만 제도는 사법 통제의 한계를 보완하기 위해 도입되었다.
ㄷ. 선거에 의한 통제와 이익집단에 의한 통제 등은 외부통제에 해당한다.

오답분석

ㄹ. 합법성을 강조하는 통제는 사법통제이다. 사법통제에서 부당한 행위에 대한 통제는 제한된다.

15

정답 ④

우리나라는 행정의 양대 가치인 민주성과 능률성에 대해 규정하고 있다.

목적(국가공무원법 제1조)
이 법은 각급 기관에서 근무하는 모든 국가공무원에게 적용할 인사행정의 근본 기준을 확립하여 그 공정을 기함과 아울러 국가공무원에게 국민 전체의 봉사자로서 행정의 민주적이며 능률적인 운영을 기하게 하는 것을 목적으로 한다.

목적(지방공무원법 제1조)
이 법은 지방자치단체의 공무원에게 적용할 인사행정의 근본 기준을 확립하여 지방자치행정의 민주적이며 능률적인 운영을 도모함을 목적으로 한다.

목적(지방자치법 제1조)
이 법은 지방자치단체의 종류와 조직 및 운영, 주민의 지방자치행정 참여에 관한 사항과 국가와 지방자치단체 사이의 기본적인 관계를 정함으로써 지방자치행정을 민주적이고 능률적으로 수행하고, 지방을 균형 있게 발전시키며, 대한민국을 민주적으로 발전시키려는 것을 목적으로 한다.

16

정답 ④

ㄴ・ㄹ・ㅁ. 주세, 부가가치세, 개별소비세는 국세이며 간접세에 해당한다.

오답분석

ㄱ. 자동차세는 지방세이며 직접세이다.
ㄷ. 담배소비세는 지방세이며 간접세이다.
ㅂ. 종합부동산세는 국세이며 직접세이다.

직접세와 간접세의 비교

구분	직접세	간접세
과세 대상	소득이나 재산(납세자＝담세자)	소비 행위(납세자 ≠ 담세자)
세율	누진세	비례세
조세 종류	소득세, 법인세, 재산세 등	부가가치세, 특별소비세, 주세(담배소비세) 등
장점	소득 재분배 효과, 조세의 공정성	조세 징수의 간편, 조세 저항이 작음
단점	조세 징수가 어렵고 저항이 큼	저소득 계층에게 불리함

17

리바이어던(Leviathan)의 가설은 구약성서에 나오는 힘이 강하고, 몸집이 큰 수중동물로 정부재정의 과다팽창을 비유한다. 현대의 대의민주체제가 본질적으로 정부부문의 과도한 팽창을 유발하는 속성을 지닌다. 일반대중이 더 큰 정부지출에 적극적으로 반대하지 않는 투표성향(투표 거래, 담합)을 보이므로, 현대판 리바이어던의 등장을 초래한다.

[오답분석]
① 지대추구이론 : 정부의 규제가 반사적 이득이나 독점적 이익(지대)을 발생시키고 기업은 이를 고착화시키기 위한 로비활동을 한다는 것을 말한다.
③ 파킨슨(Parkinson)의 법칙 : 파킨슨이 1914년부터 28년간 영국의 행정조직을 관찰한 결과 제시된 법칙으로 공무원 수는 본질적 업무량(행정수요를 충족시키기 위한 업무량)의 증감과 무관하게 일정비율로 증가한다는 것이다.
④ 니스카넨(Niskanen)의 예산극대화 가설 : 니스카넨이 1971년에 제기한 가설을 말하며, 관료들은 자신들의 영향력과 승진기회를 확대하기 위해 예산규모의 극대화를 추구한다는 것을 의미한다. 관료들이 오랜 경험 등을 활용하여 재정선택과정을 독점한다는 점에서 재정선택의 독점모형이라고도 한다.
⑤ 로머와 로젠탈(Tomas Romer & Howard Rosenthal)의 회복수준 이론 : 투표자와 관료의 상호작용을 다음과 같은 단순한 상황에서 검토하였다. 관료들은 국민투표에서 유권자들 앞에 제시될 각 부처의 재원조달계획을 마련하며, 그것은 다수결투표에 의해 가부가 결정된다. 제안이 부결되면 지출수준은 외생적인 어떤 방법으로 결정된 회귀(Reversion)수준에서 확정된다. 예를 들면, 회귀수준은 지난해의 예산규모일 수도 있고, 0일 수도 있고(이 경우 부처예산안의 부결은 부처의 폐쇄를 의미한다), 좀 더 복잡한 어떤 방법으로 결정될 수도 있다. 로머와 로젠탈은 관료들의 문제, 즉 유권자 앞에 제시되는 예산안을 편성하는 문제, 또 지출수준이 최종적으로 어떻게 결정되는지를 설명하는 문제를 검토하였다.

18

점증모형은 수단과 목표가 명확히 구분되지 않으므로 흔히 목표 – 수단의 분석이 부적절하거나 제한되는 경우가 많으며, 목표달성의 극대화를 추구하지 않는다. 정책 목표달성을 극대화하는 정책을 최선의 정책으로 평가하는 모형은 합리모형이다.

합리모형과 점증모형의 비교

구분	합리모형	점증모형
의사결정자	• 합리적 경제인	• 정치인
목표수단, 상호작용	• 목표와 수단의 엄격구분(선후 · 계층성) • 수단은 목표에 합치되도록 선택 • 목표의 명확한 정의, 목표 – 수단분석 활용	• 목표와 수단의 상호의 존성 · 연쇄관계 • 목표를 수단에 합치되도록 재조정 · 수정 • 목표의 불명확성 · 목표 – 수단분석 제한적
대안의 범위	• 대안 수는 무한정, 현실의 제약조건이 없다는 가정	• 대안 수는 한정, 현실의 제약조건 수용
분석의 범위	• 포괄적 분석, Root Method	• 제한적 분석, Branch Method(지분법 : 支分法)
접근방식	• 이상적 · 규범적 · 연역적 접근 • 이론의존도 강함, OR · SA(BC분석) 활용 • Algorithm, 체계적 · 과학적 접근	• 현실적 · 실증적 · 귀납적 접근 • 이론의존도 약함 • Heuristic, 주먹구구식, 이전투구식(泥田鬪狗式) 결정
분석 · 결정의 특징	• 포괄적 · 총체적 · 단발적 · 1회적 결정 • 하향적 결정	• 분절적 · 분할적 · 계속적 · 점진적 · 지속적 결정 • 상향적 결정
결정양식	• 전체 최적화(부분의 합 ≠ 전체) • 거시적 · 하향적 · 집권적	• 부분 최적화(부분의 합＝전체) • 미시적 · 상향적 · 분권적
현실(기득권)	• 기득권 불인정(매몰비용 고려 안 함)	• 기득권 인정(매몰비용 고려함)
적용사회	• 전체주의 · 권위주의 사회	• 다원주의 사회
관련이론	• 공익의 실체설(적극설)	• 공익의 과정설(소극설), 다원주의

CHAPTER 02 행정학 • 81

19

갈등 당사자들에게 공동의 상위목표를 제시하거나 공동의 적을 설정하는 것은 갈등의 해소전략에 해당한다.

> **갈등의 조성전략**
> • 공식적·비공식적 의사전달 통로의 의도적 변경
> • 경쟁의 조성
> • 조직 내 계층 수 및 조직단위 수 확대와 의존도 강화
> • 계선조직과 막료조직의 활용
> • 정보전달의 통제(정보량 조절 : 정보전달 억제나 과잉노출)
> • 의사결정권의 재분배
> • 기존 구성원과 상이한 특성을 지닌 새로운 구성원의 투입(구성원의 유동), 직위 간 관계의 재설정

20

[오답분석]

ㄴ. 개혁을 포괄적·급진적으로 추진할 경우 개혁에 대한 저항은 더 크게 나타난다. 구체적·점진적으로 진행해야 저항이 적다.
ㄹ. 내부집단에 의할 때보다 외부집단에 의해 개혁이 추진될 때 저항이 강해진다.

21

공공선택론은 유권자, 정치가, 그리고 관료를 포함하는 정치제도 내에서 자원배분과 소득분배에 대한 결정이 어떻게 이루어지는지를 분석하고, 그것을 기초로 하여 정치적 결정의 예측 및 평가를 목적으로 한다.

[오답분석]

① 과학적 관리론 : 최소의 비용으로 최대의 성과를 달성하고자 하는 민간기업의 경영합리화 운동으로, 객관화된 표준과업을 설정하고 경제적 동기 부여를 통하여 절약과 능률을 달성하고자 하였던 고전적 관리연구이다.
③ 행태론 : 면접이나, 설문조사 등을 통해 인간행태에 대한 규칙성과 유형성·체계성 등을 발견하여 이를 기준으로 종합적인 인간관리를 도모하려는 과학적·체계적인 연구를 말한다.
④ 발전행정론 : 환경을 의도적으로 개혁해 나가는 행정인의 창의적·쇄신적인 능력을 중요시한다. 또한 행정을 독립변수로 간주해 행정의 적극적 기능을 강조한 이론이다.
⑤ 현상학 : 사회적 행위의 해석에 있어서 이러한 현상 및 주관적 의미를 파악하여 이해하는 철학적·심리학적 접근법, 주관주의적 접근(의식적 지향성 중시)으로, 실증주의·행태주의·객관주의·합리주의를 비판하면서 등장하였다.

22

국가재정법 제16조는 예산의 편성 및 집행에 있어서 준수해야 할 여섯 가지 사항을 규정하고 있지만, 재정의 지속가능성 확보에 대한 내용은 규정하고 있지 않다.

> **예산의 원칙(국가재정법 제16조)**
> 정부는 예산을 편성하거나 집행할 때 다음 각 호의 원칙을 준수하여야 한다.
> 1. 정부는 재정건전성의 확보를 위하여 최선을 다하여야 한다.
> 2. 정부는 국민부담의 최소화를 위하여 최선을 다하여야 한다.
> 3. 정부는 재정을 운용할 때 재정지출 및 조세특례제한법에 따른 조세지출의 성과를 제고하여야 한다.
> 4. 정부는 예산과정의 투명성과 예산과정에의 국민참여를 제고하기 위하여 노력하여야 한다.
> 5. 정부는 성별영향평가법에 따른 결과를 포함하여 예산이 여성과 남성에게 미치는 효과를 평가하고, 그 결과를 정부의 예산편성에 반영하기 위하여 노력하여야 한다.
> 6. 정부는 예산이 온실가스 감축에 미치는 효과를 평가하고, 그 결과를 정부의 예산편성에 반영하기 위하여 노력하여야 한다.

23

오답분석

ㄱ. 상향적 접근은 제한된 합리성, 적응적 합리성을 추구하는 입장이며, 합리모형의 선형적 시각을 반영하지 않으므로 옳지 않다.

ㅁ. 하향적 접근에 대한 설명이다. 상향적 접근에서 공식적 정책목표가 무시되므로 집행결과에 대한 객관적인 평가가 용이하다는 것은 옳지 않다.

상향적 접근과 하향적 접근의 비교

구분	하향적 · 전방향적 접근	상향적 · 후방향적 접근
학자	• 1970년대 • Van Meter, Van Horn, Sabatier, Mazmanian, Edwards	• 1970년대 말 ~ 1980년대 초 • Elmore, Lipsky, Berman
분석 목표	• 성공적 집행의 좌우요인 탐구(예측 / 정책건의)	• 집행현장의 실제 상태를 기술 · 설명
정책과정 모형	• 단계주의자 모형	• 융합주의자 모형
집행과정 특징	• 계층적 지도	• 분화된 문제해결
민주주의 모형	• 엘리트 민주주의	• 참여 민주주의
평가기준	• 공식적 목표의 달성도(효과성) • 정책결정자의 의도를 실현하는 것이 성공적 정책집행이라고 파악 • 정치적 기준과 의도하지 않은 결과도 고찰하지만 이는 선택기준	• 평가기준 불명확(집행과 정에서의 적응성 강조) • 집행의 성공은 결정자의 의도에의 순응 여부보다는 집행자가 주어진 여건에서 역할의 충실한 수행이라는 상황적 기준을 중시
전반적 초점	• 정책결정자가 의도한 정책목표를 달성하기 위해 집행체계를 어떻게 운영하는지에 초점을 둠	• 집행네트워크 행위자의 전략적 상호작용
적응상황	• 핵심정책이 있고 비교적 구조화된 상황에 적합	• 핵심정책이 없고 독립적인 다수행위자가 개입하는 동태적 상황에 적합
Berman	• 정형적 집행	• 적응적 집행
Elmore	• 전방향적 집행(Forward Mapping)	• 후방향적 집행(Backward Mapping)
Naka mura	• 고전적 기술자형, 지시적 위임가형	• 재량적 실험가형, 관료적 기업가형

24

정책문제 자체를 잘못 인지한 상태에서 계속 해결책을 모색하여 정책문제가 해결되지 못하고 남아있는 상태는 3종 오류라고 한다. 1종 오류는 옳은 가설을 틀리다고 판단하고 기각하는 오류이고, 2종 오류는 틀린 가설을 옳다고 판단하여 채택하는 오류를 말한다.

25

점증적 정책결정은 지식과 정보의 불완전성, 미래예측의 불확실성을 전제하는 의사결정 모형이지만, 그 자체가 정부실패 요인으로 거론되는 것은 아니다.

Weimer & Vining의 정부실패 원천

구분	유형	의미
직접민주주의에 내재하는 문제	투표의 역설	투표자의 선택이 애매함
	선호 정도의 일괄처리	다수의 독재, 소수집단이 비용부담
대의 정부에 내재하는 문제	조직화되고 동원화된 이익집단의 영향력	지대 추구와 지대 낭비
	지역구 유권자	비효율적인 나누어 먹기
	선거주기	사회적으로 과다한 할인율
	일반국민의 관심사에 영향	의제의 제약과 비용에 대한 왜곡된 인식
관료적 공급에 내재하는 문제	대리인의 손실(Agency loss)	X-비효율성
	산출물 값 산정의 어려움	배분적 비효율성과 X-비효율성
	제한된 경쟁	동태적 비효율적
	공무원 제약을 포함한 사전적 규칙	비신축성에 따른 비능률
	시장실패로서의 관료실패	조직자원의 비능률적 활용
분권화에 내재하는 문제	권위의 분산	집행과정의 문제
	재정적 외부효과	지역공공재의 불공평한 배분

26

비용이 소수 집단에게 좁게 집중되고 편익은 넓게 분산되는 것은 기업가정치 모형에 해당한다.

윌슨(Wilson)의 규제정치이론

구분		감지된 편익	
		넓게 분산됨	좁게 집중됨
감지된 비용	넓게 분산됨	대중정치(Majoritarian Politics)	고객정치(Client Politics)
	좁게 집중됨	기업가정치(Entrepreneurial Politics)	이익집단정치(Interest-group Politics)

27

교통체증 완화를 위한 차량 10부제 운행은 불특정 다수의 국민이 이익을 보고 불특정 다수의 국민이 비용을 부담하는 상황에 해당하기 때문에 대중정치 모형에 해당한다.

[오답분석]
② 고객정치 모형 : 수혜집단은 신속히 정치조직화하며 입법화를 위해 정치적 압력을 행사하여 정책의제화가 비교적 용이하게 이루어진다. 경제적 규제가 여기에 속한다.
③ 기업가정치 모형 : 고객정치 상황과 반대로 환경오염규제, 소비자보호입법 등과 같이 비용은 소수의 동질적 집단에 집중되어 있으나 편익은 불특정 다수에게 넓게 확산되어 있는 경우이다. 사회적 규제가 여기에 속한다.
⑤ 이익집단정치 모형 : 정부규제로 예상되는 비용, 편익이 모두 소수의 동질적 집단에 귀속되고, 그 크기도 각 집단의 입장에서 볼 때 대단히 크다. 그러므로 양자가 모두 조직화와 정치화의 유인을 강하게 갖고 있고 조직력을 바탕으로 각자의 이익 확보를 위해 상호 날카롭게 대립하는 상황이다. 규제가 경쟁적 관계에 있는 강력한 두 이익집단 사이의 타협과 협상에 좌우되는 특징을 보이며 일반적으로 소비자 또는 일반국민의 이익은 거의 무시된다.

28

정직은 1개월 이상 3개월 이하의 기간으로 하고, 정직 처분을 받은 자는 그 기간 중 공무원의 신분은 보유하나 직무에 종사하지 못하며 보수는 전액을 감한다.

[오답분석]
① 직위해제 : 신분을 박탈하는 처분은 아니고, 신분은 유지하되 직위만을 해제한다.
② 파면 : 공무원을 강제로 퇴직시키는 처분으로 5년간 재임용 불가하고, 퇴직급여의 1/4 내지는 1/2을 지급 제한한다.
③ 해임 : 공무원을 강제로 퇴직시키는 처분으로 3년간 재임용이 불가하다. 연금법에는 크게 영향을 주지 않으나, 금품 및 향응수수, 공금의 횡령ㆍ유용으로 징계 해임된 경우에는 퇴직급여의 1/8 내지는 1/4를 감한다.
⑤ 직권면직 : 정원의 변경으로 직위의 폐지나 과원 등의 사유가 발생한 경우에 직권으로 신분을 박탈하는 면직처분을 말한다.

징계의 종류
- 견책 : 전과(前過)에 대하여 훈계하고 회개하게 한다.
- 감봉 : 1개월 이상 3개월 이하의 기간 동안 보수의 3분의 1을 감한다.
- 정직 : 1개월 이상 3개월 이하의 기간으로 하고, 정직 처분을 받은 자는 그 기간 중 공무원의 신분은 보유하나 직무에 종사하지 못하며 보수는 전액을 감한다.
- 강등 : 1계급 아래로 직급을 내리고(고위공무원단에 속하는 공무원은 3급으로 임용하고, 연구관 및 지도관은 연구사 및 지도사로 한다) 공무원신분은 보유하나 3개월간 직무에 종사하지 못하며 그 기간 중 보수는 전액을 감한다.
- 해임 : 공무원을 강제로 퇴직시키는 처분으로 3년간 재임용이 불가하다. 연금법에는 크게 영향을 주지 않으나, 금품 및 향응수수, 공금의 횡령ㆍ유용으로 징계 해임된 경우에는 퇴직급여의 1/8 내지는 1/4를 감한다.
- 파면 : 공무원을 강제로 퇴직시키는 처분으로 5년간 재임용 불가하고, 퇴직급여의 1/4 내지는 1/2을 지급 제한한다.

29

형평성이론(Equity Theory)에서 공정성의 개념은 아리스토텔레스의 정의론, 페스팅거의 인지 부조화이론, 호만즈(G. Homans) 등의 교환이론에 그 근거를 둔 것으로 애덤스(J. S. Adams)가 개발하였다. 이 이론은 모든 사람이 공정하게 대접받기를 원한다는 전제에 기초를 두고 있으며 동기 부여, 업적의 평가, 만족의 수준 등에서 공정성이 중요한 영향을 미친다고 본다.

[오답분석]
②ㆍ③ㆍ④ㆍ⑤ 내용이론으로 욕구와 동기유발 사이의 관계를 설명하고 있다.

30

크리밍효과에 대한 설명이다. 크리밍효과는 정책효과가 나타날 가능성이 높은 집단을 의도적으로 실험집단으로 선정함으로써 정책의 영향력이 실제보다 과대평가된다. 호손효과는 실험집단 구성원이 실험의 대상이라는 사실로 인해 평소와 달리 특별한 심리적 또는 감각적 행동을 보이는 현상으로, 외적타당도를 저해하는 대표적 요인이다. 이는 실험조작의 반응효과라고도 하며, 1927년 호손실험으로 발견되었다.

31

국무총리 소속으로 설치한 국민권익위원회는 행정부 내에 소속한 독립통제기관이며, 대통령이 임명하는 옴부즈만의 일종이다.

32

정책대안의 탐색은 정책문제를 정의하는 단계가 아니라 정책목표를 설정한 다음에 이루어진다.

> **정책문제의 정의**
> • 관련 요소의 파악
> • 가치 간 관계의 파악
> • 인과관계의 파악
> • 역사적 맥락의 파악

33

정책결정이란 다양한 대안이나 가치들 간의 우선순위를 고려하거나 그중 하나를 선택하는 행동이다. 그런데 대안이나 가치들이 서로 충돌하여 우선순위를 정할 수 없는 경우 행위자는 선택상의 어려움에 직면하게 된다. 특히 두 개의 대안이나 가치가 팽팽히 맞서고 있다면 선택의 어려움은 증폭된다. 이처럼 두 가지 대안 가운데 무엇을 선택할지 몰라 망설이는 상황을 일반적으로 딜레마라고 한다. 딜레마 모형의 구성개념으로는 문제(딜레마 상황), 행위자, 행위 등이 있다. 딜레마 이론은 이와 같은 것을 규명함으로써 행정이론 발전에 기여하였다.

[오답분석]
① 신공공관리론에 대한 설명이다.
② 신공공서비스론에 대한 설명이다.
③ 사회적 자본이론에 대한 설명이다.
④ 시차이론에 대한 설명이다.

34

긍정적·적극적 환류에 의한 통제에 대한 설명이다. 실적이 목표에서 이탈된 것을 발견하고 후속되는 행동이 전철을 밟지 않도록 시정하는 통제는 부정적 환류인 반면, 긍정적·적극적 환류에 의한 통제는 어떤 행동이 통제기준에서 이탈되는 결과를 발생시킬 때까지 기다리지 않고 그러한 결과의 발생을 유발할 수 있는 행동이 나타날 때마다 교정해 나가는 것이다.

35

구속력과 집행력을 갖는 조직은 행정위원회이다. 의결위원회는 의결만 담당하는 위원회이므로 의사결정의 구속력은 지니지만 집행력은 가지지 않는다.

36

다원주의는 타협과 협상을 통해 이익집단 간 권력의 균형이 이루어진다고 보며, 특정 세력이나 개인이 정책을 주도할 수 없다.

37

예산개혁의 경향은 '통제 지향 → 관리 지향 → 기획 지향 → 감축 지향 → 참여 지향'의 순서로 발달하였다.

38

ㄱ. 공무원이 10년 이상 재직하고 퇴직한 경우 65세가 되는 때부터 사망할 때까지 퇴직연금을 지급한다(공무원연금법 제43조 제1항 제1호).

ㄴ. 원칙적으로 급여의 산정은 급여의 사유가 발생한 날이 속하는 달의 기준소득월액을 기초로 한다(공무원연금법 제30조 제1항).

[오답분석]

ㄷ. 기여금은 공무원으로 임명된 날이 속하는 달부터 퇴직한 날의 전날 또는 사망한 날이 속하는 달까지 월별로 내야 한다. 다만, 기여금 납부기간이 36년을 초과한 자는 기여금을 내지 아니한다(공무원연금법 제67조 제1항).

ㄹ. 퇴직급여의 산정에 있어서 소득의 평균기간은 재직기간 전체를 기반으로 산정한다.

39

ㄴ · ㄹ. 주민복지사업과 공원묘지사업은 대상사업이 아니다.

적용 범위(지방공기업법 제2조 제1항)

이 법은 다음 각 호의 어느 하나에 해당하는 사업(그에 부대되는 사업을 포함한다) 중 제5조에 따라 지방자치단체가 직접 설치 · 경영하는 사업으로서 대통령령으로 정하는 기준 이상의 사업과 제3장 및 제4장에 따라 설립된 지방공사와 지방공단이 경영하는 사업에 대하여 각각 적용한다.

1. 수도사업(마을상수도사업은 제외한다)
2. 공업용수도사업
3. 궤도사업(도시철도사업을 포함한다)
4. 자동차운송사업
5. 지방도로사업(유료도로사업만 해당한다)
6. 하수도사업
7. 주택사업
8. 토지개발사업
9. 주택(대통령령으로 정하는 공공복리시설을 포함한다) · 토지 또는 공용 · 공공용건축물의 관리 등의 수탁

40

ㄱ. 베버의 관료제론은 규칙과 규제가 조직에 계속성을 제공하여 조직을 예측 가능성 있는 조직, 안정적인 조직으로 유지시킨다고 보았다.

ㄴ. 행정관리론은 모든 조직에 적용시킬 수 있는 효율적 조직관리의 원리들을 연구하였다.

ㄷ. 호손실험으로 인간관계에서의 비공식적 요인이 업무의 생산성에 큰 영향을 끼친다는 것이 확인되었다.

[오답분석]

ㄹ. 조직군 생태이론은 조직과 환경의 관계에서 조직군이 환경에 의해 수동적으로 결정된다는 환경결정론적 입장을 취한다.

거시조직이론의 유형

구분	결정론	임의론
조직군	• 조직군 생태론 • 조직경제학(주인 – 대리인이론, 거래비용 경제학) • 제도화이론	• 공동체 생태론
개별조직	• 구조적 상황론	• 전략적 선택론 • 자원의존이론

41

정답 ②

기획재정부장관은 국무회의의 심의를 거쳐 대통령의 승인을 얻은 다음 연도의 예산안편성지침을 매년 3월 31일까지 각 중앙관서의 장에게 통보하여야 한다(국가재정법 제29조 제1항).

42

정답 ①

탈신공공관리론은 신공공관리의 역기능적 측면을 교정하고 통치 역량을 강화하여 정치행정 체제의 통제와 조정을 개선하기 위해 재집권화와 재규제를 주장한다.

신공공관리론과 탈신공공관리론의 비교

구분		신공공관리론	탈신공공관리론
정부기능	정부 – 시장 관계의 기본 철학	• 시장지향주의(규제완화)	• 정부의 정치·행정력 역량 강화 • 재규제의 주장 • 정치적 통제 강조
	주요 행정 가치	• 능률성, 경제적 가치 강조	• 민주성·형평성 등 전통적 행정가치 동시 고려
	정부규모와 기능	• 정부규모와 기능 감축(민간화·민영화·민간 위탁)	• 민간화·민영화의 신중한 접근
	공공서비스 제공 방식	• 시장 메커니즘의 활용	• 민간 – 공공부문의 파트너십 강조
조직구조	기본모형	• 탈관료제모형	• 관료제모형과 탈관료제 모형의 조화
	조직구조의 특징	• 비항구적·유기적 구조, 분권화	• 재집권화(분권과 집권의 조화)
	조직개편의 방향	• 규모의 준자율적 조직으로 행정의 분절화(책임운영기관)	• 분절화 축소 • 총체적 정부 강조 • 집권화, 역량 및 조정의 증대

43

정답 ⑤

근무성적평정제도는 과거의 실적과 능력에 대한 평가이므로 미래 잠재력까지 측정한다고 볼 수 없다. 미래 행동에 대한 잠재력 측정이 가능한 평가는 역량평가이다.

44

정답 ⑤

조세법률주의는 국세와 지방세 구분 없이 적용된다. 지방세의 종목과 세율은 국세와 마찬가지로 법률로 정한다.

45

정답 ②

재분배 정책에 대한 내용이다. 재분배 정책은 계층 간 갈등이 심해 국민적 공감대를 형성할 때 정책의 변화를 가져온다.

[오답분석]
① 규제정책에 대한 내용이다.
③·⑤ 분배정책에 대한 내용이다.
④ 구성정책에 대한 내용이다.

46

정답 ④

제도화된 부패란 부패가 관행화된 상태로, 부패가 실질적 규범이 되면서 조직 내의 공식적 규범은 준수하지 않는 상태가 만연한 경우이다. 이러한 조직에서는 지켜지지 않는 비현실적 반부패 행동규범의 대외적 발표를 하게 되며, 부패에 저항하는 자에 대한 보복이 뒤따르게 된다.

47

정답 ①

합리모형에서 말하는 합리성은 경제적 합리성을 의미한다. 정치적 합리성은 점증모형에서 중시하는 합리성이다.

합리모형과 점증모형의 비교

구분	합리모형	점증모형
합리성 최적화 정도	• 경제적 합리성(자원배분의 효율성) • 전체적 · 포괄적 분석	• 정치적 합리성(타협 · 조정과 합의) • 부분적 최적화
목표와 수단	• 목표 – 수단 분석을 함 • 목표는 고정됨(목표와 수단은 별개) • 수단은 목표에 합치	• 목표 – 수단 분석을 하지 않음 • 목표는 고정되지 않음 • 목표는 수단에 합치
정책결정	• 근본적 · 기본적 결정 • 비분할적 · 포괄적결정 • 하향적 결정 • 단발적 결정(문제의 재정의가 없음)	• 지엽적 · 세부적 결정 • 분할적 · 한정적 결정 • 상향적 결정 • 연속적 결정(문제의 재정의 빈번)
정책특성	• 비가분적 정책에 적합	• 가분적 정책에 적합
접근방식과 정책 변화	• 연역적 접근 • 쇄신적 · 근본적 변화 • 매몰비용은 미고려	• 귀납적 접근 • 점진적 · 한계적 변화 • 매몰비용 고려
적용국가	• 상대적으로 개도국에 적용 용이	• 다원화된 선진국에 주로 적용
배경이론 및 참여	• 엘리트론 • 참여 불인정(소수에 의한 결정)	• 다원주의 • 참여 인정(다양한 이해관계자 참여)

48

정답 ②

책임운영기관의 총 정원 한도는 대통령령으로 정하고 종류별 · 계급별 정원은 총리령 또는 부령으로 정하며, 직급별 정원은 기본운영규정으로 정한다(책임운영기관의 설치 · 운영에 관한 법률 제16조, 시행령 제16조 제2항).

일반행정기관과 책임운영기관의 비교

구분	일반행정기관	책임운영기관
정원관리	• 종류와 정원을 대통령령으로 규정	• 총정원만 대통령령으로 규정 • 종류별 · 계급별 정원 : 총리령 또는 부령 • 직급별 정원 : 기관장이 기본운영규정으로 정함
하부조직	• 대통령령으로 규정	• 소속기관 : 대통령령 • 하부조직 : 기본운영규정

49

정답 ③

교육·소방·경찰공무원 및 법관, 검사, 군인 등 특수 분야의 업무를 담당하는 공무원은 특정직 공무원(경력직)에 해당한다.

오답분석

① 국회수석 전문위원, 감사원 사무차장 등은 특수경력직 중 별정직 공무원에 해당한다.
② 선거에 의해 취임하는 공무원은 특수경력직 중 정무직 공무원에 해당한다.
④ 특수경력직 공무원은 정무직과 별정직 공무원으로, 직업공무원제나 실적주의의 획일적 적용을 받지 않는다.
⑤ 특수경력직 공무원에 대하여는 다른 법률에 특별한 규정이 없으면 한정적으로 국가공무원법의 적용을 받고, 적용범위에 보수와 복무규율이 포함된다.

국가공무원과 지방공무원의 비교

구분		국가공무원	지방공무원
법적 근거		• 국가공무원법	• 지방공무원법
임용권자		• 5급 이상 – 대통령 • 6급 이하 – 소속 장관 또는 위임된 자	• 지방자치단체의 장
보수 재원		• 국비	• 지방비
공직 분류	일반직	• 직군, 직렬별로 분류되는 공무원 • 연구·지도직 : 2계급	
	특정직	• 법관, 검사, 경찰공무원, 소방공무원, 군인, 군무원, 헌법재판소 헌법연구관, 국가정보원 직원 등	• 자치경찰공무원, 지방소방공무원 등
	정무직	• 대통령, 국무총리, 국회의원 등	• 지방자치단체장, 특별시의 정무부시장
	별정직	• 국회수석 전문위원	• 광역시 특별자치시의 정무부시장
공무원 구성		• 전체 공무원 중에 차지하는 비중이 65% • 국가 공무원 중 특정직이 가장 많음	• 전체 공무원 중에 차지하는 비중이 35% • 지방 공무원 중 일반직이 가장 많음

50

정답 ①

정부에 의한 규제를 직접규제라 한다면 민간기관에 의한 규제(자율적 규제)는 간접규제에 해당한다.

직접규제와 간접규제의 비교

• 직접규제(명령지시적 규제) : 법령이나 행정처분, 기준설정(위생기준, 안전기준) 등을 통해 직접적으로 규제하는 것으로 가격승인, 품질규제, 진입규제 등이 해당한다.
• 간접규제(시장유인적 규제) : 인센티브나 불이익을 통해 규제의 목적을 달성하는 것으로 조세의 중과 또는 감면, 벌과금 또는 부담금의 부과 등이 해당한다.

규제의 종류	외부효과성	직접규제 명령지시 규제 (행정처분, 행정명령, 행정기준의 설정)	간접규제 시장유인적 규제 (부담금, 부과금, 예치금, 행정지도, 조세지출, 보조금, 공해배출권)
외부 경제	과소공급	공급을 강제화	공급을 유인
외부 불경제	과다공급	공급을 금지	공급억제를 유인

PART 2

01	02	03	04	05	06	07	08	09	10	11	12	13	14	15	16	17	18	19	20
③	④	③	②	④	③	④	③	③	④	③	②	⑤	⑤	④	⑤	②	③	①	⑤
21	22	23	24	25	26	27	28	29	30	31	32	33	34	35	36	37	38	39	40
⑤	③	③	③	⑤	③	⑤	③	⑤	④	②	⑤	②	②	①	⑤	③	③	①	③
41	42	43	44	45	46	47	48	49	50										
③	①	⑤	⑤	①	①	④	①	①	③										

01
정답 ③

B2B는 영업기회의 발굴에 초점을 두기에 전자상거래의 수단·관리 및 TV광고와 같은 광범위하고 많은 고객층에게 노출되는 마케팅보다는 작은 타깃시장을 집중하여 시장점유율을 높이는 전략을 택하는 것이 유리하다.

02
정답 ④

합자회사(合資會社)는 무한책임사원과 유한책임사원으로 이루어지는 회사로, 무한책임사원이 사업을 경영하고 집행하며, 양도 시 무한책임사원의 동의가 필요하다.

03
정답 ③

법인세가 있는 경우 부채를 많이 사용할수록 기업가치가 증가한다.

오답분석
① 무관련이론 제1명제에 대한 설명이다.
②·④ 자기자본과 타인자본의 구성비율 변경을 통해 최적의 자본구조를 찾을 수 있다고 본다.
⑤ 법인세가 없을 때보다 있을 때 부채의 감세효과로 인해 부채를 많이 사용할수록 가중평균자본비용은 감소한다.

04
정답 ②

그린메일은 특정기업의 주식을 대량 매입한 뒤 경영진에게 적대적 M&A를 포기하는 대가로 매입한 주식을 시가보다 훨씬 높은 값에 되사도록 요구하는 행위로 적대적 M&A 시도에 대한 사후 방어 전략에 해당한다.

오답분석
① 황금주 : 단 1주 만으로도 주주총회 결의사항에 대해 거부권을 행사할 수 있는 권리를 가진 주식을 발행하는 전략이다.
③ 황금낙하산 : 기업임원이 적대적 M&A로 인해 퇴사하는 경우 거액의 퇴직위로금을 지급받도록 하는 전략이다.
④ 포이즌 필 : 현재 주가 대비 현저히 낮은 가격에 신주를 발행하는 것을 허용하여 매수자가 적대적 M&A를 시도할 때 엄청난 비용이 들도록 하는 전략이다.
⑤ 포이즌 풋 : 채권자가 미리 약정한 가격에 채권을 상환할 것을 청구할 수 있는 권리를 부여하여 적대적 M&A를 시도하는 매수자가 인수 직후 부채 상환 부담을 갖게 하는 전략이다.

05

정답 ④

공매도를 통한 기대수익은 자산 가격(100%) 미만으로 제한되나, 기대손실은 무한대로 커질 수 있다.

오답분석

① 공매도는 주식을 빌려서 매도하고 나중에 갚는 것이기 때문에 주가상승 시 채무불이행 리스크가 존재한다.
② 매도의견이 시장에 적극 반영되어 활발한 거래를 일으킬 수 있다.
③ 자산 가격이 하락할 것으로 예상되는 경우, 공매도를 통해 수익을 기대할 수 있다.
⑤ 공매도의 가능 여부는 효율적 시장가설의 핵심전제 중 하나이다.

06

정답 ③

주식가격과 채권가격은 일시적으로 반대 방향으로 움직일 수 있으나, 기본적으로 같은 방향으로 움직인다.

07

정답 ④

IMC는 소비자 지향적인 마케팅 전략으로 더 많은 소비자를 확보함으로써 브랜드 가치 확대 및 소비자 충성도 제고를 이끌어낼 수 있다.

오답분석

① IMC는 소비자를 획득, 유지, 증가시키며 소비자가 제품을 더욱 친숙하게 받아들이도록 한다.
② IMC는 광고, DM, PM 등 다양한 커뮤니케이션 방법을 활용하는 전략이다.
③ IMC의 내용 측면 마케팅 커뮤니케이션은 브랜드를 소비자에게 알리고 설득시키는 것을 의미한다.
⑤ IMC의 과정 측면 마케팅 커뮤니케이션은 회사 내부의 조직 간 조정 노력을 의미한다.

08

정답 ③

목표관리는 목표의 설정뿐 아니라 성과평가 과정에도 부하직원이 참여하는 관리기법이다.

오답분석

① 조직의 상·하 구성원이 모두 협의하여 목표를 설정한다.
② 조직의 목표를 부서별, 개인별 목표로 전환하여 조직구성원 각자의 책임을 정하고, 조직의 효율성을 향상시킬 수 있다.
④ 목표설정이론은 명확하고 도전적인 목표가 성과에 미치는 영향을 분석한다.
⑤ 목표는 지시적 목표, 자기설정 목표, 참여적 목표로 구분되고, 이 중 참여적 목표가 종업원의 수용성이 가장 높다.

09

정답 ③

앨더퍼(Alderfer)의 ERG 이론은 매슬로의 욕구단계 이론을 발전시킨 이론이다. 이 이론은 상위욕구가 개인의 행동과 태도에 영향을 미치기 전에 하위욕구가 먼저 충족되어야 한다는 매슬로 이론의 가정을 배제한 것이 특징이다.

10

정답 ④

홉스테드의 문화차원이론은 어느 사회의 문화가 그 사회 구성원의 가치관에 미치는 영향, 그 가치관과 행동의 연관성을 요인분석으로 구조를 통하여 설명하는 이론이다. 이는 4가지 차원으로 개인주의 – 집단주의(Individualism – Collectivism), 불확실성 회피성(Uncertainty Avoidance), 권력의 거리(Power Distance), 남성성 – 여성성(Masculinity – Femininity)을 제시하였다.

11

정답 ③

수요예측기법은 수치를 이용한 계산방법 적용 여부에 따라 정성적 기법과 정량적 기법으로 구분할 수 있다. 정성적 기법은 개인의 주관이나 판단 또는 여러 사람의 의견에 의하여 수요를 예측하는 방법으로, 델파이 기법, 역사적 유추법, 시장조사법, 라이프사이클 유추법 등이 있다. 정량적 기법은 수치로 측정된 통계자료에 기초하여 계량적으로 예측하는 방법으로, 사건에 대하여 시간의 흐름에 따라 기록한 시계열 데이터를 바탕으로 분석하는 시계열 분석 방법이 해당한다.

[오답분석]
① 델파이 기법 : 여러 전문가의 의견을 되풀이해 모으고 교환하고 발전시켜 미래를 예측하는 방법이다.
② 역사적 유추법 : 수요 변화에 관한 과거 유사한 제품의 패턴을 바탕으로 유추하는 방법이다.
④ 시장조사법 : 시장에 대해 조사하려는 내용의 가설을 세운 뒤 소비자 의견을 조사하여 가설을 검증하는 방법이다.
⑤ 라이프사이클 유추법 : 제품의 라이프사이클을 분석하여 수요를 예측하는 방법이다.

12

정답 ②

[오답분석]
① 지주회사(Holding Company) : 다른 회사의 주식을 소유함으로써 사업활동을 지배하는 것을 주된 사업으로 하는 회사이다.
③ 컨글로메리트(Conglomerate) : 복합기업, 다종기업이라고도 하며, 서로 업종이 다른 이종기업 간의 결합에 의한 기업형태이다.
④ 트러스트(Trust) : 동일산업 부문에서의 자본의 결합을 축으로 한 독점적 기업결합이다.
⑤ 콘체른(Concern) : 법률적으로 독립하고 있는 몇 개의 기업이 출자 등의 자본적 연휴를 기초로 하는 지배・종속 관계에 의해 형성되는 기업결합이다.

13

정답 ⑤

자재소요계획은 생산 일정계획의 완제품 생산일정(MPS)과 자재명세서(BOM), 재고기록철(IR)에 대한 정보를 근거로 MRP를 수립하여 재고 관리를 모색한다.

[오답분석]
① 필요할 때마다 요청해서 생산하는 방식은 풀 생산방식(Pull System)이다.
② 부품별 계획 주문 발주시기는 MRP의 결과물이다.
③ MRP는 종속수요를 갖는 부품들의 생산수량과 생산시기를 결정하는 방법이다.
④ MRP는 푸시 생산방식(Push System)이다.

14

정답 ⑤

[오답분석]
① 횡축은 상대적 시장점유율, 종축은 시장성장률이다.
② 개 영역은 시장성장률과 상대적 시장점유율이 낮은 쇠퇴기에 접어든 경우이다.
③ 별 영역은 시장성장률이 높고, 상대적 시장점유율도 높다.
④ 자금젖소 영역은 시장점유율이 높아 자금투자보다 자금산출이 많다.

15

정답 ④

• (매출액)-(매출원가)=(매출총이익) → 10억-6.5억=3.5억 원
• (매출총이익)-(판관비)=(영업이익) → 3.5억-0.5억=3억 원
• (영업이익)+(영업외이익)-(영업외비용)=(경상이익) → 3억+1억-0.4억=3.6억 원
∴ (경상이익)+(특별이익)-(특별손실)-(법인세비용)=(당기순이익) → 3.6억+0.4억-0.6억-0.2억=3.2억 원

16

계속기업의 가정이란 보고기업이 예측 가능한 미래에 영업을 계속하여 영위할 것이라는 가정이다. 따라서 기업이 경영활동을 청산 또는 중단할 의도가 있다면, 계속기업의 가정이 아닌 청산가치 등을 사용하여 재무제표를 작성해야 한다.

오답분석

① 재무제표는 재무상태표, 포괄손익계산서, 자본변동표, 현금흐름표, 주석으로 구성된다. 법에서 이익잉여금처분계산서 등의 작성을 요구하는 경우 주석으로 공시한다.
② 재무제표는 원칙적으로 적어도 1년에 한 번씩은 작성해야 한다.
③ 현금흐름표 등 현금흐름에 관한 정보는 현금주의에 기반한다.
④ 역사적원가는 측정일의 조건을 반영하지 않고, 현행가치는 측정일의 조건을 반영한다. 이때 현행가치는 다시 현행원가, 공정가치, 사용가치(이행가치)로 구분된다.

17

정답 ②

470,000(기계장치)+340,000+10,000(처분손실)−800,000=20,000원

18

정답 ③

- 지방자치단체로부터 차입한 자금의 공정가치 : 100,000×0.7350=73,500원
- 지방자치단체로부터 100,000원을 차입하였으므로 공정가치보다 초과 지급한 금액이 정부보조금이 된다. 따라서 정부보조금은 26,500원이다.
- 2023년 말 장부금액 : 100,000−25,000(감가상각누계액)−19,875(정부보조금 잔액)=55,125원

19

정답 ①

- $P_0=D_1 \div (k-g)$에서 $g=b \times r=0.3 \times 0.1=0.03$
- $D_0=$(주당순이익)×[1−(사내유보율)]=3,000×(1−0.3)=2,100원
- $D_1=D_0 \times (1+g)=2,100 \times (1+0.03)=2,163$원
- $P=2,163 \div (0.2-0.03)=12,723$원

20

정답 ⑤

오답분석

① 보통주배당이 아닌 우선주배당이다.
② 당순자산이 아닌 주당순이익의 변동폭이 확대되어 나타난다.
③ 자기자본이 아닌 타인자본이 차지하는 비율이다.
④ 주당이익의 변동폭은 그만큼 더 크게 된다.

21

정답 ⑤

고압적 마케팅은 판매, 촉진에 비중을 두는 후행적 마케팅 기법이며, 저압적 마케팅은 조사, 계획에 비중을 두는 선행적 마케팅 기법이다.

22

ㄴ. 연구개발, 영업, 품질, 생산 등 전 부서가 함께 논의하기 때문에 긴밀한 협조가 이루어진다.
ㄷ. 품질의 집(HOQ)이란 고객 니즈와 기술 경쟁력을 매트릭스를 이용하여 평가한 것으로 설계단계, 부품단계, 공정단계, 생산단계
   로 나누어 기능전개를 한다.

오답분석

ㄱ. 품질기능전개는 일본에서 처음으로 개발하여 사용되었다.
ㄹ. 품질기능전개를 통해 설계부터 생산까지 시간을 절약하여 제품개발 기간을 단축할 수 있다.

23

테일러(Tailor)의 과학적 관리론은 노동자의 심리상태와 인격은 무시하고, 노동자를 단순한 숫자 및 부품으로 바라본다는 한계점이
있다. 이러한 한계점으로 인해 직무특성이론과 목표설정이론이 등장하는 배경이 되었다.

24

기업의 생산이나 판매과정 전후에 있는 기업 간의 합병으로, 주로 원자재 공급의 안정성 등을 목적으로 하는 것은 수직적 합병이다.
수평적 합병은 동종 산업에서 유사한 생산단계에 있는 기업 간의 합병으로, 주로 규모의 경제적 효과나 시장지배력을 높이기 위해서
이루어진다.

25

맥그리거(Mcgregor)는 두 가지의 상반된 인간관 모형을 제시하고, 인간모형에 따라 조직관리 전략이 달라져야 한다고 주장하였다.
• X이론 : 소극적・부정적 인간관을 바탕으로 한 전략 – 천성적 나태, 어리석은 존재, 타율적 관리, 변화에 저항적
• Y이론 : 적극적・긍정적 인간관을 특징으로 한 전략 – 변화지향적, 자율적 활동, 민주적 관리, 높은 책임감

26

규범기는 역할과 규범을 받아들이고 수행하며 성과로 이어지는 단계이다.

> **터크만(Tuckman)의 집단 발달의 5단계 모형**
> 1. 형성기(Forming) : 집단의 구조와 목표, 역할 등 모든 것이 불확실한 상태로, 상호 탐색 및 방향 설정을 함
> 2. 격동기(Storming) : 소속감, 능력, 영향력은 인식한 상태로, 권력분배와 역할분담 등에서 갈등과 해결 과정을 겪음
> 3. 규범기(Norming) : 집단의 구조, 목표, 역할, 규범, 소속감, 응집력 등이 분명한 상태로, 협동과 몰입을 함
> 4. 성과달성기(Performing) : 비전 공유 및 원활한 커뮤니케이션으로 집단목표를 달성한 상태로, 자율성과 높은 생산성을
>   가짐
> 5. 해체기(Adjourning) : 집단의 수명이 다하여 멤버들은 해산됨

27

행동기준고과법(BARS)은 평가직무에 적용되는 행동패턴을 측정하여 점수화하고 등급을 매기는 방식으로 평가한다. 따라서 등급화
하지 않고 개별행위 빈도를 나눠서 측정하는 기법이라는 설명은 옳지 않다. 또한 구체적인 행동의 기준을 제시하고 있으므로 향후
종업원의 행동 변화를 유도하는 데 도움이 된다.

28

질문지법은 구조화된 설문지를 이용하여 직무에 대한 정보를 얻는 직무분석 방법이다.

29

정답 ⑤

무형성, 비분리성, 소멸성, 변동성 모두 서비스의 특성이다.

서비스의 특성
- 무형적이며 재판매가 불가능하다.
- 소유는 일반적으로 이전되지 않으며 저장할 수 없다.
- 생산과 소비를 동시에 하며 같은 장소에서 발생한다.
- 운송할 수 없으며 구매자가 직접 생산에 참가한다.
- 대부분 직접적인 접촉이 요구되며 생산과 판매는 기능적으로 분리될 수 없다.

30

정답 ④

시장세분화의 요건
- 측정가능성 : 세분시장의 특성(고객 수, 구매력)의 측정이 가능해야 함
- 접근가능성 : 유통경로나 매체를 통한 접근이 가능해야 함
- 실행가능성 : 세분시장을 공략하기 위한 효과적 마케팅 프로그램을 개발할 수 있어야 함
- 충분한 세분시장 규모 : 충분한 이익을 얻을 수 있어야 함
- 차별화 가능성 : 세분시장 내는 동질적이어야 하고, 세분시장 간은 이질적이어야 함

31

정답 ②

라인 확장(Line Extension)이란 기존 상품을 개선한 신상품에 기존의 상표를 적용하는 브랜드 확장의 유형이다. 라인 확장은 적은 마케팅 비용으로 매출과 수익성 모두 손쉽게 높일 수 있고, 제품의 타깃이 아닌 소비자층을 타깃팅함으로써 소비자층을 확대할 수 있다는 장점이 있다. 하지만 무분별한 라인 확장은 브랜드 이미지가 약해지는 희석효과나 신제품이 기존제품 시장에 침범하는 자기잠식효과를 유발하는 등 역효과를 일으킬 수도 있기 때문에 주의해야 한다.

32

정답 ⑤

시장세분화는 수요층별로 시장을 분할해 각 층에 대해 집중적인 마케팅 전략을 펴는 것이다. 인구통계적 세분화는 나이, 성별, 라이프사이클, 가족 수 등을 세분화하여 소비자 집단을 구분하는 데 많이 사용한다.

[오답분석]

① 시장포지셔닝은 소비자들의 마음속에 자사 제품의 바람직한 위치를 형성하기 위하여 제품 효익을 개발하고 커뮤니케이션하는 활동을 의미한다.
② 행동적 세분화는 구매자의 사용상황, 사용경험, 상표애호도 등으로 시장을 나누는 것이다.
③ 사회심리적 세분화는 사회계층, 준거집단, 라이프 스타일, 개성 등으로 시장을 나누는 것이다.
④ 시장표적화는 포지셔닝할 고객을 정하는 단계이다.

33

정답 ②

자존적 편견이란 자신의 성공에 대해서는 능력이나 성격 등과 같은 내적인 요소에 귀인하고, 자신의 실패에 대해서는 상황이나 외적인 요소에 귀인하는 것을 말한다.

[오답분석]

① 투사 : 자신의 불만이나 불안을 해소하기 위해 그 원인을 다른 사람에게 뒤집어씌우는 심리적 현상이다.
③ 후광 효과 : 한 사람의 두드러진 특성이 그 사람의 다른 특성을 평가하는 데 영향을 미치는 것을 말한다.
④ 통제의 환상 : 사람들이 그들 자신을 통제할 수 있는 경향이라고 믿거나 외부환경을 자신이 원하는 방향으로 이끌어갈 수 있다고 믿는 심리적 상태를 말한다.
⑤ 대비 효과 : 대상을 객관적으로 보지 않고 다른 대상과의 비교를 통해 평가하는 것을 말한다.

34

외부실패비용은 고객에게 판매된 후에 발생하는 비용을 말하며 대개 고객 서비스와 관련된 비용이다. 외부실패비용에는 반품비용, 보상 위자료, 반환품 비용, 리콜 비용, 품질 보증 클레임 비용 등이 있다.

35

정답 ①

적시생산시스템(JIT; Just In Time)은 무재고 생산방식 또는 도요타 생산방식이라고도 하며 필요한 것을 필요한 양만큼 필요한 때에 만드는 생산방식이다. 이는 재고가 생산의 비능률을 유발하는 원인이기 때문에 이를 없애야 한다는 사고방식에 의해 생겨난 기법이다. 고품질, 저원가, 다양화를 목표로 한 철저한 낭비제거 사상을 수주로부터 생산, 납품에 이르기까지 적용하는 것으로 풀(Pull) 방식을 도입하고 있다.

36

정답 ⑤

증권회사의 상품인 유가증권과 부동산 매매회사가 정상적 영업과정에서 판매를 목적으로 취득한 토지·건물 등은 재고자산으로 구분한다.

오답분석

① 매입운임은 매입원가에 포함한다.

② 재고자산을 순실현가능가치로 감액한 평가손실과 모든 감모손실은 감액이나 감모가 발생한 기간에 비용으로 인식한다.

③·④ 선입선출법의 경우에는 계속기록법을 적용하든 실지재고조사법을 적용하든, 기말재고자산, 매출원가, 매출총이익 모두 동일한 결과가 나온다.

37

정답 ③

- (당기법인세부채)$=(150,000+24,000+10,000) \times 25\%=46,000$원
- (이연법인세자산)$=10,000 \times 25\%=2,500$원
- (법인세비용)$=46,000-2,500=43,500$원

38

정답 ③

- (만기금액)$=5,000,000+5,000,000 \times 6\% \times \dfrac{6}{12}=5,150,000$원
- (할인액)$=5,150,000 \times$(할인율)$\times \dfrac{3}{12}=5,150,000-4,995,500=154,500$원
- (할인율)$=12\%$

39

정답 ①

$Ks=(D_1 \div P_0)+g=(2,000 \div 30,000)+0.04 \fallingdotseq 10\%$

40

정답 ③

(영업레버리지도)$=$(공헌이익)$\div$(영업이익)

- (공헌이익)$=$(총매출액)$-$(총변동원가)$=$5억 원$(=10,000$개$\times 50,000$원)$-$2천만 원$(=10,000$개$\times 2,000$원)$=$4억 8천만 원
- (영업이익)$=$(공헌이익)$-$(총고정원가)$=$5억 7천만 원$-$2억 5천만 원$(=10,000 \times 25,000$원)$=$3억 2천만 원

따라서 영업레버리지도는 4억 8천만 원$\div$3억 2천만 원$=1.5$이다.

41

마케팅 활동은 본원적 활동에 해당한다.

[오답분석]
① 기업은 본원적 활동 및 지원적 활동을 통하여 이윤을 창출한다.
② 물류 투입, 운영, 산출, 마케팅 및 서비스 활동은 모두 본원적 활동에 해당한다.
④ 인적자원관리, 기술 개발, 구매, 조달 활동 등은 지원적 활동에 해당한다.
⑤ 가치사슬 모형은 기업의 내부적 핵심 역량을 파악하는 모형으로, 지원적 활동에 해당하는 항목도 핵심 역량이 될 수 있다.

42

카츠(Kartz)는 경영자에게 필요한 능력을 크게 인간적 자질, 전문적 자질, 개념적 자질 3가지로 구분하였다. 그중 인간적 자질은 구성원을 리드하고 관리하며, 다른 구성원들과 함께 일을 할 수 있게 하는 것으로 모든 경영자가 갖추어야 하는 능력이다. 타인에 대한 이해력과 동기부여 능력은 인간적 자질에 속한다.

[오답분석]
②・③ 전문적 자질(현장실무)에 해당한다.
④・⑤ 개념적 자질(상황판단)에 해당한다.

43

기업이 글로벌 전략을 수행하면 외국 현지법인과의 커뮤니케이션 비용이 증가하고, 외국의 법률이나 제도 개편 등 기업 운영상 리스크에 대한 본사 차원의 대응 역량이 더욱 요구되므로, 경영의 효율성은 오히려 낮아질 수 있다.

[오답분석]
① 글로벌 전략을 통해 대량생산을 통한 원가절감, 즉 규모의 경제를 이룰 수 있다.
② 글로벌 전략을 통해 세계 시장에서 외국 기업들과의 긴밀한 협력이 가능하다.
③ 외국의 무역장벽이 높으면 국내 생산 제품을 수출하는 것보다 글로벌 전략을 통해 외국에 직접 진출하는 것이 효과적일 수 있다.
④ 글로벌 전략을 통해 국내보다 상대적으로 인건비가 저렴한 국가의 노동력을 고용하여 원가를 절감할 수 있다.

44

4P와 4C의 비교

4P	4C
기업 관점	소비자 관점
제품	소비자 솔루션
유통	편의성
판매 촉진	커뮤니케이션
가격	소비자 비용

45

집단사고(Groupthink)는 응집력이 높은 집단에서 의사결정을 할 때, 동조압력과 전문가들의 과다한 자신감으로 인해 사고의 다양성이나 자유로운 비판 대신 집단의 지배적인 생각에 순응하여 비합리적인 의사결정을 하게 되는 경향이다.

46

정답 ①

기능별 조직은 전체 조직을 기능별 분류에 따라 형성시키는 조직의 형태이다. S회사는 수요가 비교적 안정된 소모품을 납품하는 업체이기 때문에 환경적으로도 안정되어 있으며, 부서별 효율성을 추구하므로 기능별 조직이 조직구조로 적합하다.

기능별 조직

구분	내용
적합한 환경	• 조직구조 : 기능조직 • 환경 : 안정적 • 기술 : 일상적이며 낮은 상호의존성 • 조직규모 : 작거나 중간 정도 • 조직목표 : 내적 효율성, 기술의 전문성과 질
장점	• 기능별 규모의 경제 획득 • 기능별 기술개발 용이 • 기능 목표 달성 가능 • 중간 이하 규모의 조직에 적합 • 소품종 생산에 유리
단점	• 환경변화에 대한 대응이 늦음 • 최고경영자의 의사결정이 지나치게 많음 • 부문 간 상호조정 곤란 • 혁신이 어려움 • 전체 조직목표에 대한 제한된 시각

47

정답 ④

샤인(Schein)의 경력 닻 모형
• 닻 I : 관리역량 – 복잡한 경영 문제를 인지, 분석하고 해결하는 능력
• 닻 II : 전문역량 – 직무의 내용에 관심, 도전적 업무, 자율성, 전문화된 영역 선호
• 닻 III : 안전지향 – 직업안정과 및 고용안정 욕구, 조직가치와 규범에 순응, 보수・작업조건・복리후생 등 외재적 요인에 관심
• 닻 IV : 사업가적 창의성 지향 – 신규조직・서비스 등 창의성 중시, 창조욕구, 새로운 도전
• 닻 V : 자율지향 – 규칙에 얽매인 조직보다 자유로운 계약직・파트타임 선호, 성과에 의한 보상 선호

48

정답 ①

선수금은 대차대조표상 유동부채에 해당한다. 현금, 유가증권, 현금성자산, 미수금 등은 대차대조표상 유동자산에 해당한다.

49

정답 ①

ESG 경영의 주된 목적은 착한 기업을 키우는 것이 아니라 불확실성 시대의 환경, 사회, 지배구조라는 복합적 리스크에 얼마나 잘 대응하고 지속적 경영으로 이어나갈 수 있느냐 하는 것이다.

50

정답 ③

시계열 분석법은 시계열 자료수집이 용이하고 변화하는 경향이 뚜렷하여 안정적일 때 이를 기초로 미래의 예측치를 구하지만, 과거의 수요 패턴이 항상 계속적으로 유지된다고 할 수 없으므로 주로 중단기 예측에 이용되며, 비교적 적은 자료로도 정확한 예측이 가능하다.

01	02	03	04	05	06	07	08	09	10	11	12	13	14	15	16	17	18	19	20
⑤	①	⑤	③	①	①	④	④	②	⑤	②	④	①	②	①	②	④	②	①	③
21	22	23	24	25	26	27	28	29	30	31	32	33	34	35	36	37	38	39	40
④	③	④	④	③	②	⑤	④	⑤	④	⑤	①	③	⑤	②	④	②	②	③	④
41	42	43	44	45	46	47	48	49	50										
③	⑤	⑤	①	②	④	①	②	④	④										

01

정답 ⑤

쿠르노 모형에서 각 기업은 완전경쟁시장 생산량의 $\frac{1}{3}$ 을 생산하기 때문에 두 기업의 생산량은 $\frac{2}{3}$ 이다. 완전경쟁시장에서는 $P=$ MC이기 때문에 $P=0$, 생산량은 $Q=10$이다. 따라서 쿠르노 모형 생산량은 $Q=\frac{20}{3}$ 이고, 가격은 $P=\frac{10}{3}$ 이다.

02

정답 ①

수요란 일정기간 주어진 가격으로 소비자들이 구입하고자 의도하는 재화와 서비스의 총량을 의미한다. 수요는 관련 재화(대체재, 보완재)의 가격, 소비자의 소득수준, 소비자의 선호 등의 요인에 따라 변화하며, 수요의 변화는 수요곡선 자체를 좌우로 이동시킨다. 주어진 그래프에서는 수요곡선이 오른쪽으로 이동하고 있으므로 복숭아 수요를 증가시키는 요인이 아닌 것을 찾아야 한다. 복숭아의 가격이 하락하면 복숭아의 수요가 증가하게 되는데, 이는 '수요량의 변화'이므로 수요곡선상에서 움직이게 된다.

03

정답 ⑤

국내기업이 해외에 생산 공장을 건설하기 위해서는 해외에 필요한 자금을 가지고 나가야 하므로 외환에 대한 수요가 증가한다. 외환의 수요가 증가하면 환율이 상승하게 되므로 국내통화의 가치가 하락한다.

오답분석
①·④ 수입 가전제품에 대한 관세가 인상되고 해외여행에 대한 수요가 급감하면 외환 수요가 감소한다. 따라서 환율이 하락한다.
②·③ 외국 투자자들이 국내주식을 매수하거나 기준금리가 인상되면 자본유입이 많아져서 외환의 공급이 증가하고, 이에 따라 환율이 하락한다.

04

정답 ③

실질 GDP는 물가상승요인을 제거하기 위하여 기준년도 가격에 해당연도 생산량을 곱하여 계산한다. 따라서 50만 원(2023년 가격) ×15대(2024년 생산량)=7,500,000원이다.

05

오답분석

ㄷ·ㄹ. 최고가격은 시장의 균형가격보다 낮은 수준에서 설정되어야 하며, 최고가격제가 실시되면 사회적 후생 손실이 발생한다.

06

정답 ①

100만 원$\times(1+0.05)^2 = 1,102,500$원이므로 명목이자율은 10.25%이다. 실질이자율은 명목이자율에서 물가상승률을 뺀 값이므로 $10.25\% - \left(\dfrac{53-50}{50} \times 100\right) = 10.25\% - 6\% = 4.25\%$이다.

07

정답 ④

오답분석

① 선형 무차별곡선 : 완전대체재의 무차별곡선으로, 우하향하는 직선의 모습을 나타낸다.
② 준 선형 무차별곡선 : 콥 - 더글러스형과 모양은 비슷하나, 효용함수를 $U = X + \ln Y$ 또는 $U = \ln X + Y$로 표시한다.
③ 레온티에프형 무차별곡선 : 완전보완재의 무차별곡선으로, L자형 모습을 나타낸다.
⑤ X재가 비재화인 무차별곡선 : 좌상향의 모습을 나타낸다.

08

정답 ④

ⓒ 가격차별을 하기 위해서는 상품의 소비자 간 재판매가 불가능해야 한다.
ⓔ 제3급 가격차별의 경우 가격차별을 하는 독점기업은 수요의 가격탄력성이 상대적으로 높은 집단에게는 낮은 가격을, 가격탄력성이 상대적으로 낮은 집단에게는 높은 가격을 설정해야 한다.

09

정답 ②

구축효과에 대한 설명이다.

채권가격 변화에 의한 구축효과의 경로
정부의 국공채 발행 → 채권의 공급 증가 → 채권가격 하락 → 이자율 상승(채권가격과 이자율과는 음의 관계) → 투자 감소

10

정답 ⑤

오답분석

① (10분위분배율)$= \dfrac{(최하위\ 40\%\ 소득계층의\ 소득)}{(최상위\ 20\%\ 소득계층의\ 소득)} = \dfrac{12\%}{(100-52)\%} = \dfrac{1}{4}$

② 지니계수는 면적 A를 삼각형 OCP 면적(A+B)으로 나눈 값이다. 즉, $\dfrac{(A\ 면적)}{(\triangle OCP\ 면적)} = \dfrac{A}{A+B}$ 의 값이 지니계수이다.

③ 중산층 붕괴 시 A의 면적은 증가하고, B의 면적은 감소한다.
④ 미국의 서브프라임모기지 사태는 로렌츠곡선을 대각선에서 멀리 이동시킨다.

CHAPTER 04 경제학 · **101**

11

정답 ②

효율성임금이론이란 평균임금보다 높은 임금을 지급해 주는 것을 유인으로 생산성 높은 노동자를 채용하여 생산성을 결정짓는 이론이다.

12

정답 ④

독점시장의 시장가격은 완전경쟁시장의 가격보다 높게 형성되므로 소비자잉여는 줄어든다.

13

정답 ①

현재가치를 구하는 식은 다음과 같다.

$$PV = \pi_0 \frac{1+g}{1+i} + \pi_0 \left(\frac{1+g}{1+i}\right)^2 + \pi_0 \left(\frac{1+g}{1+i}\right)^3 + \cdots$$

$$= \frac{\pi_0}{1 - \frac{1+g}{1+i}} = \frac{\pi_0}{\frac{1-g}{1+i}} = \pi_0 \frac{1+i}{i-g}$$

따라서 ①은 옳지 않다.

14

정답 ②

시장구조가 완전경쟁이라고 하더라도 불완전경쟁, 외부성, 공공재 등 시장실패 요인이 존재한다면 파레토효율적인 자원배분이 이루어지지 않는다.

15

정답 ①

중첩임금계약은 명목임금이 경직적인 이유를 설명한다. 케인스학파는 화폐에 대한 착각현상으로 임금의 경직성이 나타난다고 설명하며, 새케인스학파는 노동자가 합리적인 기대를 가지나 현실적으로는 메뉴비용 등의 존재로 임금 경직성이 발생한다고 설명한다.

16

정답 ②

굴절수요곡선

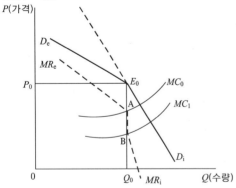

어떤 과점기업의 생산물 가격이 P_0라고 가정한다면 그보다 가격을 인상하여도 다른 기업은 가격을 유지할 것이며, 이 과점기업에 대한 수요곡선은 P_0점보다 위에서는 매우 탄력적이다. 그러나 이 기업이 가격을 내리면 다른 기업도 따라서 가격을 내릴 것이므로 P_0점보다 아래의 수요곡선은 비탄력적으로 될 것이다. 따라서 수요곡선은 P_0점에서 굴절하고, 굴절수요곡선($D_e D_i$)에서 도출되는 한계수입곡선(MR_e MR_i)은 불연속이 된다.

17

희생비율이란 인플레이션율을 1% 낮추기 위해 감수해야 하는 GDP 감소율을 말한다. 필립스곡선의 기울기가 매우 가파르다면 인플레이션율을 낮추더라도 실업률은 별로 상승하지 않으므로 GDP 감소율이 작아진다. 극단적으로 필립스곡선이 수직선이라면 인플레이션율을 낮추더라도 실업률은 전혀 상승하지 않으므로 GDP 감소율은 0이 되어 희생비율도 0이 된다. 그러므로 필립스곡선의 기울기가 가파를수록 희생비율은 작아진다.

> **오쿤의 법칙(Okun's Law)**
> • 오쿤의 법칙이란 미국의 경제학자 오쿤이 발견한 현상으로 실업률과 GDP의 관계를 나타낸다.
> • 경기회복기에는 고용의 증가 속도보다 국민총생산의 증가 속도가 더 크고, 불황기에는 고용의 감소 속도보다 국민총생산의 감소 속도가 더 큰 법칙을 말한다.

18

• [수요의 소득탄력성(ε_M)]$=\dfrac{(수요의\ 변화율)}{(소득의\ 변화율)}$

• [수요의 교차탄력성(ε_{XY})]$=\dfrac{(X재\ 수요의\ 변화율)}{(Y재\ 가격의\ 변화율)}$

수요의 소득탄력성을 기준으로 열등재와 정상재를 구분할 수 있다. 소득탄력성이 0보다 작으면 열등재, 0보다 크면 정상재라고 한다. 또한 소득탄력성이 0에서 1 사이면 필수재, 1보다 크면 사치재로 분류된다. 초콜릿은 소득탄력성이 0보다 작으므로 열등재에 해당한다. 그리고 커피는 소득탄력성이 1보다 크므로 정상재이면서 사치재에 해당한다.
또한 수요의 교차탄력성을 기준으로 대체재, 독립재, 그리고 보완재를 구분할 수 있다. 교차탄력성이 0보다 작으면 보완재, 0이면 독립재, 0보다 크면 대체재로 분류된다. 초콜릿과 커피의 교차탄력성은 0보다 작으므로 두 재화는 보완재에 해당한다.

19

소규모 경제에서 자본이동과 무역이 완전히 자유롭고 변동환율제도를 채택한다면 확대재정정책이 실시되더라도 소득은 불변이고, 이자율의 상승으로 S국 통화는 강세가 된다.

20

실제투자액과 필요투자액이 일치하므로 1인당 자본량이 더 이상 변하지 않는 상태를 균제상태라고 한다. 균제상태에서는 1인당 자본량이 더 이상 변하지 않으므로 자본증가율과 인구증가율이 일치하고, 경제성장률과 인구증가율도 일치한다.

21

이자율 평가설에서는 $i=i^* + \dfrac{f-e}{e}$ 가 성립한다(단, i는 자국이자율, i^*는 외국이자율, f는 연간 선물환율, e는 현물환율이다). 문제에서 $i=0.05$, $i^*=0.025$, $e=1,200$이므로 식에 대입하면 $f=1,230$이 도출된다.

22

[오답분석]
ㄹ. 비용극소화를 통해 도출된 비용함수를 이윤함수에 넣어서 다시 이윤극대화 과정을 거쳐야 하므로 필요조건이기는 하나, 충분조건은 아니다.

23

제시된 두 사례는 경기가 침체했음에도 불구하고 물가가 오르고 있다. 이를 스태그플레이션(Stagflation)이라고 하는데, 경제활동이 침체되고 있음에도 불구하고 지속적으로 물가가 상승하는 상태의 저성장·고물가 상태를 의미한다.

오답분석

① 슬럼프플레이션(Slumpflation) : 슬럼프(불황)와 인플레이션의 합성어로, 높은 실업률로 대표되는 불황에서의 인플레이션을 뜻하며, 스태그플레이션보다 심한 경기 침체 상태를 말한다.
② 스크루플레이션(Screwflation) : 쥐어짜기를 의미하는 스크루와 인플레이션의 합성어로, 물가 상승과 실질임금 감소 등으로 중산층의 가처분 소득이 줄어드는 현상을 말한다.
③ 스태그데이션(Stagdation) : 경기침체 상황에서 물가가 급락하는 현상이다.
⑤ 에코플레이션(Ecoflation) : 환경과 인플레이션의 합성어로, 환경 기준 강화나 기후변화로 인해 기업의 제조원가가 상승하여 결과적으로 소비재의 가격이 인상되는 것을 말한다.

24

한국은행은 고용증진 목표 달성이 아닌 통화정책 운영체제로서 물가안정목표제를 운영하고 있다.

25

ⅰ) 자연실업률 조건

$sE=fU$ (U : 실업자의 수, E : 취업자의 수, s : 취업자 중에 이번 기에 실직하는 비율, f : 실업자 중에 이번 기에 취업하는 비율)

→ (자연실업률)$=\dfrac{U}{E+U}=\dfrac{s}{s+f}$

ⅱ) s(취업자 중에 이번 기에 실직하는 비율)$=1-P_{11}$

f(실업자 중에 이번 기에 취업하는 비율)$=P_{21}$

이를 식에 대입하면 $\dfrac{1-P_{11}}{1-P_{11}+P_{21}}$ 이다. 따라서 주어진 노동시장에서의 균형실업률은 ③이다.

26

케인스학파는 비용보다는 수익 측면에 초점을 맞추어 기업가들이 수익성 여부에 대한 기대에 입각해서 투자를 한다고 보고, 고전학파와는 달리 투자의 이자율 탄력성이 낮다고 보고 있다.

27

총수입 TR은 다음과 같이 나타낼 수 있다.

$TR=P\times Q=(100-2Q)\times Q=100Q-2Q^2$

독점기업의 이윤극대화의 조건은 $MR=MC$이다.

$MC=60$, $MR=\dfrac{\Delta TR}{\Delta Q}=100-4Q$이므로

$100-4Q=60$

→ $4Q=40$

∴ $Q=10$

이 값을 시장수요곡선인 $P=100-2Q$에 대입하면 $P=80$이다.

따라서 이 독점기업의 이윤극대화 가격은 80원이고, 생산량은 10개이다.

28

정답 ④

먼저 정부지출(G)을 1만큼 증가시킬 때 국민소득(Y)이 얼마만큼 증가하는지를 도출해야 한다. $Y=C+I+G+X-M$에서 각 수치를 대입하면 $Y=0.5Y+10+0.4Y+10+G+X-0.1Y-20 \Rightarrow 0.2Y=G+X$이다. 따라서 G값을 1만큼 증가시키면 Y값은 5만큼 커지게 된다. 다음으로 커진 국민소득에 대응해서 소비(C)가 얼마만큼 증가하는지를 도출하면 된다. $C=0.5Y+10$에서 Y가 5만큼 상승할 때 $C=2.5$가 상승한다. 따라서 정부지출을 1만큼 증가시키면 소비는 2.5가 상승한다.

29

정답 ⑤

비용함수는 생산량과 비용 사이의 관계를 나타내는 함수이다. 주어진 비용함수에서 생산량(Q)이 늘어날수록 총비용이 증가한다. 하지만 평균비용은 (총비용)÷(생산량)이므로 줄어든다. 예를 들어 생산량이 1, 2, 3개로 늘어날 경우 총비용(TQ)은 75, 100, 125 순으로 증가하지만, 평균비용은 75, 50(100÷2), 41.6(125÷3) 순으로 감소한다. 이는 평균 고정비가 (고정비)÷(생산량)이기 때문에 생산량이 늘어날수록 줄어들기 때문이다. 고정비는 생산량과 관계없이 들어가는 비용으로 문제의 함수에선 50이다. 이처럼 생산량이 늘어날 때 평균비용이 줄어드는 것을 규모의 경제가 존재한다고 한다. 한계비용은 생산량이 하나 더 늘어날 때 들어가는 비용으로 문제에서는 25로 일정하다.

30

정답 ④

덕선이가 실망노동자가 되면서 실업자에서 비경제활동인구로 바뀌게 되었다.

실업률은 경제활동인구에 대한 실업자의 비율이므로 분자인 실업자보다 분모인 경제활동인구가 큰 상황에서 실업자와 경제활동인구가 동일하게 줄어든다면 실업률은 하락하게 된다.

고용률은 생산가능인구에 대한 취업자의 비율이므로 덕선이가 실망노동자가 되어도 분자인 취업자와 분모인 생산가능인구는 아무런 변화가 없다. 따라서 고용률은 변하지 않는다.

31

정답 ⑤

총수요의 변동으로 경기변동이 발생하면 경기와 물가는 같은 방향으로 움직이므로 경기 순응적이 된다.

32

정답 ①

과거에는 국민총생산(GNP)이 소득지표로 사용되었으나, 수출품과 수입품의 가격변화에 따른 실질소득의 변화를 제대로 반영하지 못했기 때문에 현재는 국민총소득(GNI)을 소득지표로 사용한다.

명목 GNP는 명목 GDP에 국외순수취요소소득을 더하여 계산하는데, 명목 GDP는 당해연도 생산량에 다 당해연도의 가격을 곱하여 계산하므로 수출품과 수입품의 가격변화에 따른 실질소득 변화가 모두 반영된다. 즉, 명목으로 GDP를 집계하면 교역조건변화에 따른 실질무역손익이 0이 된다. 다시 말해 명목 GNP는 명목 GNI와 동일하다.

33

정답 ③

- 변동 전 균형가격은 $4P+P=600$이므로 균형가격 P는 120이다.
- 변동 전 균형거래량은 $4\times120=480$이고, 변동 후 균형가격은 $4P+P=400$이므로 균형가격 P는 80이다. 따라서 변동 후 균형거래량은 $4\times80=320$이다.

34

A의 소득이 10,000원, X재와 Y재에 대한 총지출액 10,000원, X재 가격이 1,000원, 극대화되는 소비량이 $X=6$, $Y=0$이라고 하면, Y재의 가격은 400원이므로 예산선의 기본식은 다음과 같다.

$$M = P_X \cdot X + P_Y \cdot Y$$

$$\rightarrow Y = -\frac{P_X}{P_Y}X + \frac{M}{P_Y}$$

주어진 수치들을 대입하면 다음과 같다.

$$Y = -\frac{1,000}{400}X + \frac{10,000}{400}$$

$$\rightarrow Y = -2.5X + 25$$

균형에서 예산선과 무차별곡선이 접하므로 무차별곡선의 기울기(MRS_{XY})와 예산선의 기울기$\left(\dfrac{P_X}{P_Y}\right)$는 같다.

따라서 한계대체율은 예산선의 기울기의 절댓값인 2.5이다.

35

등량곡선이란 모든 생산요소가 가변요소(노동, 자본)일 때, 동일한 생산량을 산출할 수 있는 노동(L)과 자본(K)의 조합을 연결한 곡선을 의미하므로 A, B, C에서 생산량은 모두 동일하다. 또한, 등비용선이란 장기에 있어서 기업이 총비용으로 구입할 수 있는 자본과 노동의 모든 가능한 조합들을 연결한 곡선을 의미하므로 A, C, D에서 총비용은 모두 동일하다.

36

주어진 비용함수 $C(Q)=100+2Q^2$을 통해 고정비용은 100, 가변비용은 $2Q^2$, 한계비용은 $4Q$, 평균가변비용은 $2Q$라는 것을 도출할 수 있다. 따라서 완전경쟁시장에서 최적산출량 5를 시장가격 20에 팔면 수입은 100, 손실은 50이다.

[오답분석]

① 기업이 속해 있는 시장이 완전경쟁시장이고, 완전경쟁시장에서 기업은 시장가격을 받아들여야 한다. 또한 완전경쟁시장에서 기업이 직면하는 수요곡선은 수평선이다.
③ $4Q=20 \rightarrow$ 5이므로 최적산출량은 5이다.
⑤ 생산은 평균가변비용(AVC)보다 높은 곳에서 진행되므로 옳다.

37

[오답분석]

ㄴ. 케인스 모형에서 재정정책의 효과는 강력한 반면, 금융정책의 효과는 미약하다. 따라서 (A)의 $Y_0 \rightarrow Y_1$의 크기는 (B)의 $Y_a \rightarrow Y_b$의 크기보다 크다.
ㄹ. 케인스는 승수효과를 통해 정부가 지출을 조금만 늘리면 국민의 소득은 지출에 비해 기하급수적으로 늘어난다고 주장하였다. 또한, 케인스 학파에서는 소비를 미덕으로 여기므로 소득이 증가하면 소비 또한 증가하여 정부지출의 증가는 재고의 감소를 가져온다.

38

[오답분석]

ㄴ. 저축률이 높은 나라일수록 1인당 소득은 높은 경향이 있다.
ㄹ. 칼도의 정형화된 사실에 따르면 개발도상국과 선진국 간의 1인당 소득격차는 확대된다.

39

우월전략은 상대방의 전략에 관계없이 항상 자신의 보수가 가장 크게 되는 전략을 말한다.

40

정답 ④

항상소득가설에 의하면 항상소득의 증가는 소비의 증가에 크게 영향을 미치지만, 임시소득의 증가는 소비에 거의 영향을 미치지 않는다. 따라서 항상소득의 한계소비성향은 일시소득의 한계소비성향보다 크다.

41

정답 ③

한 재화의 가격을 시장 균형가격보다 낮은 수준에서 규제하려는 방법은 최고가격제(가격상한제)이다. 가격상한제는 물가를 안정시키고 소비자를 보호하기 위한 목적으로 아파트 분양가격, 임대료, 금리 등을 통제하기 위해 사용된다. 그러나 가격상한제를 실시하면 초과수요가 발생하기 때문에 암시장이 형성될 부작용이 존재한다. 또한 재화의 품질이 저하되는 문제도 발생한다.

42

정답 ⑤

생산에 투입된 가변요소인 노동의 양이 증가할수록 총생산이 체증적으로 증가하다가 일정 단위를 넘어서면 체감적으로 증가하기 때문에 평균생산과 한계생산은 증가하다가 감소한다. 한계생산물곡선은 평균생산물곡선의 극대점을 통과하므로 한계생산물과 평균생산물이 같은 점에서는 평균생산물이 극대가 된다. 한편, 한계생산물이 0일 때 총생산물이 극대가 된다.

43

정답 ⑤

산업 내 무역(Intra-industry Trade)은 동일한 산업 내에서 재화의 수출입이 이루어지는 것을 말한다. 산업 내 무역은 시장구조가 독점적 경쟁이거나 규모의 경제가 발생하는 경우에 주로 발생하며, 부존자원의 차이와는 관련이 없다. 이는 주로 경제발전의 정도 혹은 경제 여건이 비슷한 나라들 사이에서 이루어지므로 유럽 연합 국가들 사이의 활발한 무역을 설명할 수 있다.

44

정답 ①

우상향하는 총공급곡선이 왼쪽으로 이동하는 경우는 부정적인 공급충격이 발생하는 경우이다. 따라서 임금이 상승하는 경우 기업의 입장에서는 부정적인 공급충격이므로 총공급곡선이 왼쪽으로 이동하게 된다.

[오답분석]
②·③·④ 총수요곡선을 오른쪽으로 이동시키는 요인이다.
⑤ 총공급곡선을 오른쪽으로 이동시키는 요인에 해당한다.

45

정답 ②

코즈의 정리란 재산권(소유권)이 명확하게 확립되어 있고, 거래비용 없이도 자유롭게 매매할 수 있다면 권리가 어느 경제 주체에 귀속되는가와 상관없이 당사자 간의 자발적 협상에 의한 효율적인 자원배분이 가능해진다는 이론이다. 그러나 현실적으로는 거래비용의 존재, 외부성 측정 어려움, 이해당사자의 모호성, 정보의 비대칭성, 협상능력의 차이 등으로 코즈의 정리로 문제를 해결하는 데 한계가 있다.

46

정답 ④

국제수지(Balance of Payment)란 일정 기간 자국과 외국 사이에 일어난 모든 경제적 거래를 체계적으로 정리한 통계로, 크게 경상수지, 자본수지, 금융계정으로 나뉜다. 한 나라 안의 생산은 한 나라 경제주체들의 소득 및 지출과 항상 일치한다. 이는 국민소득과 사후적으로 항상 같게 된다. 이를 식으로 나타내면 Y(국민소득)$=C$(소비)$+I$(투자)$+G$(정부지출)$+NX$(순수출)$=C$(소비)$+S$(민간 저축)$+T$(세금)이다. 식의 공통된 것을 빼고 좌변에 투자지출을 놓고 정리하면 $I=S+(T-G)+NX$이다. 즉, 국내투자는 (국내저축)$+$[국외저축(순수출)]으로 국내저축이 국내투자보다 크면 순수출은 항상 0보다 크다.

47

정답 ①

[오답분석]

ㄷ. 정부의 지속적인 교육투자정책으로 인적자본축적이 이루어지면 규모에 대한 수확체증이 발생하여 지속적인 성장이 가능하다고 한다.

ㄹ. 내생적 성장이론에서는 금융시장이 발달하면 저축이 증가하고 투자의 효율성이 개선되어 지속적인 경제성장이 가능하므로 국가 간 소득수준의 수렴현상이 나타나지 않는다고 본다.

48

정답 ②

사회후생의 극대화는 자원배분의 파레토효율성이 달성되는 효용가능경계와 사회무차별곡선이 접하는 점에서 이루어진다. 그러므로 파레토효율적인 자원배분에서 항상 사회후생이 극대화되는 것은 아니며, 사회후생의 극대화는 무수히 많은 파레토효율적인 점들 중의 한 점에서 달성된다.

49

정답 ④

[오답분석]

ㄹ. 케인스는 절대소득가설을 이용하여 승수효과를 설명하였다.

50

정답 ④

IS곡선이란 생산물시장의 균형이 이루어지는 이자율(r)과 국민소득(Y)의 조합을 나타내는 직선을 말하며, 관계식은 다음과 같다.

$$r=\frac{-1-c(1-t)+m}{b}Y+\frac{1}{b}(C_0-cT_0+I_0+G_0+X_0-M_0)$$

즉, IS곡선의 기울기는 투자의 이자율탄력성(b)이 클수록, 한계소비성향(c)이 클수록, 한계저축성향(s)이 작을수록, 세율(t)이 낮을수록, 한계수입성향(m)이 작을수록 완만해진다. 한편, IS곡선은 소비, 투자, 정부지출, 수출이 증가할 때 오른쪽으로, 조세, 수입, 저축이 증가할 때 왼쪽으로 수평이동한다. 외국의 한계수입성향이 커지는 경우에는 자국의 수출이 증가하므로 IS곡선은 오른쪽으로 이동한다.

01	02	03	04	05	06	07	08	09	10	11	12	13	14	15	16	17	18	19	20
③	②	②	①	①	②	②	④	⑤	②	①	⑤	②	⑤	⑤	②	⑤	②	③	④
21	22	23	24	25	26	27	28	29	30	31	32	33	34	35	36	37	38	39	40
②	⑤	②	①	⑤	④	①	②	④	①	①	①	⑤	③	③	②	②	③	④	④
41	42	43	44	45	46	47	48	49	50										
⑤	①	②	④	②	①	④	①	①	③										

01　　　　　　　　　　　　　　　　　　　　　　　정답 ③

대손충당금이 있을 경우, 차변에 대손충당금을, 대변에 매출채권을 기재한다.

02　　　　　　　　　　　　　　　　　　　　　　　정답 ②

화폐의 시간가치 영향이 중요한 경우 충당부채는 의무를 이행하기 위하여 예상되는 지출액의 현재가치로 평가한다. 또한 할인율은 부채의 특유한 위험과 화폐의 시간가치에 대한 현행 시장의 평가를 반영한 세전 이율이다. 이 할인율에는 미래현금흐름을 추정할 때 고려한 위험을 반영하지 아니한다.

03　　　　　　　　　　　　　　　　　　　　　　　정답 ②

미수수익에 대한 설명이다.

[오답분석]
④ 영업용 고정자산 매각, 유가증권 매각 등을 통한 수익은 기타 선수금에 해당한다.

04　　　　　　　　　　　　　　　　　　　　　　　정답 ①

[오답분석]
② 유형자산을 재평가할 때, 그 자산의 장부금액을 재평가금액으로 조정한다.
③ 어떤 유형자산 항목과 관련하여 자본에 계상된 재평가잉여금은 그 자산이 제거될 때 이익잉여금으로 직접 대체할 수 있다.
④ 재평가가 단기간에 수행되며 계속적으로 갱신된다면, 동일한 분류에 속하는 자산이라 하더라도 순차적으로 재평가할 수 있다.
⑤ 자산의 장부금액이 재평가로 인하여 감소된 경우에 그 감소액은 당기손익으로 인식한다. 그러나 그 자산에 대한 재평가잉여금의 잔액이 있다면 그 금액을 한도로 재평가감소액을 기타포괄손익으로 인식한다.

05　　　　　　　　　　　　　　　　　　　　　　　정답 ①

차기 회계연도로 잔액이 이월되는 계정은 자산, 부채, 자본계정이다. 이익잉여금, 주식발행초과금, 매도가능금융자산평가이익은 자본, 선수임대료는 부채에 해당한다.

06

최초 재평가로 인한 평가이익은 재평가잉여금(기타포괄손익누계액)으로, 최초의 손실은 재평가손실(당기비용)로 처리한다.

07

정답 ②

주식을 할인발행하더라도 총자본은 증가한다.

오답분석

① 중간배당(현금배당)을 실시하면 이익잉여금을 감소시키게 되므로 자본이 감소한다.
③ 자기주식은 자본조정 차감항목이므로 자기주식을 취득하는 경우 자본이 감소한다.
④ 당기순손실이 발생하면 이익잉여금을 감소시키게 되므로 자본이 감소한다.
⑤ 매도가능금융자산의 평가에 따른 손실(100,000원)이 발생하였으므로 자본이 감소한다.

08

정답 ④

금리가 하락하는 경우, 경기가 불황에 빠져 기업과 가계의 장기채권 발행 및 투자가 감소한다고 판단할 수 있다.

오답분석

① · ② 장기채는 환금성이 낮아 그만큼 유동성 프리미엄이 붙기 때문에 금리가 그만큼 높다.
③ 단기채 금리는 정책금리 변화를 반영하며, 장기채 금리는 경기 상황을 반영한다.
⑤ 장기채 금리가 낮아지고 단기채 금리가 높아져서 금리가 역전되면 이는 경기 침체 우려를 나타낸다고 볼 수 있다.

09

정답 ⑤

검증가능성은 둘 이상의 회계담당자가 동일한 경제적 사건에 대하여 동일한 측정방법으로 각각 독립적으로 측정하더라도 각각 유사한 측정치에 도달하게 되는 속성을 말한다. 즉, 검증가능성은 정보가 나타내고자 하는 경제적 현상을 충실히 표현하는지를 정보이용자가 확인하는 데 도움을 주는 보강적 질적 특성이다.

재무정보의 질적 특성

근본적 질적 특성	• 목적적합성	• 충실한 표현
보강적 질적 특성	• 비교가능성 • 적시성	• 검증가능성 • 이해가능성

10

정답 ②

유동부채와 비유동부채

유동부채	비유동부채
• 매입채무 • 미지급비용 • 단기차입금 • 선수금 • 미지급금 • 유동성장기부채 등	• 장기차입금 • 사채 • 수선충당부채 • 장기매입채무 • 장기미지급금 • 퇴직급여부채

11

자산은 1년을 기준으로 유동자산과 비유동자산으로 분류한다. 다만, 정상적인 영업주기 내에 판매되거나 사용되는 재고자산과 회수되는 매출채권 등은 보고기간 종료일로부터 1년 이내에 실현되지 않더라도 유동자산으로 분류한다. 이 경우 유동자산으로 분류한 금액 중 1년 이내에 실현되지 않을 금액을 주석으로 기재한다. 장기미수금이나 투자자산에 속하는 매도가능증권 또는 만기보유증권 등의 비유동자산 중 1년 이내에 실현되는 부분은 유동자산으로 분류한다.

12

예대금리차는 은행연합회에서 소비자포털을 통해 공시한다.

오답분석

② 시중에 유동성이 풍부하면 예금금리를 낮추고 대출금리는 고정시켜 예대금리 차이를 높일 수 있다.
③ 은행은 예대금리 차이가 크면 클수록 이익이다. 다만, 지나치게 차이가 발생하면 언론, 국민여론 등 불만을 제기할 소지가 그만큼 커진다.
④ 잔액기준 예대금리차는 한국은행의 금융기관 가중평균금리와 동일하게 산정되며, 요구불예금, 마이너스통장대출 등도 포함된다.

13

주식의 수만 늘어난 것이지 금액에는 차이가 없기 때문에, 즉 자본의 변동이 없기 때문에 주식분할은 자본변동표에서 확인할 수 없다.

14

사채발행비가 있는 경우에는 사채발행비가 많아질수록 유효이자율은 더 커진다.

오답분석

① 액면이자율(표시이자율)이 유효이자율보다 적으므로 할인발행 사채이다.
② 매년 말 지급하는 이자는 액면이자[(액면금액)×(액면이자율)]인 50,000원이다.
③ (이자비용)=[유효이자(장부금액×유효이자율)]인데, 기간이 경과할수록 장부금액이 증가하므로 이자비용도 만기일에 가까워질수록 증가한다.
④ (사채의 장부금액)=(액면금액)−(사채할인발행차금)인데, 사채할인발행차금 상각이 완료되면 액면금액에서 차감할 금액이 없어지기 때문에, 액면금액과 사채의 장부금액은 동일해진다.

15

내용연수가 비한정인 무형자산의 내용연수를 유한 내용연수로 변경하는 것은 회계추정의 변경으로 회계처리한다.

회계정책의 변경과 회계추정의 변경

구분	개념	적용 예
회계정책의 변경	재무제표의 작성과 보고에 적용되던 회계정책을 다른 회계정책으로 바꾸는 것을 말한다. 회계정책이란 기업이 재무보고의 목적으로 선택한 기업회계기준과 그 적용방법을 말한다.	• 한국채택국제회계기준에서 회계정책의 변경을 요구하는 경우 • 회계정책의 변경을 반영한 재무제표가 거래, 기타 사건 또는 상황이 재무상태, 재무성과 또는 현금흐름에 미치는 영향에 대하여 신뢰성 있고 더 목적적합한 정보를 제공하는 경우
회계추정의 변경	회계에서는 미래 사건의 불확실성의 경제적 사건을 추정하여 그 추정치를 재무제표에 보고하여야 할 경우가 많은데 이를 회계추정의 변경이라고 한다.	• 대손 • 재고자산 진부화 • 금융자산이나 금융부채의 공정가치 • 감가상각자산의 내용연수 또는 감가상각자산에 내재된 미래 경제적 효익의 기대소비행태 • 품질보증의무

16

정답 ②

원가동인의 변동에 의하여 활동원가가 변화하는가에 따라 활동원가는 고정원가와 변동원가로 구분된다. 고정원가는 고정제조간접비와 같이 원가동인의 변화에도 불구하고 변화하지 않는 원가이며, 변동원가는 원가동인의 변화에 따라 비례적으로 변화하는 원가로 직접재료비, 직접노무비 등이 해당된다. 일반적으로 활동기준원가계산에서는 전통적인 고정원가, 변동원가의 2원가 분류체계 대신 단위기준, 배치기준, 제품기준, 설비기준 4원가 분류체계를 이용한다.

> **활동기준원가계산**
> 활동기준원가계산은 기업에서 수행되고 있는 활동(Activity)을 기준으로 자원, 활동, 제품·서비스의 소모관계를 자원과 활동, 활동과 원가대상 간의 상호 인과관계를 분석하여 원가를 배부함으로써 원가대상의 정확한 원가와 성과를 측정하는 새로운 원가계산방법이다.

17

정답 ⑤

[오답분석]
① 현금흐름표는 당해 회계기간의 현금의 유입과 유출내용을 적정하게 표시하는 보고서이다.
② 재무제표는 재무상태표, 손익계산서, 현금흐름표, 자본변동표로 구성한다.
③ 재무상태표는 일정시점에 있어서 기업의 재무상태인 자산, 부채 및 자본에 대한 정보를 제공한다.
④ 포괄손익계산서는 일정기간 동안 기업의 경영성과를 나타낸다.

18

정답 ②

발생주의 원칙은 실제 현금이 들어오거나 나가지 않았어도 거래가 발생했다면 비용과 수익을 인식하여야 한다는 것이다.

[오답분석]
①·③·④·⑤ 손익계산서는 기업회계 기준서에서 규정하고 있는 재무제표 작성과 표시 기준에 따라 작성하여야 한다.

19

정답 ③

$$
\begin{aligned}
(당기총포괄이익) &= (기말자본) - (기초자본) - (유상증자) \\
&= [(기말자산) - (기말부채)] - [(기초자산) - (기초부채)] - (유상증자) \\
&= (7,500,000 - 3,000,000) - (5,500,000 - 3,000,000) - 500,000 \\
&= 4,500,000 - 2,500,000 - 500,000 \\
&= 1,500,000원
\end{aligned}
$$

20

정답 ④

제품보증에 따라 부채가 발생하는 경우와 같이 자산의 인식을 수반하지 않는 부채가 발생하는 경우에는 포괄손익계산서에 비용을 동시에 인식한다.

21

정답 ②

기업의 활동성을 분석할 수 있는 것은 매출채권회전율(ㄱ), 재고자산회전율(ㄴ), 총자산회전율(ㄷ), 매출채권회수기간, 재고자산회전기간(ㅁ)이다.

22

경영진이 의도하는 방식으로 자산을 가동하는 데 필요한 장소와 상태에 이르게 하는 데 직접 관련되는 원가의 예는 다음과 같다.
- 유형자산의 매입 또는 건설과 직접적으로 관련되어 발생한 종업원 급여
- 설치장소 준비 원가
- 최초의 운송 및 취급 관련 원가
- 설치원가 및 조립원가
- 유형자산이 정상적으로 작동되는지 여부를 시험하는 과정에서 발생하는 원가[단, 시험과정에서 생산된 재화(예) 장비의 시험과정에서 생산된 시제품)의 순매각금액은 당해 원가에서 차감한다]
- 전문가에게 지급하는 수수료

23

배당금 수령액은 수익이기 때문에 당기손익으로 계상한다.

24

[오답분석]
②·③ 재무활동에 해당한다.
④·⑤ 영업활동에 해당한다.

25

- $(매출채권회전율) = \dfrac{(매출액)}{(매출채권평균)} = 5$

  $(매출액) = 5 \times 20,000 = 100,000원$

- $(매출액순이익률) = \dfrac{(당기순이익)}{(매출액)} = 0.05$

  $(당기순이익) = 0.05 \times 100,000 = 5,000원$

26

[오답분석]
① 판매자가 판매대금의 회수를 확실히 할 목적만으로 해당 재화의 법적 소유권을 계속 가지고 있다면 소유에 따른 중요한 위험과 보상이 이전된 경우 해당 거래를 수익으로 인식한다.
② 수익으로 인식한 금액이 추후에 회수가능성이 불확실해지는 경우에는 인식한 수익금액을 조정할 수 없다.
③ 용역제공거래의 수익은 완료된 시점이 아닌 진행기준에 의하여 인식한다.
⑤ 수익은 자산의 증가나 부채의 감소와 관련하여 미래경제적 효익이 증가하고 이를 신뢰성 있게 측정할 수 있을 때 포괄손익계산서에서 인식한다.

27

- $(매출원가) = (매출액) \times [1 - (매출총이익률)] = 400,000 \times (1 - 0.2) = 320,000원$
- $(기말재고) = (기초재고) + (매입액) - (매출원가) = 100,000 + 600,000 - 320,000 = 380,000원$
- $(소실재고자산) = (기말재고) - (재고자산) = 380,000 - 110,000 = 270,000원$

28

회계적으로는 전체 자산 중 부채를 제외한 나머지 금액이고 주주들 소유이다. 이러한 자기자본의 계정과목으로는 자본금, 자본잉여금, 이익잉여금, 자본조정, 기타포괄손익누계액이 해당한다. 차입금은 부채계정 중 유동부채에 해당한다.

29

정답 ④

- (2023년 공사 진행률)$=\dfrac{16,000}{16,000+24,000}\times100=40\%$
- (2023년 공사수익)$=48,000\times0.4=19,200$원
- (2023년 공사비용)$=16,000$원
- (2023년 공사이익)$=19,200-16,000=3,200$원

30

정답 ①

(현금 및 현금성 자산)$=30,000+1,000+2,000=33,000$원

31

정답 ①

- 2024년 말 감가상각액 : $\dfrac{(\text{취득원가})-(\text{추정잔존가치})}{(\text{추정내용연수})}=\dfrac{2,000-200}{4\text{년}}=450$원
- 2024년 말 장부금액 : $2,000-450=1,550$원

따라서 2024년 말에 동 설비를 1,400원에 처분하였으므로 유형자산처분손익은 $1,400-1,550=-150$원으로 150원 손실이다.

32

정답 ①

- 계정분석

2023년 충당부채			
지출액	14,000	기초	0
기말	4,000	설정액	18,000

2024년 충당부채			
지출액	6,000	기초	4,000
기말	0	설정액	2,000

- (2023년 손익계산서상의 설정액)$=600,000\times0.03=18,000$원
- (2년간 실제보증 지출액)$=14,000+6,000=20,000$원
- (2024년 보증비용 추가설정액)$=6,000-4,000=2,000$원

33

정답 ⑤

기업어음은 자금조달이 간소한 반면, 투자자에게 회사채에 비해 상대적으로 높은 금리를 지급한다.

[오답분석]
① 기업어음은 어음법의 적용을 받고, 회사채는 자본시장법의 적용을 받는다.
② 기업어음은 발행을 위해서 이사회의 결의가 필요 없으나, 회사채는 이사회의 결의가 필요하다.
③ 기업어음은 수요예측이 필요 없으나, 회사채는 수요예측을 필수적으로 해야 한다.
④ 기업어음의 변제순위는 회사채 변제순위보다 후순위이다.

34

정답 ③

$$\text{(매출채권회전율)} = \frac{\text{(매출액)}}{\text{(평균매출채권잔액)}} = \frac{2,000,000}{(120,000+280,000) \div 2} = \frac{2,000,000}{400,000 \div 2} = \frac{2,000,000}{200,000} = 10\text{회}$$

매출채권회전율이 10회이므로 365일을 10회로 나누면 1회전하는 데 소요되는 기간은 36.5일이다.

35

정답 ③

$$\text{(예정매출수량)} = \frac{\text{(고정원가)}+\text{(목표이익)}}{\text{(공헌이익)}^*} = \frac{6,000+20,000}{400-300} = 260\text{단위}$$

* (공헌이익) = (판매가격) - (변동원가)

36

정답 ②

고저점법이란 조업도(생산량, 판매량, 노동시간, 기계작업시간, 기계수리시간 등)의 최고점과 최저점으로 원가함수 $y=a+bx$ 를 추정하여 회계정보를 분석하는 방법이다.

문제에서 x 는 생산량의 변화, y 는 원가의 변화량을 나타내며, a 는 변동비율, b 는 고정비를 나타낸다.

$y=ax+b$ 에서 변동비율 a 는 함수의 기울기이므로 다음과 같이 구한다.

$$[\text{변동비율 } a(\text{기울기})] = \frac{(y\text{의 변화량})}{(x\text{의 변화량})} = \frac{(800,000-600,000)}{(300-200)} = 2,000\text{원}$$

고정비 b 는 a 에 2,000, x 와 y 에 각각 (300, 800,000) 또는 (200, 600,000)을 대입해 구한다.

[고정비(b)] = 800,000 - (300×20,000) = 200,000원

총제조원가 10% 증가 → 고정비 10% 증가 → $b=220,000$

생산량 400단위 가정 시 → x 에 400 대입

∴ y(총원가) = (2,000×400)+220,000 = 1,020,000원

37

정답 ②

매입채무와 사채는 금융부채이다. 선수금, 미지급법인세, 소득세예수금은 비금융부채이다.

금융부채와 비금융부채
- 금융부채 : 거래상대방에게 현금 등 금융자산을 인도하기로 한 계약상 의무
  [예] 매입채무, 차입금, 미지급비용, 사채, 신주인수권부사채, 전환사채 등
- 비금융부채 : 계약상 의무가 아니라 법률상 의무 혹은 의제의무(지출의 시기 또는 금액이 불확실한 미확정부채)
  [예] 선수금, 미지급법인세, 소득세예수금 등

38

정답 ③

㉠ 계속기록법(Perpetual Inventory System) : 상품을 구입할 때마다 상품계정에 기록하며 상품을 판매하는 경우에 판매시점마다 매출액만큼을 수익으로 기록하고 동시에 상품원가를 매출원가로 기록하는 방법이다.

㉡ 실지재고조사법(Periodic Inventory System) : 기말실사를 통해 기말재고수량을 파악하고 판매가능수량[(기초재고수량)+(당기매입수량)]에서 실사를 통해 파악된 기말재고수량을 차감하여 매출수량을 결정하는 방법이다.

39

정답 ④

대여금은 자금을 빌려준 경우 발생하는 채권으로 자산에 해당한다. 차입금은 자금을 빌린 경우 발생하는 확정된 채무로 부채에 해당한다. 따라서 채권에 들어갈 계정과목은 차입금이 아닌 대여금이다.

40

정답 ④

보강적 질적 특성으로는 비교가능성, 검증가능성, 적시성, 이해가능성이 있다.

41

정답 ⑤

주식을 할증발행(액면금액을 초과하여 발행)하면 자본잉여금인 주식발행초과금이 발생한다. 즉, 주식발행초과금은 주식발행가액이 액면가액을 초과하는 경우 그 초과하는 금액으로, 자본전입 또는 결손보전 등으로만 사용이 가능하다. 따라서 자산과 자본을 증가시 키지만 이익잉여금에는 영향을 미치지 않는다.

이익잉여금의 증감 원인

증가 원인	• 당기순이익 • 전기오류수정이익(중대한 오류) • 회계정책 변경의 누적효과(이익)
감소 원인	• 당기순손실 • 배당금 • 전기오류수정손실(중대한 오류) • 회계정책 변경의 누적효과(손실)

42

정답 ①

금융원가는 당해 기간의 포괄손익계산서에 표시되는 항목이다.

포괄손익계산서의 항목
- 영업수익
- 제품과 재공품의 변동
- 원재료사용액
- 종업원급여
- 감가상각비와 기타상각비
- 영업손익
- 기타수익
- 이자비용(금융원가)
- 기타비용
- 법인세비용 차감전 손익
- 법인세비용
- 당기순손익
- 기타포괄손익(가감)
- 주당손익
  - 기본주당순손익
  - 희석주당순손익

43

정답 ②

관련 범위 내에서 조업도가 0이라도 일정액이 발생하는 원가를 혼합원가라 한다.

[오답분석]
① 기회원가는 현재 기업이 보유하고 있는 자원을 둘 이상의 선택가능한 대체안에 사용할 수 있는 경우, 최선의 안을 선택함으로써 포기된 대체안으로부터 얻을 수 있었던 효익을 의미하며, 의사결정 시 고려할 수 있다.
③ 관련 범위 내에서 생산량이 감소하면 단위당 고정원가는 증가한다.
④ 관련 범위 내에서 생산량이 증가하면 단위당 변동원가는 변함이 없다.
⑤ 통제가능원가란 특정 관리자의 통제범위 내에 있는 원가를 말한다.

44

정답 ④

오답분석

ㄱ. 재무상태표상에 자산과 부채를 표시할 때는 유동자산과 비유동자산, 유동부채와 비유동부채로 구분하지 않고 유동성 순서에 따라 표시하는 방법도 있다.

ㄷ. 비용의 성격에 대한 정보가 미래현금흐름을 예측하는 데 유용하기 때문에 비용별 포괄손익계산서를 사용하는 경우에는 성격별 분류에 따른 정보를 추가로 공시하여야 한다.

ㄹ. 포괄손익계산서와 재무상태표를 연결시키는 역할을 하는 것은 총포괄이익이다.

45

정답 ②

(공헌이익)＝(가격)－(변동비용)＝5,000－2,000＝3,000원

$(공헌이익률)＝\dfrac{(공헌이익)}{(가격)}＝\dfrac{3,000}{5,000}＝0.6$

46

정답 ①

자기자본이익률(ROE)은 당기순이익을 자기자본으로 나누고 100을 곱하여 % 단위로 나타낼 수 있다.

재무비율 분석은 재무제표를 활용, 기업의 재무상태와 경영성과를 진단하는 것이다. 안정성, 수익성, 성장성 지표 등이 있다. 안정성 지표는 부채를 상환할 수 있는 능력을 나타낸다. 유동비율[(유동자산)÷(유동부채)], 부채비율[(부채)÷(자기자본)], 이자보상비율[(영업이익)÷(지급이자)] 등이 해당한다. 유동비율과 이자보상비율은 높을수록, 부채비율은 낮을수록 재무상태가 건실한 것으로 판단한다. 성장성 지표에는 매출액증가율, 영업이익증가율 등이 있다. 매출액순이익률[(순이익)÷(매출액)], 자기자본이익률 등은 수익성 지표이다.

$[자기자본이익률(ROE)]＝\dfrac{(당기순이익)}{(자기자본)}×100$

$\therefore\ (자기자본이익률)＝\dfrac{150}{300}×100＝50\%$

47

정답 ④

(임대수익률)＝(임대금)÷(투입자본)×100

임차인 A, B의 임대금의 합을 투입자본으로 나누어 수익률을 구한다.

[(500만 원)＋(700만 원)]÷(3,000만 원)×100＝40%

48

정답 ①

• 2023년 감가상각비 : 100,000×30%＝30,000원
• 2024년 감가상각비 : (100,000－30,000)×30%＝21,000원

49

- $[실제단가(AP)] = \dfrac{240,000}{600} = 400원$

- (실제단가)×(실제수량)=400×450=180,000원

- 가격 차이는 4,500원(유리)이므로
  (표준단가)×450=180,000+4,500
  ∴ (표준단가)=410원

- 수량 차이는 13,940원(불리)이므로
  410×(표준수량)=184,500−13,940
  ∴ (표준수량)=416kg

(실제단가)×(실제수량) $(AP \times AQ)$	(표준단가)×(실제수량) $(SP \times AQ)$	(표준단가)×(표준수량) $(SP \times SQ)$
400×450=180,000	410×450=184,500	410×416=170,560

- (실제 생산량)=(표준수량)÷(단위당 표준재료량)=416÷4=104단위

50

감가상각방법이 연수합계법이므로 분모에 총 감가상각대상년수의 합계인 1+2+3+4+5=15를, 분자에 잔여 내용연수인 5를 적용한다. 그리고 기계장치 취득일이 2024년 7월 1일이므로 이 날부터 2024년 12월 31일까지 6개월분을 감가상각하면 그 금액은 $(1,000,000-100,000) \times \dfrac{5}{15} \times \dfrac{6}{12} = 150,000원이다.$

PART 3

기술직 전공

토목

적중예상문제

01	02	03	04	05	06	07	08	09	10	11	12	13	14	15	16	17	18	19	20
②	②	②	③	②	①	③	①	③	②	④	①	①	③	③	②	④	③	②	②
21	22	23	24	25	26	27	28	29	30	31	32	33	34	35	36	37	38	39	40
③	④	②	④	①	②	②	②	①	③	⑤	②	②	①	②	④	②	②	④	⑤
41	42	43	44	45	46	47	48	49	50										
①	②	②	②	②	④	③	②	⑤	①										

01
정답 ②

겹침의 원리는 외력과 변형이 탄성한도 이하의 관계에서만 성립하므로 ②는 옳지 않다.

02
정답 ②

$(x$축의 도심$) = \dfrac{G}{A} = \dfrac{(30 \times 70 \times 15) + \left(20 \times 36 \times \dfrac{110}{3}\right)}{(30 \times 70) + \left(\dfrac{1}{2} \times 20 \times 36\right)} ≒ 23.54\text{mm}$

$(y$축의 도심$) = \dfrac{G}{A} = \dfrac{(30 \times 70 \times 35) + (20 \times 36 \times 46)}{(30 \times 70) + \left(\dfrac{1}{2} \times 20 \times 36\right)} ≒ 43.34\text{mm}$

03
정답 ②

최대 휨응력은 $\sigma_{\max} = \dfrac{M}{Z} = \dfrac{M}{\dfrac{\pi D^3}{32}} = \dfrac{32M}{\pi D^3} = \dfrac{32M}{\pi(2r)^3} = \dfrac{4M}{\pi r^3}$ 이다.

04
정답 ③

$P = \dfrac{AE}{l}\delta = \dfrac{1 \times 2.1 \times 10^4}{100} \times 1 = 210\text{kN}$

05

전단력이 0인 곳에 최대 휨모멘트가 일어난다.

$R_A + R_B = 3 \times 6 = 18t$

$M_A = 18 \times 9 - R_B \times 12 = 0$

$R_A = 13.5t, \ R_B = 4.5t$

B점에서 x인 곳이 전단력 0이라면

$\sum V = 4.5 - 3(6-x) = 0 \rightarrow x = 4.5$

따라서 B에서 4.5m만큼 떨어진 곳에서 휨모멘트가 최대이다.

06

반지름이 r인 원형 단면이므로 핵거리 e는 기준 축에 관계없이 같은 값을 갖는다.

$$e = \frac{Z}{A} = \frac{\dfrac{\pi D^3}{32}}{\dfrac{\pi D^2}{4}} = \frac{D}{8} = \frac{2 \times 25}{8} = 6.25cm$$

따라서 핵의 면적은 $A_{core} = \pi e^2 = \pi \times 6.25^2 \fallingdotseq 122.7cm^2$ 이다.

> **단주의 핵(Core)**
>
> $e = \dfrac{Z}{A}$

07

기둥의 좌굴하중 $\left[P_b = \dfrac{\pi^2 EI}{(kl)^2} \right]$은 기둥의 휨강도($EI$)에 비례한다.

08

다각측량의 순서

계획 - 답사 - 선점 - 조표 - 관측

09

$$I_y = \frac{b^3 h}{12} = \frac{10^3 \times 20}{12} \fallingdotseq 1,667cm^4$$

10

정답 ②

각 측점 A~E의 X, Y좌표는 다음과 같다.

측점	A	B	C	D	E
X(m)	30	80	150	125	15
Y(m)	40	15	100	125	100

따라서 좌표법으로 구한 트래버스 면적을 구하면

$$\frac{1}{2} \times [(30 \times 15 - 80 \times 40) + (80 \times 100 - 150 \times 15) + (150 \times 125 - 125 \times 100) + (125 \times 100 - 125 \times 15) + (15 \times 40 - 30 \times 100)]$$

$$= \frac{1}{2} \times (-2,750 + 5,750 + 6,250 + 10,625 - 2,400) = \frac{1}{2} \times 17,475 = 8,737.5\text{m}^2 \text{이다.}$$

11

정답 ④

지형측량의 순서는 '측량 계획 – 골조측량 – 세부 측량 – 측량원도 작성'의 순서이다.

12

정답 ①

삼각망의 폐합오차
- 1등 : $\pm 1''$
- 2등 : $\pm 2''$
- 3등 : $\pm 10''$
- 4등 : $\pm 20''$

13

정답 ①

후처리 DGPS는 반송파를 이용함으로써 정밀도가 높은 편이다.

14

정답 ③

$$f = \frac{124.5n^2}{D^{\frac{1}{3}}} \rightarrow 0.02 = \frac{124.5n^2}{0.4^{\frac{1}{3}}} \text{이므로}$$

$$\therefore n = 0.011$$

$V = \frac{1}{n} R^{\frac{2}{3}} I^{\frac{1}{2}}$ 식에 대입$\left(\text{단, } R \text{은 동수반경이며 } R = \frac{D}{4} \text{이다}\right)$

$$\therefore V = \frac{1}{0.011} \left(\frac{0.4}{4}\right)^{\frac{2}{3}} \left(\frac{2}{100}\right)^{\frac{1}{2}} = 2.8\text{m/sec}$$

따라서 관내의 유속은 약 2.8m/s이다.

15

정답 ③

$$Q = CAV = C \cdot bd\sqrt{2gh}$$

$$200 \times 10^{-3} = 0.62 \times (0.2 \times 0.05) \times \sqrt{2 \times 9.8 \times h}$$

$$\therefore h = 53\text{m}$$

16

[오답분석]
① PVC관 : 내식성이 크고, 자외선에 약하다.
③ 덕타일 주철관 : 강도가 크고, 절단가공이 쉬우며 시공성이 높다.
④ 흄관 : 내압력이 낮고, 현장에서 시공성이 좋다.
⑤ 주철관 : 충격에 약하고, 이형관의 제작이 용이하다.

17

정답 ④

$D=2\text{m}=200\text{cm}$이므로 레이놀즈수$(Re)=\dfrac{VD}{v}$에 대입하면, $Re=\dfrac{50\times200}{0.0101}≒990,000$이다.

18

정답 ③

생물막법에는 회전원판법, 살수여상법 등이 있다. 활성슬러지법, 활성슬러지 변법(산화구법, 수정식 폭기법, 심층폭기법 등)은 부유생물법에 해당한다.

19

정답 ②

20분 동안의 최대강우강도는 다음과 같다.
- $I_{5\sim20}=20\text{mm/h}$
- $I_{10\sim25}=35-2=33\text{mm/h}$
- $I_{15\sim30}=40-5=35\text{mm/h}$
- $I_{20\sim35}=43-10=33\text{mm/h}$

$\therefore I_{\max}=\dfrac{35}{20}\times\dfrac{60}{1}=105\text{mm/h}$

20

정답 ②

관수로의 흐름이 층류일 때 마찰손실계수는 $f=\dfrac{64}{Re}$이다.

21

정답 ③

일반적인 상수도 계통도는 '수원 및 저수시설 → 취수 → 도수 → 정수 → 송수 → 배수 → 급수' 순으로 이루어진다.

22

정답 ④

$Q = 0.3\text{m}^3/\text{s} = 25,920\text{m}^3/\text{day}$
$(\text{BOD농도}) = 250\text{mg/L}$
$\text{MLVSS} = 5,000\text{mg/L}$

$(\text{F/M비}) = \dfrac{[(\text{BOD농도}) \times (\text{유입유량})]}{\text{MLVSS} \times (\text{폭기조용적})}$

$= \dfrac{0.25 \times 25,920}{5 \times 4,000}$

$= 0.324$

23

정답 ②

$(\text{슬러지 발생량}) = (\text{처리수량}) \times (\text{제거된 부유물 농도}) \times \dfrac{100}{1 - (\text{함수율})} \times 10^{-3}$

$= 50,000 \times (200 \times 0.9) \times \dfrac{100}{100 - 95} \times 10^{-3}$

$= 180,000\text{kg/day}$

$= 180\text{t/day}$

24

정답 ④

$(\text{F/M비}) = \dfrac{(\text{BOD용적부하})}{(\text{MLSS농도})}$ 식을 사용하면

$1.0 = \dfrac{(\text{BOD용적부하})}{2,000 \times 10^{-3}}$ 가 된다.

따라서 $(\text{BOD 용적부하}) = 2\text{kg BOD/m}^3 \cdot \text{day}$이다.

25

정답 ①

침사지의 용량은 계획취수량을 10 ~ 20분간 저류시킬 수 있어야 한다.

26

정답 ②

상수도 급수 설계기준(KDS 57 70 00)
급수관을 지하층 또는 2층 이상에 배관할 경우에는 층마다 지수밸브와 함께 진공파괴기 등의 역류방지밸브를 설치해서 보수나 개조공사 등에 대비해야 한다.

27

정답 ②

TBM공법은 터널 전단면을 동시에 굴착하는 공법으로 굴착단면이 원형이고, 암반자체를 지보재로 활용한다.

[오답분석]
① 터널의 품질관리가 어려운 공법은 NATM공법이다.
③ 숏크리트와 록볼트를 사용하는 공법은 강지보재 공법이다.
④ 터널 내의 반발량이 크고 분진량이 많은 공법은 숏크리트 공법이다.
⑤ TBM공법은 암반을 압쇄하기 때문에 초기 투자비가 많다.

28

습윤측 다짐을 하면 흙의 구조가 이산구조가 되기 쉬우므로 ②는 옳지 않다.

29

N값은 보링을 한 구멍에 스플릿 스푼 샘플러를 넣고, 처음 흐트러진 시료를 15cm 관입한 후 63.5kg의 해머로 76cm 높이에서 자유 낙하시켜 샘플러를 30cm 관입시키는 데 필요한 타격횟수로, 표준관입시험 값이라고도 한다.
표준관입시험(SPT)에서 샘플러는 스플릿 스푼 샘플러를 사용하며, 해머의 무게는 64kg, 낙하높이는 76cm, 관입깊이는 30cm이다.

30

정수위 투수시험의 공식은 $k = \dfrac{QL}{hAt}$ 이다.

따라서 $k = \dfrac{86.3 \times 20}{40 \times \dfrac{\pi \times 10^2}{4} \times 5} = 10.988 \times 10^{-2}\,\text{cm/sec}$이다.

31

• [건조단위중량(γ_d)] $= \dfrac{\gamma}{1 + \dfrac{w}{100}} = \dfrac{2}{1 + \dfrac{20}{100}} \fallingdotseq 1.67\text{t/m}^3$

• [간극비(e)]

$e = \dfrac{G_s \times \gamma_w}{\gamma_d} - 1 = \dfrac{2.6 \times 1}{1.667} - 1 \fallingdotseq 0.56$

• [포화도(S)]

$S = \dfrac{w}{e} \times G_s = \dfrac{20}{0.56} \times 2.6 \fallingdotseq 92.85$

32

보의 강도가 증가하면 탄성계수가 증가하고, 탄성계수가 증가하면 처짐은 감소한다. 따라서 보의 강도는 처짐에 영향을 준다.

> **보의 처짐에 영향을 주는 요인**
> • 온도 차이 : 상하부재 사이의 온도 차이가 클수록 열팽창의 변화량의 차이에 의해 처짐량은 증가한다.
> • 보의 재질 : 보의 재질에 따라 열팽창의 정도에 변화가 생긴다.
> • 보의 형태 : 길이가 긴 보는 자체적으로 처짐이 발생한다.
> • 보의 지지조건 : 완전 고정된 보에 비해 자유롭게 이동 가능한 지지보의 처짐량이 더 크다.

33

$V_u \leq \phi V_n$

$0.1 \leq 0.75\,V_n$

$\therefore\ V_n = 0.133\text{MN}$

34

정답 ①

슬래브의 정모멘트 철근 및 부모멘트 철근의 중심 간격은 위험단면에서는 슬래브 두께의 2배 이하 또는 300mm 이하로 하여야 한다. 기타의 단면에서는 슬래브 두께의 3배 이하 또는 450mm 이하로 하여야 한다.

35

정답 ②

비접착식 포스트텐션(Unbonded Post-Tension) 공법은 균열 제어 및 응력 전달을 위해 철근으로 보강해야 한다.

접착식 포스트텐션 공법과 비접착식 포스트텐션 공법의 비교

구분	접착식 포스트텐션(Bonded Post-Tension) 공법	비접착식 포스트텐션(Unbonded Post-Tension) 공법
특징	• PC강선을 슬리브에 넣고 콘크리트 타설 후 PC강선을 긴장한 방식 • 덕트 및 콘크리트 부착에 의해 긴장력을 콘크리트로 전달 • 긴장재와 콘크리트 부착 • 정착구는 그라우팅 후 양생기간 동안 하중 저항 • 추가 철근 불필요 • 덕트 내부에 그라우팅 공정 필요 • 교량 등 거대구조물에 적용	• PC강선을 콘크리트와 부착하지 않도록 가공하여 설치하고 경화 후 PC강선을 긴장시킨 방식 • 정착구와 콘크리트 지압에 의해 긴장력을 콘크리트로 전달 • 긴장재와 콘크리트 분리 • 정착구는 상시 하중에 저항 • 균열 제어 및 응력 전달을 위해 추가 철근 필요 • 그라우팅 불필요 • 일반 건물, 주차장 등의 슬래브나 보에 적용

36

정답 ④

아치에서는 휨이나 전단이 거의 없고 압축응력이 더 우세하다.

> **아치(Arch)**
> • 굽힘 응력을 적게 하기 위해 하중이 작용하는 방향을 볼록 곡선으로 만든 구조이다.
> • 아치를 구성하는 부재에는 압축응력이 주로 발생한다.
> • 보에 비하여 휨응력이나 전단응력이 거의 없고 압축응력이 우세하다.
> • 수평반력이 생겨 아치의 정점에 작용하는 모멘트를 줄여준다.

37

정답 ②

$$R_A = \frac{3}{8}wl, \ R_B = \frac{5}{8}wl$$

$$R_A = \frac{3}{8} \times 2 \times 10 = 7.5t(\uparrow)$$

38

정답 ②

실제 보에서의 BMD선도가 공액보에서 탄성하중으로 작용한다.

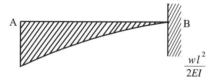

따라서 $\dfrac{M_{\max}}{EI} = \dfrac{wl^2}{2EI}$ 이므로

$\theta_B = R_B = \dfrac{1}{3}(l)\left(\dfrac{wl^2}{2EI}\right) = \dfrac{wl^3}{6EI}$ 이다.

39

폭이 2,000m인 단철근직사각형 보로 가장했을 때 등가직사각형 응력블록 깊이는 $a = \dfrac{A_s f_y}{\eta(0.85 f_{ck})b} = \dfrac{7,460 \times 300}{1 \times (0.85 \times 24) \times 2,000} ≒$

54.9mm>40mm이므로 T형보로 해석한다.

[플랜지 내민부의 인장철근량(A_{sf})] $= \dfrac{\eta(0.85 f_{ck}(b - b_w)t_f}{f_y} = \dfrac{1 \times (0.85 \times 24) \times (2,000 - 500) \times 40}{300} = 4,080\text{mm}^2$

따라서 T형보의 등가직사각형 응력블록의 깊이는 $a = \dfrac{(A_s - A_{sf})f_y}{\eta(0.85 f_{ck})b_w} = \dfrac{(7,460 - 4,080) \times 300}{1 \times (0.85 \times 24) \times 500} ≒ 99.4\text{mm}$이다.

단철근보와 T형보의 등가직사각형 응력블록 깊이

구분	단철근보	T형보
a	$\dfrac{A_s f_y}{\eta(0.85 f_{ck})b}$	$\dfrac{(A_s - A_{sf})f_y}{\eta(0.85 f_{ck})b_w}$

$* A_{sf} = \dfrac{\eta(0.85 f_{ck}(b - b_w)t_f}{f_y}$

40

전단력이 0인 곳에 최대 휨모멘트가 일어난다.

$R_A + R_B - \left(w \times \dfrac{l}{2}\right) = 0$

$M_B = (R_B \times 0) - \left(w \times \dfrac{l}{2} \times \dfrac{3}{4}l\right) + (R_A \times l) = 0$

$\rightarrow R_A = \dfrac{3}{8}wl$

$\dfrac{3}{8}wl - (w \times x) = 0$

$\therefore x = \dfrac{3}{8}l$

41

전단탄성계수, 탄성계수, 푸아송비의 관계는 $G = \dfrac{E}{2(1 + \nu)}$ 이다.

위의 식을 푸아송비에 대해 정리하면

$\nu = \dfrac{E}{2G} - 1 = \dfrac{230,000}{2(60,000)} - 1 ≒ 0.917$이다.

42

면적의 정밀도$\left(\dfrac{dA}{A}\right)$와 거리정밀도$\left(\dfrac{dl}{l}\right)$와의 관계는 $\dfrac{dA}{A} = 2\left(\dfrac{dl}{l}\right)$이다.

따라서 $dl = 0.2 \times 600 = 120\text{mm} = 0.12\text{m}$이므로

$\dfrac{dA}{A} = 2\left(\dfrac{0.12}{10}\right) \times 100 = 2.4\%$이다.

43

정답 ②

평균유속(V_m)에 있어 2점법은 $\dfrac{1}{2}(V_{0.2}+V_{0.8})$이므로, 수면으로부터 수심의 $\dfrac{1}{5}$, $\dfrac{4}{5}$ 지점을 관측해야 한다.

1점법은 $V_{0.6}$, 3점법은 $\dfrac{1}{4}(V_{0.2}+2V_{0.6}+V_{0.8})$이다.

44

정답 ②

$E=20''\sqrt{5}\sim 30''\sqrt{5}=44.7''\sim 67''$
허용범위 이내이므로 모든 각에 등배분(경중율 같으므로)한다.

45

정답 ②

3점법에 의해 계산하면 평균유속은 다음과 같다.

$V_m=\dfrac{1}{4}(V_{0.2}+2V_{0.6}+V_{0.8})$

$=\dfrac{1}{4}[0.622+(2\times 0.442)+0.332]=0.4695\text{m/s}$

46

정답 ④

$A=240\times 240=57,600\text{m}^2$

$\dfrac{dA}{A}=2\times\dfrac{dl}{l}$ 이므로

$\dfrac{dA}{57,600}=2\times\dfrac{0.04}{60}$

$\therefore\ dA=76.8\text{m}^2$

47

정답 ③

콘크리트구조 휨 및 압축 설계 기준(KDS 14 20 20)
등가직사각형 응력분포 변수 값은 다음과 같다.

f_{ck}(MPa)	≤40	50	60	70	80	90
ε_{cu}	0.0033	0.0032	0.0031	0.003	0.0029	0.0028
η	1.00	0.97	0.95	0.91	0.87	0.84
β_1	0.80	0.80	0.76	0.74	0.72	0.70

48

정답 ②

DGPS란 GPS가 갖는 오차를 보정하여 정확도를 높이고자 기준국을 설치하고 여기서 보정신호를 받아 수신기의 위치오차를 보정하는 방식이다. 이때 보정되는 오차에는 위성의 궤도오차, 위성의 시계오차, 전리층 신호 지연, 대류권 신호지연 등이 있다. 다중경로 오차는 수신기에서 신호의 세기를 비교하여 약한 신호를 제거하여 오차를 보정한다.

49

$$(\text{수면적 부하}) = \frac{Q}{A} = \frac{\dfrac{(\text{체적})}{(\text{체류시간})}}{A} = \frac{\dfrac{(\text{수심}) \times A}{(\text{체류시간})}}{A} = \frac{(\text{수심})}{(\text{체류시간})} = \frac{H}{t}$$

$$(\text{체류시간}) = \frac{(\text{수심})}{(\text{수면적 부하})} = \frac{6.2}{29.76} = \frac{1}{4.8}\,\text{day} = \frac{24}{4.8}\,\text{hr} = 5\text{시간}$$

50

$f_{ck} = 23\text{MPa} \le 40\text{Mpa}$이므로

$\varepsilon_{cu} = 0.0033$, $\eta = 1$, $\beta_1 = 0.8$이다.

또한 $f_y = 400\text{MPa}$이므로

$\varepsilon_{t,\min} = 0.004$, $\varepsilon_c = \dfrac{400}{200,000} = 0.002$이다.

따라서 균형철근비는 $\rho_b = \beta_1 \dfrac{\eta(0.85 f_{ck})}{f_y} \times \dfrac{\varepsilon_{cu}}{\varepsilon_{cu} + \varepsilon_c} = 0.8 \times \dfrac{1 \times 0.85 \times 23}{400} \times \dfrac{0.0033}{0.0033 + 0.002} \fallingdotseq 0.024$이다.

등가직사각형의 응력분포 변수 값

f_{ck}	≤ 40	50	60	70	80	90
f_{cu}	0.0033	0.0032	0.0031	0.003	0.0029	0.0028
η	1	0.97	0.95	0.91	0.87	0.84
β_1	0.8	0.8	0.76	0.74	0.82	0.7

철근의 항복강도의 최소 허용변형률

f_y	300MPa	350MPa	400MPa	500MPa
$\varepsilon_{t,\min}$	0.004	0.004	0.004	0.005

CHAPTER 01 토목 • **129**

01	02	03	04	05	06	07	08	09	10	11	12	13	14	15	16	17	18	19	20
①	⑤	⑤	⑤	④	③	③	⑤	④	④	①	①	①	④	②	①	②	①	⑤	②
21	22	23	24	25	26	27	28	29	30	31	32	33	34	35	36	37	38	39	40
③	①	④	④	③	⑤	③	③	④	④	⑤	④	②	③	④	⑤	④	③	①	①
41	42	43	44	45	46	47	48	49	50										
①	⑤	①	①	③	⑤	③	④	①	①										

01
정답 ①

단독주택 계획 시 주택 부지의 자연적 고려사항

대지의 위치	• 자연환경이 좋고 소음, 공해, 재해 등의 염려가 없어야 한다.
대지의 방위	• 건물의 일조와 관계가 깊고, 남향으로 열린 것이 가장 좋다. • 동지 때 최소한 4시간 이상의 일조가 가능해야 한다.
대지의 형태	• 대지는 직사각형, 정사각형에 가까운 것이 좋다. • 건물은 남향 일조를 위해 대지의 북측에 배치되는 것이 좋으며, 가능한 동서로 긴 형태가 좋다.
지형과 지반의 상태	• 경사지 주택은 평지 주택에 비해 통풍, 조망, 프라이버시 확보 등이 유리하나, 접근성이 떨어진다. • 부동침하 등이 우려되지 않는 견고한 지반이 좋다.

02
정답 ⑤

공장의 레이아웃(Layout) 계획

개요	• 기계설비, 작업자의 작업구역, 자재나 제품 두는 곳 등에 대한 상호 위치관계를 말한다. • 넓은 의미로는 생산 작업뿐만 아니라 사무작업, 복리후생, 보건위생, 문화관리 등 공장의 전반적인 시설을 다룬다.
형식	• 레이아웃은 공장의 생산성에 큰 영향을 미친다. • 공장 규모의 변화에 대응할 수 있도록 충분한 융통성을 부여하여야 한다.

03

셀룰로오스 섬유판은 유기질의 식물성 수지인 셀룰로오스로 만들어진 단열재료이다.

04

정답 ⑤

사무소 건물의 엘리베이터 배치

직선형(일렬형)	• 4대 정도를 한도로 한다. • 엘리베이터의 중심 간 거리는 8m 이하로 한다.
알코브형	• 4대 이상, 8대 정도를 한도로 한다.
대면형	• 4대 이상, 8대 정도를 한도로 한다. • 대면거리는 동일 군관리의 경우 3.5 ～ 4.5m 정도로 유지한다.

05

정답 ④

직통계단의 설치(건축법 시행령 제34조 제2항)

피난층 외의 층이 다음 각 호의 어느 하나에 해당하는 용도 및 규모의 건축물에는 국토교통부령으로 정하는 기준에 따라 피난층 또는 지상으로 통하는 직통계단을 2개소 이상 설치하여야 한다.

1. 제2종 근린생활시설 중 공연장·종교집회장, 문화 및 집회시설(전시장 및 동·식물원은 제외한다), 종교시설, 위락시설 중 주점 영업 또는 장례시설의 용도로 쓰는 층으로서 그 층에서 해당 용도로 쓰는 바닥면적의 합계가 200제곱미터(제2종 근린생활시설 중 공연장·종교집회장은 각각 300제곱미터) 이상인 것
2. 단독주택 중 다중주택·다가구주택, 제1종 근린생활시설 중 정신과의원(입원실이 있는 경우로 한정한다), 제2종 근린생활시설 중 인터넷컴퓨터게임시설제공업소(해당 용도로 쓰는 바닥면적의 합계가 300제곱미터 이상인 경우만 해당한다)·학원·독서실, 판매시설, 운수시설(여객용 시설만 해당한다), 의료시설(입원실이 없는 치과병원은 제외한다), 교육연구시설 중 학원, 노유자시설 중 아동 관련 시설·노인복지시설·장애인 거주시설 및 의료재활시설, 유스호스텔 또는 숙박시설의 용도로 쓰는 3층 이상의 층으로서 그 층의 해당 용도로 쓰는 거실의 바닥면적의 합계가 200제곱미터 이상인 것
3. 공동주택(층당 4세대 이하인 것은 제외한다) 또는 업무시설 중 오피스텔의 용도로 쓰는 층으로서 그 층의 해당 용도로 쓰는 거실의 바닥면적의 합계가 300제곱미터 이상인 것
4. 제1호부터 제3호까지의 용도로 쓰지 아니하는 3층 이상의 층으로서 그 층 거실의 바닥면적의 합계가 400제곱미터 이상인 것
5. 지하층으로서 그 층 거실의 바닥면적의 합계가 200제곱미터 이상인 것

06

정답 ③

트러스의 부재를 연결하는 절점은 힌지로 간주한다.

트러스 해법의 기본 가정
• 절점과 절점을 연결하는 직선은 부재축과 일치한다.
• 모든 하중은 절점에 집중하중으로 작용한다.
• 모든 절점은 힌지로 간주한다.
• 외력은 모두 트러스를 포함한 동일 평면상에 있다.
• 모든 부재는 직선재이며, 부재의 자중 및 변형은 무시한다.

07

정답 ③

병렬형 부엌
• 양쪽 벽면에 작업대가 마주 보도록 배치한 형식이다.
• 일렬형에 비해 작업동선이 단축된다.
• 외부로 통하는 출입구의 설치가 가능하다.
• 작업 시 몸을 앞뒤로 바꾸어야 한다.
• 부엌의 폭이 길이에 비해 넓은 부엌에 적합하다.

08

⑤

일사에 의한 건물의 수열이나 흡열은 하계의 실내 기후를 악화시킨다.

일사조절
• 일사에 의한 건물의 수열이나 흡열은 하계의 실내 환경을 악화시킨다.
• 일사에 의한 건물의 수열은 시간, 계절, 방위에 따라 상당한 차이가 있다.
• 추녀와 차양은 창면에서의 일사조절 방법으로 사용된다.
• 블라인드, 루버, 롤스크린은 계절이나 시간, 실내의 사용상황에 따라 일사를 조절할 수 있다.

09

정답 ④

• PC 기둥 1개의 체적 : $0.3m \times 0.6m \times 3m = 0.54m^3$
• PC 기둥 1개의 중량 : $0.54m^3 \times 24kN/m^3 = 12.96kN$
• $8kN \div 12.96kN = 6.17$이므로, 최대 6개까지 적재 가능하다.

콘크리트공사의 단위중량

철근콘크리트	무근콘크리트
$24kN/m^3$	$23kN/m^3$

10

정답 ④

데크플레이트는 바닥 슬래브를 타설하기 전에 철골보 위에 설치하고 콘크리트를 타설하여 바닥판 등으로 사용하는 절곡된 얇은 판의 합성 슬래브이다.

11

정답 ①

학교의 강당 계획 시 체육관의 크기

• 표준적으로 농구코트를 둘 수 있는 크기가 필요하다($400 \sim 500m^2$).
• 천정 높이는 6m 이상, 징두리벽 높이는 $2.5 \sim 2.7m$ 정도로 한다.

12

정답 ①

벤치마크(기준점)는 건물의 높이 및 위치의 기준이 되는 표식을 말한다. 세로(수직)규준틀은 조적공사 등에서 수직면의 기준으로 사용되는 직접가설공사이다.

규준틀의 분류

수평규준틀	• 주로 토공사에서 사용된다. • 건물의 각부 위치, 기초의 너비, 길이 등의 기준으로 사용된다.
세로규준틀	• 조적공사에서 수직면의 기준으로 사용된다.
귀규준틀	• 건물의 모서리 등에 사용된다.

13

$$P_b = \frac{\pi^2 EI}{(Kl)^2} = \frac{\pi^2 \times 210,000^2 \times \frac{30 \times (6)^3}{12}}{(250)^2} = 17,907.41\text{N} = 17.9\text{kN}$$

오일러의 좌굴하중과 좌굴응력
- [좌굴하중(P_b)]=π^2×[탄성계수(E)]×[단면2차모멘트(I)]÷[좌굴길이^2(l_k^2)]
  ※ [좌굴길이(l_k)]=[유효좌굴계수(K)]×[길이(l)]
- [좌굴응력(σ_k)]=[좌굴하중(P_b)]÷[부재단면적(A)]

구분	1단 고정 1단 자유	양단 힌지	1단 고정 1단 힌지	양단 고정
유효좌굴계수(K)	2.0	1.0	0.7	0.5
좌굴길이(l_k)	2.0×l	1.0×l	0.7×l	0.5×l
좌굴강도(n)	1/4	1.0	2.0	4.0

14

팬코일유닛(FCU) 방식은 전동기 직결의 소형 송풍기, 냉온수 코일 및 필터 등을 갖춘 실내형 소형 공조기를 각 실에 설치하여 중앙 기계실로부터 냉수 또는 온수를 공급받아 공기조화를 하는 전수방식이다. 따라서 누수의 우려가 있다.

15

축조 시 신고 대상 주요 공작물
- 높이 8m를 넘는 고가수조
- 높이 6m를 넘는 굴뚝, 장식탑, 기념탑, 골프연습장 등의 운동시설을 위한 철탑, 주거지역·상업지역에 설치하는 통신용 철탑
- 높이 5m를 넘는 태양에너지를 이용하는 발전설비
- 높이 4m를 넘는 광고탑, 광고판
- 높이 2m를 넘는 옹벽 또는 담장
- 바닥면적 30m^{2}를 넘는 지하대피호

16

$V_A + V_B = wl$ 이고 $V_B = \frac{3wl}{8}$ 이므로 $V_A = \frac{5wl}{8}$ 이다.

17

고압수은램프의 평균 연색평가수(Ra)는 45 ~ 50 범위이다.

> **연색성**
> - 물체가 광원에 의하여 조명될 때 물체의 색의 보임을 정하는 광원의 성질이다.
> - 평균 연색평가수는 많은 물체의 대표색으로서 8종류의 시험색을 사용하여 그 평균값으로부터 구한 것으로, 100에 가까울수록 연색성이 좋다.
> - 할로겐전구(Ra=100)>주광색 형광램프>메탈핼라이드램프>고압나트륨램프, 고압수은램프 순이다.

18

정답 ①

$$R = P_1 + P_2 = -6\text{kN} - 4\text{kN} = -10\text{kN}$$

$$x' = \frac{P_1 \times a + P_2 \times (a + 5\text{m})}{P_1 + P_2} = \frac{-6 \times a - 4 \times (a+5)}{-6-4} = \frac{-10(a+2)}{-10} = a + 2(\text{m})$$

합력의 위치$(a+2)$와 6kN 작용점(a)의 거리는 2m이며, 그 중앙부$(a+1)$를 보의 중앙부와 일치시켰을 때의 최대하중 6kN의 작용점(x)에서 최대휨모멘트가 발생하므로 $x = 10 \div 2 - 1 = 4$m이다.

A지점과 6kN 작용점의 거리가 4m이므로 $\Sigma M_B = 0$, $V_A \times 10\text{m} - 6\text{kN} \times 6\text{m} - 4\text{kN} \times 1\text{m} = 0 \rightarrow V_A = 4\text{kN}$이다.

따라서 $M_{\max} = V_A \times x = 4\text{kN} \times 4\text{m} = 16\text{kN} \cdot \text{m}$이다.

19

정답 ⑤

단열공사의 공법과 시공

공법	단열재료	• 성형판단열재 공법, 현장발포재 공법, 뿜칠단열재 공법 등이 있다.
	시공부위	• 벽단열, 바닥단열, 지붕단열 공법 등이 있다.
	설치위치	• 내단열, 중단열, 외단열 등이 있다. • 내단열공법은 단열성능이 적고 내부 결로가 발생할 우려가 있다.
시공		• 단열시공바탕은 단열재 또는 방습재 설치에 지장이 없도록 못, 철선, 모르타르 등의 돌출물을 제거하여 평탄하게 청소한다. • 단열재를 접착제로 바탕에 붙이고자 할 때에는 바탕면을 평탄하게 한 후 밀착하여 시공하되, 초기박리를 방지하기 위해 압착상태를 유지시킨다.

20

정답 ②

철골구조의 장단점

장점	단점
• 시공비가 저렴하다. • 겨울철 등 외부 온도에 영향을 적게 받는다. • 대량생산이 가능하다. • 장스팬의 구조물이나 고층 구조물에 적합하다.	• 고열에 약하며, 내화피복이 필요하다. • 단면에 비해 부재가 세장하므로 좌굴하기 쉽다. • 정밀한 가공이 요구되며 비교적 고가이다. • 일반강재는 내식성이 약해 부식이 발생한다. • 소음이 발생한다.

21

정답 ③

바닥면적의 합계가 $3,000\text{m}^2$ 이상인 공연장・집회장・관람장 또는 전시장을 지하층에 설치하는 경우에는 각 실에 있는 자가 지하층 각 층에서 건축물 밖으로 피난하여 옥외 계단 또는 경사로 등을 이용하여 피난층으로 대피할 수 있도록 천장이 개방된 외부 공간을 설치하여야 한다.

22

$$\frac{0.018\mathrm{m}^3/\mathrm{h} \times 900}{0.001 - 0.0004} = 27,000\mathrm{m}^3/\mathrm{h}$$

CO_2 농도에 따른 필요 환기량

- 1L=0.001m^3이며, 1ppm=백만분의 일(1/1,000,000)이다.
- (CO_2 발생량)=(수용인원)×(1인당 CO_2 배출량)
- (필요 환기량)=$\dfrac{(O_2 \text{ 발생량})}{(\text{대허용 } CO_2 \text{ 농도}) - (\text{외기 } CO_2 \text{ 농도})}$

23

프리스트레스하지 않는 부재의 현장치기 콘크리트 중 흙에 접하여 콘크리트를 친 후 영구히 흙에 묻혀 있는 콘크리트의 최소 피복두께는 75mm이다.

최소 피복두께

프리스트레스하지 않는 부재의 현장치기 콘크리트의 최소 피복두께는 다음과 같다.

수중에서 타설하는 콘크리트		100mm
흙에 접하여 콘크리트를 친 후 영구히 흙에 묻혀 있는 콘크리트		75mm
흙에 접하거나 옥외의 공기에 직접 노출되는 콘크리트	D29 이상	60mm
	D25 이하	50mm
	D16 이하	40mm
옥외의 공기나 흙에 직접 접하지 않는 콘크리트	슬래브, 벽체, 장선 D35 초과	40mm
	D35 이하	20mm
	보, 기둥 ($f_{ck} \geq 40$MPa인 경우, 10mm 저감시킨다)	40mm
	셸, 절판부재	20mm

24

조적조의 백화현상 방지 대책

재료선정	• 10% 이하의 흡수율을 가진 양질의 벽돌을 사용한다. • 잘 소성된 벽돌을 사용한다.
양생준수	• 재료는 충분한 양생 후에 사용하며, 보양을 한다.
방수처리	• 벽면에 실리콘방수를 하며, 줄눈에 방수제를 넣는다. • 파라핀 도료를 벽면에 뿜칠하여 염류 용출을 방지한다.
우수차단	• 차양 등의 비막이를 설치하여 벽에 직접 비가 맞지 않도록 한다. • 돌출부의 상부에 우수가 침투하지 않도록 한다.

25

커머셜 호텔(Commercial Hotel)

- 비즈니스 관련 여행객을 대상으로 하는 호텔이다.
- 호텔 경영내용의 주체를 객실로 하며, 부대시설은 최소화된다.
- 연면적에 대한 숙박면적의 비율이 가장 큰 호텔이다.

26

정답 ⑤

부동침하 및 연약지반에 대한 대책
- 경질지반에 기초 지지, 지반반력을 같게, 지반개량 실시
- 건물의 경량화, 지중보의 크기 및 강성 보강
- 강성체의 지하실, 지지말뚝, 마찰말뚝, 피어기초 사용
- 건물의 평면상 길이를 짧게 설계, 부분 증축 지양
- 일부 지정, 이질 지정, 이질 기초의 지양
- 신축이음의 설치, 인접건물과의 거리 이격

27

정답 ③

적층공법은 미리 공장 생산한 기둥이나 보, 바닥판, 외벽, 내벽 등을 한 층씩 쌓아 올라가는 조립식공법으로, 구체를 구축하고 마감 및 설비공사까지 포함하여 차례로 한 층씩 시공한다. 구체공사와 함께 외벽 및 내부마감이 연속적으로 진행되므로 공기단축 효과가 있다.

28

정답 ③

1) 전도 발생지점에 대한 옹벽의 도심
   - 옹벽 단면의 좌하단 꼭짓점으로부터의 옹벽의 도심을 구한다.
   - 옹벽의 전면부 삼각형($2m \times 6m$)과 배면부 사각형($1m \times 6m$)으로 나누어 계산한다.
   - $x_0 = \dfrac{G_y}{A} = \dfrac{\left(2\text{m} \times 6\text{m} \times \frac{1}{2}\right)\left(2\text{m} \times \frac{2}{3}\right) + (1\text{m} \times 6\text{m})\left(2\text{m} + 1\text{m} \times \frac{1}{2}\right)}{\left(2\text{m} \times 6\text{m} \times \frac{1}{2}\right) + (1\text{m} \times 6\text{m})} = \dfrac{23}{12}\text{m}$

2) 전도 모멘트와 저항 모멘트의 계산
   - 전도 모멘트 : $P \times y_1 = 10\text{kN} \times 2\text{m} = 20\text{kN} \cdot \text{m}$
   - 저항 모멘트 : $W \times x_0 = W \times \dfrac{23}{12}\text{m}$
   - 저항 모멘트 > 전도 모멘트이어야 하므로, $W \times \dfrac{23}{12}\text{m} > 20\text{kN} \cdot \text{m}$, $W > 10.435\text{kN}$

29

정답 ④

- $35\text{N/cm}^2 ≒ 수두 35\text{m} ≒ 압력 350\text{kPa}$
- $H \geq 35 + 5 = 40\text{m}$

압력수조의 실양정
- 물의 경우 $10\text{N/cm}^2 ≒ 수두 10\text{m} ≒ 압력 100\text{kPa}$이다.
- [압력수조의 실양정(H)] $\geq$ (수조 내 최고압력) + (흡입양정)

30

정답 ④

피난안전구역의 구조 및 설비

높이	• 2.1m 이상일 것
마감	• 내부마감재료는 불연재료로 설치할 것
계단	• 건축물 내부에서 피난안전구역으로 통하는 계단은 특별피난계단의 구조로 설치할 것 • 피난안전구역에 연결되는 특별피난계단은 피난안전구역을 거쳐서 상·하층으로 갈 수 있는 구조로 설치할 것

31

증기난방의 장단점

장점	단점
• 증기 순환이 빠르고 열 운반능력이 크다.	• 외기온도에 따른 방열량 조절이 곤란하다.
• 예열시간이 온수난방에 비해 짧다.	• 방열기 표면온도가 높아 안전사고의 우려가 있다.
• 방열면적 및 관경을 온수난방보다 적게 설정할 수 있다.	• 관 내부가 부식되어 장치의 수명이 짧다.
• 설비 및 유지비용이 온수난방에 비해 저렴하다.	• 열용량이 작다.
• 동결의 우려가 적다.	• 소음이 발생한다.

32

정답 ④

공사속도가 빠를수록 직접공사비는 증가한다.

33

정답 ②

- $P \times h = M_{상부} + M_{하부}$이므로 $P = \dfrac{M_{상부} + M_{하부}}{h}$

- $P = \dfrac{(20\text{kN} \cdot \text{m} \times 2) + (40\text{kN} \cdot \text{m} \times 2)}{4\text{m}} = \dfrac{120\text{kN} \cdot \text{m}}{4\text{m}}$이므로 $P = 30\text{kN}$

34

정답 ③

공사 착공시점의 인허가항목으로는 비산먼지 발생사업 신고, 특정공사 사전신고, 사업장폐기물배출자 신고, 가설건축물 축조신고, 도로점용허가 등이 있다.

35

정답 ④

미장재료의 분류

수경성	시멘트, 석고(순 / 혼합석고), 경석고 플라스터(킨즈 시멘트) 등
기경성	석회, 소석회, 석회크림, 회반죽, 회사벽, 진흙, 돌로마이트 플라스터 등
화학경화성	에폭시 수지 바닥재 등
고화성	유화 아스팔트 바닥재 등

36

정답 ⑤

집중형은 채광·통풍이 불량하여 기계적 환경 조절이 필요하다.

> **집중형(코어형) 아파트**
> • 중앙에 엘리베이터나 계단실을 두고 많은 주호가 집중 배치된다.
> • 대지 이용률이 가장 높고, 건물 이용도가 높다.
> • 주호의 환경이 균등하지 않고 기계적 환경 조절이 필요하다.

37

파이프구조

• 건축물의 주요 구조부를 파이프로 구성한 것을 말한다.

• 큰 간사이의 건물에 적합하며, 대규모의 공장, 창고, 체육관, 동·식물원 등에 이용된다.

• 부재의 형상이 단순하고 외관이 경쾌하다.

• 형강에 비해 경량이며, 공사비가 저렴하다.

• 접합부의 절단 및 가공이 어렵다.

38

• $V_u \leq \phi V_c \times \frac{1}{2}$ 인 경우, 전단보강 철근을 배치하지 않는다.

• $V_c = \frac{1}{6} \times \lambda \times \sqrt{f_{ck}} \times b_w \times d$ 이므로, 식에 대입하면 $V_u \leq \dfrac{\phi \lambda \sqrt{f_{ck}} \times b_w \times d}{12}$ 이고, $d \geq \dfrac{12 \times V_u}{\phi \lambda \sqrt{f_{ck}} \times b_w}$ 이다.

• $d \geq \dfrac{12 \times V_u}{\phi \lambda \sqrt{f_{ck}} \times b_w} = \dfrac{12 \times 50,000}{0.75 \times 1 \times \sqrt{28} \times 300} = 504\text{mm}$ 이다.

보의 최소 전단철근

계수전단력 V_u 가 콘크리트에 의한 설계전단강도 ϕV_c 의 $\frac{1}{2}$ 을 초과하는 모든 철근콘크리트 및 프리스트레스트 콘크리트 휨부재에는 최소 전단철근을 배치하여야 한다(예외사항 있음).

구분	콘크리트 부담[(전단력)+(휨모멘트)]
공칭강도	$V_c = \frac{1}{6} \times \lambda \times \sqrt{f_{ck}} \times b_w \times d$
설계강도	$V_n = \phi V_c$

39

도시가스 배관 시공

• 배관은 원칙적으로 직선, 직각으로 한다.

• 배관 도중에 신축 흡수를 위한 이음을 한다.

• 건물의 주요구조부를 관통하여 설치하지 않는다.

• 건축물 내의 배관은 외부에 노출하여 시공한다.

• 보호조치를 한 배관을 이음매 없이 설치할 때에는 매설할 수 있다.

• 건물 규모가 크고 배관 연장이 긴 경우는 계통을 나누어 배대한다.

• 가스사용시설의 지상배관은 황색으로 도색하는 것이 원칙이다.

40

정답 ①

공사감리자의 수행업무
- 공사시공자가 설계도서에 따라 적합하게 시공하는지 확인
- 건축자재가 관계 법령에 따른 기준에 적합한 건축자재인지 확인
- 건축물·대지가 관계법령에 적합하도록 공사시공자와 건축주 지도
- 시공계획 및 공사관리 적정여부 확인
- 공사현장에서 안전관리 지도
- 공정표, 상세시공도면의 검토·확인
- 구조물 위치, 규격의 적정여부 검토·확인
- 품질시험 실시여부 및 시험성과 검토·확인
- 설계변경 적정여부의 검토·확인
- 기타 공사감리계약으로 정하는 사항

41

정답 ①

건물의 외관을 건물의 기둥간격을 결정하는 요소로 볼 수 없다.

사무소 건축의 기둥간격

결정 요소	사용목적, 구조상 스팬의 한도, 공법, 책상 및 지하주차장의 배치단위, 채광상 층높이에 의한 깊이, 실의 폭 등	
기둥 간격	철근콘크리트구조	5.0 ~ 6.0m 정도
	철골철근콘크리트구조	6.0 ~ 7.0m 정도

42

정답 ⑤

보의 바닥 / 슬래브 거푸집은 설계 시 고정하중(철근콘크리트와 거푸집의 무게), 충격하중, 작업하중을 고려한다.

거푸집 설계 시 고려 하중

보의 바닥 / 슬래브	보의 측면 / 벽 / 기둥
고정하중, 충격하중, 작업하중 등	콘크리트에 의한 측압

43

정답 ①

커버플레이트는 플레이트보의 휨내력을 보강하기 위해 플랜지에 접합시키는 부재이다.

44

정답 ①

강전설비와 약전설비의 비교

강전설비	• 교류, 110V 이상의 전력을 사용하는 설비이다. • 변전설비, 발전설비, 축전지설비, 동력설비, 조명설비, 전열설비 등이 있다.
약전설비	• 직류, 24V 정도의 전력을 사용하는 설비이다. • 표시설비, 주차관제설비, 전기음향설비, 전기방재설비, 감시제어설비 등이 있다. • 정보·통신설비를 포함하면 전화설비, 인터폰설비, 전기시계설비, 안테나 및 방송설비, 정보통신설비 등이 해당한다.

45

정답 ③

$1+(12,000-3,000)\div 3,000=4$대

46

정답 ⑤

오픈 시스템은 미국·유럽식 운영방식이며, 클로즈드 시스템은 한국·일본식 운영방식이다.

외래진료부의 운영방식

오픈 시스템 (Open System)	종합병원에 등록된 일반 개업 의사가 종합병원의 진찰실과 시설을 사용하는 미국·유럽식 운영방식이다.
클로즈드 시스템 (Closed System)	종합병원 내에 대규모의 각종 과(외과, 내과 등)를 설치하고 진료하는 한국·일본식 운영방식이다.

47

정답 ③

$D=1.13\sqrt{\dfrac{\frac{1}{60}}{2.5}}\fallingdotseq 0.09226\text{m}\fallingdotseq 92\text{mm}$

펌프의 구경

[펌프의 구경(D)]$=1.13\sqrt{\dfrac{Q}{V}}$

※ Q=펌프 토출량(m^3/min), V=펌프의 유속(m/s)

48

정답 ④

도로와 대지의 관계

- 건축물의 대지는 2m 이상이 도로(자동차만의 통행에 사용되는 도로는 제외)에 접하여야 한다.
- 연면적의 합계가 2,000m^2(공장인 경우에는 3,000m^2) 이상인 건축물의 대지는 너비 6m 이상의 도로에 4m 이상 접하여야 한다.

49

정답 ①

자연건조의 특징

- 그늘에서 자연적으로 건조시킨다.
- 옥외에서 예상되는 수축, 팽창의 발생을 감소시킬 수 있다.
- 비교적 균일한 건조가 가능하며, 결함이 적은 편이다.
- 시설 및 작업비용이 적다.
- 건조시간이 길다.

50

정답 ①

13매/$\text{m}^2\times 2\text{m}^2=26$매

기본블록 쌓기

구분	할증	단위	블록매수
기본블록	포함(4%)	m^2당	13매

01	02	03	04	05	06	07	08	09	10	11	12	13	14	15	16	17	18	19	20
⑤	⑤	②	①	①	③	⑤	③	④	④	②	③	⑤	②	⑤	⑤	⑤	③	③	④
21	22	23	24	25	26	27	28	29	30	31	32	33	34	35	36	37	38	39	40
②	③	②	⑤	②	②	③	③	③	②	④	③	②	①	①	④	①	③	③	③
41	42	43	44	45	46	47	48	49	50										
②	③	③	②	③	①	④	⑤	③	③										

01

정답 ⑤

일반 금속은 항복점을 넘어서 소성변형이 발생하면 외력을 제거해도 원래의 상태로 복원이 불가능하지만, 형상기억합금은 고온에서 일정시간 유지함으로써 원하는 형상으로 기억시키면 상온에서 외력에 의해 변형되어도 기억시킨 온도로 가열만 하면 변형 전 형상으로 되돌아오는 합금이다. 그 종류에는 Ni-Ti계, Ni-Ti-Cu계, Cu-Al-Ni계 합금이 있으며, 니티놀이 대표적인 제품이다.

오답분석

① 비금속 : 금속 물질이 아닌 모든 물질이다.
② 내열금속 : 상당한 시간 동안 고온의 환경에서도 강도가 유지되는 재료이다.
③ 비정질합금 : 일정한 결정구조를 갖지 않는 아모르포스(Amor-phous) 구조이며 재료를 고속으로 급랭시키면 제조할 수 있다. 강도와 경도가 높으면서도 자기적 특성이 우수하여 변압기용 철심재료로 사용된다.
④ 초소성 재료 : 금속재료가 일정한 온도와 속도에서 일반 금속보다 수십에서 수천 배의 연성을 보이는 재료로 연성이 매우 커서 작은 힘으로도 복잡한 형상의 성형이 가능한 신소재로 최근 터빈의 날개 제작에 사용된다.

02

정답 ⑤

구름 베어링과 미끄럼 베어링의 비교

구분	구름 베어링	미끄럼 베어링
고속회전	부적합하다	적당하다.
강성	크다.	작다.
수명	박리에 의해 제한되어 있다.	유체마찰만 유지한다면 반영구적이다.
소음	시끄럽다.	조용하다.
규격화	규격화되어 간편하게 사용할 수 있다.	규격화가 안 되어 있어 제작 시 별도의 검토가 필요하다.
윤활	윤활장치가 필요 없다.	별도의 윤활장치가 필요하다.
기동 토크	적게 발생한다.	유막 형성 지연 시 크게 발생한다.
충격 흡수	감쇠력이 작아 충격 흡수력이 작다.	감쇠력이 커 충격 흡수력이 뛰어나다.
가격	비싸다.	저렴하다.

03

정답 ②

하이드로포밍(Hydro – Forming)은 강관이나 알루미늄 압축튜브를 소재로 사용하며, 금형 내부에 액체를 넣고 강한 압력을 가하여 소재를 변형시킴으로써 복잡한 형상의 제품을 성형하는 제조방법이다.

오답분석

① 아이어닝(Ironing) : 딥드로잉된 컵 형상의 판재 두께를 균일하게 감소시키는 프레스가공법으로 아이어닝 효과라고도 한다. 제품 용기의 길이를 보다 길게 하는 장점이 있으나, 지나친 아이어닝 가공은 제품을 파단시킬 수 있다.
③ 엠보싱(Embossing) : 얇은 판재를 서로 반대 형상으로 만들어진 펀치와 다이로 눌러 성형시키는 가공법으로 주로 올록볼록한 형상의 제품 제작에 사용한다.
④ 스피닝(Spinning) : 선반의 주축에 제품과 같은 형상의 다이를 장착한 후 심압대로 소재를 다이와 밀착시킨 후 함께 회전시키면서 강체 공구나 롤러로 소재의 외부를 강하게 눌러서 축에 대칭인 원형의 제품 만드는 박판(얇은 판) 성형가공법이다. 탄소강 판재로 이음매 없는 국그릇이나 알루미늄 주방용품을 소량 생산할 때 사용하는 가공법으로 보통선반과 작업방법이 비슷하다.
⑤ 딥드로잉(Deep Drawing) : 평평한 금속 판재에 펀치를 이용하여 다이구멍으로 밀어 넣어 바닥이 있고 이음매가 없는 용기 등을 만드는 가공법으로 냄비, 그릇 등의 형상을 가공할 때 쓰이는 제조법이다.

04

정답 ①

선반은 공작물의 회전운동과 절삭공구의 직선운동에 의해 절삭가공을 하는 공작기계이다.

공작기계의 절삭가공 방법

종류	공구	공작물
선반	축 방향 및 축에 직각 (단면 방향) 이송	회전
밀링	회전	고정 후 이송
보링	직선 이송	회전
	회전 및 직선 이송	고정
드릴링 머신	회전하면서 상·하 이송	고정
셰이퍼, 슬로터	전·후 왕복운동	상하 및 좌우 이송
플레이너	공작물의 운동 방향과 직각 방향으로 이송	수평 왕복운동
연삭기 및 래핑	회전	회전, 또는 고정 후 이송
호닝	회전 후 상하운동	고정
호빙	회전 후 상하운동	고정 후 이송

05

정답 ①

수격현상이란 관내를 흐르는 유체의 유속이 급히 바뀌며 유체의 운동에너지가 압력에너지로 변하면서 관내압력이 비정상적으로 상승하는 현상이다. 송출량과 송출압력이 주기적으로 변하는 것은 맥동현상이다.

맥동현상(서징현상, Surging)
펌프 운전 중 압력계의 눈금이 주기적이며 큰 진폭으로 흔들림과 동시에 토출량도 변하면서 흡입과 토출배관에서 주기적으로 진동과 소음을 동반하는 현상이다.

06

정답 ③

응력 – 변형률선도에서 재료에 작용한 응력이 항복점에 이르게 되면 하중을 제거해도 재료는 변형된다.

강(Steel)재료를 인장시험하면 다음과 같은 응력 – 변형률선도를 얻을 수 있다. 응력 – 변형률 곡선은 작용 힘에 대한 단면적의 적용방식에 따라 공칭응력과 진응력으로 나뉘는데 일반적으로는 시험편의 최초 단면적을 적용하는 것을 공칭응력 혹은 응력이라고 한다.

응력 – 변형률 곡선($\sigma-\varepsilon$)의 경선도

- 탄성한도(Elastic Limit) : 하중을 제거하면 시험편의 원래 치수로 돌아가는 구간으로 후크의 법칙이 적용된다.
- 비례한도(Proportional Limit) : 응력과 변형률 사이에 정비례관계가 성립하는 구간 중 응력이 최대인 점이다.
- 항복점(Yield Point, σ_y) : 인장시험에서 하중이 증가하여 어느 한도에 도달하면 하중을 제거해도 원위치로 돌아가지 않고 변형이 남게 되는 그 순간의 하중이다.
- 극한강도(Ultimate Strength, σ_u) : 재료가 파단되기 전에 외력에 버틸 수 있는 최대의 응력이다.
- 네킹구간(Necking) : 극한 강도를 지나면서 재료의 단면이 줄어들면서 길게 늘어나는 구간이다.
- 파단점 : 재료가 파괴되는 점이다.

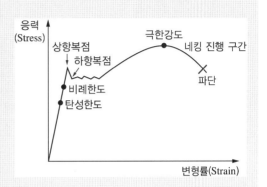

07

정답 ⑤

절대압력(P_{abs})은 완전진공상태를 기점인 0으로 하여 측정한 압력이다.

따라서 $P_{abs} = P_{a(=atm)} + P_g = 100\text{kPa} + 30\text{kPa} = 130\text{kPa}$이다.

08

정답 ③

$$\delta = \frac{PL^3}{3EI} = \frac{PL^3}{3E} \times \frac{12}{bh^3} = \frac{8 \times 10^3 \times 1.5^3}{3 \times 200 \times 10^9} \times \frac{12}{0.3 \times 0.1^3} = 0.18 \times 10^{-2}\text{m} = 1.8\text{mm}$$

09

정답 ④

가단주철은 주조성이 좋은 주철을 용해하여 열처리를 함으로써 견인성을 높인 주철이다.

[오답분석]

① 합금주철 : 보통주철에 니켈, 구리 등을 첨가하여 특수강 성질을 갖게 하는 주철이다.

② 구상흑연주철 : 황 성분이 적은 선철을 용해로, 전기로에서 용해한 후 주형에 주입 전 마그네슘, 세륨, 칼슘 등을 첨가시켜 흑연을 구상화하여 보통주철보다 강력한 성질을 갖은 주철이다.

③ 칠드주철 : 표면의 경도를 높게 만들기 위해 금형에 접해서 주철용탕을 응고하고, 급랭하여 제조한 주철이다.

⑤ 백주철 : 회주철을 급랭시킨 주철로 파단면이 백색을 띠며, 흑연의 함유량이 매우 적고, 다른 주철보다 시멘타이트의 함유량이 많아서 단단하지만 취성이 있는 주철이다.

10

정답 ④

고주파 경화법은 고주파 유도 전류로 강(Steel)의 표면층을 급속 가열한 후 급랭시키는 방법으로 가열 시간이 짧고, 피가열물에 대한 영향을 최소로 억제하며 표면을 경화시키는 표면경화법이다. 고주파수는 소형 제품이나 깊이가 얕은 담금질 층을 얻고자 할 때, 낮은 주파수는 대형 제품이나 깊은 담금질 층을 얻고자 할 때 사용한다.

기본 열처리
- 담금질(Quenching : 퀜칭) : 재료를 강하게 만들기 위하여 변태점 이상의 온도인 오스테나이트 영역까지 가열한 후 물이나 기름 같은 냉각제 속에 집어넣어 급랭시킴으로써 강도와 경도가 큰 마텐자이트 조직을 만들기 위한 열처리 조작이다.
- 뜨임(Tempering : 템퍼링) : 잔류 응력에 의한 불안정한 조직을 A_1 변태점 이하의 온도로 재가열하여 원자들을 안정적인 위치로 이동시킴으로써 잔류응력을 제거하고 인성을 증가시키기 위한 열처리법이다.
- 풀림(Annealing : 어닐링) : 강 속에 있는 내부 응력을 제거하고 재료를 연하게 만들기 위해 A_1 변태점 이상의 온도로 가열한 후 가열 노나 공기 중에서 서랭함으로써 강의 성질을 개선하기 위한 열처리법이다.
- 불림(Normalizing : 노멀라이징) : 주조나 소성가공에 의해 거칠고 불균일한 조직을 표준화 조직으로 만드는 열처리법으로 A_3 변태점보다 $30 \sim 50℃$ 높게 가열한 후 공랭시킴으로써 만들 수 있다.

11

정답 ②

스테인리스강은 일반 강재료에 Cr(크롬)을 12% 이상 합금하여 부식이 잘 일어나지 않는다. 스테인리스강에 탄소량이 많아지면 부식이 잘 일어나게 되므로 내식성은 저하된다.

크롬계 스테인리스강의 종류

구분	종류	주요성분	자성
Cr계	페라이트계 스테인리스강	Fe+Cr(12% 이상)	자성체
	마텐자이트계 스테인리스강	Fe+Cr(13%)	자성체
Cr+Ni계	오스테나이트계 스테인리스강	Fe+Cr(18%)+Ni(8%)	비자성체
	석출경화계 스테인리스강	Fe+Cr+Ni	비자성체

12

정답 ③

Fe-C 평형상태도는 복평형 상태도라고도 하며, 온도에 따라 철에 탄소가 합금된 상태의 그래프이다. 상의 규칙은 일반적으로 다음과 같다.

구분	반응온도	탄소 함유량	반응내용	생성조직
공석 반응	723℃	0.8%	γ 고용체 $\leftrightarrow$ α 고용체+Fe_3C	펄라이트 조직
공정 반응	1,147℃	4.3%	융체(L) $\leftrightarrow$ γ 고용체+Fe_3C	레데뷰라이트 조직
포정 반응	1,494℃ (1,500℃)	0.18%	δ 고용체+융체(L) $\leftrightarrow$ γ 고용체	오스테나이트 조직

13

정답 ⑤

오답분석

① 어큐뮬레이터 : 펌프의 맥동을 흡수하거나 유체의 충격 압력을 흡수하고 유압 에너지를 축적하는 기기이다.
② 릴리프 밸브 : 최고 허용 압력 이상으로 증가하지 않도록 제어하는 밸브이다.
③ 체크 밸브 : 유체가 한 방향으로만 흐르도록 유체의 역류를 방지하는 밸브이다.
④ 서보 밸브 : 기계적, 전기적 신호를 받아 유체의 압력 또는 유량을 제어하는 밸브이다.

14

정답 ②

스텔라이트는 Cr, W, Ni을 첨가한 코발트 합금이며, 내마모성, 내식성을 높여 절삭 공구, 밸브 부품, 항공우주 부품 등에 쓰인다.

오답분석

① 두랄루민은 Mn, Cu, Mg를 첨가한 알루미늄 합금이며, 무게는 가볍고 강도는 우수하여 비행기 부품 등에 쓰이는 합금이다.
③ Y합금은 Ni, Cu, Mg를 첨가한 알루미늄 합금이며, 내열성이 뛰어나 내연기관에 주로 쓰이는 합금이다.
④ 스테인리스강은 Cr, Ni 등을 첨가한 탄소강(Fe+C) 합금이며, 내식성을 강화하여 산업용 재료, 자동차 배기관 등에 쓰이는 합금이다.
⑤ 포금(또는 델타메탈)은 Sn, Zn, Pb를 첨가한 구리 합금이며, 강도와 내식성을 향상시켜 기계 부 및 선박 기계에 주로 쓰이는 합금이다.

15

정답 ⑤

심냉처리(Sub zero-treatment)
담금질 후 시효변형을 방지하기 위해 잔류 오스테나이트를 마텐자이트로 만드는 처리과정이다. 공구강의 경도가 상승하고, 성능이 향상되며, 기계부품 조직의 안정화되고, 형상 변화를 방지할 수 있다. 또한 스테인리스강의 기계적 성질이 향상된다.

16

정답 ⑤

오답분석

ㄱ. 열단형 칩 : 칩이 날 끝에 달라붙어 경사면을 따라 원활히 흘러나 가지 못해 공구에 균열이 생기고 가공 표면이 뜯겨진 것처럼 보인다.
ㄴ. 균열형 칩 : 주철과 같이 취성(메짐)이 있는 재료를 저속으로 절삭할 때 발생하며 가공면에 깊은 홈을 만들기 때문에 재료의 표면이 매우 불량해진다.

17

정답 ⑤

베어링 메탈이 갖추어야 할 조건
• 축의 처짐 등 미소 변형에 유연하게 대처할 것
• 베어링 내 흡입된 먼지를 원활하게 흡착할 것
• 압축강도가 클 것
• 열전도율이 높을 것
• 축과의 마찰계수가 작을 것
• 내식성이 클 것
• 하중 및 피로를 잘 견딜 것
• 유막 형성이 용이할 것

18

정답 ③

윤활유의 구비조건
• 온도에 따른 점도 변화가 적을 것
• 적당한 점도가 있고 유막이 강할 것
• 인화점이 높을 것
• 변질되지 않으며 불순물이 잘 혼합되지 않을 것
• 발생열을 흡수하여 열전도율이 좋을 것
• 내열, 내압성이면서 가격이 저렴할 것
• 중성이며 베어링이나 메탈을 부식시키지 않을 것

19

정답 ③

사출성형품에 수축 불량이 발생하는 원인은 금속이 응고할 때 부피가 수축되는 현상 때문이다. 이를 방지하기 위해서는 용탕을 추가로 보충해 주거나 급랭을 피해야 한다. 따라서 성형수지의 온도를 낮추는 것은 해결방안이 아니다.

20

정답 ④

공작물의 재질에 따라 적절한 절삭속도가 있으며, 절삭속도가 이보다 빠르면 공구의 수명이 단축되고 느리면 작업 효율이 떨어진다.

[오답분석]
① 절삭속도가 빠르면 유동형 칩이 생성된다.
② 절삭속도가 빠를수록 절삭저항력은 감소한다.
③ 절삭속도가 빠르면 표면 거칠기는 매끄러워진다.
⑤ 선반 가공에서 절삭공구가 공작물을 통과하여 이동하는 속도는 이송속도이고, 공작물이 회전하는 속도는 절삭속도이다.

21

정답 ②

인베스트먼트주조법은 제품과 동일한 형상의 모형을 왁스(양초)나 파라핀으로 만든 다음 그 주변을 슬러리상태의 내화재료로 도포한다. 가열하면 주형은 경화되면서 왁스로 만들어진 내부 모형이 용융되어 밖으로 빠지고 주형이 완성되는 주조법이다.

[오답분석]
① 셀몰드법 : 금속모형을 대략 240~280℃로 가열한 후 모형 위에 박리제인 규소수지를 바른다. 규사와 열경화성 합성수지를 배합한 주형재에 잠기게 하여 주형을 제작하는 주조법이다.
③ 원심주조법 : 고속으로 회전하는 사형이나 금형주형에 용탕을 주입한 후 회전시켜 작용하는 원심력으로 주형의 내벽에 용탕이 압착된 상태에서 응고시키는 주조법이다.
④ 다이캐스팅법 : 용융금속을 금형에 고속으로 주입한 뒤 응고될 때까지 고압을 가해 주물을 얻는 주조법이다. 주형을 영구적으로 사용할 수 있고 주입 시간이 매우 짧아서 생산속도가 빨라 대량생산에 적합하다.
⑤ 풀몰드법 : 모형에 발포 폴리스티렌을 사용하고 주형 모래로 이 모형을 감싸서 굳히므로 주형에 분할면이 생기지 않으며, 코어는 미리 주형 속에 고정시켜 놓고 연소하여 모형 공동 속에 남는 것은 극히 적으며, 거의 쇳물과 모형이 교체되듯이 쇳물 주입이 이루어지는 것이 특징인 주조법이다.

22

정답 ③

유동형 칩은 바이트 경사면에 따라 흐르듯이 연속적으로 발생하는 칩으로, 절삭 저항의 크기가 변하지 않고, 진동을 동반하지 않아 양호한 치수 정도를 얻을 수 있다.

[오답분석]
① 유동형 칩은 절삭 저항의 크기가 변하지 않고, 진동을 동반하지 않는다.
② 열단형 칩(Tear Type Chip)에 대한 설명이다.
④ 유동형 칩은 바이트가 충격에 의한 결손을 일으키지 않아 양호한 절삭 상태이다.
⑤ 전단형 칩(Shear Type Chip)에 대한 설명이다.

23

정답 ②

불활성가스 아크용접법의 종류로는 TIG용접과 MIG용접이 있다. 이 두 용접법에는 용제(Flux)가 사용되지 않으며, 따로 넣어주지도 않는다. 용접봉으로는 피복되지 않은 용접 와이어가 사용된다.

24

웜기어(웜과 웜휠기어로 구성)는 회전운동하는 운동축을 90°로 회전시켜서 다시 회전운동을 시키는 기어장치로 역회전을 방지할수 있다.

> **웜과 웜휠기어의 특징**
> • 부하용량이 크다.
> • 잇 면의 미끄럼이 크다.
> • 역회전을 방지할 수 있다.
> • 감속비를 크게 할 수 있다.
> • 운전 중 진동과 소음이 거의 없다.
> • 진입각이 작으면 효율이 떨어진다.
> • 웜에 축방향의 하중이 발생된다.

25

캠 기구는 불규칙한 모양을 가지고 구동 링크의 역할을 하는 캠이 회전하면서 거의 모든 형태의 종동절의 상·하운동을 발생시킬수 있는 간단한 운동변환장치로, 내연기관의 밸브개폐 기구에 사용된다.

종동절

원동캠

26

ㄴ. 선택적 레이저소결(SLS) : 고분자재료나 금속분말가루를 한 층씩 도포하면서 레이저를 이용해 소결시킨 후 다시 한 층씩 쌓아올리는 만드는 방법이다.
ㄹ. 3차원 인쇄(3DP) : 분말가루와 접착제를 뿌려가며 형상을 만드는 방법으로 3D 프린터에 사용되고 있다.

27

수격현상은 배관 내의 압력차로 인해 진동과 음이 발생하는 것을 말한다.

28

V벨트는 벨트 풀리와의 마찰이 크므로 접촉각이 작더라도 미끄럼이 생기기 어렵고 속도비를 높일 수 있어 동력 전달에 좋다.

> **V벨트의 특징**
> • 고속운전이 가능하다.
> • 벨트를 쉽게 끼울 수 있다.
> • 미끄럼이 적고 속도비가 크다.
> • 이음매가 없어서 운전이 정숙하다.
> • 접촉 면적이 넓어서 큰 회전력 전달이 가능하다.
> • 조작이 간단하고 비용이 싸다.

29

정답 ③

카뮤의 정리에 따르면 2개의 기어가 일정한 속도로 회전하기 위해서는 접촉점의 공통법선은 일정한 점을 통과해야 하기 때문에 인벌루트 치형과 사이클로이드 치형 모두 이의 접촉점에서 공통법선방향의 속도는 같다.

30

정답 ②

밸브의 포트 수는 접속구의 수, 위치 수는 전체 사각형의 개수, 방향 수는 전체 화살표의 개수이다.
따라서 접속구의 수는 4, 전체 사각형의 수는 4, 전체 화살표의 수는 4이므로 4포트 4위치 4방향 밸브이다.

31

정답 ④

체크 밸브는 유체의 한쪽 방향으로 흐름은 자유로우나, 역방향의 흐름은 허용하지 않는 밸브이다.

[오답분석]

① 셔틀 밸브 : 항상 고압측의 압유만을 통과시키는 밸브이다.
② 로터리 밸브 : 밸브의 구조가 간단하며 조작이 쉽고 확실하므로 원격 제어용 파일럿 밸브이다.
③ 스풀 밸브 : 스풀에 대한 압력이 평형을 유지하여 조작이 쉬운 고압 대용량 밸브이다.
⑤ 스톱 밸브 : 작동유의 흐름을 완전히 멈추게 하거나 흐르게 하는 것을 목적으로 하는 밸브이다.

32

정답 ③

유체 퓨즈는 유압 회로 내의 압력이 설정 압을 넘으면 유압에 의하여 막이 파열되어 유압유를 탱크로 귀환시키며, 압력 상승을 막아주는 기기이다.

[오답분석]

① 압력 스위치 : 액체 또는 기체의 압력이 일정범위를 벗어날 경우 다시 범위내로 압력을 유지하게 도와주는 스위치이다.
② 감압 밸브 : 유체의 압력을 감소시켜 동력을 절감시키는 밸브이다.
④ 포핏 밸브 : 내연기관의 흡·배기 밸브로 사용하는 밸브이다.
⑤ 카운터 밸런스 밸브 : 한쪽 흐름에 배압을 만들고, 다른 방향은 자유 흐름이 되도록 만들어 주는 밸브이다.

33

정답 ②

원심 펌프의 특징
• 가격이 저렴하다.
• 맥동이 없으며 효율이 좋다.
• 평형공으로 축추력을 방지한다.
• 작고 가벼우며 구조가 간단하다.
• 고장률이 적어서 취급이 용이하다.
• 용량이 작고 양정이 높은 곳에 적합하다.
• 고속 회전이 가능해서 최근 많이 사용한다.
• 비속도를 통해 성능이나 적정 회전수를 결정한다.
• 펌프의 회전수를 낮추어 캐비테이션 현상을 방지한다.

34

정답 ①

수온을 낮추어 증기압을 낮춰야 캐비테이션 현상을 방지할 수 있다.

캐비테이션(Cavitation) 현상

공동현상이라고도 하며 펌프 흡입 측의 유로 변화로 압력 강하가 발생하여 유체가 끓어 기포가 발생하는 현상이다. 이를 방지하기 위해서 다음과 같은 방지책을 세워야 한다.

- 흡입관 직경을 크게 설정한다.
- 펌프 흡입 측 유량을 적게 설정한다.
- 펌프 흡입 측 배관 길이를 짧게 설정한다.
- 임펠러 속도를 낮게 설정한다.
- 펌프를 수원보다 낮은 곳에 설치한다.
- 수온이 저온을 유지하도록 한다.

35

정답 ①

축압기는 유압기기에 작용하는 충격을 흡수하고, 유압 회로 내 맥동을 제거 또는 완화한다.

오답분석

② 유체 커플링 : 축에 펌프와 수차의 날개차를 직접 연결하여 원동축의 펌프로 일정량의 액체 수차에 송급하여 종동축을 회전시킨다.

③ 스테이터 : 유체 토크컨버터의 구성요소로 유체 흐름의 방향을 일정하게 유지시키고, 힘의 전달 역할을 한다.

④ 토크 컨버터 : 동력전달이나 유체 변속을 유체의 유동으로 실행하는 장치이다.

⑤ 임펠러 : 유체 토크컨버터의 구성요소로 펌프의 역할을 한다.

36

정답 ④

$L=PQ$에서 $P=\gamma H$를 대입하면 $L=\gamma HQ$이 된다.

$\gamma=\rho g$를 대입하면

$L=\rho g HQ$

$\quad=1,000\times9.8HQ$

$\quad=9,800QH[\text{W}]$

$\quad=9.8QH[\text{kW}]$

$\therefore\ L=9.8QH[\text{kW}]$

37

정답 ①

$P_B=P_c$

$P_A+\gamma_{물}\times S_{기름}\times h=\gamma_{물}\times S_{수은}\times H$

$P_A+9,800\times0.9\times0.09=9,800\times13.6\times0.2$

$\therefore\ P_A=25,862.2\text{Pa}≒25.86\text{kPa}$

38

정답 ③

$F=\rho Av^2=1,000\times\dfrac{\pi\times0.07^2}{4}\times\pi\times50^2≒9,621\text{N}=9.6\text{kN}$

39

표준대기압은 1atm=10.33mAq=14.7psi=760mmHg=1.013bar=1,013hPa이다.

40

정답 ③

kcal은 에너지(일)에 대한 단위이다.

41

정답 ②

유압 작동유의 점도가 낮을 때 발생하는 현상이다.

42

정답 ③

$$1\text{k}\varepsilon_r = \frac{(증발기\ 온도)}{(응축기\ 온도)-(증발기\ 온도)} = \frac{250}{350-250} = 2.5$$

냉동사이클의 성적계수(ε_r)

$$\varepsilon_r = \frac{(저온체에서\ 흡수한\ 열량)}{(공급열량)} = \frac{T_1}{T_1 - T_2} = \frac{(증발기\ 온도)}{(응축기\ 온도)-(증발기\ 온도)}$$

43

정답 ③

유체가 층류일 때, $f = \dfrac{64}{Re}$ 이므로 $Re = \dfrac{64}{0.04} = 1,600$이다.

$Re = \dfrac{VD}{\nu}$ 이므로 $V = \dfrac{Re \times \nu}{D} = \dfrac{1,600 \times 5}{50} = 160\text{cm/s} = 1.6\text{m/s}$이다.

44

정답 ②

브레이턴 사이클은 고온열원·저온열원·압축기 및 터빈으로 구성되는 기체의 표준사이클이다. 흡입된 공기는 압축기에서 고압으로 압축된 후 연소실로 보내지고, 연소실을 거치면서 고온·고압으로 만들어진 가스는 터빈을 회전시킨 후 대기 중으로 배출된다.

[오답분석]
① 랭킨 사이클(Rankine Cycle)에 대한 설명이다.
③ 오토 사이클(Otto Cycle)에 대한 설명이다.
④ 사바테 사이클(Sabathé Cycle)에 대한 설명이다.
⑤ 카르노 사이클(Carnot Cycle)에 대한 설명이다.

45

4행정 사이클과 2행정 사이클의 비교

구분	4행정 사이클	2행정 사이클
구조	복잡하다	간단하다
제작단가	고가	저가
밸브기구	필요하다	필요하지 않다
유효행정	길다	짧다
열효율	높다	낮다
연료소비율	2행정보다 적다	4행정보다 많다
체적효율	높다	낮다
회전력	불균일	균일
마력당 기관중량	무겁다	가볍다
동력발생	크랭크축 2회전당 1회	크랭크축 1회전당 1회
윤활유 소비	적다	많다
동일배기량 시 출력	작다	크다

46

냉동 사이클에서 냉매는 '압축기 → 응축기 → 팽창밸브 → 증발기 → 압축기'로 순환하는 경로를 갖는다.

냉동기의 4대 구성요소
- 압축기 : 냉매기체의 압력과 온도를 높여 고온, 고압으로 만들면서 냉매에 압력을 가해 순환시킨다.
- 응축기 : 복수기라고도 불리며 냉매기체를 액체로 상변화시키면서 고온, 고압의 액체를 만든다.
- 팽창밸브 : 교축과정 상태로 줄어든 입구를 지나면서 냉매액체가 무화되어 저온, 저압의 액체를 만든다.
- 증발기 : 냉매액체가 대기와 만나면서 증발되면서 기체가 된다. 실내는 냉매의 증발잠열로 인하여 온도가 낮아진다. 저열원에서 열을 흡수하는 장치이다.

47

$$[열효율(\eta_c)] = \frac{W}{Q_1} = 1 - \frac{T_2}{T_1}$$

$$W = Q_1 \times \left(1 - \frac{T_2}{T_1}\right) = 400 \times \left(1 - \frac{50 + 273.15}{300 + 273.15}\right) \fallingdotseq 174.5 kJ$$

48

보일 – 샤를의 법칙에 의하여

$$\frac{P_1 V_1}{T_1} = \frac{P_2 V_2}{T_2} = C, \quad V_1 = V_2 = V$$

$$\frac{50 \times V}{(25 + 273.15)} = \frac{(50 \times 1.5) \times V}{T_2}$$

$$\therefore T_2 \fallingdotseq 447.2\text{K} = 174.1℃$$

49

오답분석

ㄱ. 주철은 탄소강보다 용융점이 낮다.

ㄹ. 가단주철은 백주철을 고온에서 장시간 열처리하여 시멘타이트 조직을 분해하거나 소실시켜 조직의 인성과 연성을 개선한 주철로, 가단성이 부족했던 주철을 강인한 조직으로 만들기 때문에 단조작업이 가능한 주철이다. 제작 공정이 복잡해서 시간과 비용이 상대적으로 많이 든다.

50

$$[\text{냉동사이클의 성능계수}(\epsilon_r)] = \frac{(\text{증발온도})}{(\text{응축온도}) - (\text{증발온도})} = \frac{270}{330 - 270} = 4.5$$

성적계수(COP; Coefficient Of Performance)

$$\epsilon_r = \frac{(\text{저온체에서 흡수한 열량})}{(\text{공급열량})} = \frac{Q_2}{Q_1 - Q_2}$$

01	02	03	04	05	06	07	08	09	10	11	12	13	14	15	16	17	18	19	20
②	②	①	④	①	③	⑤	⑤	③	①	②	④	③	③	⑤	②	③	③	②	⑤
21	22	23	24	25	26	27	28	29	30	31	32	33	34	35	36	37	38	39	40
③	④	⑤	④	②	②	①	③	②	③	⑤	⑤	②	②	②	⑤	①	①	⑤	③
41	42	43	44	45	46	47	48	49	50										
④	①	③	②	④	③	②	⑤	①	①										

01

정답 ②

$4\,\Omega$과 $6\,\Omega$의 합성저항은 $R_{4\Omega,6\Omega}\dfrac{1}{\dfrac{1}{4}+\dfrac{1}{6}}=2.4\,\Omega$이므로 전체 합성저항은 $R_T=+2.6=2.4+2.6=5\,\Omega$이다.

전체 전류의 세기는 $I_T=\dfrac{10}{5}=2\text{A}$이고 $2.6\,\Omega$와 $R_{4\Omega,6\Omega}$에 흐르는 전류의 세기는 2A로 같다.

$R_{4\Omega,6\Omega}$에 부하되는 전압은 $2.4\times2=4.8\text{V}$이고 각 $4\,\Omega$, $6\,\Omega$에 부하되는 전압 또한 4.8V이다.

따라서 $4\,\Omega$에 흐르는 전류의 세기는 $I_{4\Omega}=\dfrac{4.8}{4}=1.2\text{A}$이다.

02

정답 ②

$W=\dfrac{1}{2}\,CV^2[\text{J}]$

$V=\sqrt{\dfrac{2\,W}{C}}=\sqrt{\dfrac{2\times270}{15}}=\sqrt{36}=6\text{V}$

03

정답 ①

• 전지의 내부저항

$r_0=\dfrac{r}{n}=\dfrac{3}{3}=1\,\Omega$

• 전류

$I=\dfrac{E}{r+R} \rightarrow 0.5=\dfrac{1.5}{1+R}$

$1.5=0.5(1+R)=0.5+0.5R$

$R=2\,\Omega$

저항을 2배로 높이면

$I'=\dfrac{1.5}{1+4}=\dfrac{1.5}{5}=0.3\text{A}$

04

- 단상 전원일 때, [단상 1회선 작용정전용량(C_W)]
  =[대지정전용량(C_s)]+2×[선간정전용량(C_m)]
- 3상 전원일 때, [3상 1회선 작용정전용량(C_W)]
  =[대지정전용량(C_s)]+3×[선간정전용량(C_m)]

05

역률의 개선만으로 절연비용의 감소를 기대하기는 힘들다.

역률의 개선 효과
- 선로전류 감소 및 전압강하 감소
- 무효전력 감소 및 전력손실 경감
- 부하전류 감소 및 설비용량 여유 증가
- 전력계통 안정

06

감극성 $L_{eq}=L_1+L_2-2M=8+4-(2\times4)=4H$
코일에 축적되는 에너지를 구하면 다음과 같다.

$$W=\frac{1}{2}LI^2=\frac{1}{2}\times4\times5^2=50J$$

07

도체별 자계 크기는 다음과 같다. 문제에서 N에 대한 언급이 없는 경우 1회 감은 것으로 간주하여 $N=1$로 놓으면 된다.

- 직선 : $H=\dfrac{I}{2\pi r}$

- 무한 솔레노이드 : $H=\dfrac{NI}{l}=n_0I$ (n_0 : 단위길이당 권수)

  ※ 단위길이당 권수가 N으로 주어질 경우 $H=NI$

- 환상 솔레노이드 : $H=\dfrac{NI}{2\pi r}$

- 원형 코일 : $H=\dfrac{NI}{2a}$

- 반원형 코일 : $H=\dfrac{NI}{4a}$

문제는 직선인 경우이므로 $H=\dfrac{I}{2\pi r}$에서

$I=2\pi rH=2\times\pi\times0.8\times20=32\pi$A이다.

08

공통 중성선 다중 접지 3상 4선식 배전선로에서 고압측(1차측) 중성선과 저압측(2차측) 중성선을 전기적으로 연결하는 주된 목적은 고압 중성선과 저압 중성선이 서로 혼촉 시 수용가에 침입하는 상승전압을 억제하기 위함이다. 다중 접지 3상 4선식 배전 선로에서 고압측 중성선과 저압측 중성선끼리 연결되지 않은 채 고압 중성선과 저압 중성선이 서로 혼촉 시 고압측 큰 전압이 저압측을 통해서 수용가에 침입할 우려가 있다.

09

자체 인덕턴스 $L=\dfrac{N\varnothing}{I}$ [H]에 대입하면

$$L=\frac{300\times 0.05\text{Wb}}{6\text{A}}=2.5\text{H이다.}$$

10

정답 ①

3상 유도 전압 조정기의 2차측을 구속하고 1차측에 전압을 공급하면, 2차 권선에 기전력이 유기된다. 여기서 2차 권선의 각상 단자를 각각 1차측의 각상 단자에 적당하게 접속하면 3상 전압을 조정할 수 있다.

11

정답 ②

가공전선에 사용하는 전선의 비중, 밀도는 작아야 한다.

가공전선의 구비조건
- 도전율이 클 것
- 비중(밀도)이 작을 것
- 부식성이 작을 것
- 기계적 강도가 클 것
- 가선공사가 용이할 것
- 내구성이 있을 것
- 가격이 저렴할 것

12

정답 ④

- 소선 가닥수 : $N=3n\times(n+1)+1$ (n : 층수)
- 연선의 직경 : $D=(2n+1)\times d$ (d : 소선의 직경)

소선 가닥수 $N=37$, 소선의 직경 $D=3.2\text{mm}$이므로

$37=3n\times(n+1)+1 \rightarrow n=3$

$D=[(2\times 3)+1]\times 3.2=22.4\text{mm}$

13

정답 ③

절연변압기를 사용하는 것은 통신선 측에서의 유도장해 방지 대책이다.

유도장해 방지법

통신선측	전력선측
• 연피 통신케이블 사용 • 절연변압기 사용 • 통신선 및 기기 절연 강화 • 배류코일 설치 • 성능이 우수한 피뢰기 설치 • 통신선과 전력선 수직교차	• 전력선의 충분한 연가 • 소호리액터 접지방식 채용 • 고속도 차단기 설치 • 충분한 통신선과 전력선 간 이격거리 • 차폐선(가공지선) 설치 • 지중전선로 설치 • 중성점 접지 시 저항값이 큰 것 사용

CHAPTER 04 전기 • 155

14

정답 ③

[오답분석]

ㄱ. 제벡 효과는 서로 다른 두 금속을 맞대어 폐회로를 만들고 접합부에 온도 변화를 주면 기전력이 발생하는 효과이다.

ㄹ. 핀치 효과는 도선에 전류가 흐를 때 전류에 의한 자기장과 흐르는 전류에 의해 발생하는 로렌츠 힘에 의해 도선에 압축력이 작용하는 현상이다.

15

정답 ⑤

$$3P_L = \frac{(P')^2 \rho l}{V^2 \cos^2 \theta A}$$

$$(P')^2 = 3P^2$$

따라서 $P' = \sqrt{3}\,P \fallingdotseq 1.73P$이므로 전력을 약 73% 증가시키면 전력손실이 3배로 된다.

16

정답 ②

직류 송전에서는 회전자계를 얻을 수 없다.

> **직류 송전방식의 장단점**
> - 장점
>   - 리엑턴스가 없으므로, 리엑턴스에 의한 전압강하가 없다.
>   - 절연계급을 낮출 수 있으므로 기기 및 선로의 절연에 요하는 비용이 절감된다.
>   - 안정도가 좋으므로 송전 용량을 높일 수 있다.
>   - 도체이용률이 좋다.
> - 단점
>   - 교류 – 직류 변환장치가 필요하며 설비가 비싸다.
>   - 고전압 대전류 차단이 어렵다.
>   - 회전자계를 얻을 수 없다.

17

정답 ③

$$Q = 640 \times \frac{\sqrt{1-0.8^2}}{0.8} = 640 \times \frac{0.6}{0.8} = 480\text{kW}$$

$$Q' = 480 - Q_c = 480 - 200 = 280\text{kW}$$

$$\cos\theta = \frac{640}{\sqrt{640^2 + 280^2}} = 0.92$$

18

정답 ③

부하가 서서히 증가할 때의 극한전력을 정태안정 극한전력이라 한다.

> **안정도**
> 전력계통에서 주어진 조건에서 안정하게 운전을 계속할 수 있는 능력이다.
>
> **안정도의 종류**
> - 정태안정도 : 부하를 서서히 증가할 경우 계속해서 송전할 수 있는 능력으로 이때의 최대전력을 정태안정 극한전력이라 한다.
> - 과도안정도 : 계통에 갑자기 부하가 증가하여 급격한 교란이 발생해도 정전을 일으키지 않고 계속해서 공급할 수 있는 최댓값이다.
> - 동태안정도 : 고성능 AVR에 의해서 계통안정도를 종전의 정태안정도의 한계 이상으로 향상시킬 경우의 안정도이다.
> - 동기안정도 : 전력계통에서의 안정도란 주어진 운전조건에서 계통이 안전하게 운전을 계속할 수 있는가의 능력이다.

19

정답 ②

전기력선의 성질
- 도체 표면에 존재한다(도체 내부에는 없음).
- $(+) \rightarrow (-)$ 이동한다.
- 등전위면과 수직으로 발산한다.
- 전하가 없는 곳에는 전기력선이 없다(발생, 소멸이 없음).
- 전기력선 자신만으로 폐곡선을 이루지 않는다.
- 전위가 높은 곳에서 낮은 곳으로 이동한다.
- 전기력선은 서로 교차하지 않는다.
- 전기력선 접선 방향과 그 점의 전계의 방향은 같다.
- $Q[\text{C}]$에서 $\dfrac{Q}{\varepsilon_0}$개의 전기력선이 나온다.
- 전기력선의 밀도는 전기장의 세기에 비례한다.

20

정답 ⑤

수변전 설비 1차측에 설치하는 차단기의 용량은 공급측 단락용량 이상의 것을 설정해야 한다.

21

정답 ③

$$P = 9.8\omega\tau$$
$$= 9.8 \times 2\pi \times n \times \tau$$
$$= 9.8 \times 2\pi \times \frac{N}{60} \times W \times L \left(\because \ \tau = WL, \ n = \frac{N}{60} \right)$$
$$= 9.8 \times 2 \times 3.14 \times \frac{1,500}{60} \times 5 \times 0.6 ≒ 4.62\text{kW}$$

22

정답 ④

보상권선은 자극편에 슬롯을 만들어 여기에 전기자 권선과 같은 권선을 하고 전기자 전류와 반대 방향으로 전류를 통하여 전기자의 기자력을 없애도록 한 것이다.

23

전동기 전원에 접속된 상태에서 전기자의 접속을 반대로 하여 회전 방향과 반대 방향으로 토크를 발생시켜 급정지시키는 역상제동을 사용한다.

[오답분석]
① 단상제동 : 유도 전동기의 고정자에 단상 전압을 걸어주어 회전자 회로에 큰 저항을 연결할 때 일어나는 제동이다.
② 회생제동 : 전동기가 갖는 운동에너지를 전기에너지로 변화시키고, 이것을 전원으로 반환하여 제동한다.
③ 발전제동 : 운전 중인 전동기를 전원에서 분리하여 발전기로 작용시키고, 회전체의 운동에너지를 전기에너지로 변환하여 저항에서 열에너지로 소비시켜 제동한다.
④ 저항제동 : 전동기가 갖는 운동 에너지에 의해서 발생한 전기 에너지가 가변 저항기에 의해서 제어되고, 소비되는 일종의 다이내믹 제동방식이다.

24

구리전선과 전기 기계 기구 단지를 접속하는 경우 진동 등으로 인하여 헐거워질 염려가 있는 곳은 스프링 와셔를 끼워 진동을 방지한다.

25

보호계전기의 구비조건
• 신뢰도가 높고 오작동이 없어야 한다.
• 보호동작이 정확하고 고장을 검출할 수 있는 최소 감도 이상이어야 한다.
• 고장 시 신속한 선택차단 및 복구로 정전 구간을 최소화할 수 있어야 한다.
• 취급이 간단하고 보수가 용이해야 한다.
• 주변 환경에 의한 성능 변화가 적어야 한다.
• 열적, 기계적으로 견고해야 한다.
• 경제적이고 소비전력이 적어야 한다.
• 후비보호능력을 갖춰야 한다.

26

$$Z_1 = a^2 Z_2 \rightarrow a = \sqrt{\frac{Z_1}{Z_2}} = \sqrt{\frac{18,000}{20}} = 30$$

27

기동토크는 반발 기동형>반발 유도형>콘덴서 기동형>분상 기동형>셰이딩 코일형 순서이다.

28

$$\tau = \frac{P_2}{\omega} \text{에서 } P_2 = \frac{P_{c2}}{s} = \frac{94.25}{0.05} = 1,885$$

$$\therefore \tau = \frac{P_2}{2\pi n} \left(\because N = \frac{120f}{P} = \frac{120 \times 60}{4} = 1,800 \text{이므로, } n = \frac{N}{60} = \frac{1,800}{60} \right)$$

$$= \frac{1,885}{2\pi \times \frac{1,800}{60}} = \frac{1,885}{2 \times 3.14 \times \frac{1,800}{60}} \fallingdotseq 10 \text{N} \cdot \text{m}$$

29

정답 ②

3상 반파 회로이므로

$E_d \fallingdotseq 1.17 \times E[\text{V}] = 1.17 \times 300 = 351\text{V}$이다.

> **정류기의 평균전압**
> - 단상 반파 회로의 평균직류전압 $E_d = 0.45 \times E[\text{V}]$
> - 단상 전파 회로의 평균직류전압 $E_d = 0.9 \times E[\text{V}]$
> - 3상 반파 회로의 평균직류전압 $E_d = 1.17 \times E[\text{V}]$
> - 3상 전파 회로의 평균직류전압 $E_d = 1.35 \times E[\text{V}]$

30

정답 ③

$$\cos\theta = \frac{(\text{유효전력})}{(\text{피상전력})} = \frac{P}{VI} = \frac{1,500}{100 \times 20} = 0.75$$

31

정답 ⑤

$$[\text{전선의 수평장력}(T)] = \frac{(\text{인장하중})}{(\text{안전률})} = \frac{50,000}{2.5} = 20,000\text{N}$$

$$[\text{이도}(D)] = \frac{WS^2}{8T} = \frac{20 \times 200^2}{8 \times 20,000} = 5\text{m}$$

32

정답 ⑤

영상변류기(ZCT; Zero-phase Current Transformer)는 변전소에서 비접지 선로의 접지 보호용으로 사용되는 계전기에 영상전류를 공급하는 계전기이다.

[오답분석]
① 계기용 변압기(PT; Potential Transformer) : 고압을 저압으로 변성하는 변압기이다.
② 컷아웃 스위치(COS; Cut Out Switch) : 과전류를 차단하는 보호기구 중 하나이다.
③ 계기용 변압변류기(MOF; Metering Out Fit) : 전력량계에 전원을 공급한다.
④ 과전류 계전기(OCR; Over Current Relay) : 과전류가 흐를 때 작동하여 차단기의 트립코일을 여자시킨다.

33

정답 ②

$t = 0$일 때, 순시값으로의 전압과 전류는 다음과 같다.

- 전압 : $e = 100\sin\left(377t + \frac{\pi}{3}\right) = 100\sin\left(377 \times 0 + \frac{\pi}{3}\right) = 100\sin\frac{\pi}{3} = 50\sqrt{3}\,\text{V}$
- 전류 : $I = \frac{V}{R} = \frac{50\sqrt{3}}{10} = 5\sqrt{3}\,\text{A}$

34

정답 ②

$$Q_C = P \times \left(\frac{\sin\theta_1}{\cos\theta_1} - \frac{\sin\theta_2}{\cos\theta_2} \right) = P \times \left(\frac{\sqrt{1-\cos^2\theta_1}}{\cos\theta_1} - \frac{\sqrt{1-\cos^2\theta_2}}{\cos\theta_2} \right)$$

$$= 200 \times \left(\frac{\sqrt{1-0.6^2}}{0.6} - \frac{\sqrt{1-0.9^2}}{0.9} \right)$$

$$\fallingdotseq 169.8\text{kVA}$$

35

정답 ②

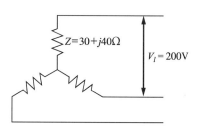

$Z = 30 + j40\Omega$

$V_l = 200\text{V}$

• 상전류

$$I_p = \frac{V_p}{Z_p} = \frac{\frac{200}{\sqrt{3}}}{50} = \frac{200}{50\sqrt{3}} = \frac{4}{\sqrt{3}}[\text{A}]$$

• 무효전력

$$P_r = 3I^2 X[\text{var}] = 3 \times \left(\frac{4}{\sqrt{3}} \right)^2 \times 40 = 3 \times \left(\frac{16}{3} \right) \times 40 = 640\text{Var}$$

36

정답 ⑤

부하의 결선 방법에 관계없이 다음과 같이 나타낼 수 있다.
[3상 전력(P)] = $\sqrt{3}$ ×(선간 전압)×(선전류)×(역률)

37

정답 ①

용량 리액턴스 $X_C = \dfrac{1}{2\pi f C}$ (f : 주파수, C : 정전용량)

$$\therefore X_C = \frac{1}{2 \times 3.14 \times 1 \times 10^6 \times 0.1 \times 10^{-6}} \fallingdotseq 1.59\,\Omega$$

38

정답 ①

감쇠비(ζ)가 0일 경우 시스템은 무한히 진동하며 발산한다.

[오답분석]

② 시정수가 작을수록 시스템 응답속도가 빠르다.

③ $0 < \zeta < 1$이면 진폭은 점차 감소하는 진동 시스템이다.

④ 지연시간은 출력값이 처음으로 정상 출력값의 50%에 도달하기까지 걸리는 시간이다.

⑤ 상승시간은 출력값이 정상 출력값의 10%에서 처음으로 90%에 도달하기까지 걸리는 시간이다.

감쇠비

진동 시스템의 감쇠가 어느 정도인지 나타내는 상수이며, 그 값에 따라 진동의 형태가 달라진다.

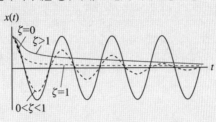

- $\zeta = 0$: 무한진동
- $0 < \zeta < 1$: 미급감쇠진동
- $\zeta = 1$: 임계감쇠진동
- $\zeta > 1$: 과도감쇠진동

39

정답 ⑤

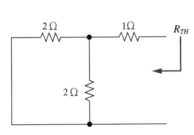

테브난 등가저항 : 전압원 단락, 전류원 개방

$$R_{TH} = \left(\frac{2 \times 2}{2 + 2} \right) + 1 = 1 + 1 = 2\,\Omega$$

40

정답 ③

밀만의 정리

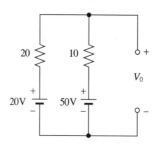

$$V_o = \frac{(각\ 저항분의\ 전압)}{(각\ 저항분의\ 1)}$$

$$= \frac{\dfrac{20}{20} + \dfrac{50}{10}}{\dfrac{1}{20} + \dfrac{1}{10}} = \frac{\dfrac{20+100}{20}}{\dfrac{1+2}{20}}$$

$$= \frac{120}{3} = 40V$$

41

정답 ④

통칙(KEC 111)

구분	교류	직류
저압	1kV 이하	1.5kV 이하
고압	1kV 초과 7kV 이하	1.5kV 초과 7kV 이하
특고압	7kV 초과	7kV 초과

42

정답 ①

합성수지 전선관공사에서 CD관과 관을 연결할 때 사용하는 부속품은 커플링이다.

오답분석

② 커넥터 : 전기 기구와 코드, 코드와 코드를 연결하여 전기 회로를 구성하는 접속 기구이다.
③ 리머 : 금속관이나 합성 수지관의 끝 부분을 다듬기 위해 사용하는 공구이다.
④ 노멀 밴드 : 직각으로 연장할 때 사용하는 전선관용 부속품이다.
⑤ 샤프 밴드 : 노멀 밴드에 비해서 굴곡 반경이 작은 전선관용의 곡관이다.

43

정답 ③

저압 인입선의 시설(KEC 221.1.1)

전선의 높이는 다음에 의할 것

• 도로(차도와 보도의 구별이 있는 도로인 경우에는 차도)를 횡단하는 경우 : 노면상 5m(기술상 부득이한 경우에 교통지장이 없을 때에는 3m) 이상
• 철도 또는 궤도를 횡단하는 경우 : 레일면상 6.5m 이상
• 횡단보도교 위에 시설하는 경우 : 노면상 3m 이상
• 이외의 경우에는 지표상 4m(기술상 부득이한 경우에 교통이 지장이 없을 때에는 2.5m) 이상

44

정답 ②

터널 등의 전구선 또는 이동전선 등의 시설(KEC 242.7.4)

터널 등에 시설하는 사용전압이 400V 이하인 저압의 전구선 또는 이동전선은 다음과 같이 시설하여야 한다.

• 전구선은 단면적 $0.75mm^2$ 이상의 300/300V 편조 고무코드 또는 0.6/1kV EP 고무절연 클로로프렌 캡타이어케이블일 것
• 이동전선은 300/300V 편조 고무코드, 비닐 코드 또는 캡타이어케이블일 것
• 전구선 또는 이동전선을 현저히 손상시킬 우려가 있는 곳에 설치하는 경우에는 이를 가요성 전선관에 넣거나 이에 준하는 보호조치를 할 것

45

정답 ④

고압 및 특고압 전로 중 과전류차단기의 시설(KEC 341.10)

과전류차단기로 시설하는 퓨즈 중 고압 전로에 사용하는 포장 퓨즈(퓨즈 이외의 과전류 차단기와 조합하여 하나의 과전류 차단기로 사용하는 것을 제외한다)는 정격전류의 1.3배의 전류에 견디고 2배의 전류로 120분 안에 용단되는 것이어야 한다.

46

정답 ③

발전소 등의 울타리 · 담 등의 시설(KEC 351.1)

사용전압의 구분	울타리 · 담 등의 높이와 울타리 · 담 등으로부터 충전부분까지의 거리의 합계
35kV 이하	5m
160kV 이하	6m
160kV 이상	6m에 160kV를 초과하는 10kV 또는 그 단수마다 0.12m를 더한 값

47

정답 ②

접지극의 시설 및 접지저항(KEC 142.2)

• 접지극은 매설하는 토양을 오염시키지 않아야 하며, 가능한 다습한 부분에 설치한다.
• 접지극은 지표면으로부터 지하 0.75m 이상으로 하되 고압 이상의 전기설비와 변압기의 중성점 접지에 의하여 시설하는 접지극의 매설깊이는 지표면으로부터 0.75m 이상으로 한다.
• 접지도체를 철주 기타의 금속체를 따라서 시설하는 경우에는 접지극을 철주의 밑면으로부터 0.3m 이상의 깊이에 매설하는 경우 이외에는 접지극을 지중에서 그 금속체로부터 1m 이상 떼어 매설하여야 한다.

48

정답 ⑤

특고압전로의 상 및 접속 상태의 표시(KEC 351.2)

• 발전소 · 변전소 또는 이에 준하는 곳의 특고압전로에는 그의 보기 쉬운 곳에 상별 표시를 하여야 한다.
• 발전소 · 변전소 또는 이에 준하는 곳의 특고압전로에 대하여는 그 접속 상태를 모의모선의 사용 기타의 방법에 의하여 표시하여야 한다. 다만, 이러한 전로에 접속하는 특고압전선로의 회선수가 2 이하이고 특고압의 모선이 단일모선인 경우에는 그러하지 아니하다.

49

정답 ①

특고압 배전용 변압기의 시설(KEC 341.2)

특고압 배전용 변압기의 1차 전압은 35kV 이하이고, 2차 전압은 저압 또는 고압이어야 한다.

50

피뢰기 단자에 충격파 인가 시 방전을 개시하는 전압은 충격방전개시전압이다.

피뢰기의 역할

이성전압을 대지에 방전하여 기기의 단자전압을 내전압 이하로 낮추어 기기의 절연파괴를 방지한다.

• 정격전압 : 속류를 차단하는 상용주파수 내 교류전압의 최댓값 또는 교류전압의 최댓값에 대한 실효값이다.
• 제한전압 : 충격전류가 흐를 때 피뢰기 단자전압의 파고치이다.
• 충격방전개시전압 : 피뢰기 단자에 충격파 인가 시 방전을 개시하는 전압의 순시값이다.

PART 4

최종점검 모의고사

01	02	03	04	05	06	07	08	09	10	11	12	13	14	15	16	17	18	19	20
⑤	④	③	③	④	③	②	⑤	④	③	③	①	②	④	③	③	②	③	②	②
21	22	23	24	25	26	27	28	29	30	31	32	33	34	35	36	37	38	39	40
③	④	④	②	①	①	③	②	①	③	③	②	⑤	②	⑤	②	③	③	①	⑤
41	42	43	44	45	46	47	48	49	50										
①	①	③	①	④	⑤	⑤	③	③	①										

01 　문서 내용 이해　　　　　　　　　　　　　　　　　　　　　　　정답　⑤

패시브 하우스는 남쪽으로 크고 작은 창을 많이 내며, 실내의 열을 보존하기 위하여 3중 유리창을 설치한다.

02 　문서 내용 이해　　　　　　　　　　　　　　　　　　　　　　　정답　④

기존의 화석연료를 변환하여 이용하는 것도 액티브 기술에 포함된다.

오답분석

① 패시브 기술은 능동적으로 에너지를 끌어다 쓰는 액티브 기술과 달리 수동적이다. 따라서 자연채광을 많이 받기 위해 남향, 남동향으로 배치하며 단열에 신경을 쓴다.
② 패시브 기술은 다양한 단열 방식을 사용한다.
③ 액티브 기술을 사용한 예로는 태양광 발전, 태양열 급탕, 지열 냉난방, 수소연료전지, 풍력발전시스템, 목재 펠릿보일러 등이 있다.
⑤ 제시된 자료를 통해 확인할 수 있다.

03 　의사 표현　　　　　　　　　　　　　　　　　　　　　　　　　정답　③

상대방의 잘못을 지적하며 질책해야 할 때는 '칭찬 – 질책 – 격려'의 순서인 샌드위치 화법으로 표현하는 것이 좋다. 즉, 칭찬을 먼저 한 다음 질책의 말을 하고, 끝에 격려의 말로 마무리한다면 상대방은 크게 반발하지 않고 질책을 받아들이게 될 것이다.

오답분석

① 상대방의 잘못을 지적할 때는 지금 당장의 잘못에만 한정해야 하며, 추궁하듯이 묻지 않아야 한다.
② 상대방의 말이 끝나기 전에 어떤 답을 할까 궁리하는 것은 좋지 않다.
④ 상대방을 설득해야 할 때는 일방적으로 강요하거나 상대방에게만 손해를 보라는 식으로 대화해서는 안 된다. 먼저 양보해서 이익을 공유하겠다는 의지를 보여주는 것이 좋다.
⑤ 상대방에게 명령해야 할 때는 강압적으로 말하기보다는 부드럽게 표현하는 것이 효과적이다.

04 문단 나열　정답 ③

먼저 이산화탄소 흡수원의 하나인 연안 생태계를 소개하는 (다) 문단이 오는 것이 적절하며, 다음으로 이러한 연안 생태계의 장점을 소개하는 (나) 문단이 오는 것이 적절하다. 그 다음으로는 (나) 문단에서 언급한 연안 생태계의 장점 중 갯벌의 역할을 부연 설명하는 (가) 문단이 오는 것이 적절하며, 마지막으로는 연안 생태계의 또 다른 장점을 소개하는 (라) 문단이 오는 것이 적절하다. 따라서 (다) – (나) – (가) – (라) 순서로 나열해야 한다.

05 문서 내용 이해　정답 ④

마지막 문단에서 정약용은 청렴을 지키는 것의 효과로 '다른 사람에게 긍정적 효과를 미친다.', '목민관 자신에게도 좋은 결과를 가져다준다.'라고 하였으므로 적절하다.

오답분석

① 두 번째 문단에서 '정약용은 청렴을 당위의 차원에서 주장하는 기존의 학자들과 달리 행위자 자신에게 실질적 이익이 된다는 점을 들어 설득하고자 한다.'라고 하였다.
② 두 번째 문단에서 '정약용은 "지자(知者)는 인(仁)을 이롭게 여긴다."라는 공자의 말을 빌려 "지혜로운 자는 청렴함을 이롭게 여긴다."라고 하였다.'라고 하였으므로 공자의 뜻을 계승한 것이 아니라 공자의 말을 빌려 청렴의 중요성을 강조한 것이다.
③ 두 번째 문단에서 '지혜롭고 욕심이 큰 사람은 청렴을 택하지만 지혜가 짧고 욕심이 작은 사람은 탐욕을 택한다고 설명한다.'라고 하였으므로 청렴한 사람은 욕심이 크기 때문에 탐욕에 빠지지 않는다는 설명이 적절하다.
⑤ 첫 번째 문단에서 '이황과 이이는 청렴을 사회 규율이자 개인 처세의 지침으로 강조하였다.'라고 하였으므로 이황과 이이는 청렴을 사회 규율로 보았다는 것을 알 수 있다.

06 빈칸 삽입　정답 ③

빈칸 앞 문장에서 변혁적 리더는 구성원의 욕구 수준을 상위 수준으로 끌어올린다고 하였으므로 구성원에게서 기대되었던 성과만을 얻어내는 거래적 리더십을 발휘하는 리더와 달리 변혁적 리더는 구성원에게서 보다 더 높은 성과를 얻어낼 수 있을 것임을 추론할 수 있다. 따라서 빈칸에 들어갈 내용으로는 '기대 이상의 성과를 얻어낼 수 있다.'가 가장 적절하다.

07 문서 내용 이해　정답 ②

합리적 사고와 이성에 호소하는 거래적 리더십과 달리 변혁적 리더십은 감정과 정서에 호소하는 측면이 크다. 따라서 변혁적 리더십을 발휘하는 변혁적 리더는 구성원의 합리적 사고와 이성이 아닌 감정과 정서에 호소한다.

08 내용 추론　정답 ⑤

주로 보통 활동을 하는 성인 남성의 하루 기초대사량이 1,728kcal라면 하루에 필요로 하는 총칼로리는 $1,728 \times (1+0.4) = 2,419.2$kcal가 된다. 이때, 지방은 전체 필요 칼로리 중 20% 이하로 섭취해야 하므로 하루 $2,419.2 \times 0.2 = 483.84$g 이하로 섭취하는 것이 좋다.

오답분석

① 신장이 178cm인 성인 남성의 표준 체중은 $1.78^2 \times 22 ≒ 69.7$kg이 된다.
② 표준 체중이 73kg인 성인의 기초대사량은 $1 \times 73 \times 24 = 1,752$kcal이며, 정적 활동을 하는 경우 활동대사량은 $1,752 \times 0.2 = 350.4$kcal이므로 하루에 필요로 하는 총칼로리는 $1,752+350.4 = 2,102.4$kcal이다.
③ 표준 체중이 55kg인 성인 여성의 경우 하루 평균 $55 \times 1.13 = 62.15$g의 단백질을 섭취해야 한다.
④ 탄수화물의 경우 섭취량이 부족하면 케톤산증을 유발할 수 있으므로 반드시 하루에 최소 100g 정도의 탄수화물을 섭취해야 한다.

09 글의 주제

정답 ④

(라) 문단에서는 부패를 개선하기 위한 정부의 제도적 노력에도 불구하고 반부패정책 대부분이 효과가 없었음을 이야기하고 있다. 따라서 (라) 문단의 주제로 부패인식지수의 개선방안이 아닌 '정부의 부패인식지수 개선에 대한 노력의 실패'가 적절하다.

10 응용 수리

정답 ③

(마름모의 넓이)=(한 대각선의 길이)×(다른 대각선의 길이)×$\frac{1}{2}$ 이므로

두 마름모의 넓이의 차는 $\left(9\times6\times\frac{1}{2}\right)-\left(4\times6\times\frac{1}{2}\right)=27-12=15$이다.

11 자료 이해

정답 ③

• 시행기업 수 증가율 : $\frac{7,686-2,802}{2,802}\times100 ≒ 174.3\%$

• 참여직원 수 증가율 : $\frac{21,530-5,517}{5,517}\times100 ≒ 290.2\%$

따라서 2022년 대비 2024년 시행기업 수의 증가율이 참여직원 수의 증가율보다 낮다.

오답분석

① 2024년 남성육아휴직제 참여직원 수는 2022년의 $\frac{21,530}{5,517} ≒ 3.9$배이다.

② 연도별 시행기업 수 대비 참여직원 수는 다음과 같다.

  • 2021년 : $\frac{3,197}{2,079} ≒ 1.5$명   • 2022년 : $\frac{5,517}{2,802} ≒ 2.0$명

  • 2023년 : $\frac{10,869}{5,764} ≒ 1.9$명   • 2024년 : $\frac{21,530}{7,686} ≒ 2.8$명

  따라서 시행기업당 참여직원 수가 가장 많은 해는 2024년이다.

④ 2021년부터 2024년까지 연간 참여직원 수 증가 인원의 평균은 $\frac{21,530-3,197}{3}=6,111$명이다.

⑤ 참여직원 수 그래프의 기울기와 시행기업 수 그래프의 길이를 참고하면 참여직원 수는 2024년에 가장 많이 증가했고, 시행기업 수는 2023년에 가장 많이 증가했다.

12 수열 규칙

정답 ①

홀수 항은 ×5, 짝수 항은 (×3+1)인 수열이다.
따라서 (   )=40×3+1=121이다.

13 수열 규칙

정답 ②

앞의 항에 ×(-1), ×(-2), ×(-3), …인 수열이다.
따라서 (   )=(-120)×(-6)=720이다.

14 자료 계산 · 정답 ④

- 2020 ~ 2024년 동안 경기전망지수가 40점 이상인 것은 B와 C이다.
- 2022년에 경기전망지수가 전년 대비 증가한 산업은 A와 C이다.
- 산업별 전년 대비 2021년 경기전망지수의 증가율은 다음과 같다.

  - A : $\dfrac{48.9-45.8}{45.8}\times 100 ≒ 6.8\%$ - B : $\dfrac{39.8-37.2}{37.2}\times 100 ≒ 7.0\%$

  - C : $\dfrac{40.6-36.1}{36.1}\times 100 ≒ 12.5\%$ - D : $\dfrac{41.1-39.3}{39.3}\times 100 ≒ 4.6\%$

  따라서 D의 전년 대비 2021년 경기전망지수의 증가율이 가장 낮다.
- 매년 5개의 산업 중 경기전망지수가 가장 높은 산업은 A이다.

따라서 A - 제조업, B - 보건업, C - 조선업, D - 해운업이다.

15 자료 계산 · 정답 ③

제품별 밀 소비량 그래프에서 라면류와 빵류의 밀 사용량의 10%는 각각 6.6톤, 6.4톤이다. 따라서 과자류에 사용될 밀 소비량은 42+6.4+6.6=55톤이다.

16 자료 계산 · 정답 ③

A ~ D과자 중 가장 많이 밀을 사용하는 과자는 45%를 사용하는 D과자이고, 가장 적게 사용하는 과자는 15%인 C과자이다. 따라서 두 과자의 밀 사용량 차이는 42×(0.45-0.15)=42×0.3=12.6톤이다.

17 응용 수리 · 정답 ②

탁구공 12개 중에서 4개를 꺼내는 경우의 수는 $_{12}C_4=495$가지이다.
흰색 탁구공이 노란색 탁구공보다 많은 경우는 흰색 탁구공 3개, 노란색 탁구공 1개 또는 흰색 탁구공 4개를 꺼내는 경우이다.
(i) 흰색 탁구공 3개, 노란 색 탁구공 1개를 꺼내는 경우의 수 : $_7C_3\times_5C_1=35\times 5=175$가지
(ii) 흰색 탁구공 4개를 꺼내는 경우의 수 : $_7C_4=35$가지

따라서 구하는 확률은 $\dfrac{175+35}{495}=\dfrac{210}{495}=\dfrac{14}{33}$ 이다.

18 자료 이해 · 정답 ③

소설을 대여한 남자는 690건이고, 소설을 대여한 여자는 1,060건이다. 따라서 $\dfrac{690}{1,060}\times 100 ≒ 65.1\%$이므로 옳지 않은 설명이다.

오답분석
① 소설의 전체 대여건수는 450+600+240+460=1,750건이고, 비소설의 전체 대여건수는 520+380+320+400=1,620건이므로 옳은 설명이다.
② 40세 미만 대여건수는 520+380+450+600=1,950건이고, 40세 이상 대여건수는 320+400+240+460=1,420건이므로 옳은 설명이다.
④ 전체 40세 미만 대여 수는 1,950건이고, 그중 비소설 대여는 900건이다. 따라서 $\dfrac{900}{1,950}\times 100 ≒ 46.2\%$이므로 옳은 설명이다.
⑤ 전체 40세 이상 대여 수는 1,420건이고, 그중 소설 대여는 700건이다. 따라서 $\dfrac{700}{1,420}\times 100 ≒ 49.3\%$이므로 옳은 설명이다.

주어진 조건에 따라 배정된 객실을 정리하면 다음과 같다.

301호	302호	303호	304호
C, D, F사원(영업팀) / H사원(홍보팀)			
201호	202호	203호	204호
G사원(홍보팀)	사용 불가	G사원(홍보팀)	
101호	102호	103호	104호
I사원	A사원(영업팀) / B, E사원(홍보팀)		

먼저 주어진 조건에 따르면 A, C, D, F사원은 영업팀이며, B, E, G, H사원은 홍보팀임을 알 수 있다.
만약 H사원이 2층에 묵는다면 G사원이 1층에 묵어야 하는데, 그렇게 되면 영업팀 A사원과 홍보팀 B, E사원이 한 층을 쓸 수 없다. 따라서 H사원은 3층에 묵어야 하고, G사원은 2층에 묵어야 하므로 홍보팀 G사원은 항상 2층에 묵는다.

[오답분석]
① 주어진 조건만으로는 I사원의 소속팀을 확인할 수 없으므로 워크숍에 참석한 영업팀의 직원 수는 정확히 알 수 없다.
③ 주어진 조건만으로는 C사원이 사용하는 객실 호수와 2층 객실을 사용하는 G사원의 객실 호수를 정확히 알 수 없다.
④ 1층 객실을 사용하는 A, B, E, I사원을 제외한 C, D, F, G, H사원은 객실에 가기 위해 반드시 엘리베이터를 이용해야 한다. 이들 중 C, D, F사원은 영업팀이므로 영업팀의 수가 더 많다.
⑤ E사원은 1층의 숙소를 사용하므로 엘리베이터를 이용할 필요가 없다.

첫 번째 조건과 두 번째 조건에 따라 물리학과 학생은 흰색만 좋아하는 것을 알 수 있으며, 세 번째 조건과 네 번째 조건에 따라 지리학과 학생은 흰색과 빨간색만 좋아하는 것을 알 수 있다. 전공별로 좋아하는 색을 정리하면 다음과 같다.

경제학과	물리학과	통계학과	지리학과
검은색, 빨간색	흰색	빨간색	흰색, 빨간색

이때 검은색을 좋아하는 학과는 경제학과뿐이므로 C가 경제학과임을 알 수 있으며, 빨간색을 좋아하지 않는 학과는 물리학과뿐이므로 B가 물리학과임을 알 수 있다. 따라서 항상 참이 되는 것은 ②이다.

[오답분석]
① A는 통계학과이거나 지리학과이다.
③ C는 경제학과이다.
④ D는 통계학과이거나 지리학과이다.
⑤ C는 빨간색을 좋아하지만 B는 흰색을 좋아한다.

전기의 가격은 10 ~ 30원/km인 반면, 수소의 가격은 72.8원/km로 전기보다 수소의 가격이 더 비싸다. 하지만 원료의 가격은 자사의 내부환경의 약점(Weakness) 요인이 아니라 거시적 환경에서 비롯된 위협(Treat) 요인으로 보아야 한다.

[오답분석]
① (가) : 보조금 지원을 통해 첨단 기술이 집약된 친환경 차를 중형 SUV 가격에 구매할 수 있다고 하였으므로, 자사의 내부환경의 강점(Strength) 요인으로 볼 수 있다.
② (나) : 충전소가 전국 12개소에 불과하며, 올해 안에 10개소를 더 설치한다고 계획 중이지만 완공 여부는 알 수 없으므로, 자사의 내부환경의 약점(Weakness) 요인으로 볼 수 있다.
④ (라) : 친환경차에 대한 인기가 뜨겁다고 하였으므로, 고객이라는 외부환경에서 비롯된 기회(Opportunity) 요인으로 볼 수 있다.
⑤ (마) : 생산량에 비해 정부 보조금이 부족한 것은 외부환경에서 비롯된 위협(Treat) 요인으로 볼 수 있다.

22 자료 해석

정답 ④

면접자 정보와 면접 순서 지정 규칙에 따라 각 면접자의 면접시간을 정리하면 다음과 같다.

(단위 : 분)

구분	공통사항	인턴경력	유학경험	해외봉사	최종학력	총 면접시간
A	5	8	–	–	10	23
B	5	–	–	3	10	18
C	5	8	–	3	10	26
D	5	–	–	3	–	8
E	5	8	6	–	–	19
F	5	–	6	–	10	21

따라서 면접을 오래 진행하는 면접자부터 순서대로 나열하면 'C – A – F – E – B – D'이다.

23 자료 해석

정답 ④

유학경험이 있는 면접자들끼리 연이어 면접을 실시하여야 하므로 E와 F는 연달아 면접을 본다. 이때, 최종학력이 학사인 E가 먼저 면접을 본다(E – F). 그리고 나머지 학사 학위자는 D뿐이므로 D가 E에 앞서 면접을 보게 된다(D – E – F).
또한 F와 같이 마케팅 직무에 지원한 A가 F 다음으로 면접을 보게 되고(D – E – F – A), A가 남성이므로 나머지 B와 C 중 여성인 B가 A의 뒤를 이어 면접을 보게 된다. 따라서 면접자들의 면접순서를 나열하면 'D – E – F – A – B – C'이다.
이들의 면접시간은 D(8분) – E(19분) – F(21분) – A(23분) – B(18분) – C(26분)로, D부터 A까지 면접을 진행하면 소요되는 시간은 8 + 19 + 21 + 23 = 71분이다. 즉, A의 면접 종료시간은 11시 11분이 되므로 A부터는 6일에 면접을 실시해야 한다.
따라서 5일에 면접을 보는 면접자는 D, E, F이고, 6일에 면접을 보는 면접자는 A, B, C이다.

24 명제 추론

정답 ②

세 번째, 네 번째, 다섯 번째 조건에 의해 8등(꼴찌)이 될 수 있는 사람은 A 또는 C인데, C는 7등인 D와 연속해서 들어오지 않았으므로 8등은 A이다. 또한 두 번째 조건에 의해 B는 4등이고, 네 번째 조건에 의해 E는 5등이다. 마지막으로 첫 번째 조건에 의해 C는 6등이 될 수 없으므로 1, 2, 3등 중에 하나이다.

[오답분석]
① C는 1, 2, 3등 중 하나이다.
③ B가 E보다 일찍 들어왔다.
④ D가 E보다 늦게 들어왔다.
⑤ E가 C보다 늦게 들어왔다.

25 규칙 적용

정답 ①

먼저 16진법으로 표현된 수를 10진법으로 변환하여야 한다.
• 43 = 4 × 16 + 3 = 67
• 41 = 4 × 16 + 1 = 65
• 54 = 5 × 16 + 4 = 84
변환된 수를 아스키 코드표를 이용하여 해독하면 67 = C, 65 = A, 84 = T임을 확인할 수 있다. 따라서 철수가 장미에게 보낸 문자의 의미는 'CAT'이다.

PART 4

26 명제 추론

E가 수요일에 봉사활동을 간다면 A는 화요일, C는 월요일에 봉사활동을 가고, B와 D는 평일에만 봉사활동을 가므로 토요일에 봉사활동을 가는 사람은 없다.

오답분석

② B가 화요일에 봉사활동을 간다면 A는 월요일, C는 수요일 또는 금요일에 봉사활동을 가므로 토요일에 봉사활동을 가는 사람은 없다.
③ C가 A보다 빨리 봉사활동을 간다면 D는 목요일이나 금요일에 봉사활동을 간다.
④ D가 금요일에 봉사활동을 간다면 C는 수요일과 목요일에 봉사활동을 갈 수 없으므로 월요일이나 화요일에 봉사활동을 가게 된다. 따라서 다섯 명은 모두 평일에 봉사활동을 가게 된다.
⑤ D가 A보다 봉사활동을 빨리 가면 D는 월요일, A는 화요일에 봉사활동을 가므로 C는 수요일이나 금요일에 봉사활동을 가게 된다. C가 수요일에 봉사활동을 가면 E는 금요일에 봉사활동을 가게 되므로 B는 금요일에 봉사활동을 가지 않는다.

27 자료 해석

정답 ③

(단위 : 표)

여행상품	총무팀	영업팀	개발팀	홍보팀	공장 1	공장 2	합계
A	2	1	2	0	15	6	26
B	1	2	1	1	20	5	30
C	3	1	0	1	10	4	19
D	3	4	2	1	30	10	50
E	1	2	0	2	5	5	15
합계	10	10	5	5	80	30	140

ㄱ. 가장 인기 높은 상품은 D이다. 그러나 공장 1의 고려사항에 따라 2박 3일 상품이 아닌 1박 2일 상품 중 가장 인기 있는 B상품이 선택된다. 따라서 750,000×140=105,000,000원이 필요하다.
ㄷ. 공장 1의 A, B 투표 결과가 바뀐다면 여행상품 A, B의 투표수가 각각 31표, 25표가 되어 선택되는 여행상품이 A로 변경된다.

오답분석

ㄴ. 가장 인기 높은 상품은 D이므로 옳지 않다.

28 리더십

정답 ②

거래적 리더십은 기계적 관료제에 적합하고, 변혁적 리더십은 단순구조나 임시조직, 경제적응적 구조에 적합하다.
• 거래적 리더십 : 리더와 조직원들이 이해타산적 관계에 의해 규정에 따르며, 합리적인 사고를 중시하고 보강으로 동기를 유발한다.
• 변혁적 리더십 : 리더와 조직원들이 장기적 목표 달성을 추구하고, 리더는 조직원의 변화를 통해 동기를 부여하고자 한다.

29 협상 전략

정답 ①

제시문에 따르면 협상 당사자들은 서로에 대한 정보를 많이 공유하고 있고, 서로에 대해 신뢰가 많이 쌓여 있어 우호적 인간관계를 유지하고 있는 상황이므로 협력전략이 가장 적절하다. 이때 협력전략에는 Win - Win 전략 등이 있다.

오답분석

② 유화전략 : 결과보다는 상대방과의 인간관계 유지를 선호하는 경우로, 상대방과의 충돌을 피해 자신의 이익보다는 상대방의 이익을 고려하는 경우에 필요한 전략이다. 단기적으로는 자신이 손해를 보지만, 장기적 관점에서는 이익이 되는 Lose - Win 전략이 해당한다.
③·④ 회피전략(무행동전략) : 자신이 얻게 되는 결과나 인간관계 모두에 관심이 없어 협상의 가치가 매우 낮은 경우에 필요한 전략으로, 상대방에게 심리적 압박감을 주어 필요한 것을 얻어내려 하는 경우나 협상 이외의 방법으로 쟁점이 해결될 경우에 쓰인다.
⑤ 경쟁전략 : 인간관계를 중요하게 여기지 않고, 자신의 이익을 극대화하려는 경우에 쓰이는 전략으로, 대개 상대방에 비해 자신의 힘이 강한 경우나 상대방과의 인간관계가 나쁘고 신뢰가 전혀 없는 경우에 쓰인다.

30　갈등 관리　　　　　정답　③

ㄴ. 해결하기 어려운 문제라도 피하지 말고, 해결을 위해 적극적으로 대응해야 한다.
ㄷ. 자신의 의사를 명확하게 전달하는 것이 갈등을 최소화하는 방안이다.

[오답분석]
ㄱ. 다른 사람의 입장을 이해하는 것은 갈등 파악의 첫 단계이므로 옳은 설명이다.
ㄹ. 생산적 의견 교환이 아닌 논쟁은 갈등을 심화시킬 수 있으므로 논쟁하고 싶은 유혹을 떨쳐내야 한다.

31　팀워크　　　　　정답　③

ㄱ. 역할과 책임을 명료화하는 것은 팀워크에 도움이 된다.
ㄷ. 자기중심적 성격의 이기주의는 팀워크를 저해한다.
ㄹ. 사고방식의 차이에 대한 무시는 팀워크를 저해한다.

[오답분석]
ㄴ. 일반적으로 개인의 무뚝뚝한 성격이 팀워크를 저해하지는 않는다.

> **팀워크를 저해하는 요소**
> • 조직에 대한 이해 부족
> • 자기중심적인 이기주의
> • 자아의식의 과잉
> • 질투나 시기로 인한 파벌주의
> • 사고방식의 차이에 대한 무시

32　리더십　　　　　정답　②

최주임은 조직에 대해 명령과 계획이 빈번하게 변경되고, 리더와 부하 간에 비인간적인 풍토가 만연하다고 생각하는 실무형 멤버십 유형에 해당한다. 실무형 멤버십 유형은 조직의 운영방침에 민감하고, 규정과 규칙에 따라 행동한다. 동료 및 리더는 이러한 유형에 대해 개인의 이익을 극대화하기 위한 흥정에 능하며, 적당한 열의와 평범한 수완으로 업무를 수행한다고 평가한다. 반면, 업무 수행에 있어 감독이 필수적이라는 판단은 수동형 멤버십 유형에 대한 동료와 리더의 시각에 해당한다.

33　고객 서비스　　　　　정답　⑤

서비스업에 종사하다 보면 난처한 요구를 하는 고객을 종종 만나기 마련이다. 특히 판매 가격이 정해져 있는 프랜차이즈 매장에서 가격을 조금만 깎아달라는 고객의 요구는 매우 난감하다. 하지만 이러한 고객의 요구를 모두 들어주면 더욱 곤란한 상황이 발생할 수 있다. 그러므로 왜 고객에게 가격을 깎아 줄 수 없는지 친절하게 설명하면서 불쾌하지 않도록 고객을 설득할 필요가 있다.

34　갈등 관리　　　　　정답　②

타인의 부탁을 거절해야 할 경우, 도움을 요청한 타인의 입장을 고려하여 인간관계를 해치지 않도록 신중하게 거절하는 것이 중요하다. 먼저 도움이 필요한 상대방의 상황을 충분히 이해했음을 표명하고, 도움을 주지 못하는 자신의 상황이나 이유를 분명하게 설명해야 한다. 그 후 도움을 주지 못하는 아쉬움을 표현하도록 한다.

35　고객 서비스　　　　　정답　⑤

화가 난 고객을 대응하는 데 있어서는 먼저 고객을 안정시키는 것이 최우선이며, 이후에 고객이 이해할 수 있는 수준의 대응을 제시해야 한다.

36 경영 전략

시각, 청각, 후각, 촉각, 미각의 다섯 가지 감각을 통해 만들어진 감각 마케팅의 사례로, 개인화 마케팅의 사례로 보기는 어렵다.

오답분석

① 고객들의 개인적인 사연을 기반으로 광고 서비스를 제공하므로 개인화 마케팅의 사례로 적절하다.
③ 댓글 작성자의 이름을 기반으로 이벤트를 진행하므로 개인화 마케팅의 사례로 적절하다.
④ 고객들이 자신이 직접 사과를 받는 듯한 효과를 얻게 되므로 개인화 마케팅의 사례로 적절하다.
⑤ 고객의 이름을 불러주고 서비스를 제공하므로 개인화 마케팅의 사례로 적절하다.

37 업무 종류

정답 ③

17 ~ 24일까지의 업무를 정리하면 다음과 같다.

17일	18일	19일	20일	21일	22일	23일	24일
B업무 (착수)	B업무	B업무 (완료)					
D업무 (착수)	D업무 (완료)						
			C업무 (착수)	C업무	C업무 (완료)		
		A업무 (착수)	A업무	A업무	A업무	A업무	A업무 (완료)

따라서 B – D – A – C 순으로 업무에 착수할 것임을 알 수 있다.

38 조직 구조

정답 ③

(가)는 집단문화, (나)는 개발문화, (다)는 계층문화, (라)는 합리문화이다. 규칙과 법을 준수하고, 관행과 안정, 문서와 형식, 명확한 책임소재 등을 강조하는 관리적 문화의 특징을 가진 문화는 (다)이다.

조직문화 유형별 특징

조직문화 유형	특징
집단문화	관계지향적인 문화이며, 조직구성원 간 인간애 또는 인간미를 중시하는 문화로서 조직 내부의 통합과 유연한 인간관계를 강조한다. 따라서 조직구성원 간 인화단결, 협동, 팀워크, 공유가치, 사기, 의사결정 과정에 참여 등을 중요시하며, 개인의 능력개발에 대한 관심이 높고, 조직구성원에 대한 인간적 배려와 가족적인 분위기를 만들어내는 특징을 가진다.
개발문화	높은 유연성과 개성을 강조하며, 외부환경에 대한 변화지향성과 신축적 대응성을 기반으로 조직구성원의 도전의식, 모험성, 창의성, 혁신성, 자원획득 등을 중시하고, 조직의 성장과 발전에 관심이 높은 조직문화를 의미한다. 따라서 조직구성원의 업무수행에 대한 자율성과 자유재량권 부여 여부가 핵심요인이다.
계층문화	조직 내부의 통합과 안정성을 확보하고, 현상유지 차원에서 계층화되고 서열화된 조직구조를 중요시하는 조직문화이다. 즉, 위계질서에 의한 명령과 통제, 업무처리시 규칙과 법을 준수, 관행과 안정, 문서와 형식, 보고와 정보관리, 명확한 책임소재 등을 강조하는 관리적 문화의 특징을 나타낸다.
합리문화	과업지향적인 문화로, 결과지향적인 조직으로써의 업무의 완수를 강조한다. 조직의 목표를 명확하게 설정하여 합리적으로 달성하고, 주어진 과업을 효과적이고 효율적으로 수행하기 위하여 실적을 중시하고, 직무에 몰입하며, 미래를 위한 계획을 수립하는 것을 강조한다. 합리문화는 조직구성원간의 경쟁을 유도하는 문화이기 때문에 때로는 지나친 성과를 강조하게 되어 조직에 대한 조직구성원들의 방어적인 태도와 개인주의적인 성향을 드러내는 경향을 보인다.

39 　조직 구조　　　　　　　　　　　　　　　　　　　　정답 ①

조직의 규칙 및 규정은 조직의 목표나 전략에 따라 수립되어 조직구성원들이 활동범위를 제약하고 일관성을 부여하는 기능을 한다. 예를 들어 인사규정, 총무규정, 회계규정 등이 있다.

40 　업무 종류　　　　　　　　　　　　　　　　　　　　정답 ⑤

김팀장의 업무 지시에 따르면 이번 주 금요일 회사 창립 기념일 행사가 끝난 후 진행될 총무팀 회식의 장소 예약은 목요일 퇴근 전까지 처리되어야 한다. 따라서 이대리는 ⑩을 목요일 퇴근 전까지 처리해야 한다.

41 　경영 전략　　　　　　　　　　　　　　　　　　　　정답 ①

외부경영활동은 조직 외부에서 이루어지는 활동임을 볼 때, 기업의 경우 주로 시장에서 이루어지는 활동으로 볼 수 있다. 마케팅 활동은 시장에서 상품 혹은 용역을 소비자에게 유통시키는 데 관련된 대외적 이윤추구 활동이므로 외부경영활동으로 볼 수 있다.

오답분석
②・③・④・⑤ 인사관리에 해당되는 활동으로 내부경영활동이다.

42 　조직 구조　　　　　　　　　　　　　　　　　　　　정답 ①

조직변화의 과정
1. 환경의 변화 인지
2. 조직변화 방향 수립
3. 조직변화 실행
4. 변화의 결과 평가

43 　국제 동향　　　　　　　　　　　　　　　　　　　　정답 ③

인도의 전통적인 인사법은 턱 아래에 두 손을 모으고 고개를 숙이는 것으로, 이외에도 보편적인 악수를 통해 인사할 수 있다. 그러나 여성의 경우 먼저 악수를 청할 시에만 악수할 수 있으므로 유의해야 한다. 인도인의 대부분이 힌두교도이며, 힌두교는 남녀의 공공연한 접촉을 금지하고 있기 때문이다.

44 　윤리　　　　　　　　　　　　　　　　　　　　　　정답 ①

세미나 등에서 경쟁사 직원에게 신분을 속이고 질문하는 것은 비윤리적 / 합법적의 1번에 해당된다. 이는 법적으로는 문제가 되지 않는 정보획득 행위이지만, 윤리적으로는 문제가 될 수 있다.

오답분석
② 윤리적 / 합법적의 3번에 해당된다.
③ 윤리적 / 합법적의 2번에 해당된다.
④ 비윤리적 / 비합법적의 5번에 해당된다.
⑤ 비윤리적 / 비합법적의 1번에 해당한다.

45 근면

정답 ④

바리스타로 일하는 것은 경제적 보상이 있으며, 자발적인 의사에 의한 것으로 볼 수 있고, 장기적으로 계속해서 일하는 점을 볼 때 직업의 사례로 적절하다.

[오답분석]
①·②·③ 취미활동과 봉사활동은 경제적인 보상이 없다.
⑤ 강제노동은 본인의 자발적인 의사에 의한 것이 아니다.

46 책임 의식

정답 ⑤

S부장에게는 '나 자신뿐만 아니라 나의 부서의 일은 내 책임'이라고 생각하는 책임 의식이 필요하다.

47 책임 의식

정답 ⑤

우수한 직업인의 자세에는 해당할 수 있으나, 직업윤리에서 제시하는 직업인의 기본자세에는 해당하지 않는다.

[오답분석]
① 법규를 준수하고 직무상 요구되는 윤리기준을 준수해야 하며, 공정하고 투명하게 업무를 처리해야 한다.
② 나의 일을 필요로 하는 사람에게 봉사한다는 마음가짐이 필요하며, 직무를 수행하는 과정에서 다른 사람과 긴밀히 협력하는 협동 정신이 요구된다.
③ 직업이란 신이 나에게 주신 거룩한 일이며, 일을 통하여 자신의 존재를 실현하고 사회적 역할을 담당하는 것이니 자기의 직업을 사랑하며, 긍지와 자부심을 갖고 성실하게 임하는 마음가짐이 있어야 한다.
④ 협력체제에서 각자의 책임을 충실히 수행할 때 전체 시스템의 원만한 가동이 가능하며, 다른 사람에게 피해를 주지 않는다. 이러한 책임을 완벽하게 수행하기 위해 자신이 맡은 분야에서 전문적인 능력과 역량을 갖추고, 지속적인 자기계발을 해야 한다.

48 윤리

정답 ③

근로기준법 개정안에 따라 시행된 직장 내 괴롭힘 금지법에 따르면 집단으로 따돌림을 한다거나 회식을 강요하는 것, 특정 근로자의 근태를 지나치게 감시하는 것 등의 행위 모두 직장 내 괴롭힘 행위에 해당된다. ③은 직장에서의 지위 또는 관계 우위를 이용한 것으로 보기 어려우므로 직장 내 괴롭힘 사례에 해당하지 않는다.

49 책임 의식

정답 ③

준법을 유도하는 제도적 장치가 마련된다 하더라도 반드시 개개인의 준법의식이 개선되는 것은 아니다. 사회의 준법의식을 제고하기 위해서는 개개인의 의식변화와 제도적 보완을 동시에 추진하여야 한다.

50 윤리

정답 ①

업무의 공공성을 바탕으로 공사구분을 명확히 하고, 모든 것을 숨김없이 투명하게 처리하는 원칙은 객관성의 원칙이다.

> **직업윤리의 5대 원칙**
> - 객관성의 원칙
> - 고객중심의 원칙
> - 전문성의 원칙
> - 정직과 신용의 원칙
> - 공정경쟁의 원칙

SH 서울주택도시공사 필기전형 답안카드

성 명		

지원 분야		

문제지 형별기재란	( )형	Ⓐ Ⓑ

수험번호

⓪	①	②	③	④	⑤	⑥	⑦	⑧	⑨
⓪	①	②	③	④	⑤	⑥	⑦	⑧	⑨
⓪	①	②	③	④	⑤	⑥	⑦	⑧	⑨
⓪	①	②	③	④	⑤	⑥	⑦	⑧	⑨
⓪	①	②	③	④	⑤	⑥	⑦	⑧	⑨
⓪	①	②	③	④	⑤	⑥	⑦	⑧	⑨
⓪	①	②	③	④	⑤	⑥	⑦	⑧	⑨

감독위원 확인
⑩

번호	답란	번호	답란	번호	답란
1	① ② ③ ④ ⑤	21	① ② ③ ④ ⑤	41	① ② ③ ④ ⑤
2	① ② ③ ④ ⑤	22	① ② ③ ④ ⑤	42	① ② ③ ④ ⑤
3	① ② ③ ④ ⑤	23	① ② ③ ④ ⑤	43	① ② ③ ④ ⑤
4	① ② ③ ④ ⑤	24	① ② ③ ④ ⑤	44	① ② ③ ④ ⑤
5	① ② ③ ④ ⑤	25	① ② ③ ④ ⑤	45	① ② ③ ④ ⑤
6	① ② ③ ④ ⑤	26	① ② ③ ④ ⑤	46	① ② ③ ④ ⑤
7	① ② ③ ④ ⑤	27	① ② ③ ④ ⑤	47	① ② ③ ④ ⑤
8	① ② ③ ④ ⑤	28	① ② ③ ④ ⑤	48	① ② ③ ④ ⑤
9	① ② ③ ④ ⑤	29	① ② ③ ④ ⑤	49	① ② ③ ④ ⑤
10	① ② ③ ④ ⑤	30	① ② ③ ④ ⑤	50	① ② ③ ④ ⑤
11	① ② ③ ④ ⑤	31	① ② ③ ④ ⑤		
12	① ② ③ ④ ⑤	32	① ② ③ ④ ⑤		
13	① ② ③ ④ ⑤	33	① ② ③ ④ ⑤		
14	① ② ③ ④ ⑤	34	① ② ③ ④ ⑤		
15	① ② ③ ④ ⑤	35	① ② ③ ④ ⑤		
16	① ② ③ ④ ⑤	36	① ② ③ ④ ⑤		
17	① ② ③ ④ ⑤	37	① ② ③ ④ ⑤		
18	① ② ③ ④ ⑤	38	① ② ③ ④ ⑤		
19	① ② ③ ④ ⑤	39	① ② ③ ④ ⑤		
20	① ② ③ ④ ⑤	40	① ② ③ ④ ⑤		

※ 본 답안지는 마킹연습용 모의 답안지입니다.

SH 서울주택도시공사 필기전형 답안카드

1	① ② ③ ④ ⑤	21	① ② ③ ④ ⑤	41	① ② ③ ④ ⑤
2	① ② ③ ④ ⑤	22	① ② ③ ④ ⑤	42	① ② ③ ④ ⑤
3	① ② ③ ④ ⑤	23	① ② ③ ④ ⑤	43	① ② ③ ④ ⑤
4	① ② ③ ④ ⑤	24	① ② ③ ④ ⑤	44	① ② ③ ④ ⑤
5	① ② ③ ④ ⑤	25	① ② ③ ④ ⑤	45	① ② ③ ④ ⑤
6	① ② ③ ④ ⑤	26	① ② ③ ④ ⑤	46	① ② ③ ④ ⑤
7	① ② ③ ④ ⑤	27	① ② ③ ④ ⑤	47	① ② ③ ④ ⑤
8	① ② ③ ④ ⑤	28	① ② ③ ④ ⑤	48	① ② ③ ④ ⑤
9	① ② ③ ④ ⑤	29	① ② ③ ④ ⑤	49	① ② ③ ④ ⑤
10	① ② ③ ④ ⑤	30	① ② ③ ④ ⑤	50	① ② ③ ④ ⑤
11	① ② ③ ④ ⑤	31	① ② ③ ④ ⑤		
12	① ② ③ ④ ⑤	32	① ② ③ ④ ⑤		
13	① ② ③ ④ ⑤	33	① ② ③ ④ ⑤		
14	① ② ③ ④ ⑤	34	① ② ③ ④ ⑤		
15	① ② ③ ④ ⑤	35	① ② ③ ④ ⑤		
16	① ② ③ ④ ⑤	36	① ② ③ ④ ⑤		
17	① ② ③ ④ ⑤	37	① ② ③ ④ ⑤		
18	① ② ③ ④ ⑤	38	① ② ③ ④ ⑤		
19	① ② ③ ④ ⑤	39	① ② ③ ④ ⑤		
20	① ② ③ ④ ⑤	40	① ② ③ ④ ⑤		

성 명

지원 분야

문제지 형별기재란 Ⓐ Ⓑ
( ) 형

수 험 번 호
⓪ ① ② ③ ④ ⑤ ⑥ ⑦ ⑧ ⑨
⓪ ① ② ③ ④ ⑤ ⑥ ⑦ ⑧ ⑨
⓪ ① ② ③ ④ ⑤ ⑥ ⑦ ⑧ ⑨
⓪ ① ② ③ ④ ⑤ ⑥ ⑦ ⑧ ⑨
⓪ ① ② ③ ④ ⑤ ⑥ ⑦ ⑧ ⑨
⓪ ① ② ③ ④ ⑤ ⑥ ⑦ ⑧ ⑨
⓪ ① ② ③ ④ ⑤ ⑥ ⑦ ⑧ ⑨

감독위원 확인
(인)

※ 본 답안지는 마킹연습용 모의 답안지입니다.

2025 최신판 시대에듀 SH 서울주택도시공사
NCS + 전공 + 최종점검 모의고사 4회 + 무료NCS특강

개정6판1쇄 발행	2025년 03월 20일 (인쇄 2025년 02월 05일)
초 판 발 행	2020년 09월 25일 (인쇄 2020년 08월 27일)
발 행 인	박영일
책 임 편 집	이해욱
편 저	SDC(Sidae Data Center)
편 집 진 행	김재희
표지디자인	박수영
편집디자인	양혜련 · 장성복
발 행 처	(주)시대고시기획
출 판 등 록	제 10-1521호
주 소	서울시 마포구 큰우물로 75 [도화동 538 성지 B/D] 9F
전 화	1600-3600
팩 스	02-701-8823
홈 페 이 지	www.sdedu.co.kr

I S B N	979-11-383-8800-9 (13320)
정 가	25,000원